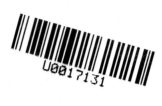

毛澤東

真實的故事

MAO

THE REAL STORY

亞歷山大・潘佐夫
ALEXANDER V. PANTSOV
梁思文
STEVEN I. LEVINE
——著

林添貴
——譯

謹以此書紀念我的祖父喬治・鮑里索維奇・厄倫堡，
一位蘇聯的中國研究專家，也是最早為毛澤東做傳的作者之一，
他的作品為我帶來深遠的啟發。

——亞歷山大・潘佐夫

目次

第二部　革命者

第三部　獨裁者

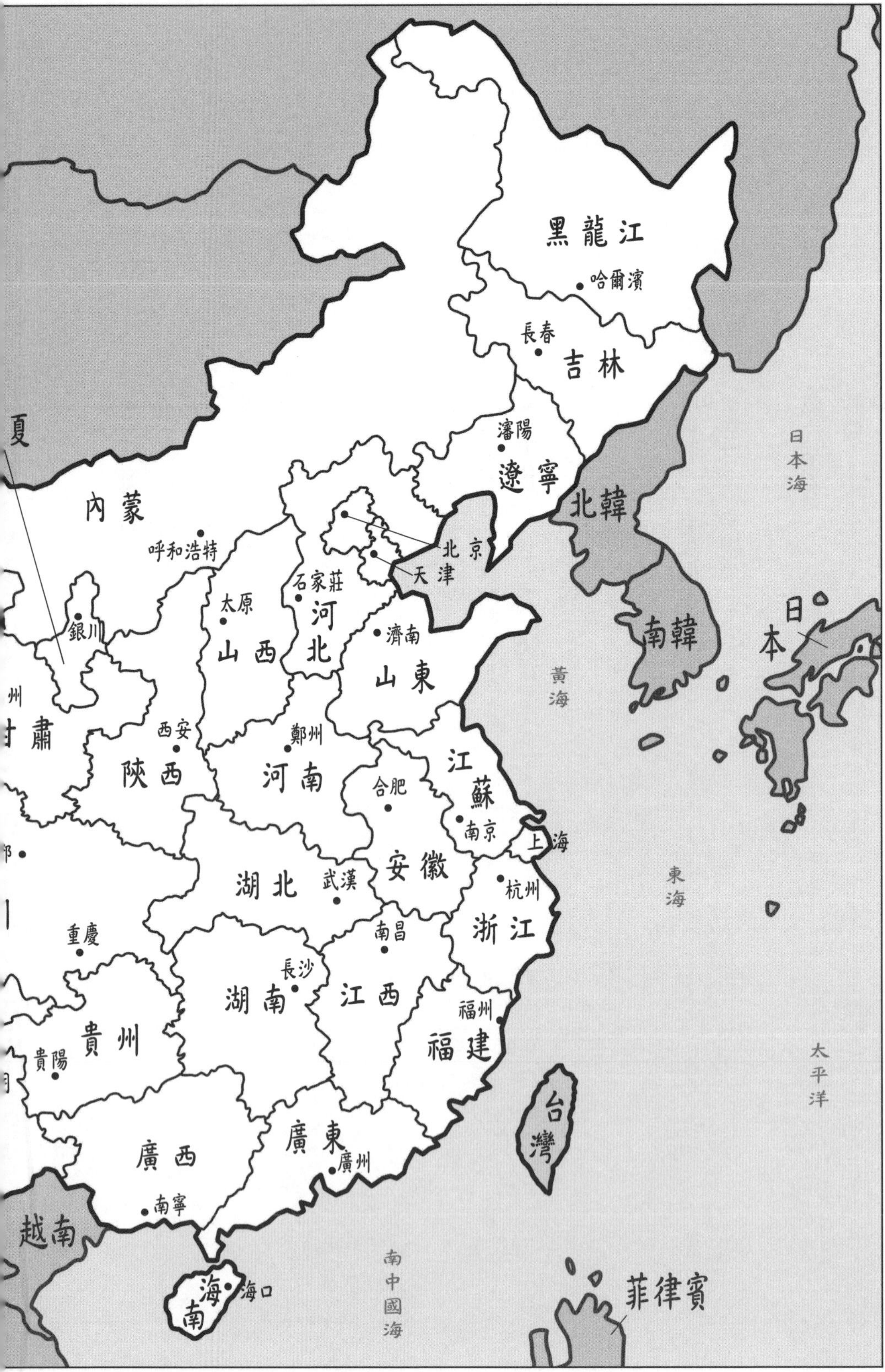

黑龍江
哈爾濱
長春
吉林
瀋陽
遼寧
北韓
日本海
內蒙
呼和浩特
北京
天津
石家莊
太原
河北
銀川
濟南
山西
山東
南韓
日本
黃海
西安
鄭州
陝西
河南
江蘇
合肥
南京
上海
安徽
湖北
武漢
杭州
東海
重慶
浙江
南昌
長沙
湖南
江西
福州
福建
太平洋
貴州
貴陽
台灣
廣西
廣東
廣州
南寧
越南
南中國海
海南
海口
菲律賓

1975年初的中國
北
烏魯木齊
新疆
阿富汗
巴基斯坦
查謨-克什米爾
青海
西藏
拉薩
錫金(至1975年5月)
尼泊爾
不丹
印度
孟加拉
(至1971年為東巴基斯坦)
緬甸
泰國
雲

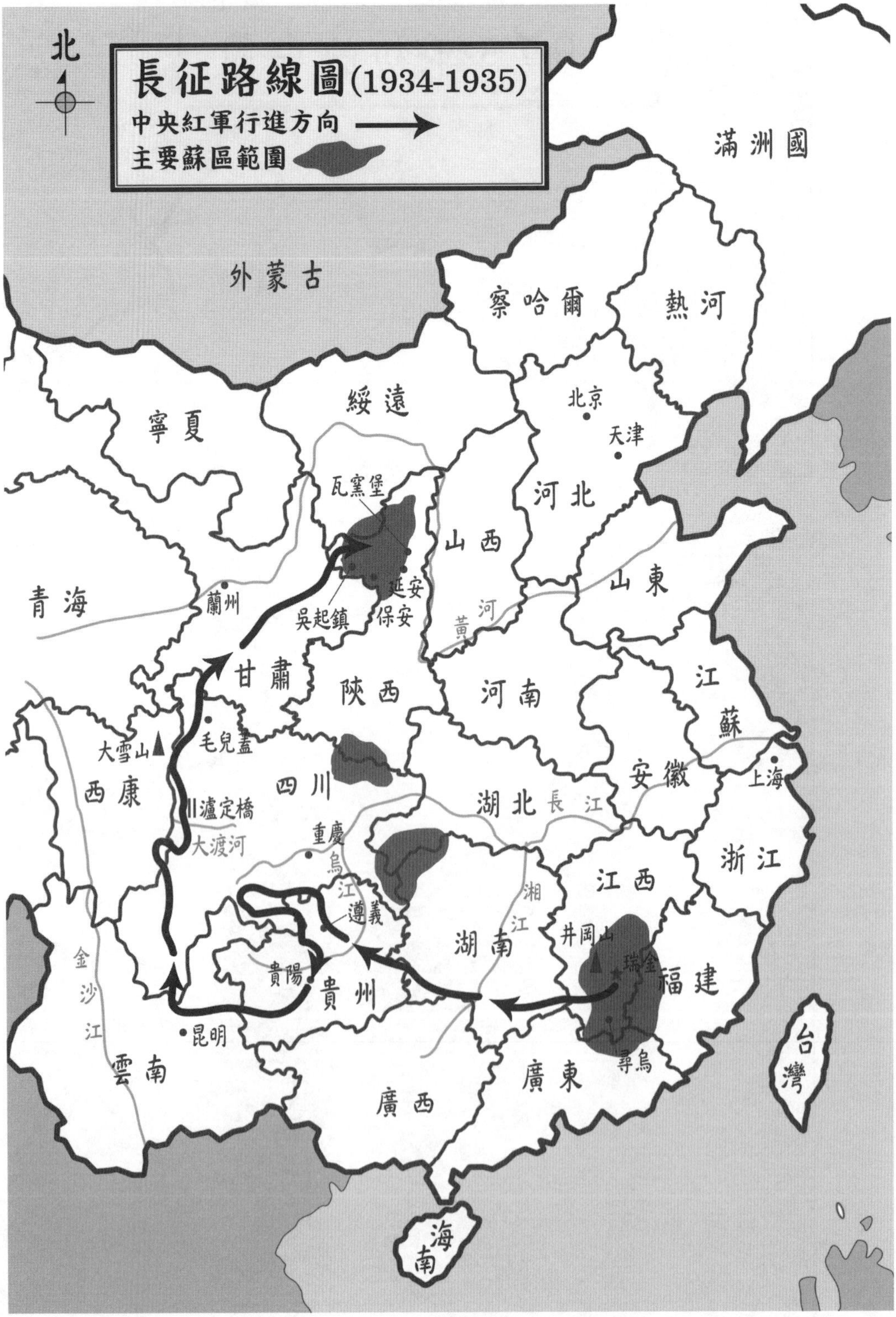

長征路線圖(1934-1935)
中央紅軍行進方向
主要蘇區範圍
北
滿洲國
外蒙古
察哈爾
熱河
綏遠
寧夏
北京
天津
河北
瓦窯堡
山西
山東
青海
蘭州
延安
吳起鎮
保安
黃河
甘肅
陝西
河南
江蘇
毛兒蓋
大雪山
西康
四川
安徽
上海
瀘定橋
湖北
長江
大渡河
重慶
烏江
遵義
江西
浙江
湘江
井岡山
瑞金
湖南
福建
金沙江
貴陽
貴州
昆明
雲南
尋烏
台灣
廣東
廣西
海南

主要人物

厄倫堡（Georgii Borisovich Ehrenburg，一九〇二至一九六七年）。蘇聯的中國事務專家。一九三四年寫出第一篇有關毛澤東的生平小傳。

尤金（Pavel Fedorovich Yudin，一八九九至一九六八年）。史達林派到中國的特使，負責審查毛澤東是否夠資格稱得上馬克思主義者（一九五〇至五二年）。蘇聯駐華大使（一九五三至五九年）。

尤爾特（Arthur Ernst Ewert，化名哈利・柏格〔Harry Berger〕、吉姆〔Jim〕、亞瑟〔Arthur〕，一八九〇至一九五九年）。共產國際駐華代表（一九三二至三四年）。

文七妹（又名文素勤，一八六七至一九一九年）。毛澤東的母親。

毛岸青（又名毛遠義、楊永壽、尼古拉・永壽〔Nikolai Yongshu〕、Kolya，一九二三至二〇〇七年）。毛澤東的第二個子女，楊開慧所生的兒子。

毛岸英（又名毛遠仁、楊永福、瑟吉・永福〔Sergei Yongfu〕、永福，一九二二至五〇年）。毛澤東的第一個子女，楊開慧所生的兒子。

毛貽昌（一八七〇至一九二〇年）。毛澤東的父親。

毛遠志（一九二二至一九九〇年）。毛澤東的侄女。

毛遠新（一九四一年生）。毛澤東的侄子。

毛澤民（化名楊杰、周彬，一八九六至一九四三年）。毛澤東的弟弟。

毛澤東（一八九三至一九七六年）。一九二一年參與組建中國共產黨。從一九三五年起即是中國共產運動的領袖。一九四五年起為中共中央主席；一九五四至五九年，任中華人民共和國主席。

毛澤覃（一九〇五至一九三五年）。毛澤東最小的弟弟。

王佐（一八九八至一九三〇年）。井岡山土匪頭子，一九二七年起和毛澤東合作。

王明（本名陳紹禹，一九〇四至一九七四年）。中國共產黨實際領導人。毛澤東的主要政敵之一。一九三一至三七年，以及一九五六年起，長期住在莫斯科。

王洪文（一九三五至一九九二年）。上海造反派頭頭，文革期間極左翼的四人幫之一。毛澤東的指定接班人（一九七二至七六年）。一九七六年被捕、坐牢。

王海容（一九三八年生）。毛澤東的侄孫女。外交部禮賓司副司長（一九七一至七二年）。外交部副部長（一九七四至七六年）。

王稼祥（一九〇六至一九七四年）。在中央蘇區反毛（一九三一至三四年）。長征期間及遵義會議支持毛澤東（一九三四至三五年）。一九五一年起任中共中央對外聯絡部部長。

加拉罕（Lev Mikhailovich Karakhan，一八八九至一九三七年）。蘇聯駐華大使（一九二三至二六年）。

史沫特萊（Agnes Smedley，又名安娜〔Anna〕，一八九二至一九五〇年）。美國左翼作家。

史達林（Joseph Vissarionovich Stalin，化名菲力波夫〔Filippov〕、馮西，一八七九至一九五三年）。布爾什維克黨總書記（一九二二至三四年）。一九三四年起任布爾什維克黨書記。一九四一年起任蘇聯人民委員會議主席。

布里茲涅夫（Leonid Ilich Brezhnev，一九〇六至一九八二年）。蘇聯共產黨第一書記（總書記）（一九六四至八二年）。

布哈林（Nikolai Ivanovich Bukharin，一八八八至一九三八年）。蘇共中央政治局委員（一九二四至二九年）。共產國際主席團主席（一九一九至二九年）。

布勞恩（Otto Braun，中文名李德，化名K. O. Wagner，一九〇〇至一九七四年）。中共中央軍事顧問（一九三二至三五年）。毛澤東的政敵。

田家英（一九二二至一九六六年）。毛澤東秘書。因為支持農民包產到戶制度，在一九六二年激怒毛澤東。

任弼時（化名陳林，一九〇四至一九五〇年）。在中央蘇區反毛（一九三一至三三年）。中共派駐共產國際代表（一九三八至四〇年）。中共中央書記處書記（一九四一至五〇年）。

列寧（Vladimir Ilich Lenin，一八七〇至一九二四年）。一九一七年任俄羅斯社會主義革命領導人。俄羅斯布爾什維克黨黨魁（一九〇三至二四年）。

向忠發（一八七九至一九三一年）。從一九二八年起擔任中共中央總書記。後遭國民黨逮捕、處決。

向警予（一八九五至一九二八年）。毛澤東的好友、蔡和森的妻子。中國婦女運動的組織者。

朱德（俄文化名丹尼洛夫〔Danilov〕，一八八六至一九七六年）。一九二八至四五年的內戰和抗日戰爭期間，一直是毛澤東最親近的副手。紅軍、八路軍和解放軍總司令。

江青（本名李雲鶴，又名藍蘋、Marianna Yusupova，一九一四至一九九一年）。毛澤東的第四任妻子。一九六六年起任中央文革小組組長。極左派四人幫之一。一九七六年被捕、坐牢。

米夫（Pavel Mif，化名彼得謝夫斯基〔Petershevskii〕，一九〇一至一九三八年）。中國勞動者共產主義大學校長（一九二七至二九年；共產國際駐華代表（一九三〇至三一年）。

米高揚（Anastas Ivanovich Mikoyan，又名安德列耶夫〔Andreev〕，一八九五至一九七八年）。蘇聯國內及國外貿易人民委員（部長）（一九二六至四九年、一九五三至五五年）。部長會議第一副主席（一九五五至六四年）。

艾德加・史諾（Edgar Snow，一九〇五至一九七二年）。美國左翼作家，《紅星照耀中國》作者。

佛拉迪米洛夫（Petr Parfenovich Vladimirov，一九〇五至一九五三年）。蘇聯派在中國共產黨延安總部的情報官員（一九四二至四五年）。

何叔衡（綽號何鬍子，一八七六至一九三五年）。毛澤東的好朋友，一九二一年和毛澤東共同發起湖南共產運動及中國共產黨。

吳佩孚（一八七四至一九三九年）。一九二〇年代湖北軍閥。

吳晗（一九〇九至一九六九年）。劇作家、北京副市長。一九六五年他的劇本《海瑞罷官》遭到批評，引爆文化大革命。

宋慶齡（一八九三至一九八一年）。孫逸仙的遺孀，國民黨左派，與中國共產黨及共產國際合作。

李大釗（一八八九至一九二七年）。一九一八年起任北京大學圖書館館長。中國最早的共產黨人之一。中共中央執行委員會委員，一九二三至二七年。

李立三（本名李隆郅，一八九九至一九六七年）。一九二一年起即組織中國勞工運動。中共實際領導人（一九二八至三〇年）。一九三〇年掀起所謂的李立三冒進路線。

李敏（又名嬌嬌、譚雅・嬌嬌〔Tanya Chao Chao〕，一九三七年生）。毛澤東的第八個子女，賀子珍所生的女兒。

李訥（一九四〇年生）。毛澤東的第十個子女，江青所生的女兒。

李富春（一九〇〇至一九七五年）。一九五四年起任副總理兼國家計委主任。政治局委員（一九五六至六九年）。反對文化大革命（一九六七年二月）。

李達（一八九〇至一九六六年）。一九二一年任中國共產黨共同創黨人之一。

李漢俊（一八九〇至一九二七年）。一九二一年任中國共產黨共同創黨人之一。

李維漢（化名羅邁，一八九六至一九八四年）。新民學會會員（一九一八至一九年）。中共中央統戰部部長（一九四八至六四年）。

李韶九（一九〇三至一九三五年）。紅軍政委、毛澤東的忠貞幹部。一九三〇年十二月，組織了江西富田對黨、軍幹部的血腥整肅。

汪精衛（一八八三至一九四四年）。國民黨「左派」首腦。一九二七年任武漢政府主席。

周恩來（俄文化名莫斯柯文〔Moskvin〕，一八九八至一九七六年）。中國共產黨主要領導人之一，一九二七至三四年期間經常反毛，後來成為毛澤東的左右手、堅強的支持者。一九四九年起一直擔任總理。一九七二年一度為毛澤東指定接班人。

季米特洛夫（Georgii Dimitrov，化名G. M.，一八八二至一九四九年）。共產國際執委會總書記（一九三五至四三年）。

季辛吉（Henry A. Kissinger，一九二三年生）。美國國家安全顧問（一九六九至七五年）；國務卿（一九七三至七七年）。

林立果（小名老虎，一九四六至一九七一年）。林彪的兒子。一九七一年九月企圖逃往蘇聯，但墜機身亡。

林立衡（小名豆豆，一九四四年生）。林彪的女兒。

林彪（化名李進，一九〇七至一九七一年）。一九五五年被封為解放軍元帥。國防部長（一九五九至七一年）。毛澤東的指定接班人（一九六九至七一年）。一九七一年九月企圖逃往蘇聯，但墜機身亡。

金日成（一九一二至一九九四年）。北韓總理（一九四八至七二年）；大統領（一九七〇至九四年）。北韓勞動黨總書記（一九四九至九四年）。

姚文元（一九三一至二〇〇五年）。上海黨報記者，文革期間極左翼的四人幫之一。一九七六年被捕、坐牢。

柯瓦列夫（Ivan Vladimirovich Kovalev，一九〇一至一九九三年）。史達林派駐中國的代表（一九四八至五〇年）。

柯錫金（Alexei Nikolaevich Kosygin，一九〇四至一九八〇年）。蘇聯部長會議主席（一九六四至八〇年）。

張聞天（化名洛甫，一九〇〇至一九七六年）。中共中央總書記（一九三五至四〇年）。中國外交部副部長（一九五四至六〇年）。

胡適（一八九一至一九六二年）。中國自由主義哲學家。

唐生智（一八八九至一九七〇年）。湖南軍閥，一九二六年轉而支持北伐。一九二七年任國民黨國民革命軍第四集團軍總司令。

唐聞生（英文名Nancy，一九四三年生）。毛澤東譯員之一。

孫逸仙（本名孫文，一八六六至一九二五年）。中華民國國父。一九一二年創國民黨。與共產黨成立統一戰線。

師哲（一九〇五至一九九八年）。毛澤東的譯員，一九四九年陪毛澤東赴蘇聯。

徐特立（一八七七至一九六八年）。毛澤東在湖南省立第一師範的老師。著名的共產主義積極分子。

恩格斯（Friedrich Engels，一八二〇至一八九五年）。馬克思主義的共同始祖。

海倫·佛斯特·史諾（Helen Foster Snow，又名Peg、Peggy、Nym Wales，一九〇七至一九九七年）。美國左翼作家，艾德加·史諾的第一任妻子。

袁文才（一八九八至一九三〇年）。井岡山土匪頭子，一九二七年起和毛澤東合作。

袁世凱（一八五九至一九一六年）。大軍閥。一九一二年二月起出任民國大總統。

馬克思（Karl Marx，一八一八至一八八三年）。馬克思主義的共同始祖。

馬林（Maring，又名Ma Lin、安德生先生〔Mr. Anderson〕、菲利普〔Philipp〕；本名Hendricus Josephus Franciscus Marie Sneevliet，一八八三至一九四二年）。共產國際駐華代表（一九二一至二三年）。

高崗（一九〇五至一九五四年）。東北人民政府主席（一九四九至五二年）。中央人民政府副主席（一九四九至五四年）。中央人民政府計畫委員會主席兼東北行政委員會主席（一九五二至五四年）。一九五五年開除出黨。

康生（化名趙雲，本名張宗可，一八九八至一九七五年）。毛澤東的特務頭子。

康有為（一八五八至一九二七年）。中國哲學家、政治家、君主立憲派。

張玉鳳（又名小張，一九四四年生）。毛澤東最後一個寵妾，也是他的機要秘書。

張春橋（一九一七至二〇〇五年）。文革期間極左翼的四人幫之一。一九七六年被捕、坐牢。

張國燾（一八九七至一九七九年）。一九二一年中國共產黨共同創黨人。毛澤東主要政敵之一。一九三八年脫黨。

張敬堯（一八八一至一九三三年）。湖南督軍兼省長，一九一八至二〇年）。

張學良（一九〇一至二〇〇一年）。東北軍閥，一般稱他為「少帥」；一九三六年十二月劫持蔣介石，引爆所謂西安事變。

梁啓超（一八七三至一九二九年）。中國哲學家、政治家、君主立憲派。

陳再道（一九〇九至一九九三年）。武漢軍區司令員（一九五五至六七年）。

陳伯達（一九〇四至一九八九年）。毛澤東的秘書（一九三九至五八年）。一九六六年任中央文革小組組長。一九七〇年被捕、坐牢。

陳雲（一九〇五至一九九五年）。一九二五年加入共產運動。副總理（一九五四至七五年、一九七九至八〇年）。經濟專家。

陳毅（一九〇一至一九七二年）。一九二三年加入共產運動。副總理（一九五四至七二年）。兼外交部長（一九五八至七二年）。一九五五年被封為解放軍元帥。一九六七年二月反對文化大革命。

陳獨秀（一八七九至一九四二年）。中國共產運動創始人，中國共產黨領導人（一九二一至二七年）。

陸定一（一九〇六至一九九六年）。中共中央宣傳部部長（一九四五至六六年）。

陶毅（字斯詠，一八九六至一九三一年）。毛澤東的初戀情人。

凱豐（一九〇六至一九五五年）。共青團書記（一九三三至三五年）。一九三五年遵義會議時反毛。

博古（本名秦邦憲，一九〇七至一九四六年）。中共中央總書記（一九三一至三五年）。毛澤東的主要政敵之一。

彭公達（一九〇三至一九二八年）。湖南省委書記（一九二七年八月至十一月）。

彭真（一九〇二至一九九七年）。北京市委第一書記（一九四九至六六年）。北京市長（一九五一至六六年）。

彭湃（一八九六至一九二九年）。中國共產主義農民運動第一個組織者。

彭德懷（一八九八至一九七四年）。朝鮮戰爭中國部隊總司令（一九五〇至五三年）。國防部長（一九五四至五九年）。一九五九年批評大躍進。

湯薌銘（綽號湯屠夫，一八八五至一九七五年）。湖南都督（一九一三至一六年）。

華國鋒（一九二一至二〇〇八年）。一九七六年毛澤東的繼承人。

賀子珍（本名賀桂圓，化名文雲，一九〇九至一九八四年）。毛澤東的第三任妻子。

賀龍（一八九六至一九六九年）。一九二七年南昌暴動策劃人。國務院副總理（一九五四至六九年）。一九五五年被封為解放軍元帥。

項英（一八九八至一九四一年）。蘇區中央局代理書記（一九三〇至三一年）。

楊尚昆（一九〇七至一九九八年）。中共中央辦公廳主任（一九四九至六六年）。一九六六年文革最早落馬受害者之一。

楊昌濟（一八七一至一九二〇年）。毛澤東在湖南省立第一師範的導師。楊開慧的父親。

楊開慧（別名小霞，一九〇一至一九三〇年）。毛澤東的第二任妻子。

葉子龍（一九一六至二〇〇三年）。毛澤東秘書之一。

葉群（一九一七至一九七一年）。林彪妻子。一九七一年九月企圖逃往蘇聯，但墜機身亡。

葉劍英（一八九七至一九八六年）。一九五五年受封為解放軍元帥。一九六七年二月反對文化大革命。國防部長（一九七五至七八年）。

葛羅米柯（Andrei Andreevich Gromyko，一九〇九至一九八九年）。蘇聯外交部長（一九五七至八五年）。

維廷斯基（Grigorii Naumovich Voitinsky，中文名吳廷康；本姓札爾欣〔Zarkhin〕，一八九三至一九五三年）。共產國際駐華代表（一九二〇至二一年）。

蒙哥馬利（Bernard Law Montgomery，一八八七至一九七六年）。一九四四年起任英國元帥。

赫魯雪夫（Nikita Sergeevich Khrushchev，一八九四至一九七一年）。蘇聯共產黨第一書記（一九五三至六四年）。蘇聯部長會議主席（一九五八至六四年）。

趙恆惕（一八八〇至一九七一年）。湖南省長（一九二一至二六年）。

蒯大富（一九四五年生）。清華大學紅衛兵頭子（一九六六至六八年）。

劉少奇（又名劉衛黃，一八九八至一九六九年）。中國共產黨領導人之一。中共中央副主席（一九五六至六六年）；中華人民共和國主席（一九五九至六八年）；毛澤東的指定接班人（一九六一至六六年）。文化大革命的頭號受害人。

蔣介石（一八八七至一九七五年）。一九二六年起任國民黨國民革命軍總司令。一九二八年起任國民黨政權領袖。

蔡和森（學名蔡林彬，本名蔡林和仙，一八九五至一九三一年）。毛澤東的親密友人。中共中央執行委員會委員（一九二七至二八年），政治局委員（一九三一年）。

鄧子恢（一八九六至一九七二年）。中共中央農村工作部部長（一九五三至六二年）。副總理（一九五四至六五年）。

鄧小平（又名鄧希賢，本名鄧先聖，一九〇四至一九九七年）。副總理（一九五二至六八年、一九七三至七六年、一九七七至八〇年）。中共中央總書記（一九五六至六六年）。文革期間遭整肅，但是一九七八年復出掌權，翻轉了毛澤東的政策。

鄧中夏（又名鄧康，一八九四至一九三三年）。中國共產黨早期黨員、工運組織者。

蕭三（本名蕭子暲，筆名埃彌・蕭〔Emi Siao〕，一八九六至一九八三年）。毛澤東的同學、好友。中國作家。

蕭瑜（本名蕭子昇，一八九四至一九七六年）。毛澤東的同學、好友。《我和毛澤東行乞記》作者，一九五九年出版。

鮑羅廷（Mikhail Markovich Borodin；本姓葛魯森柏格〔Gruzenberg〕，一八八四至一九五一年）。國民黨中央執行委員會主要政治顧問、共產國際駐華代表（一九二三至二七年）。

薄一波（一九〇八至二〇〇七年）。中國財政部長（一九四九至五三年）。副總理（一九五六至七五年）。

瞿秋白（一八九九至一九三五年）。中國共產黨實質領導人（一九二七至二八年）。中共派駐共產國際執委會代表團團長（一九二八至三〇年）。

聶元梓（一九二一年生）。北京大學紅衛兵頭子（一九六六至六八年）。一九六六年為文化大革命第一份大字報作者。

聶榮臻（一八九九至一九九二年）。副總理（一九五六至七五年）。一九五五年被封為解放軍元帥。一九六七年二月反對文化大革命。

羅一姑（一八八九至一九一〇年）。毛澤東的第一任妻子。

羅易（M. N. Roy，一八八七至一九五四年）。一九二七年任共產國際駐華代表。

羅明納茲（Vissarion Vissarionovich Lominadze，又名Werner Nikolai，一八九七至一九三五年）。一九二七年任共產國際駐華代表。

羅章龍（又名縱宇一郎，一八九六至一九九五年）。新民學會會員（一九一八至二〇年）。中共早期黨員之一。

譚平山（一八八六至一九五六年）。中國共產黨領導人之一（一九二三至二七年）。

譚延闓（一八八〇至一九三〇年）。湖南省長（都督、省主席）（一九一一至一三年、一九一六至一七年、一九二〇年）。國民政府主席（一九二八至三〇年）。

譚震林（一九〇二至一九八三年）。副總理（一九五九至七五年）。一九六七年二月反對文化大革命。

饒漱石（一九〇三至一九七五年）。中共中央組織部部長（一九五三至五四年）。一九五五年與高崗一同遭到整肅。

毛澤東

真實的故事

緒論

神話與事實

歷史人物應該有客觀的傳記。可是，即使在最佳狀況下要寫出這樣一本傳記，挑戰也很大。傳記作家必須探索似乎沒完沒了的已出版和未出版的資料來源（經常涉及多種語文）、翻遍無數檔案的內容、篩析真相事實和謠言虛假、在公開角色與私下角色之間找出平衡，判斷傳主一生的智愚。傳主若是死守秘密的封閉社會領導人，困難度更要加倍。要為現代中國的創建人毛澤東寫傳，尤其如此。但是，現在距他在一九七六年去世已經三十五載，中國已發表重要的新文件，我們又可獨家取得前蘇聯的重要檔案，因此對於現代史上這位最重要的中國領導人已經可以得出更清晰、更精細、更完整的圖像。這是這本傳記的目標。

其實，自從一九三六年七月，美國新聞記者艾德加．史諾（Edgar Snow）首度寫下毛澤東的生平故事以來，毛澤東已是無數西方文字寫作的傳記之主角。一年之後，史諾以這篇故事為中心寫成《紅星照耀中國》（*Red Star Over China*）①，這本影響歷史深遠的書迄今仍在印行。從西方文字寫作的毛澤東傳記脈絡而言——我們寫的這本傳記很顯然不合這個脈絡——很值得說明為什麼這個游擊隊頭目轉化的中國共產黨

① 譯按：*Red Star Over China* 原名《紅星照耀中國》，當年為逃避國民黨取締，中文本改名《西行漫記》發行。又，大陸將作者名譯為斯諾。

領導人，會和這位年輕的美國記者會面。

史諾在一九三〇年代中期已是知名的新聞記者，雖然不是馬克思主義者，但他極端同情中國的共產主義運動。他的文章散見於《紐約前鋒論壇報》（*New York Herald Tribune*）、《外交事務》（*Foreign Affairs*）、《星期六晚郵報》（*Saturday Evening Post*）等主流媒體，享有思想獨立的聲譽，並不像在中國的其他左翼記者那樣公開誇耀他們的親共觀點。

也正由於這份聲譽，吸引了毛澤東等中國共產黨領導人的注意。他們打算利用這個三十一歲的美國人改善他們的公共形象、擴張他們的政治影響力。史諾也有他本身的理由要找毛澤東。他是個雄心勃勃的記者，有追求重大新聞的本能，當然不放過可以轟動四方的獨家報導的機會。兩個人都想利用對方。史諾在一九三六年七月十三日抵達陝北的保安，兩天前毛澤東才在這個邊區荒城紮營。毛澤東正在躲避國民政府首腦蔣介石委員長的追剿，國軍已經痛擊中國紅軍。

毛澤東同意接受史諾一系列訪談；訪談中，他首先詳細敘述童年身世及青少年時期的故事，然後才暢述他作為共產黨革命家的事業。共產黨挑選史諾是個很聰明的決定。這個容易受感動的美國人把毛澤東看成明智的聖哲之君、相貌像林肯、聰明、和氣、有自信。[1]兩人一連多日在窯洞裡秉燭夜談，史諾拚命在筆記本上記下毛澤東的獨白，很快就成為毛澤東的記錄員、而不是有判斷力的記者。任務一完成，史諾帶著寶貴的筆記回北平，開始整理文稿，寫成《紅星照耀中國》。

果如毛澤東和史諾所希望，《紅星照耀中國》大為轟動，西方國家的自由派知識分子和左翼人士尤其喜歡它。它把毛澤東細膩地描繪成羅曼蒂克的革命家，在已經對日益專制、一板正經的蔣介石失去信心的西方讀者心目中，觸動同情的神經。史諾這本開路先鋒作品替日後許多同樣或甚至更同情毛澤東的作者所寫的傳記定了調。日後的著作和史諾的書只有一個重點完全不同。史諾認為毛澤東是蘇聯馬克思主義忠實的信徒，其餘作家則認為早在一九三〇年代末期，毛澤東領導下的中國共產黨已變得威權專制且自力更生。根據這一派觀點，毛澤東身為獨立自主的思想家和主角，基本上已和莫斯科保持距離，不像在黨內鬥爭中敗給他的那些死守教條的中國史達林派。毛澤東有骨氣，是真正的中國革命家，不是史達林（J. Stalin）的跟班。這正是想向美國讀者解釋中國革命的作者，覺得毛澤東有魅力的特徵。

早在一九四〇年代末期、一九五〇年代初期，費正清（John King Fairbank）、史華慈（Benjamin I. Schwartz）、布蘭德（Conrad Brandt）和諾斯（Robert North）等美國中國事務專家，就舉毛澤東和史達林的關係、以及他對中國的觀點為例，提出他自有一套「獨立」見解的說法。這套說法日後成為經典之論。[2] 他們寫說，史達林不信任毛澤東，認為他是「農民民族主義者」、不是共產主義者。甚且，毛澤東領導下的中國農村革命情勢上漲，正足以證明正統的馬克思主義認為工人階級具有「歷史角色」的觀點，乃是錯誤的。中國的「農民革命」乃是後殖民世界全面農民革命這個戲劇化時代的序幕。蘇共和中共在一九六〇年代初期分裂之後，俄國和中國學者也接受同樣的思路。

同時，毛澤東也搖身一變，從腳踏實地的革命家變成一九六〇年代某位傳記作家筆下的「藍螞蟻的皇帝」（指的是中國人全都穿藍色衣服）。[3]一九四九年十月一日宣布成立中華人民共和國之後，毛澤東遷入從前皇室居住的北京紫禁城。往後幾年，除了親近同事和隨從人員，別人愈來愈不容易接觸到他。每次公開露面，事先必經仔細規劃；接受訪問和公開講話也愈來愈深奧難解。毛澤東在世時出版的西方語文傳記，包括著名的中國事務學者施蘭姆（Stuart R. Schram）一九六七年推出的最佳巨作[4]在內，大體上依據的都是中國共產黨已發表的文件；毛澤東發表的文章、講詞和聲明、和毛澤東晤談過的外國訪客之印象、少數政治上的熟人和敵人的回憶錄，以及各種零散的資料。毛澤東具有獨立性、能夠有創意地把馬克思主義調適進中國的環境，一直都是這些傳記的中心論述。

乍看之下，這個論述頗有根據。直到一九四九年底，毛澤東從來沒去過莫斯科，史達林也完全不認識他。同時，稱毛澤東是「反列寧主義」、指控他犯了「托洛茨基主義」這項滔天大罪的負面報導，不時從中共黨內外消息管道傳到莫斯科。因此，赫魯雪夫（N. S. Khrushchev）說史達林認為毛澤東是「住窯洞的馬克思主義者」，顯然也合乎邏輯。[5]一九五〇年代末期，蘇聯共產黨第二十次全國代表大會譴責史達林主義之後，毛澤東本人也經常回憶說，他意識到史達林不相信他。[6]

然而，仔細檢視之後，關於毛澤東和史達林、蘇聯關係的這類定論，其實並不正確。事實上，近來出現的蘇聯和中國檔案透露，毛澤東是史達林忠實的追隨者，按捺著性子向他的主子一再表示效忠，直到史達林過世之後，才敢脫離蘇聯模式。

這一項揭露是值得徹底再評價毛澤東的許多原因之一。真相早就躺在中國共產黨、蘇聯共產黨和共產國際（Communist International, Comintern）的秘密檔案中。直到最近，這些檔案才全部或局部公開。關於毛澤東政策、觀點和私生活有許多新揭秘，最有趣的部分包含在莫斯科前蘇聯共產黨中央委員會中央黨部檔案室有關毛澤東及其敵人、友人未出版的文件當中。布爾什維克在一九一七年十月革命後不久就開始組織這個檔案室。打從一開始，它的主要職責就不只限於蒐集與布爾什維克黨史有關的文件，也負責蒐集與國際勞工及共產主義運動史有關的文件。一九四三年共產國際解散後，它所有的文件資料全部移交給中央黨部檔案室。一九五〇年代，共產情報局（Communist Information Bureau, Cominform）的檔案也都存放到那裡。最後，一九九九年六月，前共產主義青年團檔案也併入這個蒐藏。今天，這些整合起來的檔案被稱為「俄羅斯社會暨政治史國家檔案」（Russian State Archive of Social and Political History）。稍微介紹一下這些檔案的內容，就可以知道它們是我們寫這本毛澤東傳記努力挖掘新資料的重要來源。

第一，它們是全世界有關國際共產主義運動及蘇聯共產黨黨史文件最大的蒐藏所。它們蒐藏大約兩百萬份書面文件、一萬二千一百零五份照片材料和一百九十五部紀錄影片，分為六百六十九個主題。檔案的核心部分是有關中國共產主義運動十分豐富的文件。它們包括中國共產黨駐共產國際執行委員會的卷宗文件、中國共產黨中央委員會各種帳冊及財務收據、共產國際和布爾什維克黨給中國的指令、列寧、史達林、托洛茨基（L. Trotsky）和其他布爾什維克領導人的文件、中國共產黨和中國國民黨派駐共產國際代表的秘密報告、許多重要的中國革命家之相關個人資料。

有關中國共產黨人私人文件的蒐藏，特別有意思。不像其他許多檔案材料，即使在一九九〇年代初期葉爾辛（B. Yeltsin）意識型態「解凍」的短暫時期，這些文件也不開放給大多數學者。它們一直鎖在檔案室的最高機密部門。即使今天民眾要借閱這些檔案也受到高度限制。只有本書作者之一潘佐夫（Alexander V. Pantsov）等極少數專家，才獲准借閱這些材料，而且因與館方人士及當今俄羅斯學者私交甚篤才能夠持續接觸到它們。這些管制材料包括三千三百二十八個卷檔，有毛澤東、劉少奇、周恩來、朱德、鄧小平、王明和其他許多中共高階黨員的相關資料。

有關毛澤東的卷檔最令人歎為觀止。它包括十五卷非常獨特的文件，有他的政治報告、私人信件、毛澤東和史達林、史達林和周恩來、毛澤東和赫魯雪夫的會談速記記錄、由蘇聯醫生彙整的毛澤東病歷、蘇聯國家安全委員會（KGB）和共產國際特務的秘密報告、有關毛澤東妻兒子女的個人資料，包括早先大家都不知道的第九個小孩在莫斯科出生的證明、由他在中共黨內政敵執筆控訴他的報告，還有許多蘇聯大使館和KGB特務從一九五〇年代末期至一九七〇年代初期就中國政治局勢呈報的密電。我們是首開記錄可以利用所有這些材料的毛澤東傳記作者——這些材料在重新評價毛澤東私人生活和政治生活時，乃是無價之寶。

補充這些俄羅斯及中國檔案的是近年來在中國出版的許多傳記材料、回憶錄和手冊。其中有毛澤東的秘書、情婦、親友故舊的回憶錄和日記，全都有助於我們重新解讀毛澤東的一生。同樣重要的是北京中共中央委員會持有的一批受到嚴格管制的文件，這些檔案近來因中國歷史學者的努力而為人所知。檔案內括十三冊的毛澤東手稿集，時間上溯至中共建黨之始。另外有七冊毛澤東韶山的家族年譜、毛澤東的私下談話記錄、毛澤東之前未公開的草稿、演講稿、建議、評論、筆記及詩詞。

我們這本毛澤東傳記是根據以上所有這些獨特檔案及最新出現的文件，再加上許多熟悉毛澤東的人士之訪談錄所寫成。因此，它的資料最新。近來張戎和哈利戴（Jon Halliday）著作的《毛澤東：鮮為人知的故事》（*Mao: The Unknown Story*）遭學術界批評，指它不可靠、判斷歪曲。[7]我們設法避免這些缺陷，比其他任何傳記作者更仔細地、嚴謹地採用廣泛的資料來源，審慎評估證據，提出不受政治考量影響的堅實、有力的判斷。這種冷靜的態度使我們可以呈現出這位偉大的舵手之多樣性面貌——是革命家、也是暴君；是詩人、也是專制者；是哲學家、也是政客；既為人夫、又四處留情。我們展現出毛澤東既非聖人、也非惡魔，只是一個複雜的人物，他的確盡全力要為國家帶來繁榮，並爭取國際尊敬。可是他犯了不少過錯，自陷於政治和意識型態烏托邦的死巷，並且沉浸在個人崇拜之中，身邊簇擁著一堆阿諛諂媚的廷臣。毫無疑問，他是二十世紀最偉大的烏托邦者之一，但是他和列寧、史達林不同的是，他不僅是個政治冒險家，也是個民族革命家。他不僅推動激進的經濟、社會改革，也在原本半殖民地的中國完成民族革命，並且統一了深陷內戰的中國大陸。原本被先進的西方世界及日本所鄙視的中國及中國人民，在毛澤東手中爭回了世界的尊敬。可是，他的國內政策造成全國大悲劇，數千萬人斷送了性命。

我們也試圖寫出一個有血有肉、有趣的人的故事，花了相當篇幅講述毛澤東的性格、個人及家庭生活，以及他的政治和軍事領導。本書有許多摘自回憶錄和訪談錄的有趣故事，呈現毛澤東為人子、人夫、人父、朋友、情人，以及戰略家、理論家、政治家和政治鬥士的諸多面貌。我們從許多角度展現毛澤東也有七情六欲，會陷入深邃的憂鬱，也會有飛漲的激憤，是個有強大意志力和野心的人物，在他擔任中國共產黨和中華人民共和國領導人時，實際上獲得無限制的權力。我們的目標是畫出鮮活的圖像，希望能使對毛澤東和中國所知不多的讀者有興趣一讀。我們也試圖描述毛澤東所遇到的五光十色的眾多人物，以及他在中國居住、念書、工作和休憩的地方，從他出生地韶山沖到過得有如皇帝的紫禁城都會提到。我們這本書透過它最重要的領導人敘述現代中國的歷史，試圖傳遞中國的感受、氣味和感觸。

我們的研究也發現許多有關毛澤東生平的驚人的新事實，需要修正我們對中國共產主義運動歷史、中華人民共和國歷史，以及特別是毛澤東本人的既有的共同認識。根據廣泛的研究，我們記載中國共產黨從一九二一年建黨至一九五〇年代初期持續依賴莫斯科財務支持。仔細注意毛澤東的一生，我們發現只有考量到它持續依賴莫斯科對它下達權威的政策指導和指令，才能理解當時的中國共產黨歷史。有關張國燾、周恩來、劉少奇、蔡和森、瞿秋白、鄧中夏、王若飛、陳雲、李立三、高崗、俞秀松及其他人的檔案材料也顯示，中共依然聽命於史達林及其副手，他們不但控制共產國際，手上也掌握著中共領導人的命運。我們從中共主要人物因為所謂的錯誤或「托派活動」被迫接受無數的、羞辱性的盤問及自我批判，可以看到這一點。甚至，還有證據顯示史達林在一九三八年考慮公審周恩來、劉少奇、康生、陳雲、李立三及其他人在內的共產國際官員。如果不是他放棄這個計劃，許多中共領導人或許就成為他的槍下幽魂。不過，有些文件顯示，他謀殺了大多數中共出席共產國際第七次大會的代表團人員（舉行時間為一九三五年七月至八月）。

史達林沒把毛澤東列入「黑名單」。史達林本人及共產國際的確協助毛澤東在中共黨內崛起掌權。其實，毛澤東並不像東德的瓦爾特・烏布利希（Walter Ulbricht）、保加利亞的托多爾・日夫可夫（Todor Zhivkov）或依附於莫斯科的其他中歐、東歐共產黨領導人，但是我們不再有懷疑，他的確忠於史達林，向史達林尋求指導與支持（我們談到毛澤東、史達林於一九四九年十二月至一九五〇年一月的會談，就會透露這方面的內情。同樣有密切關係的是，我們會敘述韓戰期間毛澤東和史達林侷促不安的關係。史達林並沒有打算統一韓國，而是設法讓美國不只和北韓交戰，也和中國衝突，希望藉此削弱美國。史達林企圖進而在全球搧風點火掀起革命）。一直要到史達林於一九五三年三月去世之後，毛澤東才開始與蘇聯領導人保持距離。他覺得赫魯雪夫是不值得信任的小丑，刻意蔑視他。我們會顯示毛澤東和赫魯雪夫個人不和，是中、蘇分裂的主要原因之一。到了一九六〇年代末期，中、蘇交惡已升高到一個程度，卻經常被低估。依據前蘇聯的秘密檔案，我們顯示在一九六〇年代末期，中、蘇關係已緊繃到蘇聯領導人甚至開始考慮武裝介入中國事務，例如針對中國的工業重鎮發動原子攻擊或炸毀中國的原子基地。

我們也試圖呈現年邁的毛澤東於一九五〇年代末期至一九七六年九月去世這段期間一個鮮明、客觀的圖像。這段期間，毛澤東發動大躍進（一九五八至六一年）和文化大革命（一九六六至七六年），企圖大膽依循獨特的毛式社會主義路線改造中國社會，卻造成極大規模的悲劇。這些事件全都根據新的檔案材料檢視，目的是指出其狂妄的目標和中共高級領導人彼此之間的權力鬥爭；毛澤東因為上了年紀，對他們日益疑神疑鬼，技巧地加以操縱以遂其目的。

和傳統觀點不同的是，我們顯示文化大革命不只是毛澤東最後的奪權鬥爭，而且是非常不幸、有許多嚴重瑕疵想達成其烏托邦理想——要在新的理想社會建立新的理想公民——的努力。到了一九六〇年代中期，毛澤東認為社會主義重建社會政治關係還不夠。即使完成社會主義建設，人還是有惰性、自私自利。每個人都會潛藏貪婪的自我，夢想重回資本主義。因此，如果聽任發展，即使共產黨本身也會墮落。他因此得到一個信念：若不先搗毀中國文化裡的舊傳統價值，就不可能建立共產主義。然而，他顯然低估了人性。這個誤判不僅造成文化大革命失敗，也使毛澤東主義的計劃全盤破滅。毛澤東所擬想的粗糙的威權專制共產主義制度、一個嚴厲統制的社會，隨著毛澤東本人去世也埋入地下。

總結而言，身為歷史學者，我們的職責不在責備或讚頌毛澤東。我們給自己訂的職責是，盡最大努力詳細地呈現二十世紀一位最有權有勢的政治領袖。我們希望本書有助於讀者對毛澤東、對他所生長的時代和國家、對他所創造的中國，有更深入、更正確的瞭解。

第一部

學習者

第一章

菩薩的義子

華南的小村韶山沖位於湖南省湘潭縣，擠在一個狹窄山谷間，兩側峰巒布滿長青樹木和水稻田，頂上是碧藍天空。遠處的韶山即是村子得名的源頭，是佛教徒尊奉的名山。從省會長沙有一條鐵路支線通到鄰近的鎮甸，它也叫作韶山。兩地相距一百六十公里，火車要走大約三個小時。有一排巴士停在火車站前廣場等候遊客。車掌高聲呼喚：「毛主席的故居！毛主席的故居！」巴士在鄉間小路顛簸個半小時，經過一片片水稻田和荷花池之後，會把你帶到一棟十三個房間的磚房改裝的紀念館。紀念館左、右兩側是略小的、類似的典型農舍，氣氛就像典型的農村社區。這個小村就和湖南省其他許多村莊一樣，但是它的特色就是這裡出生了一個改變國家歷史的人，儘管過世多年，全世界仍可感受到他的影響力。

這個山凹小村的許多居民都姓毛。這是毛氏家族定居的地方。所有毛氏宗親的開基祖是江西省出生的一位英勇戰士毛太華。他在十四世紀中葉投效朝廷軍隊到雲南省對抗蒙古人（蒙古人自一二七〇年代一度統治中國）。蒙古的主力部隊被曾經出家為僧的朱元璋起兵擊敗。朱元璋於一三六八年自立為新皇朝大明皇帝。毛太華在邊省雲南娶當地女子為妻，一三八〇年帶著妻小回到湖廣（今之湖南），於湘潭南方的湘鄉縣定居。大約十年後，他的兩個兒子往北遷到湘潭縣，落戶在韶山沖。他們是韶山毛氏的始祖。[1]

中國未來的最高領導人於農曆蛇年十一月十九日生於這樣一戶家庭，父親為毛貽昌。這是一六四四年即統治中國的大清光緒十九年。光緒皇帝載湉於一八七五年登基，年僅四歲，由姨媽慈禧太后垂簾聽政。依據西洋曆法，毛貽昌在一八九三年十二月二十六日喜獲麟兒。

毛澤東的父親高興得不得了，可是母親卻很憂慮。嬰兒塊頭很大，她生怕自己養不了他。她已經生了兩胎男孩，卻都早夭。她用布巾包起嬰兒，上山尋訪一位尼姑，兩眼噙著淚水，懇求師父代為照顧嬰兒。但是女尼拒不接受。嬰兒看起來挺健康，不需要為他太過擔心。這位隱居深山的女尼建議多祈禱神明庇佑小孩之外，要憂心忡忡的母親帶兒子回家去。母親抱著兒子，匆匆趕回鄰縣的娘家，途經一座蓋在約三·七公尺高巨石上的觀世音菩薩廟。身心俱疲的她，趴跪於地，祈求觀世音菩薩認養她的兒子。[2]

依據傳統，要立刻向新生嬰兒的外公外婆報告。生兒子、弄璋之喜，要送呈他們公雞；生女娃，是弄瓦，則送上母雞。

中國人把胎兒在母體裡那九個多月，視為生命的第一年，因此嬰兒呱呱落地，就算一歲。有一項古老的儀式要求以父親的舊褲子做成襁褓，包覆嬰兒。更舊的褲子據說可以吸走任何傳染病菌，則掛在嬰兒床上方。嬰兒生下第三天才當著首度允許探望新生兒的親友面前洗澡。嬰兒首浴當天，做父親的要備牲禮祭祖，並且在嬰兒洗澡的熱水當中放一顆洋蔥和一塊生薑，象徵身心健康。母親抱起嬰兒，把他遞給助產士。助產士把洋蔥根放到嬰兒腦袋上方，喃喃有詞禱告說：「先要聰明、次要智慧、第三才是狡黠。」然後她把一副鎖在嬰兒的嘴、雙臂、雙腿比畫比畫，叮嚀：「要安靜。」嬰兒胸部放一把秤，以便他長得粗壯，熟雞蛋放臉頰以示祈求幸福。還用紅絲線綁個銀元掛在嬰兒手腕。滿月之後，嬰兒才可剃頭，只在兩側太陽穴上方和頸背留點頭髮。這是非常重要的場合，因為也要給嬰兒命名。這時候賓客再度登門，送上錢、豬肉、魚、水果及彩蛋為賀禮。

自古以來，父母親在命理師協助下給新生兒命名。毛貽昌依據傳統，請教本地的命理師。命理師說，嬰兒八字缺水，建議毛貽昌兒子的名字要有「水」。[3]命理師的希望吻合毛氏系譜要求。每一代男丁名字各異，但一定會有一個特定的漢字作為代表輩分的字。毛貽昌這個新生嬰兒是毛家第二十代，排在「澤」

字輩，它的左邊部首就是水。澤字有兩個意義，一是潤澤，而潤澤即是仁慈、善良、推己及人。毛貽昌選了「東」字作為兒子的名字。澤東兩字不尋常的美——「澤被東方」。另外，又根據傳統，男孩子還應有「字」，以便用在特別的慶祝場合。毛澤東的字為「潤之」。不過，毛澤東的母親給他取了另一個名字「石頭」，用意是保護他不會遭到不幸，也凸顯他是觀世音菩薩的義子。由於毛澤東之前已有兩個早夭的哥哥，他排行老三，母親喊他「石三伢子」。

毛澤東生在一個小家庭。除了父親、母親，家裡只有祖父（毛澤東祖母劉氏在他出生前九年、即一八八四年五月二十日去世，得年僅有三十七歲）。毛家只住東廂或左側一半房子；鄰居住另一半。房子前方有水塘和稻田，後方則是松樹和竹林。村子裡六百戶人家，幾乎無一不窮。在小塊田地上終年辛苦耕作，僅有微薄收入。

毛澤東的祖父毛恩普一輩子都窮困，給兒子留下一大堆債務。但是毛澤東的父親毛貽昌能夠脫離貧困。他是家中獨子，生於一八七〇年十月十五日。十歲時就被家裡包辦婚姻，說好要娶大他三歲半的文七妹為妻。五年後，兩人成親。婚後不久，迫於父親的債務，毛貽昌只好到湘軍服役（湖南因為省內主要河流湘江，因此通稱湘省）。經過一段時間後，藉著當兵糧餉的結餘，他終於贖回父親失去的土地，成為獨立自主的農戶。他為人粗魯、暴躁，但是克勤克儉。毛澤東的女兒顯然是從她父親那兒聽來，她說，她爺爺毛貽昌常說：「貧窮不是因為吃太多或花太多的結果。貧窮是因為不會節省。能夠節省的人會有足夠資財生存，不懂節省，坐擁金山，也會坐吃山空！」[4]毛貽昌的太太心地善良，為人慷慨厚道，幫他做人，村民稱讚她「素勤」。[5]毛澤東十歲那年，祖父過世。毛貽昌憑著難以想像的節儉，設法積攢一些錢，又買了一些土地。[6]八年前，大弟弟毛澤民出生；祖父過世之後，又添了小弟弟毛澤覃。除了這些小孩以及毛澤東出生前即已夭折的兩個兒子，毛澤東的父母還生了兩個女兒，可是也都早夭。

毛澤東的母親信佛十分虔誠，向自己的孩子灌輸宗教信仰。他在童年和青少年時期，經常陪母親上佛寺，而她夢想長子或許會出家當和尚。可是他父親並不信佛，不過也沒特別反對。雖然外表不顯露，他對菩薩秘密尊敬。毛澤東告訴史諾：「有一天，他出去收帳，路上遇到一隻老虎。老虎猝然遇見人，慌忙逃跑了。我父親卻感到更加吃驚，對於他這次脫險的奇蹟，他後來想得很多。他開始覺得是不是得罪了神佛。從此，他開始比較敬佛，有時也燒些香。」[7]

雖然毛貽昌敬畏菩薩，但他認為長子多學點儒家智慧——這是古代大哲孔子（西元前五五一至四七九年）及其追隨者流傳下來的傳統哲學——比較有用。中國的政治制度是以儒家原則為基礎，它要求人的道德完美。根據孔子的教誨，人必須履行上天賜予的「理」，其中重要的是「仁」、「孝」與「德」。唯有遵循天理，人才能達致道德理想，而它正是儒家的至高目標。

個人的良知決定一個人是否真正奉行孔子的教誨，但是就實務面而言，人若不熟悉孔夫子的學說，不可能有事業前途。能夠引經據典暢述孔子言論，才能獲得官職。不熟悉孔子的《論語》和其他經書，如《孟子》、《大學》和《中庸》等，被認為是不學之徒。

因此，只念過兩年書的毛貽昌渴望長子能夠精嫻儒學，也就不足為奇。毛貽昌曾經因為不會引經據典加強論述，打輸一場土地官司。法院判熟讀經書的被告贏。毛澤東的女兒寫說，她祖父當下下定決心：「要讓我的兒子成為有學問的人，能夠替我出頭。」[8]毛澤東因而被送到韶山念私塾，老師要求他熟背各種經書。

毛澤東背聖賢書、熟記聖賢教誨，純為實用，好在適當時機引述一句得體的話，在辯論中贏過別人。孔夫子的道德、倫理觀在他心靈上完全沒有留下任何痕跡。毛澤東的女兒敘述她父親有一次如何辯贏了他的老師。她寫說：

> 有一天天很熱，老師沒到學堂。父親提議同學們一道去游泳。當老師發現學生們赤身露體裸泳，認為非常不合禮節，決定懲罰他們。但是，父親從《論語》裡引述一句孔子稱許洗冷水澡的話。父親翻開書，找出他需要的那句話，高聲朗誦孔子說過的話。老師這下子記得孔子是曾經說過這句話，但是他

丟不起臉。盛怒之下，他找祖父告狀：「你們家潤之真的令人受不了。一旦他知道得比我多，我也就不再教他！」

毛澤東也擅長在和父親私下辯論時，引經據典來駁他。毛貽昌喜歡責備他不孝和懶惰。有時候毛澤東辯贏，可是爭辯的結果往往是他倒楣。他父親對孔子種種教條，最重視的莫過於孝道的要求。當兒子膽敢頂撞時，他就祭出家法、動鞭子打。他痛斥毛澤東：「我打死你這個不守規矩的雜種。」[9]他也鞭打另外兩個兒子。儘管毛澤東的母親護著兒子，但通常無濟於事。

家庭衝突、父親粗暴、他深愛的母親無力護子，無可避免地影響毛澤東的性格。他成長為一個熱切、驕傲的逆子，頑固程度不遜於他父親，這一點父子倆真像。[10]面對惱怒父親的嚴峻脾氣，毛澤東本人變得日益苛刻、任性。

他的頑固除了家庭根源，可能也有人種因素。湖南人做菜愛吃辣椒，脾氣急躁是全國出名。一般人都說，湖南人「和湘菜一樣火爆」。

多年之後，毛澤東對於家庭中的衝突提供半開玩笑的馬克思派的解釋。一九三六年七月，當他接受美國記者艾德加．史諾專訪時，他說：

這時我家有十五畝田地，成了中農……我的父親……又積蓄了一點資本，後來又買了七畝地，這樣我家就有「富」農的地位了……我父親還是一個中農的時候，就開始做販運穀子的生意，賺了一些錢。他成了「富」農之後，就用大部分時間做這個生意了。他雇了一個長工，還叫孩子們和妻子都到地裡幹活。我六歲就開始幹農活了。我父親做生意並沒有開鋪子，他只是從貧苦農民那裡把穀子買下來，然後運到城裡賣給商人，在那裡得到個高一些的價錢。在冬天碾穀的時候，他便多雇一個短工幹活，那時我家就有七口人吃飯……他一文錢也不給我們，給我們吃的又是最差的……對於我，他不給蛋也不給肉。

隔了一會兒，毛澤東笑著說：

我家分成兩「黨」。一黨是我父親，是執政黨。反對黨由我、母親、弟弟組成，有時連雇工也包括在內〔毛澤東指的是大弟弟毛澤民，因為小弟弟毛澤覃還未出生〕。可是在反對黨的「統一戰線」內部，存在著意見分歧。我母親主張間接打擊的政策。凡是明顯的感情流露或者公開反抗執政黨的企圖，她都批評，說這不是中國人的做法……我的不滿增加了。在我們家裡，辯證的鬥爭在不斷地發展著。

一般父親和長子之間的爭吵非常罕見。毛澤東卻當著別人的面和父親激烈爭執，這是難以想像的大逆不道行為。毛澤東接受史諾訪談時，對於父親提到：「我學會了恨他。」[11]

毛澤東那節儉成癖的父親繼續聚財。他不再買進土地，但他典進了許多別人的地。他的資本增加到了兩、三千中國銀元，算是相當大的財富。中國大部分農民非常貧窮。大體而言，十九世紀末、二十世紀初的大清中國是極端落後、蠻荒和中世紀的國家。資本主義才剛萌芽，對社會尚未有重大影響。當時的資本主義企業設置在上海、天津和武漢這類城市，遠離韶山。只有上述少數城市才有所謂經濟繁榮。農村的生活與遠古無殊。大部分農民不預期能從市場經濟受惠。秋天時，他們典型地必須以極大的折價，出售一部分自己很有需要的穀物，給類似毛澤東父親那樣的奸商，來償付債務。到了春天，糧價上升，他們又必須買回相當數量的穀物。一來一往過程中，他們遭逢沉重的財物損失，只是為了避免飢寒。[12]窮光蛋和農村的低層階級，包括流浪漢、無家可歸的乞丐和其他痞子佔了全國人口相當高的比例；全國約四億人口中有四千萬至四千五百萬人，對一般生意人和商販非常沒有好感。中國全國有十分之一的人既貧窮又無業可就。[13]這些人輕蔑地稱呼毛澤東父親這種農民為「土豪」或吸血鬼。由於城市裡頭沒有太多現代企業可提供就業機會，大部分中國人被局限在自己的家鄉。至少有些人在家鄉能找到一點零工，尤其是春播、秋收季節。但是絕大多數人沒有這種福氣。一群又一群衣衫襤褸、骯髒的人在農村路上遊蕩，乞討救濟。市集廣場上經常有農民把年輕女兒、甚至兒子放在竹簍裡、舉牌子要出售他們的兒女。

許多農民加入「三合會」等黑手黨似的幫會，從事搶劫土豪的勾當。殘暴的叛亂不僅在湖南、在其他省份也經常發生。

一九〇六年寒冷的冬天，離韶山約二百四十公里的萍鄉縣正在醞釀一場由洪江會發動的大叛亂。洪江會是勢力遍布華南及東南各省的「洪門」的一個支會。它在湖南和江西兩省交界、韶山和萍鄉之間特別活躍，它要反清復明（滿清於十七世紀中葉推翻明朝）。「小刀會」會員受到一種外人根本不明白、很獨特的宗教儀式所約束。他們誓言在任何情況下要相互幫助，他們相信神奇的道教、佛教驅魔鎮邪的方術以及其他巫術。他們練武，認為武術和氣功可使他們刀槍不入。

洪江會在萍鄉起事後，公開唱出兩個口號：一、「反清復明」，二、「劫富濟貧」。起事的傳聞很快在江西和湖南鄰近縣份傳開。亂黨以大刀、長矛和劍為武器，肆虐地方，攻擊土豪的家宅、劫掠劣紳的財物——貧農稱呼富有的農村士紳為劣紳。他們搶走這些相對富足的農民之錢財和補給，在他們家飲酒作樂。一部分偷搶來的物品分配給了窮人。十天後，政府軍隊敉平亂事，但是本地人久久不能恢復寧靜。張國燾是萍鄉人，當時只有九歲，日後成為中國共產黨創始黨員之一、也是毛澤東權力鬥爭的主要對手。他同情起事的農民，但是他被嚇壞了。張國燾鮮明地記得這一幕：

我們三個小孩子一路走去，並未遇著阻攔，沿途也有些來往的行人，空著手和挑著東西的都有，靜悄悄的匆忙走過。我們走到約五里路的地方，到了文家所開設的一間小雜貨鋪……那店鋪裡的管店先生認為風聲很緊，不可走夜路，而他又因店鋪無人看守，無法抽身護送我們；因此留我們在店裡吃飯過夜，我們也就答應了。

大約是半夜的時候，突然來了一些身背馬刀喝醉了酒的大漢，把我們從床上抱起來放在店鋪的櫃台上。我們從夢中驚醒，看見他們抽出刀來，嚇唬我們。有的說：「殺掉這三個小孩祭旗吧！」有的說：「試試刀也好呀！」那位管店先生卻急於為我們解脫，請求他們讓小孩們好好去睡覺；並邀請他們喝酒吃東西，原來那管店先生和那些大漢竟是同黨，他的話因而發生了效力。那些大漢鬧了一陣，後來也就離此他往了。我們三個小孩沒有受到任何損害，回到臥室去，驚慌減少下來，重入睡鄉。14

同樣的亂事也在其他地方發生，連湖南省城長沙都不得幸免。韶山本地的秘密會社哥老會很快得到其他貧窮農民的加入，也起來叛亂。由於糧荒，窮人要求富戶接濟，他們發起一個「吃大戶」的運動。毛澤東回憶說：「我的父親是一個米商，他不顧本村缺少糧食，將許多米由我們的鄉村運到城裡。其中一船米被窮人劫去，他氣得不得了。但我對他不表同情。同時，我以為村人的方法也是錯誤的。」15

暴民受到殘酷鎮壓。新巡撫下令逮捕鬧事的領袖，其中許多人被斬首示眾，他們的頭顱掛在旗竿上，作為對今後的「叛逆」的警告。部隊亦奉派到韶山去剿平哥老會。他們的領導人也被捕、遭到斬首。

在中國，處決人犯公開為之。犯人穿上無袖短衫，背後以墨筆註明「土匪」或「殺人兇犯」。他們雙臂反綁，坐在板車上遊行城市或鄉間，前後各有武裝士兵戒護。老百姓夾道看熱鬧。有人還全程跟著板車走。士兵們最後把人犯從車上拉到擠得人山人海的廣場。其中一名士兵把大刀遞給同僚，趨前向人犯跪拜，請求原諒奉命行刑。據說，這可以保護他免受冤魂報復。這個儀式也讓死囚保留顏面，得到最後少許的尊敬。現在輪到死囚跪下，劊子手迅速一刀揮下、砍下他的腦袋。然後，群眾即散去。農村生活相當沉悶、無聊，因此公開處決人犯還頗能引起興趣。如果遊街過程，死囚還能唱歌、呼口號，展現視死如歸的模樣，那就更有意思。群眾中有人會為他喝采，大叫：「好！好！」

暴力帶來暴力。當時的社會習於人命不值錢、猶如草芥，老百姓夜以繼日努力勞動才勉強溫飽、冀望能夠脫貧。毛澤東、張國燾及其他許多未來的共產黨革命派的性格，就在這種氣氛之中鍛造。毛澤東自己承認，農民造反在他童年留下不可磨滅的深刻印象，影響了他一生。[16]

毛澤東本人也說，中國文學，尤其是歷史小說講些起義、叛亂、造反的故事，也對他的世界觀及意識產生巨大影響。他反覆讀了《精忠傳》、《水滸傳》、《隋唐演義》、《三國》和《西遊記》等形容傳奇武將、戰士、冒險家和民眾起義領袖的故事。它們歌頌戰士彼此之間的歃血兄弟理想、確信實體力量。它們的英雄呼喚著他起而反抗傳統。[17]

毛澤東母親對菩薩的祈禱沒有用。她心愛的兒子不會走觀世音菩薩的神聖之路，寧走流血、暴力和革命的路子。偉大的人文主義者孔子的倫理哲學也引不起他的興趣。毛澤東向史諾承認：「我熟讀經書，可是不喜歡它們。」[18]受到他專制的父親、煽動的舊小說，以及周遭環境的影響，少年毛澤東得到的結論是：「我如果公開反抗，保衛自己的權利，我父親就軟了下來；可是如果我仍溫順馴服，他反而打罵我更厲害。」[19]

第二章

新世界的分水嶺

毛澤東十三歲時離開小學堂。他那嚴厲的老師採用嚴峻的教學方法，經常體罰學生。毛澤東忍受不了這種虐待方式，而他父親也不反對他輟學。毛貽昌說：「我並不要你考秀才。」他指的是帝制中國科舉考試最低一等的資歷。據傳他說：「反正科舉考試已經廢除，小孩子沒有必要再繼續念書。還有很多活要幹，你就回家來吧。」[1]毛貽昌以為他兒子會照料家業，特別是替他管帳，可是毛澤東希望自修、繼續念書。他如飢似渴地閱讀凡是他能夠找到的一切書籍（經書除外）。他常常在深夜裡用一塊藍布把屋子的窗戶遮起，不叫父親看見他點油燈看書的燈光。他父親只要看到兒子讀書（即使是利用自己休息時間看書），都會大發雷霆。

這時候毛澤東讀到一本叫作《盛世危言》的書。作者是老派改良主義學者鄭觀應（字正翔），它出版於一八九三年。這本書號召中國人研究「富國強兵之學」，把歐洲工業化的教訓運用到中國現代化的工作上。它提到中國需要建立英國式的君主立憲制。鄭觀應反對傳統的儒家秩序，贊同有限的資產階級改革，以便強國富民。[2]

要瞭解這本書對青少年毛澤東一生所起的影響作用，我們必須簡單地檢視一下中國當時的狀況。二十世紀之初，由於備受已開發資本主義國家的侵略，中國處於半殖民地經濟附屬國的地位。第一次鴉片戰爭

（一八三九至四二年），英國擊敗中國，取得自由貿易的合法權利；第二次鴉片戰爭（一八五六至六〇年），英法聯軍迫使中國與「長毛洋鬼子」——中國人是如此稱呼白人殖民者——簽訂不平等條約。戰勝國搶走對中國關稅的控制權，中國失去經濟的獨立。外國商人跨越省界，不必繳交內地關稅（即釐金），使得中國商人陷於不利地位。外國人有權在愈來愈多開放對外通商的條約口岸設立租界或租借地。他們亦享有治外法權，意即他們不受中國法庭的管轄。

西方廉價商品開始湧入中國市場，造成數以百萬計的手工業工人破產。稅負負擔急遽上升。滿清與列強作戰，連連失利，被迫向戰勝國支付賠償。

中國納入世界經濟體系造成深刻的經濟和社會危機。國家受到巨大的反滿叛亂的撼動，許多貧困的農民和手工業工人紛紛投入此一太平軍起義。叛亂領袖洪秀全是出身廣西的一個農村私塾老師，鼓吹依據平等的原則建立「太平天國」。受到基督教箴言、尤其是浸信會和清教徒思想的啟發，洪秀全自稱天父託夢給他，說他是耶穌基督的弟弟。太平天國將建立在腐敗的滿清廢墟之上。義軍將以火和劍清出一條道路通往理想的和平與公義之地，不僅掠奪、殺死滿洲韃虜，也要消滅土豪劣紳。

兩千多萬人死於這場內戰。全國搖搖欲墜、處於崩潰邊緣，不過王朝總算挺了過來。從一八六一年至一八九四年之間，慈禧太后領導的清廷以自強運動的名義，企圖推動一系列的建國改革。慈禧和她的愛人恭親王結合強而有力的漢人名流及打敗太平軍的將領，試圖將中國工業化、現代化，以便把它脫胎換骨改造為強大的軍事大國。他們開始興辦工業企業、軍火局和碼頭，建造鐵路，開辦現代大學，發行報紙和期刊。然而，資本主義在中國發展十分遲緩。雖然國家正式停止干預民間企業，實際上腐敗的政府官員和地方頭面人物繼續限制個別民間創業家的倡議，以便阻止競爭。絕大多數工業企業屬於官僚資本和地區寡頭；他們之中最強大的還掌控自己的私人軍隊。打從一開始，資本主義在中國就是壟斷性質。二十世紀開始時，中國的非農業工人約略多於一千二百萬人，其中四分之三、即九百萬人左右，在員工超出五百人的大型企業任職。有利於中、小型本土企業家成長的條件，並沒有發展起來。

鄭觀應等進步派愛國人士支持自強運動，批評政府高級官員壟斷性的經濟政策。他們建議不要限制中小企業、推動改革，並且在某種程度上要激烈改革，偶爾他們也提出民主的主張。他們的許多建議點明了政治、經濟皆需要改革，司法制度和國家制度也都需要自由化。可是他們的主張不受重視，改革方案失敗。

一八八五年中法戰爭，中國戰敗。一八九五年中日戰爭，中國又敗給日本。雖然這次戰敗引發更強烈的愛國情感，維新派的計劃卻註定要失敗。新的改革運動①領導人康有為和梁啓超是哲學家、文學家，他們進諫年輕、有進步思想的光緒皇帝效法彼得大帝（Peter the Great），發動從上而下的改革。他們呼籲皇帝引進君主立憲制、將軍隊及教育制度西化，並鼓勵創業精神。光緒試圖在一八九八年一百天之內制定新改革。他希望能使慈禧太后不再干預國政，向擁有兵權的將領袁世凱求助，卻沒有結果。慈禧太后得悉這項陰謀。她立刻宣布皇上神智不清，將他軟禁。許多維新派遭處決；康有為和梁啓超逃亡到國外。

中國並不存在公民社會。由於所有的反對派政治活動在中國國內均遭取締，擁護改革的人士被迫移到海外進行政治活動。其中之一為廣東人孫逸仙（本名孫文），他也是受鄭觀應感召的青年。孫逸仙一八六六年出生，先後在夏威夷、廣州和香港求學。一八九二年他從醫學院畢業。對維新運動失望，孫逸仙在一八九四年離開中國，遷居到他大哥定居的夏威夷。一八九四年十一月，他在檀香山成立第一個中國革命團體——興中會。孫逸仙與維新派不同，他主張以共和路線推行中國的革命改造。一八九五年一月，興中會在英國殖民地香港成立分會，不久也在鄰近的廣州成立分會，孫逸仙本人旋即亦遷居至廣州。當年秋天，興中會在廣州發動第一次反滿起義，但是失敗了。孫逸仙被迫逃亡，清廷懸賞重金抓他。此後他在海外流亡十六年，直到一九一一年辛亥革命後兩個月才重返故國。

儘管慘遭失敗，興中會挺住了，迅即恢復其革命活動。一九〇一至一九〇四年間，中國陸續出現新的

① 譯按：即百日維新運動。

革命組織。一九〇五年，許多革命組織在東京合併組成「中國革命同盟會」，通稱「同盟會」。孫逸仙在同盟會機關報《民報》上，以同盟會總理的身分發布激進的政治綱領——民族主義、民權主義和民生主義，合稱「三民主義」。

所謂民族主義，孫逸仙指的是推翻滿清。民權主義是建立共和。民生主義即平均地權，也就是為了強化國家在中國經濟的規範角色，要將中國的基本生活工具收歸國有。孫逸仙的政治綱領保證國家在經濟方面的首要任務，即是針對寡頭資本主義，因為寡頭資本主義只為已經居於頂端的人士創造條件獨佔財富。他打算運用國家力量促進中產階級在中國發展。孫逸仙支持土地稅採累進制，以加速創造有平等機會的「公義社會」。

這時候，華北出現另一樁針對「長毛洋鬼子」的農民暴動。這場暴動由秘密社團「義和拳」率領。義和拳成員大部分為練武術的人員，他們和小刀會成員一樣，認為氣功和武術加上神奇的巫術，會使他們刀槍不入，不畏敵人的槍彈、砲彈和尖刀。他們的格鬥方式很特殊，因此最先和他們幹架的洋人稱他們為Boxer（拳匪）。暴亂於一八九八年始於山東和直隸省。一九〇〇年六月十三日，亂民佔領京城北京，洗劫富商住宅區、火燒數以千計的房子，並包圍外國使館區。他們的怒火主要針對傳教士及中國人基督教徒。

慈禧太后出人意表，竟然支持義和拳作亂。有一則故事說，她決定要進行實驗，邀了一群「刀槍不入」的奇人異士到紫禁城。在她一聲令下，禁衛隊把拳勇請到牆邊列隊，朝他們開槍。這些拳勇果真是毫髮無傷。慈禧太后大為懾服，遂於一九〇〇年六月二十一日向全世界各國宣戰。

然而，奇蹟撐不了太久。八國聯軍擊潰拳勇和清軍。中國政府被迫於一九〇一年九月七日在北京簽署一項不平等條約，承諾在未來三十九年支付共計四億五千萬兩銀子的賠償，它相當於當時的三億零一百五十萬美國金元。中國部隊必須撤出北京，外國部隊卻入駐中國京城。因此，二十世紀之初的中國在經濟上完全淪於列強的掌控之下，政治上也部分淪為列強的附屬地位。外國商人主宰了中國市場。中華帝國在國際分工上淪為三等地位。中國對帝國主義列強的依賴性在往後十年有增無減。到了一九一二年，中國的國債高達八億三千五百萬兩銀子。此時，開放給洋人的條約口岸有一百零七個。社會、政治危機益加深刻。

一九〇一年，拳亂敉平之後，滿清重新啟動改革。朝廷開始討論引進憲法的可能性，採取措施鼓勵民間創業，並籌練一支能夠打仗的新軍（下轄三十六鎮②）。改革運動如火如荼推動之際，一直遭軟禁、未曾重獲自由的光緒皇帝於一九〇八年十一月十四日去世，比起權力飢渴的姨母慈禧太后的去世，僅只早了一天。

重大變革風雨欲來。國家的攝政以三歲的宣統皇帝溥儀的名義頒令研訂憲法。一九〇九年為預備立憲，舉行各省諮議局之選舉。它們成為孕育自由派反對力量的溫床。朝廷並宣布將於一九一三年進行國會選舉。

青少年毛澤東對這些發展渾然無知。他即使聽說了什麼，也絲毫沒有留下印象。時代大事和他互不相干。我們或許可以假設，沒有人向毛澤東談起義和拳；韶山是個窮鄉僻壤，沒有人讀報紙。即使光緒皇帝和慈禧太后去世的消息傳到韶山，新皇帝宣統都已經登基兩年了。[3]但是毛澤東肯定聽說過太平軍的故事。太平軍掃過湖南發生在他出世之前四十年，迄今仍有許多遺老曾經目睹那些可怕的事件。甚且毛澤東的父親一八八〇年代所服役的湘軍，就是二十年前敉平太平天國之亂的同一支部隊。

他和父親又掀起新衝突，因為父母親替他決定該成親了。一九〇七年底或一九〇八年，他們替他挑選了一位合適的姑娘。她是毛澤東的遠親。這位姑娘羅一姑比毛澤東年紀大四歲（她出生於一八八九年十月二十日）。她的父親羅鶴樓是個農村仕紳，但基本上還是農民。羅家家境非常貧窮，且時運不濟。羅鶴樓和太太生了五兒五女，可是五個兒子全都在嬰童時期就夭折，只有三個女兒養大。兒子早夭對他們是極大的打擊，因為在中國只有兒子才算數。女兒長大，必須出嫁；也就是說她必須離開家人，甚且為人父母還得替女兒備妥豐厚的嫁妝。可是兒子會留在家裡繼承家業和香火。他的責任是為父母養老、送終，並且要

② 譯按：即三十六個師。

定期祭祖、掃墓。羅鶴樓樂於將長女嫁到毛貽昌的家；毛貽昌的太太文七妹由於長年做重活、身體很差，亟需有個幫手。

依據傳統習俗，毛家必須請媒人向女家提親。而習俗不允許女家一口就應承婚事，因此光是撮合婚事就得煞費折騰。最後，雙方交換禮物，簽訂婚約，它是不可以毀約的。即使新娘在入門之前去世，她的牌位仍要送到夫家，放在夫家的祭壇上。如果新郎在成婚前去世，新娘也得到「夫家」當寡婦。

毛澤東和他的新娘只在簽訂婚約那天見了一面。[4]我們不曉得他是否喜歡羅一姑③；他只想要念書，並不想要結婚。不幸的是，他別無選擇，必須屈從父母的意志。他得知他們的意向時，已經太遲了。婚約已經簽訂，婚期也已講好，毛貽昌已送了聘金和其他依禮俗該備辦的禮品給了羅鶴樓。

依據地方習俗，婚禮要廣邀親戚朋友參加，而且慶祝活動在婚禮的前一天就在新郎倌的家熱鬧展開。結婚當天，新娘穿紅衣、坐紅轎子迎進新郎家。她的臉要罩上紅面紗、嘴唇要點紅色唇膏。新娘必須表現她不情願，要哭、要責備未來的良人種種不是，罵他是「毛毛蟲」、「貪婪、懶惰、有煙癮的狗」、「酒鬼」等等。接下來在新郎家要放鞭炮。然後，新郎、新娘在夫家的祖宗牌位前拜倒，向天地、日月致敬，最後再拜祖先亡靈。接下來，新人相互一拜，才算完成婚禮儀式。賓客繼續吃吃喝喝兩天，送禮物（通常是現金）給新人。再來是所謂「鬧洞房」。臉上塗黑、穿著草葉綴飾服裝的一個禮官，引導賓客進入洞房，大家講些戲謔、不雅笑話，捉弄新人。若要結束這些胡鬧，新郎倌必須討好賓客。次日，新娘必須把落紅的床單呈給婆婆，以示自己一直是處子之身。

毛澤東非常勉強地忍受了這一切儀式。據他說，他沒有和新娘圓房，也從來沒有和她一起生活過。[5]毛澤東對於他的第一次婚姻非常不重視，以至於根本記不得當他們下聘時，他太太究竟是幾歲。他不經意地向史諾提到這段婚事時說：「我十四歲的時候，父母給我娶了一個二十歲的女子。」[6]事實上，羅一姑當時是十八歲。我們很難相信一個十四歲的青少年男孩拒絕和一個十八歲的姑娘同床共眠，但是我們沒有證據可說毛澤東對史諾的說法不實。不過，《韶山毛氏族譜》卻有一筆奇怪的記事，指說毛澤東和羅一姑生了一子，名「遠智」，又不知是何原因，送給楊姓人家撫養。[7]沒有人曉得是否確有其事，但是極有可能是編寫《韶山毛氏族譜》的人搞錯了。因為別處毫無任何證據可據以說明確有這樣一個小孩出生。④

婚後不久，毛澤東離家出走，住到韶山一個無業學生的家約一年時間。他繼續如飢似渴地讀書，沉浸在古代史學家司馬遷的《史記》和班固的《前漢書》之中。這些書描述古代中國偉大統治者——英雄與反英雄、武將、政客和思想家——的言行事蹟。他也注意到當代人士的作品，浸淫在一位改革派人物馮桂芬一八六一年編寫的《校邠廬抗議》之中。它細述外夷對中國的侵略，提出「採西學、製洋器、籌國用、改科舉」的新建議，主張「以中國之倫常名教為原本，輔以諸國富強之術」。[8]毛澤東也讀到青年革命黨人陳天華寫的一本小冊子。他聲稱這本小冊子「在我年輕心靈上，留下磨滅不掉的印象」：「我現在還記得這本小冊子的開頭一句：『嗚呼，中國其將亡矣！』這本書談到了日本佔領朝鮮、台灣的經過，談到了越南、緬甸等地的宗主權的喪失。我讀了以後，對國家的前途感到沮喪，開始意識到，國家興亡，匹夫有責。」[9]

可憐的羅一姑。村民背後竊竊私議，說她「既非人婦、又非婢女」。她默默忍受羞辱。毛澤東的一位傳記作家菲力浦．蕭特（Philip Short）寫說，韶山有些村民相信她是以毛澤東父親小妾的身分留在毛家。[10]不論這是否事實，她沒有活得太久。一九一〇年二月十一日，她死於痢疾，[11]勉強過了二十歲生日不久。

可怪的是，毛澤東的父親原諒了當著全村族人之面使他大傷顏面的這個「忘恩負義的逆子」。顯然，毛貽昌並沒有毛澤東日後所描述的那麼壞。一九一〇年秋天，毛貽昌這個頑固的兒子向他要錢以便繼續念書，老頭勉強同意。他湊出相當大一筆錢——約一千四百個銅元、即一塊中國銀元，作為兒子五個月的膳

③ 原書註：毛澤東很有可能是不怎麼中意。根據他外孫女孔東梅說，當時十四歲的毛澤東喜歡另一個女子——他的表姐妹王四姑，可是不幸的是，兩人八字不合，命理師認為不宜結婚。

④ 編註：作者誤記。《韶山毛氏族譜》記載毛遠智（即毛岸龍）為楊開慧早夭的三子，因羅一姑無嗣，修族譜時特將他列作羅氏之子。

宿費和學雜費。毛澤東所選的這所學校——東山高等小學——位於離韶山約二十四公里的地方，教授自然科學等「新學科」。

那時毛澤東十六歲半。他這輩子第一次離開家鄉，和比他大九歲的表哥文運昌結伴而行。文表哥也在東山高小念書，說服毛澤東也去註冊。他所憎惡的父親和其他一切親友為毛澤東送行到村邊，[12]當毛貽昌回到家時，發現東山高小的這位新生留下一首詩（七絕〈改西鄉隆盛詩贈父親〉）：

孩兒立志出鄉關，
學不成名誓不還。
埋骨何須桑梓地，
人生無處不青山。[13]

他已經有雄心壯志要在青史留名。古代中國有兩位皇帝，一是漢朝的劉邦（西元前二五六或二四七至一九五年）、一是明朝的朱元璋（一三二八至一三九八年），兩人都是窮得不能再窮的人家子弟，他們的事蹟時時縈繞在毛澤東年輕的頭腦裡。就是這股追求光榮的熱情，激勵尋常人家子弟成為偉大的科學家、作家和政治家。愛國情操召喚著毛澤東。這位鄉下青年狂傲的心靈推動著他勇往直前。

然而，通往光榮之路顛簸難行。來到新學校，這個穿著比別人寒酸的瘦高農民子弟，遭到同學的排擠（身高一七五公分的毛澤東不像典型的矮個頭南方人）。同學們大多數是地主子弟；而且，他們和毛澤東不同，都是湘鄉人。他們非常傲慢，看不起只有一套像樣的短衫褲的這個外地人。他們覺得他樣樣討人厭，包括他講的方言。中國許多地方即使鄰縣的人都講不同的方言。湖南省以韶山相隔的兩個縣——一是毛澤東出生的湘潭縣、一是他母親的老家、也是東山高小所在的湘鄉縣，就講不同的方言。[14]兩縣居民相互之間可以理解，但並不容易。

只有少數同學同情他。除了文表哥之外，和他最親近的同學是蕭子暲（又名蕭三）。後來，蕭三於一九二〇年離開中國，到法國勤工儉學，旋即在法國加入中國共產黨歐洲支部。後來他又於一九二七年轉往蘇聯，住了許多年，以筆名埃彌·蕭（Emi Siao）成為著名作家、詩人，也是率先為毛澤東寫傳記的作者之一。光是一個朋友、一位表哥，並不夠。霸氣的毛澤東非常受不了大多數同學的排擠。他日後回憶說：「我精神上感到很壓抑。」[15]

這種情況反而刺激他更加力圖出人頭地。侮辱刺激他放手一搏的精神、強化他的意志、加劇他對在任何方面超越他的人士之敵意。最後他的種種進步贏得老師們的喜愛。因為他寫得一手好古文，又格外用功，教古文的老師特別喜歡他。他持續貪婪地博覽群書。他在東山高小時對歷史一直保持高度興趣，特別嚮往古代聖賢帝王堯、舜，以及秦始皇、漢武帝的事蹟。秦始皇好大喜功、統一中國；漢武帝是第一個綏服北方蠻族匈奴，把東突厥、越南及朝鮮置於中國控制下的中國君主。毛澤東首次熟讀地理，開始研究外國歷史。他從一本叫作《世界英傑傳》的書裡，接觸到拿破崙（Napoleon）、俄國凱撒琳女皇（Catherine the Great）、彼得大帝、惠靈頓（Wellington）、格萊斯頓（Gladstone）、盧梭（Rousseau）、孟德斯鳩（Montesquieu）和林肯（Lincoln）的故事。[16]他立志有為者亦若是。

這時候他最重要的讀物是有關康有為和一八九八年變法維新運動的材料，其中包括梁啓超在日本橫濱發行的一份《新民叢報》。他表兄送給他的這些書，對他影響極大。他後來說：「我讀了又讀，直到可以背出來。」一九〇六年，梁啓超在《新民叢報》上發表的〈新民說〉對他來講是知識的寶庫。在這篇哲學論述裡，這位著名的改革派自稱：「觀彼族之所以衰所以弱，此族之所以興所以強，而一自省焉。吾國民之性質，其與彼召衰召弱者異同若何？與此致興致強者異同若何？其大體之缺陷在何處？其細故之薄弱在何處？一一勘之，一一鑑之，一一改之，一一補之；於是乎新國民可以成。」[17]

梁啓超有關君主立憲制的進步角色、以及專制王權制的退步影響兩者的論述，讓毛澤東印象深刻。讀完〈論國家思想〉一節，毛澤東做了下列筆記：

正式而成立者，立憲之國家，憲法為人民所制定，君主為人民所擁戴；不以正式而成立者，專制之國家，法令為君主所制定，君主非人民所心說誠服者。前者，如現今之英、日諸國；後者，如中國數千年來盜竊得國之列朝也。[18]

毛澤東替康有為、梁啓超馨香禱告，認為「誠實、善良和聰明」的皇帝會徵召康、梁協助他，為國家制頒一部憲法。已經掀動著他的民族主義情操，因為讀了改革派的文章又更加堅強。其實康、梁十分沙文主義。他們認為，中國依英、日模式復興會使堂堂中國在全球各國的競爭中獲勝，並且建立中國霸業。這兩個死硬的改革派認為，否則，中國就要亡了。

毛澤東在學校裡獲悉日本在一九〇五年戰勝俄羅斯。他和其他學生從一位留學日本、歸國在校教音樂和英文的年輕老師那裡聽到這個消息。毛澤東很以日本戰勝為傲，多年之後，他還能向史諾唱起這位老師所喜愛的一首日本歌〈黃海之戰〉。毛澤東說：「這首歌是歌頌日本戰勝俄國的，我當時從這首歌裡瞭解到、並且感受到日本的美，也感覺到一些日本的驕傲和強大。」[19] 他同情日本人，但不是出於他慶賀「黃種人勝過白種人」的心理——某些替他寫傳的作者是這麼以為。[20] 要責備毛澤東具有種族歧視心態，是有疑問的。當時的毛澤東是個愛國分子，不是種族主義者。日升之國在戰爭中擊敗沙皇的俄羅斯，會刺激他欣喜，純粹是因為它證實君主立憲制比專制主義來得高明。它也證實了他所敬仰的改革派的想法：走向政治現代化道路的亞洲國家，也可以把受專制主義枷鎖所桎梏的歐洲大國打得落花流水。

他在東山高小只念了七、八個月的書。一九一一年初，毛澤東決定到湖南省會長沙去念另一所專收湘鄉縣學生的中學。他取得一位老師的推薦信，收拾行囊，於初春時分步行前往一個陌生的大城市。他拋下了童年和青少年的稚嫩、被有如城堡的高牆所圍起的東山高小，以及傲慢的同學、疼惜他的老師。一個五光十色、誘人又可怕的新世界正等著他的到來。

第三章
「我思故我在」

後來在長沙住了七年多的毛澤東，初次見識這座大城完全被懾服了。在此之前，他從來沒見過城市的街道、兩三層樓的房子，以及石岸碼頭邊隨波起伏的無數的舢舨船。二十世紀初的長沙，人口二十多萬，被認為是中國最佳的城市之一。[1]長沙位於湘江右岸，它有壯觀的城牆，配置砲台，七座城門入夜即關上。城裡的每樣東西都讓毛澤東瞠目結舌：寬敞的石板街道、獨特的石頭長堤、巡撫衙門和其他豪宅的電燈，以及兩座黃磁磚的孔廟。但是最令人印象深刻的是三年前才造好的鐵路，從長沙東郊沿城牆而走。毛澤東生平第一次看到西方科技的奇蹟——火車頭。商店櫛次鱗比，大店招像旗子般掛在牆上的長竿上，也令他大開眼界。商店裡塞滿各式各樣華、洋商品。難怪長沙被認為是中國最活絡的商業中心之一。人聲嘈雜，令人難以忍受。毛澤東興奮地向史諾說：「長沙是一個大城市……聽說這個城市很大，有許許多多的人，不少的學堂，撫台衙門也在那裡。總之，那是個很繁華的地方！」[2]

長沙建城於三千年前。西元前三世紀被秦王征服，後來他一統中國，成為秦始皇帝。他為這座城市命名長沙。城牆正前方的橘州島是一個長而狹窄的沙洲，密布橘樹，位於湘江之中。一六六四年，長沙成為新設的湖南省之省會。

橘州島再過去，湘江左岸矗立著嶽麓山。它山高不及二百五十公尺，但和韶山一樣是神聖之地。嶽麓山東側是著名的嶽麓書院，成立於宋朝期間，大哲朱熹（一一三〇至一二〇〇年）曾於此講學。一九〇三年，即毛澤東來到長沙之前不久，嶽麓書院改組成為現代教育機構「湖南高等學堂」。

有一小群外國人在橘州島定居。美國人佔大多數，他們於一九〇六年在長沙建立耶魯大學分校及一所醫院。①長沙遲至一九〇四年七月才開放外商進駐，本地居民還不習慣洋人散居在他們之中。反洋意識十分強烈。湘雅醫院的美國醫師愛德華．休姆（Edward Hume）如此形容本地人在街上看到洋人的反應：「母親們看到我們走過去，趕緊把小孩拉到背後，不讓他們看到『邪惡之眼』。有些人在我們擦肩而過時緊捏著鼻子。女傭曾經告訴我們，西方人的氣味很特殊，中國人不用看到我們，就知道我們在附近。有些少年……追著轎子跑，高喊『洋鬼子』。」[3]

毛澤東對這座五光十色的大城市看得目不暇給。他原本擔心進不了這所有名的城市學堂，可是出乎意料，居然順利入學。但是政局迅速發生變化，他在這所學校只待了半年。一九一一年十月，突然爆發一場反帝制革命。它幾乎沒什麼流血，對廣大的農民群眾也幾乎未發生影響。[4]駐守湖北省會武昌的新軍②第八鎮於十月十日夜裡起義。這個營大部分士兵是革命團體共進會的成員，而共進會又與同盟會有密切關係。十月十一日上午，全市已落入義軍控制。次日，比鄰的漢口、漢陽兩市的滿清當局也被推翻。因此，武昌、漢口、漢陽構成的「武漢三鎮」成為革命事件中心。這場自發性質的起義在全國許多城市引爆反清意識，但是它全然出乎同盟會領導人的預期。孫逸仙在美國從丹佛到堪薩斯市途中的火車上讀報，才知道武昌起義。他立即趕到華府，再轉往倫敦，希望在友人協助下能爭取到同盟會迫切需要的財務支援。相形之下，武漢本地的立憲改革派在三十七歲的政治人物湯化龍領導下，迅速掌握情勢。他們不僅響應革命，還接掌領導權。十月十一日，湖北省成立軍政府，推舉四十七歲的保守派將領、新軍第二十一協協統黎元洪為都督，湯化龍為政事部部長。③

到了十一月底，中國全國十八省有十五省推翻滿清當局。大部分省份的民政權落到以前的立憲改革派手中，他們有系統地將真正的革命派排擠在領導地位之外。軍政則落入原本派駐各地的新軍將領之手。新成立的各省政府相繼宣布脫離中央而獨立。

長沙位於武漢南方約四百公里，在十月十三日黎元洪的一名代表到來，才獲悉武漢發生大事。毛澤東念書的中學之校長，有一天允許一個革命黨人到學校做了一次激動人心的演講。當場有七、八個學生站起來，支持他的主張，強烈抨擊清廷，號召大家起來行動，建立民國。毛澤東等學生深受其演講所激動。他這時候已從愛國的帝制派演進為堅定的革命派。他的世界觀受到他這輩子讀到的第一份報紙——《民立報》的影響。《民立報》是孫逸仙同盟會底下機關報之一。毛澤東從這份報紙聽說了這位中國民主運動領袖和他的三民主義。毛澤東成為孫逸仙的熱切支持者。受到讀到的材料所激動，毛澤東寫了一篇文章貼在學校牆上，讓人人得以看見。他日後承認說：「這是我第一次發表政見，思想還有些糊塗。我還沒有放棄我對康有為、梁啓超的欽佩。我並不清楚他們之間的差別。所以我在文章裡提出，把孫中山從日本請回來當新政府的總統、康有為當國務總理、梁啓超當外交部長！」[5]這時候他的確什麼都不懂，既不明白康有為和梁啓超的維新主義，也不瞭解孫逸仙的革命思想。他只因欽佩英雄事蹟就傾心這些人物。

選擇革命這條路，毛澤東在武昌起義之前就剪掉他的辮子。這是一種叛逆行為，因為大清帝國每個臣民都必須留長辮子，以示效忠滿清。有個同學響應他，一道剪去辮子。但是，其他一些相約剪辮子的人卻因害怕、不守信用。受到黎元洪派來的代表慷慨演講的激動，毛澤東和幾位朋友立即決定輟學，加入革命軍。但是他們出不了城。十月二十二日（星期天）駐守長沙不遠的第四十九標士兵譁變。義軍得到第五十標士兵的支持，進入省城，佔領所有戰略據點。同一天，湖南軍政府宣告成立，極端分子焦達峰和陳作新被推為都督和副都督。焦、陳兩人都和黑手黨式的秘密會社哥老會有密切關聯。焦、陳軍政府沒有撐太

① 譯按：雅禮學院及湘雅醫院。
② 編註：新軍為清政府在甲午戰爭後所編新式陸軍，編制分鎮、協、標、營、隊、排、棚。
③ 編註：湯化龍在武昌起義時是湖北省諮議局議長，革命後在湖北省軍政府任政事部部長（原書誤植為省長），後又任編制部部長。

久。九天之後的十月三十一日，第五十標士兵兵變，焦、陳被殺，權力落入前湖南省諮議局議長、三十二歲的百萬富翁譚延闓領導的溫和自由派手中。

學校停課，毛澤東決定加入正規軍，為完成革命盡力。清廷與掌握北洋軍的將領袁世凱談判，試圖說服他敉平叛亂。可是，袁世凱要求全部權力、按兵不動。同時，許許多多滿洲人家庭生怕受到報復，逃回他們東北老家。十一月二日，清廷任命袁世凱為總理大臣，而毛澤東的偶像君主立憲派梁啓超出任法部副大臣。新任總理大臣與起義各省首腦，以及同盟會若干領導人接觸，但是由於各省都督和革命黨堅持推翻滿清帝室，談判並無結果，同時袁世凱亦設法與朝廷尋求妥協方案。在這些事件的高點上，孫逸仙終於在十二月二十五日返抵中國。這位同盟會領袖不想和袁世凱談判，預備軍事對決。十二月二十九日，起義各省代表在前明首都南京集會，自組臨時國會，推舉孫逸仙為臨時大總統。一九一二年一月一日，孫逸仙宣誓就職、並宣布建立中華民國。

國家陷入分裂。北京方面，權力仍握在皇帝和袁世凱手中。南京方面，由孫逸仙主導。內戰似乎已經不可避免。十八歲的毛澤東勇敢地加入準備北伐作戰的湘軍。

結果是年輕的新兵根本沒機會參與軍事行動。國家分裂之下，軍隊開始迅速扮演更重要的角色，孫逸仙並沒有一支職業軍隊，很快就失去真正的力量。臨時國會多數代表雖推選孫逸仙為臨時大總統，他們仍必須與袁世凱尋求妥協，把孫逸仙當作與這位北洋軍大統領博弈的一張王牌。本質上他們相當溫和，想要有個審慎的政客為總統，並不見得樂見衝撞傳統的孫逸仙擔任總統。他們之中有許多人是有權勢的寡頭，很怕推行孫逸仙旨在建立國家控管經濟的民生主義。在他們眼裡，袁世凱是個理想人選。他們需要孫逸仙為臨時大總統，只為了便於對舉棋不定的袁世凱施加壓力。果然，其計得售。袁世凱終於理解到南京國會大多數代表只把孫逸仙當作過渡人物，他把逼退滿清稚齡皇帝的條件傳達給朝廷。一九一二年二月十二日，六歲的宣統皇帝溥儀正式退位。革命勝利了！二月十三日，孫逸仙提出辭呈，國會無異議接受。十五日，國會代表又一致無異議地推選袁世凱為臨時大總統。

毛澤東在湘軍當了半年兵之後，決定回到書本子上，以完成正式學業。他申請退役，立刻獲准，對軍隊留下極佳印象。這輩子第一次，他覺得心滿意足、樣樣不缺。他的軍餉每月七銀元，相當優渥（他在東山高小註冊時，繳了不到一銀元供作五個月的學雜費和膳宿費）。他有許多空閒時間，日子也過得十分舒服。他和大部分士兵不一樣。他們大都是不識字的窮光蛋，參軍是因為填不飽肚子，只求吃一口飯。這位驕傲的學生自視甚高，瞧不起這些人。他日後向史諾承認：「我每月伙食用去兩元。我還花錢買水。士兵用水必須到城外去挑，但是我是一個學生，不屑挑水，只好向挑夫買水。」[6]

這倒是自命勞動人民領袖很有趣的告白。列寧、史達林、毛澤東這些人還真是同樣一副德性。他們號稱為社會公平鬥爭，卻不認為他們和別人一樣，自認為高人一等。

毛澤東現在處於十字路口。他有心向學，但是對自己將來究竟想做什麼也沒有明確主見。他開始從報上閱讀各種學校招生廣告。一則警察學校的廣告，引起他的注意，但立即又改變心意，預備進入一所製造肥皂的學校。接下來，受到一位進入法政學堂的朋友影響，他決定將來當法官，於是註冊登記要報名法政學堂。然後，他又報名一所商業中學，真的參加考試且被錄取。可是有一天又看到一所公立高級商業學校天花亂墜的廣告。毛澤東年輕，就像許多十八、九歲的青年，什麼都想要。這所公立高級商業學校要求學生精嫻英文，但毛澤東實在缺乏語文天分。他在高級商業學校只念了一個月，於一九一二年春天輟學，轉入湖南省立高中，不久學校改名為湖南省立第一中學。

他在省立第一中學也沒有待太久。他後來說：「我不喜歡第一中學。它的課程有限，校規也使人反感。」[7]他對老師和學校都失望，遂得出結論，還不如自學更好。他退學，訂了一個自修計劃，連續半年每天到湖南省立圖書館去看書。這段期間他讀了許多書，學習了世界地理、世界歷史和西洋哲學。現在他迷上的自由主義，從歐、美和資本主義一起傳入中國。他所念過的學校都沒有教有關外國的東西。十九歲的他第一次看到一幅世界地圖，懷著很大的興趣研究了一番。他開始鑽研當代西方民主的基本著作，如亞當・斯密（Adam Smith）的《原富》（又名《國富論》，*The Wealth of Nations*）、查爾斯・達爾文（Charles

Darwin）的《物種起源》（*On the Origin of Species*）和孟德斯鳩的《法意》（*On the Spirit of Laws*）以及約翰・彌爾（John Stuart Mill）和赫伯特・史賓塞（Hebert Spencer）的著作。他在圖書館認真研讀俄、美、英、法等國歷史地理的同時，也閱讀詩歌、小說和古希臘神話故事。

這時候他父親不肯供養他。毛貽昌很不高興兒子在城裡頭鬼混、也不找工作，而且幾乎每個月換一所學校，還頻頻向家裡要錢。每次毛澤東要換學校，就寫信向他瞧不起的父親討錢，一銀元就可註冊。住在長沙並不便宜。毛澤東為什麼寧可「靠爸」而不找工作呢？長沙這樣的大城市有許多就業機會，即使許多工作性質卑賤。省城裡，常有新樓房要興建、新街道要拓建，商業也很興盛。由於黑手黨式的幫會控制著勞動市場，他或許找不到苦力（如搬運工或碼頭工人）的工作，但是他可以試著當私塾老師或廣告文案員。可是毛澤東根本不考慮這種可能性。身為學生、未來的紳士階級、知識分子，他覺得自己屬於高於這些士兵、農民和苦力的階級。當然，毛澤東不是唯一自命高人一等的人。他的傲慢其來有自。不僅毛澤東，其他出身平民家庭、只具初級教育背景的中國年輕知識分子，也覺得在幾乎人人都不識之無的社會，自己非常了不起。三十年後，毛澤東本人在黨校向同志公開演講，提到長沙生活這段往事，他承認：

> 我是個學生出身的人，在學校養成了一種學生習慣，在一大群肩不能挑手不能提的學生面前做一點勞動的事，比如自己挑行李吧，也覺得不像樣子。那時，我覺得世界上乾淨的人只有知識分子，工人農民總是比較髒的。知識分子的衣服，別人的我可以穿，以為是乾淨的；工人農民的衣服，我就不願意穿，以為是髒的。[8]

毛澤東在街頭晃蕩，經常遇見苦力、營建工人、碼頭工人、流動攤販及形形色色不幸的人。無數的乞丐向過路人乞討施捨。革命沒給這些人帶來任何改變。工人從天亮忙到天黑，直到累死。從清晨到黑夜，街上滿是短褲及膝、衣衫襤褸的搬運工。有人用扁擔挑貨；有人推兩側綁了木板的推車。這些推車是城裡人主要的交通工具。苦力站在推車後頭，頸子套一厚墊，雙手抓緊長竹竿。乘客坐在兩側木板上，苦力使盡全身力氣推著小車前進。搬運工和推車工因為做粗重活，滿臉憔悴。這些人偶爾才能稍微休息，喝口茶、吃一小碗飯或抽一根煙。

可是毛澤東對勞動階級的苦難並未感到同情。他更關心中國國家復興的重大問題。不過，沒錢的生活並不利於哲學思考。他那頑固的父親要求，兒子安定下來才肯贊助金錢。毛澤東終於決定要當個老師。一九一三年春天，他成為新成立的湖南省立第四師範學校學生。

他在東山高小的好友蕭三已經在第四師範學校念書，說服他也入學。[9]這是一所免收學費的教育機構，學生約兩百人。一年之後的一九一四年三月，省政府決定把它併入辦學更好、學生一千多人的省立第一師範學校。毛澤東和其他同學自動成為第一師範學校的學生。第一師範學校在長沙相當有名，創立於清季末年的一九〇三年。它的建築物是全市最摩登，由於採歐洲建築風格，長沙人稱之為「西洋宮殿」。鐵路穿過校園，不遠之處即是雄偉的湘江，盛夏季節學生們喜歡到它的沙岸遊玩。

毛澤東很快就與好友蕭三的哥哥蕭子昇（又名蕭瑜）結為莫逆。蕭瑜已經念三年級，是公認的全校最優秀的學生。但是他打從一開始就很尊重這位新同學。毛澤東有很長一段時間和他非常親近，直到一九二一年兩人才因蕭瑜反對組建中國共產黨而分道揚鑣。一九五九年，流寓烏拉圭的蕭瑜以《我和毛澤東行乞記》（*Mao Tse-tung and I Were Beggars*）為書名，寫下他對毛澤東青少年時期的回憶。[10]

蕭瑜描述他對這位新生的初步印象：「高個兒、笨手笨腳、衣著髒」的韶山佬，破鞋亟需修補：

> 毛澤東並不若有些人說的相貌不凡，他頭髮低垂、覆蓋前額，倒像古代畫師畫的惡鬼；他也沒什麼顯著的特徵……在我看來，他一直都是相當平凡的一個人。他的臉滿大的，但眼睛不大、也沒有炯炯有神。他也不像有人說的狡猾、精明。他鼻子平坦，典型的中國人形狀。他雙耳勻稱；嘴，相當小；牙齒相當潔白、平整。一口潔白好牙使得他笑起來相當討喜，因此沒有人以為他不真誠。他走路相當

慢，雙腿有點叉開，像鴨子走路。他起、坐動作相當慢，講話也慢，絕不是天生的演說家。[11]

大多數師範學校不以貌取人、重視內涵，大家很快就喜歡毛澤東。沒錯，毛澤東不是很用功的學生。他認為他有權只讀他感到有興趣且拿手的科目。英文、算術、自然科學和圖畫，他可沒興趣。作文被認為是最重要的科目，而他的作文也一向得到最高的分數。因此，毛澤東的總成績還不錯。他沒有喪失閱讀的熱情。

蕭瑜回憶說：「毛澤東迷上閱讀中、西哲學家和作家的作品，在日記裡做摘記、申論他們的思想。他下筆行文快捷，彷彿筆下有火花。他的古文被貼在牆上當範本。他讀書速度比別人快上兩、三倍。他在圖書館裡，身邊總是一堆書。」[12]

毛澤東和學校裡另一位學生也成為親密朋友。他自報名號蔡林彬。本名蔡林和仙的他，入學時改用「彬」字，這一點倒是挺合乎他待人彬彬有禮的性格。蔡林彬有敏銳的才智，他個頭和毛澤東一樣高大，一頭濃髮，眼神憂鬱。書本是他的最愛。他可以一連多天不漱洗、不更衣、不刮鬍子，沉浸在書本中。後來，以蔡和森之名，成為中國共產主義運動主要籌組人之一。毫無疑問，接觸、交好像蔡和森這樣有趣的新朋友，豐富了毛澤東的生命。蔡和森在兩、三年時間內說服毛澤東「工人問題」的重要性，並且說明為何需要組建共產黨。

在省立第一師範學校對毛澤東最有影響的是四位老師。第一師範以師資陣容堅強著名，許多教員曾在國外留學，精通英文、法文和日文。很多人後來應聘到北京大學、北京師範大學等中國一流的學府任教。其中一位老師袁吉六（又名袁仲謙），人人稱他袁大鬍子。他教毛澤東如何寫出好文章。其他老師如徐特立和方維夏，是曾經參加辛亥革命的同盟會會員。他們灌輸毛澤東共和思想、強化他的愛國意識。毛澤東對徐特立極其敬愛，向他磕拜。在爭取立憲的奮鬥中，徐特立曾經切下手指以示真誠和決心，以鮮血向「國會請願同志會」寫下陳情書，懇請他們力諫清廷舉行國會選舉。徐特立和方維夏後來都成為中國共產黨重要人物。[13]

但是毛澤東學生生活中最大的影響是結識楊昌濟教授，一位年紀剛過四旬的高尚紳士。他讓學生折服的是精嫻中、西哲學和倫理學。一八九八年，他曾經參與變法維新運動，認識許多中國著名的教育家。楊昌濟於一九〇三年出國，在國外住了很多年，先後在日本、蘇格蘭和德國留學。他在一九一三年回到長沙，都督譚延闓立刻邀請他擔任教育廳長。[14]但是他婉拒，寧在湖南省立第一師範擔任教員、不就政府高級官職。他也在第四師範教課，毛澤東就是一九一三年秋天在這裡結識他。師生情誼七年，直到楊昌濟於一九二〇年一月中旬去世。

他們彼此互敬互愛。毛澤東日後對史諾如此描述楊昌濟：「給我印象最深的教員是楊昌濟，他是從英國回來的留學生……他教授倫理學，是一個唯心主義者、一個道德高尚的人。他對自己的倫理學有強烈信仰，努力鼓勵學生立志做有益於社會的正大光明的人。」[15]而楊昌濟對他的愛徒也有以下的評語：

> 毛生澤東，言其所居之地為湘潭與湘鄉連界之地……其地在高山之中，聚族而居。人多務農，易於致富，富則往湘鄉買田……渠之父先亦務農，現業轉販，其弟亦務農，其外家為湘鄉人，亦農家也，而資質俊秀若此，殊為難得……農家多出異材……。[16]

楊昌濟教授在學校，因為教的課、也因為他的學識，人人稱他「孔夫子」。除了倫理學，他還教邏輯、哲學和教育學。[17]他堅信西方自由主義，認為它類似明朝著名大儒王陽明（一四七二至一五二九年）及另一位大儒王船山（一六一九至一六九二年）的思想——中國思想家像他們兩位認為個人最重要的，並不多。[18]

楊昌濟的學生很渴望聽他講課、和他討論。他們甚至星期天也到老師府上聚會。其中最熱切的有毛澤東、蕭瑜兄弟和蔡和森。自由主義和個人主義的思想肯定替楊昌濟的學生開路，走向中國社會需要有自由、民主的重建。可是在討論王陽明和西方哲學家的思想時，楊昌濟教授專注的不是普世自由的抽象觀念，而是以全然功利的態度討論「英雄與群眾」架構中的個人主義。他主張，中國需要的是強大的人物，他要求學生要苟日新、又日新。他告訴他們說：「你們花太多時間自我否決、太少時間切實培養。」[19] 楊昌濟認為強人有權將自己超越在群眾的道德之上。從毛澤東這位老師的觀點看，倫理應該朝向一個目標：個人的自我實現。

受到老師的影響，毛澤東讀十九世紀德國哲學家腓德烈克・泡爾生（Friedrich Paulsen）的《倫理學原理》（又名《倫理學體系》，*System der Ethik*）的中本④。泡爾生主張，一個人完全專注在成就仔細界定的目標之活動，是最高、最絕對的價值。這個理論使得毛澤東深信，偉人不可動搖的意志勝過其他一切倫理原則。這種意識型態以我們常見的一句話「為達目的可不擇手段」表述出來，精確地反映出毛澤東這個夢想光榮的頑固鄉民的傾向。他在他的那本《倫理學原理》書上寫下許多批語，總字數超過一萬兩千字。以下試舉少數例證：

> 目的無關乎知識，只和感覺和意志有關……道德不能規定；只能描述……以廣義言之，人類無普通之道德……道德隨時代而異，然而它還是道德……道德隨不同的社會、不同的人而異……蓋人有我性，我固萬事萬念之中心也……利他由我而起點也，利他與我有關係也。謂毫無己意純以利他為心不可也，世無從他而起點者也，世無絕然與我無關而我貿然利之者也……泡氏亦以個人主義為基礎，此個人主義乃為精神的，可謂之精神之個人主義……若盲目之道德，固毫無價值也……吾於倫理學上有二主張。一曰主人主義。一切之生活動作所以成全個人，一切之道德所以成全個人，表同情於他人，為他人謀幸福，非以為人，乃以為己……我疑惑自然衝動未必非真，義務感情，未必非偽……吾則以為，吾人惟有對於自己之義務，無對於他人之義務也。[20]

從以上種種，只能得出一個結論，而毛澤東果真是如此說：「有人說我們必須相信道德律來自天意，唯有如此，它才能被執行、不受鄙視。這是奴隸心態。為什麼你該聽從天、而不聽從自己？你就是天。除了你自己之外，還有天嗎？」[21]強人不受道德原則拘束，只求達成偉大目標。那就是意志和無限制權力的專斷。對自由主義有這樣的詮釋，還真新鮮。不是人人享有自由，而是人人自行其是，自有一套原則。

有如笛卡爾（Descartes）的說法「我思故我在」，毛澤東強調的是「我」。他離「階級道德」和「階級鬥爭」只差一步。他已經自認相當偉大。因此他寫說：

> 真正的偉人開發自然賦與他的本性……這是他偉大的原因……英雄的偉大行動是他自己的行動，是他動力的表達，崇高、純潔，不靠前例。他的力量就像起自深谷的強風、就像戀人無可壓抑的性欲，這股力量停不下來、也不能被停止。一切障礙在他之前瓦解。[22]

毛澤東毫不懷疑，群眾必須盲目追隨偉人的方向。他認為凡人、尤其是中國人，都愚蠢無知。一九一二年六月，毛澤東寫了一篇短文，輕蔑地指中國人民「無知」，不能正確地判斷毛澤東所認為的商鞅進步的變法政策。商鞅是西元前四世紀秦王的大臣，也是法家思想開創者。毛澤東說：「商鞅之法良法也……民何憚而不信？……吾於是知吾國國民之愚也。」[23]毛澤東可不介意商鞅實際上是古代中國最血腥的大臣之一，建立了殘暴的專制政權。毛澤東重視的是，商鞅自己躍升在群眾之上、能夠獲致權力，而他的劇烈改革增強了秦國國勢。

這時候毛澤東也注重體格，精神方面力求精進。他和同學是強烈的民族主義者，一心一意想要救國，嚮往鬥爭和英雄般的自我犧牲。在不正常的自負心理下，他們相信意志和理性有不限量的最高優先。他們

④　譯按：蔡元培所譯。

否認天的存在，深信他們有權利為所欲為。他和朋友們為日後的戰鬥要做好準備。

毛澤東告訴史諾說：

我們也熱心於體育鍛鍊。在寒假當中，我們徒步穿野越林、爬山繞城、渡江過河。遇見下雨，我們就脫掉襯衣讓雨淋，說這是雨浴。烈日當空，我們也脫掉襯衣，說是日光浴。春風吹來的時候，我們高聲叫嚷，說這是叫作「風浴」的體育新項目。在已經下霜的日子，我們就露天睡覺，甚至到十一月份，我們還在寒冷的河水裡游泳。這一切都是在「體格鍛鍊」的名義下進行的。[24]

毛澤東發表的第一篇文章題目為〈體育之研究〉，也就不足為奇。它在一九一七年四月發表於上海知名刊物《新青年》上，作者筆名「二十八畫生」，引自書寫他名字毛澤東三字要二十八畫。楊昌濟替他投稿。[25]毛澤東說：「國力苶弱，武風不振，民族之體質，日趨輕細。此甚可憂之現象也……體不堅實，則見兵而畏之，何有於命中，何有於致遠？」[26]毛澤東提供給讀者他本人設計的一套體格鍛鍊的方案。他相信體育不僅讓國家健康，也可培養人民的意志。他強調：「意志是一個人事業的前提。」[27]一九一八年初讀了泡爾生的書之後，受到這本書的啟發，毛澤東寫了一篇題為〈心之力〉的文章。不幸的是，這篇文章沒有留存下來。不過我們知道楊昌濟老師很欣賞它。[28]

毛澤東希望成為一位強大、可恣意作為、有貢獻的英雄，但不受任何道德枷鎖拘束，這是可以理解的。偉人的榜樣使他頭腦輪轉。但這還不足以解釋他的信念。他那一代的知識分子認為他們國家地位淪喪是一大悲劇。不只是毛澤東，他的許多儕輩也夢想自己是巨人，能粉碎凌虐中國的貪婪的列強和地方豪強。他們渴望擊潰傲慢的英國人、美國人，終止貪官汙吏、軍閥和寡頭的專斷統治，以便提供人民更好的生活。

在愛國熱忱驅使下，加上希望更瞭解人民的生活，毛澤東和他的好友蕭瑜於一九一七年夏天在湖南徒步旅行。他們沿著塵土飛揚的鄉間道路漫遊五百多公里，會見農民、地方官員、仕紳和商人。毛澤東穿一襲淺色舊長袍、帶一把雨傘和一個小包袱，包袱裡只有幾件換洗內衣褲、一條毛巾、筆記本、毛筆和墨水。後頭這幾項是不可缺的玩意兒，學生沿路可應地方人士之請寫店招、布告和詩句賺幾文錢。這時候，毛澤東對工作的態度變了。一路上農民給他們吃的、給他們地方睡覺，他和蕭瑜受到款待和歡迎。親近觀察農村人民無趣的生活，毛澤東可能回想起自己艱苦的童年生涯。過去所有的英雄豪傑中，他現在最想效法的是劉邦——這個農民之子組織窮人、起來造反，創建了漢朝。多年之後，蕭瑜回想起他和毛澤東在湖南一路漫遊時討論到劉邦。

> 「劉邦是歷史上第一個平民做皇帝的。」他一邊思索一邊說：「我認為他應稱得上一個大英雄！」
>
> ……
>
> 「他是一個壞人。他太自私了；就他作為皇帝來說，他也太自我中心化了。」我解釋道：「這就是為什麼我說他是壞人的原因。他只不過是一個懷有政治野心而成功的人罷了……他推翻了暴政，然而他自己卻製造出另一個暴政……你記得他的很多朋友和將軍為他出生入死，在他成功之後，這些人也都成了有名的領袖人物，但他卻又害怕這些人會篡奪他的天下；於是，他就把他們統統殺掉……」
>
> 「可是，假定他不殺他們的話，他的江山就不會穩固，而他本人的皇位也多半不會長久。」毛澤東道。

蕭瑜驚訝地問：「那麼一個人為了在政治上的成功，就必須殺害他的朋友嗎？」但是毛澤東不想多談。蕭瑜的結論是：「我們兩個人都明白，在他的野心中，他是以劉邦自況的。」[29]

回到學校後，毛澤東又沉浸到社會科學當中。他繼續非常細心地閱讀報紙和雜誌，尤其是《新青年》以及孫逸仙的《民報》。

中國的局勢愈來愈緊張。一九一六年六月六日，袁世凱死了。這位軍人從政的大總統試圖以舊方法統治中國，依賴效忠於他的北洋軍。他不瞭解新穎的民主思想。他被推舉為中華民國臨時大總統之後不久，就開始公然推行獨裁體制。不僅孫逸仙的革命黨人反對他，不希望解散軍隊、向他輸誠的地方軍事寡頭也反對他。一九一二至一三年的冬天，孫逸仙的同盟會已改組為國民黨，在國會選舉中大勝。袁世凱覺得備受威脅。袁世凱取得西方列強支持，願意給予他兩千五百萬英鎊（約一億美元）的巨額貸款，他開始準備打內戰。三月間，他下令暗殺國民黨在議會的領袖宋教仁。北洋軍開始部署到華中戰略要地。號稱「二次革命」的討袁革命在華東的江西省爆開，國民黨員在其中扮演積極的角色。另有幾個省響應討袁，不過效忠總統的部隊擊敗了他們。一九一三年十一月，袁世凱取締國民黨、解散國會、停止臨時約法（憲法）。孫逸仙再度被迫亡命日本。新憲法實際上把所有權力集中在總統之手；一九一四年十二月復會的國會屈從於袁世凱的意志，宣布他為大總統。

然而，到了一九一五年，由於向日本愈來愈有侵略性的對華政策屈服，袁世凱的權威大損。第一次世界大戰開始後不久，日本以協約國成員身分佔領德國在中國的殖民地，即青島和山東南海岸的膠州灣地區。同時，日本人亦搶走德國人興建的膠濟鐵路（由青島通往山東省會濟南），以及屬於德國人的礦場。一九一五年一月二十八日，日本向袁世凱提出所謂二十一條的「哀的美敦書」⑤；接受了它，中國即淪為日本殖民地。這個厚顏無恥的要求消息傳出後，中國知識分子大為憤慨。五月七日，袁世凱因怕日本可能出兵，接受了大部分條件，可是平常都卑躬屈節的國會現在也不肯批准協定。袁世凱在一九一五年五月二十五日逕自在上頭蓋章了。反日運動迅即在中國展開。年輕人尤其義憤填膺。毛澤東以一首四言詩表達他的感受：「五月七日，民國奇恥。何以報仇？在我學子！」[30]

一九一五年十二月底，袁世凱接受美國顧問顧德諾（Frank Goodnow）的建議，宣布恢復帝制，自立為皇帝。這項行動更進一步激怒輿論。西南的雲南、貴州、廣西三省宣布獨立。內戰一觸即發。這個節骨眼上袁世凱突然因尿毒症死亡，得年五十六歲。曾經參與一九一一年武昌起義的黎元洪繼任為總統。

凡此種種事件都影響到毛澤東故鄉湖南的社會、政治狀況。都督譚延闓於一九一二年加入國民黨，以為身為全國最有人氣的政黨一員，可以強化他的地位。一九一三年他支持「二次革命」，宣布湖南獨立，但是這次他誤判情勢。袁世凱派兵佔領長沙，解除譚延闓一切職務。他僅以身免，逃出湖南。袁世凱調保守派將領湯薌銘入主長沙。湯薌銘在湖南建立恐怖統治，試圖剷除孱弱的民主根基。他禁止一切政治活動，連學生在校園集會也不准。[31]湯薌銘主政三年，人稱「湯屠夫」，期間有五千至一萬人因政治因素遭處決。黎元洪在北京接任總統後，湖南的恐怖統治才暫告停止。一九一六年六月，湯薌銘化裝為農民，逃到上海。[32]譚延闓一度重主湘政，但一年後即被傅良佐督軍取代。不久，張敬堯督軍來到長沙，又實施恐怖統治，湖南人背後稱張敬堯為「張毒」。[33]

袁世凱去世之後，中央權力崩潰。湖南和全中國一樣陷入混亂。無數的軍閥，其部隊豢養一些流散農民及失業工人，不時掀起鬩牆之爭。西方列強志在賣給中國武器，爭取更多經濟特權，也鼓勵這種發展。

總而言之，毛澤東有充分理由關心國家命運。毛澤東反覆思索古代的偉大統治者，發現由於他們的精力和意志，中國才能懾服四鄰，贏得中國盛名。毛澤東因而相信唯有力量才能得到尊敬，唯有霸王才能統一、重振中華。令人驚訝的是，毛澤東不僅尊敬漢高祖劉邦，還欽佩人人痛恨的湖南暴君湯薌銘。湯薌銘垮台後，毛澤東寫信給好友蕭瑜說：

> 湖南問題，弟（即毛澤東）向持湯督（即湯薌銘）不可去……湯在此三年，以嚴刑峻法為治……秩序整肅，幾複承平之舊……其殺人萬數千也，亦政策之不得已耳。……護國之目的，不如此不足以達之，以此為罪，非知大計者也。[34]

毛澤東後來說：「這……並不意味著所有的殺人都不好……我們稱為邪惡的，只是印象，不是本質。」[35]

⑤編註：為拉丁文Ultimatum的早期音譯，即「最後通牒」。

這樣的推理著實令人不寒而慄。

現在已是一九一七年秋天，毛澤東即將滿二十四歲，可是尚無任何具體成就可言。他貪婪地認真念書，想從書頁中找出真理。但現在該是行動的時候了。他終於掌握到他該做些什麼。他渴望作戰、渴望戰爭、渴望革命。他寫下：

> 長期和平，沒有任何動亂的純粹和平，人們其實難以忍受。和平會帶來風波，也是不可避免的……人類總是厭惡混亂、盼望和平，沒有理解到混亂也是歷史生命進程的一部分，在真實生活裡也有價值……當他們來到和平時期，覺得無聊、放下書本。不是說我們喜歡亂，而是和平不能持續太久，它讓人類無法忍受，而人性則因突然變化而高興……宇宙的破壞不是終極的破壞……因為從舊宇宙讓位、會出現新宇宙，誰說它不會比舊宇宙更好！[36]

這時候他承認真想放火燒掉唐、宋以來的詩文書冊。顯然他認為這些東西不夠進步。他熱切地告訴朋友，必須粉碎傳統的家庭關係，並且在師生關係之間來場革命。[37]

多年之後，他把這股年輕時代的感覺化為一句話——「造反有理」，而全世界認為這是他的政治信念。這段期間，他和朋友們繼續懷抱夢想，但是他的夢想輪廓愈來愈清晰。一九一七年九月某日天氣暖和，他和一群朋友在學校後方山上野餐，大家討論起應該如何才能救國。毛澤東堅定地說：「效法梁山泊好漢！」[38]他們正是他喜愛的小說《水滸傳》中起義造反的農民。

第四章
空谷足音

一九一八年五月，楊昌濟教授接到知名教育學者、北京大學校長蔡元培一封無法拒絕的聘書。北大是公認的中國最好、最具自由風氣的高等學府。六月初，毛澤東和楊昌濟分別；可是，六月底楊教授寫信給愛徒，催促毛澤東到北京來見他。北京有一群青年男女正準備到法國勤工儉學。楊教授建議毛澤東和他的朋友也爭取這個機會見識世界。[1]

這時候毛澤東正忙著他的政治和組織活動。一九一五年秋天他已經展現他的組織能力，送發「徵友啓事」到長沙若干學校，邀請有志愛國工作的青年和他聯繫。用他自己的話說：「修遠求索，上下而欲覓同道者，皆吾之所求也。」毛澤東想要擴大交往圈，結交「能耐艱苦勞頓，不惜己身而為國家者」。他在通知上署名「二十八畫生」。[2]

五、六個人回覆，但只有三個人表示樂意加入愛國團體。[3]其中之一是十九歲的羅章龍，用日本名縱宇一郎自稱。他從一個朋友那裡聽說了，立刻寫信給毛澤東。後來他加入共產黨，成為中國共產主義運動一名要角，但是一九三一年因反對黨的史達林派領導人被中共開除黨籍。另兩個加入毛澤東圈子的青年後來變得極端反動。

毛澤東收到的另一個回答來自李隆郅，只稱得上「半個回答」。李隆郅時年十六歲，是長沙某中學學生；羅章龍建議他來見毛澤東。毛澤東告訴史諾說：「李隆郅聽了我說的話之後，沒有提出任何具體建議就走了。我們的友誼始終沒有發展起來。」[4]李隆郅當時剛從鄉下來到長沙，他日後說毛澤東似乎飽讀詩書，他覺得高攀不上。[5]這份感覺五、六年後就淡了，李隆郅以新名字李立三成為中國勞工運動一個主要領導人物。一九二八年，他成為共產黨實質領導人，直到一九三〇年底，毛澤東本人都必須服從聽命於他。

不過那是後來的事。這時候，毛澤東在羅章龍及幾位同學的協助下設法組織一群愛國青年。過程中倒是發生一些有趣的插曲。一所女校校方以為毛澤東的通告是青年男子想找女朋友談戀愛的。好在第一師範當局保證毛澤東不是輕佻青年。[6]過了一陣子，逐漸有一批學生團結在他周圍。[7]其中一位告訴毛澤東：你的信就像「空谷足音，跫然色喜」。[8]①

毛澤東對這群朋友有這樣的描述：

這是一小批態度嚴肅的人，他們不屑於議論身邊瑣事。他們的一言一行，都一定要有一個目的。他們沒有時間談情說愛，他們認為時局危急，求知的需要迫切，不允許他們去談論女人或私人問題。我對女人不感興趣……在這個年齡的青年的生活中，議論女性的魅力通常佔有重要的位置，可是我的同伴非但沒有這樣做，而且連日常生活的普通事情也拒絕談論。記得有一次我在一個青年的家裡，他對我說起要買些肉，當著我的面把他的傭人叫來，談買肉的事，最後吩咐他去買一塊。我生氣了，以後再也不同那個傢伙見面。我的朋友和我只願意談論大事——人的天性、人類社會、中國、世界、宇宙！[9]

一九一七年六月，毛澤東被提名為全校最優秀學生。這個榮銜每年在春季學期結束時公布，這一次大多數同學——四十九個人——把票投給毛澤東。[10]不久，他又展現他的組織能力。一九一七年九月，他在學校成立湘潭同學會，也在學生會愈來愈活躍。之後，他又被推為學生會會長。[11]

學生會最重要的工作是恢復夜間工人學校——第一師範半年前開辦它，卻於一九一七年秋天停辦。透過毛澤東的努力，工人學校於十一月九日復課，共有一百零二名學員，大都是來到城裡求職的失業工人。[12]這時候毛澤東對平常百姓的看法已經改變。雖然仍認為自己的社會地位高過他們，但他變得成熟了，不再鄙視他們。他認為：「物以類聚，鳥獸也會相互照應。人類難道不能一樣做到？……有些人〔工人學生〕只是因為天資不足或出身不幸環境而失學。有人道精神的人正應該同情這些人，而不是把責任推到他們身上。」[13]「熱愛人類」的毛澤東在這所學校裡初嘗授課經驗，講授起中國歷史。[14]

一九一七年十一月，毛澤東扮演積極角色組織一支學生自衛隊。這時候，湖南和中國各地一樣，局勢相當動盪。內戰打得如火如荼。士兵經常佔領學校校園，對學生，尤其是女生，諸多侵擾行為，當然引起憤懣和抗議。傅良佐一九一七年十一月開始主持湖南省政時，省立第一師範還能抗拒軍方要把這個教育機關改為軍營的要求。毛澤東策劃這項護校行動，用蕭三的話說，「他彷彿得到陸軍部核准，主持一切」。[15]他和教員及其他同學不同的是，他略具軍事經驗。十一月間，傅良佐部隊戰敗，士兵撤退，恫嚇地方百姓，威脅要攻打學校。毛澤東再次展現主動，接洽本地警察，還真有幾名警察前來協助。學生成立自衛隊，只不過武器是木槍和竹竿。

毛澤東不但當過兵，還是學生會會長，親自指揮。學生和警察守候，直到士兵來到學校門口。這時毛澤東命令警察——只有他們才有真正的步槍——開火。然後學生在空罐裡點鞭炮，虛張聲勢，並且高聲喊叫：「放下武器，包你沒事！」士兵們竟然中計，害怕、投降。[16]一九一七年十一月的校刊有如下的記載：「湘南作戰激烈，局勢大亂。學生組織保護隊，日夜巡邏。防衛責任非常艱巨。」[17]

蕭三回憶說，這段期間毛澤東對軍事議題十分感興趣。[18]不僅中國在內戰，全世界也陷入戰火。毛澤

---

① 編註：根據檔案，毛澤東接到羅章龍的信，回信相約見面，回信中以《莊子》中的「空谷足音，跫然色喜」表示欣喜羅來信，與原書所寫不同。

東密切注意歐洲戰場的發展，每天閱讀北京、上海和湖南的日報，有些是他自掏腰包訂閱。依他自己估算，父親給他的錢有三分之一被他花在書報雜誌上。[19]他有個怪癖：從頭到尾逐頁讀完報紙後，他把每頁空白邊剪下，再把它們用針線縫成冊。蕭三告訴我們：「他從報紙挑出地名，並寫在這些空白地方。」[20]

一九一七年冬天，毛澤東和友人想集合志同道合之士成立一個比較嚴密的組織。毛澤東告訴史諾說：「我同住在其他大小城市的許多學生和朋友建立了廣泛的通信關係。我逐漸認識到有必要建立一個比較嚴密的組織。」[21]它終於在一九一八年四月成立，取名「新民學會」。毛澤東和他的同伴顯然從梁啟超在橫濱發行的《新民叢報》得到啟發。蕭瑜提出這個名稱，人人同意。[22]

新民學會發起會議於一九一八年四月十四日在蔡和森位於湘江左岸瀏灣港的家中舉行。十三個人來到樹叢中一個陳設簡陋的小窩棚開會。毛澤東記得，「天氣晴明，微風掀拂江間的綠波和江岸的碧草，送給到會諸人的腦裡一種經久不磨的印象。」[23]除了東道主和毛澤東之外，出席者大都是老朋友：蕭瑜、蕭三兄弟、羅章龍等人。也有一些新面孔，例如四十二歲的何叔衡。毛澤東和何叔衡在一九一三年進入省立第四師範學校。過不了幾個月，何叔衡就畢業，從一九一四年七月起即在長沙一所小學教國文。他個子矮，肩膀寬，非常嚴肅，但個性溫和，佩戴大圓眼鏡，得到比他年紀小的同志們之尊重。由於他蓄了黑鬍子，貌若古典紳士，大家戲稱他「何鬍子」。其實他的確是農村知識分子，十八歲就考中秀才。毛澤東和蕭瑜一九一七年暑假在湖南省漫遊時，到過何鬍子寧鄉縣老宅子作客，三人即結為好友。[24]這位不自私、精力異常充沛的何叔衡，眼神炯炯發光，在毛澤東一生中扮演極大角色。他成為毛澤東一九二〇年在湖南組織共產主義圈子最得力的助手，也在一九二一年參加中國共產黨第一次代表大會。[25]何叔衡認為毛澤東是個「不平凡的人」，儘管兩人年紀相差不小，何叔衡一向非常敬重毛澤東，對他居於上位，絕無爭議。[26]

眾人在叢林裡討論學會章程；它由毛澤東和另一位會員在三月間起草。章程規定：「本會以革新學術、砥礪品行、改良人心風俗為宗旨……會員皆須遵守下列規律：一不虛偽、二不懶惰、三不浪費、四不賭博、五不狎妓。」任何人經由五名以上現任會員介紹、繳交一銀元會費，並經過半數會員表決通過，即可入會成為會員。會員每人每年亦須繳交年費一銀元。[27]

章程通過後即推舉負責幹部。蕭瑜當選為總幹事。據他弟弟蕭三說，眾人原本屬意由毛澤東出任總幹事，但是毛澤東堅辭，只答應擔任蕭瑜的兩名副手之一。[28]最後約有七、八十人加入學會，其中有些女生，如李思安（湖南蠶業講習所學生）、陶毅（第一師範學生，也是楊昌濟愛徒）、蔡暢（蔡和森的妹妹）和向警予（蔡和森的女朋友）。其中許多人後來都成了中國共產主義運動的領導人物，而且大多數為新中國的奮鬥捐軀了。[29]

所有的會員試圖達成以下夢想：「改善個人及全體人類生活。」這也正是新民學會命名的緣起。雖然他們不談「羅曼史」，卻相當羅曼蒂克。毛澤東寫說：「當時新思想、新文學已在全國風起雲湧，我們都覺得已從腦子裡完全掃除舊思想、舊倫理和舊文學。我們突然領悟到獨善其身是不對的，我們必須要積極兼愛天下……我們形成強調日新又新的人生觀。」[30]

新民學會會員不久即修訂組織宗旨。他們不再滿足於革新學術、砥礪品行。現在他們要「改造中國與世界」，[31]他們也由衷希望由改造自己做起。除了要求自己苟日新、又日新，以及為人類謀幸福的高尚情操之外，其實他們並沒有具體構想。新民學會會員李維漢回憶說：「我們從小資產階級知識分子團體的成員出發，努力『自我精進』和『相互協助』。大部分會員是年輕人，相信改造，渴望進步。但是我們要如何促成改造呢？我們要如何達成進步呢？我們雖已組織起來，其實還差得遠。」[32]以蕭三的話說，整體而言，他們是「集儒家思想和康德思想於一爐」。[33]毛澤東的評語基本上也相同。他說：「在這個時候，我的思想是自由主義、民主改良主義、空想社會主義等思想的大雜燴。我憧憬『十九世紀的民主』、烏托邦主義和舊式的自由主義，但是我反對軍閥和反對帝國主義是明確無疑的。」[34]

一九一九年六月毛澤東從第一師範畢業。如他女兒所說，他處於十字路口。[35]要嘛是找不到工作，要嘛是他不想找工作。毛澤東和蔡和森等一些友人寄居在湘江左岸，夢想在那裡建立公社、某種「工、讀合一的同志會社」，一起耕作、一起研究科學。[36]他幾乎身無分文，但是不改其志。朋友們笑他：「身無分文、胸懷全球！」[37]他竟日思索，四處遊蕩，飽覽自然景色。

從嶽麓山頂眺望長沙，景色甚美。孔廟的金黃色屋頂在驕陽下熠熠發光；長沙城牆上的八座塔樓巍然而立。湘江就在山腳下緩緩流過。毛澤東覺得很幸福。他有許多朋友，大家以他馬首是瞻。數年之後的一九二五年秋天，毛澤東重遊舊地，想起往事，填了一首詞〈沁園春長沙〉：

獨立寒秋，
湘江北去，
橘子洲頭，
看萬山紅遍，
層林盡染，
漫江碧透，
百舸爭流。
鷹擊長空，
魚翔淺底，
萬類霜天競自由。
悵寥廓，
問蒼茫大地，
誰主浮沉？
攜來百侶曾遊，
憶往昔崢嶸歲月稠，
恰同學少年，

風華正茂，
書生意氣，
揮斥方遒，
指點江山，
激揚文字，
糞土當年萬戶侯。
曾記否，
到中流擊水，
浪遏飛舟？[38]

就在這段相對不忙的時候，毛澤東收到楊昌濟老師有關召募青年學子到法國勤工儉學的信函。他和蔡和森、蕭氏兄弟等一夥朋友討論。蔡和森及蕭瑜對於這個機會特別感到興奮。他們早就有心出國留學，認為法國是理想的目的地。它是民主國家，又有堅實的革命傳統。新民學會同仁立刻召開會議，會中決定非常有必要到法國勤工儉學，並須努力促成之。[39]與會者大都表示有意前往法國。[40]蕭瑜立刻寫信向楊昌濟查詢北京這個團體的背景。一星期後，收到回信。楊教授說，他已去見過北大校長蔡元培，蔡校長贊成湖南青年參加勤工儉學。[41]

勤工儉學計劃始於一九一二年，是早期赴法留學生李石曾和吳稚暉這兩位無政府主義者的發想。他們是法國無政府主義理論大師艾利賽．雷克呂（Elisée Reclus）的信徒。雷克呂相信教育和革命之間有辯證關係，他的中國信徒也認同他。他們相信，若不廣泛發展科學與教育，社會不可能有革命進展。一九〇六年，李石曾和吳稚暉在巴黎成立第一個中國無政府主義者組織，②一九一二年他們成立「留法學生儉學會」（Chinese Society for Frugal Study in France），其宗旨是推動不需花昂貴費用即可受教育。他們提議新來者在法國企業工作賺取所需費用，並依「工作一年、讀書兩年」原則支付自己的教育費用。

留法學生儉學會承擔起召募中國青年來法國念書、協助他們找工作的任務。核心構想是利用西方教育制度的優質，培育「新」男人、「新」女人，不問他是工人或知識分子。這兩位無政府主義者認為，唯有這種「新」人才能復興中國。一九一二年和一九一三年兩年之內，他們選拔了一百名中國學生赴法國。可是，一九一三年底，留法學生儉學會被迫停止運作。袁世凱認為中國學生沒必要到歐洲研習。[42]不過，一九一七年中國加入協約國陣營打第一次世界大戰，八月間勤工儉學運動又恢復生機。中國並沒有派兵實際參加作戰，但是中法簽訂協議，中國派十四萬名勞工到法國，大都從事挖掘坑道、壕溝的工作。[43]中國無政府主義者士氣大振，李石曾又全力策劃中國青年大規模赴法國勤工儉學，旋即成立「華法教育會」（Sino French Study Society），以推動中國人赴法留學的制度，以及加強中法文化關係為宗旨。無政府主義者希望吸引中國學生赴歐，以便推動「知識分子」與勞工運動的大結合。北京、廣州和上海皆成立分會組織。一九一八年和一九一九年初，北京、成都、重慶和保定皆成立預備學校，為有志赴法勤工儉學的青年上課。預備學校收十四歲以上的學生。[44]

中國青年嚮往赴歐洲留學有幾個原因。蔡元培解釋說，中國缺少高等教育機構，而且現有院校水準亦有待提升。其次，中國也沒有足夠的高水準師資。第三，由於圖書館、博物館、動物園和植物園等的不足，中國教育部和相關機構沒有資源組織起來讓學生有效地實習。[45]

收到楊教授覆信，蔡和森趕往北京，與楊昌濟、李石曾和蔡元培會面。他在六月三十日致函毛澤東及新民學會同仁，證實赴法勤工儉學的可能性。他力促朋友們盡快趕到北京。[46]

---

② 編註：作者原誤植為一九〇五年，此組織名為「世界社」。

可是毛澤東必須先處理一些家務事。他的母親文七妹從一九一六年起就病得很嚴重。她長久以來即患胃潰瘍，現在又感染淋巴腫大而發炎。毛澤東深愛母親，為此非常難過。在長沙念書時，他不時回家探望她。過去幾年，他父母親不和，原因不詳。謠傳說，文七妹不能原諒她丈夫把兒媳婦收為小妾，但是夫妻失和可能另有其他原因。毛澤東的父親年紀愈大，脾氣愈壞，她可能只是覺得無法忍受再和他住一起。最後，她收拾行囊，搬回老家唐家圫和她哥哥住。毛貽昌是個守舊派，可能認為此舉有背孔夫子教訓，很難容忍太太的反抗。

毛澤東當然完全站在母親這一邊。一九一八年八月初，他到舅舅家探望母親，設法勸說母親跟他進省城治病。可是，她或許是不想拖累愛兒，不肯進城。回到長沙後，毛澤東寫信給舅舅們，還是希望母親能進城治病。他希望弟弟澤民能在八月底陪她來。同一封信裡，他也告訴親戚，他打算到北京去。他隻字不提赴法國的事，向他們保證「此行純為觀光」。[47]事實上，他只是不願觸惱任何人。他對和同志們一道赴法國，並不猶豫，並且對能出國見識的可能性頗為興奮。[48]

八月十五日，毛澤東和二十五位同志從長沙出發，赴北京。他們先坐小船到武漢，然後轉搭火車。這是毛澤東生平第一次搭火車，而且一坐就將近一千三百公里。

由於黃河鬧水災，他們在河南省許昌耽擱了兩天。毛澤東其實還挺高興的。許昌是三國時期魏國的首都，而魏國是他喜愛的小說《三國演義》中的人物曹丕所建的王國。[49]在毛澤東建議下，大夥兒決定好好一遊古城。他們獲悉古時候的魏都其實在城牆之外。我們可以想像毛澤東會有多麼興奮。他正要出發征服世界，而今竟有機會參觀從前輝煌鼎盛的歷史遺跡，它的確充滿象徵意義。彷彿古時候的英雄豪傑鼓舞他努力向前，為國家的榮光造就一番事業。

第五章
紅樓夢

毛澤東等一夥人於一九一八年八月十九日抵達北京，立刻前往楊昌濟教授在北區、離城門不遠的家。楊昌濟很高興見到他們，答應毛澤東在內四個同學可住他家。[1]楊昌濟、他太太向振熙、二十歲的兒子楊開智和十七歲的女兒楊開慧一家四口住在窄巷裡一戶小房子。[2]毛澤東在長沙即常在老師家走動，已經認識老師家人。一九一六年夏天，楊昌濟還邀毛澤東到他鄉下板倉鎮老家作客。毛澤東還記得他穿著草鞋走了約四十公里路，才到了那棟其貌不揚的磚屋。[3]當時的楊開慧（小名「小霞」）[4]只有十五歲（她出生於一九〇一年十一月六日），害臊的毛澤東沒跟她說過一句話。他也沒跟師母說話。當時的規矩是和不熟的女性不宜說話，因此他只是點頭為禮。但是他放膽和老師交談，老師豐當的藏書也吸引了他。他和楊開慧後來碰過幾次面，但是我們應當還記得，毛澤東當時對女生沒興趣，顯然根本沒注意到小女孩已成長為美姑娘。

現在又見到她，毛澤東壓抑不住他的感情。站在他面前的是一個年輕貌美的姑娘，有著性感的紅唇、深邃的黑眼珠。毛澤東的朋友們也同樣眼睛一亮。蕭瑜回憶說：「她相當嬌小，臉蛋圓潤，長得和她父親真像，有同樣深邃的小眼睛，但皮膚相當白淨。」[5]同時，「小霞」也被她父親讚不絕口的這個「聰明又彬彬有禮」的韶山男子迷住。多年後她回想說：「當我聽說他的種種成就之後，就已瘋狂地愛上了他。即使我愛他，我沒有表現出我的感情……我堅信人必須自己去尋找愛情。即使如此，我沒有停止希望和夢想……我打定主意，如果不成，我就不嫁。」[6]

讓楊開慧失望的是，他們的關係發展得並不平順。在他們倆命運交織之前，已經過了兩年半的時間。毛澤東太害臊，而且也沒有錢追求女朋友。他的自尊不允許他靠楊昌濟接濟過日子。因此在楊家休息幾天之後，毛澤東和朋友就向主人道謝，遷到有三個小房間的一戶小公寓去。①他們窮得什麼都供不起。[7]這戶一層樓的小木屋有大片紙糊的窗戶，已有四個人居住。每天夜裡八個人設法擠在一個炕上——這個低平台佔了房間幾近一半面積。中國傳統北方房子以炕為床，冬天時靠連接的爐子生火、引進熱氣暖床。可是，這群青年沒錢買柴火暖炕，因此他們彼此靠近睡、相互取暖。八個人只有一件棉夾襖，因此寒天只能輪流外出。過了四個月，他們才湊足錢，又買了兩件外套。他們在房裡靠一個小熱爐燒飯作菜。[8]

這戶小房子有個小小內院，位於離北京大學相當近的三眼井區一條窄巷裡。它也靠近北海公園裡著名的人工湖北海，以及末代皇帝溥儀的永久住所紫禁城。

毛澤東經常在北京塵土飛揚的大街和路面不平的胡同閒逛。北京和長沙不同，不是個大商業中心，它的街道沒有大量的店招和廣告。可是，許多大街，尤其是主要的購物大街王府井，卻擠滿了人。北京人口約一百萬，為長沙的五倍。[9]大量的黃包車擠滿大街小巷。[10]北京從十六歲到五十歲的男子，幾乎每六人就有一人靠拉黃包車為業。一個能幹的黃包車伕每個月扣掉向車行租車的租金之後，可以淨賺十五銀元以上——當時北大圖書館的助理館員只賺八銀元。[11]

當時很稀罕的汽車也在寬敞的大道上拉響喇叭，呼嘯而過。馬車伕高喊行人讓路。空的黃包車車伕也頻頻高喊：「大爺、大娘，坐車嗎？」嘈雜之聲，震耳欲聾，令人無法忍受。市民還可經常看到蒙古大草原來的駱駝車隊載貨到北京。他們的出現，更平添許多混亂。[12]

縱使如此，北京卻給人出奇的良好印象。人們無不高興地看到美妙的種種建築、它獨特的宮殿和廟宇，和諧地坐落在公園般的環境裡。毛澤東也意識到故都詩情畫意的美。他說：「在公園裡、在故宮的庭院裡，我看到了北方的早春。北海上還結著堅冰的時候，我看到了潔白的梅花盛開……北京數不盡的樹木激起我的驚歎和讚美。」[13]

北京是中國最古老的城市之一。相傳建於四、五千年前的黃帝時期，最初名叫幽都。今名北京可溯及西元一四〇三年，明成祖永樂皇帝所命名。他在一四二一年將首都由南京遷往北京。永樂下令在北京中心興建宏偉的宮殿群，佔地超過一千七百英畝，正式命名紫禁城。永樂另在北京南區蓋了非常漂亮的天壇，作為皇室祭祖拜天的場地。

滿清於一六四四年進佔北京，於西北郊蓋了富麗堂皇的一座夏宮。這座夏宮位於佔地八百四十英畝的圓明園中央，屹立到一八六〇年。「文明的」英、法聯軍在第二次鴉片戰爭時入侵北京，野蠻地燒殺搶劫，留下廢墟。慈禧太后放棄重建，下令在附近的頤和園另外修繕整理一座宏偉的夏宮。

不幸的是，毛澤東無緣欣賞頤和園美景。因為入園費太貴，即使北京許多富人也出不起錢參觀皇帝的宮殿。不過毛澤東並不氣餒。就一個初來乍到京城的人而言，他已經目不暇給。

二十世紀初的北京也是中國的文化、學術中心。一八九八年清廷在北京成立一個現代化學堂，辛亥革命之後，它改名為北京大學，中國人通常稱之為「北大」。一九一六年秋天，自由派學者蔡元培出任北大校長之後，北大及中國許多學術、教育機構掀起一場「新文化運動」。新文化運動的發起人就像十八世紀法國哲學家，主張以理性取代傳統的信念。啟蒙運動終於來到中國，北大成為重要基地。新文化運動啟發中國新知識分子尋找或可有助於解決中國經濟、政治和社會危機的新理論。

鼓吹新文化運動最力的刊物為《新青年》，也就是一九一七年四月刊登毛澤東論體育那篇文章的期刊。《新青年》主編陳獨秀是北大文學院院長。《新青年》發起新文化運動，抨擊傳統儒家思想，成為散布民主、人道理念以及最新科學理論最有影響力的刊物之一。它鼓吹反儒家的道德以及西方個人主義和自

① 原書註：日後和史諾交談時，毛澤東改口說只有一個小房間，或許是為了向史諾強調他當時真的窮得不得了。

由主義，發出社會精神改造的號角之聲。《新青年》也扮演重要角色，提倡「白話文」，取代中國廣大群眾難學、難懂的文言文。

《新青年》和陳獨秀所代表的理想引起毛澤東的共鳴。他欽佩蔡校長、北大教授李大釗、胡適及其他運動領導人，他更是崇拜陳獨秀。北京大學，或者更精確的講，它在沙灘所新建的樓房，離毛澤東住的三眼井，步行只需十五分鐘。這棟四層半高的樓房像磁鐵一般吸引著毛澤東。他已經曉得北大師生以十八世紀著名文學家曹雪芹的名著《紅樓夢》，稱它為「紅樓」，因為這棟樓房上面三層砌的是深紅色的磚。

一九一八年十月，楊昌濟教授替他在北大找到一份工作，毛澤東一定高興極了。楊昌濟為他向兼任北大圖書館館長的經濟學教授李大釗，寫了一封推薦信。

李大釗和毛澤東一樣出身富足的農家、只比毛澤東年長四歲多。他是一八八九年十月二十九日出生於離北京不遠的大黑坨村。他先上私塾，和毛澤東一樣讀儒家古文；一九〇七年進入天津的北洋法政專門學校念書。辛亥革命前夕，他在政治上、社會上都已相當活躍。一九一三年，二十四歲的李大釗發表愛國文章，吸引到知識界的注意。一九一三年畢業後，李大釗決定出國留學，不久即進入東京著名的早稻田大學。他在一九一六年五月回國，立即投入新文化運動。李大釗於一九一七年十一月獲北大聘為經濟學教授，並於一九一八年一月兼任圖書館館長。不久之後，他應陳獨秀之邀，成為《新青年》編輯委員。[14]一九一八年十二月底，他和陳獨秀創辦另一份刊物《每週評論》，以比《新青年》更尖銳的方式點評政治議題。

李大釗是個個子高大、時帶笑容、為人和藹的人，戴一副金絲邊眼鏡，留長鬍子。[15]他很講究禮貌，衣著鮮亮。和北大許多教授不同，他偶爾喜歡穿西裝、打領帶，配上漿燙過的高領白色襯衫。他是一個人人都會注目的人物。

李大釗讓毛澤東擔任圖書館助理員，月薪八元。[16]錢不多，但毛澤東不介意物質問題，欣然接受這份工作。這是他這輩子第一次有張自己的桌子。後來他很自豪地向親戚報告，他在北大工作。[17]

李大釗比起陳獨秀和蔡元培更博覽群書，尤其是當代西洋哲學、政治學和經濟學方面的書刊。他是中國最早注意到馬克思主義的人。在他之前，中國幾乎沒有人曉得馬克思——即使有關馬克思社會主義的新聞最早在十九世紀末即傳到中國。一九〇三年初，日本作家福井準造（Fukuda Junzō）②的著作《近世社會主義》在中國出版，書中引了一段《共產黨宣言》（*The Communist Manifesto*），它才首次出現在中國。一九〇八年一月，中國無政府主義者在他們的刊物《天義報》上，刊載恩格斯（F. Engels）對一八八八年英文版《共產黨宣言》所寫的前言之文。這是馬克思主義創始人的作品首次以完整形式出現在中國。這時候，絕大多數中國知識分子還不清楚馬克思主義究竟是什麼東西，也分辨不出馬克思的社會主義和其他種種社會主義究竟有何差別。[18]毛澤東本人在一九四五年四月說：

> 那時我們中國除極少數留學生以外，一般人民就不知道〔馬克思主義〕。我也不知道世界上有馬克思其人……我們那時候……根本不知道世界上還有什麼帝國主義，什麼馬克思主義……以前有人如梁啟超、朱執信，也曾提過一下馬克思主義。據說還有一個什麼人，在一個雜誌上譯過恩格斯的《社會主義從空想到科學的發展》（*Socialism: Utopian and Scientific*）。總之，那時我沒有看到過，即使看過，也是一剎那溜過去了，沒有注意。[19]

李大釗是中國第一個注意到馬克思主義、甚至布爾什維克經驗的全球意義的人。擁抱布爾什維克主張的他，在一九一八年開始大規模宣揚俄國的共產主義。早在一九一八年七月，李大釗在〈法俄國革命之比較觀〉一文中說：

② 編註：作者誤植為Fukuda Shinzō。此書是由趙必振所譯，於一九〇三年由上海廣智書局出版。

俄羅斯之革命，非獨俄羅斯人心變動之顯兆，實二十世紀全世界人類普遍心理變動之顯兆……吾人對於俄羅斯今日之事變，惟有翹首以迎其世界的新文明之曙光，傾耳以迎其建於自由、人道上之新俄羅斯之消息，而求所以適應此世界的新潮流，勿徒以其目前一時之亂象遂遽為之抱悲觀也。[20]

這正是紅樓的寂靜環境孕育的大夢。

毛澤東到圖書館工作後不久，李大釗就親自向他講解布爾什維克思想的萌生。他說：「資本家只佔人類的很小一部分，工人才是絕大多數……任何人不工作、卻消費別人的生產，就是賊。」李大釗主張，我們必須終結「不公不義。我們必須……提供每個人機會成為工人，而不是賊」。要如何做到呢？透過世界社會主義革命的道路，俄國共產黨已經首開其端。他說：

〔布爾什維克〕是奉德國社會主義經濟學家馬克思為宗主的；他們的目的，在把現在為社會主義的障礙的國家界限打破，把資本家獨佔利益的生產制度打破……布爾什維克……大聲疾呼……他們的戰爭，是階級戰爭，是合全世界無產庶民對於世界資本家的戰爭……他們將要……先造歐洲聯邦民主國，做世界聯邦的基礎……這是二十世紀世界革命的新信條。

陶醉在新信念的李大釗又寫說：

可知托洛茨基的主張，是拿俄國的革命做一個世界革命的導火線……尚有無數國民的革命將連續而起……可以說完全是俄羅斯式的革命，可以說是二十世紀式的革命……人道的警鐘響了！自由的曙光現了！試看將來的環球，必是赤旗的世界！……俄國的革命，不過是使天下驚秋的一片桐葉罷了……所以布爾什維克主義的勝利，就是二十世紀世界人類人人心中共同覺悟的新精神的勝利！[21]

李大釗很快就試圖吸收他的助理投入實際政治活動。他邀請毛澤東參加愛國團體「少年中國學會」的籌委會會議，其宗旨與新民學會相仿。一九一八年十一月，毛澤東又參加李大釗在北大召開的另一項會議，會中決議成立馬克思學說研究會。[22]

當然，在認識李大釗之前，毛澤東已透過中文地方報及全國報紙聽過俄國革命的故事。一九一七年十一月十七日，長沙《大公報》刊載俄國革命的消息，毛澤東肯定聽過布爾什維克黨領袖的名字。[23]一九一七年十一月，毛澤東可以從《民國時報》和《時事新報》上讀到托洛茨基和列寧（Lenin）在第二次全俄羅斯蘇維埃大會上演講的簡短報導。它們報導列寧提議迅速結束世界大戰，發放土地給農民，以及處理經濟危機。有關列寧、托洛茨基、布爾什維克主義和十月革命的消息，一九一八年經常出現在中國報刊雜誌上，引起相當廣泛的注意。但是毛澤東沒有想過這是「新時代之光」。[24]李大釗說的一切，他都感到很新鮮。他體會到自己的學識不足，因此決心在北大旁聽。

為了能夠旁聽，毛澤東一九一九年初加入北大三個社團：哲學會、現代文學會和新聞學會。[25]他在新聞學會裡認識了重要報人邵飄萍。他是中國的新聞通訊社、北京重要報紙《京報》的創辦人。毛澤東說，邵飄萍對他幫助很大。邵飄萍介紹他進入真正的新聞工作領域。少年中國學會開會時，毛澤東注意到北大文學系學生鄧康。鄧康身材高瘦、天性活潑、時帶笑容、眼神調皮，穿著中式長袍，露出長長的脖子。毛澤東可能是因為他一口湖南鄉音而注意到他。總之，這兩個年輕人幾乎年齡相同，基本上又有共同理想，很快結為好友。鄧康就和毛澤東的老朋友蔡和森一樣，對毛澤東一生起了很大的影響。他後來以鄧中夏之名，成為中國勞工及共產主義運動第一批組織者之一，也是中國共產黨的領導人物。

可是用毛澤東自己的話說，「對我的影響也許超過其他任何人」的是陳獨秀。[26]一九三六年，毛澤東對他素昧平生的美國記者史諾不諱言這段感受，須知道陳獨秀一生起伏跌宕，此時已被打為中國最大的托派分子。毛澤東一定是真心尊敬陳獨秀，才會在史達林於國際共產主義運動中瘋狂打擊托派時，仍坦承他對陳獨秀的感佩。

陳獨秀的個性對其他人也有催眠作用。早在一九一七年，毛澤東和他在湖南第一師範的同學討論到陳獨秀之於中國，就有如托爾斯泰（Tolstoy）之於俄國。他和這位俄國作家一樣，在生活和作品中都「追求真理、遵守真理，不忌別人怎麼說」。[27]陳獨秀雖然仍相當年輕，在愛國知識分子圈中非常受到尊敬。他出生於一八七九年十月八日，一九一八年時年僅三十九。

陳獨秀是安徽懷寧（今名安慶）人，幼時也入私塾讀書。一九〇〇至一九〇二年間，他走訪中國和日本現代教育機構，對西方科學稍有瞭解。一九〇三年春天回到中國之後，他積極涉入革命活動，於上海和安徽省參與創辦激進的報紙和雜誌。一九一五年九月中旬陳獨秀在上海公共租界創辦《青年》雜誌；一年之後，雜誌更名為《新青年》。一九一六年十一月底，陳獨秀應聘到北大任教，不久即出任文學院院長。[28]

陳獨秀當時和李大釗一樣，偶爾也喜穿西裝。他那三件頭灰色西裝、燙得平整的襯衫，配上領帶，使他頗有美國商學院教授的架式。但是他的外表會騙人。他很擅長交際，言詞便給，談吐風趣，有時候在辯論起來很專斷。但是他從來不對人趾高氣揚。儘管兩人年紀差了十歲，陳獨秀和李大釗結為好友，陳獨秀非常尊重他這位年輕同事。

陳獨秀對待毛澤東，也有如對待李大釗一樣，儘管毛澤東根本不是北大正式學生。毛澤東對他崇拜得五體投地。毛澤東在幾個月後寫說：「我們對於陳君，認他為思想界的明星。陳君所說的話，頭腦稍微清楚的聽得，莫不人人各如其意中所欲出。」[29]可是陳獨秀和李大釗不同，他還未支持布爾什維克主義或馬克思主義。他在答覆《新青年》讀者提問時表示，在中國討論社會主義是沒有意義的，因為工業在中國根本不發達。[30]他依然鼓吹個人自由、民主和人道主義。

陳獨秀的意識型態立場對毛澤東很有影響。這位圖書館助理員尊敬李大釗，但是他絕對的相信陳教授，因此他對布爾什維克主義仍有懷疑。種種共產主義思潮當中，毛澤東最感興趣的是無政府主義，它強烈重視個人主義。由於陳獨秀和李大釗兩人都同情無政府主義思想，毛澤東當然更加醉心於無政府主義。[31]

一九一六年至一九二〇年期間，無政府主義在中國（包括北大）非常盛行。無政府主義是在中國吸引到追隨者的第一個西方社會哲學，也是無政府主義者最先注意到勞工的狀況，開始組織第一個工會團體。中國的無政府主義者涵蓋各支派的支持者，如克魯泡特金（Kropotkin）的互助論、巴枯寧（Bakunin）的自發革命論、普魯東（Proudhon）的無政府工團主義（anarcho-syndicalism），以及若干日本無政府主義者的理論——他們主張到山區、森林建立孤立的、自我支持的新屯墾區，以便重新打造社會。克魯泡特金的影響力最大。他主張以自由的自我組織的人為基礎，組成聯合形式的共產主義社群這種去集中化的方式，改造國家與社會。中國的無政府主義者典型地會交織好幾股不同的無政府主義思想，力求絕對的個體自由，而他們曉得這是與當今社會完全斷絕關係。

毛澤東在北大圖書館裡找到不少有關無政府主義的書冊。他熟讀它們，受到其中若干作品的吸引。[32]畢竟他到北京來就是要參加無政府主義者所策劃的「赴法勤工儉學運動」。毛澤東回憶這段北京生活，他說：「我對政治的興趣繼續增長，我的思想愈來愈激進……可是就在這時候，我的思想還是混亂的……我正在找尋出路。我讀了一些關於無政府主義的小冊子，很受影響。我常常和來看我的一個名叫朱謙之的學生討論無政府主義和它在中國的前景。在那個時候，我贊同許多無政府主義的主張。」[33]克魯泡特金對毛澤東影響最深。顯然，毛澤東的夢並不遜於李大釗的狂想。

新民學會所有同仁，只有毛澤東在北大找到工作。其他人靠打零工過活。他們全都註冊進入不同教育機構的訓練班，為前往法國預做準備。有些人加入北大附設的預備班，也有人跑到北京西南方約一百六十公里的保定另一所學校學習。蔡和森開始在保定之南的一所學校上課。除了這些青年男女之外，還有兩位年紀較大的人也十分認真準備赴法留學。一位是我們前面提到的長沙第一師範的老師徐特立。另一位是蔡和森的母親葛健豪（原名葛蘭英）。主要的學習科目是法文，測驗結果是他們能否成行的依據。候選人也必須通過法語口試，並通過健康檢查。[34]

在北京找到方向之後，毛澤東改變前往巴黎的念頭。他究竟有什麼想法？他和史諾談話時說起：「雖然我協助組織了這個運動……但是我並不想去歐洲。我覺得我對自己的國家瞭解得還不夠，我把時間花在中國會更有益處。」[35]那他為什麼要到北京來？為什麼要在北大圖書館打工？毛澤東的說法很可疑。我們應該記得，當他接到楊昌濟提到召募學生赴法勤工儉學消息時是多麼興奮。毛澤東沒有去成法國，這其中極有可能另有隱情。他是沒錢，但是他有辦法籌到一點錢，楊教授也一定會借給愛徒必要的費用。不，錢應該不是問題。毛澤東的朋友們也都沒錢，最後旅費都是募捐來的。[36]問題出在別的環節。毛澤東根本沒有語言天分，通過不了法國語文考試。他在第一師範念書時，每天背英文，[37]可是幾乎學不會幾個字。他在念法文時，就會有不同的成果嗎？即使他被接受，准予赴法求學，他在外國也不會覺得自在。他絕不會接受次等的地位。

毛澤東決定不去法國的主因是面子問題。毛澤東是個很驕傲的人，不肯承認低人一等。即使在北京這個群英畢集的京城，他也不是一向很舒坦。

當然，李大釗、陳獨秀和邵飄萍等人對他都很好，可是即使如此，他仍然覺得自己是沒念多少書的鄉巴佬。儘管他和李大釗年紀差不了幾歲，兩人之間還是有一道鴻溝。他在北大打工的五個月期間，覺得很吃癟。他在長沙可是最優秀的學生、公認的領袖人物。毛澤東回憶說：「我的工作中有一項是登記來圖書館讀報的人的姓名。可是對他們大多數人來說，我這個人是不存在的……我打算去和他們攀談政治和文化問題，可是他們都是些大忙人，沒有時間聽一個圖書館助理員說南方話。」[38]

年輕人一旦在社會和政治上少年得志，往往會展現一股傲氣。對北大學生會的領袖人物傅斯年、羅家倫而言，這位湖南來的圖書館助理員是不存在的人。胡適年紀只比毛澤東大兩歲，已是著名的哲學教授，也一樣不理會他。[39]毛澤東在新聞學會結識陳公博和譚平山，他們不久即在創立中國共產黨方面扮演重要角色；不過他們當時也不大理他。張國燾一九一九年初積極參與愛國運動，在北大學生群中聲譽鵲起，當時根本沒注意到毛澤東。張國燾在一九五〇年代和一九六〇年代寫回憶錄，他根本不記得什麼時候初識毛澤東。不過，毛澤東可沒忘了張國燾是怎麼不理他的。[40]

一九一九年一月，蕭瑜最先出發赴法國，三月間其他湖南同學也準備好啟程。此時毛澤東接獲消息，母親病情惡化。他自己說，他「必須趕回家照料她」。[41]他的「趕」也真奇怪。他在三月十二日離開北京，但是直到四月六日才到達長沙，而更要到四月二十八日才寫信告訴舅舅們他已上路。這段期間他思緒萬千，可就不曾想過他那病危的母親。毛澤東先陪著一批預備赴法國的同學去上海，在上海逗留了二十天。他向舅舅們解釋說：「我在那裡被公事絆住了。」[42]有什麼公事絆住他？他所做的無非就是等著向即將遠赴異國的好友道別。這時候他的母親卻病情加劇。對於一個孝子而言，這還真是怪異的行為。

為什麼他突然間如此絕情呢？我們唯有從他在北京遭到侮慢，才能理解箇中曲折。心理上，他必須陪伴朋友們到上海。甚且，新民學會的總幹事蕭瑜已先走了，他必須再度扮演領導人的角色，陪伴和他一路走來的夥伴。他非常需要有重要人物的感覺，必須再度肯定自己是個領導人、是個政治活躍者。他熱切渴望名氣與權力。但是他可能也有罪惡感，因此才在接受史諾訪談時，謊稱母親在一九一八年——即他去北京之前——已去世。[43]他的良知可能啃噬著他，但是他的虛榮心和權力欲卻勝過他的良知。

毛澤東不幸的母親死於一九一九年十月五日，得年五十三。毛澤東趕回家送終，站在母親墳前，他吟了一首輓聯：

疾革尚呼兒，無限關懷，萬端遺恨皆須補。
長生新學佛，不能住世，一掬慈容何處尋？
春風南岸留暉遠，秋雨韶山灑淚多。[44]

不到四個月，毛澤東的父親便死於斑疹傷寒，得年四十九。他和妻子同穴而埋。[45]然而此時毛澤東已回到北京，忙著重要的政治議題，並沒有回家奔喪。

第六章
民眾的大聯合

回到長沙，毛澤東覺得如魚得水。在這兒，不像在北京，他不必向任何人證明自己的能力高下。他已經普遍受到許多知識分子的尊重，而且蕭瑜出國，他又被視為新民學會的領導人。

他很快在修業小學找到一份歷史教員的差事。和中國常情一樣，這份工作是透過關係得到的。已經在學校任教的老朋友周世釗向校方推薦毛澤東。毛澤東的課業負擔不重，每週只需授課六小時，有許多閒暇時間。他薪水微薄，每月只有四元左右（等於四銀元），但這已經夠他餵飽肚子。他依照當時流行的規矩，住在學校宿舍。[1]當時的教育學原理規定老師不僅要授課，還要做好身教，要做學生的行為楷模。

一九一九年春天局勢相當動盪。四月底，即毛澤東回到長沙後不久，湖南、乃至全中國的政治局勢都變得極其緊張。一月間，第一次世界大戰二十八個戰勝國在巴黎召開會議，起草對德和約。中國民意非常憤慨，協約國代表們竟然不肯尊重中國代表團的正當要求，即把德國一八九八年從中國搶走、繼而在一九一四年十一月復被日本接管的青島以及膠州灣附近地區，歸還給也在一九一七年八月參加對德作戰的中國。日本人想要保有原本德國的殖民地。中國參加巴黎和會的代表非常失望，西方列強竟然支持日本。英國、法國和義大利受到他們一九一七年二月至三月和日本成立的秘密條約之約束，不希望和他們的戰時盟友有衝突。這些密約承認日本接收德國在中國之權利，以交換日本協助協約國。甚且，西方領導人也要仰仗日本在對付蘇俄的新戰爭中扮演重要角色。美國代表團想找出折衷辦法，卻告失敗。

中國期待和會能承認中國是戰後國際新體制平等的會員，可是和會只決議把德國在義和拳亂戰事所搶走的古老天文儀器還給中國。可想而知，中國人深覺受到侮辱。學生們尤其義憤填膺。學生們痛斥說：「日本將擁有青島和膠州灣，而我們中國人要做什麼？瞪眼看星星嗎？」中國出席和會的代表王正廷一九一九年三月底給上海某報的一通電報，更有如火上加油。它說：

吾輩提議於和會者，主張廢止二十一款及其他密約不遺餘力……但吾國人中有因私利而讓步者……此實賣國之徒也。所望全國與論對於該賣國賊群起而攻之，然後我輩在此乃能有討論取消該條件之餘地。[2]

王正廷的呼籲引起極大回響。反日愛國運動在中國開始發展，各界展開搜索王正廷電報中所影射的賣國賊。大家質疑著名的親日派：交通總長曹汝霖、駐日公使章宗祥和中國印鑄局局長陸宗輿三人嫌疑最大。

局勢日益緊張，終於爆發。五月三日星期六晚間，學生積極分子在北大集會，決定翌日在天安門廣場、紫禁城入口前發動一場大規模示威活動。有位法律系學生在會上慷慨陳詞，拿出刀子割指，以鮮血在白布上寫下：「還我青島！」他把標語高舉過頭，贏得全室喝采。[3]

五月四日上午十點，來自北京各個學校的三千多名學生在廣場上集合。到處白旗飛揚——在中國，白色是悼亡的顏色——配上青島地圖以及聳動的標語牌。儘管教育部代表、北京衛戍司令和警察局長出面勸諭，示威群眾仍向附近的外國使館區移動。他們仍然相信「偉大的美國」，預備以北京一萬一千五百名學生的名義，提交一份陳情書給美國公使。他們信心的根據是，威爾遜（W. Wilson）總統於一九一九年一月八日向國會報告，提出「普世和平」的十四點和平原則，抨擊秘密條約，並籲請「自由、開放心胸、絕對不偏不倚調整所有的殖民之主張」。使館區警衛不肯放學生進入，只准四名代表和美國使館官員會面。

這項拒絕反而使學生群情激昂。有人建議去找賣國賊算帳。因此他們轉到曹汝霖位於附近的宅邸，衝進去結結實實大鬧一番。沒被他們打碎的東西，也全給扔進庭院裡的一個池塘。曹汝霖及時走避，可是湊巧在曹宅的章宗祥被學生揪住，狠狠痛毆一頓。學生們放火燒了曹宅，才在下午五點鐘散去。[4]原本正氣凜然的一系列愛國演講竟成為純然的流氓行徑。警方逮捕了三十二人，不過囿於自由派輿論施壓，很快就放人了。

事情並未因此結束。從五月到六月，北京學生頻頻生事。他們舉行罷課、示威和集會，但是不再濫行破壞。五四事件的新聞傳遍了全國。上海及其他許多城市，不僅青年學生，連商人、仕紳，甚至工人都表示堅定支持北京的學生。黃包車伕基於愛國情操，一致拒絕服務日本人。許多地方的居民也透過示威活動和罷工罷課表達他們的反日感受。長江沿岸航運為之中斷，因為碼頭工人罷工了。到處都是「還我青島！」「消滅國恥！」「打倒賣國賊！」的標語。北京總商會發起抵制日貨運動，得到全國響應。群眾打破買賣日本商品的店家之窗戶，沒收日貨，當街燒毀。報社拒絕受理、刊登日本商人廣告、日本船隻航期或甚至日圓外匯匯率。[5]徐世昌總統被迫要求曹汝霖、章宗祥和陸宗輿辭職，但是動亂直到六月二十八日才告平息。這一天消息傳來，中國代表團拒絕簽署協約國與德國訂立的不公不義的凡爾賽和約。

長沙的學生也試圖組織反日示威活動，以表支持北京青年學生。五月七日，數千人走上長沙街頭。他們也得到商人支持。[6]可是示威活動很快就被督軍張敬堯的部隊驅散——這個張敬堯就是一年前在長沙進行恐怖統治的「張毒」。我們不清楚毛澤東是否參加這項示威活動。極有可能他並未參加；否則，替毛澤東寫傳的人絕不會錯過對他稱頌的機會。

當然，毛澤東不會不注意到學生的鬥爭，可是他不搞自發性的抗議活動。他相信必須導引自動自發。組織是絕對必要的，要由偉大領袖的堅定意志鍛造一支先鋒隊。毛澤東精讀泡爾生的書，可不是白念的。「道德行為依據感覺和意志，它們必須先於道德行為。」毛澤東從來不違背此一信條。[7]一九一九年五月初他開始認真思考成立一個組織，以便有效領導長沙的愛國學生運動。新民學會在一九一九年五月只有七、八十名會員，其中多人已在法國，它已經起不了作用。[8]五月中旬，鄧中夏由北京來到長沙，向毛澤東詳細報告北京學生活動的詳情。毛澤東和鄧中夏討論了全盤局勢。毛、鄧和何鬍子（何叔衡）決定仿效若干省、市之例組織一個基礎更廣的湖南學生聯合會。[9]這些學生組織提出非常鮮明的政治目標：「運用……學生能採取的一切力量」，「恢復國家主權、懲處賣國賊」。[10]

五月二十五日，長沙二十多所學校代表、其中許多人是新民學會會員，在何叔衡的住所集會。毛澤東介紹鄧中夏，由鄧報告五四事件前後經過，鄧也表示希望湖南學生能宣布總罷課聲援北京學生。鄧中夏一席話打動了大家，演講者本人年輕、精明的相貌，令人印象深刻。生命現在有了真實的意義。它需要鬥爭、自我犧牲和光榮。三天後，湖南學生聯合會正式成立。湖南商業學校學生彭璜是毛澤東的親密朋友，被推為會長。

六月三日，湖南學生聯合會宣布全市罷課，長沙有二十個學校學生參加。這項前所未有的罷課啟發本地報紙《大公報》於六月四日刊出罷課學生的訴求：「外交失敗，國家分裂，除非及時採取救國措施，必將滅亡」。學生並呼籲政府不要簽署凡爾賽和約、並廢止二十一條。[11]局勢非常嚴峻。由於暑假旋即開始，才避免了和當局的衝突。許多學生離校回鄉，但是組織繼續運作。回鄉學生組成宣傳隊，負責利用各種活道具在農村散布抵制日貨的思想。這時候中國非常流行獨幕愛國劇，它們由學生自行創作，相當簡陋。可是它們在不識字的農民和城市觀眾心目中留下極深刻的印象。

許多學生配合商會代表成立檢查隊，負責執行抵制日貨運動。七月七日，工會和企業代表聯合舉行另一次大示威。這一次經由仔細規劃，號召搗毀日貨。參加這項活動的周世釗日後回憶說：

> 遊行隊伍前面高舉著「燒毀日貨遊行大會」和「同胞們注意，切勿買日貨」的大旗。學生每人肩負一匹日本布，後面跟著綢布業的店員工人。最後是國貨維持會和學生聯合會的旗幟。到了教育會坪，學

生們將布匹攤放坪中，澆上煤油焚燒。直到布匹燒成了灰，遊行隊伍和參觀群眾才離開。[12]

兩天後，在湖南學生聯合會領導人倡議下，舉行了各公共組織代表的大會，決定成立一個含納各行各業代表的全省聯合組織。[13]

從毛澤東的角度看，這一切都還不夠。他相信宣傳是影響群眾最重要的手段。毛澤東可以依循列寧的說法（這時候他對列寧所知不多）說：「以我們的意見而言，我們一切活動的起點，成立我們所要的組織務實的第一步，可以指引我們堅定不移地發展、深化和擴大組織的線索，就是設立一份……政治報紙。」[14]毛澤東和他的同志資力不足以創辦一份報紙；因此他們決定仿效陳獨秀和李大釗的《每週評論》，成立一份湖南全省學生資訊刊物。毛澤東以熱情、花俏的語言敘述這份刊物的目標：「浩浩蕩蕩的新思潮業已奔騰澎湃於湘江兩岸。」[15]

《湘江評論》創刊號花了約十天時間編成、於一九一九年七月十四日出刊。毛澤東以主編身分寫下《湘江評論》創刊宣言，它說：「所以我們的見解，在學術方面，主張徹底研究，不受一切傳說和迷信的束縛，要尋著什麼是真理，在對人的方面，主張群眾聯合，向強權者為持續的『忠告運動』。」除了官僚和軍閥，他把資本家也列入「強權者」行列。他在北京的幾個月時間沒有白費。他依然強烈嚮往無政府主義，而李大釗有關社會主義的講解也留下痕跡。可是他仍然很謹慎，不主張暴力，只籲求民主和自由。他說：「〔我們〕實行『呼聲革命』——麵包的呼聲、自由的呼聲、平等的呼聲——『無血革命』，不主張起大擾亂，行那沒效果的『炸彈革命』、『有血革命』。」即使針對日本人，毛澤東依然認為「罷課、罷市、罷工、排貨，種種運動，就是直接間接對付強權日本最有效的方法。」[16]

《湘江評論》創刊號刊登毛澤東痛批北京軍閥逮捕他的偶像陳獨秀的文章。陳獨秀因為參加一九一九年六月十一日學生運動，散布他所寫的「北京市民宣言」傳單而被捕。他在宣言中痛批總統和內閣總理在「山東問題」上的對內、對外政策。他坐了八十三天牢，出獄後即離開北京，寓居上海。毛澤東為陳獨秀被捕大為震驚，他責備整個中國社會：

不是兵力不強財用不足的危險，也不是內亂相尋四分五裂的危險。危險在全國人民思想界空虛腐敗到十二分。中國的四萬萬人，差不多有三萬九千萬是迷信家。迷信神鬼，迷信物象，迷信運命，迷信強權。全然不認有個人，不認有自己，不認有真理。這是科學思想不發達的結果。中國名為共和，實則專制，愈弄愈糟……群眾心裡沒有民主的影子，不曉得民主究竟是什麼的結果。陳君（獨秀）平日所標揭的，就是這兩樣。他曾說，我們所以得罪於社會，無非是為著「賽因斯」（科學）和「克莫克拉西」（民主）。陳君為這兩件東西得罪了社會，社會居然就把逮捕和禁錮報給他。[17]

為表示支持他的老師，毛澤東在他的文章中轉載陳獨秀批判政府的傳單。

毛澤東在同一期《湘江評論》亦首次發表有關布爾什維克的短文。他沒有做任何評斷；只是呼籲中國民眾研究俄國經驗：「我們每個人都應仔細檢視這個極端主義黨（布爾什維克黨）究竟是什麼……一眨眼，這個極端主義黨令人大吃一驚，掃遍全國（俄羅斯），無一處躲得過他們。」[18]

創刊號兩千份很快就散發出去，七月底迅即加印兩千份，也在三天內銷售一空。七月二十一日，創刊號臨時增刊和第二期，同步上市，各印五千份。一週之後，五千份的第三期接著上市。在湖南來講這是很不得了的數字。長沙九份日報當中，只有《大公報》發行量高達兩千三、四百份。其他都只有一百至五百份之間。[19]毛澤東設法編出五期，但只有四期問世。第四期在八月四日上市，一樣印了五千份。可是第五期已經排好版，卻在印刷廠遭到張敬堯部隊沒收。[20]

這份刊物是毛澤東的心血結晶。根據周世釗的說法，毛澤東把他課餘時間全花在《湘江評論》上。周世釗回憶說：「夜裡醒來，我會從牆縫看到他房間的光線。寫完文章後，他又親自編輯、校對，有時甚至親上街頭兜售雜誌。」[21]

《湘江評論》也分設「東方大事述評」、「西方大事述評」、「世界雜評」、「湘江雜評」、「新文藝」等欄目刊載短文，大都由毛澤東本人撰稿。他健筆如飛，寫出一篇〈民眾的大聯合〉贏得全國注意。這篇文章佔了週刊幾近整整三期的篇幅，從第二期到第四期連載。他試圖回答困擾了一個世代革命派的基本問題：當「國家壞到了極處，人類苦到了極處，社會黑暗到了極處」時，應該怎麼辦？

毛澤東的解決方案毫無疑問地代表他的革命觀仍然溫和。從假設中國所有的困難以及其他國家所有的困難，皆源自強權者——即各國的貴族、資本家——聯合起來對付民眾做起點，他提議「以其人之道還治其人之身」。他寫說，唯有「民眾大聯合」，對抗「強權者」的暴力，才能救國。基本上，他倡議社會上所有受壓迫階層，如農民、工人、學生、女子、小學教師、警察、車伕等等組織自己的「小聯合」。毛澤東把所有這些人都列入「貧弱」階級，受到「富強」階級壓迫。他相信受壓迫者組織本行本業的小聯合，可以促成所有不幸者的「大聯合」。一旦聯合起來，中國民眾輕易即可勝過貴族和資本家，因為民眾人數是他們的好幾十倍之多。民眾需要聯合起來，「起而一呼，奸人就要站起身來發抖，就要捨命的飛跑」。[22]

這篇文章充滿克魯泡特金的「互助」論思想，不過毛澤東也稱譽「俄羅斯的貔貅十萬，忽然將鷲旗易了紅旗」的奮鬥。他呼籲為軍閥效命的中國士兵起來效仿他們。他寫說，中國士兵有一天也會醒悟他們是平民的「兒子、哥哥或丈夫」。「〔他們〕反一齊化成了抵抗貴族和資本家的健將」。就和俄國及歐洲其他若干國家一樣，中國也會發生社會革命，它是全球受壓迫者起而鬥爭的一部分。受到李大釗的影響，毛澤東寫說：

> 世界戰爭的結果，各國的民眾為著生活痛苦問題，突然起了許多活動。俄羅斯打倒貴族、驅逐富人，勞農兩界合立了委辦政府，紅旗軍東馳西突，掃蕩了多少敵人……咳！我們知道了！我們覺醒了！天下者我們的天下。國家者我們的國家。社會者我們的社會……刻不容緩的民眾大聯合，我們應該積極進行！[23]

這些話似乎很天真。但是我們如果記得北京五四學生「大聯合」沒有投擲炸彈，就迫使「賣國賊」曹汝霖、章宗祥和陸宗輿辭職，或許就不難理解毛澤東受到的啟示。他所瞭解的社會革命沒有涉及到流血，而是「民眾的大聯合」以協調一致、和平的行動發出「強大的怒吼」，震聾了強權者。或許他比其他任何時候都更接近真理。他寫說：「我們承認強權者都是人，都是我們的同類……用強權打倒強權，結果仍然得到強權。」[24]可是不到九個月之後，毛澤東徹底背棄他青年時期的理想，無條件接受馬克思和列寧的激進思想。

到目前為止，一切都還相當和平。「民眾的大聯合」似乎可以達成。第一步是集合一小群志同道合的人緊密團結在互助的原則下。一九一九年底，毛澤東又重提在湘江左岸成立農業公社的舊主張。他所嚮往的無政府主義，尤其是克魯泡特金互助論的共產主義思想，加強了他「在嶽麓山腳建立新村」的念頭。他需要朋友的協助。他要設立一所鄉村學校教授社會科學，培訓「新人」。當然，這件事最後不了了之，但是毛澤東一連好幾個月懷抱這個美夢。

《湘江評論》，尤其是毛澤東的文章〈民眾的大聯合〉，在若干城市受到民主派人士熱切歡迎。九個月前理都不理這個圖書館助理員的知識分子胡適、羅家倫等也諂媚地盛讚它。[25]我們可以想像毛澤東欣喜若狂的模樣。這個年輕的鄉下人已踏進全國政治領域。人們拜讀他的文章、人們討論他這個人。《湘江評論》第五期被沒收反而使他聲名大譟。他已經成為粗暴政權的受害人。

然而他還沒被抓去坐牢，因此能夠持續他的政治活動。一九一九年八月中旬，毛澤東和湖南學生聯合會其他領導人決定把各個群眾團體集合在反張敬堯的大旗下。湖南督軍張敬堯行為舉止有如盜匪。他的三個兄弟在他的軍事政府裡位居高職，他們率領士兵到處搶劫農民、洗劫公庫、向商家斂財、綁架及殺害人民、強姦婦女、買賣鴉片、剋扣教員薪水。他們對待湖南有如征服的省份。人民生活在恐懼當中，百業蕭條，物價飛騰。因此人民奔相走告：「張毒不除，湖南無望。」[26]

九月初，中、美合辦的湘雅醫院邀請毛澤東擔任醫院週刊《新湖南》的主編。《新湖南》已經發行六期，但還未蔚為聲音。毛澤東提出條件：他有權界定刊物的方向，才肯接受。美國人佩服他為自由價值奮鬥，因此同意。毛澤東在他主編的第一期上界定《新湖南》的發刊目標是：「（一）批評社會；（二）改造思想；（三）引入新學；（四）討論問題。」他說：「當然我們不問『成敗利鈍』。我們更不注重什麼權力當局。我們的信條是：『除原則之外，凡事皆可犧牲；原則則絕對不可犧牲。』」[27]四週之後，《新湖南》同樣被停刊，也就不足為奇。[28]

俠士對抗暴政的羅曼蒂克氣氛、他的編寫天分，加上他在全國薄有名氣，使得二十五歲、英俊的毛澤東在仕女界頗有吸引力。楊開慧遠在北京。一九一九年秋天，毛澤東與楊昌濟的得意女學生陶毅展開一段戀情。她比毛澤東小三歲，因為志向遠大、才智出眾，與毛澤東所認識的許多女生大不相同。熱情沖昏了他，使他情難自禁。他情感奔騰，寫下：愛情是「無法抗拒的自然力量。人類需要愛的力量大過於其他需要的力量。除了某些特別力量，沒有什麼阻擋得了它……〔唯一能〕阻遏愛情需求浪潮的，我認為別無他者，只有『迷信』」。[29]

這段戀情轟轟烈烈，但相當短暫。它來得突然，但在一九二〇年夏末也戛然而止。兩個戀人因意識型態原因而分手。此時毛澤東已開始傾向共產主義，而陶毅無法接受布爾什維克理論。分手後不久，陶毅離開長沙、前往上海，創辦一所女子學堂。她在一九三〇年去世，年紀不滿三十五歲。[30]

一九一九年秋天，這段愛情故事還沒有眉目時，陶毅和毛澤東都相信自由主義、民主政治和自由戀愛。這段期間毛澤東寫了一系列有關愛情和婚姻問題的文章，發表在長沙主要報紙《大公報》上。它緣起於一樁震撼全市的意外。女子趙五貞被父母許配給一位上了年紀的富商當妾，她在十一月十四日於前往夫家的紅轎上割喉自殺。等候新娘到達的眾人目睹慘劇，其震撼之情難以筆墨形容，全城連日都在議論這件事。許多人責備她違背儒家教誨，但也有不少人同情她。毛澤東、陶毅和他們的同志當然都站在趙五貞這一邊。毛澤東尤其氣憤。他寫了一篇〈對於趙女士自殺的批評〉，文章說：「這事件背後，是婚姻制度的腐敗，社會制度的黑暗，意想的不能獨立，戀愛不能自由。」[31]

愛情與婚姻的問題不論多麼嚴重，都阻擋不了毛澤東及其友人趕走督軍張敬堯及其犯罪集團的主要目標。整個秋天，毛澤東竭盡全力發動群眾反對張敬堯。依據「民眾的大聯合」精神，毛澤東認為，如果湖南展現出一致拒絕接受這個沾滿鮮血的寡頭，或許能說服北京調走張敬堯。同一時間，他繼續透過湖南學生聯合會積極進行抵制日貨的宣傳活動。張敬堯在查扣《湘江評論》後即取締湖南學生聯合會的活動，它被迫轉入地下。

十一月中旬，毛澤東又召開一項會議，企圖恢復新民學會活動。學會內部結構改組成為「諮議部」（本質上是立法部門）和「執行部」，後者下轄學校、編輯、婦女和海外教育等小組。另外成立執行委員會。原本不定形的社團開始有了中央集權的政黨性質。何鬍子被推為執行委員會主席。毛澤東、陶毅、周世釗等人入列諮議部。[32]不幸的是，構想中的改組失敗。十一月會議後不久，許多會員捲入喧囂的公共事件，也有些人被迫離開長沙。

新民學會已癱瘓了近一年。十一月底消息傳來，日本士兵和中國愛國學生在沿海的福建省發生衝突，輿論大譁。長沙學生決定舉行示威遊行以表支持，並計劃推出另一場反日大戲。這時候，本地保護國貨委員會在檢查長沙某倉庫時，發現大批查禁的日貨。委員會決定將它們沒收，並公開燒毀。十二月二日，大約五千名學生、教員、工人和店員，走上長沙街頭，前往教育委員會大樓。周世釗回憶這一幕說：

當天天氣晴朗……冬陽照在年輕人臉上，但是他們胸臆中滿懷怒火……群眾走過販賣洋貨的商店時，「銷毀禁貨」、「打討商賊」的口號響徹天……下午一點鐘，遊行隊伍來到教育委員會門前。他們把日本布匹堆積起來，現在學生和圍觀者已經上萬人，圍著這堆日貨，等候點火。這時候……張敬堯部隊的參謀長、也就是他弟弟張敬湯騎在馬上，揮舞軍刀，耀武揚威。他召來一連士兵及一排騎兵，進入廣場。他下令部隊把學生團團圍住。他走上講台，高喊著：「放火、燒貨，是土匪行為。學生就是土匪。要怎麼跟土匪講話呢？他們只懂一種話。他們需要挨揍和消滅！」說完話，他下令騎兵把學生拖下舞台，好好痛揍一番。他繼續高喊：「學生們！回去吧……」幾百名士兵把刺刀對準學生，強迫他們離開廣場。我們憤憤不平回到學校……但是我們不曉得該怎麼辦。[33]

毛澤東和愛國運動其他領導人立即有所反應。次日（十二月三日）新民學會和湖南學生聯合會積極分子在長沙南城門外召開緊急會議。他們決定宣布總罷課，要求張敬堯立刻下台。十二月四日的後續會議，他們決議派請願團分頭赴北京、天津、上海、漢口、常德、衡陽和廣州，發起罷黜張敬堯的全國運動。[34]罷課始於十二月六日。全市七十五所學校有七十三所關閉。大約一千兩百位老師和一萬三千名學生罷課。他們宣稱：「『張毒』不離湘省，誓不復課。」[35]同一天，毛澤東與其他幾個積極分子出發前往北京。毛澤東只帶一把油紙傘遮陽擋雨、幾件換洗衣褲和幾本書。[36]路上花了約兩個星期。十二月十八日，毛澤東又到了北京。

很顯然，自從他離開後，北京並沒有太大變化。市內並無最近學生熱情運動的跡象。生活已經恢復正常。陳獨秀被迫移居上海，不再於北大授課，而李大釗仍擔任圖書館館長。但是楊昌濟家卻發生悲劇。毛澤東回到北京之前幾個月，醫生診斷出可敬的楊教授得了不治的胃癌。他住進一流的德國醫院，但病情日益惡化，已經命在旦夕。[37]毛澤東一到達北京，立刻趕去探望，試圖鼓舞敬愛的老師，但楊昌濟自知來日無多。

毛澤東在楊開慧父親病榻前再次見到她，但是兩人心情沉重，無暇談起兒女私情。兩人其實並沒真正戀愛、來往。後來，楊開慧說，兩人分開兩地期間，毛澤東不斷寫給她「情書」，但是誰曉得這是否屬實。[38]迄今並未找到這些情書的蹤影。甚且，毛澤東已經拜倒在陶毅石榴裙下；不僅她的嫵媚令人心醉，他也認為陶毅「思想非常開明、頗有大志」。[39]我們曉得他寫給她情書，甚至討論到未來的計劃。[40]

楊昌濟於一九二〇年一月十七日黎明溘然長逝，留下財務十分拮据的家人。這位才思敏捷的老師薪酬並不豐厚。他的長子仍是學生，無法仰事俯蓄寡母和幼妹。死者的友人和學生承擔起照顧其家人的責任。

大家籌募一筆基金照顧楊教授遺屬，當然毛澤東是其中最積極的人員之一。[41]

毛澤東並沒有忘掉他到北京來的初衷。湖南代表團遍訪總統府、總理、外交部、財政部、農業部和商務部請願。他們懇求政府迅速將張敬堯免職、懲處，「以維法律，救民於倒懸」。[42]代表團列舉這個湖南督軍兄弟所犯的罪行。毛澤東代表請願團寫下：「去歲張敬堯入湘以後，縱餓狼之兵奸焚劫殺，騁猛虎之政鏟刮詐捐。」[43]

但是這一切都沒用。腐敗、像黑手黨似的政府根本無意認真處理張敬堯的問題。毛澤東及其夥伴唯一的成績是：得到政府官員保證「派員」進行「秘密調查」。[44]毛澤東非常失望。「民眾的大聯合」經證明，碰上與內閣有良好關係的省級寡頭一點用處都沒有。張敬堯一九二〇年六月退出湖南，乃是軍閥輪番作莊的結果。長沙再度由譚延闓佔領，他恢復督軍之職。[45]

軍事力量本身在中國關係重大，槍桿子底下出政權。毛澤東雖然已經略知箇中端倪，卻仍未充分掌握它的意義。儘管他有年輕人的羅曼蒂克思想，其實頭腦相當清醒。他的個性火爆，在寫給友人的信中有時候自責「感情衝動……個性激烈」，但是他厭惡歇斯底里的亢奮。[46]他不是那種切手指以鮮血寫下愛國口號的人。他依然真誠相信科學、教育和文化的重要，也相信不偏不倚的新聞及公共領域活動的可能性。這股信念在幾年後即消失，但此時的毛澤東仍「活在雲端上」。值得一記的是，聽到張敬堯逃出湖南的消息時，毛澤東在文章中展現他的天真。他說：「湖南人應該更進一步，努力為『廢督運動』……湖南人驅張〔敬堯〕，出於自決，不受何種黑暗勢力的牽掣。果真覺悟到督軍要廢，自己舉足踢去就是。」[47]事實上，張敬堯部隊撤出長沙時，長沙市民坐在家裡，不敢在街上亮相。他們真的能挺身而出反對擔任督軍的任何一個人嗎？

那個冬天，毛澤東經常和李大釗、鄧中夏會面，從他們那裡學到許多有關布爾什維克俄國的知識——當時它正陷入全面內戰。俄國有個神秘難測的極端派政黨，把工人和農民集合在它的紅旗下，針對毛澤東所痛恨的貴族和富豪展開鬥爭。在李大釗教授推薦下，毛澤東恢復閱讀共產主義的文章。他已經知道，受李大釗的影響，陳獨秀已轉向共產主義立場。早在一九一九年四月二十日，陳獨秀就在《每週評論》上，發表一篇討論布爾什維克革命的文章，提到這場革命是「人類史上新紀元的開端」。毛澤東被催促要比以前更認真看待這個新學說。

由於他除了中文之外，不懂任何外國語文，所以只能閱讀馬克思主義的譯作，可是當時中國實在沒有太多中文的馬克思主義作品。唯一找得到的馬克思作品是《每週評論》刊載的簡明版《共產黨宣言》，以及《哥達綱領批判》（*The Critique of the Gotha Programme*）——後者是公開論戰的左翼小冊，主張以暴力推翻資產階級統治，並建立工人階級專政。關於列寧的作品，他只讀過這位布爾什維克領袖一九一七年四月初寫的〈俄羅斯政黨與無產階級任務〉（Political Parties in Russia and the Tasks of the Proletariat）。另外，托洛茨基為共產國際第一次代表大會——這是布爾什維克在一九一九年三月所成立的世界性共產黨組織——所撰寫的〈共產國際對世界無產階級的宣言〉（Manifesto of the Communist International to the Proletariat of the World），也有中譯版。

毛澤東也仔細閱讀其他闡明共產主義理念的作品，包括德國馬克思主義者卡爾・考茨基（Karl Kautsky）的《階級鬥爭》（*Class Struggle*）以及英國哲學家、費邊社會主義者湯瑪士・柯卡普（Thomas Kirkup）的《社會主義史》（*A History of Socialism*）。他日後告訴史諾說：

> 我第二次到北京期間，讀了許多關於俄國情況的書。我熱心地搜尋那時候能找到的為數不多的用中文寫的共產主義書籍。有三本書特別深地銘刻在我的心中，建立起我對馬克思主義的信仰……這三本書是：《共產黨宣言》，陳望道翻譯，這是用中文出版的第一本馬克思主義的書；《階級鬥爭》，考茨基著；《社會主義史》，柯卡普著。到了一九二〇年夏天，在理論上、而且在某種程度的行動上，我已成為一個馬克思主義者了，而且從此我也認為自己是一個馬克思主義者了。[48]

毛澤東對史諾敘述他思想轉變的過程已經把事實搽脂抹粉。每件事都相當複雜，而且用不著說，上述作品也沒有立竿見影改造他的意識。甚至，陳望道翻譯的《共產黨宣言》也要到了一九二〇年八月才出版，因此毛澤東不可能在那個夏天讀到它。①李大釗和陳獨秀兩人大力推薦俄國十月革命，他們的作品填滿毛澤東的思想。[49]他和李大釗的談話、他和業已接受布爾什維克觀點的鄧中夏之往來，以及和北京其他年輕知識分子的接觸，全都影響他的思想。

一九一九年五月四日以後，北京學生的情緒變了。中國愛國分子戰前普遍對英、美自由主義的幻覺，現在破滅了。這導致自由思想在中國全國、尤其是首都的危機。知識分子之間的意識型態和政治路線的分劃，日益加深。[50]就在這時候，產業工人在中國歷史上首次登上舞台。數十萬工人參加了五四運動。他們的覺醒讓已經接觸到馬克思主義的那些中國革命派認為，這正是清楚證明了馬克思主義有關「勞動階級世界歷史革命」理論的正確。[51]但是決定中國輿論對馬克思主義感興趣更關鍵的因素是，俄國十月革命的勝利、蘇聯政府激進的反帝國主義及反資本主義政策，以及紅軍抗拒帝國主義干預和國內反革命分子的成功。李大釗在一九一九年強調：「有了俄國革命，馬克思主義證明它是可以撼動世界的力量。」[52]他基本上是正確的。

俄國共產黨的成就激發中國愛國知識分子渴望瞭解指導他們行動的意識型態。中國知識分子開始研究布爾什維克實驗，尋求他們可用來撼動中國的一個理論。馬克思主義正透過布爾什維克實驗的稜鏡在中國散布開來，得到接受。多年之後，毛澤東寫道：「透過俄國人，中國人發現馬克思主義……追隨俄國人的道路——那是他們的結論。」[53]大多數中國帶頭的知識分子只從馬克思主義傾向的廣大範疇借用布爾什維克主義。它的追隨者流派複雜、思想各異，有人著重社會發展法則、有人低估人類社會自然歷史演進原則、有人傾向看待群眾及階級鬥爭在歷史的角色之絕對性、有人完全否定財產權及個人權利、有人為暴力辯解、也有人否認普世人類價值——包括一般接受的倫理道德、宗教和文明社會的觀念在內。他們對資本主義及前資本主義社會的社會經濟、政治和意識型態結構，只有簡單、浮面的瞭解，不能考量到社會制度的多樣化。他們對世界發展的觀點本質是全球性；他們唯一願意接受的理論是世界社會主義革命的不可避免。

某些中國青年對國家積弱、備受欺凌，特別憤慨，因此最受布爾什維克的鋼鐵意志所吸引。他們認為列寧任意施行無產階級恐怖暴政乃是其力掃千軍的表現。力量正是中國最最缺乏的東西。英國自由派哲學家羅素（Bertrand Russell）於一九二〇年初訪問中國，他深刻受到震撼的是有那麼多中國青年「愛上恐怖」。羅素先訪問蘇俄，才到中國。他的〈遊俄感想〉發表在陳獨秀主編的《新青年》雜誌上。[54]他客觀、透徹地描述俄國共產黨的行動。[55]身為左翼人士，他的演講和寫作強調「布爾什維克實驗對世界發展的重大意義」，主張所有的社會主義者都應該支持蘇俄。同時，身為一個自由派，他被布爾什維克的行動——他認為與民主的原則不相容——以及他們所釋放出來的恐怖嚇壞了。羅素在中國演講時，雖然對共產主義的理想予以正面評價，但卻譴責工農專政。他主張應該用教育手段說服富人改變作風。然後就不需要「限制自由或訴諸戰爭及流血革命」。[56]可是他的中國學生卻貪婪地拚命吸收羅素所批判的布爾什維克主張。

毛澤東一九一九年冬天至一九二〇年春天在北京逗留，並未導致他的意識有任何根本改變。沒錯，馬克思主義、尤其是布爾什維克主義為鋼鐵意志的辯護，讓毛澤東印象深刻，使他對俄國共產主義增加研究的興趣。但是毛澤東並沒有在一九二〇年春天之前成為任何一種馬克思主義者。他在一九二〇年三月中旬寫信給好友周世釗說道：「老實說，現在我於種種主義，種種學說，都還沒有得到一個比較明瞭的概念。」[57]他的思想仍然很混雜。他已經認為蘇俄是「世界第一個文明國」，可是他仍然幻想和同志們到某個地方創辦一所「自修大學」。他替每個人在這個烏托邦公社寫下詳細的任務，主張「所有的所得都完全公有。

① 原書註：我們應該公允地註記，毛澤東或許接觸到《共產黨宣言》的另一個翻譯版本。據羅章龍的回憶錄，北大學生油印傳閱《共產黨宣言》。但這是否屬實，我們不敢肯定。

賺得多的人要幫助賺得少的人；目標是維持生活所需」。[58]受到他所聞所讀有關蘇俄的一切之影響，他有心前往蘇俄一探究竟；一九二〇年二月他甚至閃爍其詞地向陶毅提起，一兩年內相偕赴俄的可能性。可是，突然間，他在一九二〇年六月底宣稱：「北冰洋岸的俄羅斯出現新文化的小花。幾年來，狂風暴雨考驗著它，我們還不知道它是否能發展成功。」[59]

六月初，他寫信給昔日的老師黎錦熙報告：「我近來功課，英文、哲學、報，只這三科。哲學從『現代三大哲學家』起，漸次進於各家。」所謂「現代三大哲學家」，他不是指列寧等人，而是指羅素及另外兩位自由派知識分子亨利・柏格森（Henri Bergson）和約翰・杜威（John Dewey）。[60]他承認得了「知識荒」，但是他的研究散漫無章，讀書沒有目標。「腦子不能入靜，工夫難得持久，改變也很不容易改變，真是不得了的恨事呵！」[61]他嘗遍種種學科。哲學、語言學，甚至佛學，他都感興趣。儘管李大釗循循善誘，他還未接受布爾什維克主義為唯一真實的世界觀。

毛澤東於四月十一日離開北京。和去年一樣，他仍到處遊歷。這次他先到距離北京只有兩、三小時車程的天津，然後到以泉水馳名的山東省會濟南。接下來毛澤東尋訪孔子故里——景色如畫的曲阜，然後登臨鄰近的泰山之巔，觀賞日出美景。下了泰山，他到孟子故里鄒城參訪。接下來，他取道南京，前往上海。他在上海有要事待辦。這次旅行歷時二十五天，他有充分時間休息，抖擻精神迎接即將來臨的政治鬥爭。

第七章
呼吸世界革命

一九二〇年五月五日抵達上海，毛澤東與湖南友人住進西區一條骯髒街道一棟兩層樓的小房子。[1]和往常一樣，毛澤東幾乎身無分文，他的朋友也一樣一窮二白。為生活所迫，他必須拋棄他所謂的「知識分子習慣」，從事體力勞動。毛澤東竟然當起洗衣工。[2]洗衣工只佔掉「一半時間」，其餘時間他花在政治活動和全市亂逛走動。[3]

他設法仔細瞭解上海。位於長江支流黃浦江岸的上海已經是中國以及整個東亞最大的工業及商業中心。從一八四二年英國人到達起，至一九二〇年，上海已經從人口二十三萬人的市鎮發展為一個巨大都會，居民不下於兩百萬，是北京的兩倍。上海是中國主要的開放口岸。數不盡的碼頭和倉庫密布在黃浦江左岸。

上海分為六大區。其中五區——南市、閘北、吳淞、公共租界、法租界——位於黃浦江左岸（西岸），一區——浦東——位於右岸（東岸）。靠近鐵路北站、吳淞江（又名蘇州河、是黃浦江的一條小支流）左岸，就是工廠林立、工人居住的閘北。這是十九世紀中葉以來的一個新區。南市是上海最老的一區，可上溯到唐朝（西元六一八至九〇六年），則位於鐵路南站和黃浦江之間。閘北之南、黃浦江的北側和西側是英國人治理的公共租界。公共租界南側是法租界。因此外國租界瓜分上海的左岸，形成兩大區塊，擠在華人管治的南市和閘北兩區之中。公共租界和法租界西邊，位於蘇州河上游就是華人的吳淞區。

上海市面積約九十平方公里，其中逾三分之一屬於外國人控制。外國法律是租界奉行的大法，而且租界有外國部隊及警察進駐。中國人准予在租界內居住。富有的中國人以及反對中國當局的知識分子善加利用這個機會。事實上，居住在公共租界和法租界的中國人人數多出洋人居民不知多少倍。①政治氣氛比起中國任何地方都更加自由，而且公共租界的生活水準相當高。南京路沿路商店在中國獨具特色。歐、美最大的銀行大都在公共租界和法租界設立分行；豪華的旅館林立。上海的建築物與中國其他城市大異其趣。碼頭邊摩天大樓高聳入雲，非常壯觀。全市活力十足，廣告鮮亮，汽車滿街奔馳，黃包車穿梭往來，來自世界各國的船隻在港口裝貨、卸貨，衣著高雅的貴婦在彬彬有禮的紳士陪伴下在江灣鬧區的樹蔭下散步。南京路及附近的街道、弄堂，人群摩肩接踵。許許多多店鋪、餐廳、電影院和賭場吸引有錢人流連。

走在上海，到處聽到有人講英語、法語，甚至俄語。一九二五年，上海有兩千七百六十六個俄羅斯人、英國人不下六千人，另有一千五百名左右的美國人及不到一千人的法國人。整體來講，全市不同國籍的外國人有三萬七千七百五十八人，日本人最多；一九二五年有一萬三千八百零四名日本人，[4] 但是由於俄、英、法人不少，上海有歐洲都會的風味。上海洋租界的建築與紐約或倫敦的差異不大。

毛澤東住處離南京路和江灣相當遠，他卻必定注意到它是多麼地不像中國的城市。他每天可以利用科技精品——行經公共租界和法租界的電車。他也搭電車向客戶收取髒衣物、送回新燙洗衣物。他說，光是搭乘電車就花掉他原本微薄的薪水之一大部分。[5]

現在已經有不少反張敬堯人士集結在上海。富有的湖南省同鄉成立的湖南善後協會於一九一八年十二月在上海開始運作。要求張敬堯下台的其他湖南團體也在上海活動，其中勢力最大的是湖南旅滬同鄉會。一九二〇年春天，曾任中華民國國會議員的湖南人徐佛蘇也反對張敬堯，他也住在上海。[6]

毛澤東和旅滬其他湖南愛國人士的努力統統沒有用，可是毛澤東持續不懈向他想像中的敵人挑戰。不過，他現在已能用比較世故的手法進行鬥爭。他不僅想要趕走貪瀆的大老，也想改變產生這種暴君的腐敗制度。他在一九二〇年春天及秋天之間所寫的公告中，展現出烏托邦式的熱切，主張湖南人民自治。他提議湖南脫離已陷入一團混亂的中國；宣布湖南完全獨立；制定一部地方憲法，並且選出真正民主形式的政府。毛澤東日後說：「我們的團體對於北洋政府感到厭惡。認為湖南如果和北京脫離關係，可以更加迅速地現代化，所以主張和北京分離。那時候，我是美國門羅主義和門戶開放的堅決擁護者。」[7]對於一個告訴史諾，他在一九二〇年夏天已成為馬克思主義者的人來講，這是很奇怪的自白。

主張「湖南獨立」的構想其實並無新意。一九一一年辛亥革命前夕，湖南革命民主人士楊守仁就堅持一個自由的湖南可以作為中國所有其他省份的模範，使國家最後能以嶄新的、聯邦的原則統一起來，促成中華民族的復興。[8]很自然，這個想法和馬克思主義或布爾什維克主義毫無任何關聯，但是它深符若干西歐國家以及美國的傳統。毛澤東並沒立即接受它。一九二〇年三月，他仍然對湖南獨立的可能性表示懷疑：「並且湖南是中國裡面的一省，除非將來改變局勢，地位變成美〔國〕之『州』或德〔國〕之『邦』，是不容易有獨立創設的。」[9]然而，不久之後他就成為熱切的擁護者。他從「中國國土如此遼闊，每個省的情感、利益和民智水準都大為不同」這個前提出發，認為湖南的地理位置和人民天性都有極大潛力。如果他們和全國性的組織混同，他們特殊的力量將會削弱，他們未來的進展將受到限制。[10]

毛澤東期望他的本省同胞有創造的精力。「假如這回湖南人做了一個頭，陝西、福建、四川、安徽等有同樣情形的省隨其後，十幾年二十年後，便可合起來得到全國的總解決了。」[11]他希望建立一種特別的「湖南文明」，這個社會的自由人可以管理自己的國家，不需要督軍或一支軍隊，他們會推動教育、實業和貿易。[12]他也拿湖南和瑞士、日本做比較。[13]毛澤東尤其倚重省會公民作為爭取獨立和民主化的運動之前鋒。他寫說：「因此這個責任，便不得不歸到我們三十萬長沙市民的身上了。」[14]

一九二〇年六月，毛澤東把他的湖南復興改造計劃提交給他最尊敬的陳獨秀過目。[15]陳獨秀此時住在

---

① 原書註：例如，一八八五年公共租界的華、洋居民比例為三十五比一，法租界有兩萬五千名華人，洋人只有三百人。

法租界一條安靜弄堂裡一戶傳統的中式小磚房，《新青年》編輯部也設在這裡。陳獨秀如何回答他，我們不清楚，但極有可能他對這項天真的計劃不感興趣。否則毛澤東一定會在他的演講中提起陳獨秀的答覆。陳獨秀反倒試圖將毛澤東導向馬克思主義的「正途」。毛澤東日後回憶說：「我第二次到上海去的時候，曾經和陳獨秀討論我讀過的馬克思主義書籍。陳獨秀談他自己的信仰的那些話，在我一生中可能是關鍵性的時期，對我產生了深刻的印象。」[16]

陳獨秀正忙著籌設中國第一個布爾什維克小組，由蘇聯共產黨員及共產國際成員提供他直接的財務和意識型態協助。共產國際在列寧倡議下於一九一九年三月成立，它結合及協調採納布爾什維克原則的一切激進革命政黨的活動。它是世界革命的總部、世界共產主義運動的意識型態與組織重心。它也是一個強大的情報機關，派遣特務及破壞者到各個國家去。共產國際有一個推選出來的執行委員會指導會務，執委會有自己的官僚架構，工作人員有外國人，也有蘇共黨員。共產國際總部坐落在莫斯科的沙波茲尼可夫斯開亞廣場（Sapozhnikovskaia Square），對面即是克里姆林宮。執委會無遠弗屆派出代表到地球各個角落，攜帶指令、訓令以及最重要的金錢和寶物去；這是布爾什維克從俄羅斯舊貴族和資產階級搜括來的財產。這些錢在歐洲和亞洲、非洲和美洲創造了共產黨組織、設立地下印刷廠和黨校，並且用以支應罷工工人和職業革命家。布爾什維克領導人列寧、托洛茨基、齊諾維也夫（Zinoviev）和史達林，對於支援蘇俄境外的共產主義運動，出手大方，毫不吝嗇。在蘇維埃建政的初期，他們把在落後的俄羅斯建設社會主義的希望，寄託在無產階級革命於全世界獲勝之上。

很自然地，他們的注意力也被吸引到中國身上。俄羅斯內戰戰火方殷之際，他們無法派人從莫斯科到中國。因此，一九二〇年春天，蘇聯遠東省一群布爾什維克由葛里哥利・維廷斯基（Grigorii Voitinsky）率領，奉派來中國。維廷斯基，中國人稱他為吳廷康。他身材高大，聰明、活潑，年僅二十七歲，一頭烏黑的鬈髮，雙眼憂鬱深思。他以機智、圓融、溫和愉悅的態度與人拉近距離。甚且，他一口流利英語是極大的資產，因為中國許多激進知識分子通曉西方語文，尤其是英文和法文，可是懂俄文的並不多。乍見維廷斯基，一般人無法想像這個迷人的年輕人竟是西伯利亞和俄國遠東省共產主義運動的主要組織家之一、一個鐵石心腸的布爾什維克黨人、對革命敵人心狠手辣。[17]

維廷斯基本名札爾欣（Zarkhin），妻子瑪莉亞・庫茲內左娃（Maria Kuznetsova）、黨內化名娜拉（Nora），她也是布爾什維克黨人，夫婦倆一起到中國。維廷斯基這一行人當中有個中國人楊明齋。楊明齋原本是工人，後來成為會計師，從一九〇一年即僑居海參崴。這一批共產國際代表於一九二〇年四月抵達北京。他們面前的任務尤具陰謀性質：與中國激進的活躍分子建立常態關係，以便協助他們成立共產黨小組。他們有充裕的經費供應這項顛覆工作。

他們立刻就交上好運。有位俄僑瑟蓋・波列沃伊（Sergei A. Polevoi）在北大教俄國文學。透過同情蘇俄的波列沃伊介紹，維廷斯基和李大釗取得聯繫。這個蘇俄布爾什維克黨人向李大釗提出一個宏偉的計劃：在中國成立共產黨。李大釗雖然全心接受這個構想，但建議維廷斯基先找陳獨秀討論此一計劃。楊明齋從俄僑圈中聽說過陳獨秀這一號人物，也向維廷斯基提出相同的建議。帶著李大釗的推薦函，維廷斯基、庫茲內左娃和楊明齋三人於四月底抵達上海。

在中國，不只是金錢重要，人脈關係也很重要。因此維廷斯基巧妙地運用李大釗和波列沃伊的介紹，找上陳獨秀。有一群蘇共黨員已在上海，他們和維廷斯基一行取得聯繫，開始聯手「培植」陳獨秀，而陳獨秀也已預備和蘇俄結盟。雙方決定利用《新青年》作為散布共產主義思想的平台，目標是把所有的激進革命勢力集結在雜誌周圍。[18]

毛澤東恰好就在這時候找上門來。他們的會話讓毛澤東愈想愈糊塗，毛澤東信任陳獨秀，但還不想放棄他號召湖南民眾，支持湖南以自治、進步為基礎宣告獨立的計劃。七月初他回到湖南時，思緒仍然很混亂。

毛澤東提出一個構想，與友人合資成立中國第一家合作社性質的書店，分銷社會及政治文獻。這家書店取名文化書社，於九月開張營業，目標是以合理的價格銷售各種有價值的書報雜誌，以便對啟迪湖南民智做出相當貢獻。[19]這項創舉吸引許多公眾人物的注意。值得一提的是，書社店招由譚延闓本人題字——雖然是在一九二〇年十一月底他被迫交卸湖南省長一職之後。[20]書社位於一棟兩層樓的小建物，共有三間房間，是毛澤東及其同志向中美湘雅醫院租來的。原始資本只有五百一十九元，但是到了一九二〇年十月底，毛澤東及友人已經備妥一百六十四本書待售，其中有羅素、克魯泡特金、達爾文、柏拉圖、胡適以及其他許多人的作品，還有毛澤東非常喜歡的柯卡普的《社會主義史》。[21]文化書社也以單行本小冊出售馬克思為第一版《資本論》（*Capital*）所寫的序，以及報人邵飄萍著作的《新俄國之研究》——這是第一本由中國作家執筆、詳細記載過去十七年俄羅斯共產革命歷史的書。[22]書社也代銷四十五種雜誌、三份日報，包括陳獨秀、李大釗及其他社會主義者所發行的共產主義媒體：《新青年》、《勞動界》、《勞動者》、《勞動潮》和《少年中國》。一九二一年四月，文化書社已在湖南七個縣市開設分社，也在湖南四所教育機構設立書報販賣部。[23]

一九二〇年八月底，受到他和李大釗、陳獨秀談話的影響，毛澤東在長沙創設俄羅斯研究會。[24]基於戰術理由，著名的自由派姜濟寰被推為總幹事，但實際上由毛澤東當家管事。②研究會有宏大的目標：個別及集體研究蘇俄、收集一切相關文獻、發行有關蘇俄的研究及評論、贊助俄文專修班為有志赴莫斯科勤工儉學者做準備。研究會也設在文化書社同址。[25]

毛澤東本人夢想赴俄。他在北京時曾為此事請教李大釗和其他幾位同志的意見，甚至選了俄國教授波列沃伊的課。[26]到了上海，他有意繼續學習，一度尋覓另一位俄僑教他俄文。赴俄勤工儉學方案仿自無政府主義者最初發起的赴法國學習之計劃，它一直縈繞在他心頭。[27]毫無疑問他也接獲陳獨秀和維廷斯基在上海遵循這些路線正在積極準備的消息。一九二〇年九月，陳獨秀和維廷斯基成立一所外語學校，專收有志前往莫斯科學習的、具有社會主義傾向的青年。[28]把《共產黨宣言》譯成中文的陳望道每週一次為他們講授馬克思主義。[29]維廷斯基提供經費幫畢業生支付前往俄國的旅費。

這一切都讓毛澤東印象深刻，可是他還未準備好接納布爾什維克主義。他十分尊敬李大釗和陳獨秀，也注重他們的觀點，但是要他丟掉自由派、無政府主義的思想卻極為困難。為了推動啟迪民智以喚醒湖南人民創新力量的目標，毛澤東在一九二〇年夏天和秋天參與在湖南及老家湘潭縣籌設好幾個社團。[30]他繼續在地方報上發表文章，鼓吹湖南自決；他向省長上書陳情，他也公開演說。十月初他在長沙教育委員會主持一場公開集會，發起連署運動，支持他所主張的召開湖南人民制憲會議。陳情書徵得新聞工作者、科學家、教員、商人、甚至工人等四百三十人連署。[31]十月十日國慶日當天，這項決議文在一場十萬人大集會上呈給譚延闓。[32]十一月七日，長沙另一次大遊行上，毛澤東高舉「大湖南萬歲！」的旗子。[33]

但是他鼓吹湖南獨立的努力完全不見成效。民眾的示威和集會，即使規模龐大，卻並未導致革命。多年後毛澤東回憶到這一段，不免酸澀地自嘲說：「譚延闓被一個叫作趙恆惕的軍閥趕出湖南，趙利用『湖南自治』運動來達到他自己的目的。他假裝擁護這個運動，主張中國聯省自治。可是他一旦當權，就大力鎮壓民主運動了。」[34]

公平地說，趙恆惕在一九二二年一月一日成為全國唯一在其省境頒布憲法的軍閥；然而，誠如毛澤東正確地指出，他之所以這麼做，只是因為缺乏足夠的軍事力量扮演全國領導人的角色。這部憲法掩飾他的軍事獨裁真面目，根本無關乎毛澤東所主張的人民力量。毛澤東預言說：「這部省憲的生命期肯定很有限。在任何情況下實現聯省自治的可能性都更小了。」[35]

首度面對這些困難，許多原本支持毛澤東的人開始放棄全民自治運動。原本喊得比誰都大聲的人，現在寧願待在家裡。毛澤東長久以來所主張的一切現在都崩潰了。讓毛澤東最為困擾、也使他深刻失望的是民眾的冷漠。他所寄予希望的人民卻是如此消極，讓毛澤東傷透了心。他寫一封信向青少年時期的好友向警予傾吐他的憤怒：「湖南人腦筋不清晰，無理想，無遠計，幾個月來，已看透了。政治界暮氣已深，腐敗已甚，政治改良一途，可謂絕無希望。」[36]

② 譯按：毛澤東職銜為書記幹事。

這時候他才開始認真思考李大釗和陳獨秀告訴他的話。是的，他決定：「吾人惟有不理一切，另辟道路，另造環境一法。」[37]在法國蒙塔日（Montargis）研習法文的蔡和森也向他呼籲。蔡和森在見識了歐洲種種經歷之後，已成為激越的布爾什維克。他寫信給毛澤東說：

> 我認為現世革命唯一致勝的方法。我現認清社會主義為資本主義的反映。其重要使命在打破資本經濟制度，其方法在無產階級專政，以政權來改建社會經濟制度……我對於中國將來的改造，以為完全適用社會主義的原理和方法……我以為先要組織黨——共產黨。因為他是革命運動的發動者、宣傳者、先鋒隊、作戰部。[38]

這時候陳獨秀、維廷斯基和李大釗正著手組建一個這樣的政黨。一九二〇年五月，陳獨秀和維廷斯基已成立所謂的「革命局」，它的另外三個成員都是陳獨秀的親信。[39]它開始致力於成立黨的小組。一九二〇年七月十九日，最活躍的一些同志在上海集會，會中決定以陳獨秀為首成立一個共產主義小組。[40]八月二十二日，上海社會主義青年團成立，不久，北京、天津、武昌及其他若干城市也紛紛出現同樣的組織。十月間，北京亦由李大釗為首成立一個共產主義小組。十一月，中國社會主義青年團正式宣告成立。

這些第一批中國共產黨人全是學生、青年教員和新聞工作者。這裡頭沒有工人或農民。年紀最大的陳獨秀只有四十二歲，已被稱為「老頭」。最年輕的是十八歲的北大學生劉仁靜，他略通俄文。使他們結合在一起的是一股熱情，渴望用盡一切方法、在最快時間內將俄國經驗搬到自己的國家複製。一九二〇年十一月，陳獨秀開始在上海發行一份準合法刊物《共產黨》，於雜誌上不斷宣傳組建共產黨的主張。這份刊物刊載共產國際文件，以及有關在中國推動布爾什維克革命前景的文章。他也開始發行一份工人雜誌《勞動界》，以淺顯文字向沒受太多教育的人介紹馬克思主義的資本論及剩餘價值說。

毛澤東也瞭解需要成立「以主義結合在一起的一個團體」。[41]他從來沒有懷疑過高度團結的政治組織之重要性，但是新民學會一向組織散漫，而湖南學生聯合會早已不復存在。他必須從頭來過，另起爐灶。毛澤東決定依據布爾什維克路線改組新民學會。他和已經在北京加入布爾什維克小組的羅章龍交換意見：

> 吾們誠哉要造成一種有勢力的新空氣……我想這種空氣，固然要有一班刻苦勵志的「人」，尤其要有一種為大家共同信守的「主義」，沒有主義，是造不成空氣的。我想我們學會，不可徒然做人的聚集、感情的結合，要變為主義的結合才好。主義譬如一面旗子，旗子立起了，大家才有所指望，才知所趨赴。[42]

毛澤東一九二〇年五月仍在上海時即開始改正新民學會散漫的性格。他召集當時仍在上海的學會十二名會員開會，通過旨在強化組織的新原則。但是他們並未討論任何「共同的主義」。[43]

就在這個時點上，情勢出現重大改變。毛澤東開始相信有需要劃分清楚界限，分辨清楚誰是空口皇皇大言激進改革的人，誰又是不惜代價準備為信念行動的人。他已經忍受不了散漫。到了一九二〇年十一月，毛澤東已認定了布爾什維克主義以及它的世界社會主義革命方案，是選定的「主義」。但是並不是所有的老朋友都認同毛澤東的看法。一九二〇年十月由法國回來的蕭瑜就不接受布爾什維克的方案。他寫給毛澤東的一封信中憤憤不平地提到：「我們不認可以一部分的犧牲，換多數人的福利。主張溫和的革命，以教育為工具的革命，為人民謀全體福利的革命。以工會合社為實行改革之方法。頗不認俄式——馬克思式——革命為正當。」[44]但是毛澤東心意已決。他曾經嚮往無政府主義和自由主義，卻只得到失望。他或許原則上仍認同蕭瑜的「以平和手段謀全體的幸福」是件好事，但是現在他認為這些觀念全是烏托邦的幻想。他以下列一段話表述他的立場：「我對於絕對的自由主義，無政府的主義，以及德謨克拉西（民主）主義，依我現在的看法，都只認為於理論上說得好聽，事實上是做不到的。」他要問：如果當今世界的教育掌握在資本家手中，我們怎能依賴同樣這批剝削者的再教育？資產階級擁有工廠、銀行，控制了國會、軍隊和警察。共產黨還有什麼空間？不！他抗聲說，「我看俄國工式的革命，是無可如何的山窮水盡諸路皆走不通了的一個變計，並不是有更好的方法棄而不採，單要採這個恐怖的方法。」[45]換句話說，就採用布爾什維克主義吧！「善心」會一事無成。毛澤東的結論是：「我覺得，俄國的革命，和各國急進派共產黨人數日見其多、組織日見其密，只是自然的結果。」[46]

他走向布爾什維克主義是經過思考的。他在環境的壓力下選擇「恐怖的方法」，對人民的創造力及他們自治的能力變成失望。布爾什維克式的極權主義、否定公民自由、訴諸共產黨的全面專政，以及它的狂熱主義及絕不妥協的性質，對年輕的激進派而言，是合乎邏輯的解決方法。它也吻合他純然的個人需要：我們可別忘了在毛澤東的意識裡，「意志」和「力量」是最高的觀念。

絕不是普遍平等的浪漫思想鼓舞他擁抱共產主義。吸引他的是對暴力的辯護、意志的勝利，以及力量的歌頌。終於，他做出了決定。固然此事不合道德，但是可以理解。在一個欠缺公民社會的國家、四億人裡有三億九千萬人為不識字的文盲，甚至皇帝的大權在一九一二年已經廢除，「仍然只有極少數公民真正瞭解民國是什麼」，試問要怎麼去講自由或民主。[47]在這個國家，資本主義仍未滲透進公共生活的每一層面，歷史上見證過的每種經濟結構仍然存在。它是個野蠻的、家長制的國家。需要什麼樣的力量才能使這樣一個國家走出它深沉的麻痺呢？

吸引毛澤東的東西同樣也吸引中國其他激進的革命派。十月革命使得他們未經批判性的理解，就囫圇吞棗擁抱布爾什維克的經驗。即使那些讀過古典馬克思主義創始人作品的人士，他們可以區分布爾什維克理論和實務，與馬克思的唯物主義概念這兩者之間的差異，而他們仍傾向於把俄羅斯共產黨人的行動當作是真正的「馬克思主義」，而認定馬克思的歷史唯物論有「瑕疵」。至於馬克思和恩格斯本身的教誨，中國激進青年最簡單地抓住工人對抗資本家的階級鬥爭論、反資本主義的社會革命，以及無產階級專政等強烈的革命理論。[48]在他們熟悉的馬克思主義經典當中，中國的青年知識分子獨厚馬克思、恩格斯年輕時所寫的小冊子《共產黨宣言》。它是清清楚楚的宣傳性質，且具政治意味，特別熱切號召要有直接的革命行動。他們被它的極端主義——這一點讓人想起布爾什維克的激進主義——所吸引。正是從《共產黨宣言》中，中國支持共產主義的人士找到他們對布爾什維克理論的馬克思主義真實性的確認。最典型的一個例證就是陳獨秀的〈社會主義批評〉，發表於一九二一年七月一日的《新青年》上。陳獨秀大量引述《共產黨宣言》以及《哥達綱領批判》得出結論：「只有在俄國，馬克思主義的真實本質復活，得到共產主義之名……只有俄國共產黨在言行上才都是真正的馬克思主義者。」[49]

布爾什維克的中國追隨者同意，他們運動的即時目標是準備本身的十月革命。他們認為，中國的無產階級革命不應只是摧毀封建、軍閥勢力的統治，也要終結資本主義關係在中國的發展。它應該針對舊的剝削階級，也要針對新的剝削階級（包括民族資產階級在內）。同時，它也反帝國主義，要推翻外國資本在中國的影響。很自然，中國這樣的革命其結果將是建立無產階級專政。[50]

毛澤東最後也得出類似的結論。他一接受了布爾什維克主義，就義無反顧不再有任何懷疑。一九二〇年十一月中旬，毛澤東轉向在長沙建立地下小組的工作。十月間，他已經從上海和北京收到當地社會主義青年團的章程。[51]因此，他著手籌組同樣的團體。從學年開始起，他擔任省立第一師範附設小學校長，因此與年輕人頗有接觸。③

毛澤東為「尋找同志」進行適當工作所接觸的第一個人，是他在修業小學的舊日學生張文亮。[52]這時候，張文亮已經是省立第一師範的學生；他顯然追隨老師的路子。毛澤東開始在長沙的湖南商業學校和第一中學學生當中物色合適的年輕人。[53]他十分小心，也要求張文亮要小心。張文亮在日記中寫下：「（他也囑咐我）青年團此時宜注重找真同志，只宜從緩，不可急進。」[54]到了十二月初，他們已經吸收了二十多名年輕人；不久之後，社會主義青年團湖南支部在一九二一年一月十三日正式成立。[55]

---

③ 原書註：一九二〇年代中國教育制度有若干特色。小學又分初級小學、中級小學和高級小學三等。因此，高級小學畢業生年齡可能已有十六、七歲。

一九二〇年十一月某日，毛澤東收到陳獨秀來信，囑咐他在長沙組織類似上海的共產主義小組。[56]陳獨秀的建議不僅激發毛澤東的興趣，也引起何鬍子（何叔衡）、彭璜和毛澤東的另一個朋友賀民範（船山中學校長）的興趣。基於安全理由，這群朋友選擇一處墳場開會。有了開頭，接下來的工作就是說服新民學會其他會員接受布爾什維克主義，把這個尚未界定其政治立場的既有組織，改造為共產黨組織。

這時候一切都很順利，毛澤東希望爭取新民學會更多人、至少是在長沙的會員，都能加入。他的私生活也相當平順。九月底，他開始與已故的楊昌濟老師之女楊開慧交往。她在父親過世後，已和母親、兄長在一九二〇年一月回到長沙。根據習俗，楊家人護送死者棺木回到他的出生地。楊教授下葬在長沙之北約三十公里的小鎮板倉。依制守喪之後，楊開慧遷到長沙，繼續學業。[57]起初這對年輕人彼此都很害羞，他們在張文亮和陶毅陪伴下到河邊散步——陶毅和毛澤東的戀情顯然已完全冷卻。毛澤東已經有過和女孩子交往的經驗，但還是花了相當時間才克服對楊開慧的羞澀感。他們沒有談情說愛，卻暢談政治。毛澤東告訴她有關蘇俄及布爾什維克革命的種種，也把自己所瞭解的馬克思主義介紹給她。受到他的影響，楊開慧加入社會主義青年團。慢慢地，兩人發展出感情。楊開慧日後說：「我看到了他的心，他也看清了我的心意。」[58]

很顯然，他們是天作之合。但是毛澤東對自由戀愛的天真信念究竟怎麼了？一九二〇年冬天，他和楊開慧結婚。[59]這對新人同心齊志排拒傳統的婚禮。他們沒有嫁妝，也沒有紅轎。他們摒棄這些小資產階級的庸俗禮儀。[60]

楊開慧在婚前和婚後都非常嫉妒她丈夫和陶毅的關係。她總覺得兩人舊情猶在存續當中。[61]只要長久看不到她的夫君，她的恐懼就上升。他們手頭拮据，無法租住自己的愛巢，只好仍如婚前各自分開住，唯有在星期天才碰面。他們到韶山沖度蜜月那短短幾天，才真正在一起。一九二一年二月初趁著農曆年，兩人才回到韶山沖，與毛澤東的家人團聚——毛澤東的兩個弟弟澤民和澤覃、他的堂妹澤建（毛澤東的雙親在一九一二年認養她為女兒）、[62]毛澤民的太太王淑蘭。[63]一直到一九二一年十月他們才能在長沙東城門外的清水塘租了三間房的一棟小木屋。楊開慧把母親向振熙從鄉下接來同住。中國人的習慣是與父母一起住，數代同堂是常有的事。[64]毛澤東從黨的經費得到錢支付房租。這時候他不只成功地將新民學會改造為共產黨外圍組織，也在許多方面擴大布爾什維克的地下活動。

第八章

「以俄為師」

一九二一年一月一日大清早，十多個人來到長沙市中心潮宗街五十六號文化書社社址樓上集會。準合法的新民學會這幾個會員是應首領何叔衡、毛澤東之召前來開會。往後三天，他們討論下列重要問題：這個團體的總目標應該是什麼？他們應該採用什麼方法去達成目標、他們要如何即刻行動？會議由何鬍子擔任主席。

毛澤東率先發言。他說：

有些會員提議組織一個共產黨，也有些人希望實踐勤工儉學哲學、改革教育……現在國中對於社會問題的解決，顯然有兩派主張：一派主張改造，一派主張改良。前者如陳獨秀諸人，後者如梁啓超、張東蓀諸人。[1]

對於議題的辯論造成激烈爭議。人人都曉得組織未來的政治綱領全看多數人如何表決而定。主要的問題在於是否接受布爾什維克主義。第一天整個上午都花在討論一般問題，會議一直沒辦法進入核心議題。上午十一點半，散會；主要爭議留待次日討論。一月二日上午九點，全員到齊，另外也有幾個人風聞此一有趣的討論，趕來參一腳。十八個人擠在房裡。何鬍子繼續擔任會議主席。

會議的第一項議程是表決通過維持學會原先的宗旨，即「改造中國與世界」。然後進入第二項議程。毛澤東又率先發言。他提醒大家，除了列寧革命式的方法，還有別的方法處理社會問題，如「社會政策」、「社會民主主義」、「溫和方法的共產主義」（羅素的主義）以及「無政府主義」。他建議大家依序表達自己的立場。何鬍子先說：「我支持激進主義。一時的動亂值得二十年的教育。」毛澤東立刻支持他的老同志：

社會政策，是補苴罅漏的政策，不成辦法。社會民主主義，借議會為改造工具，但事實上議會的立法總是保護有產階級的。無政府主義否認權力，這種主義恐怕永世都做不到。溫和方法的共產主義，如羅素所主張極端的自由，放任資本家，亦是永世做不到的。激烈方法的共產主義，即所謂勞農主義，用階級專政的方法，是可以預計效果的，故最宜採用。

與會者大都同意應該採行俄國式的社會主義，因為「中國的社會太冷漠、人性太墮落……中國社會缺乏組織和訓練」。湖南的青年激進派贊同極端的說法：「如果人不能讓自己幸福，那就用鐵腕把他們拖到幸福之前。」最後，在場十八人有十二人投票支持布爾什維克主義。[2]

毛澤東有理由歡欣鼓舞。他扮演關鍵角色在長沙創立一個共產主義組織，但是就和許多人一樣，成功之後立刻陷入沮喪。他顯然因為前幾天過分緊繃而精神崩潰了。早先他因自我檢討而精神緊張，而今卻陷入失望的深淵。他在這段低潮時刻寫一封信給彭璜，檢討自己有八大「缺點」，他自認這些缺點將使他無法成為真正的特異人物、偉大領袖——而他一向熱切盼望出類拔萃。他的「缺點」是：（一）感情太衝動，一直陷在情感當中；（二）傾向於主觀判斷；（三）有點虛榮；（四）太過高傲；（五）很少自我分析，太快責怪別人、不願承認自己的過失；（六）善於講大話，卻拙於有系統的分析；（七）自視太高；

（八）「意志弱」。[3]他特別羞於承認最後這一項「非常大的缺點」，因為他一直都極力培養鋼鐵般的意志精神。毛澤東給老朋友這封信的結尾，坦白承認鼓舞著他的是：「我不希望犧牲真實的自我，我也不希望自己把自己變成傀儡。」[4]毛澤東的自我貶抑來得快，去得也快。他此後再也不曾懷疑他崛起抓權的權利。令我們驚訝的反倒是這封信竟然留存下來，沒被銷毀。

到了一九二一年夏天，中國已有六個共產主義小組。除了上海、北京和長沙，廣州、武漢和濟南也有黨的組織。另外也因為上海小組有兩名成員前往日本留學，而在日本有個迷你小組。陳獨秀通知所有這些組織擇定時間與地點，召開團結大會。[5]上海被選為召開中國共產黨創黨大會的地點。

一九二一年六月三日，共產國際派來一位新代表抵達中國。這位新代表在共產國際執委會檔案裡留下的化名是馬林。馬林是荷蘭鹿特丹出生的猶太人，是荷蘭社會民主黨和共產主義運動最資深的活躍分子之一。三十八歲的馬林有許多不同的名字，化名安德生先生來到上海。他本姓是史尼維列特，全名是亨德里克斯．約瑟夫．法蘭西斯克斯．馬莉．史尼維列特（Hendricus Josephus Franciscus Marie Sneevliet）。和此時已離開中國的維廷斯基不一樣，這位共產國際執委會特使可不是以圓融出名。他曉得自己作為莫斯科特務的價值，他在克里姆林宮可和列寧、托洛茨基和齊諾維也夫說悄悄話。他已經於一九一三至一九一八年間不只在荷蘭、也在荷屬東印度群島的爪哇，證明自己是個傑出的勞工組織家。他在印尼民族解放鬥爭的初期階段相當活躍。正是這一寶貴經驗使他深受共產國際領導人的器重。他在一九二〇年六月到達莫斯科，立刻大受歡迎，進入克里姆林宮重要辦公室，一九二〇年七至八月的共產國際第二次代表大會，馬林擔任民族及殖民問題委員會主席。他也被選為共產國際領導機關執委會委員，地位遠超過維廷斯基。

許多中國共產黨人因為馬林缺乏禮貌，並不喜歡他。馬林是個傲慢、自大的紳士，喜穿灰色三件頭西裝、打領結，給人活像他自己就是大家極力要鬥爭的傲慢的殖民者的印象。至少這是他給予張國燾的印象。張國燾和馬林第一次會面後，就覺得這個「洋鬼子」「很強勢、難打交道……他自認為是解救亞洲人的天使。但是……他似乎具有白種人高高在上的情結」。[6]

另一個蘇聯特使佛拉迪米爾・涅曼（Vladimir Neiman，又名瓦希里・柏格〔Vasilii Berg〕），中國人稱他為倪科爾斯基（Nikolsky），與太太從伊爾庫茨克（Irkutsk）抵達上海。他是共產國際在一九二一年一月特別設立的機關「共產國際執委會遠東秘書處」之特務。[7]可是陳獨秀並不在上海。他接受兩個月前在廣東奪得大權的軍閥陳炯明的邀請，前往廣州擔任廣東省教育廳廳長。陳炯明基於戰術理由，偽裝為自由派人士，宣誓效忠民主。他不僅騙了陳獨秀，也耍了孫逸仙。孫逸仙在日本流亡兩年半多，直到袁世凱於一九一六年六月逝世才回國。孫逸仙先在廣州定居。同時，中華民國總統黎元洪原本想要恢復他的前任所踐踏的憲法，卻因北洋軍閥之迫，反而解散國會。一九一七年六月，由於對黎元洪此舉的不滿，議員們紛紛南下廣州，擁護孫逸仙，於一九一七年九月重新恢復國會。中國正式出現南、北兩個政府（實質上，情況更加複雜。中國四分五裂，各地軍閥擁兵自立）。一九一七年十月三日，孫逸仙被南方政府推為大元帥。但是這一次還是因為沒有自己的武力，他很快就被另一個軍閥逼退，徙居上海。他在上海住到一九二〇年十一月。國民黨籍的陳炯明於十月底在廣州奪得大權，邀請這位時運不濟的大元帥回廣州。一九二一年四月七日，孫逸仙宣誓就任中華民國非常大總統。實際上，他只控制廣州及附近地區。陳炯明自稱革命黨人，也騙過了狡猾的共產國際特務維廷斯基等人[8]（不到一年半，陳炯明於一九二二年六月變臉，背叛不幸的孫逸仙，迫使孫逸仙在兩個月後再次流亡上海。）

不過，這時候廣州似乎氣象一新，陳獨秀因此才接受陳炯明之邀南下任職。根據共產國際執委會代表的提議，決定了在陳獨秀缺席下召開中國共產黨創黨的代表大會。李大釗因為北大的工作羈絆也無法到上海，但是馬林和倪科爾斯基根本不介意。一九二一年六月，上海共產主義小組成員李達代替陳獨秀，發出通知給全國各地共產主義組織，邀請他們各派兩名代表到上海參加創黨大會。[9]馬林旋即在七月九日拍發密電到莫斯科說：「我希望我們打算在七月底召開的會議，將非常有利於我們的工作。小群的同志們可以團結起來。然後我們就可開始集中化工作。」[10]到了七月二十三日，萬事皆已準備就緒。上海、北京、武漢、長沙和濟南，各有兩名代表出席，廣州和東京各有一名代表出席，總共有十二名代表與會。毛澤東和何翳子代表湖南與會。

毛澤東和何叔衡六月二十九日晚間搭汽船從長沙出發，一星期後抵達上海。上海聯絡人即李達的妻子王會悟迎接他們。王會悟負責張羅代表們的一切接待。她把他們安頓在法租界博文女子學校空置的宿舍裡。學校校長黃紹蘭和王會悟是舊識，並不多疑，樂於賺得額外收入。王會悟告訴她，有一群外地來的教授和學生到上海參加學術研討會，需要有暫時落腳的地方。由於宿舍裡沒床，這群「教授和學生」必須席地而眠。[11]

總共十五個人出席中國共產黨第一次全國代表大會，它在七月二十三日借同一宿舍另一個房間開會。[12] 除了十二名代表之外，其他三人是馬林、倪科爾斯基和陳獨秀派來的特別代表包惠僧。會議開了兩天之後，眾人移師到與會代表李漢俊在附近的家繼續開會。馬林基於安全因素考量做此選擇。李漢俊是上海富豪李書城的幼弟。兩家人在法租界擁有兩戶相互比鄰的房子。中國共產黨創黨大會繼續在望志路一〇六號（後門即樹德里三號）開會。馬林希望在這兒不會有秘探探頭探腦。李漢俊的家現在是中共一大紀念館。

一九二一年七月底，在中國快速奪權的機會等於零。當時，中國共產黨全國黨員只有五十三人。[13] 在李漢俊家集會的這些人對於未來社會主義革命會走上血腥戰鬥之路，只有朦朦朧朧的概念。北京來的代表張國燾被推為大會主席。[14] 毛澤東和日本來的代表周佛海擔任秘書。毛澤東忙著程序事務，會上並不活躍。他只發言一次，簡短地報告長沙布爾什維克小組的狀況。根據張國燾的回憶，毛澤東「臉色蒼白」，但展現出「相當討喜的氣質……他身穿一襲長袍，好像從村子裡來的道士。他的一般知識相當豐富……很會講話，毛澤東很愛辯論，談話中他喜歡在字句裡放點陷阱，讓對方不小心跌進去，暴露自相矛盾。然後，他就樂得呵呵大笑。」[15]

張國燾和李漢俊、包惠僧、劉仁靜展現出最大的熱忱。除了東道主之外，與會代表大多數堅守無產階級專政是他們新信念的中心砥柱。李漢俊相當熟悉馬克思的經濟理論，因此建議別在一個落後國家加快推動社會主義革命。但是，小心謹慎的他，很快就輸了。起草委員會準備的大會文件散發出布爾什維克主義

「純潔的呼吸」。《中國共產黨第一個綱領》如下：

一、以無產階級革命軍隊推翻資產階級，由勞動階級重建國家，直至消滅階級差別；
二、採用無產階級專政，以達到階級鬥爭的目的——消滅階級；
三、廢除資本私有制，沒收一切生產資料，如機器、土地、廠房、半成品等，歸社會所有；
四、聯合第三國際。[16]

這個方向也界定了大會支持的戰術路線：「我們黨承認蘇維埃管理制度，要把工人、農民和士兵組織起來，並以社會革命為自己政策的主要目的。中國共產黨徹底斷絕與資產階級的黃色知識分子及與其類似的其他黨派的任何聯繫。」[17]後一個論點又在《中國共產黨關於奮鬥目標的第一個決議》進一步發揮：

對現有其他政黨，應採取獨立的進取的政策。在政治鬥爭中，在反對軍閥主義和官僚制度的鬥爭中，在爭取言論、出版、集會自由的鬥爭中，我們應始終站在完全獨立的立場上，只維護無產階級的利益，不同其他黨派建立任何關係。[18]

中國共產黨黨員對孫中山領導的中國民族主義革命也採取此一孤立主義立場。大會代表強調孫中山的廣州政府沒有比北洋軍閥政府好到哪裡去，[19]儘管陳獨秀已到廣州政府任職當官。堅持「革命純潔度」顯示出，這些中國左翼激進派才剛正式與自由主義決裂，是多麼想要宣布他們在意識型態上和組織上的自主獨立。

即使馬林和倪科爾斯基也陷入革命狂熱。馬林談起他在爪哇的活動，包括推動荷屬東印度社會民主協會（Social Democratic Association of the Dutch East Indies）和地方民族主義者之間的合作。[20]他解釋說，世界上有很多不同種類的民主黨人，為了強化他的觀點，他引述一年前第二次共產國際代表大會所通過的關於民族與殖民問題的基本決議做支撐。[21]早在一九一九年十一月底，列寧和莫斯科其他革命領導人發覺，想要跨越蘇俄東部邊境散播布爾什維克理論，面臨嚴重的障礙。除了左翼激進派人數太少之外，東方似乎沒有人渴望擁抱布爾什維克主義。大部分的知識分子堅守民族主義觀點。民族主義的理念，比起共產國際支持的國際主義的抽象觀念，更易於被群眾接受。

到了一九二〇年夏天，列寧瞭解，旨在準備社會主義革命的「純潔的」布爾什維克戰術，在東方不太可能成功。這迫使俄國共產黨人思考如何調整他們的理論，以適應工業上較俄羅斯更落後的國家，或是一些殖民地或半殖民地國家。他們開始把世界社會主義革命看作不僅是「所有國家革命的無產階級起來反抗他們本身的資產階級」的鬥爭，也是「所有的殖民地、國家和屬地受壓迫的全體人民起來反抗國際帝國主義」的鬥爭。[22]根據列寧一九二〇年訂定的反殖民革命理論，這個思維納入共產國際對中國的新政策。

本質上，列寧認為，解放東方工業落後的殖民地或半殖民地國家的勞動群眾——極大多數為農民——其先決條件是推翻外國帝國主義者在這些國家的支配、統治。因此，包括中國在內，東方的革命性質為民族主義，不是社會主義。為了取得群眾重大支持，各地共產黨必須支持殖民地及屬地國家資產階級解放運動。藉由參與這些民主運動，而不是與它們隔離，共產黨人應該擔負起群眾的領導，並且藉由宣傳農民蘇維埃和受壓迫勞工蘇維埃的構想，把民族主義運動轉化為新型態革命。如果條件允許，他們應該試圖建立勞動人民蘇維埃。

列寧一九二〇年在共產國際第二次代表大會講話時強調，新路線的暫時性與純粹戰術性質。他主張共產黨應該只支持真正的民族主義革命人士。這些人會允許共產黨人以更加革命——也就是共產主義——的精神去教育和組織廣大群眾，並且支持他們反地主及一切具封建主義意義的鬥爭。列寧堅持要保留無產階級運動——即使還在初期發展階段——組織上的獨立。他又說，如果「資產階級民主派」妨礙共產黨的組織工作，則共產黨必須起而鬥爭他們。[23]說得直白一點，這代表我們將支持國民革命，但唯有在他們不妨礙我們組織群眾、起來對付同樣這些國民革命才行。和這個觀念相連結的思想就是，東方國家反殖民革命的勝利會使他們轉向某種「非資本主義」的發展道路。

馬林試圖把這套深奧的理論傳達給與會代表，強調布爾什維克在中國的政策必須保持靈活彈性，但是他的話他們沒聽進去。他們覺得非常難以瞭解，同時掌握無產階級反資產階級的階級衝突理論以及反帝國主義合作觀念的需要。他們也不能瞭解，整個布爾什維克主義建立在謊言之上。目前，替列寧主義辯護的人所宣揚的「不誠實的權利」，把他們搞糊塗了。他們大都是被共產主義的革命魅力、階級衝突的羅曼蒂克，以及它的平等主義理想所吸引而投向共產主義。

七月三十日晚間，與會代表正預備做總結時，突然有個穿黑長袍的中年男子向他們正在開會的房間探頭探腦。被攔問時，這個陌生人訥訥而言，說是要找各界聯合會的王會長（王是中國的一個大姓，有如美國的史密斯）。此人立刻就消失，但馬林非常警覺，下令大家散會，只留下主人和他的好友、廣州來的代表陳公博。不到十五分鐘，法國警察衝進房子。探長以法語追問：「誰是主人？」說得一口流利法語的李漢俊答說：「我就是。」

「什麼人在你家開會啊？」

李漢俊駁說：「哪有什麼開會。幾位北大教授在討論出版《新時代》的計劃。」（這份刊物自一九二一年六月後確實存在；它是合法刊物，雖然接受共產國際秘密資助，卻與共產黨沒有正式關係。）

「這間房子怎麼有這麼多書呢？」

「我是老師，工作上有需要。」

「你怎麼有這麼多有關社會主義的書呢？」

「我也兼任刊物的編輯。他們送什麼來，我都讀。」

「剛才這裡有兩個外國人。他們又是什麼人？」

「兩個英國人，北大教授。他們放暑假南下，進來聊聊天。」

接下來探長開始用英語盤問陳公博。陳公博不懂法語。

「你是日本人嗎？」他這麼問，一定有原因。

陳公博答說：「不是。我從廣東來。」

「你來上海幹什麼？」

「我是廣東法政專校教授。現在學校放暑假，我是來上海玩的。」

「你住在哪裡？」

「就住這裡呀！」

警察在房裡逗留了一會兒，進行了搜查，但顯然並不認真，因為他們毫無收穫。這可是救了李漢俊和陳公博；因為李漢俊臥室桌子的抽屜裡有一份《中國共產黨黨綱》草案。

當天深夜，大夥兒來到陳獨秀家；李達和王會悟就借住在此。大家都曉得不能在上海繼續開會了。毛澤東認為他們需要換到遠處開會，但王會悟提議移到她老家——在上海之南約五十六公里的浙江省嘉興縣南湖繼續開會。他們可以租一艘船在湖上開會。幾乎人人都贊成，但基於不同原因，有些人決定不去嘉興。譬如，陳公博已經嚇壞了。他帶著年輕的太太來上海，現在這趟蜜月之旅似乎會以悲劇告終。他和李達商量過之後，立刻帶著太太到杭州（在上海南方約二百公里）去住幾天。由於警方盯上他家，李漢俊不能出城。馬林和倪科爾斯基也決定不離開上海，以免引人注目。

次日，七月三十一日，包括毛澤東在內的其他代表，由王會悟陪同，搭乘火車前往嘉興。毛澤東的老朋友蕭瑜在上海，聽毛澤東提起有這場大會，決定去瞧瞧究竟怎麼發展。王會悟把大家安置在一家昂貴的旅館——不過，旅館的名字叫「鴛湖」，卻似乎不太匹配。漱洗完畢，吃過早餐，除了蕭瑜，毛澤東與眾人於上午十點左右上了船。船艙寬敞，眾人入座後，駛往湖心。他們很幸運。當天天氣不太好，下起微細小雨，因此湖上遊客不多。過了午餐時刻，四周幾乎已經沒有人了。

共產國際代表不在場，與會代表們通過政綱《中國共產黨第一個綱領》，以及極端左傾、革命氣息十分濃厚的一份宣言。他們自己覺得像是英雄，天不怕、地不怕。接下來，他們一致推戴陳獨秀為黨的中央局書記（一九二二年，書記職位改名中央執行委員會主席；一九二五年又改名中央執行委員會總書記。陳獨秀一直居於這個職位，直到一九二七年）。另兩人也被推選入中央局：張國燾負責組織工作，李達負責宣傳。陳獨秀不在時，書記由周佛海代理。

時間已是下午六點，但沒有人想回到岸上。這群年輕人坐在船上，高喊：「中國共產黨萬歲！第三國際萬歲！共產主義、人類解放者萬歲！」[24]我們不曉得當時湖上是否傳來回聲。

第九章

布爾什維克戰術的教訓

與會代表違背共產國際代表的指示行事，消息立刻傳到馬林耳中。他拒絕容忍這樣一群政治青少年的不聽話。因此他要求陳獨秀盡快回到上海，負起直接領導黨務的工作。[1]即使陳獨秀有自己的計劃——他想把中國共產黨總部移到廣州去[2]——也只得被迫聽命。一九二一年九月，陳獨秀辭去廣東省教育廳廳長職務，回到上海。

同時，馬林不理會中共一大的決議，前往華南，評估中共與孫逸仙之間組成反帝國主義統一戰線的可能性。一九二一年十二月底，他在廣西桂林和孫逸仙會面。[3]他們討論國民黨和蘇俄建立秘密同盟的可能性。甚且，馬林提議調整國民黨的方向以支持群眾，成立學校為中國革命培訓軍事幹部，並把國民黨改造為強大的政黨，結合社會各界代表。他向忠於孫逸仙的軍官們發表演講，介紹蘇俄。

馬林和孫逸仙及國民黨其他領導人，以及陳炯明的會談，加上他對國民黨組織勞工運動的成績之新瞭解，增強他要引導中共領導人擺脫「對國民黨排斥態度」的決心。和國民黨更加合作，可使中共更易於與華南——孫逸仙支持者掌握大權的地區——的工人、士兵建立關係。馬林強調中共不必「放棄它的獨立地位，反而是同志們必須一起決定他們在國民黨內部要遵循的戰術……若是不和國民黨結合，一小群人（共產黨人）宣傳的前景並不光明」。[4]馬林倡議讓共產黨員加入國民黨，得到孫逸仙和國民黨其他幾位領導人的贊同，他們向他擔保，他們不會阻礙共產黨員在國民黨內進行宣傳。不過，孫逸仙對國、共兩黨跨黨合作的前景相當悲觀。[5]

馬林回到上海後，把他和孫逸仙會談的情形告知中共領導人，勸他們考量這項在國民黨內發展中國共產黨的新構想。馬林這項提議嚇壞了陳獨秀及中共其他領導人。的確，它一提出來就夭折了。陳獨秀立刻通報此時人在莫斯科的維廷斯基。[6]馬林對陳獨秀如此做，大為光火，於一九二二年四月底趕回莫斯科去抱怨。除了和他短期的上海「小三」話別之外，他根本不屑告訴任何一個中國同志他要回莫斯科去。[7]

在有關國共統一戰線這項爭議上，毛澤東與長沙所有的黨員都堅定支持陳獨秀的立場。廣東、上海、北京和湖北的黨組——佔中國布爾什維克的壓倒性多數——也拒絕與國民黨有任何形式的合作。[8]他們的目標是建立自己的黨組織，並在共產黨的監督下發展勞工運動。

毛澤東回到長沙立刻積極發展黨和工會的組織。他到八月中旬才回到長沙，中途在南京逗留幾天，因為陶毅正在南京東南大學預科修課[9]（我們無從知道楊開慧懷疑她丈夫與陶毅仍然藕斷絲連是否有任何根據）。毛澤東在長沙立刻成立中國勞動組合書記部湖南分部；它的總部已依中共一大的決議在上海設立。[10]他立刻接觸真正是湖南勞工運動前鋒的本地無政府主義者。他們的首腦是黃愛和龐人銓；他們在一九二〇年十一月成立了湖南勞工會。這些無政府主義者還出版一份刊物《勞工周刊》。參加一九二一年四月長沙第一棉紡廠兩千人罷工的工人，乃是他們最活躍的會員。[11]

毛澤東瞭解他不可能和這樣一個有影響力的工會競爭，因此採取了在這種情況下唯一合理的行動：設法爭取黃愛和龐人銓站在他同一邊。一九二一年十一月底，毛澤東以〈所希望於勞工會的〉為題，在無政府主義刊物上發表文章，他厚顏地宣稱他同情這個組織業已一年，然後試圖推銷他的布爾什維克思想：「勞動組合的目的，不僅在團結勞動者以罷工的手段取得優益的工資和縮短工作時間，尤在養成階級的自覺，以全階級的大同團結，謀全階級的根本利益。這是宗旨所在，希望勞工會諸君特別注意的。」[12]

毛澤東連捧帶勸，終於說服黃愛和龐人銓於一九二一年十二月加入社會主義青年團，但是一九二二年一月這兩位勞工會領袖被趙恆惕手下惡棍抓走，以「秘密收買槍枝、勾結匪徒，在鑄幣廠必須鑄幣以支應部隊糧餉、絕對不容罷工時，卻煽動鑄幣廠工人年底罷工」的罪名處決。[13]黃愛和龐人銓遭到處決，毛澤東坐收漁翁之利。現在中國勞動組合書記部①湖南分部才能夠主導全省勞工運動。

協助毛澤東組織共產黨工會最力者是他的舊識李立三。一九一五年秋天，這位羞澀的年輕人當著「無所不知」的省立第一師範學生面前自慚形穢，沒有加入毛澤東的圈子。從那時起，李立三積累了許多經驗。他以勤工儉學學生身分到法國見識世面，接觸社會主義思想；一九二一年十一月回到長沙之後，出現在毛澤東的家，受到毛澤東親切接待。李立三在法國時與蔡和森結為朋友，光憑這一點，毛澤東就改變對李立三的看法。他以文人傳統方式歡迎李立三，講了一句話：「有朋洞庭來」，李立三接續答以：「瀟湘遇故知。」[14]

他們沒有成為朋友，但一度發展出同志關係。李立三不久即加入共產黨，證明自己是個熱情的演說家及堅決果敢的行動家，在勞工中頗受歡迎。一九二一年十二月底，毛澤東和李立三一起前往離湖南省界不遠、贛西的安源煤礦，發動工人運動。毛澤東感到此地機會很大，要求李立三留在安源負起組織當地工人的任務；李立三一口就答應。[15]

同一時期，毛澤東專心致力在長沙及湖南其他城市組織工會。受到馬克思的影響，毛澤東此時認為工人是未來革命的主力，而他一點兒也不擔心在老家湖南省根本沒有勞工階級的存在。整個湖南省只有三家大型工廠，其中一家第一絲織廠有相當高比例員工是九到十五歲的童工。湖南也有一些小型非鐵金屬工廠，但它們雇用的員工非常少。中國共產黨起先認定的勞工階級都是最近才從鄉下進城的、在手工業工作的臨時工或季節工，以及苦力和黃包車伕。從毛澤東的觀點看，「大部分人都是工人，不是勞力、就是勞心。」[16]當然，以嚴格的社會學意義來講，並非如此。

---

①編註：一九二五年五月一日，中國勞動組合書記部在廣州召開第二次全國勞動大會時，更名為中華全國總工會。

到了一九二三年中，毛澤東及其同志已經成功組建二十二個工會，其中許多稱為工人俱樂部，它們的行業包括礦工、鐵路工、印刷廠排版工人、市政工人和鑄幣廠員工、黃包車伕、理髮師等等。[17]毛澤東被八個工會推為書記。[18]整體來講，這些組織共有約三萬名會員，不過大部分工會規模都很小，不能和李立三組建的安源工人俱樂部相比。當後者一九二二年五月一日成立時，會員一萬一千人，而長沙最強大的工會——黃包車伕工會，會員只有兩千人左右。[19]縱使如此，在共產黨宣傳鼓舞之下，所有這些工會都積極參加階級鬥爭。毛澤東回憶說：在長沙等地，一九二二年初「勞工運動蓬勃展開」。[20]它在一九二二年秋天達到頂峰，根據毛澤東的估計，超過二萬二千名工人參加了罷工。[21]

毛澤東直接參與絕大多數的罷工行動。他奔波於湖南東北及江西西部，經常由已懷孕的妻子楊開慧陪同（她在一九二一年入黨）。他在水口山鉛鋅礦、安源煤礦、新河及岳州火車站的工人禮堂，以及長沙、衡陽的工廠演講。[22]他也把自己的親人吸收進勞工運動。除了楊開慧，一九一八年就到長沙和他同住的小弟毛澤覃、堂妹澤建，以及澤覃的女朋友趙先桂，都來幫他。一九二一年底，毛澤東說服在省立第一師範附設小學念書的澤覃，以及在長沙市立女中念書的澤建，加入社會主義青年團。一九二三年三月，毛澤東派澤覃到水口山鉛鋅礦場工人俱樂部工作，後來他在十月於當地加入中國共產黨。當年稍後回到長沙，澤覃成為中國社會主義青年團市委書記。接下來，毛澤建和趙先桂在一九二三年也入了黨。趙先桂在次年嫁給澤覃。[23]

毛澤民一向以冷靜、穩重稱著，父親過世後，韶山整個家庭重擔都落在他肩上。即使他也禁不住大哥的勸說，把所有的土地都出租，於一九二一年二月來到長沙，一頭栽進政治。毛澤東此時擔任湖南第一師範附屬小學校長，替澤民在學校安排了一份總務的工作，撥給他宿舍一個房間。毛澤東天天夜裡向澤民及弟媳婦王淑蘭講解政治ＡＢＣ。一九二二年秋天，毛澤民加入中國共產黨，不久，毛澤東就派他到安源煤礦和李立三會合。節儉的毛澤民擔任礦工消費合作社經理。不幸的是，王淑蘭不能陪她丈夫到安源，因為半年前的一九二二年五月五日，她生下女兒。毛澤東因此有了姪女毛遠志。此後，王淑蘭也就一直住在老家韶山。[24]

在毛澤東指揮下，湖南許多共產黨人在勞動人民中從事煽動工作，也籌組工會。他們的努力有了成果。一九二二年及一九二三年上半年發生的大規模罷工，十分之九都以工人全勝或部分勝利告終。武昌至長沙，以及株洲至萍鄉的鐵路罷工特別強大，九月間發生的安源煤礦罷工聲勢也很大。

絕大多數的罷工屬於經濟性質。罷工者要求每日工作八小時、提高工資，以及改善工作環境。他們沒有非分要求。他們的生活已經無法忍受。工人每天工作十二、三小時，住在汙穢不堪的宿舍，只領到微薄的薪資。他們對政治沒有興趣，也不想要推翻任何人。他們最普遍的一項要求是，成立所謂的調解委員會，在當局監督下解決和企業主的爭端。[25]罷工通常相當平和，很少會與企業主發生流血衝突。

這些成績強化了毛澤東在工人中的影響力。中國勞動組合書記部湖南分部的權威也因而增長。一九二二年十一月五日，以它為基礎，成立一個更廣泛的組織「湖南全省工團聯合會」，以毛澤東為幹事局總幹事。[26]現在，連省長趙恆惕都得敬他三分。十二月中旬，毛澤東代表湖南全省工團聯合會與趙恆惕會晤一個半小時，討論幾個影響到勞工的迫切問題，主要是經濟性質的問題。重點是趙恆惕被迫承認工人依據憲法有權結社及罷工。毛澤東立刻在《大公報》上發表這次會談的情況。[27]

毛澤東和他的同志沒有做到的，就是向工人灌輸共產主義意識。即使毛澤東在和趙恆惕會談時宣稱：「工人所希望的是社會主義，因為社會主義真正有益於他們」，事實並非如此。[28]包括上海在內，全國各地情勢大都如此。陳獨秀向莫斯科報告：「大多數工人是手工藝工人，仍在舊式手工坊工作……他們對政治不感興趣。現代工人人數極少……如果我們跟他們講社會主義和共產主義，會把他們嚇跑……他們只有少數人加入我們的黨，而這還是因為友情關係才入黨。瞭解共產主義和共產黨是什麼的，那就更少了。」[29]

毛澤東急欲把勞工運動激進化，但一直沒有成果。縱使如此，毛澤東堅持不懈地將工人日常鬥爭，與反對軍閥統治結合起來。他認為，趙恆惕「背叛了他所支持的所有理想，尤其是以暴力壓制對民主的一切要求」。[30]他可不管事實上趙恆惕容忍他，允許他出版刊物，在官邸接見他；而且他和毛澤東會面時，還說「社會主義在將來或許會實現」。[31]毛澤東既然無法依賴勞工運動來反對趙恆惕，只好設法利用他投注極大心血的湖南省共產黨和社會主義青年團的組織來壯大勢力。

中國共產黨湖南支部刻意選於一九二一年十月十日正式成立，這一天即是中華民國十年十月十日。順理成章，毛澤東被推為書記。湖南支部就設在市郊清水塘他家，離鐵路東站不遠。一九二二年五月底，在中共中央局提議下，成立「湘區執行委員會」，把湖南和贛西三十多個共產黨員結合起來。毛澤東又被推為執委書記。[32]一九二二年六月中，長沙社會主義青年團成立，他也負責領導其執行委員會。[33]因此他把這個地區布爾什維克地下運動的領導權集於一身。不久，中國共產黨和中國社會主義青年團的小組即出現在長沙幾所學校，以及衡陽、平江、常德等城市和安源煤礦。[34]所有這些單位中，都充分顯示出這位新興的共產黨領導人的「鋼鐵意志」。到了一九二二年十一月，湖南已經有兩百三十名共產黨員及社會主義青年團員，而上海只有一百一十名。廣州更少，只有四十人；濟南又更遜色，只有二十人；安徽全省更僅有十五人。[35]

很顯然，毛澤東已經分身乏術。他還希望三、四年內能到俄羅斯留學，[36]但實際上已被工作淹沒。他沒有時間研讀馬克思主義，還得教別人。一九二一年八月，他和何鬍子在長沙成立一所學校，培訓共產黨幹部。學校合法立案，取名「自修大學」，在本地知識分子協助下，毛澤東甚至還從他痛恨的趙恆惕政府那裡申請到約四百元的補助款。[37]毛澤東擔任教務主任，他弟弟毛澤民負責總務工作。兩人都自湖南第一師範附設小學辭去工作。[38]

與此同時，中國共產黨內發生重大政治變化。一九二二年初，一批中國政治人物接受布爾什維克領導人的邀請，前往莫斯科和彼得格勒訪問。這一夥人中有五人是出席中國共產黨第一次全國代表大會的代表，如張國燾與何鬍子。他們出席了共產國際所主辦的「遠東各國共產黨及民族革命團體第一次代表大會」。大會專注於殖民地與半殖民地民族統一戰線的問題；它對中國共產黨人產生極大的衝擊。共產國際領導人向與會代表灌輸共產黨人與民族主義革命政黨之間合作的思想。共產國際執行委員會主席齊諾維也夫特別慷慨激昂。他明白強調，中國、朝鮮和日本共產黨「現在還是很小的團體」，因此他們「不能脫穎而出，不能瞧不起那些還未成為共產黨員的罪人和稅吏，反而必須深入現實，與中國正在奮鬥的千千萬萬人，以及正在為民族獨立和解放奮鬥的人民交往」。[39]列寧也是這麼說。他接見一群與會代表，包括張國燾、另一個共產黨員鄧培，以及國民黨代表張秋白。列寧提起國民黨和中國共產黨合作的可能性，也誘導張秋白和張國燾就這個議題發表意見。[40]

當然，中國共產黨領導人必須再深思。齊諾維也夫和列寧可不是馬林。他們是領袖、導師和提攜者。因此之故，張國燾、何叔衡及其他與會共產黨人投票支持「遠東人民代表大會宣言」，其中有一項即是號召所有的反帝國主義勢力大團結。[41]一九二二年三月回到中國之後，張國燾向中共中央局報告此行的結果：

> 莫斯科大多數領導人認為，中國革命是反帝國主義，以及反與它勾結的國內軍閥和反動勢力……中國這項革命必須結合全中國所有不同的革命力量團體。最後的分析就是國、共之間必須合作。列寧本身強力提出這一點。[42]

陳獨秀被這份報告搞糊塗了。這個問題必須要解決。

因此，一九二二年五月初，中國社會主義青年團第一次全國代表大會於廣州合法集會時，謹慎地表示，必須支持反帝、反軍閥的革命鬥爭，以達成民族獨立和民權自由。[43]這項決議若非陳獨秀批准，不可能獲得通過。一個月之後，陳獨秀本人發表第一份〈中國共產黨對於時局的主張〉。他承認孫中山的廣州政府得到華南工人的支持，並且「目前中國存在的所有政黨，只有國民黨比較革命、多少也民主……中國共產黨的方法，是要邀請國民黨等革命的民主派及革命的社會主義各團體開一個聯席會議……共同建立一個民主主義的聯合戰線」。[44]

當然，陳獨秀寫來心情十分沉重。共產國際對民族陣線的定義，被陳獨秀換上有更激進意義的民主陣線，也就不意外了。很快地，他在六月三十日寫信給維廷斯基表示，中國共產黨「非常希望」國民黨能「承認〔有必要〕改組〔即與共產黨聯合，以及政治激進化〕，願意與我們攜手並進。可是，這種情形的機會不大」。[45]這肯定是對共產國際政策別出心裁的解讀。莫斯科並不認為國民黨應與共產黨攜手並進，而是當時只有一百九十五名黨員的共產黨應與更強大的孫中山的黨（黨員一萬人）組成反帝同盟。

縱使如此，還是出現一些正面的改變，而中國共產黨的新路線也在一九二二年七月十六至二十三日在上海舉行的第二次全國代表大會的文件中獲得確認。二大舉行時毛澤東並未出席。雖然他到了上海，卻沒出席大會。他自己的解釋是「忘了開會地點的名字，又找不到同志，因此錯過了」。[46]這就太奇怪了，因為毛澤東至少應該記得陳獨秀家的地址；他曾經到過陳府許多次。但是我們也找不到對於他缺席更有說服力的解釋。[47]

毛澤東沒辦法，只好折回長沙；由於二大十分重要，他一定很遺憾。與會代表改組黨的領導機關，廢掉中央局，選出以陳獨秀為首的中央執行委員會，並且成立黨的新的機關刊物《嚮導》週報。他們討論成立「民主主義的聯合戰線」這個主要問題。與會十二人當中有五人曾經參與遠東人民大會的準備與議事過程。張國燾向大會報告共產國際峰會的經過，然後大會追認同意在莫斯科及彼得格勒所做的決定，也確認有關「民主主義的聯合戰線」和宣言的秘密決議。[48]兩份文件確認需要成立共產黨與國民黨的黨際團體。[49]用階級的詞語來說，統一戰線被描繪為無產階級和貧農同民族資產階級「暫時的同盟」，宣言認為這些團體「可以團結力量，抵抗外國帝國主義和腐敗的北京政府」。[50]中國共產黨二大還是不理睬馬林所建議的共產黨加入國民黨之方案。

不久之後，馬林在一九二二年八月十二日回到中國。他掩抑不住得勝的感覺。他揮舞著兩份文件，讓中共黨內依然不爽他的人閉口。第一份文件是共產國際執委會書記卡爾・拉狄克（Karl Radek）寫的指示，它全面支持馬林有關共產黨員加入國民黨的倡議。它強調中國共產黨在國民黨內應維持完全的獨立，且應留在國民黨內，直到有一天中國共產黨真的發展成群眾的政治組織時再說。第二份文件是維廷斯基的指示，現在他擔任共產國際遠東局負責人。它明白表示：「中國共產黨中央委員會依據七月十八日共產國際主席團的決定……一切工作必須與菲利普同志密切聯繫。」[51]（菲利普是馬林許多化名之一。）

根據張國燾的說法，馬林一回到上海立刻告訴中共領導階層，「共產國際支持中國共產黨員加入國民黨的主意，認為它是追求達成統一戰線的新路徑。」[52]八月二十五日，他拜訪孫中山。陳炯明突然叛變，孫中山被趕出廣州，回到上海。坐在孫中山舒適的辦公室裡，這位共產國際特使告訴這位國民黨領袖，莫斯科已勸中國共產黨員與國民黨結合。他建議孫中山多注意工農群眾的反帝運動。[53]孫中山被他的軍閥盟友陳炯明突然背叛，搞得思緒大亂，立刻就接受馬林的建議，同意改組國民黨。他在這段日子裡正在苦思中國革命的命運，用他自己的話說，「對他原先相信的一切都感到失望」。被他的前戰友陳炯明背叛之後，他變成「相信蘇俄是中國革命唯一真實的朋友」。[54]

馬林有很好的理由慶祝，但是陳獨秀不打算輕易投降。中共二大所產生的中央執委也不肯降服，他們支持他們的主席陳獨秀。這些人包括張國燾、蔡和森（一九二二年初由法國回來）、高君宇（新成立的中共機關刊物《嚮導》週報編輯），②以及李大釗（候補中執委）。不久，在馬林要求下，他們於八月二十九日在杭州開會。與會者租了一艘船，在往後兩天裡，除了吃飯、睡覺之外，在景色如畫的西湖泛舟開會。西湖位於杭州市郊，秀峰環繞，且有古塔樓閣點綴其中。會議期間，平靜的水面雖有鮮紅荷花掩映，卻毫無寧靜之感。船隻在綠竹覆蓋的小島之間穿梭，但是馬林在通譯員張太雷陪同下與中執委的會議卻是爭辯激烈、高潮迭起。從陳獨秀的回憶錄研判，出席會議的中執委全部反對馬林的提議，而馬林斷然要求執行共產國際執委會的決議。起先，只有張太雷支持這位克里姆林宮的代表，可是張太雷並非中執委。馬林很憤怒，他所講的話全遭到敵視。最後，他控制不了情緒，決定改變討論方向，威脅著要把持異議的人逐出

② 編註：作者誤植高君宇為《嚮導》週報主編，當時擔任主編的是蔡和森，高君宇則擔任編輯。

共產國際。他明確地要求與會者服從共產國際的紀律。[55]

突然間，陳獨秀明白了。根本不用夢想與莫斯科的布爾什維克平等嘛！他的新生嬰兒黨完全依賴莫斯科，而莫斯科只要求一件事——絕對服從。中國共產黨建黨之前，陳獨秀運作布爾什維克小組的經費全靠出版刊物籌措，但是中國共產黨一成立之後，經費奇缺。中國共產黨的支出持續增長，一九二一年初，僅需兩百元左右；到了當年年底已經達到將近一萬八千元！[56]中國共產黨的領導人一度天真地認為，他們可以不要共產國際的補助。[57]可是，這根本辦不到。一九二一年，共產國際提供中國共產黨一萬六千六百五十元，此時黨本身只籌到一千元。一九二二年，中國共產黨根本籌不到任何錢，到當年年底他們收到莫斯科給的一萬五千元。[58]他們沒有硬挺、不聽話的本錢。克里姆林宮不僅每個月支付陳獨秀薪水三十元，還負擔各地黨部組織的經費，因此選擇其實很乾淨利落：要嘛就是向莫斯科的權威降服、繼續接受它的財務援助；否則就是不聽莫斯科的話，什麼也得不到。重新檢視處境之後，與會者得出唯一理性的選擇：他們一致表決同意加入國民黨。

他們內心一定十分痛苦。西湖美景也提振不了他們的鬱悶。西湖西北岸立著岳飛石雕像；埋骨此處的這位南宋大將默默地凝視著他們。說來也是諷刺，這場影響重大的會議讓中國共產黨淪為服從外國政客的工具，卻在以英勇無畏、名垂青史的這位戰士墳塚附近舉行。

第二部

革命者

第十章
加入國民黨

孫逸仙支持中國共產黨中央執行委員會加入國民黨的決定。[1]在陳獨秀要求下，李大釗和林伯渠（與國民黨領導人頗有交情的中共黨員）開始與孫逸仙談判。李大釗日後回憶時寫下，他們討論「以國民黨新生達成中國新生的問題」。換句話說，他們討論從政治上、組織上改組國民黨，包括允許共產黨人加入國民黨。一九二二年九月初，孫逸仙歡迎陳獨秀、李大釗、蔡和森和張太雷加入國民黨。[2]

一九二二年九月四日，國民黨中央及省級領導人在上海開會，討論黨的改組問題。共產黨人也參與這項會議。孫逸仙指派陳獨秀在內的一個九人小組起草國民黨黨綱和黨章草案。同時，孫逸仙與八月間率領蘇聯外交代表團來到北京的重要布爾什維克黨人越飛（Adolf Joffe）頻頻函電往來。

共產國際也努力軟化共產黨人對國民黨的負面態度。一九二二年秋天，陳獨秀在熱情洋溢的左翼人士劉仁靜陪同下，奉召前往莫斯科。他們出席十一月和十二月舉行的共產國際第四屆世界代表大會。陳獨秀、劉仁靜會見共產國際執委會領導人，討論反帝統一戰線的戰術。為了改變陳獨秀的想法，共產國際甚至推舉他為大會東方問題委員會委員。[3]結果是陳獨秀、劉仁靜回到中國後不久，中國共產黨人即拿掉「民主陣線」的口號，換上號召組建「反帝民族革命陣線」。

一九二三年一月一日，孫逸仙發表國民黨改組宣言。次日，在上海召開黨務會議，並發表黨綱和黨章。孫逸仙著名的三民主義被賦與更激進的新說法。孫逸仙強調反帝國主義、保衛勞工權利，以及民主改造中國。[4]他邀請陳獨秀、張太雷、林伯渠和曾經加入同盟會的廣東籍共產黨人譚平山，進入國民黨的中央及區域機構工作。

一月二十六日，孫逸仙與越飛發表聯合宣言。這位蘇聯代表向孫逸仙保證，「中國最重要最急迫之問題，乃在民國的統一之成功，與完全國家的獨立之獲得。關於此項大事業……中國當得俄國國民最炙熱之同情，且可以俄國援助為依賴」。雙方表示對中俄關係「完全同感」，並強調由於缺乏必要條件，「目前共產組織，甚至蘇維埃制度，事實上均不能引用於中國」。[5]孫逸仙和中共及蘇聯交情日益上升之同時，支持他的地方軍閥也把背叛他的陳炯明趕出廣州，逼陳炯明退到粵東。二月，孫逸仙回到廣州，領導南方政府。

雖然這些事件打造他日後崛起掌權的脈絡，毛澤東完全沒參與其事。他在湖南持續工作到一九二三年四月，籌劃長沙及鄰近地區的罷工和工人示威活動。一九二二年十月二十四日，楊開慧生下他們第一個小孩，他們將他取名毛岸英。楊開慧帶著新生嬰兒回家，毛澤東親自選了這個名字。他高興地看著太太，問說：「我們該給他取什麼名字呢？」然後，沒等她說話，他逕自就說：「就叫岸英吧。到達社會主義彼岸的英雄。妳說怎麼樣？」[6]楊開慧開心地同意了。

然而，毛澤東沒有時間照顧他兒子。黨的工作佔據他全部時間。中國的局勢出現重大變化，偽裝為「勞工之友」的軍閥吳佩孚在一九二三年二月七日針對鐵路罷工工人展開血腥報復。三十二人被殺，兩百多人受傷。「白色恐怖」吞沒河南省和河北省。許多工會和工人俱樂部被取締。毛澤東必須有所反應。二月八日，他策劃湘漢鐵路（長沙至武漢）總罷工，要求懲罰負責官員。同一天舉行的追悼會吸引兩萬多名工人和學生出席。許多城市的工會都召開集會，安源煤礦爆發大型示威活動。

三月二十九日，毛澤東領導的湘區執行委員會和長沙的民眾團體籌劃一項大規模反日示威活動，當天有六萬多人走上街頭遊行。名義上這是慶祝日本租借旅順、大連港口租期屆滿。中國輿論再度要求廢除過分敲詐的二十一條要求。[7]

毛澤東的行動讓湖南省長趙恆惕忍無可忍。四月，趙恆惕開始捉拿工會領導人，並另外發布一道命令，要緝拿毛澤東到案。[8]毛澤東必須逃命。

早在一九二三年一月，中共中央執委會已經決定徵召毛澤東離開長沙。陳獨秀邀他到上海黨中央工作。馬林和陳獨秀都非常滿意毛澤東在湖南的活動，安排他此一升遷。一九二二年十一月馬林有封信給齊諾維也夫、越飛、維廷斯基，誇獎湖南黨組織為全國第一名。[9]現在，毛澤東的任務是把湖南經驗散布到全國去。

毛澤東自新民學會時期的好友李維漢，奉命接任他的職位。毛澤東收拾簡單的行李，搭船前往上海。他非常不捨必須離開妻子、兒子。此時楊開慧又有身孕，沒人知道他倆何時會再相會。

毛澤東一星期之後抵達上海時，陳獨秀不在那裡。他已在三月間前往廣州，與孫逸仙建立直接關係。毛澤東前往閘北——上海市嘈雜、髒亂的工人區——的中共中央執委會。執委會也在準備搬遷。共產國際已經決定，黨中央應該跟隨其主席遷往廣州。六月初，毛澤東、馬林等出發到南方去。[10]

中共到了廣州，得到孫逸仙的庇護，首次可以公開活動。毛澤東感到，似乎秘密開會、事事需通關密語，已經成為過去。他現在忙著從事和建立統一戰線相關的合法工作。他在長沙因為受到中央執委會函電的影響，已經開始改變對國民黨的負面態度。實際經驗也有決定性的作用。毛澤東已經為吳佩孚血腥屠殺漢口鐵路工人，以及湖北、河南和河北工會遭取締而震撼。他更因趙恆惕的反動政策使湖南工人運動崩潰而受重大影響。現在他不能不注意到孫逸仙及其三民主義對工人運動的同情。一九二二年一月，孫逸仙的廣州政府對香港的華人工人及海員罷工提供相當大的援助。這場海員大罷工具有反帝國主義性質，它依賴廣東全省人民（包含民族資本家）的支援，獲致部分成功。受到中共策勵的漢口鐵路工人卻得不到其他社會勢力的支持，因而失敗。

一九二三年四月十日，也就是離開長沙之前幾天，毛澤東首次公開表示支持反帝同盟。他在自修大學出版的刊物《新時代》上發表：

把國內各派勢力分析起來，不外三派：革命的民主派、非革命的民主派、反動派。革命的民主派主體當然是國民黨，新興的共產派是和國民黨合作的……共產黨暫放棄他們最急進的主張，和較急進的國民黨合作一樣……這是和平統一的來源，是革命的生母，是民主獨立的聖藥，大家不可不知道。[11]

然而，毛澤東不像馬林和共產國際執委會那樣強烈支持統一戰線。現在他對共產黨人加入國民黨一事暫時不說話。但是共產黨及工人的孤立，以及工會運動的深刻危機，使他陷入憂鬱；他認為與國民黨結盟雖不理想，但不失為一條出路。和馬林在上海會面時，毛澤東抑制不住他的悲觀看法。馬林報告說，毛澤東很沮喪，整個湖南人口三千萬，參加工會組織的工人卻不到三萬人。馬林寫下，毛澤東已對「勞工組織不抱希望，他悲觀到認為拯救中國唯一之路是俄國介入」，提議蘇俄應在中國東北建立「軍事基地」。甚且他認為，「在中國的狀況下，家長制社會的舊傳統依然強勁……我們無法發展現代的群眾政黨，共產主義的或民族主義的，都不行」。[12]

可是，到了廣州，毛澤東精神大振。轉折點是一九二三年六月十二日至二十日在廣州東郊合法召集的中國共產黨第三次全國代表大會。陳獨秀主持大會，馬林則扮演積極角色。四十名代表在像是空屋的會場集會，他們代表四百二十名黨員與會，此時四分之一黨員（一百一十人）還在坐牢。[13]中共二大以來，黨員倍增，增加二百二十五人。中共黨員絕大多數為男性——女性只有十九人——且由知識分子主導。工人黨員只有一百六十四人。黨小組遍及廣東、上海、北京、長沙、安源、唐山、濟南、杭州、漢口，以及北京附近的長辛店鐵路車站、南京附近的浦口鐵路車站；海外的莫斯科也有支部[14]（莫斯科支部由東方勞動者共產主義大學中國學生組成，這是共產國際一九二一年成立的特別教育機構）。[15]毛澤東領導的小組最活躍、也最大，佔全體黨員過半數以上。它是唯一受到陳獨秀表揚的單位。陳獨秀在報告中點名說：「我們可以說，唯有湖南同志做得最好。」[16]

會中對統一戰線的戰術及形式辯論特別激烈。毛澤東尤其要追根究柢問明白。他不瞭解，湖南的國民黨員人數遠遠不及共產黨，也沒有人在搞統一戰線。以中國整體而言，大部分中共活躍的地區，國民黨的影響力都微不足道。孫逸仙的黨以廣州為基地，在上海的組織也相當大，但其他地區的黨員就不多。有些代表說，孫逸仙是「孫大砲」，聲音大之外，也沒有什麼。[17]為什麼大家必須加入國民黨？國民黨的支部一隻手的手指頭就數得出來，他們要參加的是什麼樣的組織？共產黨去替國民黨建立組織，然後加入它，豈不是愚不可及？

黨內重要人物，如張國燾、蔡和森都持這個論點。他們原則上不再反對加入國民黨的戰術，但誠如蔡和森日後說的，他們不想「朝那個方向走得太過頭」。跟他們意見完全相反的是馬林，他得到陳獨秀、李大釗、張太雷及幾個服從莫斯科的代表之支持。他們認為必須「批評國民黨的封建戰術」，但同時應該「推動、引導〔國民〕黨走上革命宣傳的道路，從它內部組成工農左翼」。因此，有必要「在全國發展國民黨」。[18]馬林和陳獨秀提出「一切工作歸國民黨」的口號。[19]

在這個議題上，毛澤東支持張國燾和蔡和森。[20]他和蔡和森相交多年，相當程度受蔡和森的影響。甚且，在大會開始時，他仍無法擺脫掉對在中國發展群眾政黨及工人運動前景的悲觀看法。可是他的立場並沒有像張國燾、蔡和森那麼堅定不移，這時候他顯然還猶疑未決。討論過程中，他表示：「國民黨由小資產階級控制……小資產階級目前可以領導〔革命〕。這也是為什麼我們應該加入國民黨……我們應該不用怕加入。」[21]可是，到了表決的關鍵時刻，他投票反對陳獨秀的決議案。等到要求共產黨員在全國協助國民黨發展組織的決議案，以二十一票贊成、十七票反對獲得通過時，他又「若無其事地宣布他接受多數派的決定」。[22]而且這項決議還強調需要「建立強大集權的黨作為國民革命運動的總部」，並承認唯有國民黨能扮演此一角色。這項決議宣稱，共產黨在近期內無法轉化為群眾黨，「因為勞工階級還不夠強大」。[23]

毛澤東在最後關頭不再反對，這份功勞沒有被忘記。明顯是在馬林和陳獨秀的倡議下，毛澤東首度進入中央執行委員會（有九名委員、五名候補委員）。在選舉執委時，毛澤東得到三十四票。除了陳獨秀獲得全體一致推舉之外，只有蔡和森和李大釗得票比他多。[24]甚且，毛澤東還進入只有五個人、以陳獨秀為首的類似政治局的中央局。[25]最重要的是，毛澤東還被推選為組織部部長，又兼中央執委會秘書。中央執委會秘書原本由張國燾擔任，因為激烈反對共產國際執委會的路線被拉下來。換句話說，毛澤東成了黨內第二號人物。

他這輩子第一次和老師平起平坐。現在他不僅是雜誌作家，還是全國級的共產黨工作人員。蘇聯在上海的一個特務所羅門・韋爾迪（Solomon Vil’de）（化名佛拉狄米爾）寫信向維廷斯基報告，形容他「毫無疑問，是個能幹的人」。[26]

在這次黨大會中，毛澤東首次認真接觸到農民問題。對他來講，這是全新的議題，但此後也成為和他的名字無法脫得了關係的議題。當然他很熟悉中國農村的窮困生活，但在此之前他從未認真涉及到組織農民的工作。在湖南，唯有兩次在他領導下，出現組織無土地的農民反抗大地主的運動，但都沒有結果。他和譚平山被納入一個小組，負責起草有關農民問題的決議文。他也參加黨對農民政策之討論。毛澤東出人意料，顯示對問題有相當程度的瞭解。他認為：「任何革命，農民問題都是最重要的」，他還證以「中國歷代的造反和革命，每次都是以農民暴動為主力。中國國民黨在廣東有基礎，無非是有些農民組成的軍隊。如果中共也注重農民運動，把農民發動起來，也不難形成像廣東這樣的局面。」[27]當時幾乎沒有人注意這些先知性質的話。中共三大與會代表通過的決議文含糊、虛憍。它宣稱：「我黨第三次大會決議認為有結合小農佃戶及雇工以反抗牽制中國的帝國主義者，打倒軍閥及貪官污吏，反抗地痞劣紳，以保護農民之利益而促進國民革命運動之必要。」[28]共產國際執委會五月二十四日從莫斯科對中共三大發出的指示，直到七月十八日才收到，果然證實必須認真推動農民運動。這項指示清楚明白地表示：「政治的中心議題正是農民問題」。[29]

這個指示出自布爾什維克黨政治局候補委員布哈林（Nikolai Bukharin）之手，他平常即積極參與共產國際的工作。然而，現在這僅止於書面宣示；中國共產黨沒把它化為行動。即使毛澤東在三大上有關農民問題的發言也無關緊要。

唯一一個早在一九二二年春天就組織農民的中共同情者是廣東人彭湃。他的友人說：「這是徒勞無功之舉。農民非常分散，無法組織起來，而且由於無知，也難以對他們宣傳。」[30]彭湃成功地在廣東東部成立幾個農民組合，但它們一九二三年發動減租運動時，遭到陳炯明粉碎。[31]

三大之後，鑒於工人運動、農民運動相繼失敗，雖不是全部、卻有許多共產黨員受到在國民黨內工作這個想法的吸引。中共中央執委會甚至還起草一份計劃，要把國民黨的組織擴張到華北、華中所有重要地點。[32]

毛澤東顯然也沉溺在建立統一戰線的想法。三大仍在進行中，他和李大釗、張太雷利用休息時間開始和譚延闓討論成立同盟的可能性。[33]譚延闓也是湖南前任省長，與趙恆惕是冤家對頭，他就住在離三大會場步行兩分鐘的一棟三層樓豪宅裡。他是國民黨員，與孫逸仙交情深厚。因此，若能和他結成同盟，將對中共非常有利。三大會後不久，毛澤東本人即加入國民黨。[34]他也很熱切地支持派覃振（孫逸仙的一位親密戰友）到湖南籌組國民黨黨部的構想。他寫了一道指示交給覃振轉李維漢，要求湘區執委全力支持孫逸仙這位特派代表。[35]

蘇聯布爾什維克黨也積極協助在中國成立反帝陣線。一九二三年三月，莫斯科同意提供兩百萬金盧布的財政援助給孫逸仙，「進行中國統一及獨立的工作」。五月一日，越飛把這個消息告訴孫逸仙，強調莫斯科要求這位南方政府元首「對於我們一切援助嚴守秘密」。[36]一九二三年六月，第一批五人軍事顧問由蘇聯前往廣州。他們的任務是協助孫逸仙成立他自己的國民黨黨軍。從毛澤東等中共領導人的角度看來，這應該是一支「新的」、真正「人民的」軍隊，運用「新方法及新的友好精神保衛民國」的部隊。他們呼籲孫逸仙要這麼做。[37]

七月三十一日，應孫逸仙的要求，俄羅斯共產黨（布爾什維克）政治局決定派資深布爾什維克黨人、共產國際執委會重要成員鮑羅廷（Mikhail Borodin）到中國，擔任孫逸仙的政治顧問。[38]除了擔任「國民黨高級顧問」之外，他還取代馬林，兼任共產國際駐中共中央執委會代表。

鮑羅廷生於一八八四年，一九〇三年成為布爾什維克黨黨員。他與列寧私交良好，曾參加第一次俄羅斯革命（一九〇五年），也出席一九〇六年在斯德哥爾摩召開的俄羅斯社會民主勞工黨第四屆代表大會。後來，他和家人移民出國，先住英國，再轉往美國，住到一九一八年。鮑羅廷因久居國外，予人非常西化的印象。孫逸仙的小姨子宋美齡印象中的鮑羅廷是：「他身材高大，一顆獅子般的大頭，修剪整齊、略為鬈曲的深棕色長髮垂蓋住頸背，蓄著當時法國將領流行的鬍髭……說起話來是低沉、清晰、不疾不徐的男中音，有美中地區的腔調，令人覺察不到俄國腔；當他要強調某個重點時，又放慢成了低音。他給人的印象是內斂、又有磁力。」[39]

蘇聯特務達林（Sergei Dalin）記得他是「沉默寡言之人，寧聽、不說，以簡潔字句向別人表達他的見解」。[40]和菲利普同志（馬林）不一樣，鮑羅廷對中共比較有耐心。據張國燾說，因此他比馬林更受到看重。[41]鮑羅廷本姓葛魯森柏格（Gruzenberg），但和共產國際裡的人一樣，多次改姓換名。中國人常稱他為「鮑顧問」。

八月十六日，孫逸仙派青年將領蔣介石率領一個特別代表團前往蘇聯。蔣介石自同盟會時期即參加共和運動，深受孫逸仙器重。同團還有一個國民黨員、兩個共產黨員（其中之一為張太雷）。代表團九月二日抵達莫斯科，接下來三個月考察包括俄羅斯共產黨中央委員會在內的黨機關結構；研究蘇維埃①的運作；參訪軍事機關；拜會蘇聯重要人物，包括托洛茨基、齊諾維也夫、卡門涅夫（Lev Kamenev）和齊采林（Georgy Chicherin）等。[42]三十六歲的蔣介石，一絲不苟、聰明好學，頗得莫斯科領導人好感。他當時具左翼思想，努力展現對布爾什維克的「親善」。[43]他曉得他的信函一定會被俄國當局檢查，故意在一封信中向妻子提到，他利用閒暇時間閱讀馬克思的《資本論》，發現「這本書的上半部艱澀難懂，下半部則既深奧又散漫」。另一封信中，他熱切地說：「我很欣賞托洛茨基先生，他作為革命家的根本特質是耐心和行動。」後來，共產國際官員清楚地暗示，他們希望蔣介石能加入共產黨。蔣介石原則上不反對，答覆說他必須先徵得孫逸仙的批准（雖然這時他的確是左派，並無意願加入任何共產黨）。[44]

在蔣介石的要求下，共產國際執委會就中國的民族問題，和國民黨起草一項新決議，納入對孫逸仙三民主義的新詮釋。共產國際提供給國民黨反帝、民族民主革命一個合邏輯的計劃，其中重點即是鼓吹激進的農民革命和工業國有化。[45]共產國際執委會十一月二十八日通過這項決議後，交給蔣介石；蔣介石再轉呈給孫逸仙。而孫逸仙至少正式地幾乎全盤接受共產國際的建議，唯有農民問題那一部分為例外。孫逸仙把共產國際執委會這項決議作為一九二四年一月國民黨第一次全國代表大會即將通過的宣言第二部分之基礎。

鮑羅廷和蘇聯政府派駐北京政府的代表加拉罕（Lev Karakhan）於一九二三年八月底抵達中國。加拉罕留在北京，鮑羅廷取道上海，於十月初抵達廣州。不久，蘇聯政治、軍事顧問陸續抵達，在南方政府服務。[46]孫逸仙在和他們討論時，顯示出對蘇聯黨、政、軍建設以及俄國在國際事務的立場有極大興趣。鮑羅廷尤其給予他特別正面的印象。結果是，孫逸仙在十一月發表國民黨改組宣言及新起草的黨綱。十二月一日，他在廣州一項會議上談到把國民黨改組為群眾政黨，不僅要以軍隊為基礎，也須以平民百姓為基礎。他說：

> 我們的好朋友鮑羅廷從俄國來到我們這裡……俄國人一次革命就完全成功地實現理想，建立日益強大的革命政府……他們能勝利，是因為整個黨得到軍隊的支持，共同奮鬥。我們必須向俄國學習它的方法、組織，以及訓練黨員的方法；唯有如此，我們才有勝利的希望。[47]

---

① 編註：指蘇聯議會，「最高蘇維埃」為最高立法機構。

這時候毛澤東已經離開廣州。七月底，應陳獨秀的要求，他回到上海。他和蔡和森、羅章龍、向警予住在閘北香山路附近一條巷弄裡。九月初，中共中央執委會也從廣州遷回上海。儘管國、共日益合作，陳獨秀希望和孫逸仙保持一點距離，[48]顯然是不希望中共中央執委會變成「國民黨的藩屬」。[49]執委會就設在毛、蔡、羅、向四人落腳的房子。

和以前一樣，毛澤東全副精力投入統一戰線的工作。他寫說：「中國目前的政治問題很簡單，就是國民革命的問題。運用人民的力量打倒軍閥、也打倒與軍閥狼狽為奸的外國帝國主義，是中國人民的歷史使命……我們全都必須有信心，救己救國唯一之路就是國民革命。」[50]九月中旬，毛澤東前往長沙協助建立國民黨支部。[51]孫逸仙的特別代表覃振到湖南已經兩個半月，仍然沒有進展。湖南共產黨人破壞國民黨建立地方黨部的工作。即使毛澤東也很難克服老同志的抗拒。困難之一是他缺乏經費從事組織工作，他「至少每個月需要一百元」。[52]趙恆惕和譚延闓之間爆發新戰爭，使他的工作更加困難。九月，吳佩孚介入戰事，支持趙恆惕，局勢益加惡化。毛澤東當然支持譚延闓，可是譚延闓落敗。湖南省再次陷入恐怖深淵。趙恆惕宣布戒嚴，關閉自修大學，解散工團聯合會。他更親下命令捉拿毛澤東及其他工運領袖。[53]毛澤東轉入地下，化名「毛石山」。[54]此時唯一值得欣慰的是他的家庭。岸英長得很健康，楊開慧在十一月十三日又生下第二個兒子，他們為他取名岸青。

毛澤東在長沙工作時，中共中央執委會於一九二三年十一月在上海召開全體委員會議。在華北及華中地區建立國民黨部支部的計劃失敗，只在北京設立一個組織。共產黨黨員人數也大幅萎縮四分之三；只剩下約一百個黨員。陳獨秀本人承認黨陷入危機。全會批評統一戰線政策犯了「左傾錯誤」，通過一項有關共產黨員實際參與國民黨改組的決議案。全會通過的決議，名稱是「關於國民運動及國民黨問題的議決案」，強調共產黨人加入國民黨組織時，應保留共產黨黨籍，並且只組建原本不存在的國民黨組織，尤其是華北和華中的黨部。[55]

全會也要求共產黨及社會主義青年團成員在統一戰線之內建立地下組織，這些成員所有的政治聲明和行動都必須服從中共的領導。共產黨員的任務是「在國民黨努力爭取中心地位」。[56]

孫逸仙準備在一九二四年一月底舉行中國國民黨第一次全國代表大會之際，改組國民黨的工作也慢慢有了進展。這時候，由於毛澤東的努力，國民黨終於在湖南成立支部，下轄三個小組：長沙、寧鄉和安源各一個。[57]到了十二月底，國民黨在湖南已有約五百個黨員，但其中兼具共產黨員身分者最為活躍。他們在省黨部執委會中佔了絕對多數——九席之中佔了七席。[58]因此，國民黨湖南省黨部在年底時推選毛澤東為黨代表，出席國民黨第二次全國代表大會，一點也不意外。

他再次必須留下家人，告別妻兒。但是這次離情特別強烈。離別前夕，他和楊開慧發生不愉快，我們不知其詳情。他坐上前往上海的郵船，望著長沙漸漸從眼簾消失。他不禁吟了一首詩：

揮手從茲去，
更那堪淒然相向，
苦情重訴。
眼角眉梢都似恨，
熱淚欲零還住。
知誤會前番書語，
過眼滔滔雲共霧，
算人間知己吾和汝。
人有病，天知否？
今朝霜重東門路，
照橫塘半天殘月，
淒清如許。

汽笛一聲腸已斷，
從此天涯孤旅，
憑割斷愁絲恨縷。
要似崑崙崩絕壁，
又恰像颱風掃環宇，
重比翼，和雲翥。[59]

第十一章

希望與失望

一九二〇年代初期與中期，廣州在國民黨的自由派治理下，和上海一樣醒目，只不過方式完全相反。達林寫說：「在南方……氣氛完全不一樣。工人組合、共產黨、社會主義青年團全都合法運作。」[1]空氣中透著革命的氣息。會議、集會和遊行經常舉行。另一位克里姆林宮特使葳拉・維希尼雅可娃－阿基莫娃（Vera Vishniakova-Akimova）記得：「政治活動非常活潑。牆上、柱上所有的空間全貼上告示和傳單；行人頭頂上方綁了一些棍子，旗幟就掛在棍子上；寫上標語的橫布幅掛在街道上方。」[2]革命的激情在準備國民黨第一次全國代表大會期間特別顯著。張國燾說：「人們忙著準備開大會，宴飲酬酢比平常增加許多。情形就好像一個大家族在準備大節慶一般。」[3]有著兩千多年歷史的這座古城似乎復活了。

廣州位於河水已為紅泥汙染的珠江之左岸，下游一百五十公里即英國殖民地香港。公認是華南第一重鎮的廣州，人口眾多，生氣蓬勃。蜿蜒的商店街、嘈雜的市場、烏煙瘴氣的港口，構成這座大城市的生活。然而，它和上海不同，幾乎沒有現代工業，只有數十家小型絲織工廠和許多原始的手工藝品商店。

十八世紀來到這座城市的法國旅人，根據華南人稱呼廣東的聲音，將它命名為Canton，此後這個名字就流傳下來。廣州的外國人人數遠不及上海之多。從一八四二年起，廣州只有一個洋人租界，位於小島沙面，是英法共同租界。它和城區只隔著三・七公尺的一條水道。可是沙面的特色是西式建築物富麗堂皇，街道規劃整齊，又有許多廣場、公園。它和華人居住的擁擠的廣州成為鮮明對比。當時一位觀察家寫下：「廣州好像一座巨大的市場，活潑、機動，甚至夜裡也不打烊。和自古以來中國所有的城市一樣，街道十分狹窄，只有兩、三公尺寬。你會驚覺它幾乎完全沒有英文招牌或標示……街上永遠鬧烘烘，到處聽得到中國音樂，碼頭是廣州的主要街道，可以看到許多花枝招展的鶯鶯燕燕。」[4]

一九二〇年代初期廣州居民五十萬人出頭，將近二十萬人住在被稱為舢舨的船上。沿著岸邊有三、四排數以百計的舢舨。有位目擊者形容說：「他們看來全都很窮……全家人窩居在船上，小孩子探頭探腦好奇地朝我們的方向看過來。年紀小的，腳上或背上綁著一條繩子，以防落水。」[5]

一九二四年一月中旬，毛澤東以出席國民黨大會代表的身分回到廣州。他直接趕到市中心文明路，即一月二十日這個最重要的論壇預定開幕的地方。毛澤東有幾天的時間可以到處走走。廣州市區實在蔚為奇觀。和燈火通明的文明路平行的一些街道又窄又髒，有好多無家可歸的乞丐、苦力和小販。入夜之後，城市靜下來，他們在人行道上鋪了草蓆，倒下就睡。有些窮人睡在室外，也有人睡在門廊下。華南其他城市，如長沙，也有許多這樣的窮人。我們難以認為，即便他們知道國民黨要開大會，他們會去期望國民黨將改善他們的生活。輿論中洋溢的革命氣氛對城市貧民窟而言根本是毫不相干的事。

走在街上，毛澤東不能不注意到這些事情。他愈發相信「中國不可能有資產階級革命。所有反外運動是由餓肚子的人推動，而不是由資產階級推動」。[6]他曾在中共三大上提到這個觀察，從此這個想法就沒離開他。他支持與國民黨結盟，但他明白它有限度，它在戰術上有彈性。有時候他會因為與國民黨合作而沖昏了頭，但這種時段往往一縱即逝，變成懷疑和失望。唯有無產階級專制才能救中國，這個堅定信念從來沒離開他。

當他抵達廣州時，國民黨在廣東、江蘇、湖南和湖北，黨員超過一萬一千人（全國其他地區數字不詳）。廣東人數最多，有八千二百一十八人；江蘇逾兩千人（但大多數江西黨員在上海）；湖北約五百人，湖南約五百人，以及漢口三百多人。[7]同時，中共黨員只略超過一百人。換言之，即使假設在國民黨第一次全國代表大會之前絕大多數共產黨員已加入國民黨（實則不然），中共依然像是國民黨一個小型地方支部，佔孫逸仙政黨不足百分之一。

但是，大會在元月二十日至元月三十日舉行期間，共產黨員在會場內外都很活躍。全體一百九十八名黨代表，實際出席一百六十五人，其中二十三人、即將近百分之十四為共產黨員。這裡頭有陳獨秀、李立三、林伯渠、李維漢和夏曦等著名的共產主義者，甚至也有左派的張國燾、李大釗、譚平山，而毛澤東是最為活躍的一員。我們有資料的大會所有的機關都有共產黨人。[8]

從主席團和委員會的組成判斷，左（包含共產黨員）、右兩派大致勢均力敵。環繞著共產黨人加入國民黨的問題發生激烈爭辯。大會開幕日的一場宴會上，右翼國民黨員茅祖權宣稱：「如果共產黨人接受我黨綱領，就應離開他們的黨。」審查章程的會議上，右翼代表何世楨提議國民黨員不得加入其他政黨，但是被迫撤案。最後在辯論章程時，極端反共的方瑞麟、馮自由主張將他黨黨員排除出國民黨之外。李大釗以底下一段顯然很虛偽的話回答：

> 我們環顧國中……只有國民黨可以造成一個偉大而普遍的國民革命黨，能負解放民族、恢復民權、奠定民生的重任……我等之加入本黨（國民黨），是為有所貢獻於本黨，以貢獻於國民革命的事業而來的……我們加入本黨是來接受本黨的政綱……試看本黨新定的政綱，絲毫沒有共產主義在內……[9]

同時李大釗並未隱瞞下列事實：在統一戰線中，共產黨身為共產國際的一個支部，將以自主力量運作。但是他宣稱這樣反而有利國民黨，因為共產黨可以作為孫逸仙的黨和世界革命運動的連結。天津來的一位代表和李大釗爭吵，但右派屈居少數。[10]孫逸仙的親信戰友廖仲愷、汪精衛、胡漢民等許多代表公開反對右派。[11]廖仲愷說：「現在我們應當要瞭解，唯有與其他革命政黨團結，我們才能勝利完成革命。」[12]

孫逸仙的立場起決定性作用。大會期間，他推動改造國民黨的政策。他企圖師法蘇俄及俄羅斯共產黨的經驗，發言贊成接受共產黨員加入國民黨。[13]因此，壓倒性多數贊成允許共產黨員加入國民黨，但強調他們必須遵守黨內紀律。十位共產黨員也被選為國民黨的中央執行委員（中執會有二十四名委員，十七名候補委員，共四十一人）。

李大釗、譚平山和北京支部代表于樹德三人當選中執委。譚平山甚至成為國民黨最高機關中央常務委員會成員。他擔任中執會重要部門——組織部部長。毛澤東和其他六個共產黨員被推為中執會候補委員。這些人有林伯渠、張國燾和依然年輕、但十分活躍的記者瞿秋白。這時候，這位二十四歲的青年在中國輿論界才剛開始嶄露頭角。他的崛起有相當大是因為受到共產國際執委會的器重（瞿秋白從一九二一年元月至一九二三年春天有兩年多時間，擔任讀者甚多的北京報紙《晨報》駐莫斯科通訊員）。共產國際注意到一九二二年春天在莫斯科加入中國共產黨的這位青年才俊，很快就指派他協助陳獨秀和劉仁靜與共產國際第四屆大會保持聯繫。陳獨秀很欣賞他，選派瞿秋白為共產黨三大的代表，並指派他為《新青年》及新成立的中共機關報《前鋒》的主編。一九二三年夏天，瞿秋白和張太雷擔任馬林的秘書。[14]鮑羅廷一九二三年八月底抵達中國，瞿秋白成為他的一個譯員兼助理。①

以「容共」為基礎成立統一戰線是國民黨第一次全國代表大會最重要的結果，大會並發表改組宣言。毛澤東在內的許多共產黨人十分滿意這些結果。他們為了統一戰線此一成功發展大為振奮。鮑羅廷向他的中國同志解釋說：「建立國民黨組織，愈大愈好，是共產黨的首要工作」。[15]

蘇聯資金源源流入中共，方便鮑羅廷的指令得到接受。中共在西湖會議時已向克里姆林宮壓力屈服，很快就適應這種狀況。他們接受和莫斯科的不平等關係，在他們和共產國際的財務關係上亦非常積極求助。馬林的訕笑不是沒有道理。西湖會議之後，中共一點也不覺得不好意思，不斷向蘇聯及共產國際索討金錢協助。根據馬林的資料，當時中共黨員最多只有十分之一繳交黨費，而大部分黨員都是全職黨務工作人員。[16]

陳獨秀一九二四年十一月初以英文致信蘇聯駐北京大使加拉罕說：「我們已經根據你的指示展開反帝

工作，但我們還未收到你答應的經費。我們在上海的預算是六百元。請盡快告訴我們。中共執委會書記陳獨秀。」

李大釗也以英文致信加拉罕表示：

> 卡爾甘（張家口）地方黨委要求北方區委支付田滕修、馬潔亮和傅恩祖三同志的月生活費，他們在包頭為《新民報》工作。北方區委認為，這三個同志乃受中共北方區委的派遣做軍事工作，由貴方出資支持工作已經很長一段時間，所以，請做出安排並且對此要求給予回答。
>
> 中共北方區委書記李大釗[17]

這種例子不勝枚舉。如此寄生的結果就是，直到一九三〇年代中期，中共必須仰賴克里姆林宮每月贊助三萬美元才能運作。[18]蘇聯的財務援助的確無所不包，並且細微到分角都支應。很顯然共產國際特務和蘇聯大使館連中共黨部員工的薪資也負責包辦。

共青團也不落於黨之後（一九二五年初，社會主義青年團改名為共產主義青年團）。一九二〇年代初期留學俄羅斯的任弼時，擔任共青團書記。他在一九二六年二月二日以俄文致函蘇聯大使加拉罕說：「為建立工作，（我團）需要財務援助。我們已經積欠五百元（中國錢）債務，亟需盡速償付……敬請你按月提供物質援助，也協助此一一次性的需要。」[19]

完全仰賴蘇聯財務援助下，中共領導人沒有辦法拂逆蘇聯特使鮑羅廷的意旨。例如，一九二四年一月國民黨大會期間，在和鮑羅廷談話時，在場所有的中共黨人「全體一致」表示激進的農民革命，時機尚未

① 原書註：中共黨內通曉俄文的，全都幫鮑羅廷辦事。除了瞿秋白之外，張太雷夫婦，以及幾個莫斯科東方勞動者共產主義大學畢業生都替鮑羅廷工作，如李仲武（梁啓超的侄子）、黃平、傅大慶和卜士奇。

成熟。[20]

二月中旬由廣州回到上海的毛澤東，支持此一「右傾」路線。一九二四年二月二十五日，他和幾位國民黨人在法租界環龍路四十四號、離孫逸仙寓邸不遠，設立國民黨上海黨部。法租界探長收了大筆賄賂之後，答應他們，法租界當局若要採取不利國民黨的行動，他會事先通風報信。[21]除了擔任共產黨的書記，毛澤東也在國民黨上海黨部工作。他在第一次開會時就被推為組織部秘書，很快就開始執行這個記錄保持部門主管的職責。不久他又以候補委員身分加入上海支部常委會工作。[22]他的工作忙不完，三月間，以中共中央執委會代表身分，參加社會主義青年團中央執委會全會開會。會中，他見到青年共產國際代表達林。達林後來寫說，他赫然發覺毛澤東對國民黨有十分強烈的樂觀看法。他可不苟同毛澤東的熱情，在全會後立刻寫信向維廷斯基報告：

> 你會從中執會秘書毛澤東——就是馬林的愛將——聽到一些令你毛骨悚然的事。譬如，國民黨是個無產階級黨，應該獲准加入共產國際成為其下一個部門。在農民問題上，他說應該丟掉階級界線，我們對貧農無能為力，我們必須與地主和紳士結合等等。這傢伙是黨派到青年團的代表，他在社青團全會不斷地推動這個觀點，但沒有成功。我向黨中執會去函，要求他們改派一位新代表。[23]

達林其實大驚小怪，當時幾乎中共所有領導人都受到鮑羅廷影響，相當接受相同的觀念。一九二四年二月，中共中央執委會甚至通過一項「關於民族運動的決議」，把擴大國民黨、糾正其「政治錯誤」，和吸收工農及城市中產階級代表加入國民黨、擴大其群眾基礎，都當作共產黨的主要工作。中共本身應在國民黨內轉入地下，秘密準備接收領導權。

共產國際對此一「偏差」激烈反彈，急忙糾正它。一九二四年四月，共產國際派維廷斯基來中國，向中共領導人解說，在國民黨內工作「是手段、不是目的」；中共應該加強自己、為未來在國民黨之外和國民黨對抗、搶奪國家大權做好準備。[24]維廷斯基安排及參加的中共中央執委會擴大會議於一九二四年五月召開，它廢棄了中執會二月的決議。[25]

經過這項指令之後，中共領導人轉向完全不同的方向。一九二四年七月十三日，陳獨秀寫信給已經回到莫斯科的維廷斯基說：

關於目前國民黨的情況，我們發現它只有右派和反共派；即使有少數左派，那也是我們自己的同志。孫逸仙和其他幾位領導人是中間派、不是左派……因此，現在支持國民黨等於是支持國民黨右派，因為所有的黨機關都抓在他們手裡……你必須即刻發電報給鮑羅廷同志，請他就實際狀況提出報告；我們期待共產國際將以此為基礎發展一項新政策。我們的意見是，支持國民黨不能再用老辦法，我們必須有選擇性的做法。這表示我們不應該無條件或無限制支持國民黨，只能支持由左派掌控的某些活動；否則我們將助長敵人、自樹反對力量。[26]

七月二十一日，②陳獨秀和毛澤東自作主張，發出秘密指示給中共基層組織，表示：

此時國民黨只極少數領袖如孫中山、廖仲愷等尚未有和我們分離之決心，然亦絕不願開罪於右派分子……我們為圖革命的勢力聯合計，絕不願分離的言論與事實出於我方，須盡我們的力量忍耐與之合作。然為國民黨革命的使命計，對於非革命的右傾政策，都不可隱忍不加以糾正……我們……須努力獲得或維持「指揮工人農民學生市民各團體的實權」在我們手裡……。[27]

②編註：這份秘密指示《中共中央通告第十五號》作者誤植為六月二十一日。

因此，中共領導人在國民黨內發展組織工作的熱誠只維持了幾個月，沒有對國民黨產生任何嚴重的影響。他們有把握以維廷斯基為代表的共產國際會支持他們，乃開始破壞鮑羅廷的指示，堅持需要「現在就拋開廣州」，以便逐漸準備發動「工農兵總罷工」。毛澤東的好友蔡和森對此主張最力。[28]

可是共產國際執委會又遲疑不決是否要干預。莫斯科在投資這麼多心血和金錢建立起反帝統一戰線之後，非常有意保持住它。一九二三年，蘇聯開始提供孫逸仙武器、軍事補給和金錢。一九二四年，約有二十名蘇聯軍事顧問在廣州工作，大都投入協助國民黨籌辦軍校、要替新的「黨軍」培訓軍官。蘇聯政府撥款九十萬盧布給孫逸仙辦這所軍校，它在六月十六日正式開學。[29]黃埔軍校遂成為國民黨的國民革命軍重要的幹部來源。孫逸仙派蔣介石為校長、廖仲愷為政治委員。剛從法國回來的青年共產黨員周恩來，被派為政治部主任。年僅二十六歲的周恩來，已經因積極參與五四運動而嶄露頭角，他是天津地區學生領袖，一九一九年創辦愛國的覺悟社，又於一九二二至二三年參與籌組中國共產黨歐洲支部。這位具歐洲風味的高個子青年，很快就讓大家賞識他的穩健和工作認真。他學識淵博，通曉日文及法、德、英三種歐洲語文，又很謙虛、莊重。他立刻被公認是個傑出人才。

從一九二四年五月至七月，蘇聯顧問團由巴維爾．巴伐洛夫（Pavel Pavlov）擔任團長，他卻因意外事故身亡。十月間，新的首席軍事顧問白魯轍（Vasilii Bliukher）③抵達廣州，他在日後成為蘇聯紅軍元帥、重要軍事將領。他和孫逸仙開始規劃北伐、將全國統一在國民黨之下的計劃。他在廣州逗留到一九二五年七月，才因病回蘇聯接受治療。[30]莫斯科當然不希望鼓勵中共過分「左傾」。一九二四年十一月，維廷斯基再度奉派到中國，冷卻陳獨秀及其同志的熱情。中共第四次全國代表大會基於此一目標，於上海召開。

此時，共產黨人與孫逸仙信徒之間的嚴重矛盾已經表面化。它們在上海尤其芥蒂極深，而已遷回上海的中共中央執委會也很清楚。毛澤東面對環境變化的反應特別激烈。在國民黨內愈來愈難工作使他精疲力竭。五月間，他生理、心理都撐不下去。七月間，與國民黨的「摩擦」劇烈到精神快要崩潰，他遂辭去組織部秘書的職務。[31]根據共產黨人彭述之的回憶，這時候，「他滿臉憔悴。瘦弱的身軀使得他益顯身材修長。他膚色蒼白，臉色泛青。我生怕他和許多同志一樣，染了肺結核。」[32]

整個春天和初夏，他住在烏煙瘴氣、又髒又亂的閘北中共中央執委會的宿舍。六月初，楊開慧和她母親帶著岸英、岸青兩個小孩到上海。負責中執會總務的向警予分配給毛澤東一家人單獨的廂房，但空間依然侷促擁擠。最後他們必須搬家，好在是個比較好的地方，位於公共租界一條安靜巷子裡。楊開慧盡力幫助丈夫工作，夜裡抽暇到工人夜校教課。[33]到了上海，她首次無法抑制某些無害的誘惑。這個繁華城市有數不清的誘人東西，可是她只求與小孩合拍一張照片。這張黑白照片流傳下來。照片上的楊開慧神情平靜，但略顯哀傷。岸青坐她膝上，很小，頭上有一束可愛的頭髮。岸英站在她旁邊！強壯的小男生，臉頰胖呼呼、眼睛炯炯有神，非常像他父親。

到了仲秋時，毛澤東的情況已變得無法忍受。他開始神經衰弱。十月十日國慶日，上海支部舉行的一項會議中，兩名國民黨右派掀起口角，和左派相互鬥毆。這件事故加深國、共雙方人馬的間隙。[34]甚且，從廣州來的經費援助也斷了，支部工作因此停頓。到了十二月底，毛澤東向中共中央執委會請病假，陳獨秀批准，毛澤東帶著家人離開上海，回長沙。他們從長沙直接到他岳母在板倉的家，二月初才轉回韶山。陪著他們一家四口回家的是毛澤民，他兩個月前因盲腸炎離開安源，到長沙休息。不久之後，他們的小弟毛澤覃偕妻子趙先桂也回到韶山。[35]

毛澤東在家足足待了七個月。他已經厭倦每天盡是爭辯統一戰線、要和「資產階級民族主義者」外交交涉，還要玩政治遊戲和爭吵。他初期的幸福感已消失，換上了陰鬱。他沒有留在上海參加中共第四次全國代表大會恐怕內情不簡單。四大在他離開之後兩個星期、即一九二五年元月十一日至二十二日舉行。他畢竟是中央執委會秘書、黨內第二號人物。可是，他丟下一切，跑了。

很顯然，他無法承擔此一「招致毀滅」的政策之責任。莫斯科一再干預，可能使他惱怒。我們曉得他

③ 譯按：白魯轍在中國的化名為加倫將軍。

是出了名的個性衝動者。他會受不了坐在大會會場，聽那「高明」的維廷斯基再次替陳獨秀洗腦，因此他「請病假」。這一點可稱不上專業人士。

四大在維廷斯基指導下召開。柔順的陳獨秀再度承認「錯誤」。左派立場受到嚴厲批判，可是代表九百九十四個黨員與會的二十位黨代表，卻沒幾個人敢發言抗議。那些表示不同意見的人很快就被貼上「托派」代理人的標籤，因為此時共產國際正流行打擊托洛茨基。[36]毛澤東沒再被選入新一屆中執會，公認是鮑羅廷「左右手」的瞿秋白取代毛澤東。瞿秋白亦被選入中共中央局，與陳獨秀、張國燾、蔡和森和彭述之並列。彭述之是中共莫斯科支部前任領導人之一。[37]彭述之現在主掌中執會宣傳部，瞿秋白也創辦黨的新機關刊物《熱血日報》。宣傳部和《熱血日報》盡全力推動莫斯科的政策。

但是這一切變化對毛澤東沒有太多影響。他享受家人團聚之樂。當然他生性積極好動，閒不下來。多年來，他已經習慣當個組織家。起先他並不容易克服他以知識分子之姿瞧不起恆久以來只知種田勞動的鄉人的心理。他已經在多年前離開村子，長久以來認為村子這些人「愚蠢、討厭」。[38]馬克思主義教他尊敬城市工人、「人類的解放者」，而不是貧困的農民。在農民之中工作不是一件吸引毛澤東的事。毛澤東在國民黨第一次全國代表大會時說：「直到我們確定在農村有強大的小組，直到我們已經長期進行煽動之前，我們無法堅決地採取激烈行動對付富有的地主。在中國，大致上（階級）差異還未到達我們可以發動階級鬥爭的時候。」[39]甚且，我們不應忘掉，毛澤東本身也是地主——雖然絕對不是大地主——他離開家鄉後，相當大程度是靠長工替他做工和收田租過活。④他岳母在長沙的板倉鎮也有一些土地。當然身為共產黨人，他應該對村子的窮人有些同情，身為他那個時代的人，他不可能不瞭解農民問題。可是他還是很難把受壓迫的、無知的農民和體驗過城市生活的工人連結在一起。就好像第一位農民煽動者彭湃，許多農民剛開始時把他當作瘋子，[40]毛澤東必須親自嘗試一切。

在遠房親戚毛福軒的協助下，毛澤東終於可以和鄰人接觸交往。他開始以簡單、易懂的詞語向他們解說，馬克思主義政治經濟學和布爾什維克戰略。他在自己家裡或散布在鄰近山區的宗族祠堂裡和大家聚會。鄰近地區絕大部分農民都是毛氏宗親，也有利於他（直到今天韶山六成居民都是毛氏宗親）。[41]毛澤東的太太楊開慧、小弟毛澤覃、兩位弟媳王淑蘭、趙先桂，以及大弟弟毛澤民（不過他沒在村裡待太久）都盡力幫助他工作。一九二五年五月，毛澤民奉湘區特委之命回長沙，七月間又到廣州農民運動講習所短期受訓（一九二四年七月底，國民黨中央執委會接受中共建議，成立農民運動講習所，培訓煽動及組織農民組合的人才）。

根據毛澤東的說法，他和同志一九二五年春天在家鄉建立二十多個農民組合。[42]在此之前，湘潭地區只有一個農民組合，成立於一九二五年二月。接下來，七月間，韶山成立一所農民夜校，楊開慧在裡面教中文和算術。王淑蘭第一個加入，不久妯娌倆吸引了更多人加入。她們沿門挨戶高唱：

農民苦，農民苦，
打了糧食交地主。
年年忙，月月忙，
田裡場裡倉裡光。[43]

如此簡單的訴求，比黨的任何決議還管用。大約同一時候，毛澤覃在鄰近一個小村也成立一所農民夜校。七月中旬，毛澤東在韶山成立中共支部，指派毛福軒為負責人。他另外成立一個共青團小組。[44]和農民一起工作，就這樣在不經意之下吸引了他。他得到的新經驗，在近期內就成為非常寶貴的經驗。雖然他並未開始更尊敬無知、不識字的農村勞動者，卻變得相信唯有依賴這些數不清的不幸農民，革命才會成功。

④ 原書註：毛澤東父親擁有二十二畝地，相當三點五英畝。他死後，土地由三個兒子繼承。

第十二章

與蔣介石鬥法

韶山之外的世界已經天翻地覆。一九二五年三月十二日，孫逸仙於北京因肝癌不治而逝世。吳佩孚手下將領馮玉祥於一九二四年十月倒戈，宣布支持孫逸仙，把自己部隊稱為國民軍，佔領北京，呼籲結束內戰。孫逸仙應邀北上，參加國家統一的和平會議。馮玉祥亦向莫斯科求助，克里姆林宮提供給他許多著名的蘇聯軍事顧問。

孫逸仙撒手人寰是一大損失，但並沒有使中國一般情勢更趨複雜。國民黨內爆發派系奪權鬥爭，但「左翼」很快就獲勝。國民黨左翼領袖、中央宣傳部部長汪精衛成為國民黨領導人、也是廣州政府的首腦。馮玉祥、國民黨和蘇聯之間持續發展友好關係。三月底，「左派」蔣介石率領「黨軍」掃平粵東，確立廣州政府對粵東的控制。六月間，蔣介石又敉平滇軍及桂軍的叛變，成為迅速崛起的熠熠明星。

一九二五年五月三十日，上海發生一件事故，引爆五四運動以來全國首見的民族主義意識大漲。一群中國民眾在南京路示威，抗議一名共產黨工人顧正紅稍早被日本人殺死，卻遭到英國部隊開槍射擊。顧正紅之死，造成上海全市譁然。許多工廠工人發動罷工，學生亦以罷課響應。五月二十四日，顧正紅出殯之日，數萬人舉行反日示威活動。事情原本或許就此告一段落。不料，五月二十八日在山東青島，中國軍閥應日本商人之請彈壓，向走上街頭響應上海紡織工人的工人開火。兩名民眾被殺、十六人負傷。青島的彈壓引爆怒火。五月三十日，大約兩千名學生在上海公共租界鬧區的南京路集會，高喊：「打倒帝國主義！」「上海是中國人的！」「收回租界！」「中國人團結起來！」等口號。許多人被捕。下午三點鐘左右，一大群人聚在警察局前，要求釋放被拘押人士。負責的警官冒火，下令朝群眾開火，當場打死十人、數十人負傷。[1]這項行動引爆事端。五月三十一日，上海工會活躍分子開會，成立一個全市性質的「總工會」由李立三領導。在他號召下，大約二十萬名上海工人放下工具。列強派出二十六艘軍艦進入黃浦江，美、英和義大利陸戰隊登陸。新的流血衝突造死四十一名華人死亡，一百二十人負傷。[2]

上海屠殺引爆五卅運動，它是民族主義革命的起始。針對外國企業遊行示威、抗議集會和罷工頻頻。民眾又針對外國商品全面抵制。六月十九日，香港工人上街支持上海罷工，兩天之後，沙面工人也響應。二十五萬人總罷工。其後大批工人從這些殖民地中心往廣州及周圍大量出走。廣東政府開始支持這些罷工工人，宣布封鎖香港和沙面。在國民黨中央工人部領導下成立香港、沙面罷工委員會，主席蘇兆徵是廣東人，在一九二五年春天罷工前夕剛加入中國共產黨。他的副手是鄧中夏。

反帝鬥爭日益熾烈，廣州成為運動的中心。汪精衛以廣州政府為基礎，於七月一日正式宣布成立中華民國國民政府，出任主席。汪精衛亦兼任國民政府軍事委員會主席，效忠於國民黨的部隊統一納入國民革命軍，初步劃分為六軍。蔣介石出任第一軍軍長，以黃埔軍校幹部為主力；前任湖南省長譚延闓為第二軍軍長。周恩來被派為第一軍政治部主任。其他軍也有一些共產黨員。[3]革命熱潮橫掃全國，國共同盟開始團結，成為一股沛然莫之能禦的力量。

到了七月間，愛國運動風潮到達韶山。毛澤東很快就以農民組合為基礎，成立「雪恥會」，不過這個名字不是他取的。其他地方也到處出現類似的組織。長沙地區六月初一場二十多萬人出席的反帝集會，成立了這個組織。七月初，毛澤東把去年成立的國民黨韶山區黨部恢復運作。[4]同一個秘密會議中，毛澤東結合二十多個小團體成立區級的「雪恥會」。毛澤東指揮它展開密集的反帝國主義宣傳。他和同志組織青年工作隊下鄉，向農民聽眾宣介抵制外國貨的想法。[5]

可是，八月底，湖南省長趙恆惕再度下令捉拿毛澤東。這次倒不是毛澤東煽動革命惹惱趙恆惕，而是因為毛澤東組織運動反對一個陳姓地方土豪，惹禍上身。由於韶山乾旱，農民擔心歉收，要求陳某撥出倉餘把穀物賣給他們。陳某打算把穀糧送到城裡高價出售，當然不答應。毛澤東立刻召集共產黨小組及農民組合開聯合會議。他們派兩位代表去和陳某討論，但沒有結果。陳某已預備把穀物搬上駁船、送往湘潭。這時候，在毛澤東指揮下，一百多人手持鋤頭、木棍和扁擔，在夜色掩護下，摸到「吸血鬼」陳某的倉庫。他們要求陳某開倉，以合理價格賣出穀物。陳某屈服，但立刻向省長告狀。毛澤東這下子又得逃亡了。朋友事先向他通風報信，而這純屬幸運。縣府裡的友人湊巧看到上司收到趙恆惕傳來的電報：「立即逮捕毛澤東，就地正法。」他趕緊通知毛澤東。毛澤東在弟媳婦王淑蘭建議下，化裝為醫生，坐轎子逃出韶山。臨走前，他指示小弟毛澤覃別坐候趙恆惕下令抓他，要追隨他迅速躲到廣州去。

次日，毛澤東抵達長沙；九月初，動身往南方。他又開始神經衰弱，十分恐懼。有一天夜裡在投宿的旅店，還把路上寫的筆記全部燒毀。九月中旬，他終於抵達廣州，在東山醫院休養了兩個星期。[6]毛澤東來到這個華南首府不久，即在黃埔軍校及中共廣東省委工作。[7]

除了以上種種挫折，毛澤東在十月間又經歷一項新打擊。他自幼結交的好友蔡和森與向警予分手。這件醜聞對整個黨的道德風氣產生負面衝擊。蔡、向結合在中共黨內一向被視為模範夫妻。毛澤東這對朋友鄙棄資產階級的道德，首開風氣之先，沒有舉行任何結婚儀式就同居；隔了多年之後，中國自由派青年才流行所謂的自由戀愛。他們兩人都很孤僻、一板一眼、嚴肅、令人難以忍受的道貌岸然。許多女性共產黨員活潑外向、招蜂引蝶，但都很怕向警予，她不時會向她們說教。黨部開會時，向警予有時會公開責備愛拿男女關係當作笑料的陳獨秀。女黨員給她取綽號「革命祖母」。瞿秋白漂亮的嬌妻楊之華拋棄她不愛的前夫，①改嫁給瞿秋白，她就特別怕向警予。因此，蔡、向分手來得像青天霹靂。九月間，當蔡和森在北

① 譯按：沈玄廬的兒子沈劍龍。

京養病時，向警予自己都嚇一跳，竟然愛上了英俊的彭述之。彭述之的秘書鄭超麟回憶說：

中秋晚上，為了慶賀佳節……我們吃了一頓豐盛的晚飯……客人散了，我回到亭子間睡覺，警予還在述之房裡不走。天氣熱，亭子間房門和前樓房門都開著。我一覺醒來，聽到警予還在說話……表示她愛述之。

不久，她就上三樓去了。述之到我房裡來，說：「怪事！怪事！」他告訴我剛才警予說的話。他說：「我做夢也未曾想到。」

我警告他，說：「這件事做不得，做出會影響團體工作的。」……

從這日起，向警予經常從三樓下來去述之房間談話，一談就是幾個鐘頭……以後，述之就不同我商量。他接受了向警予的愛。8

可是，究竟紙包不住火，話傳了出去。向警予親口向蔡和森承認她移情別戀，蔡和森想不出更好的辦法，遂向中執會報告。這個消息重重打擊中共領導人，據鄭超麟回憶，起先陳獨秀、瞿秋白、張國燾和其他領導人好久都說不出話來。最後，陳獨秀決定打斷這段感情。中執會派蔡和森與向警予一道到莫斯科去，蔡和森擔任中共駐共產國際執委會代表，向警予到東方勞動者共產主義大學學習。會議結束時，陳獨秀囑咐在場的人對這件事嚴守秘密。他尤其囑咐瞿秋白切勿告訴楊之華。可是瞿秋白控制不了自己。不久，整個黨都知道這件事。大部分女同志對向警予的不幸，幸災樂禍。男同志的看法就不一致。瞿秋白和張國燾表示不齒彭述之所作所為，要求將他趕出中央執委會。陳獨秀則袒護彭述之。

可是，破鏡已經難圓。他們到達莫斯科不久，蔡和森於一九二五年十二月拋棄向警予，和李立三太太②熱戀。李立三夫婦陪這對「模範夫妻」從上海到莫斯科；李、蔡預定出席共產國際執委會第六次擴大會議。一路上，天真的李立三為了減輕蔡和森的痛苦，交代妻子多方安慰蔡和森，不料妻子竟移情別戀。

結果是蔡和森和李妻公然雙宿雙飛，李立三黯然隻身回國，而向警予後來與東方勞動者共產主義大學一位蒙古人同學湊成堆。

這件事若沒有傷害到蔡和森和彭述之、李立三的交情，動搖黨的上層結構，也就罷了。③可是，故事還有續集。情人遠謫之後，彭述之借酒澆愁，若不是嫵媚的陳碧蘭出現，再譜出新戀情，他或許就成了酒鬼。不幸的是，陳碧蘭和彭述之交往前，和黨內另一位重量級人物江浙區委書記羅亦農也有感情來往。從此之後，被甩掉的羅亦農成為彭述之的敵人。[9]這些私人恩怨搞得中共領導人雞飛狗跳，無法專注更迫切的大事。但是，宣揚「自由戀愛」的這些「堅貞的共產黨人」畢竟也是凡人，而人性在政治上絕非不重要。

毛澤東不能不被牽扯進去。我們不曉得他是否譴責向警予，但是毫無疑問，他同情好朋友蔡和森、批評彭述之。他在蔡、李失和上，也一定是支持蔡和森。總而言之，這件愛情醜聞無助於毛澤東休養。他繼續神經衰弱。幸運的是，楊開慧在十二月底和母親、兩個兒子來到廣州，他們把家安在東山一處安靜的街坊。[10]毛澤東開始恢復以前的元氣。

他也不能長久稱病不出。事實上，在楊開慧抵達之前，毛澤東已在十月初出院，投入政治活動。他又和一九二四年初一樣，再度感受無比的愛國熱情，認為國民革命的目標為當務之急，社會改造的工作可以暫時放下。一九二五年秋天，毛澤東的政治理念是：

本人信仰共產主義，主張無產階級的社會革命。惟目前的內外壓迫，非一階級之力所能推翻，主張用

② 譯按：即李一純。

③ 原書註：中共黨內一度流傳，李立三因為瘋狂愛上小姨子，為了甩掉妻子，慫恿她引誘蔡和森。這件事是否真實，我們無從知道，但事實上李、蔡兩人自此交惡。

無產階級小資產階級及中產階級左翼合作的國民革命，實行中國國民黨之三民主義，以打倒帝國主義，打倒軍閥，打倒買辦地主階級（即與帝國主義軍閥有密切關係之中國大資產階級及中產階級右翼），實現無產階級小資產階級及中產階級左翼的聯合統治，即革命民眾的統治。[11]

十月初，汪精衛邀他到國民黨中執會上班，接替他宣傳部部長的工作。汪精衛知道毛澤東是個有才華的作家、煽動家。毛澤東很快就擔任宣傳部刊物《政治週報》的編輯，用它來散布他對統一戰線及國民革命的觀點，並攻擊國民黨的「右翼」分子。[12]

他所防衛的立場契合中共領導人所表達的立場。他和陳獨秀或中共中央執委會其他成員的立場並無不同。他和中共其他領導人一樣，立場不時搖擺。當時要在國家及社會元素之間獲致適當的結合，殊為困難。一九二五年中共領導人的戰術曲折通常都是以莫斯科的政治路線為依歸。陳獨秀及中共其他領導人都只能遵循它。

新政策的精髓是：依據克里姆林宮的看法，從現在起中國共產黨應利用它寄身在國民黨內，不僅把自己改造為群眾政黨，還要藉由國民黨左翼人士及共產黨員奪取黨內權力，激烈地改造國民黨的階級和政治特性。在新政策的框架內，中共黨員應利用在國民黨內的位置，把這個組織盡可能改造為「左翼」政黨，成為「人民（工、農）的黨」。他們應以排擠「資產階級代表」丟失領導地位、進而將他們清除出國民黨為第一要務。然後他們應該影響「小資產階級」盟友，以便最後在中國不是直接透過共產黨、而是藉由國民黨，建立「無產階級專政」。

這個戰術路線的輪廓已由維廷斯基在一九二五年春天畫好。其實維廷斯基的方案並無新意，中國共產黨領導人本身在一九二四年二月就第一個擁護此一路線。可是當時維廷斯基還未準備好贊同此一政策，他們只能按兵不動。現在維廷斯基認為由於國民黨內不同派系爭奪孫逸仙的遺產，黨內已創造出有利情勢。一九二五年四月，維廷斯基終於有機會向史達林報告他的看法。一九二五年四月二十二日，他向蘇聯駐中國大使加拉罕提到他和史達林談話的大致內容：「當我們向他（史達林）解說，共產黨有本身的組織……共產黨人有權利在國民黨內部批評，而且國民黨本身大部分工作是由我們同志執行，他非常驚訝。」[13]史達林被維廷斯基的報告嚇了一跳，很快就親自對中國國民革命運動的前景做評估。用不著說，他不會把真相揭露歸功於維廷斯基。新概念的作者必須歸功於領袖，而不是手底下的書記人員。領袖賦與他的理論一些普世意義，把它當作萬靈丹，不僅可解決中國的問題，也可解決東方大致的問題。出於加速建立共產黨在民族主義運動的霸主之考慮，他開始思考如何把國民黨及東方其他幾個民族主義革命政黨改造為「工農」或「人民的」黨。

他從這個視角分析共產國際執委會第五次擴大會議（一九二五年三至四月）有關印度工作的決議文草案（這次會議沒有就中國問題特別通過任何決議）。他對這份文件的批示，特別提出在未來印度「人民的黨」建立共產黨霸主的議題。[14]史達林的指示立刻由共產國際執委會執行，它也把它傳達給中國共產黨。一九二五年五月史達林在東方勞動者共產主義大學公開演講提起這個問題：

在埃及和中國這樣的國家，民族資產階級已分裂進入革命政黨和姑息政黨……共產黨必須由民族統一戰線的政策，轉到工人及小資產階級的革命集團的政策……這個集團可以是單一的政黨，也可以像是國民黨的工農政黨；這個獨特的黨事實上代表兩股勢力的集團——共產黨及革命的小資產階級政黨。如果它能加速共產黨實際領導革命……這樣組合的政黨是必要的、有利的。[15]

共產國際執委會再次迅速回應，把史達林的想法奉為圭臬。本著這個精神，共產國際執委會第六次全會（一九二六年二至三月）通過了「關於中國問題的決議」。

無產階級的政治崛起提供強大的推動力，加速這個國家所有革命民主組織的發展和強化，尤其是人民的革命政黨國民黨，以及廣州的革命政府。國民黨……代表工、農、知識分子和城市民主的革命集團……進行反外國帝國主義和軍事、封建的生活方式的鬥爭，追求國家獨立、團結革命民主力量。[16]

或許史達林認為他只是在發展原先的路線。事實上，他卻把它帶到一個荒謬的境地。他的理論意味著和國民黨的黨內合作本身就是目的。史達林認為共產黨最後能夠成功把「資產階級代表」趕出領導位置、再趕出國民黨本身，但是如果有利的連環狀況沒有發生，也就是國民黨分子竟比共產黨人更強大的話，則共產黨就必須向國民黨領導人退讓，這將限制他們的自主及他們的政治獨立。所有這一切是為了留在國民黨、「人民的黨」內部，因為離開國民黨就等於埋葬了把這個政黨改造為「工農黨」的希望。

統一戰線這個概念純粹是武斷的，幾乎完全依據對國民黨內勢力均衡想當然耳去估計。身為極端精嫻黨內鬥爭的人，史達林必定深信他的政策絕對會成功，只是他此時正忙著要把他的頭號敵人從布爾什維克黨領導層趕出去。不過，這個政策在深陷民族主義革命熱焰的中國並未奏效。國民黨和俄羅斯共產黨不一樣，它是一個革命政黨，黨內的反共軍人派不僅在軍官圈獲得支持，在中國社會重要部門也頗孚人心。根本不可能把這群人排擠出他們自己的政治組織。

中國共產黨客觀上乃是受史達林路線所挾持。他們沒有辦法不接受它，因為他們得完全依賴蘇聯的財務援助。同樣的，也不可能沒有撕裂統一戰線之虞去執行把國民黨共產化的命令。[17]根據張國燾回憶錄的判斷，中共領導人大多數也瞭解這一點，因此被迫要玩心機、咋唬和扭曲。[18]可是，它並不能永遠奏效，唯一可能的結果就是失敗。

起初，沒有任何跡象預兆會出現偌大的事態變化。情勢顯得共產黨和國民黨「左翼」的確有機會把國民黨改造為「工農」黨。反帝運動在全國風起雲湧，工人的鬥爭日益強烈，國民黨的「左翼」領導人也明白地強調，有意與中共、蘇聯及共產國際發展良好關係。即使實際上國民革命軍整個軍官團都屬於地主階級，也沒有人干預毛澤東在國民黨內宣傳應該消滅地主階級的激進言論。[19]沒錯，國民黨的「左翼」領袖廖仲愷在八月二十日被刺客暗殺身亡，可是「右翼」地位卻因此受挫。廖案之後，汪精衛還喊出「想搞革命的，向左靠！」的口號。[20]氣餒的「右翼」想要分裂國民黨，在北京市郊西山另行召開所謂的國民黨一屆四中全會，可是沒有具體成績。汪精衛、蔣介石、譚延闓及其他多位國民黨領導人在共產黨支持下，紛紛表示反對右翼人士。十一月二十七日，毛澤東以國民黨中執會的名義起草一封信向黨內所有同志號召，並尖銳批評西山會議派。十二月五日，這封公開信刊載在《政治週報》創刊號。它帶著布爾什維克的譏誚，宣稱：「今天的革命是全世界革命和反革命這兩大勢力最後決戰的一個插曲……我們必須認清今天的情勢是，不支持革命，就是反革命。絕對沒有中立立場。」[21]

毛澤東一九二五年十二月一日在國民革命軍第二軍機關刊物《革命》上發表〈中國社會各階級的分析〉，更有系統地闡釋他的觀點。儘管文章篇名凜然，它並非學術性的社會學分析作品。當時中共黨內根本未曾有人認真分析中國的階級結構，它的黨員也沒有著名的社會學家或經濟學家。[22]毛澤東也沒想要成為這類學者專家。他這篇純粹宣傳性質的文章有它具體的政治目標，預備證明基於中國社會性質使然，革命的敵人人數極少，因此「左翼」集團必會勝利。為了便於討論，他把社會分為五個類別：大資產階級、中資產階級、小資產階級、半無產階級和無產階級。他不去管事實上他要把已開發的資本主義社會之階級關係套用到中國社會，而它並不合適。他提出純粹政治性質的一個問題：「誰是我們的敵人？誰是我們的友人？」他的答案是：

一切勾結帝國主義的軍閥、官僚、買辦階級、大地主階級以及附屬於他們的一部分反動知識界，是我們的敵人。工業無產階級是我們革命的領導力量。一切半無產階級、小資產階級，是我們最接近的朋友。那動搖不定的中產階級，其右翼可能是我們的敵人，其左翼可能是我們的朋友——但我們要時常提防他們，不要讓他們擾亂了我們的陣線。〔他在文章另一段寫說：「他們現在依然站在半反革命立場」〕。

毛澤東也認為缺乏階級意識的無產階級（流浪漢）是「真正的友人」。他指出：「這批人很能勇敢奮鬥……如引導得法，可以變成一種革命力量。」

結果是一幅非常壯觀的圖像：三億九千五百萬友人，相對於一百萬敵人和四百萬搖擺不定的騎牆派。[23]毛澤東根本不介意不同的社會群體其實際組成數字。所有的數字都只是粗估，甚至他說的中國全國人口四億人也是信口開河。根據一九二二年的人口統計，中國人口已達四億六千三百萬人。他也沒有費神說明各個社會階級在生產關係體系內實際的經濟角色。[24]縱使如此，這篇文章會打動人心是因為它的政治性質。一九二六年二月，國民黨中執會農民部刊物《中國農民》轉載這篇文章。

蔣介石部隊掃蕩地方軍閥殘部、底定廣東全省之後，國民黨第二次全國代表大會迅即召開。毛澤東積極參與二大之籌備及開會。他是代表資格委員會一員，也是有關宣傳及農民問題決議文起草小組成員。他對黨兩年來的宣傳工作提出一篇廣泛的報告。[25]國民黨二大是在共產黨及國民黨「左翼」日益團結之下所召開，起碼毛澤東也有一份功勞。新一屆中央執行委員的選舉，毛澤東再度當選候補委員。國民黨此一最高權力機關中具有中共黨員身分者從十人增加為十三人，而且正式中執委有七人，比一大的三人大幅增加。這是在汪精衛親下指示的結果。中共領導人本來只建議共產黨員佔兩席中執委。譚平山和林伯渠兩個共產黨員更出任中執會常務委員。還有另一名共產黨員出任國民黨中央監察委員會委員。

情勢似乎一切平順。蘇聯特務葳拉・維希尼雅可娃—阿基莫娃回憶說，整個二大期間，汪精衛「甚至比共產黨員還更『左』」。[26]汪精衛的報告強調共產黨員和非共產黨員都在戰場上流血，他們是一體的、不會分割。[27]這個蘇聯特務很高興，「在大會閉幕前，有位主席團成員打開一幅紅布條，上面的金字是『全世界被壓迫人民團結起來，丟開帝國主義的桎梏』──這是第三國際送的禮物。全場歡呼歷數分鐘之久……潰敗的右翼分子靜默不語。」[28]二大之後，毛澤東得到確認，擔任國民黨中央宣傳部代理部長。[29]「左翼的歡欣鼓舞」一直持續到一九二六年三月底，而以國民黨重要領導人胡漢民二月十七日在共產國際執委會第六次全會上的一篇演講達到最高潮。這位孫逸仙的老戰友說：「世界革命只有一個，中國革命是它的一部分。我們偉大領袖孫逸仙的遺教正好吻合馬克思主義和列寧主義……國民黨的口號是：人民群眾至上！這代表工農必須把政治權力抓在自己手裡。」[30]同一個月，國民黨中央執行委員會甚至向共產國際執委會主席團提出正式要求，要求接受國民黨加入共產國際。這封信強調，「國民黨致力於達成中國革命所面臨的任務——從民族主義革命過渡到社會主義革命——已有三十年之久。」[31]

一九二六年二月，蘇聯共產黨及共產國際執委會領導人認真檢討這項要求，蘇共中央政治局多數表示贊成接受國民黨為同情布爾什維克的政黨。[32]可是，慎重派勝出；蘇共起草一份閃爍其詞的覆國民黨中央執委會的信，交付給胡漢民。[33]它指出，共產國際執委會主席團「視國民黨為世界反帝國主義鬥爭中的真正盟友」，如果國民黨中央堅定要求的話，保證會把國民黨加入共產國際這個問題列入即將召開的共產國際第六次大會的議程。[34]

可是，事情並沒有依照共產國際人員及中共所推動的方向發展。反倒是執行共產國際將國民黨共產化的決議，無可避免地導致廣州出現反左翼的軍事政變。一九二六年初開始向右轉的蔣介石發動軍事政變。

蔣介石的反共行動發生在三月二十日，正是共產國際執委會第六次全會結束之後五天。三年之前，共產國際還想邀他加入共產黨的這位將領，長期以來即對蘇共及中共在中國之活動頗有疑慮。一九二三年秋天俄國考察之行使他得到一個結論：布爾什維克「品牌的國際主義和世界革命，只是換湯不換藥的沙皇主義，旨在混淆、欺矇外在世界」。[35]一九二三年十二月底回到中國，蔣介石向孫逸仙提出報告：「關於他們的對華政策，我覺得……他們希望最終能把它蘇維埃化。」[36]但是，他聰明地暫時不對外公開他的感受，尤其是因為孫逸仙遲遲不對他的報告做批示。蔣介石相當高明，連鮑羅廷也以為蔣是他的好朋友。[37]然而，到了一九二六年春天，蔣介石對一些蘇聯專家的活動已失去耐心，他們有許多人行為甚為跋扈。他特別不喜歡蘇聯軍事顧問團團長尼古拉．庫比雪夫（Nikolai V. Kuibyshev）。在中國化名季山嘉（Kisanka）的這個蘇聯顧問顯然是個傲慢、魯鈍的軍人，陶醉於自己手握大權。根據葳拉．維希尼雅可娃—阿基莫娃的說法，季山嘉公然藐視中國軍隊，不守外交禮節，而且囂張地試圖將國民革命軍置於他本人嚴格控制之下。[38]他不理睬蔣介石，所有的軍事事務喜歡直接找汪精衛打交道。汪精衛也樂得利用季山嘉來挫蔣介石的銳氣。這兩位國民黨領導人表面上團結，其實彼此憎惡。汪精衛主席受不了粗鄙軍人蔣介石。蔣介石見到臉頰豐潤、塗了重重髮油、滿口廢話的汪精衛，不由得就噁心。只有鮑羅廷還能在國民黨中執會裡維持微妙的權力平衡。中共的不幸是因為他們全力支持汪精衛和季山嘉。

二月底開始，不滿意政府「左傾」方向的人士開始集結在蔣介石四周。於是乎，蔣介石和汪精衛、季山嘉之間的私人衝突開始蒙上政治色彩。三月二十日，蔣介石出手了。他宣布廣州戒嚴，逮捕多位共產黨人，並且派兵包圍蘇聯軍事顧問們的住處。他刻意激發事故，先命令中山艦政委、共產黨員李之龍把船開到黃埔軍校。李之龍把船開到學校附近泊靠時，突然就被套上「兵變」罪名，編織出「共產黨陰謀」造反的故事。[39]蔣介石在廣州全城遍貼告示，宣稱：「我相信共產主義，本身差點也成為共產黨人，但是中共已出賣給俄國人，甘為『他們的走狗』。因此，我反對他們。」[40]他立刻達成的成果是，季山嘉及其副手解職，他所信任的布魯轍回任顧問團團長。事件和平落幕。目的達成，蔣介石釋放被扣押人士，甚至向還留在廣州的蘇聯專家們道歉。布魯轍在一九二六年五月底回到廣州。

縱使如此，蔣介石發動的政變毫無疑義是針對中共及蘇共而來，也預告在國民政府控制地區建立幾乎不加掩飾的國民黨「右翼」及中間派之軍事獨裁政府。環繞在汪精衛四周的共產黨及國民黨「左翼」的地位因而大幅衰退。汪精衛以養病為名，被迫出國。廣州鄉下的農民組合開始解除武裝。對於中國共產黨最嚴重的後果是，蔣介石提出一系列要求，限制共產黨員在國民黨內的政治及組織之自主。蔣介石於一九二六年五月在國民黨中執會全會提出這些要求，包括：禁止批評孫逸仙及其遺教、限制共產黨員在國民黨中執會及省市黨委人數不得超過三分之一、禁止共產黨人擔任國民黨中執會部處首長、禁止國民黨員跨黨加入共產黨。[41]中執會之後，蔣介石集所有大權於一身。他是國民黨中央執行委員會常務委員會主席、他是國民政府軍事委員會主席、他也是國民黨中央軍事部部長。最重要的是，他是國民革命軍總司令。[42]

五月國民黨中執會前夕，中共已經曉得蔣介石將會提出中共未來在國民黨內的地位問題，向莫斯科請示要怎麼辦？陳獨秀傾向於退出國民黨，不希望犧牲共產黨的獨立性。維廷斯基、托洛茨基和齊諾維也夫同意這個見解，但史達林獨持異議。他不能接受任何這類的提議，因為它將破壞他的戰術規劃。從這位克里姆林宮領導人的角度看，幾個星期前共產黨人在這個「工農的國民黨」內已經即將奪下大權。怎麼會如此輕易降服、交出已經征服的陣地呢？按照史達林的邏輯，這不啻是沒有道理地向國民黨「右翼」投降。[43]莫斯科指示中共放慢在國民黨內攻勢的步調，以便重整力量。史達林承認有必要「向國民黨左翼做內部組織的讓步，進行人事調整」。[44]這只是「左翼」的問題。

蘇共政治局認為蔣介石的政變只是共產黨同客觀上是他們盟友之間的衝突（這時候蘇聯領導層仍沒有人認為蔣介石是「右翼」）。鮑羅廷本身承認蘇聯和中共擴張過快，瞭解蔣介石的反應有其不得不然。他在和張國燾私下談話時說：「起孫博士於地下，他也會採取某些措施限制中共的活動。」[45]中共再次必須服從，尤其是一九二六年五月蘇共政治局指示共產國際執委會和蘇聯政府「盡一切能力提高對中國共產黨的人員及財務援助」。[46]

毛澤東和譚平山、林伯渠等擔任國民黨中執會部門首長的共產黨員，必須辭去職位。根據張國燾的回憶錄，毛澤東非常不高興，責備鮑羅廷這項撤退政策。毛澤東私底下和張國燾談話時，直斥鮑羅廷是「洋鬼子」。[47]宣傳部和農民部現在改由國民黨人出任部長，蔣介石本人自兼組織部部長。[48]

毛澤東並沒有失業。三月中旬，即中山艦事件前四天，他被派為第六屆農民運動講習所所長。講習所因為改組的結果，現在招收來自全國的學員。五月三日，三百二十七名學員高高興興地參加開訓典禮，五月十五日正式開課。四月初起，他也向來自廣東省的青年幹部演講農民問題。[49]毛澤東現在可以全力投入一九二五年夏天以來他的最主要工作——組織中國農民。

這項任命並非偶然。自從他由韶山回到廣州後，就不眠不休研究農民運動問題，在國民黨刊物上發表相關文章，也在演講中一再闡述它們。他表示：

我們太集中在城市居民身上，忽視了農民……農民受到的壓迫愈能減輕，國民革命就能愈快完成……如果我們希望鞏固國民革命的基礎，我們必須先解放農民……唯有支持中國農民解放運動的人才是忠實的革命黨員；否則，他們就是反革命分子。[50]

在中共黨內，毛澤東已被認為是農民運動真正的專家。即使是國民黨領導人，包括那些「右翼」傾向者，也認為「湖南王」（毛澤東當時在中共黨內同志圈的綽號）是「農民問題專家」。以鮑羅廷的話說，他們「提議由他擔任農民問題委員會委員」。[51]早在一九二六年一月，毛澤東就在刊物《中國農民》上發表一篇短文〈中國農民中各階級的分析及其對於革命的態度〉，直接探討中國農民的情況。雖然這篇文章有時候逐句重述他原先討論中國社會階級那篇文章的許多論點，但國民黨的左翼仍歡迎它。革命黨人不需要學術論文，而是政治上尖銳、好戰、清晰的宣言，它正是這樣的東西。甚且，和十二月的文章不同，這篇文章更清楚地描述中國農村的社會結構。現在不只是五大類（大資產階級、中產階級、小資產階級、半無產階級和無產階級），毛澤東把農村社會分為八個部分：大地主和小地主（他和過去一樣，也直接稱他們是大資產階級和小資產階級）；自耕農（小資產階級），半自耕農（部分土地是租來的），半益農（無土地，但有比較充足的農具及相當數目的流動資產），貧農（既無充足的農具、又無流動的資產），雇農（不曉得為什麼，毛澤東把鄉村手工業者列入這一群組），以及遊民。雖然還不太正確，這個圖像已更接近事實。毛澤東依然沒察覺，他誇大了資本主義在中國農村發展的程度。

這篇文章有個新元素。這次毛澤東特別同情地提到數以百萬計的遊民，他們被迫做了土匪、淪為乞丐或在軍閥部隊當兵。和原先一樣，他把他們當作盟友，能夠「勇敢奮鬥」，但他沒有只說泛泛之詞。他說：「對於遊民無產階級，則勸他們幫助農民協會一邊，加入革命的大運動，以求失業問題的解決。切不可逼其跑入敵人那一邊，做了反革命派的力量。」

他依然把主要希望放在五大類農民（自耕農、半自耕農、半益農、貧農，和雇農及鄉村手工業者）的

「單一組織」。他要求他們向整個地主階級展開鬥爭，不是只針對最大的地主鬥爭（他把擁有五百畝土地，即約八十英畝土地的人列為大地主）。「對於地主階級在原則上用鬥爭的方法，請他們在經濟上、政治上讓步。在特別情形上，即使遇了如海豐、廣寧等處最反動、最兇惡，極端魚肉人民的土豪劣紳時，則須完全打倒他。」[52]

大約在同一時候，毛澤東在一九二六年元月於他主編的《政治週報》上發表一篇文章，再次強調整個地主階級，與帝國主義者、官僚、軍閥和買辦，都在敵人陣營裡。他的結論是：「現代殖民地半殖民地的革命，乃小資產階級、半無產階級和無產階級這三個階級合作的革命。」這次他把遊民列入無產階級。整篇文章指向反對地主。毛澤東痛罵小「地主」，指他們「的革命是為了發財，其餘階級的革命是為了救苦；他們的革命是為了準備做新的壓迫階級，其餘階級的革命是為了要得到自己的解放並且使將來永無壓迫自己的人。」[53]

如此左傾言論其實是這個時期的特色。蔣介石的政變在兩個多月之後才發生。許多中共領導人認同毛澤東的看法。一九二五年十月，中共中央執委會擴大會議還界定黨的路線正是要尖銳化農村的「階級鬥爭」。[54]這次會議是中共黨史上第一次認真注意農村問題，它也決議要在中執會內設立一個部門專責處理農村問題（這個部門直到一九二六年十一月才成立）。[55]

一九二六年二月中旬，毛澤東稱病，把宣傳部交給他的副手沈雁冰（即日後著名的作家茅盾），花了兩個星期到粵北、湘南考察農民運動。考察過後，他到國民革命軍第二軍幹部學校演講，報告農民問題。[56]

蔣介石在剪除共產黨員及「左翼」之後，積極準備展開北伐。孫逸仙在世時即有意展開北伐軍事行動，以討平軍閥，統一中國。布魯轍在這方面提供極大的協助。

三月底，北伐的準備工作如火如荼進行中，毛澤東參加國民黨中央農民部一項會議（當時仍由共產黨人林伯渠擔任部長）。毛澤東理解到國民革命軍所到之處，無可避免就會吸引數以百萬計的農民加入國民革命，他提議農民運動幹部把注意力投注在國民革命軍將會經過的地區，如江西、湖北、直隸、山東和河南諸省。[57]不曉得為什麼，他沒有列入老家湖南省；或許是沒有人會懷疑是否有必要在這個與廣東直接相鄰的省份組織農民運動吧。

七月初，國民革命軍十萬將士誓師北伐。馮玉祥在一九二四年十月即宣布支持孫逸仙，他率領的十五萬之眾的國民軍，客觀上即是盟友。一九二六年五月，馮玉祥甚至加入國民黨；可是他卻幫不了國民黨同志，因為北伐開始之前三個半月，他剛被北洋軍閥聯手擊敗。蔣介石面對三大軍閥勢力。其中最重要的是華中的吳佩孚，曾在一九二三年二月七日下令朝漢口罷工工人開槍。華東方面是孫傳芳，華北及東北則是張作霖。吳佩孚、孫傳芳各號稱部眾二十萬人，張作霖更擁兵三十五萬。兩相對比，蔣介石顯然寡不敵眾，可是他卻很幸運。一九二六年二月初，吳佩孚陣營的湖南省長趙恆惕所部分裂。第四師師長唐生智叛變，投靠廣州政府。唐生智得到廣州聲援，進攻趙恆惕，逼他退出長沙。一九二六年三月底，唐生智自命為湖南省長，可是卻沒有辦法立刻增強他在省城的陣地。吳佩孚調兵攻打他，唐生智被迫棄守長沙。

在這種情況下，蔣介石採取唯一的正確行動。五月十九日，他派出一團兵力（兩千人）入湖南——這是當時國民黨軍隊唯一由共產黨員擔任團長的部隊。這個團協助唐生智穩住情勢。六月初，唐生智部隊番號改為國民革命軍第八軍。這一來，預為決定了北伐的初步成功。誓師北伐之後才兩天，即七月十一日，第四、第七和第八軍聯手再度攻克長沙。八月中旬，唐生智和蔣介石會商之後，決定兵分兩路，繼續北伐。西路軍的目標是武漢；東路軍則直撲江西省會南昌。蔣介石親率東路軍，唐生智領導西路軍。八月十七日，恢復北伐。[58]

國家統一已經開始，可是毛澤東留在廣州。他沒辦法回到已被國民革命軍解放的故鄉湖南，因為他的工作忙得不得了。他一再被邀請到各種集會去演講農民運動。人人都預期農村會出現大規模的革命起義。毛澤東在農民運動講習所的四個月期間有三個重點：「農民問題」（每週二十三個小時）、「農村教育工作」（九小時）和地理（四小時）。他應國民黨廣東省黨部農民委員會的邀請，在它為軍官們辦的課程上演講農村問題及共產國際和蘇聯的歷史。七月有一個星期，他和講習所同仁一道到粵北向農民做宣傳工作；八月中，他到粵東海豐地區督導學員實習，花了十四天時間。九月初，他到黃埔軍校向學生演講。同時，他還要編輯、籌劃一系列有關「農民問題」的傳單印行。[59]

他沒有改變他激進的觀點。他依然主張推翻整個地主階級，即使北伐軍隊的許多將校都是地主的兒子。他堅稱：「國民革命的中心問題就是農民問題。」

農民不起來參加並擁護國民革命，國民革命不會成功……經濟落後之半殖民地革命最大的對象是農村宗法封建階級……若無農民從鄉村中奮起打倒宗法封建的地主階級之特權，則軍閥與帝國主義勢力總不會根本倒塌。

結論即是，當前主要任務必須是「迅速發展農民運動」。[60]這就是他向聽眾教的；這就是他全力以赴的目標。似乎再也沒有任何東西可以橫阻此一革命前景。似乎數以百萬計遭受壓迫的農民已準備好攘臂而起，鬧個天下大亂。

第十三章

統一戰線瓦解

一九二六年秋天，國民革命軍西路軍在湖南、湖北擊敗吳佩孚部隊後已到達長江流域。九月六日攻陷漢陽、九月七日佔領漢口，十月十日國慶日當天取得武昌。這三個城市合起來稱為武漢三鎮，現在完全落入國民革命軍手中。武漢是中國最大都會中心之一，人口大約一百五十萬人。它地處華中平原，是中國最重要的交通動脈交會地，長江自西而東；北有京漢鐵路，由漢口接北京；南有湘漢鐵路，連結武昌和長沙；戰略地位十分重要。十九世紀末，武漢開放為洋人通商口岸，洋人在漢口建立租界。它很快就發展成為華中最重要的商業港口。漢口和漢陽出現許多工商企業。然而，武漢三鎮的公共及文化生活中心仍在武昌，它是湖北省省會。

攻克武漢是國民革命軍一項重大勝利。十一月初，國民黨中央政治會議通過決議，國民政府由廣州遷至武漢。一個月之後，若干部長（大都是左翼分子）偕鮑羅廷一道進駐新首府。一九二七年一月一日，武漢經正式宣布為國民政府首都。[1]國民黨在全國掃蕩反動軍閥，勝利已經在望。

十一月初，毛澤東也離開廣州，不過他是前往上海，而非武漢。中共中央執委會又調他到黨中央工作，這次是主持新成立的「農民運動委員會」，和在廣東組織農民赫赫有名、而今已加入中共的彭湃一同工作。總共六個人，個個都有豐富的農村工作經驗，將在毛澤東領導下工作。[2]毛澤東和他們背景相同，不過他從事農民工作的實際經驗或許並沒有彭湃豐富。他的長處是，能從事實綜合歸納出理論，能夠簡潔、清晰地表達他的思想，並且巧妙地整理成概念，甚且他是個非常高明的宣傳家。他對農民問題的觀點，吻合許多中共領導人的看法，他們也相當的左傾。例如，中共中央局委員瞿秋白在一九二六年九月建議中央宣傳部要依毛澤東的理論——農民要針對「革命最大的敵人」「宗法封建的地主階級」展開鬥爭——做工作。或許就是瞿秋白和維廷斯基安排毛澤東出任農民運動委員會書記。[3]

從一九二六年六月起，維廷斯基長駐上海，擔任新成立的共產國際遠東委員會書記。北伐發動時，維廷斯基依據職權、未向上級請示，就說服中共中央執委會在農民問題上進行一貫的激烈政策。[4]我們不清楚總書記陳獨秀是否反對毛澤東出任此一新職務。他可能並不反對。「老先生」在黨內領導圈仍然十分受尊敬，若沒經過他首肯，毛澤東恐怕也得不到新職位。陳獨秀本身持左翼觀點，但一向兩面玩弄。即使他聽取左翼的維廷斯基意見，他也向史達林保證，會威脅到統一戰線的極端主義，絕不會得到鼓勵。北伐開始後不久，陳獨秀在上海召開中共中央執委會全會，以張國燾的話說，會中就農民運動通過一項「軟趴趴」的決議。[5]它現在只號召農民爭降租、降利息，緩和稅負、禁止投機。決議說：「農民們！團結起來，反對貪官汙吏、土豪劣紳，反對軍閥政府橫征暴斂！」[6]全部就這麼多。

瞿秋白、張國燾、譚平山和其他許多共產黨員都不滿意。即使陳獨秀的兒子陳延年（時任中共廣東省委書記）這時候也反對總書記。這些領導人要求，鑒於北伐的順利發展，應該提出「『農民分田』的農民革命口號，以便動員農民推動運動」。[7]但是，陳獨秀身為總書記，要負責無瑕疵地執行史達林的對華政策，根本沒有力量執行本身的意志。或許他同意毛澤東的新職，私下希望得到這個著名的農民問題專家之助，他才可以繞過共產國際，「推動」「左翼」路線。

毛澤東可能根本不知道其中還有這麼多玄機。農民運動講習所第六屆已在他受邀到上海之前兩個月結訓，因此他可以輕鬆地接下新職。他的家人也在同一時間離開廣州。楊開慧已經懷胎五個月，他們講好她在母親陪同下，帶著小孩回長沙。[8]他們再度分居兩地，但是楊開慧沒有抱怨。她理解，革命需要他。

毛澤東一陷入黨內紛爭後，沒有在上海逗留太久。中執會內部情勢緊繃，黨的領導人因爭論而分裂。甚且，中共領導層激進派和溫和派之間的勢力均衡，最近也出現變化。毛澤東還未到達上海之前，維廷斯基接到莫斯科一項驚人指令。史達林擔心北伐的結果，下令中共改採更加後退的戰術，這次甚至要向國民黨「右翼」退讓。史達林認為中國目前的軍事情勢已在國民黨內創造一種勢力平衡，它對中共愈來愈不利，也正因為如此，中共才無法肅清國民黨內的「反共派」。十月二十六日，蘇聯共產黨政治局通過一項指令，禁止在中國針對資產階級和封建的知識分子發展鬥爭，換句話說，停止對在此之前被共產國際視為「右翼分子」的鬥爭。史達林及其支持者都沒有放棄把蔣介石的黨共產化的希望。他們認為，這只是改變戰術的問題。事實上，十月二十六日這道指示代表對華新政策——遠東局即是如此解讀它。[9]

收到指令之後，遠東局和中共中央執委會立即在十一月五至六日，也就是毛澤東到達之前，商量局勢。陳獨秀無奈地發現，他和共產國際暗中較勁，竟然證明他對了。如果他遵循維廷斯基和瞿秋白的建議，這下子可不又立刻成為代罪羔羊。現在，根據維廷斯基的提議，會議決定「推動國民黨左派走上革命之路……別讓它過早慌張、跑掉」。簡單說，在任何情況下，都不可能將農民運動激進化。中共趕緊送一項決議文到莫斯科，向總部保證他們只會要求沒收最大地主、軍閥和土豪劣紳的土地，以及公有土地，再派發給農民。可是，連這樣溫和的決議，史達林也批駁，堅持換上無意義的一段話：希望沒收屬於反革命分子的土地。[10]

這就是毛澤東到了上海所面臨的狀況。他不願放棄他的觀點，可是他也不想興風作浪。在權力上升之際，他若是這麼做可就太魯莽了。他立刻召開部門例行會議，提議依據他在一九二六年三月底發表的意見，訂出具體的「目前農運計劃」。依據這項計劃，中共「在發展農民運動時將採取集中原則」。換句話說，優先組織農民，並不只限於廣東省，也要在國民革命軍作戰的地區，尤其是湖南、湖北、江西和河南等省份。同時，在其他若干地方，包括四川以及江蘇、浙江等國民革命軍即將作戰的省份，也要特別努力組織農民。[11]這代表要確保不失去領導革命群眾的機會。

一九二六年十一月十五日，中共中央局通過這項計劃；十一月底，毛澤東搭船由上海到武漢，代表農民運動委員會到漢口。出發前，他交了一篇文章給黨中央的刊物《嚮導》週報，談論江蘇和浙江的農民運動。他現在在這篇文章中只談針對土豪劣紳發動鬥爭，不談對付整個地主階級。[12]他很熱切要採取行動，但是共產國際的指示局限住他。革命烽火四起，國民革命軍勢如破竹，連連告捷，勝利似已在望。他腦子裡可能已經浮現農民揭竿而起、革命法庭公審「吸血的」地主，以及帝國主義、放高利貸及地主權力垮台的景象。

到了漢口，他精神為之一振。此地氣氛甚至比廣州還更左。有位目擊者回憶說：「除了安靜的洋人租界，漢口古城披上革命的新衣。(國民黨)青天白日旗到處飛揚……各式各樣的革命組織如雨後春筍冒出來……連工商界大老闆也高喊：『世界革命萬歲！』」[13]

不久，鮑羅廷也到了武漢。他似乎急躁、易發怒。史達林十月的指令打亂了他一手牌。十月初，他已規劃一套抑制蔣介石——現在已是國民黨「右翼」代表人物——絕對權力的計劃。鮑羅廷忘不了三月二十日中山艦事件，已和蔣介石反目成仇。十月下半旬，他安排國民黨中執會和省、直轄市黨部代表舉行聯席會議，出席者絕大多數是「左翼分子」。毛澤東也是與會者之一。聯席會議替國民黨通過一項新方案，含納大多數中共對農民問題的溫和主張，如降低租金、利息等。同時，會議亦懇請在法國的汪精衛「銷假回國」。這一拳已重重打在蔣介石身上，鮑羅廷要乘勝追擊。鮑羅廷一到武漢，不理莫斯科的指令，和國民革命軍西路軍總司令唐生智會面。他對唐生智說，他再也不信任蔣介石，只信任他。他對唐生智奉承：「誰能忠實執行孫總理計劃，誰就是中國最偉大的人物。」唐生智回覆說：「我預備遵循你的一切指示。」[14]鮑羅廷現在一心一意要和蔣介石鬥，根本不理史達林十月的指令。

同一時期，鮑羅廷在武漢也碰上棘手問題。軍閥部隊——唐生智首開其端——紛紛加入國民革命軍，它的軍官團本來就不是自由派的基地，現在變得益發保守。唐生智本人絕非「左翼分子」。他只是玩弄革命，希望得到中共及國民黨「左派」協助，可以趕走蔣介石，成為總司令。因此，國民革命軍組成變化，實際上加速國民黨內「右派」勢力大盛。鮑羅廷沒有力量挽回頹勢。張國燾就看得很清楚，形容武漢的情勢最多只能說是「夕陽無限好」。[15]左翼人士皇皇大言，其實完全和實際的權力均衡風馬牛不相及。

一九二六年十一月，蔣介石攻克南昌，受戰勝鼓舞，和鮑羅廷直接槓上。鮑羅廷遂發動武漢當局十二月十三日舉行臨時中央黨政聯席會議，接掌國民黨控制區域一切權力。除了國民黨「左派」之外，還有三名共產黨人加入這個機構。到處都出現海報，宣稱：「增進黨權！」「要求汪精衛合作！」「歡迎汪精衛回國！」似乎沒有人介意汪精衛根本還未回到中國。原本遍布全城的標語「擁護蔣總司令！」換成「擁護中央政府領導！」[16]「左翼」的武漢和「右翼」的南昌，兩者鬧分裂已經勢所難免。

中共中央局委員和維廷斯基、鮑羅廷於十二月十三日晚間開會討論局勢。黨內高階領導人，包括毛澤東，大都出席。會中出現激烈爭辯。陳獨秀提出政治報告，它依據十月指令的精神指出，統一戰線有陷入分裂的「極端嚴重的」危險。他強調，「現在國民黨大部分政治、軍事力量落在右派手中」，它「雖然非常希望克制工農運動……但還未公開阻礙反帝運動」。陳獨秀提議現在盡全力「保住右派」，說服他們「團結軍民」。他尖銳批評那些犯了「左傾錯誤」的同志，要求放輕在城市及農村進行階級鬥爭的論調，撤掉可能惹惱國民黨的最激進的標語。他表示：「我們應該向店員及工人說明，他們不應提出過高的要求。」他又說：「對於農民來講，目前降低租金及利息的鬥爭，遠比解決土地問題來得迫切。」[17]

毛澤東對於他的老師這項報告內容十分失望，從共產黨員的角度看，簡直不可思議。他是否知道陳獨秀被迫要說服同志接受他自己也不相信的東西，也覺得很厭惡呢？然而，或遲或早，所有的共產黨人、不限於中國的共產黨人，都必須學習虛偽作假的藝術。

然而，現在毛澤東還不預備不戰即降。雖然陳獨秀沒有指名批評他，毛澤東卻大發雷霆。陳獨秀的提議也引起廣東及湖南代表的反對，他們力言必須動員群眾。毛澤東為他們辯護，可是他們的觀點遭到與會多數人摒棄。[18]會議結束前通過的決議指出統一戰線有兩個危險的偏差，即「開展群眾運動不負責任的左傾（以及）……軍事當局無節制地右傾，及害怕群眾運動」。因此，中共必須向國民黨政府施壓，「逼它左轉」，同時要吸引群眾，逼「他們略微右傾」。[19]

然而，這一切都改變不了事實。維廷斯基到南昌找蔣介石會商，無功而返。回到漢口後，他告訴張國燾說：「局勢已經沒有希望。」[20]一九二六年十二月三十一日，國民政府主席譚延闓和一些不願意從廣州移到「左派」控制的武漢之保守派部長們，表態支持南昌的蔣介石。雖然「左派」宣布國民政府定都武漢，但國民黨「右派」勢力日益強大。一九二七年一月三日，蔣介石及支持者決定成立一個和武漢抗衡的權力中心「臨時中央政治委員會」。二月初，蔣介石要求莫斯科立刻召回鮑羅廷，換上蔣本人喜歡的人選（蔣指名拉狄克或加拉罕）。[21]

這時候毛澤東已經離開武漢，到湖南第一次農民代表大會演講。黨內高層的情形讓他很消沉，因此這次旅行時機恰逢其時。十二月十七日，他抵達長沙，當地人士為他舉辦盛大的接待會。這兒是家鄉，大家記得他、尊敬他、重視他，特別是因為共產黨員依然控制國民黨地方黨部，他們大都尊敬他是頗有成就的老鄉。畢竟毛澤東曾經是國民黨中央候補執委，也就是說他已進入領導圈。大會籌備人員大都具共產黨員身分，他們在邀請電報上說：「你在農民運動具有豐富的經驗。我們至為盼望你能回到湖南，能夠在各方面領導我們。」[22]

三天後，毛澤東出席在湖南省農民代表大會和工人代表大會聯席會議。有三百多人擠在當地一家戲院小廳堂聽他演講。主持人介紹他是「中國革命的領導人」。可是他的演講卻沒有絕大多數極左代表所期待的那麼具革命性質。話又說回來，在史達林下達十月指令、中共中執會十二月做出決議之後，毛澤東在公開場合還能說什麼？更何況，大會主席團還有一名共產國際遠東局的代表在列（此人名叫波里斯．傅瑞爾〔Boris Freier〕）。毛澤東的話大意是：「我們現在還不是打倒地主的時候，我們要讓他一步。在國民革命中是打倒帝國主義軍閥土豪劣紳，減少租額，減少利息，增加雇農工資的時候。……在國民革命期間，我們不打算為自己取得土地。」很自然，他和往常一樣，強調農民鬥爭的重要性。「國民革命是各階級聯合革命，但有一個中心問題。國民革命的中心問題，就是農民問題，一切都要靠農民問題的解決……如果農民問題解決了，工人、商人、學生、教員和其他人的問題也都能迎刃而解。」[23]

毛澤東的講詞讓蘇聯代表很高興，[24]但是湖南的共產黨人顯然很失望。身為激進派，他們希望聽到呼籲「由人民自行重新分配土地」。

可是，湖南、湖北或江西的農民都沒有自主起事反對地主。國民革命軍部隊推進後，在農村地區有實力的農民勞動者並沒有自發的運動，反而是農村無地的遊民作亂——而遊民正是自古以來農民視為社會中最具破壞力的元素。中國農村生活有一個特色，就是社會並不像西方那樣分為紳士和農民，而是分為兩個深刻敵對的部分：一邊是擁有土地者，他們不僅包括富人，也包括能夠衣食飽暖者；另一邊是沒有土地者，即農村的無產階級。由於中國務農的人口極多，沒有足夠的土地讓人人擁有，因此即使佃農，不論有多窮，也覺得比起流浪漢幸福多了。有工可做的農民和農村無產階級之間的鴻溝非常大，百倍於富農和貧農之間的差距。這裡頭有個重要的原因，即是中國從來沒有所謂「農民」和「地主」這種正式的階級區分。農民彼此之差異純粹是就他們的財產產生的所得水準不同，而分為大地主、小地主或農民。當然，這不是說地主階級本身之內就沒有矛盾，而是這一切與遊民構成的危險一比，就遜色太多了。遊民所犯下的罪行和暴力，使他們威脅到所有的農民，這也是為什麼沒有土地的佃農通常站在地主同一邊。

情勢更因農村各氏族強烈分化而加劇。農民住在依強大的傳統關係緊密連結的社區。在社區裡，人人或遠或近有親屬關係，往往全是同姓宗族。甚且，他們往往又全是同一個秘密團體的成員。當然，同宗每個人的地位和收入各異，社區裡有大財主，也有窮佃農。這種情況通常不會在日常生活製造太多不和。農民彼此的血緣關係更強過階級意識。由於社區裡富有的宗長並沒有太壓榨佃農，且常常以有利條件把土地租給窮族人耕作，情況更是如此。窮族人有權以有利條件租用屬於宗族的土地，並非罕見的事。他們也受到所謂「民團」的武裝民兵之保護，民團即由村中長老支持。

這種保護非常重要，不僅保護農民對抗鄉村盜匪，也在不同氏族彼此之間發生激烈衝突時提供保護。宗族衝突發生的頻率相當高，華南地區的社會傳統上以富宗族和窮宗族分立，械鬥尤其常見。窮宗族通常是數百年前由北方南遷人士的後裔，文化上、社會上都未與本地居民融合。即使到了二十世紀，南方人仍然鄙夷地稱他們為「客家人」。同一個名詞也可適用在其他遷徙者，並不只限於從北方南遷者。全中國客家人超過三千萬人，散布在華南廣大地區，西起四川、東迄福建。蠻橫的本地人不讓這些外來人取得肥沃土地，因此客家人被迫住在不怎麼適合農耕的山區。結果就是，一代復一代，他們被迫向佔他們便宜的舊居民租地耕作。

大約四分之一的新遷入人口無業，淪為土匪或乞丐。客家人的貧窮極為嚴重，在大多數客家家庭連白米飯都被視為珍饈美食。比貧窮更慘的是他們備受羞辱。本地人瞧不起他們的原因很多：他們講的方言，別人聽不懂；客家女子不綁小腳；但最重要的一點是，許久以前客家人「背棄」自己的家園。本地人認定：「離開故鄉，代表他們不敬祖先。」因此，我們可以理解，為什麼備受欺凌的宗族不時會作亂，而且動輒就是殊死之戰，經常搞得較弱的一方全族滅門。①

通常，農村無產階級和屈居人下的宗族成員都不要求重新分配土地。他們爭的是權力。他們要主宰、羞辱生活處境比他們好的人、把這些人打倒在地。農村無產階級對生產方式根本不感興趣，窮人被說服解決他們問題的唯一之道，是徹底消滅富有的宗族。中國不同於西方，並沒有封建領主采邑。所有的土地不是由農民／所有人自行耕作，就是出租。在這種情況下，以平等基礎全面重新分配土地給每個人，反而威脅到佃農和窮農民，因為這將無可避免地使他們賴以養家餬口的土地縮小，甚至完全失去。唯一想要全面重新分配土地的是貧下農，他們不像土匪和農村無產階級，還沒有失去生產勞動的習慣。但是他們中的許多人，也受到一輩子宗法家族觀念的束縛，罕於動手在地主的土地上工作。最好的情況下——其實更正確講，是最壞的情況下——他們認同農村無產階級，攻擊富人，搶奪他們的金錢財物。

農村無產階級和貧下農構成的危險，自然就緩和了宗族之間的矛盾，但它肯定不會根除它們。中國的生活沒有陷入無休無止的宗族戰爭，是因為除了農村無產階級之外，所有的農民還有一個共同的敵人——政府。不分地主或佃農，人人都深受政府苛捐雜稅、貪官汙吏和軍閥寡頭的荼毒。稅負一增加，地主就被迫提高租金。軍閥靠著武裝部隊，根本就是魚肉農民。課稅名目繁多，不僅是土地稅，還有數十種附加稅，例如水利稅、抗災稅等等，甚至還提前好幾年預徵。②農民被迫送禮給官員、招待宴飲，還得履行其他義務。唯一得以豁免的是農村菁英階層，他們由於家族或其他關係，享有官僚或軍官的保護。[25]

很顯然，問題非常大、很難解決。共產黨在中國農村的客觀盟友，的確如毛澤東所瞭解，正是農村無產階級。因此他在一九二六年一月就主張讓這夥人加入農民協會。但是他一定已經知道，農民協會的規定是不准流浪漢和職業不明的人入會。農民並不希望農村無產階級湧入他們的組織，因此國民黨順水推舟，通過一項特別決議，關閉「土匪分子」加入協會的門。農村無產階級本身也沒吵著要加入農民協會，因為農民協會會員要立誓戒賭。[26]除了這些社會邊緣人，中共可以無條件地依恃客家人的支援。它也可以依恃屬於有錢宗族裡部分貧農的同情，不過這種同情需要特別技巧的宣傳。因此，中共所面臨的問題是：爭取革命的主導權，這就需要鼓動貧下農、農村無產階級對抗其餘的農民；或是向國民黨屈服，國民黨雖與軍閥作戰，卻保護自耕農的權利，以及地主階級的特權。

因此，我們可以理解，在史達林下達十月指令之前，地方共產黨員（包括湖南的黨員在內）想要建立未來的共產黨專政，刻意在農村點燃手足相殘的戰爭之火。毛澤東本身也助長這股破壞風潮。他不接受貧下農和農村無產階級為統一戰線製造麻煩的概念，他們絕對沒有比國民革命軍「右派」軍官製造的麻煩來得嚴重。

北伐初期，湖南農民消極被動，對國民革命軍部隊沒有太多實質支援。武漢政府建立後，大半因共產黨人的煽動，群眾運動蓬勃成長（一九二六年底，共產黨在湖南農村約有一百一十個工作人員，國民黨只有二十人。另外，共青團也十分活躍）。[27]共產黨的訴求和口號激勵氣氛、促成連共產黨員都還到不了的

---

① 原書註：中國客家人罕於作亂。但是最著名的一次作亂是太平天國之亂（一八五一至一八六四年），造成兩千多萬人喪生。

② 原書註：例如，湖南省有二十三項附加稅，鄰省湖北高達六十一項，江蘇省更不下一百四十七項。

地方也出現自發的運動。所有不讓農村無產階級加入農民協會的禁令，全被拋棄。結果是許多農民協會被紅槍會、哥老會等讓農村居民心生恐懼的秘密幫會接管。[28]整個村子，包括窮宗族成員，集體加入農民協會。

「農民的階級組織」像雨後春筍冒出來。一九二六年七月，湖南省各式各樣農民組織共有三、四十萬名會員，到了十二月，人數已膨脹到超過一百三十萬人。[29]這些賤民藉勢搗毀富人住家，共產黨在一旁竊喜。這就是農村的階級鬥爭！某個共產黨控制的農民協會，有個會員寫說：「在湖南，失業農民是最英勇的先鋒。他們用戴高帽、遊街、罰款、罰酒食、毆打和算帳等方式，打擊壓迫階級……現在封建階級已一片驚慌。」[30]這樣的「革命」怒潮在國民革命軍佔領的其他省份也頻頻出現。盜匪四處出沒。有些村莊亦發生械鬥，全村慘遭屠殺。

一九二六年十二月，由於共產國際政策改變，這一切都必須叫停。有誰真正能夠向這些瘋狂的「革命戰士」解釋，他們的敵人其實是友人呢？誰又應該去說明黨的新政策呢？毛澤東當然不肯蹚渾水，但是他需要搜集論據來說服黨的領導人，若有可能說服史達林更好，向他們點出向右翼撤退的政策是錯的。他決定到湖南幾個縣去考察，蒐集資料以證實他的激進觀點。若干年之後，他在談論類似狀況時還說，「沒有調查，就沒有權利講話」，明顯地暗示其他「理論家」，少待在辦公室會有幫助。[31]

他從一九二七年一月四日到二月五日，走遍湖南五個縣調查、蒐集大量有關群眾運動發展的材料。用他自己的話說，他召集「有經驗的農民」和「農運工作同志」開調查會，仔細聆聽他們的報告。回到長沙後，他動筆寫成《湖南農民運動考察報告》。楊開慧協助他整理材料；她的貢獻固不待言。孩子則交給毛澤東和楊開慧十二月間請來的護士照料。

毛澤東住在離長沙市中心不遠的舊城區望麓園。小木屋位於山上，可以遠眺湘江對岸雄偉的嶽麓山拔地而起。美景會令詩人詩興大發。可是毛澤東無心吟詩作詞。胸臆間的怒氣驅使他寫下文章，為不幸的群眾之農村革命辯護。

他在報告一開頭就說：「許多奇事，則見所未見、聞所未聞。」然後就逕自切入主題：

所有各種反對農民運動的議論，都必須迅速矯正。革命當局對農民運動的各種錯誤處置，必須迅速變更……很短的時間內，將有幾萬萬農民從中國中部、南部和北部各省起來，其勢如暴風驟雨，迅猛異常，無論什麼大的力量都將壓抑不住。他們將衝決一切束縛他們的羅網，朝著解放的路上迅跑……一切革命的黨派、革命的同志，都將在他們面前受他們的檢驗而決定棄取。站在他們的前頭領導他們呢？還是站在他們的後頭指手畫腳地批評他們呢？還是站在他們的對面反對他們呢？每個中國人對於這三項都有選擇的自由，不過時局將強迫你迅速地選擇罷了。

毛澤東講的是什麼樣的「農民」？他希望領導什麼樣的人呢？

這些踏爛鞋皮的、挾爛傘子的、打閑的、穿綠長掛子的、賭錢打牌四業不居的——總而言之，一切從前為紳士們看不起的人，一切被紳士們打在泥溝裡、在社會上沒有了立足地位、沒有了發言權的人，現在居然伸起頭來了。不但伸起頭，而且掌權了。他們在鄉農民協會（農民協會的最下級）稱王，鄉農民協會在他們手裡弄成很兇的東西了。他們舉起他們那粗黑的手，加在紳士們頭上了。他們用繩子捆綁了劣紳、給他戴上高帽子，牽著遊鄉……他們那粗重無情的斥責聲，每天都有些送進紳士們的耳朵裡去。他們發號施令、指揮一切。他們站在一切人之上——從前站在一切人之下，所以叫作反常。

富裕的農民把這些「農民」視為賤民。畢竟，湧入農民協會的這些貧下農也虐待不是很富有的村民。貧下農有各式各樣藉口，不讓他們加入農民協會。毛澤東自己說：「他們創造一個說法：『凡有土地，必屬惡霸；凡為紳士，無不惡劣。』有些地方，甚至擁有五十畝土地的人也被列為土豪，穿了長袍的人就是劣紳。」這些不法暴民不僅隨意給人貼上「土豪」「劣紳」標記，要他們罰款捐錢，也毆打坐轎的人，指他們剝削轎夫（富農和地主出門旅行要坐轎子）。暴民還湧進有錢鄰居的家，殺他們的豬、吃他們的糧。「土豪劣紳的小姐少奶奶的牙床上，也可以踏上去滾一滾。」暴民殺有錢人也不手軟。貧下農也喜歡戲弄有錢人、褻瀆以前他們進不去的神聖地方。毛澤東寫說：「衡山白果地方的女子們，結隊擁入祠堂，一屁股坐下便吃酒，族尊老爺們只好聽她們的便。又有一處地方，因禁止貧農進祠堂吃酒，一批貧農擁進去，大喝大嚼，土豪劣紳長褂先生嚇得都跑了。」

毛澤東的結論是：

> 把幾千年封建地主的特權，打得個落花流水。地主的體面威風，掃地以盡。地主權力既倒，農會便成了唯一的權力機關，真正辦到了人們所謂「一切權力歸農會」……該說人好，就得說人好。如果完成民主革命得十分，那麼城市居民和軍隊的成績只得三分，剩下的七分該給予農民在農村革命的成績。

離宣稱暴力和流血革命沒有用才七年，這個原本相信自由主義的青年卻在字裡行間注進極大的仇恨，讀著他如此兇狠的宣泄，我們不由得背脊發涼：

> 革命不是請客吃飯，不是做文章，不是繪畫繡花，不能那樣雅致，那樣從容不迫、文質彬彬，那樣溫良恭儉讓。革命是暴動，是一個階級推翻一個階級的暴烈的行動……必須把一切紳權都打倒，把紳士打在地下，甚至用腳踏上……質言之，每個農村都必須造成一個短時期的恐怖現象……矯枉必須過正，不過正不能矯枉。[32]

這篇報告已經即將完成，毛澤東也該回武漢了。離開長沙，他奔向不明的未來。他再次「逆流而上」，不願意後退。他現在已找到因無助而憤怒的人，他們會幫助他躍升。

他在二月十二日回到武漢，四天後向中共中央執委會提出初步報告。「農民針對封建地主階級的行動都是正確的。即使有些過火，仍然是正確的。」[33]簡報過後，他回頭完成考察報告的撰寫。不久，楊開慧帶著小孩和奶媽來相會。他們全住進武昌一間寬敞的房子。有一陣子，幾位黨內同志也搬進來住。[34]

二月底，毛澤東正式完成《湖南農民運動考察報告》，提報給黨的領導人。這時卻發生預料不到的事情。這份激進的文件不僅得到中共中央局多數委員的接受和高度讚揚，也在莫斯科受到熱切歡迎。一九二七年三月，此報告的頭兩章（全文共三章）在黨刊《嚮導》週報上登載，全文旋即開始在湖南共產黨刊物《戰士》週報上登載。左翼國民黨刊物也發表《報告》摘要，四月漢口一家出版社把它以小冊子形式發行單行本，並附上瞿秋白寫的序文。到了一九二七年五月和六月，頭兩章亦以俄文及英文在共產國際執委會機關刊物《共產國際》（*Kommunisticheskii Internatsional*）上轉載。稍後，蘇聯亞洲研究學會機關刊物《東方革命》（*Revoliutsionnyi Vostok*）也刊載這兩章文字。一九二七年五月，當時史達林最親信的副手、克里姆林宮實質上的第二號人物布哈林，在共產國際執委會第八次全會上對毛澤東這份報告，給予正面評價。

蘇聯方面會如此反應，有個簡單的解釋。毛澤東在湖南旅行時，莫斯科鑒於唐生智和蔣介石之間的權力鬥爭日益激烈，決定不再撤退。中共接到指示，不必怕在農村階級衝突尖銳化的可能性。史達林施壓，要共產國際執委會第七次擴大會議（一九二六年十一月二十二日至十二月十六日）通過一項有關中國局勢的積極決議。雖然這份文件並未提到農民革命迫在眉睫，但提及需要把這個問題放在「國民革命運動方案的顯著地位」。它甚至強調不需要害怕這恐怕會削弱反帝國主義統一戰線。[35]新戰術形諸於一九二六年十二月十七日發給鮑羅廷的一份具體指示。[36]甚且，整整兩個月之後，史達林企圖在國民黨內發動一項攻勢政策。一九二七年二月十九日，上海工人在中共領導下發動的總罷工，使他信心大增。三天之內，總罷工已上升到針對軍閥孫傳芳發動武裝起義。即使兩天之後起義即被敉平，情勢卻明白指出，中國整體局勢已十分激進。

二月間，蘇聯共產黨政治局力促國民黨「左翼」領袖汪精衛盡速回到中國，希望能加強國民黨內「左翼」勢力。汪精衛取道莫斯科，和共產國際官員討論過中國局勢後才回國。[37]新戰術將導致下列發展：

熱切地替左翼國民黨建立農民、小資產階級和工人的基礎……以掃除國民黨右派為目標，政治上鬥臭他們，有系統地除去他們的領導地位……以接管軍隊重要職位為目標……強化國民黨和共產黨小組在軍中的工作……努力武裝工人及農民，把地方農民委員會改造為實質的權力機關及武裝的自衛隊……不能接受志願的半合法性之政策；共產黨一定不能做群眾運動的煞車器……否則革命會面臨極大的危險。[38]

總之，毛澤東很幸運。他的考察報告正好和莫斯科的新決議同時出爐。可是，要慶祝，仍嫌為時過早。武漢的政治局勢仍不穩定，激進的農民運動當然不會有助於局勢穩定。一九二七年春天，它一發不可收拾。張國燾是中共中央執委會裡少數對毛澤東的報告有疑慮的一員，用他的話來說，農民運動到達「瘋狂階段」。在好幾個城市活動的所謂工人糾察隊，其活動之極端亦不遜色。湧入這些組織的暴民甚至攻擊有勢力的國民黨人和共產黨人之親戚。雖然譚延闓已在一九二七年二月與蔣介石劃分界線，投向武漢的左派，他的女婿在長沙被捕、罰款。連被視為「左翼」國民黨砥柱的唐生智，父親都遭到迫害。③毋怪乎唐生智一九二七年二月到長沙，與日本領事非官式談話時露了口風、講出氣話，他說：「雖然省政府暫時落在共產黨手中，他們、還有他們帶來的爭吵，都會有所處置，他們過火的行為會被遏止。他們的執政因此會告一段落，另成立新政府。」[39]

國民黨二屆三中全會從一九二七年三月十日至十七日在武漢舉行，卻是火上澆油。回應來自「左派」及共產黨的壓力，全會免去蔣介石黨內一切職務，包括中執會常務委員會主席。它也決議改組國民政府人事，讓出兩席職位給共產黨人。毛澤東和中執會其他五名候補委員得到投票權。他積極參與全會開會，辯論中數度發言。他和兩名國民黨「左派」協助起草有關農民問題的決議文，以及全會對農民的訴求。他給予它們激進的調子，尤其是後一項文件，直接號召農民起來進行農村革命，也就是繼續發展農民運動，不僅要反「軍閥、帝國主義、土豪劣紳」，也要反整個「封建地主階級」的特權。[40]

蔣介石沒有出席全會，迫於情勢宣布支持全會決定，但是他在等候時機給予整個「武漢幫」決定性的一擊。武漢集團也在等候適當時機處理蔣介石。全會之後，他們立即下了一道秘密指令給國民革命軍長江右岸部隊司令官程潛，一有機會即刻逮捕蔣介石。[41]因此，全會之後，國民黨內的兩極化益加嚴重。

上海突然於三月二十一日爆發新的人民起義，這次成功地推翻當地軍閥孫傳芳。三月二十二日晚間，國民革命軍部隊進入已由工人民團解放的上海。次日，又拿下南京。這一切發生得突如其來，一下子武漢人人以為國民黨的勝利在望。四月一日，汪精衛從歐洲回到已解放的上海，受到民眾熱切歡迎。四月十日，他抵達武漢。

毛澤東和所有人一樣，非常高興國民黨部隊勝利，但他的注意力仍擺在農村上面。三月初，中央農民運動講習所在武昌成立，國民黨中執會派他為負責人之一。他非常忙碌，準備教學計劃、延聘講師、處理財務事情，也講授他喜愛的課程「農民問題」和「農村教育工作」。他也負責八百多名學員（是廣州講習所的三倍）的日常生活。[42]此外，他繼續在中共的農民運動委員會工作，向國民革命軍總政治部及其他機關發表演講和做報告。三月底，漢口籌備召開一項全國農民代表大會，成立新組織「全國農民協會」。毛澤東被推為主要領導人之一，擔任組織部部長。全國農民協會糾集了全國十七省的農民協會。[43]

在這項會議中，當著彭湃和江西農民運動重要人物方志敏，以及「約克（York）和佛連（Volen）兩

---

③ 原書註：武漢一直謠傳湖南省醴陵縣農民協會處決了李立三的父親。他在鄉下當老師，被指控是土豪劣紳。好在後來證明這個資訊並不正確。

個俄國共產黨員」④的面，毛澤東主張「全面重新分配土地」。很顯然沒有人反對此一極端的計劃。與會代表通過決議，支持毛澤東的提案，並通報中共中央執委會。大會並要求中共在它即將召開的第五次全國代表大會檢視這個問題。[44]四月二日，國民黨中常會第五次擴大會議開會，將毛澤東納入土地問題委員會委員，協助研擬執行「轉移土地給農民」的措施。看起來是事事順遂，按照他的想法推進。

這時候，毛澤東又喜慶添丁。一九二七年四月四日，楊開慧生下他們第三個兒子。毛澤東先替他取名毛岸民，後來改為毛岸龍，象徵農民運動會像中國民間故事的大英雄「驚天動地」。

然而，不久，擾人的新聞開始抵達武漢。三月二十四日，已經被國民革命軍佔領的南京，因為發生洋人住宅遭攻擊、英國領事等數人受傷的情事，遭到英、美軍艦砲擊報復。蔣介石不久即抵達上海，顯然準備重演一九二六年三月二十日事件，⑤但這次的結局會更加慘烈。維廷斯基早在二月底就向莫斯科報告，蔣介石恐怕會有所舉動。[45]蔣介石手下單位和武裝工農隊伍之間衝突的頻率上升。蔣介石的部隊搗毀好幾個地方的工會組織。史達林怕會刺激蔣介石，再次後退。一九二七年三月底，蘇共政治局決定對蔣介石做出新的讓步。指令送到中共中央執委會，要求它「不惜代價避免在上海和國民（革命）軍及其領導人衝突」。[46]但是，已經太遲了。史達林的政策完全破產。四月十二日，在取得上海著名商人及黑道幫會青幫首腦的支持下，蔣介石在上海及華東其他地方發動血腥的白色恐怖。在蔣的部隊和幫會聯手下，光是四月十二、十三日頭兩天，上海就有五千多人被殺，另有五千多人被捕。

諷刺的是，四月十二日這一天，毛澤東在國民黨中央土地委員會發言，主張立即推行農民革命。蔣介石的軍官們深受暴民土匪行徑四起的刺激，全力粉碎共產黨，但是毛澤東繼續堅持運動激進化。他顯然不理會史達林的新指令。他宣稱：「所謂土地沒收，就是不納租，並無須別的辦法。現在湘、鄂農民運動已經到了一個高潮，他們已經自動地不納租了，自動地奪取政權了。中國土地問題的解決，應先有事實，然後再用法律去承認他就得了。」[47]

上海事件的新聞不啻火上澆油。四月十五日，消息傳來，廣州發生反共兵變。地方將領選擇蔣介石的道路。三天之後，蔣介石宣布在南京成立新的國民政府。毛澤東變得比以往更加激動。他在土地委員會會議中，取得幾位國民黨「左翼」極端分子的支持，開始起草一項解決農民問題的決議文。然而，他的草稿受到汪精衛、譚延闓和何鍵將軍的批評，他們認為農民運動必須避免「過火」，因此土地委員會的努力前功盡棄。[48]土地委員會被迫表示：「問題又大又錯綜複雜，不去分析各省情況的材料、不去考量各種不同觀點，不可能解決它們……要根本解決農民問題，非本會能力所及。」[49]毛澤東對這個結果極其不滿。他認為：「國民黨領導人以空洞、浮誇之詞掩飾他們完全沒有意願、沒有能力滿足農民的要求。」[50]

毛澤東的情緒在某種程度上吻合了共產國際在蔣介石發動清共之後不久傳達到中國的史達林之新指示。史達林現在要求中共即刻推動國民黨「左派」的激進化，中國共產黨人要盡全力緊急「推動」汪精衛的支持者組織實質的社會改造。為了執行這項新政策，史達林把希望寄託在共產國際新任駐中國代表羅易（M. N. Roy）身上。羅易是印度共產黨人、共產國際執委，一九二七年三月奉派來中國。活力十足的羅易四月初到達漢口，立刻向鮑羅廷以及中共領導人表達一系列激進構想[51]（蔣介石清共之後，中共中央執委會已遷到漢口）。很自然地，羅易立刻和鮑羅廷起衝突。鮑羅廷直覺認為共產黨這一方若有任何極端的新做法，會引起國民黨「左翼」將領投入反共陣營。鮑羅廷得到陳獨秀的支持。陳獨秀也明白，若是執行史達林的新政策只會造成流血後果。四月十二日之後，陳獨秀「竟日苦思，努力工作，但是一直擺脫不了憂慮」。[52]他曉得他現在非得和史達林攤牌不可。中共黨內或許再也沒有別人比陳獨秀更明白，他這麼多年

④ 原書註：這兩位蘇聯的中國問題專家分別是伊夫堅尼・席吉斯穆多維奇・約克（Evgenii Sigismundovich Iolk，一九〇〇至一九三七年或一九四二年）和西門・納坦諾維奇・貝連奇（Semen Natanovich Belen'kii，一八九六至一九三八年）。前者在中國化名左翰和左翰生（Johan and Johanson），後者化名米海爾・佛林（Mikhail Volin）。一九二六至二七年間，他們在鮑羅廷手下從事中國農村問題研究。一九二七年初，他們甚至以英文出版了兩冊文獻研究《廣東農民問題》，由鮑羅廷掛名編輯人。甚且，佛林在蘇聯顧問的刊物《廣州》（*Canton*）上撰文評論毛澤東寫的文章〈中國社會各階級的分析〉。

⑤ 譯按：即中山艦事件。

來必須奉行不渝的史達林對華政策，打一開始就註定失敗。張國燾回憶說：「他盡全力訂出補救計劃；但是他的力量不夠；天上也沒掉下來奇蹟。」[53]

在這種情況下，中國共產黨第五次全國代表大會四月二十七日，即上海清共之後兩個星期，在武昌召開。會議開始，宛如一場大戲。許多「左翼」國民黨和國民政府領導人，如汪精衛、譚延闓、徐謙和孫科等人紛紛前來祝賀。很多人上台講話。這是中共建黨以來最盛大的一場黨代表大會，八十位代表和二十多位貴賓齊聚在裝飾旗號標語的會堂。黨代表代表五萬七千九百六十七名黨員（一九二五年一月召開四大時，中共只有九百九十四名黨員）。黨員成長的確十分可觀，但是會上宣布的資料還不包括上海、廣州這兩個全國最大城市的資料，因為中共在當地的黨組織在大會召開前夕幾乎已完全被摧毀，其實並沒什麼值得慶祝的。局勢十分黯淡，大會也無計可施。毛澤東對於五大有這樣的回憶：

> 五大在武漢召開時……黨仍在陳獨秀主導下。雖然蔣介石已領導反革命、開始在上海和南京攻擊共產黨，陳獨秀還是主張對武漢國民黨要溫和、讓步……我非常不滿意當時黨的政策，尤其是農民運動的政策……但是陳獨秀強烈不同意……結果呢，在大革命危機前夕召開的五大，未能通過適當的土地綱領。我主張迅速加強農民鬥爭，甚至沒得到討論，因為中央委員會也受到陳獨秀控制，它不肯把它列入考量。五大摒棄了土地方案，把地主界定為「擁有五百畝以上土地的農民」——這是發展階級鬥爭完全不適當、不實際的基礎。[54]

黨內核心領導人並非人人支持陳獨秀。瞿秋白和往常一樣，站在毛澤東這一邊。五大期間，瞿秋白分發一份傳單〈中國革命中之爭論問題〉，直接抨擊「右傾機會主義」。他沒有點名批判陳獨秀，但整份文件目標指向與陳獨秀相當親近的彭述之。彭述之擔任中共中央宣傳部部長，強烈替讓步的政策辯護。毛澤東最親近的好朋友蔡和森，則熱切地迴護毛澤東。

在得力靠山支持下，中央局挑選毛澤東出任中共中央候補委員（五大通過決議，把黨的最高權力機關中央執行委員會改名為中央委員會）。毛澤東在黨內位居第三十二位，五大之後也不再兼農民運動委員會主席。

蔣介石和廣東將領的「背叛」，對毛澤東的個人及政治生活都有相當的影響。四一二事件發生時，他的大弟弟毛澤民在上海，小弟弟毛澤覃在廣州。毛澤東非常擔心。毛澤民從廣州農民運動講習所結訓後，自一九二五年十一月起就在上海無產階級群聚的閘北區工作。他主持中共中央出版及文學分銷部，又兼黨的印刷廠和書店負責人。他化名楊杰，和第二任妻子錢希鈞住在上海。

至於毛澤覃，一九二七年四月正在廣東農民協會工作。他也第二度結婚。一九二五年十月，他的元配趙先桂奉黨之命，由長沙赴莫斯科，進入共產國際為中國革命黨人專門成立的新教育機構「孫中山中國勞動大學」學習⑥[55]。（包括蔣介石和元配所生的十六歲兒子蔣經國在內，一百一十八個中國青年共產黨人、國民黨人，當時一起到「紅色麥加」學習）。毛澤覃留在廣州，但是他並未獨居。一九二六年夏天，臉蛋圓圓、年僅十六歲的周文楠，她是毛澤覃在社會主義青年團最要好的朋友，接受毛澤覃的邀請，偕她母親從長沙來到廣州。毛澤覃的太太赴莫斯科之前一年，他已經看上了她。到了廣州之後四、五個月，他們就結婚了（當時的革命青年不甩正式離婚這種陳舊的觀念，因此太太一往莫斯科，毛澤覃就覺得自己完全自由了）。結婚半年後，他的新歡加入共產主義青年團，不久又加入中國共產黨。一九二七年四月，她已有五個月的身孕。

毛澤東兩個弟弟帶著太太，總算平安逃出上海和廣州，來到武昌，投奔兄嫂。不久，毛澤民就擔任國民黨左派報紙《漢口民國日報》總經理，⑦毛澤覃則以上尉軍階，加入國民革命軍第四軍政治部（這個軍

⑥ 編註：通稱莫斯科中山大學，一九二八年九月改名為中國勞動者共產主義大學。
⑦ 譯按：原文誤植為主編。

裡，共產黨員人數最多）。[56]

同時，局勢對中共日益不利。四月底，北京傳來消息，四月二十八日李大釗遭軍事法庭下令處決。他在四月六日於使館區蘇聯大使館不遠處遭中國警察逮捕。除了李大釗之外，還有十九個中共北方局及國民黨成員（其中有一名女性）遭到刑求、槍決。[57]毛澤東非常傷心。他一向視李大釗為師。兩個星期之後的五月十三日，夏斗寅的獨立第十四師，原本被認為是忠誠部隊，竟起事反對武漢政府。夏斗寅率兵攻打武漢，經過一番奮戰才被擊退（毛澤東組織中央農民運動講習所員生，成立武裝自衛隊，參加這場武漢保衛戰）。[58]五月二十一日，駐守長沙的國民革命軍團長許克祥又起事，在這個湖南省會大肆屠殺共產黨分子。⑧

史達林嚥不下這口氣，要求中共進行不可能的任務，亦即指揮「左派」國民黨人在各省發動農民革命、採取措施組織「八或十個師」的革命工農部隊「保衛武漢」，並且要說服汪精衛的支持者，他們若不「學習做革命的雅各賓黨人，他們將為人民及革命而死」。[59]史達林根本就不瞭解中國實際的勢力運動關係，因此才會堅持：

沒有農民革命，就不可能勝利……我們堅決支持從底下搶佔土地……我們需要從底下拔擢新的農、工領導人進入國民黨中央委員會……我們必須改變目前國民黨的結構。我們必須提振國民黨的上層團隊，吸收從農民革命崛起的領導人加入它，我們必須從工人及農民協會擴張其外圍……我們必須終止依賴不可靠的將領……現在亟需行動。我們必須懲罰那王八羔子。[60]

據張國燾說，中央政治局宣讀史達林一封電報，「在場人人啼笑皆非……我們這時候還談得上消滅不可靠的將領？」[61]陳獨秀只能搖頭。「原先齊諾維也夫命令我們協助資產階級，而現在史達林卻告訴我們，二十四小時之內要發動農民革命。」[62]

在這個緊要關頭，毛澤東召集兩個弟弟討論時局。為了不讓楊開慧擔心，他們假裝打麻將；事實上，他們要決定下一步行止。毛澤東明白，汪精衛很快就會步上蔣介石的路，他說：「我們不能坐以待斃；我們要嘛隨軍出發（此時第四軍正要攻打武昌東南方、鄂贛邊界的九江），要嘛就必須回湖南。」三兄弟商量妥當，兩個哥哥要求被派回湖南工作，毛澤覃則隨第四軍走。他們也決定，毛澤覃懷孕的妻子和楊開慧妯娌倆，帶著毛澤東的兒子盡快離開武昌，回長沙去。[63]

三兄弟商量過後，毛澤東立刻要求陳獨秀派他回湖南，試圖挽回還有救的殘局。蔡和森支持毛澤東的要求，建議改組湖南省黨部，派毛澤東為書記。可是陳獨秀想派毛澤東到四川工作，毛澤東不肯答應。六月二十四日，政治局常委會通過蔡和森提案，毛澤東前往長沙，毛澤民不久即趕到與他會合。

同一時間，統一戰線就在眾人眼前土崩瓦解。六月中旬，大家都清楚，國民黨「左派」及共產國際認為最可靠的軍事將領馮玉祥，正在積極準備遵循蔣介石的路線。幾天之後，馮玉祥在河南省會鄭州宣布清共。武漢本身的局勢也日益複雜。商業癱瘓、商家閉門、工廠停工。武漢四面八方陷入困難。老百姓的不滿與日俱增，物價騰升，通貨膨脹攀高，政治亦陷入混亂。中共中央大多數人都有一種感覺：「屋漏偏逢連夜雨。」[64]

在這種情況下，離決議湖南省黨部改組才十天，陳獨秀又把毛澤東叫回武漢。用毛澤東的話說，陳獨秀怕毛澤東的激進行動會激怒唐生智清共。[65]陳獨秀依然希望維繫住和國民黨「左派」的合作。他在漢口鮑羅廷的住處，召集中共中央及政治局擴大會議，並和羅易、鮑羅廷討論時局。但是一切都沒用。在莫斯科的壓力下，陳獨秀於七月十二日被迫下台；三天後，汪精衛亦與共產黨決裂。中國共產黨的失敗，以及伴隨著它的史達林在華路線的失敗，成為事實。

毛澤東大受震撼。他這時候究竟有什麼樣的想法？如果黨把土地交給農民，事情會有救嗎？農民和工

---

⑧ 譯按：即馬日事變。

人應該武裝起來嗎？黨應該脫離國民黨嗎？或許這三個想法都浮上他腦際。或許他記得當國民革命軍進入上海和南京時，他是多麼的高興。或許他記得心愛的楊開慧生下毛岸龍時，他又是多麼的快樂。當時，其實也不過就是三、四月間，一切似乎大有可為，事事都象徵著勝利已經在望。當時，春日正興，對未來充滿著欣喜的希望，他登上離住家不遠的黃鶴樓。極目遠眺滾滾長江水往東奔流，他和數百位前賢詩人一樣，難掩胸臆感情，寫下一首詩：

茫茫九派流中國，
沉沉一線穿南北。
煙雨莽蒼蒼，
龜蛇鎖大江。
黃鶴知何去？
剩有遊人處。
把酒酹滔滔，
心潮逐浪高。[66]

第十四章
走上蘇維埃之路

中國共產黨失敗的主要原因是，中共存在的所有歲月裡，一直受到蘇聯共產黨的嚴控羈束、承受它的強大管控和意識型態壓力。陳獨秀和中共中央缺乏行動的自由。他們事事都得向莫斯科請示，或者事態急迫、需要即時解決，就得向它派駐中國的代表，如維廷斯基、馬林、鮑羅廷或羅易請示。這些俄國老闆並不瞭解中國問題，也不重視中國同僚的意見，就逕自對關係到中國革命的核心問題下達指示。只有中國人才關心事態發展。共產國際的這些大人物自視是所有國家革命運動的專家。張國燾寫說：「這使我們覺得是不合理的憾事。雖然如此，中共中央自始就有尊重莫斯科的傳統，對此似也只好安之若素了。……無論事之大小，概遵共產國際之指示進行。」[1]這些指示經常根本就行不通。現在可出現特別嚴重的狀況了，史達林要求中共針對「左派」國民黨執行決定性的攻擊。

加速中共在這個時候落敗的另一個因素是，大都出自共產黨煽動的貧下農和無產階級在農村恐怖活動的大爆發。瘋狂的群眾以野蠻行徑不分有罪、無辜濫行掠奪、殺害，毫無疑問是破壞統一戰線的一個嚴重因素。這些行動大都針對小地主和中地主，而他們正是國民黨（包括左派）的根基。因此，家人遭到「紅色」恐怖侵擾的國民黨軍官們之反彈，也就無法避免。

「白色」恐怖殺傷力絲毫不遜「紅色」恐怖，現在正震撼中國社會。國民革命軍軍官團，在農民自衛隊（即民團）和投靠過來的秘密幫會成員支援下，執行最殘酷的措施，一心一意要報仇。湖南、湖北、江西、廣東以及國民黨控制的其他省份，血流成河。許克祥部隊發動「剷共」之後僅僅二十天，光是長沙及周圍地區死者就超過一萬人。[2]許多中共及農民協會的領導人慘遭殺害。毛澤東的家鄉湘潭縣，以及常德，另有一萬人遭到處決。在湘潭縣，劊子手「砍下總工會首腦的腦袋，用腳踢他的頭，再把煤油灌進他肚子，放火燒屍」。湖北的富農家族在國民黨部隊協助下，消滅整個村子的居民。他們挖受害人的眼珠子、割舌、斬首、打碎骨頭、砍腿、大卸八塊、潑煤油活燒、以烙紅的鐵條用刑。「至於女人，他們把她們用繩子綁胸，赤身露體遊街示眾，或者乾脆就剁成肉塊。」湖北省三個縣，在事件之後頭幾個星期，就有數千人被殺。[3]

從西方人的角度看，報復的方式還真是千奇百怪。何鍵的父親曾被農民協會逮捕。他在一九二七年底派部隊到韶山，挖毛澤東雙親的墳，把骨骸散丟在山坡上。根據民間古老的信仰，這樣可以破壞毛澤東本身的風水。可是，何鍵的部隊不知道毛澤東雙親葬在哪裡，找來本地農民查問；他們不肯合作。軍隊威脅他們，一名農民乾脆騙他們。他把他們帶到一個土豪先人的墳墓，謊稱就是毛澤東雙親的墓。士兵就挖墳、開棺了。[4]

組織不佳、器械不足的農民協會不堪國民黨部隊一擊。因為怕農村無產階級才加入農民協會的農民，哪肯為不關本身利益的事去和國民黨部隊拚死活。他們一有機會，就丟下長矛，逃之夭夭。許克祥能以一千部眾控制整個長沙地區，就是因為號稱會員上百萬人的農民協會是「紙老虎」。[5]

在這個關鍵時刻，毛澤東幾乎是全黨唯一一個能夠冷靜評估局勢的領導人。這是他對中共能夠崛起、建立政權最重要的貢獻。他在一九二七年六月底、七月初到湖南匆匆走一回，使他相信：共產黨想在中國奪權成功，唯有依賴自己建立的軍事力量。所有的政治遊戲，統一戰線、群眾運動云云，無非是一場鬧劇。在軍閥當道的中國，「槍桿子底下出政權。」[6]面對作亂，非同小可，但現在後退是為了組織紅軍。共產黨的部隊要從何而來？毛澤東很久以前就給了答案。當然是能夠「最堅決奮鬥」的貧農和農村無產階級。

七月四日，政治局常委會在漢口開會，剛從湖南回來的毛澤東建議，有一條路或許可以救黨，那就是命令湖南農民協會「上山」，因為到了山區，「可以造成軍事勢力的基礎」。「不保存武力，則將來一到事變（毛澤東暗示，汪精衛無可避免地也會清共），我們即無辦法」。會後，他又找最親密的好友蔡和森商量此一問題。他激動地說：「我們不能坐此靜待人家來處置。」蔡和森有氣喘病，但是他和毛澤東有同感。在毛澤東慫恿下，他立刻寫了一封信給政治局常委們，要求政治局「做一軍事計劃」。[7]

這項提議沒有成功，因為陳獨秀還當家。不過陳獨秀的憂鬱在七月初達到高點，有件事使他心頭更加沉痛。七月四日，他的長子陳延年在上海遭國民黨處決。張國燾寫說：陳獨秀「前面是一片漆黑，因而他個人只有出之於讓賢」。張國燾正是「賢者」之一。[8]

陳獨秀退休後，黨的新領導機關（臨時政治局）由毛澤東的保護人瞿秋白主持。①讓毛澤東高興的是新領導層重新檢視他「上山」的構想，但只通過作為「備案」。在一九二七年夏天的危疑震撼關頭，共產黨需要撤退。如果要策劃短期內的反攻，只會招致新的犧牲，可是包括瞿秋白在內的中共大部分領導人仍然很生氣，不論有多愚蠢，都必須行動。八月中旬，他們決定在湖南、湖北、廣東和江西的農村，以及著名的國民革命軍第四集團軍內部，發動一系列武裝暴動。他們要讓國民黨濺血的意念勝過一切。[9]

共產國際本身堅持加快組織武裝暴動。這時候，它的指令不談純粹的共產黨人行動，而是強調需要「喚起左翼國民黨群眾反抗高層領導」。莫斯科強調「唯有在國民黨的革命改造事實上已無希望，以及這項失敗又配上新的、嚴重的革命風潮」時，才需要「建立蘇維埃」。[10]換句話說，莫斯科要求打著「左翼」國民黨的口號聲討「叛賊」汪精衛。

任何有理智的人都會認為這樣的指令太荒謬，可是中共領導人被迫接受它們。黨已經遭到災禍性的大

---

① 原書註：除了瞿秋白之外，新領導人還有張國燾、張太雷、李維漢、李立三和周恩來。

挫敗，並沒能使它從史達林的影響下獲得解脫。反倒是已經弱化的中共變得更依賴莫斯科，而且史達林把責任大都推到中共領導人身上。他在一九二七年七月初寫信向他的同志莫洛托夫（V. Molotov）和布哈林說：「〔中共〕中央委員會裡根本沒有一個馬克思派能夠理解目前事件的（社會）基礎。」史達林甚至一度思考在中共中央委員會及各省黨部派駐「黨顧問」，以一套特殊制度強化中共。從史達林的角度看，「現階段有必要」設置這些「保母」，因為「〔中國共產黨〕目前的中央委員會太軟弱、太鬆懈、政治上太散漫、不合格。」[11]

六月底，史達林派他最信任的一個親信，喬治亞老鄉維沙里昂・羅明納茲（Vissarion V. Lominadze）到中國，取代羅易。[12]他再也信不過羅易或鮑羅廷。布魯轍擔任莫斯科交錢給中共的中間人，直到八月底布魯轍回國，「金主」的職責才移交給羅明納茲。[13]史達林這位新特使於七月二十三日到達，立刻與瞿秋白、張國燾會談，張國燾在多年之後還記得，那是一場非常不愉快的對話。

羅明納茲個性強悍，十五歲就參加革命。認得他的人，對這個職業革命家印象最深刻的是，他鄙視死者。他很早就進入史達林的核心，藉著史達林的支持，很快崛起為共產國際的主要人物。不到三十歲，他已經被官僚權力的滋味所腐化。身高約一八〇公分，體格壯碩，一頭濃密黑髮，羅明納茲令人望之生畏，不過不曉得是因為近視、還是其他什麼原因，他的眼睛經常眨個不停。[14]羅明納茲的官僚氣息，以及對中共領導人頤指氣使，很快就把人得罪光了。他在中國使用兩個名字，尼古拉或維納（Werner）。他完全不來東方人的禮節這一套，很快就對瞿秋白和張國燾拋出一大堆沒根據的指控。張國燾寫說：「他開門見山地說，他是共產國際的全權代表，奉命來糾正過去共產國際人員（指羅易、鮑羅廷）和中共中央在革命中所犯的錯誤。」羅明納茲「宣布中共中央犯了異常嚴重的右傾機會主義錯誤，違犯了共產國際的指示」。[15]他要求盡快召開緊急會議，改組黨的領導人事。

很自然，這個要求激怒瞿秋白和張國燾，但是他們又能如何呢？共產國際的紀律綁住他們的手腳，而且他們迫切需要莫斯科的金援。甚且，他們計劃的起事也需要蘇聯提供武器。幸好就在這個節骨眼上，蘇共政治局通過一項決議，提供「足夠裝備一個軍團」的援助給中共。他們答應提供一萬五千支步槍、一千萬顆子彈、三十挺機關槍和四門山砲、兩千枚砲彈，價值一百一十萬盧布。這些武器預備從海參崴運送到中國某個港口，中共要設法以武裝暴動方式去搶下它們。[16]瞿秋白和張國燾只好嚥下這口氣，容忍羅明納茲的囂張。

同一天晚上，中共中央收到湖南省黨部的信。省委書記易禮容是毛澤東的好友。儘管易禮容十分努力，稍微穩住陣腳，湖南的情勢仍持續惡化。湖南省委在信上說：「書記毛澤東走後……省委各部工作無不吃緊，盼望毛澤東回湘。」[17]但是瞿秋白不放毛澤東走，因為在即將召開的會議中，他需要毛澤東的支持。他需要毛澤東以農民問題的權威在場撐腰。七月底、八月初，中共中央正在如火如荼準備農民武裝暴動，當然毛澤東也參與準備工作。中共中央的構想是，讓貧農利用秋收季節，傳統上佃農和地主結帳的時機，直接起來向地主造反。中共想以最單純、但不合法的拒絕繳租的主意吸引貧農起事。

同時，駐紮在南昌的國民革命軍部隊在七月三十一日至八月一日，發生了中共秘密規劃的起事。這些部隊是國民黨「左翼」將領張發奎統率的國民革命軍第二方面軍之下的獨立單位。張發奎本人當然沒有參加起事。兩天前他才參加國民黨「左翼」人士一項會議，會中決定要肅清第二方面軍的共產黨分子。領導這項起事的是一向自律嚴謹、活力充沛、一本正經的周恩來，另有張國燾、彭湃等人協助他（周恩來當時是中共中央軍事委員會主席）。直接指揮起事部隊的是二十軍軍長賀龍（出身湘西土匪、轉而同情共產黨）、葉挺（共產黨員、著名的第四軍獨立團前任團長），以及南昌市公安局局長、第九軍教導團團長朱德。

兩萬名左右的叛軍成功奪佔南昌，但是他們並不打算據守南昌。按照中共中央臨時政治局的規劃，他們要立刻回師攻打廣東，在當地宣布成立新的革命政府。八月三日，叛軍改稱第二國民革命軍，由賀龍總指揮，離開南昌，但他們的南下相當艱難。一九二七年九月底、十月初，叛軍在粵東汕頭附近慘敗（他們預備到汕頭接應蘇聯來的武器），部隊瓦解。賀龍逃到香港；葉挺和彭湃逃到陸豐縣，建立軍事根據地；

朱德率領一千人，艱難地走向廣東、江西邊境。

毛澤東沒有參加南昌暴動的籌劃準備，但是他一聽說之後，深切盼望能夠參加作戰。八月初，他自動請纓，向黨中央提議由他組一支「農民軍」去協助賀龍。八月三日，瞿秋白迅即派他為「湘南特委」書記，但是當天稍後，瞿秋白收回成命。經過細思之後，中共中央認為毛澤東的計劃不實際。[18]

因此，「湖南王」必須留在武漢。八月七日，他參加了中共中央緊急會議。會議是在極機密的情況下，在武漢政府一位蘇聯顧問米海爾．拉祖莫夫（Mikhail Razumov）位於漢口前俄租界的家舉行（國共統一戰線破裂之後，蘇聯仍與國民黨維持一陣子關係，漢口、長沙和廣州等城市仍設有蘇聯領事館或代表）。拉祖莫夫夫婦住在大都為外僑居住的安靜社區一棟三層樓洋房的二樓。毛澤東在八月七日上午來到這戶公寓。會議召集人瞿秋白一臉病容。他長期以來即有肺結核，生病以及最近經歷的事件已使他精疲力竭。他和往常一樣，只要一激動，講話就口沫橫飛，因此房間裡似乎「布了一層肺結核細菌」。[19]連毛澤東、羅明納茲、瞿秋白在內，共有二十五人出席會議。除了「尼古拉」之外，還有另兩個蘇聯顧問列席。房間很擠、通風不良、悶熱。

出席者佔中共領導人不到三成。陳獨秀雖然還在武漢，卻沒有被邀出席。[20]共青團有三位代表、中央軍委有位幕僚，還有湖南、湖北省委兩位代表則受邀參加會議。[21]大部分出席者是毛澤東長期以來即認識的熟人，只有少數人不熟。其中有個中央書記處的新負責人，年僅二十三歲，謙虛、但相當幹練，此人個子矮小，勉強有一五二公分高，僅及毛澤東的肩膀。他在一年前從蘇聯回到中國；留俄期間，他在東方勞動者共產主義大學學習，後又在莫斯科中山大學念了幾個月書。在此之前，則以勤工儉學學生身分到法國工讀。他本名鄧先聖，五歲時又得了新名字鄧希賢。到達武漢從事地下工作後，他改名鄧小平，非常平凡的名字，以避人耳目。毛澤東或許沒注意到這個小矮個子。[22]但是即使毛澤東視線投向他，也不可能料想到這個貌不驚人、出身四川東部的小矮個子，在他過世之後，會對他一手打造的社會主義中國之命運扮演決定性的角色。

會議由臨時政治局委員、前湖南省委書記李維漢擔任主席。毛澤東和李維漢已經是多年老友。羅明納茲先發言，一開口就尖銳批評中共犯了「重大錯誤」，其根源「非常深」。李維漢旋即請大家表達看法。

毛澤東發言支持這位共產國際代表。他長久以來即要求黨的政策要激進化，也經常反對陳獨秀。大家都曉得他一向激烈爭取徹底進行農民革命。現在似乎可以一吐心聲了。他提到過去領導人對農民運動犯的「錯誤」。他說：「廣大黨內黨外的群眾要革命，黨的指導卻不革命，實在有點反革命的嫌疑。」他可沒有點出陳獨秀的名字。事實上，這次會議沒有哪個中國人批評陳獨秀個人。儘管史達林對陳獨秀有負面觀感，在他們心目中，陳獨秀還是「大家長」。只有羅明納茲點名批判陳獨秀。毛澤東批評過後，轉而談起黨的基本任務。他首次在如此高層會議中講出他近來最為擔心的內心想法，他認為黨有需要格外注意軍事因素。

> 從前我們罵孫中山專做軍事運動，我們則恰恰相反，不做軍事運動，專做民眾運動……現在雖已注意，但仍無堅決的概念。比如秋收暴動非軍事不可，此次會議應重視此問題……以後要非常注意軍事。須知政權是由槍桿子中取得的。[23]

這絕對不是無關緊要的一句話，甚至聽起來有點不合布爾什維克精神。共產國際一向教導共產黨人，在革命運動中，他們主要必須依賴群眾，首先是工業工人、其次是貧農。這才符合馬克思主義的教義。布爾什維克在革命和內戰的實際經驗卻指向完全相反的路子，軍事因素的決定性重要地位遭到忽視。「俄羅斯數百萬無產階級群眾偉大的社會革命」，不能被描寫為軍事政變。

會上人人都發言過後，瞿秋白發表自我批評報告。然後他們討論以下三個決議文：關於農民鬥爭、關於工人運動、關於組織問題，以及羅明納茲撰稿、瞿秋白譯為中文的相當冗長的「告黨員書」。毛澤東又上台發言，不過只說了五分鐘話；然而這段發言的重要性非同小可，因為毛澤東比以前更加完整的表達了他對農民問題的基本看法：

一、大中地主標準一定要定，不定則不知何為大地主中地主，我意以為可以五十畝為限，五十畝以上不管肥田瘦田統統沒收。

二、小地主問題是土地問題的中心問題，困難的是在不沒收小地主土地，如此，則有許多沒有大地主的地方，農協則要停止工作，所以要根本取消地主制，對小地主應有一定的辦法，現在應解決小地主問題，如此方可以安民。

三、自耕農問題，富農、中農的地權不同，農民要向富農進攻了，所以要確定方向。

四、土匪問題是非常大的問題。因此種會黨土匪非常之多，我們應有策略，有些同志以為可以利用他們，這是孫中山的辦法，我們不應如此。只要我們實行土地革命，那一定能領導他們的。我們應（該）當他們是我們自己的弟兄，不應看作客人。[24]

毛澤東如此講出他的革命鬥爭基本方略的菁華。他的重點歸納起來就是：我們必須從土匪、赤貧貧農、貧農和農村無產階級分子創造一支軍隊，藉由沒收地主和農民的土地把他們吸引到我方（在農村無產階級眼中，任何有工可做的農民都可以看作是「富農」）。幾個月之後，他又把這些觀念化約為簡略的說法：「抽多補少，取肥補瘦。」終其一生，他都遵行這套模式，當然略有修改。

毛澤東的極端主義連一向鐵石心腸的羅明納茲都嚇一跳，表示反對。他宣稱：「我們需要讓城市小資產階級中立。如果我們開始沒收所有的土地，城市小資產階級會動搖、會轉而反對我們……至於東〔毛澤東〕所提到的秘密幫會的問題，我們……不會利用〔這種幫會〕。」[25]

羅明納茲的批評是善意的。「東同志」有點過火，不過他是真正的左派，他不像機會主義者陳獨秀。其他人的反應也一樣。氣喘發作、好不容易才能說話的蔡和森，全力為他這位總角之交辯護。他建議徵召毛澤東加入政治局，理由是他「在農民問題上不同意中央的政策」，「可以作為需要迅速推動農民革命趨勢的代表」。毛澤東的名字果真列入羅明納茲所整理的臨時政治局委員及候補委員名單之中。後來毛澤東被推選為預計在六個月之後召開六大之前的過渡時期，此一黨的領導機關的候補委員。臨時政治局有九個委員、六個候補委員，共十五人。瞿秋白、李維漢、彭湃、鄧中夏、周恩來、張太雷、張國燾和李立三等人都在列。有趣的是，蔡和森不在其中。[26]

瞿秋白這下子放心了。領導人變動順利完成。陳獨秀下台成為定局，也沒有人公開反對羅明納茲。中共大多數人已習慣俯首帖耳聽從莫斯科，可是大部分人也改不了對陳獨秀的尊敬，因此只是表面上接受羅明納茲對這位創黨前輩的批評。瞿秋白本人沒讓羅明納茲知道，半夜秘密趨前拜訪「老先生」請他指教。[27]

八七會議之後，瞿秋白請毛澤東遷到上海，在黨中央工作。共產國際執委會從典型的馬克思主義概念——勞動階級的「世界歷史角色」出發，又決定黨的總部應該設在勞動階級眾多的上海。然而，毛澤東要求派他到湖南。他說：「我不願去大城市住高樓大廈，願到農村去，上山結交綠林朋友。」[28]根據張國燾的說法，毛澤東「自願到湖南去，也是鋌而走險」。中共大多數領導人沒有熊熊怒火的意願到湖南去。[29]八月九日，要派毛澤東擔任什麼任務這個問題解決了。瞿秋白決定派他以中央特派員身分籌劃秋收暴動。核心行動計劃在湖南南部發動，因此中共成立「湘南特委」，由毛澤東領導。年輕、有活力的彭公達也是臨時政治局候補委員，被派為湖南省委新任書記，和毛澤東同行回湖南。彭公達在黨內冒出頭，是因為許克祥發動「馬日事變」之後，他立即向陳獨秀提議組織一支三十萬人武裝農民進攻湖南省會長沙。

八月十二日抵達長沙後，毛澤東發現許克祥要把共產黨剷除殆盡。地方黨部三千名黨員還倖存活命的不足一百。[30]許克祥多年之後撰文說：「對付共產黨只有一個方法，就是強硬對付，因為他們只懂力量、也只害怕力量。」[31]毛澤東沒有時間遲疑。他必須執行黨領導人明確的指令：「響應鄉村農民的暴動，而推翻反革命政權」。[32]他必須與身兼共產國際本地代表的新任蘇聯駐長沙領事佛拉狄米爾．庫丘莫夫（Vladimir Kuchumov）配合。庫丘莫夫化名馬耶爾（Mayer），② 中國人稱呼他馬可夫。他和羅明納茲從莫

---

② 原書註：這個名字有時候被誤植為Meyer。

斯科一起到中國。[33]

毛澤東到了長沙，第一件事就是秘密拜會前任湖南省委書記易禮容。易禮容是少數膽敢公開指控共產國際缺乏勇氣承認自己在中國犯了「機會主義」錯誤的共產黨人，因此受到黨內同志攻擊。[34] 羅明納茲當然很不爽他，但毛澤東覺得沒有理由和老朋友決裂。兩人講好近日內召集黨委臨時會議。然後毛澤東前往板倉，他的太太和兒子們從武昌回來就住在板倉。他在當地逗留太久，直到八月十六或十七日才抵達長沙縣城。黨委同志久久等不到人，只好在八月十六日自行開會。

毛澤東帶著太太、小孩和一直幫著照料楊開慧和小孩的奶媽一起回到長沙。這次，楊開慧不讓他一個人走。她或許直覺意識到夫妻相聚來日不多。六個人回到城裡，住進楊開慧父親留下的舊宅。[35]

毛澤東一回到省城，立刻召集省委同志再次開會，宣達籌劃秋收暴動的主要任務。他和八月七日在漢口開會時的主張一樣，認為中共的口號應該是全面沒收土地。

> 中國大地主少，小地主多，貧農要求土地的又多，單只沒收大地主的土地，不能滿足農民的要求和需要。要能全部抓住農民，必須沒收一切地主的土地分給農民。[36]

他在這次會議中沒有提到需要沒收自耕農的土地，但是他也沒有重新思考他的立場。次日，他向中共中央報告時，堅持說：

> 湖南農民確實希望徹底解決土地問題……我建議……沒收一切土地，包括小地主自耕農在內，歸之公有，由農協按照「工作能力」和「消費量」（即依每家人口長幼多寡定每家實際消費量之多寡）兩個標準，公平分配於願得地之一切鄉村人民。[37]

雖然他很清楚大部分的農民，以及他心愛的農村無產階級根本沒有要求分田，他卻堅持一意孤行。前者只夢想減租、減稅；後者只想分配別人的錢財。有可能他提出「激烈分配土地」這個問題，只是為了滿足一部分有需求的赤貧農民和貧窮的客家人。中國農村裡這樣的人多得不可勝數；光是客家人就有三千萬人。縱使如此，重點不在於此。一九二七年時，毛澤東的性格已經定型，他已經習慣發號施令。他和許多習慣發號施令的大老闆一樣，絲毫不懷疑自己有權利決定他屬下每個人的命運。毛澤東完全認為他比任何農民都更瞭解他們的需求。這就是為什麼全面沒收土地的主意前幾天才被羅明納茲批評，毛澤東現在又把它提出來，且是當著共產國際駐湖南代表庫丘莫夫／馬耶爾的面提出來。他這時候已經肯定，中國已經成熟，可以發動中國版的布爾什維克革命。[38]因此，沒有需要嬌寵「地主」和「資產階級」。

毛澤東在未來將繼續推動他這項左傾激進觀點。當然他必須玩點花樣、忍讓和繞路，但是他絕不放棄他那烏托邦式的普世平等的理想。彷彿是為了防止「愚蠢的」農民可能不響應他的號召預做保險，毛澤東在這次會議提出軍事因素特別重要的問題：

> 發動起義，單靠農民的力量是不行的，必須有軍事的幫助。有一兩個團的兵力，這樣起義就可起來，否則終歸於失敗……要奪取政權就一定要有兵力，沒有兵力的擁衛就去奪取，這是自欺的話。我們黨從前的錯誤，就是忽略了軍事，現在應以百分之六十的精力注意軍事運動。

毛澤東的結論又是：「實行在槍桿上奪取政權，建設政權。」[39]

湖南省委大多數同志支持他們信賴的這位老鄉。只有易禮容表示要小心。他說：「如果我們現在沒收他們〔小地主〕的土地，他們一定會加入反革命陣營的大地主。因此，現在不是沒收小地主土地的時機。」[40]但是沒有人要聽易禮容的。人人都認為現在是打民粹牌的時機。他們堅稱：「建立民主革命政府的口號已經老掉牙。」共產黨要在自己的旗子底下站起來，不要再站在「左翼」國民黨的旗子底下；共產黨要宣布建立蘇維埃，要砍掉地主的腦袋。他們對農民是否需要這或是需要那，完全不感興趣。彭公達承認：「我們的方法就是從上而下推動革命，從軍隊擴展到農民、而不是從農民到軍隊。」[41]

可是，羅明納茲控制的臨時政治局跳出來反對。臨時政治局緊急致函湖南同志，把毛澤東關於軍事因素和群眾運動之間關係的觀點，定位為「軍事冒險」，強調「中央意見是純粹依靠群眾力量，以軍事力量為幫助。」毛澤東想要立刻、全面重新分配土地的構想，再次遭到擯斥。臨時政治局的信又說：「現時主要口號是沒收大地主土地。」臨時政治局更要求所有的工作應該持續在「左翼」國民黨的旗子底下進行。改變口號的指令還未從莫斯科送到中國。湖南省委沒有一個人同意這個政策，但是要到臨時政治局斷然要求執行其指示，毛澤東及其支持者才退讓。[42]然而，後來事實證明，他們是陽奉陰違。[43]

同時，秋收暴動的準備工作也在全速進行。到了八月底，湖南省委決定在湖南的心臟地帶結合以下幾股力量發動猛烈攻擊：一是「農民軍」，其殘部集結在長沙以東縣份；二是國民黨的一個團，團長為共產黨員；三是安源煤礦的失業礦工。暴動的口號非常簡單：「槍斃地方反革命分子，沒收他們的財產、燒光他們的房子、破壞交通運輸。」主要目標是攻佔長沙。深受俄國經驗教化的大多數共產黨員，無法想像會有未以城市為基礎的革命。毛澤東本人想要攻打省城長沙嗎？極可能是不。根據彭公達的回憶錄，毛澤東堅持暴動的規模要有限制。[44]毛澤東對暴動並沒有興趣；他早已瞭解，現階段的共產黨革命已經失敗，應該要糾集力量、上山打游擊去。但是他必須遵守政治局的決定。相隔不久，他終於可以不理會同志們的想法，要求他們接受他的意志。

為了指導秋收暴動，共產黨成立兩個委員會：前敵委員會負責純粹軍事事務，行動委員會負責協調發動暴動的各縣的黨部組織。毛澤東負責前敵委員會，易禮容負責行動委員會。八月三十一日黎明，毛澤東由長沙動身前往暴動預定舉行的湘贛邊區。

他最後一次擁抱楊開慧。他們商量好，她、小孩和奶媽要回板倉她母親的家。分手前，她給他一雙新草鞋，囑咐他要好好照顧自己。她很關心，因為前幾天他們一道從板倉到長沙時，毛澤東傷了腳，走路還瘸著腳。她沒有陪他到火車站，由她堂弟楊開明送行。他們是否直覺今後再也不會相見？他們是否明白那天早上即是永別？毛澤東前往長沙車站，快車將帶著他奔向新生活，他將成為「民族的救星」、「偉大的導師」和「領袖」。楊開慧將成為歷史。

有一陣子，她和小孩住在板倉相當安全的娘家。她因為是地方望族成員，相當受到保護。地方上的文武官吏不敢侵擾受人尊敬的楊昌濟老師的女兒。她沒有太多錢，小叔毛澤民偶爾會從上海寄錢來接濟。她思念先生，寫下一首詩：

天陰起朔風，濃寒入肌骨。
念茲遠行人，平波突起伏。
足疾已否痊，寒衣是否備？
孤眠誰愛護，是否亦淒苦？
書信不可通，欲問無人語。
恨無雙飛翮，飛去見茲人。
茲人不得見，惆悵無已時。[45]

一直要到毛澤東領導的紅軍真正開始讓湖南當局頭痛了，他們才逮捕她。一九三〇年八月，共產黨部隊攻佔長沙後不久，湖南國民黨部隊的指揮官何鍵下令，懸賞一千元，逮捕楊開慧。一九三〇年十月二十四日，楊開慧被捕。剛滿八歲的長子毛岸英，以及忠心耿耿的奶媽，也一起關進監牢。士兵要抓她時，二兒子毛岸青痛哭，小手抓著士兵大衣，不讓帶走媽媽。一個士兵不耐煩，拿起重物朝他小腦袋砸下去，打得他當場倒地，嚴重腦震盪。此後他再也不曾完全復原。

何鍵只要求楊開慧公開宣布與她丈夫畫清界線。他認為，毛澤東的太太若公開摒棄他，許多共產黨人就會向警方投案。但是她拒絕背棄愛人。儘管著名的學者、北京大學前任校長蔡元培應楊開慧母親的懇求，替她求情，她還是被送到軍事法庭審判。法庭程序進行不到十分鐘，法官問了幾個形式上的問題之後，拿起毛筆，蘸上紅墨水，在審判書上畫個記號，往地上一丟。這是中國法庭宣判死刑的慣例做法。一九三〇年十一月十四日早晨，劊子手到牢房提領她到刑場。毛岸英在她身邊，哭了起來。但是她告訴他說：「怎麼啦？你是我的英雄！寶貝，告訴你爸爸，別為我的死傷痛。他應該全力加速革命的勝利！」然後她又說：「我希望我死後，親友不會為我辦一場資產階級的葬禮。」

行刑隊把她押到長沙北門外識字嶺槍決。她的堂弟楊開明九個月前也在這裡斃命。目擊者說，她坐在一輛黃包車上，兩側持槍士兵戒護，押到刑場。許多發子彈打在她身上、撲倒在地時，一個劊子手趕緊取下她鞋子，擲得老遠。中國人的傳說是，這樣做死者就不會回來向行兇者索命。士兵們旋即回營房吃飯喝酒。突然間有個村民跌跌撞撞跑來說，「死者」還有生命跡象。七個劊子手又回到刑場，結束她的性命。他們默默地看著這個垂死的婦人以她抖動的手指在黑土地上痙攣地抓寫。

當天夜裡，她的屍身交還給親友，送回板倉，葬在她娘家不遠處的山坡上，有幾棵小松樹作伴。不久，共產黨地下黨員賄賂獄卒，救出毛岸英和奶媽。一個月之後，毛澤東從報上獲悉太太死訊，給他岳母送去三十銀元，請她代為立個墓碑。他寫說：「開慧之死，百身莫贖。」[46]

然而，這時候他早已跟另一個女人同居多時，而且是他和楊開慧分手兩個月就認識的新歡。我們以後會記得，對毛澤東來講，「人類需要愛的力量……大過於其他任何需要」，而且「除了某些特殊力量」，沒有任何東西可以抑止他「這種需要愛的感情」。一九二九年春天，這位新歡為他生了一個女兒。因此，他送給岳母為亡妻立墓碑的三十銀元，純粹鬧個表面。

第十五章
井岡山上紅旗飄揚

一九二七年八月三十一日坐上火車，毛澤東先前往長沙南方一座小鎮株洲。他和當地黨委同志討論了暴動計劃。株洲共產黨人將啟動革命，炸毀跨湘江的一座火車鐵橋，並沿著鐵路線製造一系列事端，分散駐軍注意力。接下來毛澤東到達安源，在張家灣小村召開重要軍事會議。當地黨員決定組織一支所謂的工農革命軍第一軍第一師，兵力約五千人。

在滿懷英雄氣概之下，毛澤東轉往安源北方的銅鼓，通知親共的士兵和貧農，決定把他們的隊伍改組為第一師第三團。他已經預想到自己是叛亂首腦，還寫下一首詩：

軍叫工農革命，旗號鐮刀斧頭。①
匡廬一帶不停留，要向瀟湘直進。
地主重重壓迫，農民個個同仇。
秋收時節暮雲愁，霹靂一聲暴動。[1]

---

① 原書註：當時中共黨旗上的榔頭，的確常常被誤為是斧頭。

一切似乎都進行得很順利的時候，有一天毛澤東和縣委書記突然遭到一隊地方民團攔下。民團不曉得他們逮到的是什麼人物，決定把他們押到隊部。情勢十分危險。白色恐怖鬧得很兇，這兩個人很可能遭到槍決。毛澤東告訴史諾這段經過：

那些民團奉命把我押到民團總部去處死，但是我從一個同志那裡借了幾十塊錢，打算賄賂押送的人釋放我。普通的士兵都是雇傭兵，我遭到槍決，於他們並沒有特別的好處，他們同意釋放我，可是負責的隊長不允許。於是我決定逃跑，但是直到離民團總部大約二百碼的地方，我才得到了機會。我在那地方掙脫出來，跑到田野裡去。

我跑到一個高地，下面是一個水塘，周圍長了很高的草，我在那裡躲到太陽落山。士兵們追捕我，還強迫一些農民幫助他們搜尋，有好多次他們走得很近，有一兩次我幾乎可以碰到他們。雖然有五六次我已經放棄希望，覺得我一定會再被抓到，可是我還是沒有被發現。最後，天黑了，他們放棄了搜尋。我馬上翻山越嶺，連夜趕路。我沒有鞋，我的腳損傷得很厲害。路上我遇到一個農民，他同我交了朋友，給我地方住，又領我到了下一鄉。我身邊有七塊錢，買了雙鞋、一把傘和一些吃的。當我最後安全地走到農民赤衛隊那裡的時候，我的口袋裡只剩下兩個銅板了。[2]

仔細規劃的這場暴動，於九月九日起事，但是可以預想得到是以慘敗收場。消極的農民和士氣低落的鐵路工人和礦工，都沒有對叛變的軍隊提供實質的援助。彭公達寫說：「農民沒有起來響應，他們的領導人缺乏決心。」[3]在這種情勢下，毛澤東和湖南省委同志在九月十五日自行決定，不進攻省城長沙。這種無意義的行動除了招致更多傷亡，不會有任何效益。現在該撤退，不能逞英雄。

毛澤東在長沙東方一百公里左右的小鎮文家市集結殘部，宣布預備向南打開一條血路，奔向湘贛邊區的井岡山。[4]羅霄山脈中部這塊險阻的山區一向就是土匪、叛徒的藏身處。毛澤東認為它是「機動部隊的絕佳根據地」。[5]這個地方的特色就是山峰高聳入雲、溪壑向下陡墜的奇妙結合，形成理想的藏身處所。

九月二十一日，一千五百名疲憊不堪的第一師殘部，頸項間綁著紅巾標示著他們是叛軍，開始踏上艱困的旅程。毛澤東記得：「當時部隊的紀律差，政治訓練水平低，指戰員中有許多動搖分子。開小差的很多。」[6]有個基層戰士也描繪同樣淒苦的景象：「我們的部隊不熟悉周遭環境，也缺乏適當的準備。疫疾傳染、盛暑行軍、缺乏基地，全都導致重大損失。」[7]直到十月二十七日，毛澤東的部隊一路上又折損三分之一人馬之後，終於到達井岡山地區主要鎮甸茨坪。他們在當地最高的山、海拔一千七百多公尺高的五指山的山腳下停住。這座寬大的山谷布滿稻田。舉目一望，四周的陡岩峭壁高聳入雲。[8]

一個月之後，在毛澤東倡議下，成立了「茶陵縣工農兵政府」，還建立了縣赤衛大隊、縣工會、縣農會等組織。他這時候還沒有使用「蘇維埃」這個詞語，但是這些機構實質上就是蘇維埃。很自然地，他立刻遭遇許多問題。他需要在陌生的新環境活動，周遭的本地人對他們這群不速之客懷有敵意，而且講的方言也是毛澤東及屬下許多戰士根本聽不懂的話。

在這個貧窮的邊區，遠離湖南和江西省政當局，人們依據本身傳統法則過日子。這個地區的經濟，用毛澤東的話說，「還留在臼、杵年代」。[9]他指的是山區老百姓還在用臼、杵搗米。只有山谷裡才有些手工操作的作坊。當地的權力落在袁文才、王佐為首的一群土匪手中。六百名兇神惡煞仗著古老的短槍、長槍和刀劍，宰制整個寧岡縣十五萬人。[10]因此，要落草為井岡山人，毛澤東必須先和掠奪本地區的土匪建立友好關係。這方面他做得很成功，因此他自稱成了「山大王」。[11]

毛澤東和「綠林兄弟」交往的歷史值得一提。袁文才和王佐屬於本地客家族，先世從廣東或福建移居到這個地區時，肥沃的山谷已經被開發，因此即使他們兩人都出生在井岡山地區，但還是不被看作本地人。因此，袁文才和王佐對山谷居民並沒有好感。本地的老居民瞧不起新住民，無情地剝削他們。也正因為如此，袁文才和王佐年輕時即加入一個像他們這樣「外來人」組成的土匪組織「馬刀隊」。他們在組織裡竄起成為老大，向地方民眾榨取貢獻，凡有反抗者，即下手懲罰。他們把反抗者砍頭，首級掛在竿上示眾。袁文才是首腦，王佐尊他為「大哥」，兩人是歃血兄弟。

毛澤東在一九二七年十月初剛進入井岡山不久，即修書致函袁文才，要來拜會。毛澤東表示袁文才若允許他的人馬在井岡山歇腳，願送袁一百支長槍以表敬意。袁文才只有六十支古董舊槍，拒絕不了這樣的禮物，但是面子上又不允許他不付代價就收下武器。兩人一見面，袁文才交給毛澤東一千銀元。這是典型的中國人禮數。傳統要求主人收下禮物後必須百倍回敬贈與者，否則他就「丟臉」，客人也會懷疑主人是否有困難。毛澤東很感謝，而他執禮甚恭也讓袁文才很高興。袁文才聽說過毛澤東是共產黨的領導人之一，對於這樣一位重要人物如此看重他，受寵若驚。袁文才甚至告訴毛澤東說，他在一年前就加入共產黨。雖然無從知道這是否實話，毛澤東也佯裝相信。透過袁文才，他也交好王佐，送給王佐七十支長槍和大量彈藥。這位共產黨領導人的博學多聞，讓沒念過書的王佐佩服得不得了。他說：「毛委員是最有學問的人，聽他一席話，勝讀十年書！」[12]王佐建議毛澤東進駐到王佐所控制的茨坪。師部醫院則設在鄰近的茅坪，即袁文才的老家。大家序起年齒，毛澤東比袁文才和王佐虛長五歲，兩人遂喊他「毛大哥」。根據習俗，當然要殺豬、備酒，慶祝一番。

但是，並不是事事都順利。毛澤東的部隊和袁、王兩人的土匪難免發生衝突。天性多疑的王佐對這些事特別介意。有一天他向袁文才講起他的疑慮：「如果毛澤東奪了我們的權，要怎麼辦？他可以在不知不覺下吞併我們。」於是乎，狡猾的袁文才想出一招羈縻毛澤東的方法。他把一個朋友的漂亮妹妹賀自珍介紹給毛澤東，推薦她擔任他和本地人打交道時的譯員。賀自珍年僅十八歲，才剛加入袁文才的單位不久。袁文才待她不薄，她和袁妻特別親近。王佐待她也不錯，曾經送她一把毛瑟槍。賀自珍十六歲即加入共產黨，在「白軍」奪得她家鄉權力後，地方黨委派她到井岡山。她書讀得不錯，又有政治認識，但最重要的是她漂亮、活潑、精力充沛，而且優雅。她有張甜美的圓臉蛋、炯炯有神的大眼珠和細潤的皮膚，無怪乎她的小名叫「桂圓」。毛澤東一見就喜歡她，而她本人也喜歡他，即令他比她足足大了十六歲。她曉得他已婚、有三個小孩；這是毛澤東親口告訴她的。但是，沒有什麼能擋下她；毛澤東也曉得如何討好女性。

當時的他尤其魅力十足——非常瘦、蓄長髮、額頭高，有著一對憂鬱的黑眼珠。賀自珍立刻為他傾倒。毛澤東散發著體格力量和智慧力量，能詩善文，飽讀民間演義小說。年輕的賀自珍從來沒見過這樣的男性。兩人是相戀相愛？還是只因性吸引力而湊合在一起？認識他們的人也莫衷一是。

一九二八年初春，毛澤東請賀自珍幫他整理一些文稿。她說：「只要你不嫌我字寫得醜，我就來幫你。」第二天，她就到他住處幫忙（毛澤東當時在山上一座廟裡工作）。兩人從此就開始同居。五月間，當著媒人袁文才和毛澤東一些同志面前，兩人辦了類似的「婚禮」。他們吃蜜餞、乾果、喝茶。大家開懷大笑、嬉鬧。當然沒有人想到楊開慧，此時她還活著呢。

楊開慧終於輾轉聽到夫君另結新歡的消息。許久沒有音訊，現在卻傳來良人另結新歡！這份打擊說有多重，就有多重。楊開慧一度想要尋短，若非為了孩子，大概也不會留戀人間。[13]她就這樣忍辱過了兩年，才被國民黨槍決。

同一時期，中共黨內也鬧得天翻地覆。九月十九日，史達林終於決定讓中共正式退出國民黨，開始共產黨在中國建立蘇維埃的鬥爭。瞿秋白次日透過蘇聯駐漢口領事接到指令。九月底，中國共產黨領導人搭船離開漢口，前往上海，持續深入地下工作。[14]羅明納茲不久也進駐上海。十月間，共產國際執委會另一位代表海因茲．紐曼（Heinz Neumann）（化名莫里茲〔Moritz〕或格魯勃〔Gruber〕）也來到上海，旋即經香港、入廣州，籌劃後來被稱為廣州公社的一項新暴動。這項暴動同樣失敗，犧牲者之一是鮑羅廷的前任譯員張太雷。白色恐怖，加上中共的冒險主義，使中共付出慘痛代價。一九二七年底之前，中共黨員從將近五萬八千人左右，降到只剩一萬人，折損約五分之四。

這也是為什麼不只是毛澤東、還有許多共產黨人在一九二七、二八年之交的冬天，紛紛逃到農村的原因。在偏遠地區，他們打出蘇維埃的旗號展開新的鬥爭。莫斯科指定這個口號。而毛澤東是首開其端的第一人，因而遭遇許多問題：同志們不瞭解、有人妒恨、被罵犯了「左傾錯誤」，也被指控是「右傾錯誤」。九月間，毛澤東已因為拒絕攻打長沙，被蘇聯領事兼共產國際代表庫丘莫夫痛批。庫丘莫夫痛斥湖南省委的「不作為」，是「最可恥的背叛與臨陣脫逃」，要求政治局立即撤換省委領導人。這個蘇聯領事認為，如果不是彭公達和毛澤東表現出「極可怕的中國式庸俗」，長沙暴動是可以成功的。瞿秋白只好下令長沙方面即刻要有行動。同時，他又派全權代表任弼時前往長沙，主持省委人事改組，不過彭公達仍留任書記。任弼時的努力並無助於局勢，他自己很快也認為在長沙發動「起事的時機已失」。[15]

一九二七年十一月七日至十四日在上海舉行的臨時政治局擴大會議，毛澤東又遭到另一個打擊。兩個莫斯科代表主導這項會議——羅明納茲，他在十一月十日即會議結束前，就回俄國去；另一個是赤色職工國際（The Red International of Trade Unions）代表歐爾嘉・米克維奇（Olga Mitkevich）。他們的介入已事先決定了這場不光彩的暴動籌劃人受到懲處的程度。史達林再次需要替罪羔羊，不肯承認自己有任何錯誤。會議通過〈政治紀律決議案〉，對毛澤東及其同志有這樣一段話：

湖南省委對於農民暴動的指導更是完全違背中央策略。中央屢次指出湖南暴動應以農民群眾為其主力，並且向省委書記彭公達同志當面警告其軍事投機的錯誤，要省委改正此錯誤……中央臨時政治局擴大會議，對於上列執行錯誤政策之黨部執行機關及負責同志，決定下列的處罰……湖南省委委員彭公達、毛澤東、易禮容、夏明翰，應撤銷其現在省委委員資格，彭公達同志應開除其中央政治局候補委員資格，並留黨察看半年。毛澤東同志……應予開除中央臨時政治局候補委員。[16]

這時候，「毛澤東主義」這個字詞開始在中央委員會當作「軍事機會主義」的同義詞傳開來。

毛澤東要到四個月之後的一九二八年三月初，改組過的湘南特委代表周魯來到井岡山見他，才知道自己被免去政治局候補委員職務。這個年輕人因為身居湘南特委軍事部長，自命不凡。[17]他所代表的黨委是在三個月前的一九二七年十二月成立，中央交付給它改組井岡山共產黨領導的任務（這時候設在長沙的湖南省委已經幾乎被國民黨消滅殆盡）。

上海的領導人不能原諒毛澤東的擅自行動；一九二七年十二月三十一日，他們要求免去毛澤東前敵委員會的職務。通常不亂發脾氣的中央軍事委員會書記周恩來，或許因為他本人可能受責難，表示非常不滿毛澤東。周恩來負責的南昌暴動也失敗。周恩來說：「毛澤東的部隊只是到處流竄的土匪。這樣的領導人〔毛澤東〕不相信廣大群眾的力量，才陷入真正的軍事機會主義。」[18]湖南省委還剩下的幾個委員也認同他的看法，表示毛澤東的部隊完全由「地痞流氓」組成。[19]共產國際遠東局駐上海代表對毛澤東部隊的判斷也同樣嚴厲（和正確）。譬如，共產國際執委會國際聯絡部代表亞歷山大．亞伯瑞奇（Alexander Al'brecht）在一九二八年二月底向莫斯科報告說：

> 建立紅軍是一個非常重要的問題。由於這些軍隊既無基地、又無給養，他們對農民構成極大負擔。由於這支軍隊有一部分出身半土匪，如毛澤東的單位即是，隨著時間過去，他們會分化，會讓農民反他們。尤其糟糕的是，這些軍隊經常跑掉，留下農民去應付軍閥部隊的進攻。[20]

黨下令懲處的新聞對毛澤東構成沉重打擊，尤其是周魯試圖全面抹黑毛澤東，宣稱中央已將毛澤東開除黨籍。其實這是天大的謊言，可是毛澤東無法查證或否認它。周魯免去毛澤東所有的黨職，把他降級為第一師師長。②身為「非黨員」的師長，毛澤東是政治問題不能作主，軍事問題也不能決定，因為黨才是各個方面的領導。周魯也解散前敵委員會，把第一師的黨權交給年僅二十一歲、他覺得信得過的團政委何挺穎。很顯然，周魯以為年輕、沒經驗的何挺穎容易操縱。但是他失算了。何挺穎因為和毛澤東一起參加秋收暴動、一起艱苦地從文家市跋涉到井岡山，對毛澤東仍然奉命唯謹。[21]周魯也沒有考量到除了年輕的何挺穎，毛澤東在第一師還有別人可以依靠。

② 原書註：日後毛澤東回憶這段時日時，譏諷地說：「（我）當了個民主人士（即非共產黨員），只能當師長了。」

毛澤東在井岡山最信任的一個人就是他親弟弟毛澤覃。汪精衛響應清共前夕，毛澤覃接受大哥的建議，隨國民革命軍第四軍部隊離開武漢，前往江西、湖北邊界的九江。他在九江驚聞「左派」國民黨和國民革命軍響應清共的消息。危機當前，他接受第四軍參謀長葉劍英（共產黨員）的建議，逃到南昌，希望和參加暴動的賀龍部隊接上頭。等他到了南昌，共產黨已經走了，到處都是國民黨部隊。毛澤覃在南昌城門被巡邏隊攔下，稍加盤問就放了。離開南昌，他往南走，離南昌已有二百公里，才終於追上叛軍的哨兵。他們帶他去見周恩來，周恩來立刻認出他是毛澤東的弟弟。毛澤覃奉派在政治部和葉挺同事。就這樣，他參加了攻打汕頭戰役，然後加入朱德部隊，跟著部隊輾轉前往粵贛邊區。到了粵贛邊區，一九二七年十一月中旬，朱德的部隊連接上毛澤東手下一個營的戰士。這支部隊被國民黨部隊打得和主力部隊失去聯繫，在山區流竄。朱德和毛澤覃從他們口裡知道秋收暴動失敗、毛澤東率部落腳井岡山。朱德決定和毛澤東會師，派毛澤覃去找他哥哥。朱德交給毛澤覃一封信，上面寫說：「我們必須團結力量，執行一個清楚的軍事和農民政策。」[22]

十一月底，毛澤覃安全抵達茨坪，兩兄弟歡欣重逢。毛澤覃留下來，協助毛澤東打理一切。有一陣子，他也追求賀自珍，不過沒成功。這時候，他的太太周文楠帶著六個月前生的幼兒楚雄，被關在長沙監獄（她在一九二八年三月遭到一名叛徒出賣，被抓進牢裡）。毛澤覃知不知道這件事？或許不知道。但是他應該記得和她在武昌分手時，她已經身懷六甲。因此他肯定會知道大約九月時就做了爸爸。小孩在獄中生病，病情嚴重，被獄卒從母親身邊帶走，送到醫務室等死。不料，他竟活了下來，幾個月後交給外祖母照料。老人家為了保護他，把外孫改姓周，不姓毛（直到他十歲，她才告訴他，他的生父是誰）。要到一九三〇年七月，紅軍部隊短暫攻佔長沙，毛澤東這位弟媳婦才重獲自由。但是這時毛澤覃已另結新歡。追不到毛澤東的愛人，他在她妹妹身上找到安慰。一九三一年初，他娶了賀怡。③

毛家兄弟的確不適合過家庭生活。毛澤民也根本不是模範丈夫或父親。他早早就拋棄髮妻王淑蘭和他們三歲的小孩，再也沒見過他們。她也吃盡苦頭。她兩次被捕，第一次即一九二七年五月底許克祥發動馬日事變之後。很幸運的是她很快就獲釋。鄉人替她作證，說她早就和毛澤民離異。但是，一九二九年五月，她再次被捕，關進長沙市監獄。紅軍在一九三〇年七月救了她，以及毛澤覃的妻子。可是，她出獄時受牢友之託，帶著牢友④九歲的兒子華初一起走。從此以後，王淑蘭帶著她和毛澤民生的女兒毛遠志以及華初，三人相依為命。王淑蘭靠打零工勉強過活，但是到了一九三一年夏末，她撐不下去了，帶著兩個小孩到上海，因為傳聞她的前夫和新妻住在上海。但是她沒找到毛澤民。黨裡的舊識告訴她，毛澤民和妻子錢希鈞於一九三一年七月奉中央的命令去香港。王淑蘭黯然而歸。她窮困潦倒，無人援手。⑤

這一切倒不盡然是毛家兄弟的薄倖。這麼做的人也不只是他們。一夫多妻在中國相當平常，甚至中國共產黨內最擁護女權運動的男性黨員，對女性也相當歧視，雖然只是下意識。他們沒太把女性當作同志、而是當作性對象。至於小孩，誰會管他們？中共號稱代表農村無產階級，子女、尤其是女兒，經常被認為是負擔。當然，和貧苦的農民有點不同的是，中共領導人對其子女的絕情，不完全出於經濟因素。他們根本無暇顧及子女；他們必須專注在主要任務上——革命、內戰、解放被壓迫的群眾。在宏偉的計劃中，小孩的眼淚，即使是自己的骨肉，實質上並未受到注意。

③ 原書註：值得一提的是毛澤覃的元配趙先桂就在這時候冒著性命危險，在長沙從事地下工作。趙先桂一九二七年春天從莫斯科回國後，把在莫斯科學來的本事發揮在湖南，組織農民運動，或者講得精確一點，組織農村無產階級。一九二七年五月二十一日，許克祥發動「馬日事變」，她被捕，但於次年一月出獄。一九三一年初，她前往武漢，並曾基於安全理由改名趙凌英。後來她先後奉派到上海、南京和山東省會濟南工作，嫁給了山東省委書記，可是一九三二年夏天，她丈夫及她先後被國民黨逮捕、處決。（編註：據查一九三一年初趙先桂應已至山東濟南，她後來擔任山東省委秘書，改嫁丈夫裴光則是山東省委宣傳部長，原書誤記其職稱。）

④ 譯按：即羅醒烈。

⑤ 原書註：王淑蘭一直活到革命勝利之後。有一陣子她在韶山毛澤東文物館工作，後來搬到長沙居住。一九六四年七月，她病逝於長沙，享年六十八。

黨內鬥爭需要全神貫注，以毛澤東而言，一點兒也不亞於革命。他的新敵人周魯一九二八年三月來到井岡山，陶醉在權力中。他命令毛澤東把部隊從茨坪調到湘南，支援當地農民運動。毛澤東遵命辦理。他不覺得自己地位強大到可以公開抗拒黨的代表。直到一個月之後，部隊已到了湘東，他才說服周魯回師。湖南已經沒有農民運動，但是毛澤東聽到傳聞說，朱德的部隊已經從江西到了湘南，而且正在往井岡山移動。他必須出發，盡快和他們會師。

與朱德會師的想法佔據了毛澤東全部心思。朱德是個職業軍人，也是資深黨員，指揮著一支兩千多人馬的強大軍事力量。一九二七年十二月中旬，毛澤東就向湖南省委提議會師計劃，省委批准它，黨中央也批准它，並下指令交代朱德遵辦。但是要到一九二八年的四月中旬，會師才似乎有可能成功。這兩位領導人歷史性的會合，發生在一九二八年四月二十一或二十二日的井岡山西邊的酃縣村。三、四天之後，他們的部隊完成整編，湖南特委賦與它番號「中國工農革命軍第四軍」，以紀念國民革命軍著名的第四軍[23]（一九二八年六月，中共中央決定工農革命軍改名為紅軍）。

毛澤東在比他年長七歲的朱德身上找到一位理想的同志。朱德出身四川農民家庭。他的客家父親遠比毛澤東父親窮困，無法餵飽一家人肚子，必須親手在水塘裡溺死自己五個親骨肉。[24]一九三七年，朱德向作家史沫特萊（Agnes Smedley）吐露：「我愛我的母親，對父親則又怕又恨。我根本不能明白為什麼我父親那麼殘忍。」[25]幸運的是，父親家族一位家境較好的親戚在他六歲時，領養了朱德。他受到良好教育。一九〇九年，二十三歲的朱德進入雲南府（今名昆明）雲南講武堂。同年，朱德加入孫逸仙的同盟會，全力「為共和奮鬥」。[26]他也加入黑手黨式的秘密幫會哥老會，哥老會綿密的組織滲透到中國社會每個層面。朱德積極參加辛亥革命，在一個雲南軍閥底下晉升為旅長。一九二一年他被任命為雲南省警政廳廳長。史諾寫說：「他討了好幾房妻妾，在雲南省城蓋了一棟宮殿般的豪宅。他什麼都有了：財富、權力、愛情、子女、鴉片煙、受人尊敬、前途光明。事實上，他只有一個壞習慣：他愛讀書。」[27]他對布爾什維克主義產生莫大的興趣，竟然拋棄一切，遠渡重洋到了歐洲，先到法國，再轉赴德國軍校念書。他在德國遇上周恩來，周恩來在一九二二年十月說服他加入共產黨。一九二五年七月，朱德前往莫斯科，進入東方勞動者共產主義大學，化名丹尼洛夫（Danilov），研讀布爾什維克社會學和經濟學。不久，他轉入蘇聯一所秘密軍校，一九二六年夏天畢業後，回到中國。他參加北伐，後來在老朋友周恩來指揮下，對籌劃南昌暴動做出重大貢獻。

他體格壯碩，愛打籃球，與士兵一樣席地睡覺；他的生活和衣著都很簡樸。認識他的人都深受他的謙虛和愉悅的態度感動。他最大的美德就是毫無政治野心。朱德承認毛澤東在一切政治事務上的優先地位，毛澤東起先在軍事事務上也完全尊重朱德的意見。因此，他們可以說是天作之合。[28]

朱、毛會師之後，他們意見一致，該回到羅霄山脈中部的井岡山根據地。他們在茨坪北邊的礱市鎮設立總部。周魯不再是障礙，他已在井岡山被國民黨捕獲、槍斃。毛澤東和朱德共同的目標是，鞏固他們的蘇區根據地之後，設法把勢力擴張到湖南、江西、廣東三省交界的六個縣。用毛澤東的話來說：「我們的主要任務有二：分田和建立蘇維埃。我們要武裝群眾來加速這個過程。」[29]

毛澤東和朱德會合還有一件事值得一提：他從朱德這裡獲悉他並沒有被開除黨籍。甚至不久之後毛澤東就得到江西省委通知，他被派為新成立的湘贛邊區特委書記。有了湘贛邊區特委身分，他再度集井岡山地區政治、軍事權力於一身。他當然十分得意（一九二八年十一月，毛澤東的權力更進一步加強，中央決定恢復前敵委員會，派他為書記。這個特設機關直接向江西省委報告，地位高於湘贛邊區特委）。

許許多多農村無產階級、共產黨的盟友，隨著朱德的部隊來到井岡山。他們一起在湘南地區燒殺擄掠好幾個月。這個地區的經濟十分凋疲，朱德部隊在湘南要靠種植、銷售鴉片勉強餬口。[30]共產黨曉得販運毒品不好，但他們別無其他辦法。因此，一方面號稱繼續為勞動人民權利奮鬥，本身卻又以毒品荼毒人民。由於經濟實在太艱困，朱德最後必須把部隊撤出湘南，前往井岡山。

一九二八年五月，井岡山地區集結了約一萬八千名戰士。毛澤東認為他們大多數人「亂七八糟、紀律很壞」。[31]因此他的第一要務是對這支武裝暴民建立嚴格的管控。如果沒有能力正常供應他們給養和衣物，根本不可能管控他們。藥物也是迫切需要的物資。井岡山負傷或生病的戰士不下三分之一。毛澤東也必須組織起武器和彈藥的生產製造。兵員一萬八千人，卻只有兩千枝步槍、外加少數機關槍。在這樣的背景下，毛澤東決定進行大規模的社會經濟改革，或者用白話講，展開農民革命。直到一九二七年十月以前，毛澤東的士兵和袁文才、王佐的土匪都用舊式方法取得他們之所需。他們向山谷的居民課稅，他們從土豪劣紳的家沒收一切財物。可是即使如此掠奪，毛澤東也只能支付手下薪餉一天不超過三個銅板。這實在太少了；因此，非得有新辦法不可。

終於他要祭出深思熟慮已久的公平正義社會的方案。他這些觀點具有激進的平等精神，本質上是反農民的。井岡山地區屬於農民和地主的一切土地，統統充公，交給「湘贛邊界工農兵蘇維埃政府」，而邊界政府的首腦不是別人，正是袁文才。土地再以嚴格平等的方式，按照每戶人口，分配給支持政權的鄉下居民。土地嚴禁買賣，分配到土地的人「一定要耕作」。一切都按照毛澤東個人的指示辦理。直到一九二八年十二月，也就是第四軍要離開井岡山的前一個月，才為這些措施找個準立法的基礎，由邊界政府溯及既往，通過毛澤東起草的井岡山《土地法》。毛澤東一直堅持他的信念。一九二七年四月十二日，他公開表示：「中國土地問題的解決，應先有事實，然後再用法律去承認他就得了。」他正是這麼做。[32]

毛澤東一九二八年十一月二十五日上給中共中央的報告指出，到一九二八年六月，本地區大多數土地已經充公、分配完畢。剩下的土地在秋末之前將持續分配完畢。如此粗糙的分田措施當然激發相當程度的抗拒。不僅地主痛恨平等主義，連廣大的農民群眾也不滿意，最積極反對的是本地富裕的自耕農。毛澤東承認，「家族組織在農村中，作怪得厲害的，不在大的豪紳，而在中間階級」。他們最積極阻撓分田，一直要到紅軍槍斃了好幾個本地人，才有辦法推動。此後農民只有逃離井岡山或是暗中破壞農民革命之推行，兩條路選一條走。他們大部分選擇逃亡，因為他們害怕客家人在紅軍協助下，會把本地人殺個精光。毛澤東上給中央的報告黯淡地提到：「土籍農民大部分反水，⑥掛起白帶子，帶領白軍燒屋搜山……土籍農民跟著反動派逃走，客籍農民又去沒收土籍農民的財物。」[33]此後，留在山谷的人減少做買賣、停止手工藝生產。所有的市場全都關了，鹽、布料、藥品等日用品和其他許多商品實際上全消失了。共產黨又搬出徵收的辦法。靠掠奪和殺人維持的政治經濟，老百姓怎麼可能過正常生活。要供應士兵每天食物所需的三到五個銅板，每個月沒有上萬銀元不可。毛澤東向中央報告說：「如果被抓的土豪劣紳不給錢，我們就沒錢可花。」錢「亦完全靠打土豪，但是……在一個地方只能徵收一次；再來，就沒有東西可徵了」。[34]

用毛澤東的話說，結果是「邊界的鬥爭，完全是軍事的鬥爭，黨和群眾不得不一齊軍事化……怎樣作戰，成了日常生活的中心問題」。[35]恐怖因而成為唯一的生存之道。毛澤東寫說：「現在我們農村鬥爭的整體戰略是……毫不留情殺光地主、土豪劣紳及其走狗；以紅色恐怖手段威脅富農，使他們不敢協助地主階級。」要及時執行恐怖手段，必須從「最勇敢的工農」組織特別的「紅色行刑隊」，對村落進行夜間游擊戰。[36]很自然的，絕大部分出身貧下農、農村無產階級和客家的紅軍士兵，熱切歡迎這項政策。毛澤東在報告中熱切地寫下：「地痞流氓尤其是好戰士。因此之故，我們現在不僅不能減少部隊中的地痞流氓，而且還很難找到更多替補。」[37]客家人本來就驍勇善戰，作戰時格外勇敢。

由於邊界生活軍事化的結果，到了夏末，紅軍甚至在對付國民黨個別單位時，也開始小有勝利。黃洋界位於茨坪西北方，紅軍在這裡遭遇國民革命軍第八軍一個團，把它打得落花流水，戰績特別顯著。毛澤東歡喜若狂，環顧四面青山，吟詩為記：

山下旌旗在望，
山頭鼓角相聞。
敵軍圍困萬千重，
我自巋然不動。

---

⑥編註：「反水」意即叛變、倒戈。

早已森嚴壁壘，
更加眾志成城。
黃洋界上砲聲隆，
報道敵軍宵遁。[38]

但是他慶祝得太早。儘管祭出恐怖手段，取得給養依然十分困難。紅軍士兵大都只吃南瓜，白米飯成為珍饈美食；其實本來也就沒什麼其他東西可吃。南方人習慣吃辛辣，尤其痛苦。戰士們不痛快地呼喊：「打倒資本主義，吃南瓜！」許多人得了胃病。據他的女兒說，毛澤東本人也得了便秘。他沒辦法忍受清淡的食物，可是又弄不到他喜愛的紅辣椒。他得靠賀自珍給他灌腸。[39]

這一套全然反農民的政策終於導致深刻的危機。到了秋末，試圖在中國社會導入「戰時共產主義」的做法已使得毛澤東的部隊陷入孤立，和大多數居民站在對立面。毛澤東當然瞭解究竟是怎麼一回事，但是他不願重新檢討他的極端派觀點。他的精力驅使他向前走。鬥爭的目標和羅曼史蒙住他的眼睛，而且他那強大的意志力驅策他克服萬難，他對獨裁專政力量的信念也使他堅定不移。愈是遭遇困難，他的鬥志愈是高昂，決心不惜代價，執行計劃到底。

很長一段時候，他覺得自己非常不凡、絕對不會有錯。這會是毫無根據嗎？湖南偏鄉出身的一個農家子弟，他已經有了目前這番成就。他不僅能夠昂首闊步，還能讓許多要人尊敬他、甚至害怕他。他又怎麼會對自己沒信心？

他並不想離開井岡山。從戰略上講，這個地區非常理想，四面高山陡壁圍繞，有路通往湖南、江西兩省，是個易守難攻的好地方。毛澤東認為，在其他任何地方都有可能「虎落平陽被犬欺」。[40]縱使如此，他還是不能不走。到了一九二八年十二月初，井岡山的經濟資源已經幾乎羅掘殆盡。前幾個月才成立的紅軍第五軍在十二月初抵達井岡山。他們被眼前的景象嚇了一跳。第五軍軍長彭德懷記得，當時「紅四軍弟兄們還穿著夏天衣服和草鞋。他們沒有冬衣、沒有鹽做菜、沒有錢供應每天伙食所需的三個銅板」[41]。一九二八年五月，毛澤東手下還有一萬八千名兵馬，現在剩下不到六千人。毛澤東、朱德和彭德懷都很清楚，唯有離開這個廢墟，另尋新地方掠奪，才會有生路。[42]

一九二九年一月初，毛澤東和朱德決定把基地移到靠近福建邊界的贛南地區。雖然毛澤東認為新地點太遠，但是他不會看不到閩贛邊區的許多好處。這個地區人口更稠密、更多新來人口。在中國，它甚至有「客家鄉」的稱號。這片森林地帶氣候宜人，遠離被國民黨控制的工業中心，毛澤東的部隊有極優異的機會建立強大的根據地。大部分貧苦的本地客家人同情共產革命；許多人甚至把紅軍當作同宗兄弟。

一九二九年一月十四日，勉強才有三千六百多人馬的朱德及毛澤東的部隊，從井岡山南下。[43]他們士氣渙散、疲憊不堪。他們曉得井岡山實驗已經失敗。毛澤東本人給中央的一封信也承認這一點。[44]舊根據地留下由彭德懷第五軍五個連組成的紅四軍第三十團、紅四軍所有的傷、病戰士，以及袁文才、王佐的部隊。留守部隊指揮權交給彭德懷，他被派任為第四軍副軍長。

朱德和毛澤東部隊從井岡山出發前幾天，辦了一場慶祝會慶祝紅四軍、紅五軍合併，卻發生一件不愉快的事，使許多人覺得是不祥之兆。會場匆匆搭蓋的檯子不牢靠，毛澤東、朱德和其他人登上台，它卻垮了。大家驚叫，但是朱德盡力穩住場面，他說：「沒事！沒事！我們倒了，我們應該站起來，繼續作戰。我們再把它蓋起來。」[45]慶祝會繼續進行，但許多士兵心裡頭一直嘀咕。新考驗等著他們，這個不祥之兆似乎讓他們很困惱。

賀自珍陪毛澤東一道走。分手會有危險。楊開慧的悲慘命運前車可鑒。日後，賀自珍在和朋友談話時表示，她當時想留在井岡山，因為她早已覺得毛澤東「配不上她」。她說，毛澤東命令衛士架著她上路；她一路上哭個不停。[46]這個說法很可疑。她向朋友提這段話是在她和毛澤東分手之後（他們在一九三七年分手）。一九二九年一月，她有五個月的身孕。在這種情況下，她沒有理由拋下丈夫，不跟他一道走。

第十六章

星星之火可以燎原

毛澤東和朱德在井岡山推動農民革命的時候，蔣介石逐步鞏固他的全國權力。一九二八年中葉，北伐完成，全國統一在國民黨統治之下。南京成為中華民國首都。由蔣介石盟友閻錫山佔領的北京，改名北平。①幾天前，北洋政府首腦、東北王張作霖，因為日本人不滿意他消極對抗國民黨，將他謀殺。[1]他的兒子張學良年僅二十七歲，被擁立接掌東北軍政大權。張學良旋即正式承認蔣介石政權。一九二九年一月一日，軍政時期結束，全國進入為期六年的訓政時期新階段（孫中山遺教把國家建設分為軍政、訓政、憲政三階段，逐步建立真正的民主）。因此，一九二五至二七年國民革命的基本理想已經正式達成，全國建立統一的政府。其實，軍閥衝突仍不時發生，蔣介石藉由他的兵力十分努力才逐漸敉平群雄，獲致勝利。

同一時期，中國在政治上、經濟上仍然相當依賴列強。即使一九二八年至一九三〇年期間，大部分主要國家已與南京政府簽署協定，把關稅自主權交還中國，但是不平等條約（包括治外法權）仍未廢除。

國際共產主義運動和中國共產黨在這段期間也出現重大變化。一九二八年二月，共產國際執委會第九次擴大會議在莫斯科召開，承認革命已在退潮，並且宣布它反對動輒暴動的冒險主義，以及支持「爭取群

① 原書註：國民政府依循明太祖之例，定都南京，把原本的首都改名為北平。

眾加入中國共產黨的辛苦工作」。隔了幾個月，中共在一九二八年六至七月召開第六次全國代表大會。由於中國正在鬧白色恐怖，中共的六大是在莫斯科召開。出席會議者有八十四名代表、三十四名候補，一共一百一十八人。代表包含了瞿秋白、周恩來、李立三、張國燾和蔡和森等知名人物。毛澤東當然沒有出席，他正在井岡山忙著進行對付「反革命」農民的戰爭。這個時候，中共黨員人數有多少，並無可靠的統計資料。一九二七年十一月臨時政治局擴大會議通過一項決議，廢除黨證及黨員名冊的制度。黨員人數估計有四、五萬人，不過這個數字偏離事實。[2]

中共六大表示支持共產國際執委會第九次會議對「盲動主義」（putschism）的譴責。中共自一九二七年底起推動的暴動政策被抨擊為「錯誤」的政策。很自然，這個錯誤路線的責任落在黨的領導人瞿秋白身上。史達林和共產國際再次夷然無傷。根據蘇聯的指示，六大代表通過一項決議，把現階段中國革命定性為「資產階級民主」革命，縱使民族資產階級「背叛」了革命運動。重點在於，在落後的「半封建」的中國，不可能推行純粹共產主義的政策，如工廠作坊收歸國有、消滅小資產階級及富農、「尖銳鬥爭」富農等等。中共領導人追隨莫斯科主子，他們努力證明自己忠於歷史唯物論，堅稱特定國家是否準備好進行共產主義革命取決於它的社會經濟發展的水準。他們這麼說，卻忘掉列寧本身曾擯斥對馬克思主義做這樣的解釋。他們狂熱地遵守某種聖禮的宗教儀式，其實它們和共產黨人如何實際運作完全風馬牛不相及。

結果是，六大與會代表把毛澤東的激進思想拿出來痛加批評。有位湖南黨代表說：

> 在湖南省，我必須說……出現一種偏差，毛同志的特殊理論。他有一整套想法。他是怎麼說的？他說，我們現在已經直接進入工農革命，意即社會主義革命；國民黨的旗子已經變成黑旗；我們現在必須卸下我們自己的紅旗……我也必須說，毛同志的革命已經是社會主義革命的說法，已經在群眾之間廣泛流傳。[3]

瞿秋白本人極可能是影射毛澤東，批評有些「同志」關於農民問題的立場。「我們的鬥爭口號不應該是沒收農民的土地。沒錯，去年秋天我們同志有些人具有這種錯誤思想，但是中央反對它，就這個問題發下指示，點出這個觀點的不正確。」[4]可是，對毛澤東的批評還不構成政治的傷害。黨的領導人還不知道毛澤東正在井岡山執行的政策，因此他們斥罵的是他似乎已經去除掉的、過去的錯誤。周恩來說：「我們還不知道他們〔毛澤東和朱德〕對農村改革、對組織蘇維埃的態度……我們也不知道毛澤東和朱德採取什麼形式的鬥爭。」有位代表替毛澤東辯護：「目前，關於毛澤東的情況已有改善。過去他不曉得中央的路線，但是現在省委已經和毛澤東取得聯繫，給予他指示，因此他們已經開始做這項工作。至於軍事方面，它也改變做法，已經開始動員群眾。」[5]

這就是為什麼毛澤東不僅沒在六大遭到開除黨籍，還在缺席之下當選為中央委員。畢竟他是中共第一個根據地的組織者，而且共產國際也承認發展中國紅軍的重要性。除了毛澤東之外，中央委員會共有二十三位委員，及十三位候補委員。在共產國際執委會的推薦下，四十八歲的工運領導人向忠發當選中共中央總書記。他從來沒被認為是領導型的政治人物，但是共產國際基於他出身無產階級的背景大力支持他，而且當時莫斯科也認定中國共產黨犯了這麼多過失，是因為它的領導層有太多知識分子。縱使如此，共產國際執委會還是安排周恩來、李立三等知識分子擔任重要領導人，扶助向忠發。瞿秋白和張國燾保留在黨高級機關的身分，但是為了懲處他們的暴動主義，他們要留在蘇聯。中方新成立一個由中共、共青團和中華全國總工會合組的代表團，常駐國際共產主義運動的最高機關，瞿秋白、張國燾分任正、副團長。②

毛澤東許久之後才知道共產國際執委會第九次會議及六大的決議。一直要到一九二八年十一月二日，

② 原書註：這個代表團共有八個人。瞿秋白、張國燾和黃平三人為中共派駐共產國際執委會的代表。陸定一和劉明復是中國共產主義青年團派駐少共國際（Youth Comintern）的代表。鄧中夏和余飛是中華全國總工會派駐赤色職工國際（Profintern）的代表。這是首次組成類似的代表團。在此之前，中共在莫斯科的代表都是以個人資格出任。

他才接到中共中央在六月四日發給他的信〈中央致朱德、毛澤東並前委的信〉。③一直要到一九二九年一月，即他要離開井岡山前不久，六大的基本決議才送到他手中。儘管這些決議駁斥他的政策，深諳政治藝術的毛澤東假裝他全心贊同黨的一切規定。其實他根本不打算做任何改變。他若是覺得無法直接反對黨的領導，就給它來個陽奉陰違。

他很快就回信給中央說：「我們完全同意共產國際關於中國問題的決議。中國現時確實還是處在資產階級民主革命的階段……深感全國革命潮流的低落……六大通過的決議非常正確，我們很高興地接受它們。」[6]當然他把所有的過錯推給別人，尤其是已經死去的敵人周魯。毛澤東說是周魯強迫他遵守「左傾」路線。毛澤東告訴中央：「批評我們太右，燒殺太少，沒有執行所謂『使小資產變成無產，然後強迫他們革命』的政策。」毛澤東說：「至於不去沒收自耕農土地這一點，是因為在邊界獨立政府地域，全已被沒收了，當然這個問題以後不會再出現。」[7]換句話說，當然我同意你說的，可是太遲了，沒辦法改了。

一九二九年四月在贛南制定新的土地法時，相較於井岡山《土地法》，毛澤東至少做了一個基本改變。關於全面沒收土地這一句換成：唯有「公共土地及地主階級的土地」才會被沒收。但是，禁止土地買賣、要求依據家庭人口數平等地重新分配土地的規定仍予以保留，儘管它們並不吻合資產階級民主革命的原則。

共產國際執委會第九次會議的決定，以及中共六大的決議，都發交黨員開會討論，但毛澤東沒有公開討論六大兩項決議案——〈農民問題決議案〉、〈蘇維埃政權的組織問題決議案〉——中有關中共對綠林兄弟的政策那一部分。它們提到：「暴動前可以同他們聯盟，暴動後則應解除其武裝並消滅其領袖。與土匪或類似的團體聯盟，僅在暴動前可以適用。暴動之後宜解除其武裝並嚴厲的鎮壓他們。」[8]毛澤東沒有辦法當著袁文才和王佐的面宣讀這一點。

毛澤東離開井岡山之後好幾個月，袁文才弄到這兩份決議案的副本，把最重要的部分念給不識字的王佐聽。他說：「不論我們對他們如何忠誠，他們不信任我們。」王佐勃然大怒。一九三〇年二月，袁、王兩人率部攻擊留在井岡山的彭德懷部隊。袁、王在鎮外一座浮橋和彭部交戰，但立即被打敗，試圖逃入山區，但是時運不濟。一個在橋邊陣亡，一個跳水，也被淹死。數百名土匪被共軍俘虜。[9]根據客家人的信仰，兩人都是凶死，天堂不收他們，他們的三魂七魄都不得安寧。[10]

一九三六年和史諾談話時，毛澤東輕蔑地提到他們，又亂講袁文才、王佐兩人是被農民殺死。[11]可是，多年之後，一九五〇年代初期中華人民共和國已經成立，袁文才和王佐獲得平反，名字列入革命英雄榜。若沒有毛澤東的批准，這是不可能的。似乎是他忘不了他對他們的虧欠吧。一九六五年五月二十九日，毛澤東重上井岡山，見了袁文才遺孀謝梅香和王佐三房妻室之一的藍喜蓮。④談話中，他表示：「你們的親人，在井岡山鬥爭時期是有功勞的，他們對中國的革命是做了貢獻的。」後來，中國歷史學家開始寫說袁、王兩人死於「叛徒陰謀」。[12]然而，一九二九年一月離開井岡山時，毛澤東絕對想像不到一年之後，袁、王就會遭遇這樣的命運。他們分手時彼此交情還很好。

毛澤東和朱德的部隊迅速向南移動。一九二九年二月一日，他們抵達福建、廣東和江西三省交會處客家人中心地帶的羅福嶂山區。這個貧窮地區七成以上居民是吃不飽飯的佃戶。[13]要在當地駐留，生活一定很苦，而且國民黨部隊也跟在紅軍後面追上來。為了擺脫追兵，紅軍急轉彎向北、再向東，又轉南，在江西南部和福建北部流竄，攻擊小城鎮村落、搶劫地方居民。[14]紅軍部隊有將近一半是共產黨員，所到之處都號召地痞流氓和貧農佃戶搶奪及分配別人的土地，不付租不付欠債，並且組織游擊隊。他們把「反動派」抓起來、戴上高帽子遊街示眾，或者毫不留情就殺了。為了恐嚇和教育老百姓，他們按照土匪的辦法公開展示死者屍身。安徽、湖北、廣西和廣東等地方，其他共產黨人也一樣，全依「殺人放火」的原則辦

③ 編註：原書誤植為中共六大第九次會議，且信件名稱誤植為〈關於共產國際執委會二月會議〉。

④ 編註：原書誤植為王佐的二房羅夏英，實應為其元配藍喜蓮。根據王佐長孫王生茂回憶，王佐死時只有藍、夏兩位妻子，未查得作者所說的「三房妻室」。羅夏英在王佐死後不久即改嫁。

事。消滅「剝削分子」和「燒毀村莊」成為標準作業程序。[15]

根本不理睬六大的決議，毛澤東和朱德藉口剷除「反動派」，加強針對小資產階級、富農和商人的鬥爭。他們端出冠冕堂皇的話掩飾他們的土匪行徑。朱德和毛澤東攻佔某個商業市鎮之後，發公告向居民呼籲：「紅軍是為工農謀利益的軍隊」，公告說：

對於商人極力保護，紀律森嚴，毫無侵犯。現因軍糈拮据，特函前來請代籌軍餉大洋伍千元，草鞋、襪子各七千雙，白布三百疋，夫子二百名，務於本日下午八時以前送來本部。即希查照辦理，切勿玩延。如坐視不理，即證明寧都商人顯係與反動派勾結一氣，故意與紅軍為難，本軍惟有將寧都反動商店盡行焚毀，以警奸頑，勿謂言之不早也。[16]

和以前一樣，為了填補財庫，共產黨又深深介入鴉片生意。[17]

一九二九年五月底，賀自珍在龍巖生下一個女兒。紅軍暫時攻佔龍巖，沒有可能堅守它。敵軍快速進逼，朱、毛部隊必須立刻撤退。毛澤東只有時間匆匆為女嬰命名「金花」。產下女嬰後半個小時，在毛澤東要求下，賀自珍把小孩交給一戶農家，另外塞了十五元給他們。用她自己的話說，她連哭都沒哭。[18]她可能很難過，但是她強忍住、藏住感情。不久之後，她改名「子珍」。毛澤東告訴他妻子：「革命勝利後，我們再來帶她回家。」但是他無法守住這個承諾。毛澤東和賀子珍再也沒有找到她。

毛澤東沒有時間照料嬰兒，尤其是紅軍正陷入前所未有的困境。[19]和政府軍及地方農民自衛隊持續交戰之後，紅軍部隊迅速融化。兩個月內，紅四軍折損六百多人。黨內權鬥也產生問題。四月間，他們突如其來收到二月周恩來在上海寫的一封信，沒有交代任何理由，緊急要把毛澤東和朱德調走。黨中央也要求將紅四軍分為幾支小股部隊，派遣他們分赴許多地方鼓動農民遍地革命。[20]當然，毛澤東痛恨黨中央新領導人害怕他和朱德擁兵自重、不聽指揮這件事。這封信不言而喻，透露一個訊息：「誰曉得他們在幹什麼？他們會不會勃然而起、失去控制？畢竟他們擁有軍事力量。最好是在他們變成新軍閥以前，就把他們連根拔掉。」

毛澤東立刻就掌握到其中奧妙；因此他和朱德都不遵守命令。他難掩不悅地寫說：把紅軍分為小股部隊，「則領導機關不健全，惡劣環境中應付不來，容易失敗」。同一封信中，毛澤東向黨中央說明他和朱德擬定的游擊戰術：

（一）分兵以發動群眾，集中以應付敵人。
（二）敵進我退，敵駐我擾，敵疲我打，敵退我追。
（三）固定區域的割據，用波浪式的推進政策；強敵跟追，用盤旋式的打圈子政策。
（四）很短的時間，很好的方法，發動很大的群眾。

毛澤東寫說：「這種戰術正如打網，要隨時打開，又要隨時收攏，打開以發動群眾，收攏以應付敵人。」[21]這些是他日後多年遵循的原則；後來更被中南半島及亞洲、非洲、拉丁美洲其他殖民地及屬地國家的武裝共產黨人奉為「人民戰爭」的圭臬。

出乎意料之外的是，毛澤東的回信並沒有導致他和黨中央激烈衝突。這一次他又十分幸運。四月底，從莫斯科傳來一則震撼新聞，暫時使黨中央領導人軟化。一九二九年四月，布哈林的「右派親富農觀點」（rightist pro-kulak view）受到強烈抨擊，以及蘇聯針對自耕農展開大規模的集體化運動。史達林啟動這些改變。蘇聯的新路線自然影響到共產國際的農民政策。七月間，也就是史達林開始改變中共的「親富農」政策一個月之後，布哈林被罷黜共產國際職務。可是，俄文的kulak指的是一種特定的社會階層（農村資產階級，即剝削貧農的富農），在中文並沒有相等的字詞。中共的文件把它譯為兩個字「富農」，只指涉財產狀況。因此，把它認定是農民的一種個別類別，無可避免導致中共重新恢復反農的政策。六月七日，共產國際執委會政治書記處交給中共中央一封有關農民問題的信件，強調正確處理「富農」的重要性，「因為正是在這個問題上中國同志犯了實際的錯誤」。由於「富農」經常「在農民運動中時常表現公開的或秘密的反革命的作用」，因此必須與他們堅決作戰。這封信公開讚揚毛澤東和朱德的活動，「雖然各方面的反動勢力都盡量的向他壓迫，但是他不獨仍然保特〔持〕著他的實力，並且最近在福建還得了相當的勝利」。[22]

莫斯科加深對中國「富農」的鬥爭造成深遠的影響。換句話說，莫斯科要求的是，不只鬥爭地主，也要鬥爭農民。至於農民是富、是貧，那是另一個問題。中國共產黨本身去界定什麼樣構成「富」，而我們早已看到他們實務上是怎麼做。

這封信的中譯本在一九二九年十一月刊登在中共刊物《共產》上面。毛澤東興奮極了。一九三〇年二月七日，因為有了莫斯科支持士氣大振，他頒布新的土地法——這是他執筆的第三部土地法。它由紅軍在江西省中部的陂頭村的黨組聯席會議中通過。除了沒收地主所有不動產這一條之外，毛澤東加入下列條款：「自耕農田地不沒收，但所耕田地除自食外尚有多餘，經當地多數農民要求，得縣、區政府批准者，得沒收其多餘的部分。」和以前一樣，這項法令確立平等分配土地的原則，毛澤東講得很清楚：「抽多補少。」六個月後，他又加上「取肥補瘦」。[23]

貧窮的客家族當然歡迎這樣的法律，許多人參加了農民革命。贛南的尋烏縣，在一九三〇年五月，八成的土地已經重新分配，地方黨員甚至編了一首歌，在客家族傳唱開來：

一年耕到又阿嗬！
又阿嗬，
會傷心，
窮兄窮弟愛同心，

窮姐窮妹愛團結，
團結起來當紅軍，
當到紅軍殺敵人！⑤[24]

莫斯科的支持來得有如久旱逢甘霖。從一九二九年六月至十一月，直到毛澤東獲悉克里姆林宮贊成他的立場之前，毛澤東非常的消沉。他和黨中央仍無正常的接觸，很長一段時間仍然不知道政治局在六月十二日已撤銷它在二月信函對毛澤東的批評。[25]六月間，除了諸多麻煩之外，他和朱德的關係也急遽惡化。朱德突如其來表示不滿意毛澤東對於交付給他指揮的部隊之事務，事事插手。這位前敵委員會書記的「家長作風」惹惱了他。底下一些指戰員支持朱德。

他們特別不高興毛澤東調用官兵到人民之間去做煽動宣傳工作。可是毛澤東卻認為這些工作愈來愈重要。他不願意放棄他的平等觀念、承認進行農民革命犯下錯誤，他試圖把他激進政策失敗的責任推到「傻瓜」鄉巴佬農民身上。毛澤東在贛南和閩西積極推動革命宣傳。部隊裡已有數百個宣傳隊員，但他還要戰士們參加宣傳工作。借助紅軍把共產主義革命思想灌輸到鄉下人腦子裡，毛澤東希望在贛南和閩西的經驗能夠成功。他不去考慮這些宣傳活動會使戰士分心，照顧不了軍事任務。

毛澤東和朱德或許可以解決他們之間的歧見，可是一九二九年五月初黨中央軍事部從上海派來一個特別代表，粗糙地介入他們之間慢慢悶燒的衝突。劉安恭是個自負的三十歲青年，在莫斯科步兵學校學習一年之後，剛回到中國來。因此，他自視是個軍事專家，也是了不起的馬克思主義理論專家。他對毛澤東使出惡意動作。不瞭解狀況的他，無條件支持朱德，又給毛澤東貼上政治上可以致命的「宗派主義者」標

⑤ 編註：節自贛南民歌〈月光光〉，收於毛澤東一九三〇年五月所寫的《尋烏調查》中。「阿嗬」意指「沒有了」，「愛同心」意指「要同心」，「愛團結」意指「要團結」。

籤。他跟著幾個指戰員控訴毛澤東在紅四軍的黨組織中宣傳「家長制」。很顯然，莫斯科步兵學校的蘇聯教官教會他如何鬥爭「敵人」。劉安恭一到，就被派為紅四軍政治部主任，開始掀動衝突。最讓毛澤東受不了的是劉安恭不斷炫耀他在莫斯科念過書，可是對江西的狀況毫不瞭解。其實，他倒沒糾纏毛澤東太久：一九二九年十月劉安恭就在戰鬥中受到重傷。[26]毛澤東自此對傲慢的蘇聯歸國學生一直都沒有好感。他很快就寫了一篇短文〈反對本本主義〉，批評劉安恭這類人物。文章寫於一九三〇年五月，不過八月以傳單方式發行時用的是另一個題目〈調查工作〉。他不僅影射劉安恭，還遙指上海許多領導人：「豈有共產黨員而可以閉著眼睛瞎說一頓的嗎？要不得！要不得！」他說：「以為上了書的就是對的，文化落後的中國農民至今還存著這種心理。不謂共產黨內討論問題，也還有人開口閉口『拿本本來』。」他又說，當然「我們的鬥爭需要馬克思主義。我們歡迎這個理論，絲毫不存什麼『先哲』一類的形式的、甚至神秘的念頭在裡面……馬克思主義的『本本』是要學習的，但是必須同我國的實際情況相結合。我們需要『本本』，但是一定要糾正脫離實際情況的本本主義」。[27]

到了一九二九年六月中旬，衝突已經相當激烈，毛澤東決定宣布辭去前敵委員會職務。六月十四日，他憤憤不平地寫下：「我個人身體太弱，智識太貧，所以我希望經過中央送到莫斯科去留學兼休息一個時期。」[28]

他的確因為這些爭執搞得心身俱疲，竟然得了瘧疾。六月底，他放下工作，和賀子珍退隱到離閩西古田不遠的一棟兩層樓房子，一直住到夏天過完。他休養身體、讀書、作詩，偶爾才參加黨務討論。他還留在前敵委員會裡，但是書記職務由時年二十八歲的陳毅接任。陳毅是周恩來的朋友，一九二三年入黨。七月底，陳毅出發前往上海，報告情勢並聽取指示。八月底，他向黨中央報告朱、毛部隊的狀況。[29]我們已知道，這時候周恩來、李立三和其他領導人已經站到毛澤東這一邊，但毛澤東還不曉得。因此他只能懷憂喪志。

同時，他的部隊繼續在客家莊作威作福。紅軍所到之處，留下火與灰燼。當時有人寫下：「地契、合約、借條、帳冊、稅單，全被燒毀。」

> 「抗租（拒繳給地主）、抗稅（拒繳給國民黨當局）、抗債（拒付給高利貸者）」的口號已經執行。所有的舊稅捐處已搗毀，稅吏被殺死。暴動時，工農兵用他們的尖刀剷除土豪、劣紳、軍閥、官僚、國民黨黨委以及帝國主義的特務——傳教士。[30]

但是毛澤東仍然悶悶不樂。八月底，他和賀子珍搬到山上一座竹屋，他繼續休養和沉思。他在這間小屋上掛上一幅字「愛書廬」。[31]他抑鬱寡歡，倍加思念忠心耿耿的楊開慧。當然，賀子珍年輕貌美，但非常頑固。客家女子通常都很獨立，且脾氣剛烈，而她尤其如此。毛澤東對她說：「你是鐵，我是鋼，碰到一起響叮噹。」日後，他告訴一九三七年出生的女兒李敏，他們夫妻倆的「舌戰」經常升高為「干戈」。李敏說：「爸爸有時就愛以『武力威懾』、『政治威脅』來對付媽媽，有時就『開除』媽媽的黨籍，給媽媽一次口頭『處分』。但爸爸畢竟是爸爸，有時是他自己引起的『戰火』，自知不對了，就又主動『停戰』求和，化『干戈』為『玉帛』。」他壓制不了賀子珍。[32]

或許就是這種低沉氛圍，使他想念起溫柔的「霞妹」（楊開慧）和他們的兒子。多年後他寫了一首詞：「我失驕楊君失柳，楊柳輕揚直上重霄九。」[33]十一月底，他寫信到上海給李立三，請李轉告毛澤民，他想要楊開慧的通訊地址。他告訴李立三：「我大病三個月，現雖好了，但精神未全復元。開慧和岸英等，我時常念及他們，想和他們通訊。」[34]儘管內戰戰火熾烈，毛澤東割捨不下他的人性感情。他是不是有種不祥的預感呢？他在前妻慘死的前一年，想起了她。

大約在這時，陳毅從上海帶回來等候已久的黨中央之決定：它承認毛澤東的立場正確，而非朱德的立場正確。陳毅和朱德請毛澤東回來，但要經過一個月的往返交涉，他才終於答應結束山居歲月。他再度領導前敵委員會，現在幾乎集無限制之大權於一手。他的敵手已經落馬，因此他決定拋開過去的一切不和諧。朱德恢復服從，全軍服膺毛澤東領導。前途仍有許多考驗。復仇可以等待。一九二九年十一月二十八日，毛澤東向上海報告：「四軍黨內的團結，在中央正確指導之下，完全不成問題……惟黨員理論常識太低，須趕急進行教育。」[35]一九二九年十二月他在閩西的古田召開全軍黨組會議，會中他雖尖銳批評「純軍事觀點」，但同時也暗示一條走出危機的道路。[36]他日後描述他在閩西測試的方法就是「治病救人」。

這一切都是中國人的行事方式。中國有句名言：「摧毀敵人並不能證明他是錯的。你必須讓他『丟了面子』。如果敵人忍氣吞聲，你就能對他為所欲為。只有你才能決定是否給回他『面子』。那就是讓人有機會改過自新。」對中國人而言，這是處理敵人最技巧的方法。當然毛澤東不是一向如此；他不只是中國人，還是共產黨員，因此深悉布爾什維克血腥處決方式的「正確性」。但是他主要是只針對他真心認為已經無可救藥的「階級敵人」才祭出這種方法。或者是，對於他認為即使「丟了面子」也不再有用處的人，也不妨如此對待。

國民黨也是如此辦理。警察逮到共產黨人，經常讓他們有機會在死亡和公開摒棄共產黨之間做選擇。如果犯人選擇忍辱偷生，他們通常也會釋放他。他們甚至不一定要求他交代誰是他的舊同志。[37]中國警察要的不是出賣同志，而是要共產黨人「丟面子」。許多摒棄共產主義的人，甚至還出任重要職務。人人曉得那些苟且偷生的人往往特別積極工作。

整頓好軍內關係之後，毛澤東才能集中力量處理政治問題。蘇共內部的反右鬥爭激烈，加上蘇聯全面實施集體化，導致共產國際關於世界民族解放運動的政策也趨向激進。共產國際執委會第十次大會一九二九年七月在莫斯科舉行，其目標鎖定會威脅到所有共產黨的「右傾危險」。「右派」的主要錯誤是他們拒絕承認世界「新革命高潮（俄文pod'em）的徵兆」。換句話說，他們「落後」於革命群眾。上海在九月底收到俄文的會議決議文，中共中央內卻有點搞不清楚。根據一位目擊者的說法，「在最初，中央多數對這個國際指示傾向於較消極的接受……如果將新高潮的快要到來做左的解釋，又怕要碰破頭顱。」[38]俄文pod'em這個字有「高潮」和「高漲」兩層意思，中國人不敢肯定是哪一個意思。他們希望有萬全的把握，這一次俄國主子不能歸咎他們。突然間共產國際不是批評他們的暴動主義，而是消極被動。共產國際執委會第十次會議已經認定「右傾危險」是國際共產主義運動的主要危險。

一九三〇年代初期中共領導人圈子普遍是這樣的狀況。就中共而言，根本談不上有任何程度的獨立自主。財務上完全依賴莫斯科，使得共產運動的領導人癱瘓。他們最多或許可能反對共產國際駐中國代表，但絕不敢冒犯克里姆林宮本身。給予上海的經費主要是透過國際聯絡部轉交，它有逐步上升之勢。到了一九二〇年代末期和一九三〇年代初期，數字到達數十萬、甚至數百萬盧布或銀元之多。因此，到了一九三〇年，蘇聯花了五百萬盧布在莫斯科中山大學（一九二五年創校）訓練中國革命者。[39]一九三〇年二月至九月的七個月期間，中共從莫斯科得到二十二萬三千多墨西哥銀元（墨西哥銀元當時在中國與中國銀元等值流通）。十月，它又得到一萬美元[40]（當時一美元等於中國銀元三點六元）。同一時期，共青團中央在一九三〇年從同一來源收到七萬中國銀元，「國際革命戰士濟難會」（International Organization for Aid to Revolutionary Fighters，俄文縮寫為MOPR）——這是共產國際為援助地下共產黨員及在監革命黨人家屬特設的一個機構——中國支部得到一萬一千四百中國銀元。[41]中共怎麼可能不俯首帖耳聽命於莫斯科？

一九二九年十二月八日，徹底討論過共產國際執委會來的材料後，中共中央發出第六十號通告〈切實執行武裝蘇聯保護蘇聯的實際策略〉，訂出新的、積極的革命政策之輪廓。中共領導人顯然想要「比教宗更像天主教徒」，向史達林徹底輸誠。他們通令黨員結合農村地區武裝鬥爭和城市新暴動，努力「促進革命的巨潮」。這些經過協調的行動目標在於「奪取全國最大中心」。李立三和周恩來是負責起草這份通告的主要人物。

世界趨勢似乎證明共產國際執委會第十次會議決議的「正確」。一九二九年十月底，紐約股市崩盤。大蕭條很快就席捲資本主義世界，它卻給全球共產黨人種下新希望。看來世界資本主義無可避免的崩垮很快就要到來。工商業倒閉，失業率飛升。災難性的通貨膨脹爆發，窮人大增，貧富懸殊擴大。此外，國民黨內各派系鬥爭亦加劇。「改組派」首腦汪精衛緊急要求黨要改造。在這種情勢下，共產國際得到的結論是：中國到了「革命高潮的初期階段」。

十二月中旬，上海收到來自莫斯科的新指令；共產國際執委會這封信寫於十月二十六日，正是世界金融市場開始動搖之時。新指令要求中共領導人專注「加劇（中國）所有的矛盾」。中國已進入「深刻的全國危機的時期」，它的特色就是「工人運動的復興，中國工人運動，現在已經脫離一九二七年嚴重失敗之後的消沉狀態」。共產國際執委會從這裡看到革命運動「日益生長的高潮的象徵」，因此要求中共「應當準備群眾，去實行革命的推翻地主資產階級聯盟的政權，而建立蘇維埃形式的工農獨裁，積極的開展著並且日益擴大著階級鬥爭的革命方式（群眾的政治罷工，革命的示威運動，游擊戰爭等等）」。這封信的末尾是一句警告：「黨內主要的危險，現在是右傾的機會主義情緒和傾向……是對於農民戰爭的估量不足，是對於群眾的自動能力和革命能力的估量不足，而加以阻礙，是減少無產階級及共產黨的獨立作用和領導作用。」[42]

然而，中共中央急切要執行這些指令，卻過度反應。二月底，它發出七十號通告。它宣稱，「從兩廣到直隸，從四川到江浙，沒有一省不受著軍閥戰爭之直接禍害的……全國群眾鬥爭之走向平衡發展的道路……目前革命形勢的發展，很明顯的可以看出一省或幾省首先勝利的前途，特別是武漢及其鄰近的省區，表現著更多的可能。」因此，黨中央認為有必要部署紅軍以進攻和搶佔大城市。[43]

黨中央在一九三〇年四月三日給紅四軍前敵委員會的信闡釋此一決議，它發展出一個想法，認為有可能在很近的將來征服江西、湖北和湖南省，以及華中重鎮武漢。[44]他們全都拚命想展現自己是極左派。這個任務呼應毛澤東本人一年多前給黨中央的一封信中之提議：在一年之內佔領江西及比鄰的福建及浙江西部。[45]當時的黨中央正在批判毛澤東，對他的提議不予回應。現在，它不僅回到這個提議，還加碼擴大。它依然節制不了自己、仍要批評毛澤東和朱德有「農民意識與流寇精神」，可是黨中央這些領導人孵育在全國展開血腥大屠殺，他們不就是土匪流寇嗎？

毛澤東很欣喜事件有了新轉折。他並沒有放棄去年征服江西的意圖，但是他做了若干修正。他在一九三〇年一月初回覆年輕軍官林彪（與朱德一起來到井岡山）來信時寫說：「上面一年為期爭取江西的話，不對的是機械地規定著一年為期……至於江西主客觀條件是很值得注意的。」二月初，即七十號通告出現之前約三星期，毛澤東主動在紅四軍黨委會議上宣布，他決定攻打贛西最大城市吉安。[46]和李立三、周恩來及其他許多人一樣，他也相當振奮，期待革命的勃發。他給林彪的信上說：「中國是全國都布滿了乾柴，很迅速的就要燃成烈火；『星火燎原』的話，正是現時局面的適當形容詞……它是站在地平線上遙望海中已經看得桅杆尖頭了的一隻航船，它是立於高山之嶺〔巔〕遠看東方光芒四射噴薄欲出的一輪朝日，它是躁動於母腹中的快要成熟了的一個嬰兒。」[47]

同時，中共領導人繼續狂熱地準備革命。一九三〇年三月初，周恩來前往蘇聯做報告。李立三留守中國，是中共實質領導人。活潑、脾氣急躁的李立三，也是中央宣傳部部長。在他倡議下，全國蘇維埃區域代表會議一九三〇年五月底在上海召開，有四十名左右代表出席。這時候，除了江西、福建以外，湖北、湖南、廣東和廣西都有蘇區存在。在李立三的影響下，會議號召蘇區工人「都起來為蘇維埃政權而鬥爭」、對付「反革命富農」（意即有田耕的農民）。[48]儘管李立三不斷催促、要他放下一切前往上海，毛澤東並沒有出席這項會議。⑥出席會議會有風險。他有把握李立三不會扣住他嗎？毛澤東記憶猶新，黨中央曾極力要召他和朱德脫離部隊。即使如此，他並不反對會議的結論。

會議最重要的決定是，合併紅軍個別單位，整併成為四個軍團。第一軍團委由朱德和毛澤東領導。接到這個消息後，朱德和毛澤東在六月十三日把在江西西南部及福建西部活動的武裝部隊整合起來。他們共轄有約兩萬名官兵。他們發覺這個兵力不足以成為軍團，起先決定打出「第一方面軍」旗號，不過六天之後，顯然不願與中央另滋事端，他們接受中央賦與的番號：第一軍團。除了林彪指揮的紅四軍之外，在朱、毛部隊不遠之處活動的紅六軍及紅十二軍，併入第一軍團。

---

⑥ 原書註：他和朱德都未出席會議，但都被推為名譽主席。

六月二十一日，李立三的特別代表抵達朱、毛駐地，告訴第一軍團指戰員，政治局有一項驚天動地的新決定。這項決議名稱響亮：〈新的革命高潮與一省或幾省的首先勝利〉，由李立三主稿，指示共產黨員近期內發動革命奪權鬥爭。這項決議說：「中國是帝國主義統治世界的鎖鏈中最薄弱的一環，就是世界革命的火山最易爆發的地方。」[49]

這下子沒有時間浪費，必須劍及履及行動了。次日，朱德和毛澤東下令部隊攻打江西最大的兩個城市九江和南昌。「大革命」開始了！當然不用多說，他們失敗了。他們沒有攻克九江，更不用說省會南昌。唯有彭德懷率領的兵力僅有七、八千人的第三軍團，略有成績。他們攻下長沙，守了十天，期間大肆擄掠。因為對長沙這番擄掠，才招致楊開慧不久被捕。

一九三〇年八月底、九月初，第一軍團和彭德懷的第三軍團會師，組成紅一方面軍，兵力約三萬人，⑦毛澤東兩度試圖在長沙近郊重演第三軍團勝利的戲碼，但是他和彭德懷都無法再次攻克這個湖南省城。城裡的勞工群眾極其消極，不肯支持共產黨。第一方面軍因而傷亡慘重。[50]

毛澤東在內的中共領導人完全誤判政治和軍事情勢。中國是有危機，但中共依然太弱，不足以奪權。黨在過去三年固然有所成長，號稱有六萬名黨員，但顯然這是不夠的。整個紅軍兵力不超過五萬四千人，卻只有半數配備步槍。[51]因此，對毛澤東、對李立三而言，向全世界宣稱「革命的砲火已經打響，革命的曙光即將到來」，實在是為時過早。[52]世界革命依然有相當距離。它必須再度撤退，重整部隊，更重要的是要改變為持久戰的戰略。回過頭來又得建立根據地，像井岡山那樣險阻之地，但必須大出許多。小區域無法供養他們。

毛澤東早就明白需要建立這樣一個根據地，但是許多指戰員不支持他。他們的信條有如流寇，遵守游擊戰戰略。他們頭腦簡單的軍事科學只知攻擊、掠奪、燒光一切，然後轉進新地區。林彪即是其中之一。毛澤東誇獎他是優秀的軍官，但也一直批評他不願花時間建立穩固的蘇區。[53]毛澤東在給他的信中提到：

你對於時局的估量是比較的悲觀……你認為在距離革命高潮尚遠的時期做建立政權的艱苦工作為徒勞，而有用比較輕便的流動游擊方式去擴大政治影響，等到全國各地爭取群眾的工作做好了，或做到某個地步了，然後來一個全國暴動，那時把紅軍的力量加上去，就成為全國形勢的大革命。你的這種全國範圍的、包括一切地方的、先爭取群眾後建立政權的理論，我覺得是於中國革命不適合的。

不，毛澤東堅稱，針對中國「是一個帝國主義最後階段中互相爭奪的半殖民地」，[54]唯有預見到在全國各地有系統的建立蘇維埃政權組織的政策，在半殖民地的中國才是正確的。唯有到了那時候，星星之火才能燎原。

⑦ 原書註：朱德、彭德懷分別擔任第一方面軍正、副總司令，毛澤東出任總政委。

第十七章

在共產國際羽翼下

毛澤東決定在江西西北部建立安全的根據地。這個地區位於贛江中游，居於優勢戰略地位。從這兒到南昌的距離並沒有比到井岡山更遠──一九三〇年九、十月間，毛澤東還未拒絕進攻省會；而效忠紅一方面軍的部隊也仍在井岡山活動。這塊山陵地區非常適合游擊作戰。森林茂密的山區提供庇護，部隊可隨意出擊，攻打據守富裕的商業城鎮之敵人。本地區的中心吉安，是人口約五萬人的商業城市、江西第三大城，出了許多富豪人家，乃是令人垂涎的搶奪目標。城裡還有許多小型工作坊，可以打造武器。這裡挺適合建立強大的蘇維埃地區。

毛澤東在一九三〇年十月四日打下吉安，旋即宣布成立江西省蘇維埃政府。他終於可以提供手下官兵想要的東西給他們。拿下吉安之後，紅軍從居民手中搾出八百萬墨西哥銀元，以及許多黃金。[1]紅一方面軍的前程似乎無限量，但是不旋踵，毛澤東和他的黨中央上級就碰上重大問題。

一九三〇年秋天，李立三及其同僚獲悉共產國際極端不滿意他們的冒進政策。共產國際執委會與人在莫斯科的周恩來談過話後，已經開始懷疑中共中央在解讀莫斯科的指令時，向左「走得太遠」。儘管有懷疑，共產國際執委會並未對中共政治局極度左傾的決議〈新的革命高潮與一省或幾省的首先勝利〉做出反應。原則上，莫斯科並不排斥「奪取一個或多個工業與行政中心」的主張。它只是覺得這個目標要視紅軍實力有多大而定。[2]中國共產黨從七月底至九月初所蒙受的失敗，大大改變了此一局勢。史達林不喜歡失敗者，也從來不原諒他們。甚且，就在這個節骨眼上，他獲悉李立三就世界革命幾次發表聲明，卻與他的在一國建設社會主義的概念牴觸。八月初，李立三陶醉於攻佔長沙的新聞，籲請蘇聯直接介入中國的革命事件。他的盤算很單純：鼓動一場世界革命，而他深信蘇聯將無可避免成為勝利者。這一來中國革命即成為「偉大的世界革命」的導火線。史達林還獲悉，李立三在黨內領導人小圈子中詛咒共產國際，並且把效忠莫斯科與效忠中國革命做對比，聲稱「攻下漢口之後，我們對共產國際就可以唱不同的調子」。

史達林嗅到托洛茨基主義的味道，命令李立三「立刻到這裡〔莫斯科〕來」。[3]一九三〇年九月底，奉共產國際執委會之命，中共中央委員會在上海舉行擴大會議，①「透過集體自我批判，以糾正錯誤」。瞿秋白和周恩來，偕同共產國際遠東局駐上海代表、德國共產黨人吉爾哈德·艾斯樂（Gerhart Eisler）指導會議的進行。然而，中委擴大會議並沒有揭穿李立三的政綱；李立三在黨內的權勢極大，瞿秋白和周恩來，甚至艾斯樂都拿他沒辦法。會議聽取完李立三「不留情的」自我批判後，保留他政治局委員的身分，但不讓他擔任常委。現在三位中常委為向忠發、瞿秋白和周恩來。會議結束時只承認在執行共產國際路線時犯了「個別的策略上工作上組織上的錯誤」。[4]

這時候，史達林失去所有的耐心。他立刻派蘇共政治局認定的中國事務專家巴威爾·米夫（Pavel Mif）趕到上海。米夫是個強悍、兇暴的人，奉黨之命鑽研，遂成為中國事務專家。一九三〇年時，他只有二十九歲，但是在共產國際及中國共產黨當中已經很有名氣。他在黨內迅速崛起，到一九二七年奉命出任設在莫斯科的孫中山中國勞動大學校長。②這所大學於一九二八年九月改名「中國勞動者共產主義大學」。不到一年，米夫又出任共產國際執委會東方部部長。米夫青雲直上，使他沖昏了頭。根據和他同時代的人的說法，「這位共產國際首席中國事務專家」行為舉止像個傲慢、專橫、自信滿滿的官僚。張國燾回憶說：「他是個非常有野心的人……精熟史達林的戰略技術。」張國燾認為他「寡廉鮮恥、機會主義」。[5]

米夫化名德國商務旅行者彼得謝夫斯基（Petershevskii），於一九三〇年十月抵達上海（他取道德國到遠東，為了安全考量還接受美容整型手術）。他立即承擔起遠東局領導工作。他蠻橫地介入中國共產黨的內部事務，根本上廢棄九月中央擴大會議的決定，並且在李立三不在的情況下（李立三已赴莫斯科「進修」），積極準備召開另一次中央全會。十一月十六日收到一份反李立三的新文件〈共產國際執委關於立三路線問題給中共中央的信〉，更有助於他的工作推動。這份文件批判李立三的政治路線是「反馬克思主義」、「反列寧主義」、「機會主義」，而且「本質上」是托洛茨基派。以當時共產黨的詞語來說，這像是判決書。中共中央委員會已被擊敗。米夫可以放手作為。

米夫認為，「救黨」唯一之路就是改造其領導結構，他在一九三一年一月初於上海召開新的擴大會議。③他逕自決定把自己的學生陳紹禹（原本都還不是中央委員），直接拔擢進入政治局。另一個中國勞動者共產主義大學畢業生沈澤民④也膺選進入改組的中央委員會，成為候補委員。為了支持這些決定，米夫邀請一群他以前在莫斯科的學生出席擴大會議。這些年輕人沒有一個是中央委員，佔了出席擴大會議者的三分之一。除了陳紹禹和沈澤民，其他還有博古（本名秦邦憲）、王稼祥和陳原道。[6]這些人很快地都將在中國共產黨以及毛澤東的一生中扮演重要角色。

米夫把沒有與會的張國燾放進中央執委會（張國燾長久以來反對李立三路線）。瞿秋白因為在九月那次全會「姑息」李立三，聲譽受損，被排擠出這個黨的最高機關。瞿秋白和李立三兩人也都退出政治局，但仍保留中央委員身分。全會過後幾天，米夫違反一切常規，把陳紹禹擺進中央執委會。一九三一年三月，同樣在他堅持下，中國共產主義青年團的領導機關也改組。博古成為青年團中央書記。

---

① 譯按：即中共六屆三中全會。
② 編註：米夫原為副校長（一九二五－一九二七），後因托洛茨基派的校長拉狄克遭免職而繼任。
③ 譯按：即中共六屆四中全會。
④ 譯按：作家茅盾的弟弟。

米夫的「革命」根本沒給中國共產黨產生有利的結果。他最信賴的陳紹禹和博古都受到過去在莫斯科的經歷所限制，當時蘇聯正在全力鬥爭托洛茨基主義，他們全都積極參與。他們之中最著名的是額頭寬、個頭壯的陳紹禹。他就像米夫，精力充沛、恣意作為和不肯妥協。陳紹禹頗有外語天分，一九二五年十一月底進入孫中山中國勞動大學之後，不到幾個月就略通俄文。這變成他的王牌。其他同學還在為俄文傷腦筋、拚命掙扎時，陳紹禹已經討得校內不通中文的老師們的歡心。儘管他年輕（一九〇四年出生）、黨齡淺（一九二五年九月加入共青團、一九二六年成為黨員），陳紹禹成為當時在校教授列寧主義的米夫的助理及譯員。一九二六年九月，米夫提名他為學生公社主席，同年年底讓他加入反托洛茨基主義的鬥爭。[7] 後來，在米夫協助下，陳紹禹和他的盟友成功地讓孫中山中國勞動大學的學生接受他們的影響。

一九二九年，陳紹禹回到中國。他和太太孟慶樹在上海落腳，他獲派擔任一些低階任務。但是，突然間，時運大變。米夫初來乍到中國，決定倚重陳紹禹和中國勞動者共產主義大學其他畢業生。黨內資深幹部十分不滿，但是閉嘴不說。那些表達不滿的人，不是遭到紀律處分，就是開除黨籍。其結果就是共產國際權力凌駕於中國共產黨之上，於一九三一年達到最高點。周恩來回憶說：「在李立三反共產國際的鬥爭，以及李立三反共產國際路線遭到譴責之後，中國共產黨把共產國際執委會代表的每句話都奉為綸旨。」[8]

九月六屆三中全會的消息直到一九三〇年十二月才傳到毛澤東耳裡。但是一月擴大會議才結束兩個星期，他就獲悉會議情況；而要到一九三一年三月他才知道「李同志」已被召到莫斯科去接受羞辱的「學習」。毛澤東對這些事件都有所感受。他從來不喜歡李立三，因此沒有理由替他哀傷。毛澤東還記得李立三過去幾個月對他祭出的種種指控。他也沒有忘記李立三要求他離開部隊，前往上海。尤其新鮮的是，李立三在一九三〇年六月十五日寫給他的那封信。李立三陶醉在他的權力之中，在信中放肆地講了些話，讓毛澤東心懷忌恨。李立三指控入黨年資極深的毛澤東具有「農民心態」，不瞭解政治局勢變化，又不能服從黨中央的指令。但是，毛澤東感到欣慰的是，他本人經六屆三中全會選為政治局候補委員，而且元月的六屆四中全會仍推選他同一職位。他也很高興，現在效忠於他的朱德也被選進中央委員會——雖然只是候補中委。

但是，毛澤東是否知道中央全會是因為受到莫斯科的壓力才做出有關他的決定？他是否瞭解史達林開始認真評估他，堪為中共未來領導人？可能不知道。但他或許已有猜測。這時候，莫斯科開始積極支持毛澤東的晉升。從一九二〇年代末期起，史達林的共產國際開始支持毛澤東，甚至當中共其他領導人批評這個頑固的湖南佬時，會三不五時出面替他辯護。遠東局呈報上去的報告，高度讚揚朱德、毛澤東部隊在各方面都是「最好」的。[9]史達林讀了這些報告，又觀察蘇區的增長，他在一九三〇年七月得到結論，認為依據中國的狀況，「建立完全有戰鬥力的政治上堅定的紅軍……是第一等的任務，解決這個任務，就一定可以保障革命的強大開展。」[10]正因為這個原因，他愈來愈注意毛澤東這號人物。蘇聯方面展開褒揚毛澤東的運動，這時候是朱、毛一併稱頌。這時候蘇聯報紙大談這「兩位英雄」：「有兩個共產黨員、兩位游擊領袖，光憑他們的威名，就使數以千計的中國名流要人因憤怒、更因慌張害怕而喪膽。他們在中國境外一樣聲名遠播。」[11]

一九三〇年夏天，莫斯科透過駐上海的共產國際執委會遠東局支持中共中央政治局的決定，任命毛澤東為最強大的紅一軍團政委，並兼紅一方面軍總政委。後來在十月中旬，莫斯科又積極支持毛澤東被選入蘇區中央局——黨的這個新結構意在將農村地區一切黨務工作都集中到中國共產黨控制之下。[12]接下來，莫斯科建議派毛澤東擔任中央革命軍事委員會——整個蘇維埃區的臨時政府——主席或委員。⑤

⑤ 原書註：中共中央政治局於一九三〇年十月十七日決定成立中央革命軍事委員會，同一天也通過成立中央局。當時毛澤東的地區稱為中央蘇區。直到此時，從一九三〇年六月起，有一個所謂的中華革命軍事委員會在江西的蘇區運作；八月間，它改名中華工農革命委員會。它作為毛澤東控制地區軍事、官僚權力的最高機關，而當地中共一切武裝部隊，以及江西蘇區政府都歸它管。打從一開始，毛澤東就是它的主席。然而他不太管行政問題，專注在政治和軍事問題上面。

共產國際執委會遠東局於一九三〇年十一月十日致函中共中央政治局：

我們紅軍的指戰員（毛澤東、彭德懷）與政府沒有關聯。政府歸政府、軍隊歸軍隊……用不著說，這種情況並不合適。我們需要安排好，讓毛澤東不僅負責軍隊的情況和作戰，也要參與政府，對後者工作負一部分責任。他必須被派為政府一員（革命軍事委員會主席）。這樣安排的好處很明顯，毋庸討論。[13]

在周恩來奉派為蘇區中央局書記，以及另一位重要領導人項英到達江西之前，毛澤東甚至在莫斯科倡議下，負責領導這個機關。很自然地，他很感謝上級的支持，也贊同中央擴大會議的決定。

另一方面，身為黨的創始黨員之一，毛澤東肯定敵視米夫提攜的「聰明的小狗」（clever puppies），這些人踐踏所有的規則進入到黨的領導階層。他一向瞧不起在蘇聯國際學校念了太多書的畢業生。這些傲慢的莫斯科歸國學生教條式的作風，與他本身實地考察、辛苦研究地方狀況的方式，成為尖銳的對比。他在一九四三年底總結他在一九二〇及一九三〇年代整個農村考察的經驗，寫下「實事求是」四個字。然而，毛澤東總是調整他的結論以符合他的激進觀點。結果變成實踐不是檢驗真理的標準，反而左派思想才是檢驗真實的標準。

一九三〇年，毛澤東在贛南和贛西鄉鎮進行七次實地考察。當然，結果是一樣的。革命的敵人不僅是地主，還有富農，他把這些人列為「有太多錢和土地」的人。他承認，這些農民和地主不同，靠自己耕作；他們沒有強迫任何人替他們工作，他們沒有把土地出租，他們日出而作，日落則息，滿頭大汗耕作自己小小一塊土地。整體而言，他們是工作十分勤勉的一批人。但是問題也就出在這裡。毛澤東認為這些富農的辛勤努力，造成他們生產多出維持本身生活所需的糧穀。因此之故，他們把多餘的穀物拿到市場出售，或借給貧窮的鄰人。換句話說，他們比半飢餓的貧農群眾突出，以至於許多村民痛恨他們。毛澤東寫說：「有大批的貧農喚著『平田』和『徹底廢債』的口號，就是對付這種富農的。」

共產黨如要阻止貧農的行動，那麼貧農就非恨共產黨不可了。因此可知，不但打倒半地主性的富農是沒有疑義的，而且平富裕自耕農的田、廢富裕自耕農的債、分富裕自耕農的穀，也是沒有疑義的。必須這樣才能爭取廣大的貧農群眾。[14]

他的新調查「證實」了他一再重複的理論：農村那些「寒天沒有衣穿、一身稀爛」的無產階級遊民具有極大的革命潛力。[15]毛澤東明白地記下，在紅軍佔領的地區，包括歹徒和乞丐，所有這些人都「沒有一個反革命，聽到打土豪分田地，心裡十分喜歡」。[16]

並不是所有的共產黨員都認同他的結論。一九三〇至三一年間，毛澤東處理農民問題碰上有史以來在黨內最強大的反抗。中共江西黨組織成員強力反對他傾向遊民、對付勞動農民的主張。意見不合上升到公開武裝衝突，這是中共黨史上敵對派系彼此之間首次流血鬥爭。這就是富田事變（因發生在富田而得名）——一九三〇年十二月初江西派部隊於富田攻擊忙著揭發「反革命分子」的毛澤東之代表。

衝突的根源首次在一九三〇年二月浮現，當時紅四軍前敵委員會、贛西特委，以及紅五軍、六軍的代表正要召開聯席會議。會議在離贛中人口中心東固不遠的陂頭舉行。會議於二月七日通過土地法，確立平均分配土地的原則「抽多補少、抽肥補瘦」。江西共產黨員把這個方式斥為平均主義。他們主張只分地主的田，不分農民的田，而且不依一家有幾口分，而是依一家有幾個勞動力而分。[17]毛澤東把這看作是明顯的「右傾偏差」，必須堅決反對。他認為：「黨在地方上各級領導機關充斥著地主和富農，黨的政策完全是機會主義。」[18]

他深信自己是正確的，特別是聯席會議之前幾個星期，他才收到共產國際執委會於一九二九年六月就農民問題發給中共中央的信。代表江西派共產黨員出席會議的是贛西特委和紅六軍若干黨組代表。這個軍團內有些人是毛澤東部隊進入江西之前、已在江西活動的地方游擊隊。毛澤東奉中共中央之命，將他們改組為紅六軍，派四十歲的湖南人劉士奇為軍政委及黨委書記；又派自己小弟毛澤覃為政治部主任。他要把他不能完全信任的江西人，置於可靠的人掌控下。如果說贛南、閩西和廣東東北三省交會之處的「客家地區」大多數農民和黨員歡迎紅四軍部隊，江西中部地區及其往西、往西北的鄰接地區，情況就不同了。這些地區的人自認是江西「本地」人，對贛南客家人的敵視已持續好幾個世代。出身此一環境的人也主宰了中國共產黨地方組織、游擊隊以及三點會江西分會（這是共產黨支持的一個秘密社團）。紅四軍的部隊有百分之五十是湖南人，另百分之二十來自贛南和閩西，因此本地人把他們當作外地人，和客家一樣，並不信任他們。這也是為什麼江西省黨組織激烈反對毛澤東所提議的激進的土地法的緣故。[19]

可是，在陂頭開會時，江西派居於少數，土地法獲得通過，毛澤東開始在贛中和贛西地區「明火執仗」雷厲推動農村革命。他和朱德高唱「全面消滅富農」的口號。[20]這一來導致衝突的加劇。

情勢因為秘密的反共團體「ＡＢ團」的存在而更加惡化。ＡＢ團是江西國民黨員在一九二五至二六年成立的團體，在江西省內相當活躍（Ａ、Ｂ代表在省級及地方不同層級的團員）。⑥ＡＢ團的主要目標是揭發共產主義異端邪說，他們也不吝使用卑鄙手段，如派出破壞者和間諜滲透進入中共組織，擾亂共產黨的運動。[21]他們的活動在一九三〇年十月至十二月達到頂點，也就是蔣介石對江西蘇區發動強大的攻勢之時。這項軍事行動由國民革命軍九路軍及其附屬部隊約十萬兵力發動，號稱「第一次剿匪作戰」。ＡＢ團特務在其中扮演重要角色。

當然，必須要揪出破壞者。但是，該怎麼做呢？實際上不可能區分敵友。找出間諜需要時間，可是紅軍大難當頭必須緊急採取行動。蔣介石發動圍剿攻勢所產生的恐懼感日益升高，而「新來者」與本地共產黨員彼此之間關係卻日益惡化。兩派皆以打擊ＡＢ團為掩飾，猛烈相互攻擊。軍隊和黨內都出現大規模整肅，有罪的、無辜的，全被掃到。毛澤東扮演了主要角色。江西共產黨員根本沒有機會反抗他和他的客家軍隊。到了一九三〇年十月，已有一千多名江西省黨員遭到鬥爭。三十分之一的江西共產黨員被摧毀。[22]毛澤東不認為他在處理黨員同志，可用「治病救人」方式；他覺得他在對付從事深刻陰謀的國民黨間諜。他開始幻想他們遍布在每個角落。他在十月中旬向中共中央報告：「贛西南黨呈一非常嚴重的危機，全黨完全是富農路線領導……各級指導機關，無論內外多數為ＡＢ團富農所充塞領導機關。[23]……贛西南黨非來一番根本改進，絕不能挽救這一危機。」[24]江西派領導人拚命反抗，他們向中共中央投訴：「毛澤東想要集大權於一手。」[25]

富田事變就在這樣的環境下爆開。一九三〇年十二月七日一大早，紅一方面軍以寡敵眾，正與國民黨優勢兵力交戰時，一個連的紅軍部隊在效忠毛澤東的李韶九率領下進入富田；富田是一個後方城鎮，距離贛江東岸約兩公里。這支部隊的任務是逮捕涉嫌與ＡＢ團有來往的幾個地方共產黨員，其中包括駐守富田的紅二十軍政治部主任⑦。（此單位於一九三〇年六月以紅六軍為基礎所組成，成員大多數是江西人）。[26]毛澤東給的命令相當簡短：「別太快殺掉重要首腦，要從他們擠出（最大量的）情報……（然後），從他們給的線索，你可以繼續揪出其他領導人。」[27]

起先，事情很順利。紅二十軍總部被包圍；嫌犯抓起來、開始偵訊。很自然的，他們全都矢口否認。李韶九下令動刑。抓到人、動刑，一向司空見慣，紅軍也不例外。毛澤東本人日後承認：「在一九三〇年，偵訊時打人是常有的事。我親眼目睹被告如何挨揍。」[28]

從被捕者搾取到的證據超乎一切預期。它顯示，紅二十軍許多指戰員，以及整個江西省黨委、整個江西省共青團委、整個省蘇維埃政府的領導人，全是「ＡＢ團團員」。李韶九確信自己破獲巨大陰謀，立刻下令逮捕所有出席即將在十二月八日於富田召開的江西省黨委緊急會議的代表。一百二十名代表全被關進竹籠子裡。狂歡會進入最末階段。目擊者回憶說：

⑥編註：另有一說指ＡＢ團是Anti-Bolshevik團，即反布爾什維克。

⑦譯按：謝漢昌。

李韶九高喊：「你們應該曉得中農一向可能造反。你們唯一的路就是坦白認罪……黨，毫無疑問會給你們機會改過。」……然後他們被用煤油、燈芯動刑。他們一邊被刑求、一邊被訊問。這不是訊問，這根本就是刑求。他們被追問：「你招不招認加入AB團、你什麼時候加入、它是什麼樣的組織、它有什麼詭計、誰是首腦？從實招來！」如果不招，再加強動刑……同志們的手指被打碎、整個身體點火燒……只聽見受刑人不斷尖叫……他們遭到最野蠻的刑求。幾位領導同志的太太也被捕，包括贛西南黨委書記白芳同志的太太。⑧他們被動刑、剝光衣服、用尖器打臂膀、全身點火、燙陰戶、用刀子削下奶子，這些不人道的刑求，光是講的，都讓人戰慄。所有被捕的人，不論是否被訊問，都手腳綁捆起來。衛兵上刺刀、持長槍，將他們團團圍住。士兵們上刺刀時，大家都不敢出聲。被捕的人被餵吃殘羹剩飯……有五十個人被拉出去處決。[29]

然後，李韶九趕往鄰近的東固，繼續整肅，但是他的運氣已盡。他所逮捕的許多人當中，有個劉敵，是紅二十軍的政治幹部，他設法說服殘暴的李韶九，他不是AB團員。⑨李韶九展現他的人道，放走劉敵。這則故事的教訓是，做事不要違反你的個性。劉敵重獲自由，立刻召集人馬反抗，逮捕李韶九及其隨從，並於十二月十二日率領四百人進攻富田。經過一晝夜激戰，劉敵成功地攻下李韶九關押人犯的建築物，解救了還活著的人犯。這一役有一百多名守衛被殺。

紅二十軍的官兵有三千多人，幾乎全都支持劉敵的行動。緊急會議通過決議，退出富田，轉進到贛江西岸另一比較安全的處所。他們喊出的口號是：「打倒殺、騙、欺壓工農的毛澤東！」「擁護朱（德）、彭（德懷）、黃（公略）！」（黃公略是紅三軍軍長。）令人驚訝的是，他們釋放了滿手鮮血的李韶九及其隨從，顯然以為紅一方面軍首腦會認為這是善意的表徵。⑩

幾天後，江西共產黨人向黨內同志通報事變經過，把一切責任推到毛澤東身上，指控他處心積慮要摧毀黨內同志。他們堅稱，毛澤東「在展開的階級鬥爭中，已經變成百分之百的右傾⑪機會主義者和罪犯。

毛澤東拚命要達成他的右傾機會主義目標、他的逃跑思想，以及其他卑鄙齷齪的目標……毛澤東長期反對黨中央……渴望維持權位，他決心摧毀江西省黨、團的領導幹部，建立一個毛澤東集團獨握大權的黨委，用為他和黨中央鬥爭的工具。」[30]

毛澤東則認為東固、富田事變是反革命叛變。朱德、彭德懷和黃公略同意他的看法。但是最後的裁決權屬於黨中央領導層以及共產國際代表。當然，毛澤東也立即向他們報告。一九三一年一月，他上書黨中央，表示：

〔叛徒的〕陰謀是先拉攏朱、彭、黃來打倒毛澤東，先集中力量打倒一個人，再逐一打倒其他人。同志們，在決定性的階級鬥爭來到緊要關頭之際，蔣介石從外部高喊「打倒毛澤東」，而AB團與清算派則從革命陣營之內高喊「打倒毛澤東」。他們竟是如此相互呼應呀！[31]

湖南東南部支持毛澤東的共產黨派出一個特別代表團，由劉士奇率領，向上海傳遞這個訊息。湖南共產黨人帶到上海的文件——包括毛澤東這封申訴信、朱德、彭德懷和黃公略替毛澤東辯護的聲明，以及他們向紅二十軍官兵的呼籲——加上毛澤東委託代表團解繳給上海黨中央的五、六萬墨西哥銀元（另一說是十萬元），產生了期待的效果。一九三一年二月中旬，檢討「富田事變」，中央政治局和米夫立刻一致站到毛澤東這一邊。[32]一個月之後，共產國際執委會遠東局和中共中央政治局就這個問題通過一項決議。[33]

⑧ 譯按：李白芳。
⑨ 譯按：劉敵是紅二十軍一七四團政委，與李韶九是同鄉。
⑩ 譯按：另一說是李韶九逃跑成功。
⑪ 原書註：當時，指控對手「右傾」比「左傾」來得有效。

最先必須處理富田事變的是一九三〇年十月抵達江西中央蘇區的政治局委員項英。項英被派來取代毛澤東，出任蘇區中央局代理書記（中央局書記周恩來留在上海，因為米夫和遠東局其他官員認為「改造黨的工作，缺不了他」）。[34]這位新首長對問題稍做瞭解之後，宣布這是不當的爭吵，雙方都有過錯，都該受罰。他堅持：「事情必須和平解決。」[35]

項英的結論當然不能讓毛澤東滿意。紅一方面軍的指戰員也不滿意。三十二歲的項英，紡織工人出身，很難在紅一方面軍部隊中發揮職權。對毛澤東而言，很幸運的是，一九三一年四月初，周恩來派政治局委員任弼時和米夫的學生王稼祥作為中央的代表⑫前來中央蘇區「處理問題」。[36]任弼時、王稼祥兩人加上周恩來、張國燾和沈澤民是富田事變特別委員會成員，再與項英、毛澤東合組成新成立的蘇區中央局常委會。他們強烈譴責「叛徒」。不久，中共中央政治局有關富田事變的決定送達中央蘇區。毛澤東再次得勝。四月十六日，擴大會議通過的決定，使他完全滿意。[37]稍後，一九三一年五月，項英將蘇區中央局代理書記一職移交給毛澤東；六月底，又把中央革命軍事委員會主席的職位也交給毛澤東。[38]

整肅繼續進行，現在方向指向組織和參與「反蘇維埃暴動」的人員。到了一九三二年春天，贛西南地區「九成以上幹部被殺、被關或停止工作」。[39]劉敵命運最慘。一九三一年四月，朱德主持的軍事法庭判處劉敵死刑，他被斬首。

李韶九當然毫髮無傷。一九三二年一月，蘇區中央局（現在由周恩來領導）指控他做得太過分，但是它只對李韶九實行黨紀處分。李韶九遭降級，並接受黨監管六個月。同年六月，他又被賦與紅一方面軍指戰員職務；十月，奉調到閩西某蘇區工作。在這個客家地區，他在與國民黨部隊作戰時「英勇犧牲」。[40]

中共高層不能原諒劉敵和其他叛徒在江西蘇區瀕臨危急存亡的關頭竟然分裂紅軍部隊。同一時期，紅一方面軍對抗蔣介石的圍剿作戰，相當成功。毛澤東和朱德的戰術——「敵進我退、敵駐我擾、敵疲我打、敵退我追」——證明在新情況下仍然有效。這是一場了不起的勝利。紅一方面軍殲滅敵軍一萬五千多名官兵，俘獲許多士卒、一萬枝步槍、一座無線電台，不過沒有人懂如何操作無線電台。敵軍師長張輝瓚也被俘。紅軍把他首級砍下，綁在一塊板上，順著贛江支流浮水而下，認為這顆首級會流到南昌，直達駐節南昌的蔣介石手中。[41]

毛澤東打了勝仗，不勝歡欣，賦詩以記：

萬木霜天紅爛漫，
天兵怒氣沖霄漢，
霧滿龍岡千嶂暗。⑬
齊聲喚，前頭捉了張輝瓚。

二十萬軍重入贛，
風煙滾滾來天半，
喚起工農千百萬。
同心幹，不周山下紅旗亂。[42]

「第一次剿匪作戰」之後，紅一方面軍部隊又於一九三一年四至五月和七至九月兩度擊退蔣介石的圍剿行動。蔣介石把他最精銳的部隊投入「剿匪」。「第二次剿匪作戰」由軍政部長何應欽指揮；「第三次剿匪作戰」由蔣介石親自統率，都沒有成功。「共匪」獲勝的新聞在愛好和平的百姓心中種下恐懼，但南京

⑫ 編註：代表團共有三人，另一成員為顧作霖。根據《任弼時年譜》，三月四日三人代表團即接到命令準備出發，於四月四日抵達江西瑞金。

⑬ 原書註：一九三〇年十二月三十日，龍岡村附近爆發決戰，國民黨剿匪軍戰敗，師長張輝瓚被俘。

政府無可奈何。毛澤東所主張的持久戰現在成為事實。

可是，毛澤東的社會經濟政策在江西西南地區充滿敵意的民眾之中卻失敗了。和在井岡山一樣，他想和勞動農民建立關係的嘗試卻成為另一場災厄。或許毛澤東和朱德離開井岡山前幾天那座講台的崩塌，就是一個惡兆。

在「第一次剿匪作戰」打得很激烈、富田事變還未發生之前，毛澤東曾經建議放棄江西根據地，遷往東南方，往福建（客家地區）方向尋找棲身之處。但是彭德懷的紅三軍團幾個指戰員反對。一月底，黨中央建議毛澤東「略往南方」移動時，情勢開始有了改變。[43]然而，直到富田事變以對他有利的方式解決之前，撤退會象徵毛澤東向「無恥的」江西派投降。當毛澤東獲悉政治局做出有利於他的裁決時，他覺得應該有可能將他的總部往贛、閩邊區移動。或許就是這時候，紅軍士兵唱出一首歌：

政委帶我們去找糧
肯定一切沒問題
我們仍會排除萬難
粉碎敵人。[44]

富田事變顯示，毛澤東只能在有利的社會環境，甚至是有利的宗族環境之下才能得勝。客家地區在這兩方面都很理想。一九三一年三月底，也就是蔣介石發動「第二次剿匪作戰」之前，毛澤東、朱德和項英終於往江西東南方移動，先駐紮在富有詩情畫意名稱的青塘村。青塘村位於深谷裡，據有有利的戰略位置，四周環山，山上森林茂密。可是，蔣介石二次圍剿時，毛澤東和朱德必須棄守，數度移動總部。九月底，擊退第三次圍剿之後，他們進駐葉坪。葉坪位於客家地區商業重鎮瑞金北方只有五、六公里路距離。

與此同時，上海的情勢日益惡化。米夫在一九三一年四月回莫斯科之後，中共中央政治局和共產國際遠東局遭遇一連串沉重打擊。四月底，顧順章被捕，情勢變得特別艱巨。顧順章是政治局候補委員，也是中共中央特別行動科科長。這個部門負責在國民黨控制的城市策劃紅色恐怖。顧順章曾在蘇聯的秘密警察機關受過訓，他直接負責剷除破壞者、叛徒，以及經中央委員會判處死刑的中共其他敵人。他的部門也負責間諜工作以及保護黨高階領導人的任務。顧順章前往漢口，準備部署暗殺蔣介石，卻在一九三一年四月二十四日被捕。他化裝成魔術師化廣奇⑭，不料卻在一所市立公園遭人識破身分。這個具有上海「白相人」氣息的職業殺手，經不起嚇唬，竟然寧願「丟人現眼」。[45]他把政治局以及江蘇、湖北省委的秘密地址，統統向警方招供。從五月到七月，三千多名中國共產黨員被捕，其中許多人遭到槍斃。中共中央總書記向忠發也落網。向忠發經不起刑訊而招供，可是也救不了自己一條命。國民黨寧可槍決這樣一個已經招供的大角色。⑮

中共對顧順章展開兇猛的報復。他們無法直接懲治他，卻把他整個親族差不多全幹掉，太太、岳父、岳母，無一幸免。有一個消息來源說，十七人被殺；但另一個說法是三十人遭殺害，甚至連住在他家的年邁奶媽也逃不過毒手。這道極端兇殘、沒有理性的命令出自周恩來，他在不久前還責備毛澤東和他那夥「土匪」進行「無益的、不道德的屠殺」。[46]顧順章落網之後，周恩來成為新成立的中共中央特別工作委員會頭子；這個單位統管黨所有的秘密工作。他派去執行任務的五人殺手小組只饒了顧順章十二歲的兒子一命。⑯他們不願殺害小孩。⑰顧順章本人在一九三四年十二月遭國民黨處決，因為國民黨懷疑他玩兩面手法。

⑭ 編註：原書作「黎明」。黎明是顧順章的另一化名，當他扮成魔術師時，則化名為「化廣奇」。
⑮ 譯按：向忠發、惲代英、蔡和森等人都落網、遇害。
⑯ 編註：據顧順章當年八歲的女兒顧利群回憶，當時放了顧利群及她兩歲的堂弟顧益群。
⑰ 原書註：許多年之後，周恩來這些部屬之一解釋為什麼要把顧順章一家人滅門。顧順章叛黨之前，黨高層領導人許多會議都在顧家舉行，顧家每個人都認得中共領導人，因此不可能冀望他們守口如瓶。

顧順章叛黨，造成上海市公共租界警務處於六月中旬逮捕了遠東局兩名重要幹部：雅可夫．魯德尼克（Yakov Rudnik）和達吉亞娜．瑪伊仙柯—韋利卡亞（Tatiana Moiseenko-Velikaia）夫婦（化名牛蘭〔Noulen〕）。他們住在上海，都是共產國際執委會國際聯絡部的聯絡員。透過他們兩人，共產國際藉由虛設行號「大都會貿易公司」（Metropolitan Trading Company）的戶頭，提供金錢給中共中央和遠東局。他們一被捕，黨和共青團的財務都出了問題，因為黨、團在上海市的組織都得依賴共產國際的經費挹注。從一九三〇年八月至一九三一年五月，共產國際執委會每個月提供價值兩萬五千美元的金元給中共中央[47]（每月補助比起一九二九年的數字增加五千美元）。

隔了一陣子，共產國際找到別的方法恢復撥款補助。光是從一九三一年九月至十二月這段期間，上海黨組織本身就從莫斯科領到一萬三百美元。[48]整體而言，直到當年年底，共產國際執委會直接給中國共產黨的錢合計就超過（中國錢）一百萬元，相當於二十八萬美元左右。[49]但是白色恐怖完全癱瘓了遠東局；它在一九三一年仲夏，只好減少運作。九月中旬，莫斯科的主要代表伊格納提．瑞爾斯基（Ignatii Rylsky）決定再次改組中國共產黨領導層。此時，政治局多數成員都不在上海。有人被捕；也有人在華北進行地下工作。從四月初起，張國燾在湖北、河南和安徽三省邊界，領導當地中央局。另一位政治局委員陳雲（海員出身）化名波列渥伊（Polevoi），自一九三一年六月起代表中國共產黨派駐共產國際執委會。陳紹禹害怕被抓，試圖從中國逃到莫斯科。周恩來回憶說：「奉共產國際執委會代表的命令，我們在上海成立臨時中央委員會，負責工作」[50]）。臨時中央委員會成立之後，陳紹禹和他的妻子於一九三一年九月底快速前往莫斯科，米夫的這個雛鳥出任新設的中共代表團團長。他採用的化名「王明」，此後永留在中國共產黨和共產國際的歷史上（他與中共中央和其他國家共產黨用秘碼通信時，偶爾也用另一個化名「溫哥華」〔Vancouver〕）。稍後不久，周恩來也化裝為牧師⑱，離開上海，前往贛南與毛澤東會合，最後出任中央局書記。[51]

這些事件在上海上演時，毛澤東繼續穩固他的實力。以史達林主義作風處理中共贛西特委的「土豪」、又擊退國民黨三次圍剿作戰之後，毛澤東快速地強化他在黨內的地位。現在他只需要史達林的祝福，但是史達林雖然支持毛澤東，卻還沒有決斷性地出面力挺他。這個克里姆林宮主子以他馬基維利式的銳利眼光，以三批人馬為基礎建立起中國共產黨的混合領導團隊：本土的游擊隊幹部（毛澤東及其支持者）、莫斯科畢業生（王明、博古）和共產國際舊幹部（周恩來、張國燾、項英）。這三批人馬都沒有機會採取別人的做法。

因此，毛澤東必須等待，而他也果真像個賭徒耐心地等候時機。他有他自己的估算，但是與史達林的估算又不同，它比較精確。他不僅必須展現他是「史達林同志最忠實的學生」，還必須在眾多競爭者當中出人頭地，時機一旦成熟，就甩掉他們。他是個思慮異常細膩的陰謀權鬥大師。

他已經使盡全力努力爭取無限制主宰大權，而他那旺盛的精力也推動著他拚命向前。在此一日日夜夜血腥爭權奪利之中，他愈來愈成為自己熱忱的受害人。他和蔣介石、黨內反對派、階級敵人，以及「受騙的」同志的鬥爭，已經殺死他最後殘存的人性感情。愛情、善念、忠誠、信賴，全都消失，消失在已經淹沒他的最強烈的感情之中。毛澤東自此成為鐵石心腸，他的一生變成一路追求妄想。

他的子女受別人照料。他們日子過得如何？他們有何感受？他完全不知道。同時，這是他兒子的命運，必須承受許多艱苦。楊開慧死後，地方上的地下共產黨員設法賄賂守衛，爭取到他長子、八歲的毛岸英獲釋。毛岸英和七歲的毛岸青、三歲的毛岸龍，和外祖母一起住在板倉——當然受到監視。警方希望透過他的子女逮到毛澤東，以為做父親的一定會關心他們。

但是，時間一天天過去，毛澤東根本沒現身，連個信差也沒有。農曆新年前夕（一九三一年二月十六日），星期一的夜晚，包括盯梢的軍警都準備著過年過節的時候，有個陌生人突然到老奶奶向振熙家敲

---

⑱ 編註：原書作priest。根據作者所引用的《周恩來年譜，一八九八—一九四九》，周恩來於一九三一年十二月上旬離開上海，但未曾提及其裝扮。有些資料提到他自上海經汕頭抵贛南途中，曾喬裝為工人或畫家。

門。他帶來毛澤民給楊開慧大嫂李崇德的一封信，李崇德也和婆婆住在一起。毛澤民要求，基於安全考量，應該將他侄子送到上海。他的太太——本身沒有子女的錢希鈞——非常擔子這三個孩子的安危。是她說服毛澤民寫這封信。李崇德回憶說：「我在油燈下心跳加快，打開包包，赫然見到毛澤民的親筆信函。他要求我把毛澤東的三個兒子送到上海，給了我時間、地點，以及到了當地如何接觸的信息。」李崇德和親友商量後，決定遵照辦理。基於安全理由，三個孩子都得改個化名，年歲大的兩個必須默記在心。岸英改名永福、岸青改名永壽，而岸龍改名永泰。姓氏也改了，不姓毛，改姓楊。李崇德扮成媽媽，送孩子們到上海。老奶奶向振熙也一道走。

經歷幾天跋涉，最後，疲憊不堪的孩子們來到叔叔毛澤民的家時，卻放聲痛哭。他們以為是要和父親相會，不料是要住到設在公共租界的一所地下幼稚園去。⑲周恩來做的這個決定。這個上海收容所是在共產國際的國際革命戰士濟難會資助下成立，專收中共幹部的子女。它當然不是孩子們生長的理想地方，但是也別無選擇。這時候，幼兒園約有三十個小孩，包括李立三和蔡和森的女兒。⑳有位保育員是李立三的太太。但是毛澤東的兒子們不想去。毛岸英哭著說：「我要跟爸爸住。我一定要替媽媽報仇！」孩子們抓住李崇德的衣服，求她帶他們回家。李崇德回憶說：「他們的哭聲像刀子刺穿我的心。」她試圖安慰他們，可是自己也哭起來，彷彿預知她外甥的悽慘命運還等在前頭。

抵達收容所不久，小岸龍就病了。他先是拉肚子，然後發高燒；經診斷，他得了痢疾，很快就過世了。㉑接下來，由於顧順章叛變，幼稚園關閉。叔叔毛澤民和嬸嬸錢希鈞離開上海，前往一個蘇區。幼稚園主任董健吾（化名王牧師）其實是中共中央特別行動科人員，一度把沒有人要的毛澤東的兒子們帶回自己家；但是，隔沒多久，他自己也得前往武漢，又把孩子們交給他的前妻黃慧光照料。黃慧光完全不知道他們的身世背景，也不去關心他們。她自己就有四個子女要養。

毛岸英和毛岸青一直盼望接到父親的信息。澤民叔叔預備離開上海時，他們透過叔叔給父親一封信，但是他們的父親雖然收到信，卻毫無拯救他們的行動。一九三二年夏末，他們逃離黃阿姨的家。此後四年，他們在汙穢的街道流浪、翻尋垃圾桶、撿破爛和香煙頭，從小店家賺點零錢，也賣報紙。他們被人揍，也被人辱罵。一直要到一九三六年春天，上海黨組織才找到他們。然後，勢力無所不在的史達林關切他們的命運。在史達林同意下，中共中央安排他們取道香港、馬賽和巴黎，前往蘇聯。命運之神作怪，負責這些安排的竟然又是同樣那位「王牧師」。[52]

同一時期，毛澤東全力投入黨和軍的工作。一九三一年秋天，當他接到兒子們來信時，順手就擺到一邊去。他有太多事要處理。他必須強化中央蘇區，並且準備召開中華蘇維埃第一次全國代表大會。這次會議即將宣告成立「中華蘇維埃共和國」，把全國「赤區」統一起來。身為中央革命軍事委員會主席，毛澤東直接負責召開及督導代表大會的進行。葉坪被選為會議地點。六百多名代表將來到葉坪，他們的食、宿、保安事宜都不能出差錯。毛澤東的部隊於一九二九年春天就奪佔這個村莊，它離瑞金縣城很近，位於江西東南山區，也靠近福建邊界。過去兩年半間，國民黨和共產黨交復掌控本地人口；現在毛澤東顯然堅固地控制住本地區。莫斯科已經同意由他出任中央執行委員會主席以及人民委員會主席，或者用當時的名詞講，是「中華蘇維埃共和國中央執行委員會人民委員會」的主席。[53]

到了十一月七日，即俄國革命週年慶，一切都已準備就緒：

> 大會禮堂上方掛起鐮刀榔頭的紅旗。禮堂裡，工人把樓房布上電線，接上去年從吉安搶來的發電機。電燈打開時，圍觀的農民不敢置信……禮堂數百個玻璃燈大放光明。

---

⑲ 譯按：大同幼稚園。

⑳ 譯按：分別是李力、蔡轉。

㉑ 原書註：有意思的是，一九六〇年中期，全國各省突然出現好幾十個「毛岸龍」。然而，這些冒牌貨很快就被無所不知的特務機關一一揭露。

身體較差的幾個農婦當場昏過去……大禮堂拉上電線後，又拿松枝、群眾組織帶來的紅布好好布置，梁上每根大柱都掛滿了蘇維埃標語……禮堂四周各有一個入口，正面是主要的大入口。正門口外頭上方掛著兩面繡了鐮刀榔頭的紅色絲布，一面代表蘇維埃、一面代表共產黨。大門外架起一片綠枝子，放上兩個大型五角紅星。紅星是純銀做的，因為蘇區有許多銀子。[54]

十一月七日，星期六，上午七點鐘，代表們在禮槍齊放和鞭炮聲中陸續進入禮堂。「台上樂隊開始奏起〈國際歌〉。」穿上特別裁製的衣服——紅軍高領子短外衣、配上藍色棉褲——代表們看來喜氣洋洋。他們上衣左袖繡著紅星、右袖有塊三角形紅絲布，標誌著代表號碼。軍帽也貼上「中華蘇維埃第一屆大會」的字樣。

兩星期內，代表們通過中華蘇維埃共和國基本憲政綱領、加強平均分配地主和勞動農民動產、不動產的土地法、㉒勞動法，以及其他若干文件，並且選出中央執行委員會。一週後，在中央執行委員會中，毛澤東依照計劃成為這個最高立法機關的主席。張國燾和項英被推為他的副手。毛澤東也是人民委員會主席。外交人民委員——就一個根本沒人承認的國家而言，這還真是個挺有野心的職位——由米夫的學生王稼祥出任。軍事人民委員非朱德莫屬；教育人民委員為瞿秋白（瞿秋白仍在上海，困於肺結核病，因此由毛澤東在長沙時期的老師徐特立代理，主持中華蘇維埃共和國的人民教育）。瑞金亦經宣布成為中華蘇維埃共和國首都。

共軍部隊抵達這座古城後，它的人口約六萬人。縣城由西至東，約一點五公里，四周都是山。它有幾家紡織廠和機械作坊，一座市集廣場，供四鄉農民來此買賣東西；另有幾座寺廟被共產黨接收，改作辦公廳。瑞金雖然不是上海，但也滿適合作為政府所在地。

毛澤東似乎終於攀登權力頂峰，其實並不然。一場激烈的鬥爭正在進行。王明的好兄弟、尤其是博古，在中共其他領導人紛紛走避之後，成為政治局實質領導人，他並不希望把勝利者的桂冠讓給毛澤東。

二十四歲的博古六年前才加入共產黨，野心不亞於他的朋友王明。又瘦又高的博古代表著毛澤東最深惡痛絕的莫斯科暴發戶的一切。博古對中國的現實只有膚淺的認識，卻和從莫斯科回國的其他的米夫學生一樣，堅決相信蘇聯經驗所向無敵。看到他一頭亂髮和大眼鏡——用來遮掩他鼓出的雙眼，因為他有甲狀腺先進症——又聽到他緊張的笑聲和發顫的說話聲，你或許會以為他是個拚命苦讀的書呆子。他崇拜史達林，模仿他抽煙斗。他也和他的克里姆林宮偶像一樣，根本不重視人命。不論是「階級敵人」或他自己的共產黨同志，都一樣。博古無法公開與莫斯科支持毛澤東的政策唱反調，遂透過自己的支持者竭盡全力弱化他對手的影響力，設法拉下他在史達林心目中的地位。博古最受不了毛澤東是個偉大的游擊隊領袖這個說法。

㉒ 原書註：土地法沒有直接提到沒收農民土地（「富農」土地例外），但是讀到法條說不僅要沒收「地主」土地，也要沒收「自己耕作的大型私有主人」的土地，你不會有其他解讀。沒有「地主」會自行耕作，只有農民才耕作。至於「大」的定義，也不用懷疑。對於赤貧的農村遊民無產階級而言，任何人擁有土地都是「大」地主。

第十八章

共產黨式狗咬狗

失寵的新跡象從一九三一年八月三十日上海發來的一封信現出端倪，它對毛澤東批評之兇猛絕不下於李立三時期。毛澤東領導的蘇區中央局被控犯了極端嚴重的右派以及左傾機會主義錯誤，證明其領導人「缺乏明確的階級路線」。我們很難說這封信出自哪一位中央領導人的手筆，但是這份文件清楚地反映開始主宰黨務的新世代領導人——米夫的人馬——的觀點。主要的指控是毛澤東在進行農村改革時推動「富農路線」。這封信的主筆者指的是，毛澤東依據「抽肥補瘦，抽多補少」的原則進行平均分配土地。新領導人堅持，地主只應分配到最差的土地，所有的良田應分配給貧農。

毛澤東的「游擊」戰術雖然使得紅軍擊退國民黨三次圍剿作戰，卻也招致臨時政治局相當的責難。毛澤東的成功傷害到新崛起的領導人之權威。他們堅持立刻奪佔「比較大的城市」來「擴大」蘇區。[1]早在一九三〇年十月中旬，毛澤東已決心排斥奪佔過大的中心之計劃。[2]

很顯然，莫斯科回國的這批人比毛澤東和李立三還更加左傾。他們竭盡全力給別人貼上李立三主義的標籤，其實就是陳紹禹／王明、王稼祥等人逮著機會想要鞏固自己的權力。他們回到中國後立即就發動對李立三及其他「元老」的秘密鬥爭，且從一九三〇年夏天起特別積極。透過原先的協議，他們開始用密語以英文或俄文拚命寫信向老校長米夫投訴。他們不喜歡的並不是政治局的冒進主義。批評李立三左傾，當時並不流行。他們很清楚莫斯科最討厭的是什麼，因此即使李立三擁護瘋狂的世界革命構想，他們還是不斷地指控李立三「右傾」偏差。中共中央政治局六月十一日通過一項極左的決議〈新的革命高潮與一省或幾省的首先勝利〉；而三天前王稼祥還向米夫報告：「由於醫生不夠大膽，又無知識，而且沒有良藥，右肺仍然疼痛，你能否送些藥來？」王明也說：「有些主人的確右肩疼痛。」他們的聯名信說：

> 主人的醜源自於他的右腦有病。這種病需要第一流的治療，而在貧窮的中國很難得到。我們希望很快就能找到良醫良藥來治療主人、改進公司地位。[3]

很有趣的文字，不待翻，已經清楚明白。

即使「良醫」米夫已執行了必需的「手術」，王明等人繼續推動挑釁政策。很顯然他們認為一月的六屆四中全會並沒有成功切除掉整個「頭腦有病的部分」，也因此才會有八月這封信。

收信後不久，十月中旬，項英、任弼時和王稼祥加入中央蘇區領導人行列。十一月初，也就是蘇維埃代表大會召開前夕，臨時政治局這幾位代表在瑞金召開一項黨務會議。然後，指控衝向毛澤東而來；他被指控是「狹隘的經驗論」、「極端右傾機會主義」、「富農偏差」和「游擊主義」。毛澤東替自己辯白，認為須注意地方條件，但是沒有人要聽。除了幾個區書記，多數與會者支持中央這封信的指示。毛澤東被拔掉蘇區中央局代理書記的職務，項英又取代了他的位子。[4]

這一切都發生在中華蘇維埃第一次全國代表大會開會前幾天。原本已經內定，毛澤東將在代表大會中被「推選」為中華蘇維埃共和國中央執行委員會主席，以及人民委員會主席。經過莫斯科核可的一封電報在十月底、也就是黨務會議召開前兩、三天，送到葉坪，它提示必須「推選」他。[5]那麼，為什麼必須攻擊已經準備好要擔任中華蘇維埃共和國領導人的同志呢？

唯一的解釋是，上海的領導人和它在贛南的代理人想向全黨展示，中央總書記和蘇區中央局書記將照常控制一切，而不是新當選的毛主席當家作主。主席只是黨的士兵，而且未必是最好的戰士。因此，中央執行委員會主席以及人民委員會主席的職位，只是純象徵性的職位。在中華蘇維埃共和國，就和在蘇聯一樣，黨控制政府。

大會過後不久，十一月二十五日，毛澤東被解除中央革命軍事委員會主席職務，不過他留任十五位委員之一，也保留其總政治主任的位子。朱德出任中央革命軍事委員會主席，王稼祥和彭德懷成為朱德的副主席。同時，紅一方面軍改組為兩個軍團（紅三軍團、紅五軍團）和五個軍，直接隸屬於中央革命軍事委員會。紅一方面軍總部解散，毛澤東所擔任的總政委和總前敵委員會書記也隨之消失。[6]這一記重拳大大削減了毛澤東在黨和軍的影響力。

毛澤東開始意識到周遭氣氛不利。除了他的弟弟和弟媳之外，他周遭幾乎沒有好朋友。毛澤民、毛澤覃都在中央蘇區，但兩人都不是中央委員。一九二八年五月初，驕傲、熱情、不服從上命的向警予在漢口遭槍決。她的前夫蔡和森、毛澤東最要好的朋友，於一九三一年八月初在廣州被處決。他死得特別慘。屠夫先讓他遭受不人道的刑求，然後將他拉成「大」字形狀釘在獄室牆上，再用尖刀數度刺進他胸膛，一直到他在鐵釘上斷了氣才停下。兩年前，即一九二九年八月，彭湃也死在上海。

周恩來於一九三一年十二月底抵達瑞金後，情勢更加惡化。周恩來取代項英，出任蘇區中央局書記，仍持續反毛路線。隔年一月七日，中央局第一次開會，他宣布中央局在對付反革命分子鬥爭時犯了錯誤，「應該以自我批評的精神承認責任」。[7]毛澤東並未反對，不過周恩來的批判等於砍了他一刀。

兩天後，博古和他的朋友張聞天①（負責臨時政治局宣傳工作）發表一份指示〈中央關於爭取革命在一省與數省首先勝利的決議〉，它的標題幾乎就和李立三那份臭名昭彰的決議文一模一樣，他們卻不在

①編註：原書全文皆以張聞天的化名「洛甫」稱呼，因考量他並非一直使用此化名，現今相關書籍也多使用其本名，故中文版改以張聞天稱之。

乎。他們要求紅軍再度攻打南昌、吉安和江西其他大城；並且提醒心懷疑念的人：「右傾機會主義仍然是目前主要的危險……應該集中火力來反對右傾。」[8]

這使得周恩來又可以重重打擊毛澤東。明明曉得這個烈性子的湖南同志厭惡做無謂的討論，周恩來向中央局委員們提議進攻江西第二大城贛州，它位於中央蘇區和井岡山區之間，當地還有中共個別部隊在活動。能搶下這座古城據點，可以製造機會大幅擴大「赤區」，但是周恩來及中央局大多數領導似乎都不瞭解，對紅軍而言這會是多麼艱巨的任務。毛澤東當然不同意，於是又受到批評。[9]他的政敵竊喜這個「一直犯錯」的對手又「丟人」了。

毛澤東此時決定要好好研究國際政治問題。由於日本的擴張主義，中國的國際地位已經急遽惡化。一九三一年九月十八日，駐屯中國東北的日本關東軍挑釁起「瀋陽事件」。日本人自己在南滿鐵路引爆炸彈，卻藉端滋事，關東軍佔領了東北最大城市瀋陽，以及吉林省會長春。到了秋末，整個東北、人口三千萬人，都落入日本人控制之中。蔣介石忙著針對蘇區發動剿匪軍事行動，根本沒抵抗，但是全國各地已爆發反日運動。愛國運動聲勢浩大，毛澤東在一九三二年一月底認定中共應該善加利用。他估算可將全民反日情緒導向蔣介石，因為蔣介石沒有保衛東北。十二月中旬江西省寧都縣國民黨二十六路軍突如其來兵變，激發毛澤東這個想法。二十六路軍一萬七千名官兵譁變，是因為他們不滿蔣介石「姑息」日本。寧都就在瑞金北方約十六公里，立刻變成「赤區」。[10]

一九三二年一月中旬，中央局例行會議中，毛澤東說：「日本帝國主義大舉侵華勢必引起全國的抗日高潮，國內階級關係必將發生變化。」可以理解的是，應該利用此一發展，但是究竟該怎麼做，他希望大家能討論這個問題。孰料這下子卻激怒了一票人！臨時政治局的代表群情激昂。他們認為利用日本入侵而促進共產黨的利益，不啻是犯罪，尤其是從共產國際的角度來看，東北事件的目的就是日本軍隊準備對蘇聯發動進攻。有個出席者攻訐毛澤東是「右傾機會主義」。全場鴉雀無聲。毛澤東氣得一句話都說不出來。

他不想再跟中央局這夥人共事，會後即請「病假」。他在一九二九年六月至十一月和朱德以及紅四軍前敵委員會衝突時，也要過這一招。他把政府工作移交給項英，帶著太太和衛士前往山區。接下來，他又遭到打擊。王稼祥拔掉他最後的軍職，即中央革命軍事委員會總政治部頭頭（這時候改名中國工農紅軍總政治部）。

毛澤東現在陷入憂鬱。在東華山巔上，他一度在一座荒蕪的破廟坐在一片漆黑當中，把玩洞簫。他從井岡山時期起就喜歡上這種竹製的八孔樂器。可是，破廟又濕又冷，賀子珍堅持他搬到鄰近一個山洞。他繼續沉溺在音樂中。然而，音樂和山居生活平靜不了他的心境。填詞、賦詩也安慰不了他。[11]毛澤東左右尋思，體會到新一輪的權力鬥爭將至為殘酷。

中國共產黨領導人最新這一番「左傾」與莫斯科直接有關，因為中國共產黨持續接受莫斯科的戰略和戰術指示，而莫斯科人人都在大唱「右派危險」。史達林整肅掉布哈林及其支持者之後，於一九三〇年十二月又整肅一批所謂的右派分子。接下來，他又審判「工業黨」，一個所謂的工程師、技術人員和經濟學家成立的「右派」組織，他們的罪名是反蘇維埃、搞破壞。共產國際有許多人相信「右派危險」為真，也就不足為奇，特別是因為史達林堅稱，鑒於蘇聯加速建設社會主義及深化世界危機，階級鬥爭會變得愈發尖銳，資本主義會變得更加咄咄逼人。根據這些假設前提，共產國際執委會十一屆會議於一九三一年三至四月間開會，強調「革命起義正在長成」，表示「要在中國相當大領土之內開發及強化蘇維埃以及紅軍……並於殖民地加強革命運動」。[12]

七月三十一日，共產國際執委會主席團下達一個特別決議給中共中央委員會，指出：「在革命運動的現時階段中，全國深處在革命危機中，在許多區域中建立了蘇維埃，鬥爭的結果主要的並且直接的是依靠共產黨自己……中國共產黨要努力揭穿右傾機會主義的各種觀點，在理論中與實際工作中與它進行無情的鬥爭。」[13]

就是這份文件要求富農和貧農不該享有平等的土地權利，但並沒有直接點名批評毛澤東。猛烈批鬥毛澤東是中共新領導人獨自的主意。決議文裡頭完全沒提到要進攻城市。一九三二年初執行的搶佔「一、兩個城市中心」的計劃，而在贛南的贛州血戰，雖然吻合共產國際的觀點，也有可能出自上海領導人的主張。臨時政治局發布八月指示之後兩個半月，米夫本人寫信給史達林，推動在中國征服大城市的主意。[14]史達林支持他。

在這種情況下，依中央局領導人的意見，不可能談「游擊戰術」。周恩來偕同中央局其他委員審慎地開始執行基本上已經核定的共產國際中央委員會的指示。毛澤東反對它，不過不是因為他反對搶佔城市。富裕的商業中心一向吸引他的注意力。他要效法小說《水滸傳》中他仰慕的英雄好漢，也就是猛然撲襲一座防衛很差的小城市，洗劫它，然後撤退到安全地帶。他不認為蟄伏在大的戰略中心是明智之舉。這個觀點激惱了其他領導人，他們和往常一樣，認為唯有依賴城市中心，中國的革命才會勝利。縱使如此，毛澤東還是悍然拂逆眾人意見。難道是他意識到背後有一股力量支持他嗎？

這次，他又相當幸運。攻佔贛州之舉終究失敗了。許多軍隊指戰員現在瞭解，毛澤東反對這項攻擊是對的。彭德懷日後回憶說：「我三軍團兵力才一萬四千人，敵以優勢兵力，據堅防禦，當然不易攻克。敵情沒有弄清楚，就貿然攻堅，這也是一次嚴重的錯誤。」最不幸的一面是圍攻贛州打了兩個月（一九三二年一月至三月），湊巧日軍此時也攻打上海，國民黨十九路軍堅決固守。[15]它顯得共產黨和日本人相互呼應。

中央局領導人必須吞下他們的驕傲。三月初，項英冒著滂沱大雨來到毛澤東的山居，以中央革命軍事委員會和周恩來個人的名義，請他立刻復職。毛澤東掩抑不住他的喜樂。渾身濕透、又必須低聲下氣來陪罪的項英，十分狼狽。毛澤東和賀子珍收拾行囊，當天夜裡就下山，趕往瑞金。毛澤東把他的洞簫放進軍服口袋。誰曉得今後他還會不會有空吹它？不過他的復職還不代表什麼。權力鬥爭還要繼續。

然而，他現在必須立刻趕往前線，到瑞金西邊約一百公里的贛縣，他只能匆匆交給中央局及蘇維埃政府領導同志一份有關日本入侵中國的宣言文稿，這是他在一月底日本人砲轟上海之後所草擬的。這份文件十分鋒利：中華蘇維埃共和國政府對日正式宣戰。當然，這個行動純粹是形式。共產黨的部隊離東北和上海都十分遙遠。可是，它的政治意義極大。藉著宣傳和煽動，以及大膽利用人民反日情緒，中國共產黨可以扭轉許多中國愛國人士心目中的印象，變成一支真實的民族主義力量，這將有助於它和國民黨的鬥爭。經過一番冗長辯論，宣言終於在四月十五日由毛澤東的「同志們」通過。六天後，它發表在中華蘇維埃共和國中央執行委員會和人民委員會的機關刊物《紅色中華》上。[16]

這時候毛澤東已經離開瑞金很遠。他在三月中、下旬前往贛南，試圖糾正緊急情勢，再趕往福建，視察林彪的部隊。直到六月底，他參加在福建南部和西南部的軍事作戰。他陪著部隊沿山路（距離瑞金超過二百五十公里）往南進行艱巨的進攻，攻打富裕、但防備欠佳的商業城市漳州，得以一嘗打家劫舍的羅曼史。洗劫漳州和鄰近幾個鄉鎮之後，毛澤東回到贛南。一路上，他的士兵照常殺地主、富農和一般本地農民（客家人的大敵）；燒毀他們的家，搶奪他們的財產，留下一片廢墟。和毛澤東同時代的一個人一年之後經過這片地區，他說：「到處稻田塞滿泥土，番薯田雜草叢生，房子燒成平地，舉目所及全無人煙。」[17]

作戰明顯成功，增強毛澤東在軍中的威望。福建作戰連連告捷，讓士兵和指戰員興高采烈，相形之下，新領導人負責圍攻贛州卻未見成效。[18]可是他還是得和中央局的領導人辯論戰術問題。他的對手並不反對洗劫和殺人；他們只是相信必須確定全球目標，不在無謂的小戰鬥激怒敵人，而要進行大作戰，以攻佔全省。雙方辯論激烈。這些事件的蛛絲馬跡可以從周恩來等人一九三二年五月三日給中共中央的一封信見其端倪。他們說：

> 我們在〔中央〕蘇區擴大方向和紅軍作戰行動上有分歧意見。去年年底，在〔中共蘇區〕中央局會議上，毛澤東提出了沿福建、廣東、江西和湖南邊界上的三山建立蘇區的計劃。科穆納爾〔王稼祥的化名〕反對這一計劃，並說在目前的政治形勢下，這是規避佔領大城市……當莫斯克文〔周恩來的化名〕來到時，毛澤東提出了在〔贛〕東北擴大蘇區的計劃，並反對攻佔中心城市……這條政治路線乃是百分之百的右傾機會主義，它低估了目前的形勢，完全背離了共產國際和〔中共〕中央的指示……

> 我們決定同毛澤東的錯誤進行鬥爭，並在黨的機關報上進行批評。[19]

九天後，毛澤東不在瑞金，中央局召開會議，又再度批評他的失敗主義路線。會議通過的決議是：「須徹底糾正中央局過去的右傾機會主義錯誤。」指的就是毛澤東領導時期犯了過錯。決議立即以電報向上海報告，而臨時政治局即將和毛澤東新的意見不一通報共產國際執委會，認為他們的保護人米夫會就他們和毛澤東的衝突做個了斷。[20]

可是，從中央傳來的回覆卻令人沮喪。比米夫權力高出許多的人物，介入毛澤東這個問題。我們只能臆測他們為什麼要這麼做。一九三二年五月十五日，共產國際執委會最高機關「政治秘書處政治委員會」的奧托・庫西寧（Otto Kuusinen）、狄米崔・曼努伊爾斯基（Dmitry Manuilsky）、約瑟夫・派特尼斯基（Josef Piatnitsky）和威廉・皮克（Wilhelm Pieck），他們都是可靠的史達林派，他們檢討了在瑞金的衝突。毛澤東得到莫斯科的保護。[21]

臨時政治局和中央局被迫撤退，不過他們並不願承認失敗。周恩來收到一九三二年六月九日政治委員會電報、實質支持毛澤東之後，寫信給中共中央說：「所有問題都迎刃而解了。我們的討論是在同志式的氣氛中進行的，只限於中央局委員之間。這並不妨礙毛澤東的領導工作。」[22]

能讓博古和他在江西的盟友欣慰的唯一一件事是，莫斯科只保護毛澤東不受到公開批判。它依然不認同他的游擊戰術。這也是為什麼周恩來很快又發電報給中共中央，尋求領導人同意將毛澤東調離瑞金。六月十日，周恩來寫說：「毛澤東身體極弱，他仍留在高山地區工作，他失眠，胃口也不好。但他和部隊一起活動，在主持作戰行動時精力充沛，富有才華。〔中共蘇區中央〕局決定派他去前線策劃軍事行動。他也希望去前線。」[23]

這還真是奇怪的電報。毛澤東都還沒從贛南抵達瑞金的「高山」，而照周恩來的說法，他已經感到不適，不能吃、不能睡。或許是中央局不高興見到中央執行委員會和人民委員會主席回來吧！毛澤東本人也不想回瑞金去。六月中旬，他已經跟著部隊到贛南。他在當地接到消息，奉臨時政治局命令，紅一方面軍恢復建制。朱德恢復紅一方面軍總司令職位，王稼祥出任總政治部主任。他們和毛澤東將率領紅一方面軍對抗進攻蘇區的廣東軍閥。[24]

現在毛澤東必須展現他不凡的外交能力。發覺他和主要敵人王稼祥處於同一個領導圈子，毛澤東遂採取所有政客都愛的手法——「分而治之」。王稼祥肩膀寬厚，戴著圓框眼鏡，比毛澤東年輕十三歲。一九三一年四月，王稼祥和任弼時來到青塘村他家拜訪時，毛澤東已經十分注意這個年輕人。和陳紹禹那一夥人一樣，王稼祥俄語流利，但是他和別人不同的是，他沒有過度的野心。他是個教條主義者，狂熱相信俄國經驗，但是內心深處，他仍是個平凡的中國農民。即使他粗魯、有時候很難忍受，但還是可以溝通。

毛澤東在四月底已經開始「討好」他，但沒有達成任何具體成果。[25]現在，在朱德幫助下，他又展開交好行動。最後，他們成功地「爭取過來」這個「頑固的年輕人」。這時候，周恩來於七月下旬來到他們的總部。毛澤東借助朱德和王稼祥，利用每個機會「爭取」周恩來。很快就有了結果。習慣居於次位的周恩來，抵擋不了。毛澤東收服了他。現在周恩來偕同毛澤東、朱德和王稼祥聯名發電報給中央局，要求取消攻打贛州的新計劃。同一天，四個人也向中央局提議恢復紅一方面軍總政委職位，並委派毛澤東出任。他們甚至考量可能要求廢除政府主席一職（毛澤東不可能兼任這兩個職位）。[26]

毛澤東顯得已經盡棄前嫌，但是他把王稼祥和周恩來「爭取」過來只是往征服大權之路前進的一步。為達目的、不擇手段。現在他需要這兩個老對手。他希望在他們襄助下，可以突破黨的新領導人在他四周布下的排拒。但是留在瑞金的中央局領導，尤其是任弼時，受到博古和張聞天的壓力，不想和他緩和關係。接受實質以毛澤東為政委，同時他們還繼續譴責他的游擊戰術，並且堅持搶佔大型城市中心。

衝突益加劇烈。任弼時盲目地執行臨時政治局的指令，他的軍事觀點與毛澤東的觀點大相逕庭。此時，中央局再度提起中華蘇維埃共和國和中央執行委員會主席「機會主義」的問題。針對毛澤東的批評達到頂點。除了任弼時之外，還有項英、鄧發（中央蘇區特務頭子）和顧作霖（共產主義青年團中央書記）。他們全都激烈批評毛澤東提議避開大型戰役、進入山區、分散軍隊。換句話說，毛澤東堅持傾向「防衛戰術，目前不進行任何攻擊」。[27]任弼時等人痛恨他的行為，於一九三二年九月得出結論：「毛澤東不懂馬克思主義。」[28]他們決定將他免職，提交公開批評，遂立即通報中共中央說：

> 毛澤東同志對擴大中央蘇區、佔領中心城市和爭取〔革命〕在一省或數省首先勝利的鬥爭表現動搖。他在擴大蘇區到……東部山區的機會主義路線仍在繼續，他常常試圖加以實施，忽視黨的領導，提拔幹部是從私人關係出發，而不是出於社會實踐的〔需要〕。雖然莫斯克文〔周恩來〕同志在那裡，但他實際上很難貫徹〔蘇區中央〕局的意見，從根本上改變他們的活動……為了軍事領導人觀點的一致，我們堅決而公開地批評毛〔澤東〕同志的錯誤，並想把他召回到後方〔中央〕蘇維埃政府中工作。[29]

不等待中共中央或共產國際執委會代表的核示，任弼時、項英、鄧發和顧作霖於九月底前往寧都縣前線，「召開中央局全體會議」。十月初，他們在小源村召開前線會議，會中他們痛批毛澤東的「游擊隊心態」和「右傾機會主義」。他們也批評「姑息派」——周恩來、朱德和王稼祥——「表現對革命勝利與紅軍力量估計不足」。重點是毛澤東必須「暫時請病假」、退出前線。任弼時等人很樂意准他休假「養病」。這次他被送到寧都以南一百五十公里一處高山上的醫院。

同一時期，臨時政治局領導人也在上海開會。來自瑞金的電報讓他們很高興，因為他們也很想扳倒毛澤東。寧都會議顯然提供了一個機會。博古歡呼：「請嘗試用同志式的態度爭取他贊成積極鬥爭的路線。」張聞天附議：「把澤東調到後方在蘇區工作，是個好主意。」[30]其他領導人也同意，但是他們也擔心，不曉得史達林和共產國際執委會會怎麼反應。他們生怕又引起莫斯科的憤怒。解決方法很簡單。中共中央領導人準備了兩套不同的回信。第一封以中文書寫，送到中央局去（它送到寧都時，毛澤東已經離開）。第二封以英文書寫，附上中央局電報的翻譯，送往共產國際執委會（第二封信和附件於十月十六日抵達莫斯科）。送到共產國際的版本強調不會針對毛澤東有「公開討論」，但是送到江西的版本卻恰恰相反，它說：「開始討論澤東的觀點」。[31]

收到政治局回覆後，任弼時等人在毛澤東缺席的情況下，解除毛澤東總政委的職務，因而剝奪掉也在軍中的任何勢力，把他的職務交給周恩來。兩星期後，上海確認了他們的決定。[32]

毛澤東聞訊之後，控制不了自己的激動。他已經沒有任何實質工作。他不認為他在蘇區政府的榮譽職有任何意義。[33]賀子珍回憶說，他哭了，「教條主義真害死人！他們不做實際工作，不接觸工人、農民，卻要指手畫腳，到處發號施令。同國民黨打仗，怎樣才能取勝？農民為什麼會革命？他們懂嗎？」[34]

這段期間唯一讓他高興的一件事是喜獲麟兒。一九三二年十一月初，賀子珍生下一個兒子，毛澤東為他取名岸紅。把他抱在懷裡，做媽媽的高興極了。可是她很懊惱，因為她得了瘧疾，醫生不讓她給嬰兒哺乳。但是毛澤東並不沮喪，他指示衛士替嬰兒找來一個奶媽，負責照料岸紅。這個單純的農婦把負責照料的小孩全叫作「小毛毛」。當毛澤東第一次聽到這麼喊他兒子，高興極了。他向賀子珍說：「妳瞧，人家叫我老毛，我的兒子叫小毛毛，比我多個毛，將來要比我強哦！」在這個艱困時期，他也只能靠幽默以及他的舊洞簫解憂。但是毛澤東吹奏的哀怨曲子只會讓他太太更加憂傷。

莫斯科再度對毛澤東伸出援手。更精確地講，莫斯科派了新代表到中國來，博古和張聞天等人在他面前只有立正、聽命的份。一九三二年秋天，共產國際執委會新任代表偕妻子抵達上海。他是個德國人，名叫亞瑟·厄尼斯特·尤爾特（Arthur Ernst Ewert）。當然，在中國，沒有人知道他姓尤爾特。他拿美國護照，化名哈利·柏格（Harry Berger）進入中國，在中國共產黨圈子裡，他開始用地下化名「吉姆」和「亞瑟」。這位四十二歲的德國共產黨老黨員，在共產國際中地位相當高。一九二八年，共產國際第六次代表大會中，他被推為執委會候補委員；從一九二九年起，他擔任共產國際遠東局負責人。和許多德國人一樣，他非常拘泥細節且迂腐。但是他貪好杯中物。在這個緊要關頭，尤爾特扮演毛澤東生命的貴人。儘管他也認為毛澤東的軍事戰術「危險」、「消極」、「偏差」，尤爾特仍支持毛澤東和黨內敵人作戰。他向共產國際報告說：「毛澤東的一般做法是錯的（太強調防衛的有效，以及躲在山區裡等等）。」

但是獲悉中共中央來電之後，他在一九三二年十月八日向共產國際執委會書記約瑟夫．派特尼斯基報告說：「江西黨務領導人」已決定將毛澤東解職，並且未經任何事先準備，要他接受公開批評。他指出：「在事先未做準備和未告知我們的情況下，做出了撤銷職務和公開批評的決定。不用說，對問題的這種態度在目前會向敵人暴露我們的弱點……毛澤東迄今還是有聲望的領袖……所以我們反對決定的這一部分。要求消除領導機關中的意見分歧，反對目前撤銷毛澤東的職務。」[35]當然，尤爾特也把他的立場告知中共中央委員會。

結果是博古和張聞天必須撤退，但是他們還是不讓毛澤東回到軍事事務。黨的領導人顯然忍受不了他，但是他們也無法避免和他打交道。一九三三年初，他們甚至必須和毛澤東碰面，再往後，他們的道路交織在一起，已經無法想像可避免親身接觸。一九三三年一月底，博古、張聞天和臨時政治局另一位委員、二十八歲的上海印刷工人陳雲（本名廖陳雲②）被迫必須遷到中央蘇區。[36]用王明的話來說，由於白色恐怖來勢洶洶，「使得黨的領導中心在上海實際上無法存在」，只好易地為良。[37]這導致蘇區中央局解散，蘇區整個黨務領導統統落到博古手中。用正式的話來說，蘇區中央局和臨時政治局合併，成立新機關「中國共產黨中央局」。[38]實質權力還在博古手中，他奉共產國際執委會的指示，規劃黨的根本政治路線。

顯然擔心臨時政治局遷到蘇區會重新引爆黨內衝突，共產國際執委會政治秘書處透過尤爾特交給中共中央一封電報，特別注意「毛澤東的問題」。它說：「至於毛澤東，必須發揮最大耐心以及同志的影響力，提供他充分機會在中央委員會或黨的中央局領導下從事負責任的工作。」[39]尤爾特將指令傳給瑞金時還加註他本身的評論：「我們要求你們與毛澤東密切合作，但是你們要注意他，以便我們的軍事工作順利，不會被大規模的討論和舉棋不定所破壞。」[40]

然而，從一九三三年一月起，共產國際執委會和其遠東局影響中國共產黨黨內生活的機會，消失了。

臨時政治局離開上海後，他們的聯繫縮小。尤爾特往瑞金送去的電報，畢竟替代不了共產國際特使和博古等黨領導人之間的直接接觸。到了一九三四年十月初，上海組織又失敗，而且這次是決定性的失敗，共產黨在上海的活動實質上消失了。不久之後，共產國際執委會關掉它的遠東局。[41]

瑞金方面，黨內鬥爭持續升溫。博古對毛澤東嫌惡至極，起先試圖避免和他有任何接觸。一九三三年一月，經過毛澤東仍在養病的市鎮，博古一口就拒絕去探望「病人」。同志們婉言，「你應該去探視他」；博古卻不屑地說：「毛澤東究竟有什麼值得我去探望的？」[42]當然他生病不會有什麼貢獻。可是，狡猾的毛澤東絕不會如此任性，他會十分謹慎。

其實博古很有需要去「探望」毛澤東。他對於和國民黨作戰有老到的經驗，這也是為什麼某些黨內幹部不時會找他商量。其中之一即福建省委代理書記羅明。有一次拜訪過毛澤東之後，這個激昂的游擊戰士取得他的黨委公開贊成毛澤東的戰術，這當然惹起重大風波。一九三三年二月，盛怒的博古發動黨內全面反對所謂的羅明路線。在爭論熱潮中，毛澤東的小弟毛澤覃失勢了。他和其他幾個積極支持毛澤東的人都遭到不亞於羅明的猛烈批評，一九三三年五月更丟掉軍職。毛澤東在中央蘇區裡大多數其他親戚也遭到相同的命運。

一九三三年春天，原本擔任蘇維埃政府機要秘書的賀子珍丟了工作，被送到中央黨校去「再教育」。她妹妹賀怡、也就是毛澤覃的太太，雖然已有六、七個月身孕，也被調到黨校審查（賀子珍也懷孕了，於一九三三年秋末生下一名男嬰，但不久即夭折）。他們纏著賀怡不放，要她「揭發」她丈夫是「機會主義者」，害得她產後即生重病。他們認為她隱匿實情，博古本人提起要將她開除黨籍。由於身兼中央黨務委員會書記及黨校校長的老黨員董必武保護她，事情才淡化。賀怡逃過黨紀處分。然而，不久，賀子珍的大哥賀敏學被解除代理師長職務，也被送去紅軍大學審查。彈壓甚至波及毛澤東的岳父、岳母。賀子珍的高

② 編註：陳雲自幼父母雙亡，舅舅廖文光依其母遺願，將陳雲過繼為廖家嗣子，並將其改姓廖，名陳雲。但此名僅幼年在家鄉使用。

齡父母住在中央蘇區北部東固的村子，兩人在地方黨委工作，都被免職。[43]

同一時期，負責技術性工作的縣委書記鄧小平也被扣上「羅明式的機會主義」的嚴重罪名。鄧小平自從一九三一年八月即在中央蘇區擔任過幾個不同的工作。毛澤東在這段期間注意到他，有個性、不向毛澤東的敵人低頭。[44]

毛澤東的生活陷入水深火熱。二月中旬，反羅明運動鬧到最高潮時，毛澤東回到葉坪，覺得完全陷入孤立。只有賀怡經常到他們家探望姐姐和姐夫。賀怡痛哭、抱怨。毛澤東雖然同情，卻愛莫能助。他沉痛地說：「他們整你們，是因為我，你們是受了我的牽累。」[45]他實際上已經不得做任何工作，也不被邀參加政治局開會。許多人生怕跟他有任何接觸。毛澤東後來終日閉門不出，寧可和家人在一起。多年之後，他回憶說：「我這個菩薩，過去還靈，後頭就不靈了。他們把我這個木菩薩浸到糞坑裡，再拿出來，搞得臭得很。那時候，不但一個人也不上門，連一個鬼也不上門。我的任務是吃飯、睡覺和拉屎。還好，我的腦袋沒有被砍掉。」[46]

但是很意外的是，他們沒有碰毛澤民和他太太錢希鈞。天性沉默寡言，可是實事求是又有自信的毛澤民在政府任職。從一九三二年三月起，他擔任國家人民銀行行長。他不介入任何黨內爭吵。錢希鈞也在政府機關黨委擔任副書記。當然，毛澤民內心裡同情兩個兄弟，但是他無能為力。

朱德、周恩來和王稼祥遠離葉坪，在前線作戰。從一九三三年二月底起，紅軍又和蔣介石部隊發生激烈作戰。在一個月的戰事中，紅軍擊退國民黨由軍政部長何應欽統率的第四次圍剿作戰。這次南京政府投入五十萬大軍對付共產黨，情勢十分嚴峻。朱德、周恩來和王稼祥只有一次機會擊敗敵軍，也就是採用毛澤東「誘敵深入」的舊戰術。「敵進我退；敵駐我擾；敵疲我打；敵退我追。」這個神奇招數奏效。三月底，第四次剿共作戰失敗。但是周恩來和朱德仍留在部隊裡，王稼祥於五月初回到瑞金，可是毛澤東無法和他談話。四月底，王稼祥腹部被彈片打到，負了重傷，而傷口尚未復原。他必須住在醫院裡，由於彈片在身體裡流動，他痛苦得不得了，必須借助鴉片止痛。

一九三三年秋天，共產國際遠東局的德國共產黨員奧托·布勞恩（Otto Braun，中國化名為李德）來到中央蘇區。他和尤爾特很像，甚至和這位共產國際執委會代表一樣嗜酒如命。他長得像博古，個子高，骨瘦如柴，戴著圓框眼鏡，但是他頭髮淺色、眼珠藍色。他有老派德國陸軍士官長的氣息，不能容忍不同意見，非常有自信又傲慢。他自認為在紅軍戰略和戰術問題是權威，其實他來瑞金只是擔任中共中央軍事顧問。

李德其實還是蘇聯參謀本部第四部（情報部）特務。他的到來並沒給毛澤東帶來好運，因為他這個游擊隊領袖和中共中央、共產國際彼此之間出現根本矛盾的，正是軍事戰術。李德一九三二年秋天抵達上海時，已經評估過毛澤東的「機會主義」觀點。李德與博古已經建立交情，而博古也灌輸這個德國佬對毛澤東的惡感。因此李德成為毛澤東的對手，也成為甚少在瑞金出現的朱德、周恩來等「無骨脊的姑息派」的對手。[47]雖然李德不是共產國際的正式代表（直到一九三四年仲夏，他才具有和尤爾特相同的身分），但是在博古的支持下，他「僭奪了紅軍的指揮權」。[48]這是他本人在若干年後向共產國際領導人懺悔他的「罪愆」時，對自己行為的描述。不懂中文、也不瞭解「紅軍在中國鬥爭的特性、環境」，他只和博古及其他蘇聯歸國留學生接觸來往，彼此以俄語溝通。李德來中國之前，曾在莫斯科伏龍芝軍事學院（M.V. Frunze Military Academy）受訓四年。專橫、又嚴肅，他開始對每個問題出主意，也不問它是政治性質、或是軍事性質。李德本人承認：「其他意見都被壓下去，前線指戰員的倡議也經常不予理會。」他又說：「我非常頑固和僵硬……絲毫不知自我批評，就為我的觀點和別人爭吵。」[49]

由於軍隊指戰員和地方黨委書記沉默、但明顯支持他們的領導人，博古和李德才沒能擊垮毛澤東。儘管與中共中央的關係已經減弱，莫斯科的立場一向最為重要。雖然共產國際執委會的情勢相當複雜，不是所有的首腦都認為毛澤東是中國共產黨最重要的領導人，可是它的主要勢力並無意推翻毛澤東。共產國際東方書記處遠東局及其書記米夫一再地提拔莫斯科高等教育機構的中國畢業生擔任中國共產黨重要職位。在米夫協助下，王明於一九三一年出任中國共產黨駐共產國際代表團團長，而博古出任黨的首腦。可是，共產國際其他官員、蘇共中共委員和共產國際執委會遠東局明白米夫的「雛鳥」缺乏實務經驗。某些官員倚重共產國際的老幹部如周恩來、項英和張國燾。共產國際執委會內有好幾個派系。這些派系在幕後鬥得死去活來。負責監督中國共產黨的人員彼此也不團結。譬如，米夫和東方書記處副處長路德維希・馬迪爾（Ludwig Mad'iar）之間就經常起衝突。[50]因此，共產國際執委會不同派系各自支持他們自己在中國共產黨的人馬。我們知道，史達林起初並不偏愛共產國際執委會或中共領導階層內任何一個派系。毛澤東被提升，於一九三〇年代初期地位增強，只是為了牽制周恩來、項英、張國燾、王明、博古和張聞天。

一直要到一九三〇年代中期，史達林才決定性地厚愛毛澤東。一九三四年一月中旬，在莫斯科堅持下，毛澤東在中共中央全會上由政治局候補委員晉升為委員。[51]這次全會在瑞金舉行，但毛澤東拒絕出席，照舊以生病為託辭（博古尖酸地向李德說，毛澤東三不五時就會得「外交病」）。中共中央局一直不遺餘力要破壞毛澤東的權力。按照正常程序，毛澤東應該以中央執行委員會和人民委員會主席的身分，向中央全會提出〈中國蘇維埃運動與它的任務〉的報告，但是中共中央局決定讓黨內第二號人物張聞天做報告；博古這一派人馬提名張聞天，取代毛澤東，出任人民委員會主席。[52]毛澤東因此才請病假、不出席。全會選出政治局常委七人：博古（內定出任總書記）、張聞天、周恩來、陳雲、張國燾、王明和項英。

一月底，中華蘇維埃第二次全國代表大會正式召開。六百九十三位代表和八十三位候補代表通過了黨的所有決議案，也重新推選毛澤東連任現在已無意義的中央執行委員會主席。[53]緊接著代表大會之後，中央執行委員會召開第一次會議，張聞天取代毛澤東出任中華蘇維埃共和國人民委員會主席（現在改名為中央人民政府人民委員會）。[54]令人驚訝的是，毛澤東被換下來，莫斯科事先並不知情，這是很獨特的現象。[55]毛澤東並不知道這一點，因此感到相當苦惱。

中央執行委員會散會後，他又「請病假」、停止工作。博古、李德及他們的支持者反而更加高興。一九三四年初春，他們向尤爾特報告，毛澤東又病了。他遂通報共產國際執委會書記約瑟夫・派特尼斯基和王明：「毛澤東病了很久，要求被送到莫斯科去。你們是否認為可以派他為代表出席大會（共產國際計劃於一九三五年七至八月在莫斯科召開第七屆代表大會）？依據你的代表〔尤爾特〕和〔中共中央〕上海局的看法，很難保證他此行的安全。而且，我們需要考慮政治後果。」[56]

共產國際執委會當然曉得把毛澤東送到莫斯科是博古的點子，他需要有個藉口除掉他這個難以駕馭、又強而有力的政敵。四月初，共產國際執委會政治秘書處政治委員會通過下述決議：

> 他〔毛澤東〕到莫斯科來，並不合適。必須盡一切努力在中國蘇區為他治病。唯有在證明絕對不可能在中國蘇區為他治療下，他才能來蘇聯……〔我們〕反對毛澤東成行，因為我們不希望他冒險旅行。不論花費多大，絕對必須安排他在蘇區診治。唯有在當地完全無法治療他、而且病情會有致命危險下，我們才會同意他到莫斯科來。[57]

博古還想反對。一九三四年六月，中華蘇維埃共和國農業部長高自立來到莫斯科，奉博古之命，高自立又提起毛澤東的問題。他替博古帶話給王明：毛澤東「大事有錯，小事沒有錯的」。[58]

然而，正好就是這個時候，莫斯科開始宣傳毛澤東的英雄形象。一九三四年俄文的《共產國際》和《海外》（*Za rubezhom*）雜誌，登出毛澤東在中華蘇維埃第二次全國代表大會上所做的中央執行委員會和人民委員會工作報告。毛澤東的報告同時另以俄文、中文對照發行五千份小冊子。[59]後來，一九三四年十一月，《海外》雜誌在〈當代人物剪影〉欄，由喬治·鮑里索維奇·厄倫堡（Georgii Borisovich Ehrenburg）執筆，首次介紹毛澤東。在此之前，蘇聯境內只在一九三〇年二月有過一篇文章向讀者介紹毛澤東，那是《真理報》（*Pravda*）駐華記者阿歷克西·伊凡諾夫（Alexei Ivanov）以筆名「伊文」（Ivin）發出的通訊，不過，這篇報導中，毛澤東一直與朱德並列。[60]

中國共產黨駐共產國際代表團首腦王明和康生明白風向，於一九三四年九月建議中共中央「效法朱德和毛澤東，到游擊隊直接工作」。[61]

但是博古和李德還是持續反對。毛澤東在軍事或黨務上仍沒有投票權。衝突更盛。甚且，中央蘇區的軍事戰略地位大大惡化。一九三四年十月，最近改名為中央紅軍的紅一方面軍，慘敗於蔣介石部隊之手。

中央蘇區的共產黨已經努力了一年，力抗國民黨的進剿。第五次剿匪作戰始於一九三三年九月底，即李德抵達蘇區之前兩、三個星期。蔣介石親自統率百萬大軍投入剿滅「赤匪」作戰。他的德國顧問設計出一套消滅中華蘇維埃共和國的計劃，沿著赤區邊界建立數千個石碉堡，彼此相距兩、三公里。蔣介石決心一舉殲滅中國共產黨，現在正小心翼翼。他的部隊以每天僅只一點五公里的速率，慢慢推進，深入「赤區」，每一道新防線都要鞏固成效，收緊包圍圈。蔣介石屬下一名將領形容這套戰術是「竭澤而漁」。蔣介石不僅運用軍事手段，也發揮政治作戰，而且特別重視後者，號稱是「三分軍事、七分政治」。在所有新光復的地區，他重新恢復傳統的農村保甲制度，也重新組建地方農民自衛隊。他又懸賞巨額獎金捉拿共產黨首領。譬如，毛澤東的首級就值二十五萬元。甚且，在蔣介石親自宣導下，一九三四年在全國推出「新生活運動」，努力恢復儒家禮儀和道德。[62]

這些措施產生結果。紅軍連吃敗仗。由於李德得到博古的支持，堅持毫無道理的陣地戰戰術，高唱「寸土不讓」的口號，情勢益加惡化。他無法理解中國的條件與俄國的條件截然不同。李德在伏龍芝軍事學院學到的是如何計劃攻勢作戰，這個經驗灌輸給他對閃電攻擊神奇力量的信心。他一再把紅軍部隊投入對抗深溝高壘的敵軍陣地，投入機關槍火網之下，卻一事無成。毛澤東已經失去權位，無能為力。毛澤東沒在任何軍校念過書，但是從嚴酷的游擊戰學府畢業，他很清楚李德犯了大錯。日後他說：「只要我們缺乏優勢部隊實力或彈藥儲備，而且在每個蘇區只有一支紅軍從事所有的作戰，陣地戰對我們來講根本無益。對我們來講，陣地戰是攻、守兩不宜。」[63]博古和李德當時根本聽不進他這一套。

最後，到了一九三四年初夏，情勢已變得毫無希望。尤爾特寫說：「由於持續作戰及戰利品不足之故，我們的軍事補給大幅下降。我們的損失極大。逃兵日益增加。」五月間，中央書記處決議，開始準備將紅軍主力撤出中央蘇區。它拍發緊急電報給莫斯科：「現在只能堅守中華蘇維埃到最後關頭，同時準備將主力部隊往不同方向重新部署。」[64]後面又一個電報，請求援助一百萬墨西哥銀元，以便採購藥品及制服。[65]博古、張聞天和周恩來組成三人團，指揮作業，[66]但是根據李德的回憶錄，其實所有的根本問題都是由博古、周恩來和他李德三人在「私下談話中」解決。[67]

六月八日，共產國際執委會政治秘書處政治委員會核准博古和中共其他領導人的一項計劃，並向尤爾特強調，紅軍主力調離中央蘇區應該是「暫時措施」，也是基於「保持主要力量不受攻擊」的考量。「中國同志」沒有拿到一百萬墨西哥銀元，只拿到二十萬盧布——相當於十五萬墨西哥銀元左右。[68]

毛澤東對這一切渾然不知。三人團對他守口如瓶，絕口不談撤退計劃。即使周恩來已和毛澤東有好交情，也三緘其口。周恩來一向觀風向辦事，這段期間他曉得風向不利於毛澤東。一直要到十月初，也就是從瑞金撤退前不久，三人小組才認為必須照會毛澤東一聲。毛澤東此時在「赤都」瑞金以西約一百公里的雩都，與紅一軍部隊在一起。他從九月底就得了瘧疾，身體狀況不佳。疾病的確擊倒他，他滿臉憔悴。

三人團同時告訴他中央的決定（同樣未經他參與就做出決定）是，允許三十名婦女——黨高層領導人的妻室——跟著部隊一起撤退（除了她們之外，另有二十名婦女獲准一起走，她們大都是護士及其他服務人員）。[69]賀子珍很高興，她也在三十人之列，被編入衛生部幹部休養連。但是毛澤東和賀子珍必須丟下他們兩歲的兒子「小毛毛」岸紅。三人團對這一點十分堅決：不准帶任何小孩走。

毛澤東趕快派專差將這一切通知他太太；當時她和兒子住在瑞金西南方約二十公里的雲石山山上一座古寺裡。她在一九三四年七月和中央執行委員會及人民委員會的官員遷到此處，躲避敵機攻擊。毛澤東建議賀子珍把嬰兒託付給已經親如一家人的奶媽，但是奶媽住在遙遠的鄉下，賀子珍沒有時間把孩子交給她。賀子珍和妹妹賀怡商量。賀怡和她先生、即毛澤東的小弟毛澤覃，以及賀家兩老，並不打算加入撤退行列。她和毛澤覃，與其他許多黨、軍幹部一樣，留在根據地，由項英、陳毅領導，繼續活動。毛澤覃奉派指揮一個獨立師。

賀子珍拜託妹妹負責為岸紅妥善安排。賀怡欣然同意。她請姐姐放心：「走吧，什麼都不用擔心。我會照顧我們的爸爸、媽媽，以及我的侄子。」兩人說好，賀怡會盡快把小孩送交給奶媽。但是，賀子珍和毛澤東從此之後再也沒見過他們的兒子。幾天後，紅軍主力開始了從中央蘇區往西撤退的長征。十月二十五日，紅軍突破第一道包圍圈，進入湖南南部。此時，賀怡已把岸紅交給住在鄉下的奶媽。賀怡本身和父母一度住在某些紅軍戰士的家裡。她已經又懷孕，因此沒有冒險和先生一起進入山區打游擊。過後不久，毛澤覃擔心侄子的安危，決定做些更加可靠的安排。在他秘密指示下，岸紅又交給住在瑞金他手下一個衛士的家人撫養。但是幾個月後，即一九三五年四月，毛澤覃遭到伏襲、戰死。他帶著岸紅住在哪裡的秘密進入墳墓。

革命勝利之後，即一九四九年秋天，賀子珍、賀怡偕同她們哥哥賀敏學，努力尋找岸紅，不果。賀怡一直覺得愧疚、對不起姐姐，有一次特別南下尋找。但是，非常神秘的巧合，她坐的吉普車就在毛澤覃遇襲身亡的地方翻車，賀怡也死了！[70]

第十九章
長征

十一月初，紅軍部隊突破第二道圍堵線後，進入湖南東南部。他們部眾八萬六千多人，編為五個軍團（第一、第三、第五、第八和第九），以及兩個野戰縱隊——軍委縱隊（秘密代號「紅星」）和負責運輸的中央縱隊（秘密代號「紅章」）。第一縱隊「紅星」包括中央革命軍事委員會成員及毛澤東等人。第二縱隊「紅章」則由中央委員會、中央執行委員會委員，以及人民委員會幕僚人員及各種服務人員，如衛生連等組成；衛生連中有位護士，我們已經知道，她名叫賀子珍。和第二縱隊一起走的是「預備隊」，完全由無業農民組成，他們以一天半元被雇來當挑伕。用李德的話說，這些人「運送數百捆宣傳單、銀塊箱子和軍火機械……預備隊人員沒有武裝，因為他們拿的長矛、利劍和匕首，根本稱不上武器」。[1]戰鬥員與非戰鬥員的比率約為三比一。就全體部隊而言，共有四萬支長槍以及一千多挺輕、重機關槍。他們還有幾門重砲，但很快就丟了，因為它們阻滯行軍進展，何況也沒了砲彈。所有的士兵攜帶的米、鹽和口糧配給只夠兩個星期。[2]

行軍的最終目標還未決定。他們突破圍堵線後，以為一切自會明朗。自從一九三四年十月初上海局崩潰後，它們就和共產國際執委會失去無線電聯絡。國民黨查獲上海局書記地下公寓之後，警方沒收了無線電台這個共產國際遠東局和共產國際執委會唯一的通訊管道。[3]它們也和其他蘇區失去聯絡。中共中央接獲的消息是，紅軍第二、第六方面軍在賀龍統率下，於湖南、湖北和四川的交界處活動。中共中央派到這支部隊的書記是任弼時，於一九三三年五月奉派到賀龍軍中。他們斷斷續續也聽到張國燾率領的游擊隊，所謂的紅四方面軍的消息，它在一九三二年十月遭蔣介石擊敗後，退到四川西北部去。但是沒有人曉得實情是否如此。只有一件事多多少少很清楚：大軍必須往西走，走向廣西、湖南、貴州三省交界地。據李德的記載，情資顯示，此地「沒有敵軍碉堡」。[4]仔細評估過的路線穿過客家人密集居住的地區，[5]他們很自然地歡迎紅軍以解放者之姿出現。他們的支持使得紅軍可以克服障礙，於十二月間抵達貴州。國民黨軍隊也不冒險攻擊紅軍主力，因為他們擔心會激怒客家人起來反抗；客家人有他們自己的宗族規矩，並不承認國民黨當局。

儘管他們成功地突破好幾道敵軍碉堡防線，也相當安全地完成了所謂第一階段的「長征」，但部隊其實士氣消沉。許多官兵牢騷滿腹，而行軍的艱困加劇了他們的不滿。每天逃兵和脫隊者人數往上增加。持續前進的人，其實也到了強弩之末。這替毛澤東製造了獨特機會，得以恢復大權。利用這股情緒，加上適當的導引，他可以向博古展開復仇。他必須大膽賭下去，設法挑撥當家的三人團失和，並且讓博古、李德和政治局其他成員相互為敵。他必須果敢行動，但不能有強烈的自我意識。

毛澤東的手法出神入化。紅軍抵達貴州時，他已經爭取過來黨的大多數領導人。幾乎所有的軍隊指戰員都站在他這邊。最重要的是，他和張聞天——博古的親密戰友和忠實朋友——締結秘密同盟。毛澤東和張聞天一九二〇年代初期結識於上海，當時大家都喊他張聞天而非他日後的化名洛甫。張聞天是一個有才華的青年記者、小說家，曾經遊學中國、日本和美國，研習西洋文學及物理、數學，也精通社會科學。他比毛澤東小七歲、比博古大七歲，恰好代表共產主義運動發展的兩個時代。他和後來創建中國共產黨的一些人都參與了五四運動，然後又與「米夫的雛鳥」一起於一九二五年至一九三〇年期間，在莫斯科中國勞動者共產主義大學學習。他和博古、李德一樣又高又瘦，和他們不同的是，他相當機智、圓融。在他眼鏡的厚鏡片底下，別人可以看到一個知識分子聰慧的眼珠子。[6]

毛澤東在長征開始之前幾個月，就在中央蘇區開始對張聞天下工夫。軍事情勢惡化之下，毛澤東注意到張聞天變得愈來愈緊張，三不五時會表露出不滿李德和博古的獨裁作風。毛澤東決定要善加利用。有一天張聞天做了不速之客，突然前來拜訪毛澤東，「請教」軍事事務。兩人闢室密談一番。會後，毛澤東若有機會出席政治局會議，就刻意吹捧張聞天。同一時期，張聞天和博古的爭執日益上升。到了四月底，紅軍最近大敗之後，張聞天批評博古，掀起重大風波。李德支持博古，王稼祥雖然仍住院養病，卻持續注意中央蘇區的軍事行動發展，他支持張聞天。[7]

撤退即將開始時，毛澤東、張聞天和王稼祥彼此之間的關係已經水乳交融，毛澤東建議他們三人應該編入同一個縱隊，這位新朋友欣然同意。[8]毛澤東這下子把局勢整個扭轉過來。用李德的話說，到了第一階段長征告一段落時，在毛澤東的影響下，「陰謀者」已構成「發動顛覆鬥爭以接管黨、軍領導權的派系之……政治領導人」。[9]他們三個人都拚命爭取軍隊指戰員和黨領導成員的支持。王稼祥也不知是因為腹部受傷疼痛、還是其他什麼原因，一向處於非常急躁、易怒的狀態，在這方面特別積極。[10]這時候，周恩來仍站在博古那一邊，但他已經不可靠。毛澤東毫不懷疑，這個柔軟、謹慎的傢伙會向強者靠攏。

毛澤東一點都沒看錯。在黎平，即紅軍在貴州攻下的第一個城鎮，政治局召開會議，張聞天、毛澤東和王稼祥在會中要求博古立即召開領導人全會，檢討對付國民黨第五次圍剿作戰的成敗，周恩來表態支持他們。博古只得同意，但是他心知肚明會議將衝著他和李德發難。

接下來三星期，紅軍在貴州往北朝全省第二大商業中心遵義推進之同時，兩派也為此一決定性的政治鬥爭做準備。雙方決定在遵義開會。情資報告指出，不難拿下遵義。紅軍士兵可以稍微休息，同時領導人則可以解決黨內紛爭。

遵義在一九三五年一月七日，星期一，一個下雨天的早上攻陷。紅軍士兵又倦、又濕，且因長久行軍飢腸轆轆，很高興能得到食物，也有屋舍可住。他們那兩個星期分量的口糧早已吃完，而村子裡的客家人連自己都不夠吃。貧窮的貴州位於山巒起伏、雨水豐富的地區，不適合農業耕作，農村人民大都貧困。俗話形容貴州是「天無三日晴、地無三里平、人無三文錢」。經過二千五百公里長途跋涉後，士兵只盼望能安靜地過幾天溫暖的日子。一月九日，毛澤東、博古和其他黨、軍首腦進入遵義。毛澤東、張聞天和王稼祥住在附近一戶原來屬於黔軍某師長的大宅子。紅軍士兵在小餐館狼吞虎嚥四川辣泡菜、涮肉和紅辣椒時，三個「陰謀者」忙著為即將召開的會議制定戰略。博古也積極準備。凱豐是少許僅剩的忠心分子，他應博古之請，與紅軍重要的政委聶榮臻進行多次「開導」談話，但是聶榮臻斷然拒絕支持博古。11

一切的事在會前已經決定。博古和李德腳底下已經迅速崩塌。即使如此，毛澤東還是不敢掉以輕心，仍與支持者在會議前夕密商大計。王稼祥信心滿滿地表示：「我們開會，應該可以把他們統統掃地出門。」12決定的一天終於到來。一月十五日一大早，十九個人在黔軍師長柏輝章住家二樓一個小房間開會（不久，又有一人加入開會）。這些人是和中央紅軍一起行軍的政治局委員、候補委員，以及幾位軍團司令員和政委。鄧小平在會議前夕又復職，擔任技術性質的中央秘書長，他也出席會議。李德及其譯員也列席。除了李德和他的譯員外，大家圍坐在一張長方形大桌四周，桌上擺了一盞舊煤氣燈。會議可能開得很久，因此頗有可能會用得上煤氣燈。透過彩色玻璃窗，微弱的光線照進屋裡。外頭照常濕漉漉下著雨。

會議開始，博古先宣讀一份對抗第五次圍剿為何失敗的報告。周恩來接著做補充報告。兩人都努力為他們的行動辯解。博古把一切歸咎於客觀因素，周恩來則談論主觀因素。接下來輪到張聞天發言，既替毛澤東、王稼祥講話，也表達他自己的看法，他痛批總書記的軍事和政治路線。他說完後，毛澤東又滔滔不絕講了一整個小時。用李德的話說：「和他通常習慣相反，他用費心準備的草稿發言。」這一點其實並不奇怪；這次會議對他攸關重大。完全摧毀博古和周恩來的論據後，他指控他們和李德要為退出中央蘇區負起主要責任。毛澤東指稱他們起先採取「純粹被動的守勢戰術」，然後「轉為陣地戰」，後來又在決定性的關鍵，「掉頭就跑」。毛澤東稱這種行為「形同兒戲」。他也把他的攻擊指向博古和李德的「領導技巧」。13

毛澤東話聲一落，王稼祥已跳起來全力支持毛澤東和張聞天。許多人搶著要發言。最後，會議開了三整天。李德的軍事方法和博古的政治領導，都遭到朱德、彭德懷、聶榮臻和尤其是林彪的發言猛烈抨擊。

林彪認為李德的戰術「笨拙、愚蠢」。[14]唯一替博古辯護的是少共代表凱豐（也是米夫的人馬）；他端出對毛澤東的標準指控，指他根本不懂馬列主義。毛澤東回憶說：

遵義會議時，凱豐說我打仗的方法不高明，是照著兩本書去打的，一本是《三國演義》，另一本是《孫子兵法》。其實，打仗的事，怎麼照書本去打？那時，這兩本書我只看過一本《三國演義》，另一本《孫子兵法》，當時我並沒有看過，那個同志硬說我看過。我問他《孫子兵法》共有幾篇，第一篇的題目叫什麼？他答不上來。其實他也沒有看過。從那以後，倒是迫使我翻了翻《孫子兵法》。[15]

眾人發言時，李德默默坐在門邊，香煙一根接一根地抽。他感到很不舒服，不僅是因為他覺得會議在「指桑罵槐」，也因為他本身瘧疾發作。博古雖然沒生病，也不比他好受。他盡力抑制，一再露出神經質的微笑，露出大牙齒，以怨毒的眼神打量眾人。周恩來當下立即見風轉舵，二度發言，完全承認毛澤東及其支持者的正確。[16]但是一再克制著不說話的李德，「要求允許他與第一軍團多點時間相處」，以便能夠「透過在前線的直接經驗，讓他更加認識毛澤東如此高度讚揚的中國內戰」。[17]

整體來講，毛澤東這一派大獲全勝。張聞天起草一份決議文，認定博古的報告「根本不正確」，中央蘇區會丟失，主要原因是軍事領導及戰術路線錯誤。它獲得會議通過。[18]

會議過後，政治局委員另外舉行組織會議，推舉毛澤東進入常委會。他也被任命為總政委周恩來的副手（周恩來已經不再構成他的危險）。雖然博古保持原職，毛澤東、張聞天和王稼祥新三人團的影響力現在最大。[19]

組織會議之後，毛澤東心臟怦怦亂跳地跑去見賀子珍。她急切地問：「會議開完了嗎？你還好嗎？」

他笑了。

「一切都不錯。現在我有權利講話了。」

多年之後，他告訴女兒李敏，他們是如何慶祝勝利。

當天，妳媽等我等了許久。我回到家，還沒坐下，她就連珠砲般問了許多問題。我想跟她開個玩笑，但是我高興得笑了出來。人一高興，就變得愛說話。我雙手放到背後，在屋子裡踱起方步，不疾不徐地說：「會議覺得像我這樣一尊菩薩或許還有用處，因此他們把我拉出來，要我進中央政治局常委會。這表示他們仍然尊重老毛，認為他還有用處。我不配呀，我是不配呀！我知道他們推我為中央領導，只是補個空缺。坦白說，我不會謙虛；國家興亡，匹夫有責呀！」妳媽凝神看著我，笑開了。當天晚上，我們高興極了。[20]

毛澤東和女兒說話時，省略了一點沒說：她媽媽即將臨盆，而他的權力鬥爭，加上長征的辛苦，已經傷害到她的健康。賀子珍已經疲憊至極。她的預產期是一個月之後，而且她很清楚，她不能留下嬰兒。長征還在進行中，小孩是不必要的負擔。毛澤東顯然沒想到這一點。他已經陶醉在勝利中。

賀子珍一九三五年二月在貴州北部一座小村某個彝族貧農家庭的茅草屋生下一個女嬰。在這個地區，就和四川、雲南許多邊區一樣，住著許多非漢人民族。其中彝族人數最多。他們仇恨漢人，國民黨、共產黨都沒兩樣，因此經常攻擊小股紅軍士兵。碰上紅軍大部隊靠近，所有的彝人收拾牲口、財產家當，躲進森林和山區，只留下空屋子給紅軍。賀子珍就在這樣的一間茅草屋生下孩子。女嬰哭聲嘹亮，但是身心俱疲的媽媽強忍著不去看她。醫療大隊長回憶說：「把嬰兒洗乾淨後，我們把她用白布包好。〔至於下一步〕我請教董老。①董老寫了一張條子，附上三十元。基本上它說的是『大軍行進，不能帶著這個新生嬰兒。我們把她交給你養大，讓她做你的孫女兒，以後她長大，可以照顧你』。」[21]把女嬰放進她剛誕生的床，蓋上被子，留下字條和錢，包括賀子珍在內，大家離開房子。「鐵流」繼續西流。沒有時間允許感情氾濫。

這個連母親都沒給取名的女嬰，後來究竟如何，沒人知道。傳說共產黨離開後，屋主收養她，為她取名王秀珍，但是三個月後，她死於癌腫瘤。[22]沒人知道這是否事實。

毛澤東從來沒見過他這個新生女兒。反正他對她也毫無興趣。權力鬥爭還在繼續。博古和李德都不肯承認犯錯。凱豐也在大鬧脾氣。政治局某些委員即使已接受毛澤東、張聞天和王稼祥新三人團，並沒有積極支持他們。因此他們必須一鼓作氣，奮勇向前。毛澤東和張聞天決定放手一搏。

二月初，政治局常委會開會，張聞天突然要求博古把總書記位子讓給他。毛澤東支持他。另兩位出席的常委陳雲和周恩來沒有反對。博古投降。一個月之後的三月四日，這位新黨魁透過革命軍事委員會執行一項重大決定：「成立特別前敵司令部，指派朱德同志為前敵司令員，毛澤東同志為前敵政委。」[23]朱德仍兼整個中央紅軍總司令，周恩來仍是總政委。次日，以中央革命軍事委員會的名義，朱德、周恩來和王稼祥釐清情勢。只有作戰單位受前敵司令部直接節制，非戰鬥員將歸新成立的野戰司令部領導。[24]

毛澤東終於又實際奪回他一九三二年十月在寧都失去的職位。雖然他沒有再次正式成為總政委，軍中大部分權力還是落在他這位前敵政委手中。站上高峰，他必須更加戒慎小心，因為底下的人可能會嫉妒。掌握到這一點，毛澤東與張聞天商量，要成立另一個軍事三人小組負責軍事事務。他提議以周恩來為主席，他和王稼祥擔任委員。[25]即令周恩來是名義上的領導人，毛澤東才是這個小組的決策者。他統制著部隊，但周恩來和王稼祥也有面子。這兩人都被他收服。

同一時期，長征的目標漸漸有了焦點，即是與張國燾在四川西北部的部隊會師。毛澤東非常興奮。他在二月底、三月初時又詩興大發，賦詩以記：

---

① 原書註：他就是董必武，此時擔任中央黨務委員會書記兼高級黨校校長。過去，他曾經力挺賀子珍的妹妹賀怡。

西風烈，
長空雁叫霜晨月。
霜晨月，
馬蹄聲碎，
喇叭聲咽。

雄關慢道真如鐵，
而今邁步從頭越。
從頭越，
蒼山如海，
殘陽如血。[26]

他的部隊以每天四十至五十公里快速挺進，但是目的地仍很遙遠。遵義已經被毀、被拋棄，早已丟在後頭。以一個目擊者的話來說，紅軍離開前，「全城毫無人煙。」原本興盛的商業中心已淪為廢墟。[27]但是毛澤東想的根本不是這個可憐城市的居民。重要的是，他的部隊在此休息、補充給養。

可是紅軍官兵仍然吃盡苦頭。衣服和軍用補給不足。李德回憶說：「部隊必須夜間行軍，因為國民黨空軍白天不斷地派飛機來轟炸和掃射。」在一次空襲中，賀子珍負了重傷。留在她身上的彈片一直折磨著她（後來賀子珍照了X光，身上有十七片彈片）。[28]接下來她一路都躺在擔架上。

李德寫說：「前鋒、側翼和後衛都遭受數十次攻擊，有時候是每邊同時受擊。」

我們越過黔、滇嶙峋的大山時，情勢益加惡劣。窄路上下於陡峭懸崖間。許多馬跌跤、斷腿，只有騾子站得住。當我們進入雲南時，口糧已經成為嚴重問題。山區根本找不到東西吃。戰士只好割死馬的肉烹食，而且割得只剩骨架。即使到了平地，也找不到蔬菜與大米……你可以想像整個部隊是怎麼個情況。每天有人死亡，死於病、累多於作戰受傷。雖然從年初即徵募到數千兵勇，但部隊人數已明顯下降。[29]

從中央蘇區展開長征的八萬六千人，到了四川只剩下兩萬人。

但是這些倖存者繼續埋頭前進。五月初，他們跨過寬闊、湍急的金沙江（這一段的長江名為金沙江）。一個月之後，經過四川、西康邊界時，他們又跨過山區一條大河——大渡河。跨越大渡河特別困難。兩山夾峙下，水流湍急，只有一座十八世紀初搭蓋的吊橋連通南、北兩岸。紅軍靠近時，敵軍已抽走吊橋上的木板；當共軍企圖搶渡時，國民黨的飛機開始無情地掃射。縱使如此，紅軍戰士還是搶渡成功。

然後，他們要穿過荒無人煙、無路可走的深山。紅軍部隊穿的是輕拖鞋或草鞋，而且天氣一天一天變冷。唯有穿越這片山區，他們才能到達四川西北部平原。李德回憶說：「必須渡過湍急的河流、穿過原始森林和危險曠野、越過四五千公尺的高山。我們沿路屍體愈來愈多，凍死、累死的都有。我們身上全都是蝨子。痢疾流行，也出現斑疹傷寒病例。」[30]

六月中旬，中央紅軍的單位再次來到四川西部懋功縣，橫跨沃日河上一道狹窄的木板吊橋。期待已久的與張國燾部隊前哨會師，即發生在此地。張國燾本人及其部屬就在附近的茂縣，兩天的路程。他一獲報之後，急忙趕去相會。六月二十五日，毛澤東和張國燾終於擁抱在一起。當天夜裡，擺下接風大宴。大家都不談長征、遵義會議或紅四方面軍的冒險。「毛澤東這個吃辣椒的湖南人，將吃辣椒的問題，當作談笑的資料，大發其吃辣椒者即是革命的妙論。秦邦憲這個不吃辣椒的江蘇人則予以反駁。這樣的談笑，固然顯得輕鬆」，[31]長征似乎已經過去，但主要的考驗還在前頭。

張國燾這個三十八歲的共產運動老將，渴望絕對權力、厭惡妥協。身材高大、顴骨隆起，下顎微凸，他一副要找人吵架的模樣。實際上，他的脾氣火爆，在中共黨內期間不只一次站在反對派立場——第一次反馬林、後來反羅明納茲，又反瞿秋白。在批鬥托洛茨基的高潮時，共產國際執委會有人試圖指控他和托派有秘密往來，但是拿不出具體事證扳倒他。[32]整體來講，他在共產國際裡口碑不錯；雖然他有時候遭到挑剔，但大都是基於布爾什維克有職責要永久猜疑每個人之故。他被認為是忠實的共產黨人，一九二七年十一月，即「大整肅」開始之前三年，他甚至以「中國革命的英勇戰士」之姿獲頒蘇維埃作戰紅旗勳章。即使如此，張聞天、博古、王稼祥和凱豐等孫中山中國勞動大學留學生，仍認為無風不起浪，還是懷疑張國燾，認為他是一個「老機會主義者」和「秘密托派」。反過來，他身為創黨元老之一，也毫不掩飾輕蔑米夫這批空降部隊。

因此，這群人相會時表現出的「喜悅」並未能唬弄其他人。領導階層中無可避免地產生新的衝突，而只有毛澤東能成為贏家。想要排擠張國燾的莫斯科留學生們，必須團結起來對付他。只有毛澤東這樣擅於進行謀略並策畫扭轉看似不利的形勢的人，才能保證站在他們的立場，維持對他們較有利的勢力平衡。

毛澤東本人也提防張國燾。雖然張國燾現在沒有對遵義會議強化毛澤東權威的決定提出異議，毛澤東預料他一定會提出挑戰。他明白張國燾自認為最懂得審時度勢。張國燾的部隊人數是中央紅軍的七、八倍之多。他的士兵武器精良、給養充足、衣服鞋子都好很多。他們沒有喪失作戰意志，張國燾在他部隊的指戰員和政委當中也有毫無爭議的權威。他的部隊和中央紅軍體能疲憊、衣衫襤褸的單位根本沒得比，中央紅軍幾乎已完全喪失作戰能力。甚且，勉強走到懋功的一萬人，其中兩千人還是非戰鬥員。[33]

在這種情況下，「自發的友好」精神很快就消散。張國燾開始要求權力。七月間，張國燾部隊對毛澤東所部挑激起一系列軍事衝突，強化他們首腦的主張。[34]毛澤東和中共其他領導人必須退讓。七月中旬，張聞天預備把總書記職位讓給張國燾，但是張國燾寧願要當時更有實權的重要位子——統合整編過的紅軍總政委（紅軍很快改組為九個軍團，紅一方面軍下轄四個軍團，紅四方面軍下轄五個軍團）。周恩來下台，毛澤東也交出前敵政委的職位。軍隊控制權移交給張國燾。他的指戰員要求張國燾也要出任中央革命軍事委員會主席。張國燾大方地請朱德留任軍委主席，但是中央革命軍事委員會的權力現在已集中在張國燾手中。[35]

同時，長征繼續前進。整合後的紅軍北上前往四川、甘肅和寧夏三省交會處，政治局已決定在當地建立新蘇區。他們沒辦法留在川西，因為地方部落痛恨劫掠他們的共產黨。川西是個危險的蠻荒之地，非常貧窮。紅軍需要給養。因此，親歷其境的李德寫說：「我們被迫羅掘殆盡，不斷派出搜索隊到山區去狩獵。」[36]這畢竟不是長久之計。山地人開始攻擊只會給他們帶來麻煩的紅軍士兵。

這時，毛澤東和張聞天決定反擊張國燾。周恩來把總政委職位讓給張國燾之後幾天，大約在七月二十日，行軍暫停，政治局召開重要會議。張聞天以很平靜的口吻請張國燾報告一下，他在一九三一年四月離開上海、前往鄂豫皖邊界的蘇區以來，究竟成就了什麼工作（張國燾在蔣介石部隊進剿之下，於一九三二年十月被迫退出這個蘇區）。張國燾報告之後，毛澤東發言猛烈攻擊他，指控他退出舊根據地犯了嚴重錯誤。張國燾拒絕接受所有這些指控，會議不歡而散。但是新的黨內衝突已經尖銳起來。兩星期後，張聞天又指控張國燾放棄他在川北的新根據地。張國燾這時候終於大發雷霆，反唇相稽：「那你要怎麼說，丟了整個中央蘇區，還能說你的路線正確嗎？」[37]他現在明白，毛澤東和張聞天是故意要加劇衝突，他決定等候更適當的時機才來解釋。

現在，他建議把部隊兵分兩路，往甘肅南部推進。一路沿著擋在前頭的沼澤左側前進，另一路沿右側前進。進到甘肅（距四川省界約一百五十公里）後，雙方再會師。大約是八月十日，左路軍由張國燾和朱德率領，先行出發。右路軍，包括毛澤東和大部分政治局委員，再等幾天。周恩來在七月間得了瘧疾，病情嚴重。醫生已盡全力搶救，但仍需要幾天才能解除危機。

最後，右路軍在八月底才出發。在他們面前是一片無垠的、出奇美麗的蒼綠大草原，但是美景隱藏著致命的殺機。李德回憶說：

藏在一片綠色之下是又黑又黏的濕地，任何人踩破薄殼面或走偏離小徑，就被吸進去。我就目睹一頭騾子如此慘死。我們讓本地的牛或馬走在前頭，牠們憑本能可以找到比較不危險的路。天上幾乎永遠罩著烏雲。每天要下幾場冷雨，到了夜裡就變成濕雪或雨雹。極目所至，看不到屋舍、樹或矮林。我們以坐姿睡在曠野的小山丘上。薄毯子、大草帽、油紙傘，或甚至是偷來的披肩，就是我們唯一的屏蔽。有些人一眠不醒，因飢寒交迫而亡……我們唯一的營養來自我們收存的穀粒，或偶爾才有的少許死硬乾肉。濕地的水不能喝，大家也顧不得，照喝不誤。因為也找不到柴火燒沸後再喝。在西康已稍為緩和的痢疾和斑疹傷寒又佔了上風……我們很幸運的是，敵人不能從空中或陸地攻擊我們。[38]

他們花了好幾天才完成此一最艱巨的跨渡。當精疲力竭的戰士終於踏上土地時，張國燾、朱德和他們的參謀長劉伯承來了一道命令——掉頭回去！他們的左路軍被困在沼澤裡，無法跨渡擋住他們去路的一道山溪；因此，張國燾、朱德和劉伯承決定掉頭南下；他們要求毛澤東的右路軍也照辦。但是情況並非如此發展。九月八日，他們收到周恩來、張聞天、毛澤東和其他幾個右路軍指戰員、政委的回覆，表示：「我們誠懇地請你老大哥審慎三思，堅定地……改變你的路線，往北前進。」[39]換句話說，政治局照會張國燾：它不打算接受他的命令。

這時候張國燾走了致命的一步。他拍發密電給現在握有右路軍指揮權的、原來紅四方面軍的舊屬軍官，要求他們「發動」反政治局的「鬥爭」。[40]可是，毛澤東立刻獲悉有此一密電，召開政治局常委緊急會議。他們決定繼續北上，前往甘肅，然後又發表中央「為執行北上方針告同志書」。毛澤東、張聞天、周恩來、博古和王稼祥以中央委員會名義號召左、右兩路部隊官兵，不要服從南下的任何命令，堅持北上，以便「創造川、陝、甘新蘇區」。雙方都不肯退讓。張國燾大怒，還是往南走，毛澤東的右路軍則進入甘肅南部。紅軍和中共領導人的分裂成為事實。

九月中旬，在甘肅邊界，右路軍改組為所謂的「中國工農紅軍陝甘支隊」，人數約六千人，彭德懷和林彪分任正、副司令員，毛澤東為政委。現在長征又訂了新目標：不往甘肅東北部走了，要更往北走，到中、蘇邊境去，才能得到最根本的援助。毛澤東堅持說：「張國燾已往南走，因此對中國革命造成重大損失。即使如此，我們絕不沮喪，還要大步邁進……陝北和甘肅西北是我們應去的地方。」[41]

到這時為止，毛澤東等人還未和莫斯科取得聯繫；因此他們在九月二十日決定派兩個代表到遙遠的新疆去，試圖與共產國際執委會建立聯繫，並且把長征途中發生的種種動盪向共產國際報告。毛澤東的弟弟毛澤民歸屬在中央縱隊，膺選為兩名代表之一。[42]

可是，計劃很快又大大改變，新疆之行暫緩。毛澤東和他的同志們突然聽說陝北有個還不小的蘇區存在，靠近甘肅東北部，有個共產黨員劉志丹率領一支紅軍在當地活動。[43]他們離這個根據地還不到四百公里。

這個消息可說是命運之神送來的禮物。毛澤東仔細評估了一下，現在他可以把整個長征包裝為事先計劃好的行動，旨在把共產黨根據地帶到有可能受日本侵略威脅的地區。到了一九三五年秋天，日本大為增加對華北的壓力。日本佔領東北之後，又強佔東北之南的熱河省；隔了兩年，他們又進入冀東。皇軍已經兵臨北平、天津城下。日本人的計劃很清楚：兼併整個華北，師法在東北成立滿州國的故技，將它扶植為號稱「獨立」的國家。這時候，全中國的反日情緒空前高昂。如果技巧地操弄這股情緒，毛澤東可以收一石二鳥之效。「北上抗日」不僅可以強化共產黨在對抗「腐敗」的南京政府之權力鬥爭的地位，也可以一舉粉碎張國燾。「分裂者」才會不肯北上抗日。

九月二十二日，紅一、三軍團和軍委縱隊團以上幹部會議上，毛澤東宣布：「我們要北上，他要南下……我們要抗日，首先要到陝北去，那裡有劉志丹的紅軍。」[44]

最後這項目標在一個月內就達成了。十月中旬，毛澤東的部隊跨過陝北蘇區邊界，進入位於一座狹窄山谷裡的吳起鎮。從地方老百姓口裡，他們獲悉紅軍總部位於縣城保安，往東還要走八十公里。他當下派出一隊人馬去找劉志丹。[45]同時，政治局在十月二十二日開會，毛澤東在會中宣布長征結束。

距離紅軍八萬六千名官兵離開中央蘇區，恰好是一整年。他們走過十一個省、行程一萬多公里，越過五座山脈、強渡二十四條大河，也穿過危險的沼澤地。這項成功的代價極其高昂。走完全程到達陝北的人不到五千人。

然而，畢竟這還是真正英勇的「鐵流」。毛澤東頗以此一成就自豪，賦詩以誌勝利：

紅軍不怕遠征難，
萬水千山只等閒，
五嶺逶迤騰細浪，
烏蒙②磅礴走泥丸。
金沙水拍雲崖暖，
大渡橋橫鐵索寒，
更喜岷山③千里雪，
三軍過後盡開顏。46

② 原書註：烏蒙山跨貴州與雲南。
③ 原書註：岷山山脈沿四川、青海、甘肅邊界而走。

第二十章
西安事變

毛澤東和劉志丹在陝北會師時，張國燾卻在四川西北遊竄。經過四十天之後，他總算把部隊帶出沼澤地帶。十月五日，他成立新的「中國共產黨中央委員會」、新的「中央政府」，以及新的「中央革命軍事委員會」，並且把毛澤東、周恩來、博古和張聞天等人「開除黨籍」。[1]很難想像還有什麼事比這更愚蠢。他又殘暴地懲罰、甚至槍斃左路軍中反對這些行動的指戰員和政委。[2]

這時，政治局已在陝北安頓下來。一九三五年十二月，毛澤東和其他領導人遷到瓦窯堡，用李德的話來說，它是「穩穩掌握在紅軍手中」唯一的大鎮。他回憶說：「我們注意到眼前就是一片貧窮、部分石灰質的土地。」[3]數十個小村莊已經棄為廢墟；肥沃的土地也棄耕了。農村稀稀疏疏的人口勉強活著。多年來的軍閥交戰、土匪橫行，加上收成不好、疫病流行，已經徹底毀了地方經濟。從一九二八年至一九三三年之間，也就是毛澤東部隊抵達之前幾年，本地半數以上居民死於飢荒。許多村子，十歲以下的孩童全都死了。陝北幾乎可說是十室九空。[4]華北各地情況也都差不多，此地已經無所謂客家與本地之分，可是人民赤貧，活在死亡與飢餓一線之間，卻和客家鄉一樣，替中國共產黨的成長創造出極為有利的條件。

無盡的狹窄深谷和黃土高原一望無垠。沒有生氣的土山拔地而起，熬過戰亂和飢荒、幸而未死的人們就依山挖窯洞，作為居室。共產黨領導人們，包括毛澤東和賀子珍在內，也以窯洞為住室。北方沉悶的地貌會助長憂鬱，但毛澤東無動於衷。遵義會議，以及尤其是與張國燾決裂，已使他站上人人認為他是權威領袖的地位。

整個秋天和冬天，他忙著在新邊區組建權力機關，把大部分注意力放在強化他的軍事力量上頭。整編地方游擊隊之後，紅軍已有一萬零四百一十名戰士。[5] 十一月初，毛澤東改組其部隊，恢復紅一方面軍建制。朱德不在——朱德仍和張國燾在一起——總司令由彭德懷擔綱，毛澤東居政委之職。中共中央成立「西北革命軍事委員會」，作為蘇區最高的控管機關。毛澤東出任主席，已經病癒的周恩來為副主席，朱德也掛名為另一位副主席（毛澤東原諒「老朱」，因為他瞭解這位職業軍人已經習慣服膺政治領導，因此無法抗拒張國燾）。①中共中央也成立所謂的「蘇維埃中央政府駐西北辦事處」作為政府，主要掌管經濟事務。毛澤東的弟弟毛澤民被派為國民經濟部長，②博古撈到主席的高官位。毛澤東曉得如何與他需要的人、包括前敵人在內，修復關係。百試不爽的「治病救人」原則持續出現成果。博古心存感激，樂於效忠毛澤東。

只有那倔強的張國燾，他有整整一年期間無法與他修復關係。一九三六年十一月底，張國燾在朱德陪同下出現在陝北求和。[6] 這時候，張國燾已在四川、西康和甘肅南部的沼澤地和崇山峻嶺，因為一連串的戰鬥，幾乎折損了整個部隊。毛澤東慷慨大度地接待他。張國燾已經「顏面盡失」，不再危險了。一個輸家，即使他選擇繼續「反黨」活動，也不會有人追隨他。張國燾寫說：「我們都互相恭喜。當時，我們討論的是未來、不是過去。」[7] 毛澤東指派張國燾擔任中央革命軍事委員會副主席，又讓他掛名紅軍總政委，朱德則出任紅軍總司令，也是七人主席團之一。分裂已經克服。張國燾的歸順意味的不只是他的紅四方面軍殘部投入毛澤東麾下，連賀龍和任弼時領導的紅二方面軍也併進來。因為紅二方面軍一九三六年六月從湘鄂邊界舊根據地移至西康，已經加入張國燾的部隊。

共產黨的未來開始明亮起來。日本升高侵略已經點燃中國人民抗日愛國熱火。一九三五年十二月，全國各地出現一波反日學生示威運動（所謂「一二九運動」）。連國民黨軍隊內部也出現不滿政府對日姑息政策的聲浪。因此，中國共產黨的抗日立場開始與民意相呼應。

毛澤東持續他的抗日論調，他明白唯有表達強烈的愛國精神，共產黨才可能取得廣大民眾的支持。當然，毛澤東無意放棄階級鬥爭，但是緩和了激進主張吻合他的戰術優勢。根據土匪模式分配財產，迄今只導致失敗。雖然蔣介石還是主要敵人，今後訴諸中華民族愛國主義才是共產黨鬥爭愈來愈重要的元素。

幸運的是，他的新政策完全吻合共產國際的路線。一九三五年夏天，史達林因為擔心德國和日本將聯手侵略蘇聯，大幅改變政策。各國共產黨因此奉令不再尋求推翻統治階級，反而要和他們組織新的統一戰線——在西方，是反法西斯統一戰線；在東方，是反日統一戰線。史達林私底下的盤算，並不是要重新考量共產黨運動主宰全世界此一戰略目標。[8]他只是要玩弄手法，盡量吸引更多盟友站到他這邊，進而就站在各國共產黨同一邊。這些決定於一九三五年七至八月在莫斯科舉行的共產國際第七次代表大會獲得通過。八月一日，王明在會中以中華蘇維埃共和國和中國共產黨中央委員會名義發表宣言，號召中國人民停止內戰、聯合抗日。可是，蔣介石及其內閣官員被排除在「中國人民」圈外。[9]

由於和莫斯科失去聯絡，毛澤東和政治局其他領導人並不知道這些變化，因此只能冒險做決定。他們沒有人知道，莫斯科也在努力設法與中國共產黨重建斷了線的關係。莫斯科已經知道遵義會議，也完全支持遵義會議所做的決定。參加遵義會議的陳雲於一九三五年九月底、亦即共產國際第七次代表大會閉幕後不久，抵達莫斯科，即把會議要點向共產國際報告。由於他沒有遵義會議決議的副本，他的信息無法藉由文件予以證實。莫斯科後來在一九三六年才取得遵義會議決議的文本。可是，決議的文本本身已經不重要，因為莫斯科已經正面傾向中共中央政治局的決定。[10]

到了一九三五年九月，共產國際已經發起對毛澤東的個人崇拜。在共產國際第七次代表大會上，它已

① 編註：其實副主席是彭德懷，不是朱德。作者誤記。

② 編註：國民經濟部長其實是崔田民，但因他當時在前線作戰無法赴任，實際職務由毛澤民負責。

經宣布他是世界共產運動的「模範標兵」之一，與保加利亞籍共產黨員、現任共產國際執委會總書記格奧爾基・季米特洛夫（Georgi Dimitrov）並列。[11]這是透過中國共產黨代表滕代遠的嘴說出來的，但是若非經過莫斯科領導人的批准，滕代遠不可能說出這一番話。共產國際第七次代表大會特別花精神提升各國共產黨領導人的權威。在一九三五年八月底特別召開的中國共產黨駐共產國際代表團會議中，代表團團長王明說：「誰的權力應該被提升？當然是政治局委員（的權力應該被提升）……誰最先？毛澤東同志和朱德同志的權力。」[12]

王明根本不是向毛澤東效忠，他自認為自己才是黨的領導人。不久之後，他屬下郭紹棠〔化名阿法納西・賈夫里洛維奇・克雷莫夫（Afanasii Gavrilovich Krymov）〕得到王明直接協助，寫了一份有關毛澤東的特別報告呈給共產國際，旨在破壞史達林對這個游擊領袖正在形成的好印象。報告說：

> 社會背景——小地主〔讀了這份報告的某人以紅色鉛筆在上方打了個問號〕。沒有系統性的錯誤。工作很賣力，有效率的煽動家，善於組織，曉得如何滲透進入群眾，是群眾工作的優秀領導人。對農民運動和游擊作戰有豐富的經驗。可以在極艱苦的環境工作。他非常積極，使命必達。個人特質——喜歡與群眾混在一起、做宣傳工作、不自私。除了上述優點，當然不免有缺點，也就是理論準備不足；因此傾向於犯下個別的政治錯誤，然而在黨的正確與堅定領導下，很容易、也很迅速改正其錯誤〔最後一段有幾句被某人以紅色鉛筆畫線、加括弧，並在書頁邊畫了一個問號〕。[13]

許多中國共產黨駐共產國際代表團團員及前團員，包括李立三和趙毅敏在內，向更高當局報告，王明「在蘇聯的中國同志之中破壞毛澤東的權威」。李立三於一九四〇年二月十七日和共產國際執委會官員談話時提到：

在我看來，散播毛澤東不是個政治領導人這個想法的主要源頭是王明。他告訴我、Xiao Ai（即趙毅敏）和其他人說，毛澤東是個大好人，但是在理論方面相當弱。在和我及他比較信任的Xiao Ai談話時，王明提起毛澤東向中華蘇維埃第二次全國代表大會提出的報告。他說，這份報告有許多弱點，但是他改正了它們，現在報告好多了。從中國收到的其他文件同樣也經過改正，因此，許多這些改正過的文件和在中國的版本不同。[14]

因此極有可能是，受到共產國際領導當局的壓力，王明被迫提升他對手的權力。和過去一樣，沒有哪個中國共產黨人能對這些決定表示異議，因為中國共產黨在財務上必須仰賴蘇聯，這個問題並沒緩和。蘇聯仍有大量的錢繼續流向中共中央。一九三四年六月八日，共產國際執委會政治秘書處政治委員會決定，從中國共產黨未花掉的經費裡提撥十萬盧布，並從預備金提撥十萬盧布。[15]一九三四年七月一日，莫斯科又決定，一九三四年裡，中國共產黨每個月可拿到七千四百一十八金元。[16]

共產國際第七次代表大會之後，蘇聯境內發動全面吹捧毛澤東的運動。一九三五年十二月初，共產國際的理論與政治喉舌《共產國際》登出一篇褒獎備至的長文，題目是〈毛澤東——中國勞動人民的領袖〉。[17]這篇未署名的文章，作者是《真理報》國外新聞部副主任亞歷山大．莫斯維奇．卡馬丹（Aleksandr Moiseevich Khamadan）。③稍後不久，同一個作者有關毛澤東的文章出現在一九三五年十二月十三日《真理報》上。[18]他所寫的毛澤東生平素描，加上他所寫的朱德及方志敏小傳，後來由國家社會經濟出版社結

③ 原書註：卡馬丹本名費恩嘉（Faingar），猶太人，一九〇八年生於傑爾賓特（Derbent）。他在《真理報》工作之後，轉到《新世界》（*Novy mir*），擔任副總編輯。二次大戰開始時，他是塔斯社（TASS）特派員。一九四二年，他在克里米亞的賽瓦斯托波爾（Sevastopol）被納粹俘虜。他以俄文名字米海洛夫（Mikhailov）在戰俘營中從事地下工作，後於一九四三年五月被關進牢裡，旋即處決。

成小冊出版，題目是〈中國人民的領袖和英雄〉（方志敏是福建共產黨部隊司令員，於一九三五年去世）。[19]

一直要到一九三五年十一月中旬，中國共產黨駐共產國際代表團特使林育英來到陝北，毛澤東才曉得共產國際第七次代表大會的決議內容，以及對他的稱讚（林育英是中共老黨員，也是林彪的堂兄，毛澤東早就認識他）。[20]中國共產黨領導人花了好幾天時間討論共產國際第七次代表大會的材料之後得出結論，要吻合史達林的新政策，他們必須改變基本政治方向。張聞天確信需要改變黨對「富農」的政策，要區分「富農」與「地主」。林育英贊成。可是，毛澤東並不願改變他和農民的關係，不過他承認徹底解決農村階級問題並非當務之急。十二月一日，他寫了一封信給張聞天，說明他的觀點。他寫說：

> 對富農策略的轉變，基本同意。但決議上應指出，當鬥爭發展，貧農、中農要求平分富農土地時，黨應贊助這一要求。富農可與貧農、中農分得同等土地……對富農策略同對中農應該有一點區別……要指出當鬥爭深入時，富農必然轉入地主陣線，這是中國半封建富農階層的特點。[21]

毛澤東的意見僅被「基本上」接受。張聞天不同意毛澤東的主要論點，即在「鬥爭過程中」若是貧農和中農主張要平分富農的土地，黨就要支持貧農和中農。毛澤東的立場與共產國際的統一戰線政策南轅北轍。十二月六日，毛澤東下部隊視察時，政治局擴大會議通過了張聞天的決議案〈關於改變對富農策略的決定〉。[22]九天後，不想衝突的毛澤東以中華蘇維埃共和國中央執行委員會的名義發表相呼應的指令。[23]然而，他並沒有改變自己對「富農」問題的看法。

兩天後，張聞天在瓦窯堡又召開政治局擴大會議，檢討與共產國際新路線相關的一般政治與軍事問題。這次會議替中國共產黨的新路線定下基礎，即是「結合內戰和民族戰爭」，透過成立含納所有愛國勢力（包括國民黨）的「革命民族統一戰線」抗日、又抗蔣。為了符合團結抗日的「八一宣言」精神，只有將蔣介石和他最親信副手排除在外。[24]毛澤東強調，「當民族危機到達緊要關頭，國民黨陣營將會分裂……這種情勢……有利革命……我們必須善加利用敵人陣營內部的鬥爭、不和和矛盾，用它們對付我們目前的大敵（即日本）。」[25]

中國共產黨的領導人其實在擴大會議之前已開始朝這個方向下工夫。一九三五年十一月底，毛澤東首度對國民黨派駐在陝西的一位將領提議國共停戰、共同抗日。[26]基本上，這是對駐屯西北的最著名軍方人物張學良的善意姿態。這位前東北軍閥在日本壓力下將部隊退出滿洲，現在駐屯在陝西南部及中部，他在中國的權力均衡上扮演重要角色。他的東北軍二十萬大軍總部設在陝西省會西安。一九三六年，張學良只有三十五歲，由於年紀輕，中國政壇和新聞圈通常稱他為「少帥」，他是個出了名的強烈仇日派，與日本人有血海深仇。一九二八年，少帥的父親張作霖，因為在東北追求獨立自主的政策，遭日本情報機關暗殺身亡。一九三一年，日本關東軍煽動「奉天事件」，④佔領了張學良整個家業，迫使他逃往陝西。他努力與他認為可助其一臂之力、把日本趕出滿洲的任何人建立良好關係。

天真的少帥寄望墨索里尼能幫忙，認為唯有像墨索里尼這樣的鐵腕、極權的獨裁者才能拯救中國、脫離危機。他也盼望墨索里尼（B. Mussolini）的女兒艾達（Edda）能幫忙。——艾達的丈夫齊亞諾伯爵（Count Ciano）是義大利駐上海總領事，日後出任外交部長。張學良是個花花公子。英俊、瀟灑，黑髮，配上豎立的鬍子，他喜歡流連夜總會和歌台舞榭，舞藝高明，追求女性出手大方。這位熱情的義大利女士抵擋不了英俊的少帥；據說，他個人身家財富高達五千萬美元。這也不能怪她，尤其是齊亞諾伯爵輕視她，喜歡出入上海的酒吧和青樓。艾達和張學良的戀情只維持了一段短時間。一九三二年，艾達和丈夫回羅馬。

一九三三年四月，張學良也前往義大利。墨索里尼的女兒雖然迷戀他，卻幫不上忙。她父親不肯譴責日本軍國主義。雖然被墨索里尼澆冷水、醒過來，張學良還是對極權主義有信心。他前往德國，拜會希特

---

④ 譯按：即九一八事變。

勒（A. Hitler）和戈林（H. Goering），也沒有收穫。接著他又轉往法國，在那兒遇上蘇聯外交人民委員⑤馬克西姆·李維諾夫（Maxim Litvinov）。張學良希望或許能得到共產黨的援助，拜託李維諾夫替他安排到莫斯科訪問。但是史達林不希望他和日本的關係另生枝節，拒絕見他。[27]

張學良終於明白他從國外得不到任何援助，遂於一九三四年一月回到中國。一九三五年十一月，毛澤東向他手下一名將官提議停火時，他向日本人報仇的機會出現了。一九三六年四月九日，張學良開始與中共代表（包含周恩來在內）直接談判，雙方談判的高潮是張學良同意停止對付共產黨的軍事行動，甚至還協助補給共軍武器。

這項安排緩和了蘇區邊界的情勢，不過也只到某一程度而已。一九三六年六月，國民黨的八十六師師長高雙成奉蔣介石命令攻擊共產黨，搶下他們的首府瓦窯堡，迫使毛澤東、張聞天等人逃往瓦窯堡之西約一百五十公里的保安。保安是個半廢棄的小鎮，居民只有四百人，幾乎所有房子全成了廢墟。[28]

縱使如此，中共建立統一戰線的政策仍維持不變。毛澤東對前來保安採訪他的艾德加·史諾毫不含糊地表示。一九三六年七月十五日他們首次談話時，毛澤東強調：「中國人民今天的根本問題是對抗日本帝國主義的鬥爭。」[29]

毛澤東有很好的理由樂觀。丟掉瓦窯堡並不影響戰略情勢。紅軍已經穩定地成長到兩萬五千名戰士，反日陣線已逐漸成形。爭取張學良的工作進展相當順利，共產黨領導人甚至開始思考秘密接受他加入中國共產黨（張學良表達有意入黨）。[30]六月底、七月初，陝北與莫斯科重新建立無線電聯絡。毛澤東在第一封電報就拜託史達林增加對中國共產黨的援助到每月兩百萬墨西哥銀元。他也要求莫斯科提供飛機、重砲、火箭、步兵武器、防空高射砲和浮橋。同時，他把張國燾犯的「機會主義錯誤」向史達林報告。[31]

毛澤東很快就得到援助。史達林送給他兩百萬盧布；隔了幾個月，又給他五十萬美元，以及一千一百六十六噸的燃料、軍用補給及其他戰略物資。[32]甚且更早一些，即八月十五日，他以共產國際執委會秘書處的名義送來一道指示，他「基本上」贊成毛澤東的政策。

八月十五日的電報提議擴大統一戰線。史達林建議毛澤東放棄對蔣介石的負面態度，定出一條紅軍與整個國民黨、而且不只局限於張學良東北軍的「停止軍事作戰的路線」；至於張學良的入黨案，出乎意料之外，他並不准。他指出：「我們認為把蔣介石和日本侵略者擺在一起，是不正確的……因為日本帝國主義是中國人民的主要敵人，而在現階段，一切都應以抗日為優先。」[33]史達林的立場其實很容易理解，自從一九三四年初以來他就定期接到國家政治保衛總局（OGPU，蘇聯特務機關，即國家安全委員會〔KGB〕的前身）國外部，以及軍事情報單位的報告，指出日本可能進攻蘇聯。毛澤東當然不曉得有這些蘇聯情報機關的機密報告，總之，他沒有反對史達林的意見。十天後，他乖乖地送一封信給國民黨中央執行委員會，提議終止內戰，開始談判。[34]他後來又向黨內同志宣布：「我們政策的核心即是與蔣介石共同抗日。」[35]

但是，中國政治舞台的主角仍是蔣介石，不是共產黨。蘇聯駐華領事狄米崔・鮑格莫洛夫（Dmitrii Bogomolov）報告說，蔣介石「只會在……與日本戰爭前夕」才肯和共產黨結盟，「而且還得與蘇聯訂定協定」才行。[36]這時候，蔣介石正在準備第六次剿匪作戰，以便在無可避免的大規模抗日戰爭前夕，增強他作為全國領袖的權威。

蔣介石曉得張學良和共產黨之間暗通款曲，也一再警告少帥不可相信共產黨。但是沒有用。因此，蔣介石在一九三六年十二月初決定與張學良會面一談，自信他可以讓這個莽撞的年輕人恢復理智。一九三六年十二月四日，他從洛陽的剿匪總部飛往西安。他駐蹕在唐朝玄宗皇帝位於美麗小鎮華清池的舊居。華清池四周環山，以溫泉聞名。過去，玄宗皇帝的愛妾楊貴妃喜歡在此戲水。

蔣介石下榻在庭苑區東南角一間幽暗的一樓高的亭閣「五間廳」。他在這裡召見張學良和他的盟友、十七路軍總指揮楊虎城。張學良堅持需要與共產黨聯合抗日。蔣介石不同意，主張先安內、後攘外，要能

⑤ 譯按：即外交部長。

成功抵抗外侮，必先擊潰中國共產黨。討論很快就陷入僵局。

十二月九日，星期三，氣氛變得更加緊張。回應日本陸軍大臣對中國的新威脅，西安上萬名學生發動示威遊行。這一天正是一九三五年全國反日一二九運動的一週年。學生們要求停止內戰，團結一切力量抗日。從西安到臨潼（離蔣介石駐蹕的華清池不遠）的路上，學生被警察攔下，警察開火，打傷兩名學生。造化弄人，受傷的學生竟是東北軍軍官的子弟。[37]

張學良勃然大怒。十二月十一日，星期五，深夜十點鐘，他下達命令給東北軍高階將領，要逮捕蔣介石。十二月十二日清晨五點鐘，張學良衛隊隊長、二十八歲的孫銘九上尉，率領兩百名兵勇攻打蔣介石住處。聽到槍聲，蔣介石從臥房窗子跳出，躲到附近覆雪的山上一個窄小的岩石間隙。兩小時之後他被發現時，赤腳，身穿睡衣、匆匆加上一件袍子，渾身冷顫，起初說不出話來。匆忙中，他忘了戴上假牙。孫銘九以軍禮對待蔣介石。最後，蔣介石好不容易才說：「如果你是我的同志，現在就開槍把我殺了，一了百了。」

孫銘九回答說：「我們不會殺您。我們只要求您領導全國抗日。我們將率先擁護委員長。」（蔣介石自一九二八年起就是統率全國部隊的「軍事委員會」委員長。）

蔣介石說：「叫少帥到這裡來，我就下來。」

「少帥不在這兒。城裡部隊騷動；我們是來保護您的。」

聽了這番話，委員長顯得鎮靜下來，要求他們替他備馬，他才好下山。

孫銘九答說：「這裡沒馬，但是我可以背您下山。」

他就在蔣介石面前蹲下。委員長慢慢爬上孫銘九的寬背。張學良的衛隊長把委員長背到一輛汽車旁，又說：「過去就過去了。從現在起，中國必須有新政策。」

蔣介石冷冷地表示：「我相信少帥為國家會提出最好的政策。」

孫銘九回應說：「國難當前，我們希望委員長能接受人民的要求。」

蔣介石宣稱：「我一向都願意考量少帥的要求。」

「中國當務之急就是抗日。這是西北人民一致的要求。您為什麼不抗日，反而下令打紅軍呢？」

蔣介石慍怒地答覆：「我從來沒說我不抗日。」

「但是東北軍請求您盡快抗日，因為他們的家鄉已經被敵人佔領了，全中國都在受苦受難吶。」

蔣介石突然迸出來：「我是中華民族的領袖。我代表國家。我認為我的政策是對的，沒有錯。」

孫銘九說：「如果您代表中華民族，您為什麼不抗日？這是整個中華民族的要求。您不執行他們的要求，又怎能宣稱代表他們？」

委員長說：「我是革命黨。我隨時可以犧牲。我從不改變我的觀點；即使你們劫持了我，我的精神絕不屈服。」他不想再辯了。[38]

蔣介石被送到西安，張學良客套過後，再度要求蔣介石停止剿共戰事，領導全國抗日。同時，下令驅散十二月九日學生示威的文人陝西省主席邵力子，以及蔣介石的十多個隨從官員也被逮捕。[39]

蔣介石被捕的消息在十二月十二日上午就傳抵共產黨在保安的總部。毛澤東和中國共產黨其他領導人興奮極了。毛澤東的秘書回憶說：

> 十二月十二日凌晨，我被電台值機員叫醒，說是張學良、楊虎城從西安給毛澤東發來一封電報，是特急件。電報不長，是用半文半白的語言寫的，我看不太懂，但記得其中有「兵諫」兩字。我立即把電報交給毛澤東，他還沒有休息。看過電報以後，高興地說：「喔，去睡吧，明天有好消息！」[40]

「兵諫」指的是張學良決定動用武力「進諫」蔣介石。少帥的電報向毛澤東傳遞的就是這個訊息。毛澤東睡醒時，整個保安城興奮極了。住在中共中央營地附近的李德，也被保安城不尋常的興奮嚇了一跳。他注意到毛澤東當天上午起得早，這一點很不尋常，因為毛澤東習慣夜裡工作，因此起床甚晚。毛澤東窯洞裡的野戰電話是他和其他黨政領導人及軍隊指戰員聯絡的工具，這一天響個不停。李德回憶說：

消息像閃電般傳遍全城。它產生真正的狂喜，因為蔣介石是中國共產黨和中國紅軍最痛恨的敵人……有一場露天會議……保安及鄰近的黨員、軍人和蘇維埃幹部全來了……毛澤東最先發言……講話的要旨是……和蔣介石這個背叛中國國家利益的叛國賊算總帳、把他交付人民法庭公審的時候到了……全國、全軍應該動員起來對抗日本及它在國民黨內的同謀者。[41]

一場巨型會議通過決議，「要求『群眾公審』叛國賊蔣介石，全城歡欣鼓舞。」[42]十二月十三日上午，政治局開會，毛澤東非常興奮地形容逮捕蔣介石是一件革命的、抗日的、進步的事件。[43]政治局幾乎一致決議，應該將蔣介石公審、處以死刑。[44]後來毛澤東親自向共產國際報告事情經過。[45]

西安事變的消息於十二月十三日傳抵莫斯科，同樣令共產國際首腦們震動。季米特洛夫樂壞了。他在日記裡寫下：「樂觀、有利的評價張學良。蘇聯需要節制，並且技巧地回應與西安事變相關聯的反蘇運動。」[46]次日，他召開會議，與他最信賴的副手們討論中國的情勢。然後他才向史達林報告。

他所聽到的話把他嚇了一跳。大老闆和平常一樣，說話簡潔：「去告訴他們（中國共產黨）採取獨立的立場，要反對兩敗俱傷的內鬥，要堅持和平解決衝突，要有協議和共同行動，各黨各派要有民主綱領代表中國的團結和獨立，強調黨給國民黨的信及毛澤東接受訪談時所採取的立場。」[47]這可是大家都料想不到的事。史達林要求共產黨釋放蔣介石。否則還有什麼辦法可以和平解決衝突呢？

幾小時後，午夜時分，史達林突然打電話給季米特洛夫，毫不掩飾他的不痛快，劈頭就問：「你那王明究竟是什麼人啊？搞破壞呀？他想要發電報去把蔣介石殺了。」

季米特洛夫大吃一驚回答說，他沒聽說有這麼一回事。

史達林說：「我把那電報找來給你。」當下就掛了電話。[48]

事實上，他沒去找電報。很有可能是，根本沒有這麼一回事，有人向史達林做了不正確的報告。也有可能是史達林要嚇唬季米特洛夫，曉得他預備下達命令將蔣介石處決。總而言之，大老闆很不滿意，也沒有掩飾他的不爽。

隔一會兒，莫洛托夫打電話過來。

「明天下午三點半到史達林同志辦公室來；我們將討論中國問題。只有你和曼努伊爾斯基，不要帶別人來！」[49]

他們在史達林辦公室談了些什麼？我們不知道。可能是大老闆表示他不滿意季米特洛夫、毛澤東、王明和共產國際、中共中央人員的政治短視。當然，莫洛托夫是唯唯諾諾，凡事仰體上意。史達林的重點是，逮了蔣介石、將他處決，無可避免會深化中國社會的分裂，並使史達林陷入更大麻煩。一九三六年十一月，也就是西安事變之前一個月，納粹德國與日本簽署《反共產國際公約》，目標指向蘇聯。因此，就史達林來講，將蔣介石轉化為盟友是生死交關的大事。他曉得國民黨中常會和中政會聯常會議已在十二月十二日召開緊急會議，同步通過動用武力敉平張學良的兵變。全心全力效忠蔣介石的軍政部長何應欽，已經準備下令轟炸西安，並派軍討伐。國民黨飛機已經開始轟炸陝西省幾個人口稠密的城市。

十二月十五日，即與史達林會議後的次日，季米特洛夫把大老闆有關和平解決事件的指示傳達給共產國際執委會官員。第二天，他又回到克里姆林宮，把共產國際要發給中共中央的指示之文本向史達林及其高階助手提出報告。這項指示力促中國共產黨「堅決站穩和平解決衝突」的立場。[50]

我們很容易想像毛澤東接到這道指示之後會有什麼反應。丟臉、羞愧、失望。極有可能，三者兼而有之。用艾德加．史諾的話來說，「當莫斯科下令釋放蔣介石時，毛澤東氣壞了。毛澤東跺腳、咒罵。」史諾稱之為X的某個目擊者告訴他毛澤東的反應。[51]

最讓他覺得丟臉的是，莫斯科命令到達時，毛澤東本人已瞭解需要和平解決衝突。由於技術上的原因，季米特洛夫的電報雖是十二月十六日發出，卻要到十七日或十八日上午才傳到保安，而且部分內容還漏而未傳。一直要到十二月二十日毛澤東才得以讀到莫斯科指示的全文。[52]這時候，毛澤東已經從蘇聯媒體報導得知共產國際的立場。甚且，毛澤東已收到張學良〈告全國同胞書〉全文，它表明了張學良並無意置蔣介石於死地。少帥的目標是逼蔣介石抗日。周恩來於十二月十七日抵達西安，開始與張學良、楊虎城談判。蔣介石拒絕和他們見面或討論張學良的提議。他告訴張學良說：「為你個人及為國家計，你唯一該做的是立刻悔改，送我回南京。你不能掉入共產黨布下的陷阱。及時悔改，以免太遲。」[53]

情勢日益緊張。到了十二月十九日，毛澤東瞭解事件必須要解決。他非常沮喪，在當天的政治局會議上按捺不住，大發雷霆。承認「目前問題主要是抗日問題，不是對蔣個人的問題」，他突然插一句話：「日本說蘇聯造成，蘇聯說日本造成，雙方對於事實的實質都有抹殺。」[54]中共中央政治局通過一項決議，希望衝突能夠和平解決。莫斯科的指令經由毛澤東在十二月二十日晚上八點傳遞給周恩來，它並沒有改變任何東西。然而，從外表看來，顯然是毛澤東被迫接受史達林的命令。毛澤東需要就共產國際指令的執行狀況提出報告，但是他不希望在本黨同志面前丟臉。因此，儘管客觀環境如此，而且也正式贊成莫斯科的指令，毛澤東還是慢條斯理與蔣介石就建立抗日統一戰線一事簽訂協議。即使英、美大使館武官來到西安做調人，力勸蔣介石，蔣介石也不急著與中國共產黨締結同盟。

十二月二十二日，蔣介石的大舅子宋子文和蔣夫人宋美齡飛到西安。直到這時，危機才告終止。張學良一向以騎士風範自詡，抵擋不了宋美齡的魅力。聖誕節當天，他送給她一份大禮：他宣布他將親自送她和她丈夫回南京。他實在太天真了！

飛回南京之後，蔣介石立刻將這位叛將交付軍事法庭，它判處他十年有期徒刑。然而，一九三七年七月全面抗戰爆發，他和其他全體政治犯一起獲得減刑。但是蔣介石從來不曾原諒他。張學良受到軟禁多年，飽嘗思鄉之苦。蔣介石一九四九年撤出中國大陸時，把張學良帶到台灣，即使蔣介石在一九七五年去世，少帥仍然受到管束。一直要到一九九〇年，少帥老矣，高齡八十九，才獲得自由。

回到當時，蔣介石繼續準備第六次剿匪作戰。十二月底，新的軍事力量開始沿著陝北蘇區邊界集結。

這時候，即一九三七年一月六日，毛澤東按捺不住。他和張聞天發電報給周恩來和博古，宣稱必須「準備（和國民黨）放手一戰」。[55]然而，保安這股好戰氣氛無可避免地引起共產國際迅速回應。一九三七年一月十六日，季米特洛夫和蘇共政治局委員莫洛托夫、安德瑞・安德列耶夫（Andrei Andreev）、安德瑞・日丹諾夫（Andrei Zhdanov）和尼古拉・葉佐夫（Nikolai Yezhov）到史達林辦公室開會討論局勢。他們發給中共中央的電報，口氣相當嚴峻：

我們非常重視西安事件的和平解決。然而，這個結果很可能不只因為日本帝國主義及其代理人竭盡所能發動內戰的陰謀所破壞，也會因為貴黨的錯誤政策所斷送。現在已經更加清楚，貴黨過去的政策——排除蔣介石以建立統一戰線，以及推翻國民政府——並不正確……目前黨的主要任務是達成內戰的有效終止……黨必須公開宣布、而且堅定執行一項政策，支持國民黨及南京政府一切為……團結中國人民所有力量、以保衛中國領土完整及獨立、以對抗日本侵略之措施。[56]

在史達林指示下，季米特洛夫於一月二十日另外發給毛澤東一封信，談中國的工作需要改變方向。季米特洛夫以共產國際執委會秘書處名義要求毛澤東考慮「從蘇維埃制度改為以民主為基礎的人民革命統治制度」，同時「只在城市中心保持蘇維埃，不作為權力機關，而作為群眾組織」。[57]

莫斯科一月十九日電報的強悍口氣，讓毛澤東相信他需要再次向克里姆林宮擔保他完全效忠。幾天之後，他把中共中央擬發給國民黨第五屆三中全會（預定二月十五日在南京召開）電報的草稿，先傳給季米特洛夫過目，徵求他的意見。季米特洛夫把這封電報附上他回信的草稿送請蘇共中央政治局核示。政治局稍作修正後通過回信電文。二月五日，季米特洛夫照會毛澤東；再隔幾天，中共中央政治局常委會拍發電報給國民黨三中全會。它的部分內容是：

深望國民黨三中全會，本著和平統一團結禦侮的方針，將下列各項定為國策：

一、停止一切內戰，集中國力，一致對外；

二、保障言論、集會、結社之自由，釋放一切政治犯；

三、召集各黨各派各界各軍的代表會議，集中全國人才，共同救國；

四、迅速完成對日抗戰之一切準備工作；

五、改善人民的生活。

中共中央承諾終止它在全國推翻國民政府的武裝暴動。它也表示即將把蘇維埃政府改名中華民國特區政府，並把紅軍更名為國民革命軍，分別直接隸屬於國民黨的中央政府，以及南京的軍事委員會底下。甚且，它同意在特區引進普選的徹底民主制度，並且停止沒收地主土地。[58]

毛澤東已經四十四歲。他已經在全國舞台上取得政治人物的極大名聲，而且他在黨內的勢力實質上也無敵手。可是他對莫斯科的依賴絲毫不減；中國共產黨聽命於共產國際的地位也絲毫不變。雖然莫斯科領導人對中國革命的觀點經常在變，中國共產黨仍像以前一樣，與共產國際執委會及蘇聯共產黨維持緊密關係。蘇聯意識型態對中國共產黨人的影響仍然具壓倒性優勢。西方事變只使雙方關係更加強化。雖然毛澤東開始暗自將種種侮辱和不滿藏在心頭，表面上還維持住他是偉大的史達林最聽話的學生的模樣。

一九三七年初，賀子珍生下他們的第五個小孩，一個女兒。周恩來的太太鄧穎超把小嬰兒稱為「嬌嬌」。後來，女兒年滿十三歲，毛澤東按照中國習俗，為她取個學名「敏」，取寓孔子說「君子訥於言、敏於行」。同時，他沒讓她姓毛，而姓李——他用過「李得勝」這個化名。[59]

同一時期，即一九三七年一月十三日，也就是他女兒出生不久，依據中共和張學良在張被捕之前達成的協議，中共中央從保安的窯洞南遷一百公里至陝北最大城市延安。出發前，毛澤東抱著襁褓中的女嬰對她說：「嬌嬌，妳可趕上時代唷。我們要住到城裡去嘍。」[60]

第二十一章

談情說愛的哲學家

搬到延安，使得毛澤東日常生活起了重大變化。他現在可以享受舒適的城市生活。新「赤都」一點都不像保安，保安只是個沙塵飛揚、荒無人煙的村落，十室九空。延安則是個很活潑的地方。李德回憶說：「農民、小販在露天市場賣肉、蛋、蔬菜和其他食物。小鋪和餐廳，有些還相當高級，照常營業。總之，延安反映的並不乏和平與常態。我們看到我們並不習慣的民間活動。」[1]

延安位於一個狹長的山谷裡，它位於淺而多石、但相當寬廣的延河南岸，四周是黃土山嶺。高大的城牆幾乎沿著整個外圍走，城牆上長方形的塔樓高聳入雲。城牆開闢北門、南門、大東門和小東門四個門；城的西邊或西南邊沒有城門。西邊的城牆沿著山脊走，保護著全市不受不速之客侵擾。

這座城市集合了一些狹窄、熱鬧的街道，長排的飛簷屋頂豪邸，可是屋主乃是地方仕紳，早已棄置房產逃之夭夭。城外高地上巍然聳立一座漂亮的九層塔，睥睨全城建物。延安似乎就是毛澤東及其同志們企盼許久的休息之地。與國民黨的和平逐漸成為事實。

延安城裡居民三千多人，仍有足夠的空屋，因此黨的大多數領導人可以找到滿意的居停之所。毛澤東和賀子珍，以及其他中委及眷屬，都在城的西側，即鳳凰山腳這個昔日著名的富商、地主社區安頓下來；這些富商、地主一聽到中共軍隊靠近的消息，當然早就逃之夭夭。毛澤東偕妻子住進一棟富商的家。明亮、寬敞的房間出奇乾淨。舉目所及，只見黃土山陵無邊無際往遠處延伸而去。有一間房間毛澤東用來兼做起居室和臥房，它的窗邊擺著一張大木床；另一個窗邊則是傳統的火炕。所有的家具就是一張書桌、幾張椅子、書櫃和一個巨大的木製浴盆。所缺的就是足夠放置文件的櫥櫃，但是毛澤東想到一招，要侍衛找來幾個空汽油筒代替。（這些空汽油筒是美孚石油公司〔Standard Oil Company〕的容器，正好給中式室內布置添點美國風味）。[2]張聞天、朱德、周恩來和彭德懷也在鄰近安頓下來。

離城不遠，沿河兩岸的黃土陡坡也挖了許許多多窯洞。它們往北向城外排成一長排，而遠遠望去很像燕巢或蝙蝠洞。[3]大部分紅軍官兵住在那兒。此外，有幾個中共高階領導人寧願住窯洞，過清貧日子，不像毛澤東、周恩來等選擇安逸處所。其中之一即張國燾，他愈來愈意識到毛澤東一夥人對他沒有好感。

極端左傾的美國記者艾格妮絲．史沫特萊在一九三七年一月底或二月初來到延安，也住在其中一個窯洞。四十五歲的史沫特萊是個外表十分男性化的女權主義者，她蔑視資產階級的道德觀、崇拜史達林。她不是任何國家共產黨的正式黨員，但是在她來到陝北之前，她與共產國際及美國共產黨保持秘密聯繫。一九三〇年代初期，她扮演共產國際執委會在中國的非正式代表的角色，以她為管道，共產國際特務偶爾交付金錢與指令給中國共產黨人。她以「安娜」為化名，也涉入蘇聯在上海的間諜網。蘇聯軍事情報特務理查．佐爾格（Richard Sorge）當時化名「強生」（Johnson），住在上海。一九三〇年，史沫特萊成為他的許多情人之一，在寫給一位女性友人的信中稱呼他為「英俊的海克力斯」（handsome Hercules）。史沫特萊一到延安不久，就正式申請加入中國共產黨，卻遭到婉拒。雖然她接受中國友人的論據——他們向她解釋，她是個有才華的作家，保持超然於中國共產黨之外的地位，可以對共產運動有更大的貢獻——但是這對她不啻是個打擊。[4]

史沫特萊住處隔壁的窯洞，住著她的翻譯吳光偉，也是最近才來到延安的一位漂亮的舞台劇演員。史沫特萊管她叫「莉莉」（百合），這個名字對她極為「速配」。二十六歲的莉莉面如滿月，高雅有如湖中浮花，她和史沫特萊可說完全不同，與延安其他居民也大不相同。延安所有的女性當中，只有她搽脂抹粉化妝，她從西安帶來大量的化妝品。她把一頭烏黑的長髮結成漂亮的辮子垂放到肩頭，她也精心照料她的指甲和皮膚。難怪，許多男人，包括已有家室的，都開始注意到她。

毛澤東也拜倒在她石榴裙下。起先，他和莉莉的關係很純潔。他偶爾會拜訪她以及她的鄰居，聊天、打牌、喝咖啡，有時候也喝米酒、享用蘇打餅乾（史沫特萊因胃潰瘍，總是設法備著它們）。他有好幾次留下來吃晚飯。從一切外表看，他只是看重她是個有才華的女演員，對革命鬥爭有顯著的貢獻。當時莉莉正在延安舞台上演出從高爾基（Maxim Gorky）的《母親》改編的戲劇中的妮若芙娜（Nilovna）一角。

然而，隨著時間進展，謠言悄悄傳遍全城。女性們、其中大多數已婚，特別不高興。作為積極的黨員，她們和丈夫們一起經歷內戰、長征、國民黨圍剿、飢饉、轟炸，以及和子女分離的種種艱苦考驗。尤其是，她們自認是革命的道德家。「嫵媚」、「嬌柔」都不在她們的詞彙裡。鮮豔的衣服、化妝品和時尚髮型，只會引起她們的蔑視。她們把和不熟的男子聊天，視同外遇。她們把男人、包括自己的丈夫，當作革命同志對待；她們衣著服飾像男生，剪短頭髮，行為非常莊重和獨立——一切都是非常游擊隊式的純潔主義。

延安的女性也不太理睬史沫特萊，原因則不單是因為她和莉莉交朋友。史沫特萊的個人作風與其他女性倒沒什麼不同：她從來不用化妝品、服飾簡樸如男性、不矯揉造作，而且熱愛共產黨。但是她相當粗魯、自信滿滿，而且太獨立。她相信自由的「革命」愛情，排斥婚姻，宣稱那是奴役女性的一種工具，也極力提倡避孕（史沫特萊被迫停止向地方農婦推廣行房後灌洗避孕，因為延安婦人把那檸檬味的水拿來當飲料喝）。在公開集會上，史沫特萊說話非常直率，經常在她住的窯洞裡花好幾個小時採訪男性。朱德的太太康克清為人率性、活力充沛，特別討厭她，而且不無理由。史沫特萊才剛到延安，就開始動筆寫朱德傳記，還深深愛上他。她根本毫不隱瞞自己對朱德的愛慕之情，稱他為「我在世上最好的朋友」。

康克清和賀子珍在婦女圈組織反史沫特萊和莉莉，很快地，延安的革命婦女統統加入。史沫特萊和莉莉沒注意，分別繼續和朱德、毛澤東密會。另有兩位女性加入她們危險的遊戲：一位是著名的共產黨作家丁玲，她本身就是徹底解放的女性；一位是偶爾也參加的海倫・佛斯特・史諾（Helen Foster Snow），即艾德加・史諾的太太。她的閨中好友都叫她「佩」或「佩姬」（她的筆名是妮姆・威爾斯〔Nym Wales〕）。海倫和她丈夫一樣，是個新聞記者，於四月底來到延安。她長相甜美，不遜好萊塢任何一位美女，但是相當謙和。她和史沫特萊一夥人混在一起，因為她認為她們並無不妥。

毛澤東、朱德和莉莉、史沫特萊、丁玲及佩姬・史諾的聚會並不是一直都很清純。有時候，當著毛澤東的面，幾個女生就品頭論足議論起她們認為哪個男人最英俊（史沫特萊和史諾略通中文）。她們會笑著說某人太胖、某人太瘦，或某人又太矮。她們一致認為最有魅力的是林彪，「典型的阿多尼斯（Adonis）①」，以及徐海東，一個軍事幹部，他的雄壯體型令她們著迷。她們也覺得毛澤東英俊，拿他和林肯比擬。這時候，她們往往兩手一攤，笑著說：「這些都是好男人，但是天啊，我們卻比不上他們的太太！」史沫特萊開玩笑說：「如果你們這些中國共產黨的領導人都不能走出女性石榴裙下，你們又怎能解放中國呀？」

毛澤東顯然已嫌賀子珍人老珠黃，也控制不了自己。他和這幾位女士過從愈來愈密。毛澤東幾乎每天晚上都去會晤她們，誦讀他又開始寫作的詩詞，或與史沫特萊討論羅曼蒂克的愛情（通常是莉莉把他們湊在一起）。不久，他和史沫特萊產生一個構想，要辦個舞蹈班。他們找出一具老舊的留聲機和幾張狐步唱片，利用已經逃出延安的傳教士丟下的一座教堂，辦起音樂晚會。中共領導人的太太們被如此公然「傷風敗俗」的行為嚇壞了，杯葛舞蹈班，但是她們的老公卻高高興興地去開洋葷。朱德、周恩來和賀龍特別有興趣學美國舞。連清心寡欲的彭德懷也到場看熱鬧。舞蹈班持續了好幾個星期，使得毛澤東和莉莉走得更近。[5]

海倫・佛斯特・史諾回憶起後來的情況：

> 五月三十一日，我應邀到美國記者艾格妮絲・史沫特萊山邊寬敞、舒適的窯洞去作客……我在門外的小爐子上烤了兩塊白薯，要了兩筒鳳梨罐頭。翻譯莉莉小姐炒了辣椒和雞蛋。史沫特萊還在餐廳要了

白菜湯。除了小燒餅外，還有大鍋餅。

毛澤東來了……當天晚上他興致很高。毛澤東有個最迷人的特質，你在照片上看不到，那就是好表現、很活潑……艾格妮絲的藍色大眼珠——有時候發出狂熱的光芒——崇拜地看著毛澤東。莉莉對毛澤東也是一副崇拜英雄的眼神。過了一會兒，我很驚訝地看到莉莉走過去，坐到毛澤東身邊，把手放到他膝上（非常怯生生地）。莉莉宣稱她已經不勝酒力了……毛澤東顯然也嚇了一跳，但是他如果一把推開她，恐怕也太有失風度，而且他明顯也覺得好玩。毛澤東說，他也喝得太多了。整個晚上，他同莉莉拉著手，她依在他的膝上，顯得並不陌生。6

次日，賀子珍統統知道了。很有可能是毛澤東的衛士們尊敬賀同志、討厭莉莉，認為她把毛主席帶壞了，遂把毛澤東的行為向賀子珍通報。當時中國的社會風氣相當純樸，男女授受不親，公開場合不應牽手、碰觸，可是莉莉公然挑逗已有家室的男子，分明是要引誘他。賀子珍太清楚她老公是什麼德性，怎堪忍氣吞聲。毛澤東只要有女性願意投懷送抱，莫不欣然從命。他喜愛美女，也喜愛女子自動送上門。賀子珍嚥不下這口氣，衝出家門，直接殺到窯洞區去。

當她殺到莉莉的窯洞時，夜色已深。賀子珍毫不懷疑，深信在這兒一定可以找到她那出軌的老公。艾德加．史諾後來依據史沫特萊的說法描述當天的情況：

有一個夜晚，史已經睡下……忽聽一陣急促的腳步衝上山來。接著，吳的窯洞門被推開。一個女人尖利的聲音劃破了寂靜：「混蛋！你想欺騙我，溜到這個資產階級舞女家裡來。」史跳下床，披上外衣，跑到隔壁窯洞。毛的妻子正用一個長長的手電筒打毛。他坐在桌旁的板凳上，仍舊戴著他的棉帽

① 譯按：希臘神話一位俊美的神，被用以比喻年輕俊美男子。

子，穿著軍大衣。他沒有制止他的妻子。他的警衛員立在門旁，顯得很尷尬。毛的妻子狂怒地大喊大叫，不停地打他；一直打到她自己上氣不接下氣才停手。毛最後站起來。他看上去很疲倦，聲音沉著嚴厲：「別說了，子珍。我和吳同志之間沒有什麼見不得人的事。我們不過是聊天。你作為一個黨員，正在毀掉自己，你幹的事情你應該覺得可恥。趁別的黨員還不知道，趕快回去吧。」

毛的妻子突然轉向吳莉莉。吳背靠著牆，像一隻嚇壞的小貓。賀罵道：「舞廳的婊子！妳大概和什麼男人都勾搭，還想欺騙主席？」接著她走近吳莉莉，揮起手中的電筒，另一隻手抓她的臉，揪她的頭髮。血從莉莉的頭上流了下來，吳跑向史沫特萊，躲在她背後。

毛的妻子又轉向史：「帝國主義分子！」她喊道，「都是妳鬧出來的，回妳自己的家裡去。」接著她用手電筒打這個「洋鬼子」，史沫特萊可不是好欺侮的，一把將賀推倒在地。毛的妻子躺在地上尖聲喊道：「你算什麼丈夫？還算是男人嗎？你是共產黨員嗎？我就在你眼皮底下挨這個帝國主義分子的打，你一聲也不吭。」

毛責備妻子道：「她沒有惹妳，是妳打她的。她有自衛的權利，是妳羞辱了我們。妳的行為簡直像美國電影裡的闊太太。」毛氣憤已極，但盡力克制著，他命令警衛員扶起他的妻子送她回家。賀不願甘休，不肯起來，毛不得不叫來另外兩三個警衛員，最終使歇斯底里的賀離開了。他們下山時，毛默默無語地跟在後面。許多人從自己的窯洞裡驚奇地望著他們走下山去。[7]

好事不出門，壞事傳千里。不到幾個小時，消息傳遍全城，窯洞區居民肯定全都知道了。據史沫特萊和艾德加．史諾的報導，毛澤東趕緊召集黨的領導人開會，決議這件事應該保密，禁止任何人討論它。但是要讓賀子珍安靜下來，幾乎是不可能的任務。她要求黨中央懲處史沫特萊、莉莉和毛澤東的衛士，此人在事件發生時在場。她也指控另一個衛士陰謀不利她；此人目睹一切經過，但沒有介入。她到處向朋友們、黨領導人的妻子們抱怨不忠的丈夫、「無恥賤人」吳光偉（莉莉），以及「帝國主義者老鴇」史沫特萊。當然，她們都同情她，看著史沫特萊一拳打在她右眼留下的瘀青，頻頻搖頭。[8]

為了讓太太平息怒氣，毛澤東被迫遣走莉莉。七月某個雨天上午，她和劇團、丁玲坐車前往陝西省城。出發前，她在窯洞前庭院噙著眼淚，把毛澤東在快樂時光寫下、送給她的詩詞，付之一炬。②毛澤東也請艾格妮絲・史沫特萊離開延安。謠言紛傳說賀子珍鼓動她的衛士射殺史沫特萊；毛澤東壓制不下謠言，只好設法請史沫特萊離開。但是他並未成功。當他們談過話不久，史沫特萊的馬絆跌、倒下、壓了她，使她脊骨受傷。她在炕上足足躺了六個星期，無法動彈，直到九月十日才離開延安。三天前，佩姬・史諾也離開延安。[9]

儘管毛澤東一再勸阻，賀子珍仍無法忘懷此一事故，決定離開他和剛要呀呀學語的小女兒，從延安搬到西安，藉口是她有治病之需。她在長征途中被炸傷、留在身體內的彈片很讓她嘗盡苦頭，但是動手術、取出彈片顯然不是她離開的主要原因；毛澤東的羅曼蒂克行徑才是。

同一時期，中國及世界的政治情勢起了激烈變化。一九三七年整整上半年，史達林絞盡腦汁，努力設法讓中國共產黨和國民黨能正式成立新的統一戰線。這需要他投注大量的錢財，而他在想方設法交付大筆資金給中國共產黨時，一點兒也不吝嗇。幫史達林轉送金錢的一個中間人是孫逸仙的遺孀宋慶齡，她深深涉入到共產國際的地下財務運作。她化名「蘇西夫人」（Madame Suzy）和「林泰」（Leah），作為中間人，把共產國際的大筆金錢轉手給中國共產黨的領導人。她不是中國共產黨正式黨員，但十分左傾（以季米特洛夫的話說，「幾乎就是共產黨員」），[10]她從一九二五至二七年革命時期起，就和中國共產黨領導人維持非正式關係。③譬如，一九三六年十一月，毛澤東給她一封信，提到中國共產黨財務困難，她協助共

---

② 譯按：吳光偉離開延安後，輾轉到了四川，成為農業學家張研田妻子，後來到了台灣。張研田歷任台糖董事長、經濟部次長、亞東關係協會理事長。

③ 原書註：一九二六至二七年間，鮑羅廷甚至稱宋慶齡是「整個國民黨左翼唯一一個男子漢」。

產國際代表透過共產黨員潘漢年交給中共中央五萬美元；潘漢年是中共中央特科的領導人之一，在國民黨控制的「白區」進行秘密情報工作。[11]後來，共產國際執委會在一九三六年十一月十二日以電報通知中共中央，決定提供給中國共產黨大約五十五萬美元的財務援助。頭期款十五萬美元於十一月底在上海交給潘漢年，又是透過宋慶齡經手。後來在一九三七年三月初，莫斯科又承諾將當年度給予中國共產黨的財務援助提高至一百六十萬美元。總而言之，共產國際在一九三七年給予中國共產黨的援助接近兩百萬美元。[12]

一九三七年三月十日，史達林命令季米特洛夫把蔣介石的兒子蔣經國召回到莫斯科；蔣經國當時住在烏拉山區的斯維爾德洛夫斯克（Sverdlovsk），於該市蘇維埃工作。他從一九二五年進入孫中山中國勞動大學念書，即取俄國名字尼古拉・佛拉迪米洛維奇・伊利札洛夫（Nikolai Vladimirovich Elizarov）。他加入布爾什維克黨，甚至娶俄國女子為妻。史達林決定送蔣經國回到他父親身邊，認為他會有些影響力，能說服他父親在抵抗日本侵略的大前提下，有必要與共產黨建立關係。[13]

然而，國民黨和共產黨之間達成協議，倒不是因為蔣經國回到中國所促成，而是因為國內政治情勢使然。一九三七年春天，日本在距離北平僅有十幾公里路的地帶增加部隊兵力。蔣介石關心此一發展，三月底在杭州與中共代表周恩來及潘漢年當面會談。雙方協議好，中共可以維持對其自身武裝部隊的控制，編為三個師的番號，總兵力四萬多一點。共產黨照常控制他們佔領地區的政府，但是要服從蔣的南京政府之命令。[14]四月初，經過冗長的研究後，中共中央政治局批准此一決定。

拿國共結盟做交換，蔣介石希望與蘇聯政府取得協議，由蘇方提供作戰物資給國民黨。因此，蔣介石一九三七年四月三日與蘇聯大使狄米崔・鮑格莫洛夫在上海舉行秘密談判。

五月二十九日，國民黨中央執行委員會一個半官方代表團訪問延安。毛澤東在歡迎會上說：「過去十年兩黨沒有團結，現在情形變了，如兩黨再不團結，國家就要滅亡。」[15]在國民黨代表團長的建議下，國共兩黨代表前往延安南方約一百公里的黃帝陵祭拜。祭拜黃帝陵象徵著兩黨恩仇盡泯。毛澤東對此一象徵姿態滿意，宣稱祭陵給了他希望。[16]

祭陵代表國共雙方武力衝突正式終結。六月八日，蔣介石和周恩來恢復在江西度假勝地廬山的直接談判。會談持續到六月十五日。雙方達成協議，終止內戰，並接受以孫中山的三民主義為合作的基礎。[17]

但是要直到一九三七年七月七日中日全面戰爭爆發之後，雙方才終於正式建立抗日統一戰線。這項大團結的近因是日軍在八月十三日砲轟上海此一蔣介石和英、美投資者經濟利益的中心。隔了幾天，已經被日本人逼得忍無可忍的委員長，於八月二十一日，與蘇聯簽訂互不侵犯條約，蘇聯承諾援助中國抗日戰爭。[18]同時，他下達命令將紅軍納入國民革命軍編制。工農革命軍改名八路軍，下轄三個師：一一五師，師長林彪；一二〇師，師長賀龍；一二九師，師長劉伯承。朱德和彭德懷分任八路軍正、副總司令。不久，中華蘇維埃共和國中央政府西北辦事處，改名「中華民國特區政府」，獲得承認；特區政府下轄陝西、甘肅、寧夏三省的十八個縣。[19]蔣介石承認林伯渠為特區政府主席。林伯渠已經取代博古執行任務，博古轉任中共中央組織部部長。[20]一個月後，九月二十二日，共產黨發布宣告，承認國民黨的領導角色；次日，蔣介石發表聲明，宣示全國各黨派成立抗日統一戰線。史達林龍心大悅。即使只是形式，中國現在已經團結抗日，這一來大大降低了日本侵犯蘇聯的可能性。

然而，真正的團結還是困難重重。蔣介石和毛澤東都互不信賴，事實上也都不想要真正的統一戰線。毛澤東只是因為受史達林鞭策才同意和南京政府談判。他勉強接受抗日統一戰線的政策，而之所以默認它，也是因為他估計可以從中獲取好處。但是其他一些黨的領導人對統一戰線則有不同看法。黨內意見不一，也的確出現在對於如何對抗日本侵略的做法不一。毛澤東不信任蔣介石，也希望保存部隊實力以備戰後與國民黨爭奪民主革命的領導地位，他不僅不願進行陣地戰或靜態作戰，也就是在戰場直接對抗；他也不願接受委員長領導與日軍有任何正規戰或機動戰。他不拒絕援助「友好的正規部隊」，但是依他的見解，八路軍只應該在日軍敵後、不受國民黨指揮，從事純粹的游擊戰或機動、游擊軍事行動（他稱之為「麻雀」作戰），「掌握主動」。他認為這樣的作戰方法「更自由、更活潑、更有效」。甚且，他堅持派去和日軍作戰的兵力不應超過四分之三，要留下四分之一兵力守邊區以防蔣介石進攻。蔣介石當然不知道這個百分比。[21]張聞天再次成為毛澤東的主要盟友，完全贊成他的觀點。[22]

周恩來、博古、朱德、張國燾和彭德懷對這個問題有不同的看法；他們認為光憑游擊戰不足以擊退日軍的進攻。他們贊成與中央政府部隊密切合作，主張八路軍有能力進行機動戰，造成日軍重大傷亡。[23]

一九三七年八月二十二日，張聞天和毛澤東在延安南方約九十公里的洛川縣城附近的馮家村召開政治局擴大會議。這項會議在辯論如何進行戰爭的戰術上扮演了重要角色。與會者二十二人，包括重要的軍事指揮官和黨的領導人。經過四天的辯論後，毛澤東的意見勝出。張聞天主稿的決議文獲得通過，它承諾八路軍初期將與中國其他部隊合作進行機動游擊戰，以便爭取南京政府的「信任」，以及民意的支持。若是在戰場遭遇強勢日軍，共產黨所控制的部隊可轉為獨立的游擊作戰，在整個華北日本佔領區擴大其軍事活動的範圍。[24]

受到勝利的鼓舞，毛澤東立刻設法鞏固立場。洛川會議結束後兩天，他在政治局常委會開會時主張：

在聯合抗日的情況下，要把民族革命與社會革命貫通起來。在統一戰線的長期過程中，國民黨有計劃地從各方面影響和吸引共產黨及紅軍，我們要提高政治警覺性，要使農民和小資產階級跟隨我黨走。國民黨內有些人動搖於國共兩黨之間，這對我們吸引國民黨是有利的，共產黨吸引國民黨的條件是存在著的。兩黨之間互相吸引的問題，要在鬥爭中解決。

毛澤東在結尾時提出警告說，共產黨內現在最大的危險是「右傾機會主義」[25]（他指的是向國民黨「投降」，以及從社會主義革命鬥爭撤退）。

幾天之後他在延安一場高級幹部會議中重申這篇講話的基本要點，強調共產黨員「在戰爭中建立工農資產階級民主共和國，並準備過渡到社會主義」。很顯然，這段期間盤據在他心裡的是這個問題、而非對日抗戰。他努力不懈地主張中共部隊必須只在山區進行游擊戰，「獨立、自主」，保存實力，並且絕不成為蔣介石手中的傀儡。他解釋說，抗戰勢必拖延許久，因此必須耐心等候，直到日軍失去力量。[26]他再度強調「敵進我退，敵駐我擾，敵疲我打，敵退我追」；後來它們成為人民戰爭的圭臬。

當然，他的話相當有道理。毛澤東和中國任何一個軍閥一樣，他明白他的權力、甚至他的生存，全靠他軍隊的實力。和往常一樣，政治權力出自槍桿子底下。在這種情況下，他怎麼肯讓他的武裝部隊受到日軍重擊呢？如果他失去了軍隊，蔣介石一定立即終止統一戰線，派兵粉碎毛澤東。實在太驚訝，他的對手不願承認這個顯而易見的道理。[27]然而，洛川會議之後，反對者人數大減，朱德、彭德懷等許多人接受了他的「游擊戰」思想。

同時，國民黨部隊節節敗退。一九三七年七月，日軍佔領北平、天津。十一月，又攻佔山西省會太原，然後進據上海。日本皇軍持續進攻，銳不可擋。蘇聯履行諾言，提供大量援助給蔣介石，送給他金錢、武器，還派了顧問。它全力協助，一如一九二〇年代中期大革命時期一樣。但是，一點用也沒有。蔣介石部隊一再撤退。史達林所達成的唯一一件事是，蔣介石保證他不會與日本人單獨議和。蔣介石決心長期抗戰到底。

這時候，密切關注中國戰場戲劇化發展的史達林，瞭解到必須再次重新思考中國共產黨的戰術。一九三七年十一月十一日，他接見中國共產黨駐共產國際執委會代表團人員。王明、康生和王稼祥求見，因為王明和康生即將回國。王稼祥來莫斯科診治他在一九三三年四月所受的傷，並以化名「張烈」④留下來擔任中國共產黨駐共產國際代表團代理團長。季米特洛夫也參加了這次會談。

史達林對即將回國的中國人給予詳盡的指示。抗日統一戰線和抗日戰爭是第一要務。從季米特洛夫的日記判斷，史達林強調共產國際應該在全國共同抗戰上扮演領導角色，停止它的革命方案，集中精神在對付外敵——日本——而非國內對手。他說，由於中國人團結抗日，中國處於比一九一八至二〇年的俄羅斯

---

④ 編註：作者誤植為Zhang Li。

更有利的地位，當時的布爾什維克在俄羅斯內戰期間與外國干預者還要作戰。因此，他相信中國必會勝利。史達林承諾協助中國發展戰爭工業。「如果中國有自己的軍事工業，誰都不可能戰勝它。」

他也對中共的軍事戰術表達了看法，建議中國共產黨避免正面攻擊，因為八路軍沒有重砲。史達林說：「它（八路軍）的策略……應該是騷擾敵人，把他們引進自己一方並在後方打擊他們，必須炸毀日本軍隊的交通線、鐵路橋。」他要求中共部隊擴編為三十個師。史達林的結論是：「對於中國的黨代表大會來說，討論理論問題是不適宜的。理論問題可以往後放放，等到戰爭結束以後。談論中國發展的非資本主義道路，現在比起過去，機會更少了（資本主義在中國不是正在發展嗎！）。」⑤[28]換句話說，史達林要求中國共產黨訂定新的政治路線，排除走向社會主義之路，直到抗日戰爭勝利再說。中共代表團必須親自向他們的中央委員會及毛澤東報告這一點。

十一月十四日，王明偕妻子孟慶樹（化名羅莎．佛拉迪米洛娃．歐斯特洛瓦〔Rosa Vladimirovna Osetrova〕），以及康生偕妻子曹軼歐（俄文化名李娜〔Lina〕），從莫斯科起飛，經新疆，於十一月二十九日抵達延安。從新疆加入他們的是政治局常委陳雲。陳雲參加過長征，公認是活力充沛的同志。他從一九三七年四月起，以共產國際及中共中央首席代表身分到新疆工作。這是王明出的主意，經季米特洛夫同意，派陳雲到新疆去。

毛澤東、張聞天和黨的其他領導人在機場熱烈迎接客人，毛澤東甚至稱呼王明是「上天賜福」，[29]但是這一切都不具意義。毛澤東心知肚明，王明是他生平所遇最狡猾、最惡毒、最心狠手辣的權力敵人。

驕傲、自大、權力飢渴的王明的確是史達林最好的學生。他也如此自居。一九三七年十一月十一日，也就是他回國之前三天，他得到史達林直接指示，要「採取措施」消除「中共領導圈托洛茨基主義的言行」。史達林向王明表示：「採取一切手段，強化對托派鬥爭。必須追捕、槍斃、摧毀托派。他們是國際破壞者，法西斯主義最惡毒的特務。」[30]他交代王明，有關「托派」破壞中國共產主義運動可能性的一切問題，都可以直接向他報告。有了史達林的尚方寶劍，王明信心十足，相信自己可以把全黨納入他的控制。

王明一到延安，立刻告訴毛澤東和中共領導人史達林最新的軍事和政治指示。他要求立即召開政治局特別會議討論局勢。毛澤東、張聞天等人只能從命。會議從十二月九日至十四日足足開了六天，王明實質領導開會。怎麼可能會有其他狀況？他是史達林派來的特使呀！

王明直率地譴責洛川會議的決定，等於是明白反對毛澤東的政策。如果戰爭是中國共產黨最關切的事項，並且當務之急是「為民族獨立與自由而戰、為國家與人民團結而戰」，那麼所有的工作都應次於統一戰線。[31]王明主張需要盡可能與蔣介石密切合作，以「動員中華民族的力量」，避免可能傷害中國團結以對抗日本侵略的鬥爭之一切獨立的行動。[32]

王明和季米特洛夫根本不考量中國共產黨的前途；他們的主要目標是在中國積極抗日，必定有助於蘇聯更加安全。毛澤東反對，並且試圖從哲學上辯護他的立場。在搬到延安之前兩個月，他已開始關注布爾什維克哲學，直到一九三七年七月初，除了他喜愛的詩詞，他主要依靠兩本蘇聯教科書和一篇收在《大蘇百科全書》上的長文之中文翻譯，持續不懈地研讀。這些作品是由共產主義科學院（Communist Academy）的官員、列寧格勒哲學家伊凡・西洛可夫（Ivan Shirokov）及阿諾德・艾森堡（Arnold Aisenberg），以及莫斯科的「領導之光」馬克・波里斯沃維奇・米丁（Mark Borisovich Mitin）及伊薩克・彼特洛維奇・拉朱莫維斯基（Isaak Petrovich Razumovskii）所編寫。⑥[33]這些人都是徹頭徹尾的史達林主義者，以他們之中最著名的米丁的話來說：他們「只受一個想法指引：如何最好地理解我們敬愛的、睿智的老師史達林同志

⑤ 原書註：史達林以為中共在未來幾個月內將定期召開黨的第七次全國代表大會。

⑥ 原書註：有趣的是，大部分學者不察，都把影響毛澤東甚鉅的一本哲學作品編者誤為M・西洛可夫；其實是更出名的哲學家、黨的官員伊凡・米海爾洛維奇・西洛可夫（一八九九至一九八四年）。他後來在一九四五至四六年擔任列寧格勒市黨委代理宣傳部主任。

的每句話、每個思想，以及如何轉化它們、運用它們以解決哲學問題」。[34]

兩本教科書和一篇非常長的文章，顯然不足以把毛澤東化為一個偉大的哲學家。但他是個非常用功的學生。他很專心地研讀，瞭解它們的分類邏輯以及政治化、辯證的表達方式，典型的史達林主義社會科學。他特別佩服統一論和對立鬥爭，蘇聯哲學家把它們界定為唯物辯證論的基礎。[35]他的研讀心得可謂完全吻合馬克思主義的精神：「研究哲學的目的不在滿足好奇心，而是要改造世界。」[36]他把這個馬克思主義提法運用到自己國家的現實上。

一九三七年春天和夏天，他甚至還在延安開辦不久的抗日軍政大學向學員們就辯證唯物主義發表一系列講話。他謹守教科書文本，沒有交代引用來源，完全借用幾個蘇聯哲學家的基本見解，開始拿它們和中國革命的任務結合起來闡釋。他說：「中國無產階級擔負了經過資產階級民主革命到達社會主義與共產主義的歷史任務，必須採取辯證唯物論作為自己精神的武器。」[37]

他滔滔不絕的報告（每次講話長達四個小時，整個課程超過一百一十個小時），讓聽眾大為折服。毛澤東獲得學員極大的尊敬，認為他已掌握了博大精深的要義，隔沒多久，軍政大學刊物開始刊載他的部分演講內容。[38]

從此一新的辯證立論出發，毛澤東在十二月的政治局會議上也試圖證明「在統一戰線中，『和』與『戰』是對立的統一……國民黨與共產黨誰吸引誰這個問題是存在的，不是說要將國民黨吸引到共產黨，而是要國民黨接受共產黨的政治影響……抗日戰爭總的戰略方針是持久戰。紅軍的戰略方針是獨立自主的山地游擊戰……相對〔國民黨的〕集中指揮的獨立自主的山地游擊戰。」[39]但是王明的煽動言論佔了上風。[40]得到康生、陳雲和政治局其他幾位委員的支持，王明以莫斯科指令唯一真正的詮釋者之姿出現，因此削弱了毛澤東的地位。毛澤東日後回憶說：王明回國後，他自己的「權力跨不出窯洞」[41]（賀子珍離開後，毛澤東雖然在延安仍有住家，但大都住在他的窯洞裡）。[42]

毛澤東在一九三八年一月嘲諷地指出：「軍事問題我在開始研究，但寫文章暫時還不可能。哲學書多研究一會再寫還更好些，似不急在眼前幾天。」[43]

當然，這並不代表毛澤東向王明認輸。恰恰相反。整個一九三七至三八年的冬天，以及次年的春天，毛澤東默默準備反攻。毛澤東能夠專心從事黨內鬥爭，有一個原因即是賀子珍不在身邊。一九三八年一月，賀子珍取道甘肅和新疆，前往蘇聯。到了蘇聯，她化名「文雲」⑦進入國際革命戰士救濟會中央委員會所辦的中國黨校；學校位於莫斯科郊外小鎮庫奇諾。同時，她在第一克里姆林綜合診所（First Kremlin Polyclinic）接受一系列檢查，醫生認定她在長征時期受傷所留在身上的彈片，已經深深嵌入骨頭和肌肉組織，無法取出。[44]而且，她即將臨盆、生下另一個小孩。她在一九三七年八月，即她離開延安前不久受孕。她要離開時，並不曉得自己又懷孕了。

這個男嬰李歐瓦（Lyova）一九三八年四月六日在莫斯科的謝琴諾夫婦產科醫院（Sechenov Maternity Hospital）出生。[45]這是賀子珍生的第六個小孩。[46]八個月後，他因肺炎去世。悲傷逾恆的賀子珍把他下葬在莫斯科附近一座墳場的公墓。[47]她往後餘生一直都為自己無法保住孩子一命，身心倍感痛苦。他是她和毛澤東所生的最後一個小孩。

毛澤東的思緒完全不在這上面。對付王明的權力鬥爭已經讓他忙不過來。王明口銜史達林上諭，贏了第一回合。但是毛澤東決定制服這個敵人，過去他不是也制服過許多敵人嗎？他似乎一直要到一九三七年底、一九三八年初，才真正領悟到史達林這位克里姆林宮獨裁者，在一九三七年十一月十一日下達給中共中央領導人那道指示當中，有關統一戰線政策的真正意義。史達林的戰術和往常一樣，以欺敵為基礎。史達林要中國共產黨在日軍敵後進行游擊戰，引誘侵略者深入中國內陸，從而牽制住敵軍部隊。同時，黨應該宣傳戰後中國新的發展道路，也就是以溫和的民主路線取代激進的左派路線，因為後者得不到多數民眾的支持。史達林不是明白地說，「討論」中國走社會主義發展道路的「機遇」現在比起從前任何時候都

⑦ 編註：另有資料記載賀子珍的化名是「文英」。

「更糟」。這樣的新政策將使共產黨可以大大擴張群眾基礎，吸引到許多反對任何形式獨裁統治——不論是共產黨的、還是國民黨的——的中國人。當然，要這樣大轉身，必須假設中國共產黨要表面上與蘇聯保持距離，畢竟蘇聯代表的就是無產階級專政。

毛澤東正確理解史達林的用心。他在一九三八年三月初接受英國作家、共產黨同路人薇歐蕾·克瑞西—馬珂絲（Violet Cressy-Marcks）的訪問時，定下中共新理論的初期元素。毛澤東在他延安家中接見她。她問起中國共產黨是否效法俄國路線？毛澤東回答說：「效法馬列原則，但是和俄國完全不相干……孫中山的主義和列寧、馬克思的理論都是為了人類更好，目前在中國，這兩種主義相吻合。」

克瑞西—馬珂絲追問：「如果在試驗的過程中，日後發現它們並不吻合呢？」

毛澤東答說：「將來必須由人民來決定他們要什麼。」他首度不談把民主革命發展向社會主義革命。

克瑞西—馬珂絲又問：「你認為集體農場好嗎？」

「是的，它應當是好的，如果我們建立起來給人民，像蘇聯那樣。」毛澤東如此解釋，顯然是在暗示，中國要達到社會主義，還有很長一段路要走。[48]

後來，五月初，美國大使館官員、陸戰隊軍官伊凡斯·卡爾森（Evans Carlson）到延安訪問。毛澤東和他談話時，對這個話題有更明確的表示。卡爾森呈給羅斯福（F. D. Roosevelt）總統的報告說：⑧

> 我和毛澤東有兩次長談。他是個夢想家，當然；一個天才。他有穿透問題核心的奇特天賦。我特別問起他，一旦戰爭結束，中國共產黨有什麼樣的計劃。他回答說，階級鬥爭和農民革命等等都會放棄——直到國家走完民主的準備階段。他覺得國家應該擁有礦場、鐵路和銀行，應該成立合作社，應該鼓勵民營企業。至於外國資本，他覺得願意以平等對待中國的國家，應該受鼓勵來投資。他非常友好、親善。[49]

兩年後，回憶他和毛澤東的對話時，卡爾森又說：「他說：『共產主義不是即刻的目標，因為它只有在經歷數十年的發展後才能達成。在它之前必須有堅強的民主、再有一個社會主義的調整時期。』」卡爾森因此寫下：「這些主張肯定沒有太激進。」[50]

卡爾森和毛澤東會談之前，於一九三七年十二月至一九三八年二月間，在山西省考察於日軍敵後活動的八路軍部隊。他和朱德及一些與毛澤東親近的人士講過話。他從這些談話中只得出一個結論：「中國共產黨並不是我們習慣用的專門名詞共產主義的含義。我想稱他們為一群自由民主黨人，或者叫社會民主黨人（但不是納粹派的）。他們尋求平等機會和建立一個誠實的政府……它不是共產主義。」[51]我們不清楚羅斯福總統是否相信他這位昔日保鑣的見解，但是很顯然對於中國革命的新觀點已經開始成形。毛澤東和朱德，以及一些和他們同聲氣的中共領導人，已經開始有效地散播它們。

同一時期，戰場的情勢更加惡化。十二月十三日，首都南京淪陷。接下來幾天，超過三十萬人慘遭日本皇軍屠殺。兩萬名婦人遭姦汙。中央政府撤退到武漢。

隔了幾天，即十二月十七日，被政治局推選為中共中央長江局書記的王明也飛往武漢，另立一個與延安平行的權力基地。他主張的統一戰線版本是與蔣介石和國民黨密切合作，而毛澤東的版本則是口唱團結、實則著重爭奪政權。[52]一向手段靈活、立場彈性的周恩來，自一九三六年起即奉命與國民黨建立關係、強化合作，此時立即靠向王明，康生、張國燾和博古也都投靠過去。一九三八年二月底、三月初，延安的王明派人馬在政治局會議上公開對毛澤東的支持者開戰。可是，雙方旗鼓相當，都無法壓制住對方。

這時候，毛澤東決定派他一位最親信的副手到莫斯科去說明情勢，並請求指示。顯然是從「失敗可長

⑧ 原書註：一九三〇年代中期，卡爾森上尉曾任羅斯福總統保鑣，成為總統的友人。一九三七年七月出發到中國之前，他收到總統一封信，要求他私下將他在中國之一切見聞向他報告。基於保密之需，卡爾森的信必須以總統秘書瑪古瑞特·「蜜西」·勒韓德（Marguerite "Missy" LeHand）為收信人。

經驗」的法則思考，他選擇任弼時出馬。一向陰沉沉的任弼時，老是抱怨身體多病。他對於自己曾在一九三〇年代初期參加對毛澤東的無情迫害，深感愧疚。三月五日，任弼時帶著太太陳琮英（又名陳松），以及已故的蔡和森的妹妹蔡暢（俄文名字羅莎・尼可拉耶娃〔Rosa Nikolaeva〕），前往甘肅省會蘭州，再於三月中旬從蘭州，經新疆，飛往莫斯科。毛澤東力爭中共黨內定於一尊的權力鬥爭，進入到最後階段。

第二十二章
鞏固對中共的控制

儘管王明野心勃勃，毛澤東並不心煩意亂。狡猾的王明深諳如何運用他在莫斯科的關係，製造形象，但是史達林並沒有期待他作為中國共產黨的領袖。蘇聯境內持續進行推崇毛澤東的宣傳運動。不過，毛澤東和史達林之間的關係倒也並非一直平順；西安事變期間，一度還關係相當緊繃。甚且，王明很技巧地讓人感覺他是克里姆林宮欽點的要人。因此，毛澤東選派特使赴莫斯科時，很自然也揣摩不出「偉大的」史達林究竟對中共黨內問題會如何反應。

任弼時在莫斯科的任務十分微妙。他不能公然反對王明，因為他沒有把握毛澤東對史達林戰術的理解是正確的，但是他又必須取得決定性的承認，確認毛澤東是中國共產黨的首腦。他步步為營。他在四月中旬抵達後不久，即向共產國際主席團提出一份有關中國情勢的詳盡報告。他說，「王同志」抵達後，傳達了共產國際的指示，中國共產黨立刻更正所有的錯誤，現在以毛澤東為代表的中共中央所作所為都正確。

他的報告有如石沉大海，沒有得到任何答覆。五月中旬，感到相當焦慮的任弼時又向共產國際執委會主席團會議呈交一份冗長的報告；他增加對王明的稱讚，但也再度努力消除共產國際領導人對毛澤東可能的任何疑慮。他傳遞的信息是，毛澤東對莫斯科的忠誠絕對不亞於王明；他並沒有反對統一戰線；因此，最好不要更動中國共產黨領導階層。讓毛澤東繼續掌舵吧！[1]

經過他的努力，共產國際終於通過毛澤東所需要的決議。季米特洛夫六月中旬請示過史達林之後，共產國際執委會宣布「它完全同意（中國）共產黨的政治路線」，甚至還支持毛澤東在日軍敵後進行游擊戰的政策，以及保持共產黨在統一戰線中完全的政治和組織自主。[2]它還核准推舉毛澤東出任中共中央總書記，取代張聞天。一九三八年七月初，季米特洛夫把這項決議傳達給中國共產黨駐共產國際代表團代理團長王稼祥。王稼祥即將回中國。任弼時將遞補王稼祥的職位，他也參加了季、王談話。[3]季米特洛夫說：

> 要告訴全黨，你們應該支持毛澤東同志為中國共產黨的領導人，他是在中國革命實際鬥爭中鍛鍊出來的領袖。王明等人不要再爭吵了……中共團結才能建立信仰。在中國，抗日統一戰線是中國人民抗日的關鍵，而中共的團結又是統一戰線的關鍵。統一戰線的勝利是靠黨的一致與領導者間的團結。[4]

回到中國之後，王稼祥在九月十四日政治局會議上報告莫斯科的決定。[5]出席會議的李維漢日後回憶說：「會中，王稼祥傳達了……季米特洛夫所說的（實際上是史達林的觀點，季米特洛夫只是他的傳聲筒）『在領導機關中要在毛澤東為首的領導下解決問題，領導機關中要有親密團結的空氣』的話，在會上起了很大的作用。從此以後，我們黨就進一步明確了毛澤東的領導地位，解決了黨的統一領導問題。」[6]毛澤東很高興。隔了幾年，在一九四五年六月的第七次全國代表大會上，他承認：「如果沒有共產國際指示，六中全會還是很難解決（領導的）問題的。」[7]這時候，為了支持王稼祥入選中央委員，毛澤東提醒代表們：「從莫斯科回國後，他成功地完美地傳達了共產國際的路線。」[8]①

他終於可以慶祝勝利。從此以後，毛澤東在黨內再也沒有勁敵。六個月前的一九三八年四月，張國燾忍受不了長期遭孤立，從延安出走到漢口，脫離中國共產黨。毛澤東、張聞天和黨的其他領導人正式通過將他開除黨籍，並指控這個脫黨者是「機會主義者」。共產國際執委會主席團承認此一決定。[9]

一九三〇年代中期做出有利於毛澤東的選擇後，史達林繼續強化他這個寵兒對中國共產黨的垂直控制。唯有把中國共產黨改造成俄國式、以領袖為中心的黨（亦即，將黨史達林化），未來與國民黨的內戰才能確保勝利。中國共產黨的史達林化需要強化其領導人—思想家的個人崇拜，以及完全壓制黨內反對派——即使沒有真正的反對派存在，也不妨編造出來。在這些方面，史達林經驗豐富，可以幫毛澤東大忙。

一九三八年，蘇聯重新啟動宣傳，宣揚對毛澤東的個人崇拜。這位中共領導人被形容為「聰明的戰術家與戰略家」，以他在抗日游擊戰爭的「精彩理論」豐富了世界軍事思想。毛澤東的「敵進我退，敵駐我擾，敵疲我打，敵退我追」方式，甚至被賦與一種神秘的重要性。[10]艾德加．史諾的《紅星照耀中國》中縷述毛澤東對自己童年及青少年期的自我批評，現在被摘為俄文、出版上市。俄文本經過編修，更清楚凸顯史諾要說的重點：

> 毛澤東是一個精通中國舊學的有成就的學者，他博覽群書，對哲學和歷史有深入的研究，他有演講和寫作的才能，記憶力異乎常人……許多日本人認為他是中國現有的最有才幹的戰略家，這是令人很感到有趣的事……他似乎一點也沒有自大狂的徵象，但個人自尊心極強，他的態度使人感到他有著一種在必要時候當機立斷的魄力。[11]

更早幾個月，《國際文學》（*Internatsional'naia literatura*）雜誌取材史諾的書，刊出毛澤東自傳的譯本。[12]一九三九年，國家出版社根據新編校過的史諾筆記，發表正統版的毛澤東小傳，而史諾的筆記有部分資訊是由共產國際執委會提供。[13]還有一本小冊子，名為《毛澤東、朱德：中國人民的領導人》，也在莫斯科書店販售。這本小冊子作者蕭三，當時住在莫斯科，是毛澤東在長沙的同學。它把毛澤東形容為抗

---

① 編註：根據一九四五年六月十日〈關於第七屆候補中央委員選舉問題〉的講話記錄稿，毛澤東的原話是：「共產國際指示就是王稼祥同志在蘇聯養病後回國帶回來的，由王稼祥同志傳達的」。

日戰爭以及中國共產運動的「模範」領袖。[14]

獲悉史達林對他青睞的消息後，毛澤東幾乎立刻就宣傳對自己的個人崇拜。有一個重要里程碑，即是一九三八年九月召開的六屆六中擴大全會，會期甚長，從九月二十九日開到十一月六日才結束，毛澤東在會中有極為冗長的講話。有許多問題亟待解決，其中最重要的即是替他的獨裁立下意識型態基礎這項工作。毛澤東全面完成這項工作。他的報告冗長，光用念的，就花了三整天，令聽眾大吃一驚。大家感受最深的是第七段〈中國共產黨在民族戰爭中的地位〉，毛澤東對黨的歷史做出定論：

十七年來，我們的黨，一般地已經學會了使用馬克思列寧主義的思想鬥爭的武器，從兩方面反對黨內的錯誤思想，一方面反對右傾機會主義，又一方面反對「左」傾機會主義。

在黨的六屆五中全會以前，我們黨反對了陳獨秀的右傾機會主義和李立三同志的「左」傾機會主義。……五中全會以後，又有過兩次有歷史意義的黨內鬥爭，這就是在遵義會議上的鬥爭和開除張國燾出黨的鬥爭。

遵義會議糾正了在第五次反「圍剿」鬥爭中所犯的「左」傾機會主義性質的嚴重的原則錯誤，團結了黨和紅軍，使得黨中央和紅軍主力勝利地完成了長征。[15]

總而言之，毛澤東崛起之前黨內所犯的許多錯誤，現在已經更正，而今中國共產黨在毛澤東領導下，已團結在正確路線四周。

現在對黨員、尤其是幹部，有什麼要求嗎？學習、學習、再學習。毛澤東引述史達林的話說：「政治路線確定之後，幹部就是決定的因素。」②「我們不要忘記這個真理……因此，堅持而有計劃地培養大批的新幹部，應是我們的戰鬥任務。」[16]應該學習什麼呢？馬克思、恩格斯、列寧和史達林的理論。但是——毛澤東在這裡引伸列寧的意思——大家必須謹記在心，「不是把他們的理論當作教條看，而是當作行動的指南。」這是他的報告之中心思想。毛澤東提出一個理論，即必須將「馬克思主義中國化」，也就是須調適中國的現實。他說：「我們這個大民族數千年的歷史……我們應該給以總結，我們要承繼這一份珍貴的遺產……沒有抽象的馬克思主義，只有具體的馬克思主義……把馬克思主義應用到中國具體環境的具體鬥爭中去……離開中國特點來談馬克思主義，只是抽象的空洞的馬克思主義。」③毛澤東又說：「洋八股必須廢止，空洞抽象的調頭必須少唱，教條主義必須休息，而代替之以新鮮活潑的、為中國老百姓所喜聞樂見的中國作風與中國氣派。」[17]

這篇報告的文本很快就出現在莫斯科（一九三九年一月底，林彪到蘇聯治病兼進修，把它帶過去。）[18]但是沒有出現負面反應。其實它也不會引起負面反應。毛澤東有關「中國馬克思主義」的意識型態基礎的政策，吻合史達林的戰術路線。甚且，它代表中國共產黨這位新領導人要讓他的黨員相信他是個偉大的理論家，這一點史達林可以理解。

毛澤東的個人生活就像他的政治生活，也逐漸安定下來。一九三七至三八年的寒冬已過去，和太太失和的不快也漸形消褪，賀子珍已離他而去。還有什麼必要為過去飲泣或孤枕而眠？數十名青年女子由全國各地擁至延安；她們是具有革命意識、願意獻身黨的大業的妙齡女子。新來的美女當中有兩人最突出：一個是上海來的電影明星藍蘋，另一個是廣東歌星李麗蓮。她們在一九三七年八月底、亦即賀子珍離開前不久，來到延安。毛澤東沒有注意到她們，因為他還困在家有悍妻。然而，康生和李德伺機活動。前者早已

---

② 原書註：從一九四〇年代末到一九五〇年代初，這句話譯成中文時，並沒有用括號；換句話說，它被當作是毛澤東自己的發現。後來，經典的表述方式，它成為：「政治路線確立之後，幹部就是決定因素。」

③ 原書註：值得注意的是，一年之前的六中全會，在有關唯物辯證論的講話上，毛澤東表達的是恰恰相反的思想。當時他說：「我們必須與現在存在於中國的老舊哲學鬥爭，在全國意識型態戰線上升起批判的大旗，因此清算古代中國的哲學傳統。」顯然他不用固執不動。

認識藍蘋；一九三〇年代初期她甚至還是他的愛人。在延安重逢，又喚醒往日舊情，康生開始和她恢復來往。李德則看上李麗蓮。她已經結婚，但是他不在乎。他在延安居留期間，非常孤獨。他在遵義會議被打敗後，非常難堪。毛澤東、張聞天和紅軍指戰員公然蔑視他。他和美國籍醫生喬治・海德姆（George Hatem）（中文名馬海德）共住一間小房子。馬海德於一九三六年七月與艾德加・史諾一起來到陝北，之後即留下來。[19]我們很難想像天底下會有哪兩個人比馬海德和李德更加不一樣，但是這位友善的醫生同情他這個陷入情網的室友。馬海德好社交，心地善良，「有一對黝黑似橄欖的憂鬱的、猶太人大眼珠」。[20]李德則是典型的雅利安人，相當高傲。他排斥所有來到延安的外國人，包括艾格妮絲・史沫特萊和佩姬・史諾，認為他們是資產階級情報機關派來的特務。唯一的例外是馬海德，李德不僅和他同住一戶房子，還一起去打獵。他想回蘇聯去，但是莫斯科不准。然後，他遇見活潑的李麗蓮，她愛好美食、乒乓、跳舞，也喜歡討論政治和藝術。一九三八年，她拋棄丈夫，嫁給對她展開愛情攻勢的李德。[21]

藍蘋則有她自己的夢想。她曉得她和康生不會有前途，他已經有家室，也無意離婚。她需要找個可以長期依靠的人。這位年輕、但閱世已深的女子決心放手一搏。她鎖定的目標是毛主席。藍蘋有野心、好虛榮、工於心計。她一九一四年三月出生於山東省諸城縣，父親李德文是個富有的木匠。她父親為她取名「淑蒙」，期許她「純潔、樸實」，可是她的一生既不單純、也不寧靜。她父親嗜酒如命，經常家暴、痛打她母親，直到有一天母女倆受不了，相偕離家出走。顛簸求存、艱苦過日子十年之後，她們只好投奔住在山東省會濟南城裡小女孩的外婆。小女孩七歲時，另取學名「雲鶴」，她對諸城縣只留下一個美好記憶。她曾經上學的小學校長是個又瘦又高的年輕人，戴著一副眼鏡。她記得他是如何看著她、如何跟她說話，而且不知為什麼，他和她說話時會十分焦慮。她也記得他曾經邀她們母女倆到他家。他需要請個幫傭，支支吾吾一陣子，他請雲鶴的媽來幫忙。小女孩的心被他的眼神和話語融化，她的芳心噗噗跳。這位校長姓張。多年之後，她在青島和他重逢，一股抗拒不了的力量使他們結合在一起。這位前任校長此時改名趙溶，不久又再改名為康生。此時，雲鶴已經成為美女，隨著劇團離家，到了一九三〇年代初期，她已是山東省內出名的女演員。她結過婚，有過無數愛人，過的是波希米亞式的生活。她只有一個身體缺陷——右腳有六個趾頭。[22]但是這一點似乎並沒有嚇走她任何一個愛慕者。

在青島的時候，康生帶領雲鶴進入革命政治的新世界，也介紹她認識地下組織成員。她旋即再婚，這次嫁給康生的一位同僚。在這個共產黨員丈夫影響下，她在一九三三年二月也成為中國共產黨黨員。兩個月後，她丈夫被捕入獄，她倉皇逃到上海，為了掩飾痕跡，便改名李鶴。可是，一九三四年秋天，她也被捕，但三個月後在神秘的情況下獲釋。若非當局「相信」這位美女「無辜」——她是這麼說的——就是他們從她這裡取得自白。總之，她恢復自由，旋即在上海舞台和電影中以藝名「藍蘋」打響名號。她最大的成就，就是演活了易卜生（Henrik Ibsen）劇本《玩偶之家》裡破壞資產階級價值的娜拉。她在電影中的角色也引起觀眾相當注意，譬如她在反日氣氛相當濃郁的電影《王老五》和《兩毛錢》的演出就頗為叫座。看來她一帆風順：有了新丈夫、又有一群愛人和無數的愛慕者，生活也多采多姿。但是，一九三七年八月，日軍進攻上海。

受到愛國熱潮影響，感情充沛、熱情洋溢、羅曼蒂克的藍蘋跟她最新的愛人、《玩偶之家》的導演奔往延安。共產黨呼籲組織抗日統一戰線，引起她的共鳴，也引起中國許多左翼藝術家的響應。來到延安，她註定要擔綱演出一生最重大的角色，成為領袖最忠心、溫柔、渴望的新女友。她是個非常聰明、狡詐的女人，像山花一般嬌美、但又擁有巨大的內在力量和無窮的精力。

她的老相好康生在這件事上給了她莫大的協助。任弼時出發往莫斯科後不久，康生就開始試圖與毛澤東建立關係，為了這個目標，他決定善加運用他的女朋友。四月底，機會來了。毛澤東到魯迅藝術學院演講，這是為培訓政治上可靠的文化工作者所創辦的教育機構。剛獲聘為學院講師不久的藍蘋及時趕到教室，佔了前排一個座位，手拿一本厚厚的筆記本。她聚精會神注意聆聽主席講的每個字，並且以接近速記員的速度振筆疾書做筆記。毛澤東當然注意到她。在臉龐曬得黝黑的眾多農民中，她的甜美、白皙的小臉分外突出。

下課後，她趨前找他。

她怯生生地說：「我還有太多東西該學習。但是感謝您，我曉得我可以加深知識。」

他一邊回答，一邊上下打量她：「如果妳有什麼不懂的，別害臊，妳可以來找我，我們好好談一談。」

她身材纖細，頭上紮了兩條辮子。

接下來，康生上場了。借助他和藍蘋是同鄉的關係，他開始向毛澤東誇讚諸城女子有多好、有多棒。幾天後，他邀藍蘋與主席會面。但是，一直要到四個月後，也就是一九三八年九月，藍蘋才成為毛澤東的愛人兼秘書。不久，她決定要再改名。過去已經過去，她請毛澤東挑幾個他喜歡的字。他挑選了「江青」。④可是毛澤東的新戀情在延安引爆蜚長流短。很自然地，那些黨領導人的清教徒般的太太們大驚失色、奔相走告。她們再度同情和她們共歷艱辛的賀子珍，當下就仇視江青，開始說她壞話。中共中央收到上海黨部負責人劉曉的一份報告，更是火上添油。他報告說，李雲鶴／藍蘋在獄中行為「可議」，有可能是「國民黨間諜」。

康生再次介入，向大家保證江青政治上沒問題。主席本人最後決定平息爭議。他向黨內同志表示：「我將娶她。」婚禮於一九三九年十一月十九日舉行。[23]康生大樂：背叛了王明之後，現在透過江青，他得到主席完全的信任。他很快就成為毛澤東最親信的左右手之一，毛澤東把黨的特務機關交付給他領導。

可憐的賀子珍！現在她終於也必須步上當年楊開慧的後塵。當她聽到丈夫另有新歡時，大吃一驚。毛澤東送來一份正式離婚通知，兩年後又把他們的女兒送到莫斯科給她。因此，他們的分手徹底完成。她的希望全部粉碎。她很高興見到已經三年半不見的女兒，但這是悽苦的喜悅。起先，她和嬌嬌住在莫斯科附近莫尼諾村、屬於國際革命戰士救濟會的一戶房子；賀子珍在此地接受治療。她已經厭倦了政治學習和參加公共工作，她什麼事都不想做。因此，她的馬列主義基礎課程初級測驗只得了個丙。

一九四一年秋天，第二次世界大戰爆發，她們母女轉到伊萬諾沃（Ivanovo）的莫斯科國際兒童院，賀子珍開始擔任教員，嬌嬌是學員（在孤兒院裡，毛澤東的女兒名叫譚雅·嬌嬌〔Tanya Chao Chao〕）。[24]

毛澤東的兩個兒子毛岸英、毛岸青也在這所兒童院。他們在一九三六年秋天來到莫斯科。他們經歷將近六個月的旅程，從上海出發，經香港、馬賽和巴黎，才到達蘇聯。這兩個「英雄」終於在一九三六年十一月抵達「社會主義之岸」，分別以瑟吉・永福（Sergei Yunfu）和尼古拉・永壽（Nikolai Yunshou）之名進入伊萬諾沃的孤兒院。[25]他們在一九三八年春天認識賀子珍，從此以後一般相處得很融洽，他們甚至開始喊她「媽媽」。接著，他們也得知父親再娶的新聞，但不知道這些傳聞是否事實。總之，他們設法不去問賀媽媽這件事。岸英和岸青日後回憶：「我們盡量不讓她想起這件事。我們跟她講各種故事、講國內外大事。在這些談話中，我們絕口不提一個名字，但是我們一直會想起它，那就是毛澤東。」[26]

透過他們妹妹嬌嬌，他們的父親於一九四一年一月三十一日給他們一封信。訥訥地辯解遲遲未回覆他們來信之後，毛澤東力促兒子們要著重研習自然科學，別碰政治。這會讓他們贏得別人尊敬，也會讓他們幸福。或許在黨內鬥爭渾身是傷的這個老兵，不想讓兒子也遭受自己在權力競技場所經歷的心理創傷。他聲稱無意「干涉你們的事」——對於做父親的，這樣說也挺奇怪的——同一封信中他聲稱他很關心兒子，可是又要他們自己決定前途。對於自己的父親，當然，毛澤東自幼鬥爭，要擺脫儒家孝道的羈束，但是對自己的兒子根本又非如此，實際上他是拋棄了他們，聽任他們自生自滅。所謂父母之愛，這封信裡略現痕跡，毛澤東答應送他們更多書，這是他自己青少年時最心愛的伴侶。[27]

這是做父親的於一九二七年八月三十一日大清早離家以來，給兒子們的第二封信。第一封很簡短，只有七行字，發於一年半前的一九三九年八月二十六日。[28]當時，周恩來帶著太太和養女飛到莫斯科治病，毛澤東託他帶信。

第二封信也稱不上溫暖、親切的信。它隻字不提他的新婚姻，即便江青已在五個月前為他生了個女

---

④ 原書註：多年之後，江青和美國作家羅珊妮・維特克（Roxane Witke）談話時，否認毛澤東為她取新名字。她聲稱名字是她自己取的。不過，江青這個說法與其他的資料來源統統牴觸。

兒。一九四〇年八月三日，李訥出生於延安一所醫院。和大女兒嬌嬌的情況一樣，毛澤東以他的化名李得勝之「李」作為李訥的姓氏，名字則同樣出自孔子的「君子訥於言而敏於行」。[29]

李訥出生時，毛澤東已經全面掌控中國共產黨，他的部隊也控制了好幾個敵後游擊根據地。大約兩年前，日本皇軍已佔領大部分的華北、華東和華中，以及華南及東南的幾個港口。一九三八年十月底，廣州和武漢淪陷，國民黨政府遷往四川重慶。它無意投降，但又缺乏實力發動大型攻勢。毛澤東利用前線已經穩定下來之勢，深入日軍敵後在若干地區建立共產黨根據地。日本皇軍只能佔領城市及其他重要戰略目標，以及交通運輸線。日軍偶爾才會下鄉搜求給養，國民黨官員則完全失去控制。毛澤東開始派遣武裝部隊進入農村地區、填補權力真空。他的策略相當成功。到了一九四〇年，中共已在日軍敵後建立十多個根據地——為了宣傳，共產黨稱之為「解放區」——而且還快速地增加中。[30]

同一時期，毛澤東在延安提出以「新民主革命」作為在中國發展解放運動的特別階段之構想。這方面他得到能幹的秘書陳伯達之助。陳伯達於一九三七年來到延安。一九三八年，奉毛澤東指示，這個「戴眼鏡、有一對招風耳和深邃眼珠的胖子」[31]開始研究有關中國共產運動的理論問題。毛澤東於一九三九年十二月中旬首次在《中國革命和中國共產黨》這部作品中，提出他的新理論。這是由他和「若干同志」（包括張聞天、陳伯達在內）共同執筆。後來，他在一九四〇年一月的一本小冊子《新民主主義論》中擴大發展此一主題。毛澤東先提出一個命題：由於中國是個「殖民地、半殖民地和半封建」的國家（這是張聞天說的），[32]中國需要達成的不是社會主義革命，而是他所謂的「新民主主義」革命。訴諸於民族主義情感、大過於向同胞的社會奮鬥訴求，他大談需要依孫中山三民主義的精神進行社會改造。他非常泛泛地詮釋這些主義，承諾在革命之後保障私有財產權、鼓勵民族資本家創業，以及推行保護主義政策，意即在國家嚴格控制下吸引外來投資人。他主張減稅、發展多黨制、組織聯合政府，以及實現民主自由。根據毛澤東的說法，新民主的理論與舊式的西方民主不同，因為它將在共產黨領導下推動。可是，黨不再宣揚自己是勞動階級的政治機關，而今是革命派統一戰線的組織，努力團結「所有的革命人民」。毛澤東強調，未來的中國不會是無產階級專政，而是「各革命階級聯合專政」；新國家的經濟，國家、合作社和民間資本家的財產將共存。[33]

和國民黨的鬥爭方面，毛澤東開始倚賴中國社會的民主傳統。二十世紀上半葉，民主在中國已經不是陌生的概念。這時候，刺激中國政治文化恢復精力已有許多因素，包括一九一一年辛亥革命推翻帝制成功、一九一二年一月一日肇建共和、一九一二年制定臨時約法（憲法）、選舉產生第一屆國會及國會辯論、孫中山討袁二次革命及反對袁世凱復辟、一九一五年新文化運動、一九一九年反日五四運動、一九二四至二七年國共第一次統一戰線的合作與衝突等等。所有這些事件增強了中國知識分子的民主傾向，這一部分社會階層預期會熱烈接受新民主主義。[34]

作為他的概念之基礎，毛澤東採用史達林一九三七年十一月的指示，他本人已在一九三八年一系列演講中闡釋。他的新作品依據這些講話發揮，但原則方面並無新意。他的新政策完全吻合史達林的地緣政治策略。值得注意的是，毛澤東正在闡釋他的概念基礎時，史達林也開始思考解散共產國際。[35]這絕不是巧合。

一九三〇年代後半期，史達林本身絞盡腦汁思索國際共產運動的新戰術。他在一九三七年十一月和王明、康生的談話就是一部分證據。他的目標不僅要欺騙中國知識分子和蔣介石，也要欺騙整個資產階級的西方。他希望大家相信，除了蘇聯共產黨之外，從共產國際第七次代表大會開始，所有的共產黨都已經放棄社會主義鬥爭，改為建立「人民民主」的人道社會（史達林和毛澤東之間並沒有根本差異，前者講「人民民主」，後者則說「新民主」）。共產黨組織在戰後要奪取政權的話，以民族的「民主」政黨之姿出現，會有更大機會爭取到對民族主義勢力大團結的掌控。正是因為想要「欺騙」資本主義者，史達林終於痛下決心，解散共產國際。他在一九四三年五月付諸行動，但是念頭早在一九四〇年即在醞釀。[36]欺騙乃是史達林「人民民主」的基礎，這個布爾什維克首腦在和他的親密戰友私下談話時，對此也不隱諱。[37]毛澤東又很幸運。他提出新民主主義時機拿捏得恰恰好，這使得克里姆林宮主子對他更是另眼看待。

同一時期，毛澤東在一九四〇年代初期又得以回頭處理黨內問題。他已經建立起自己是黨內頭號理論家的地位，現在他必須收服「反對派」、鞏固勢力。否則，依照史達林的傳統，他不會覺得自己是羽毛已豐的獨裁者。

最容易的是清算托派，問題在於他們在中國根本無足輕重。一九三〇年代末期和一九四〇年代，中國只有少許托派組織，其中最大的是「中國共產黨左派反對派」，成員只有二、三十人。由於實際的托派敵人只是幻影，王明擔任史達林在中國處理托派問題的特使，其實並沒有道理。「米夫的雛鳥」的前途已經日薄西山，現在他註定成為黨內「反對派」的首腦，是中共中央新任「偉大的領袖」必須粉碎的對象。

沒有史達林點頭，毛澤東不能發起批鬥王明的運動，但是他很快就取得莫斯科的核准，可以動手。一九三九年底、一九四〇年初，共產國際執委會對中共即將召開的七大之準備委員會人事草擬建議案。周恩來預定在一九四〇年三月底親口向毛澤東及中共中央其他領導人傳達這些建議。⑤共產國際頭子季米特洛夫於一九四〇年三月十七日發電報給毛澤東說：「周恩來會親自通報你，我們就中國事務所討論及協議的一切內容。你需要認真考量一切，完全自主地採取決斷措施。某些問題若是與我們意見不一，請立刻告訴我們，並敘明你的原因。」[38]

共產國際執委會人事部就中共中央人事問題提呈一份備忘錄給季米特洛夫：

我們必須記住一件事：王明對黨的老幹部完全不具權威……他是在〔一九三一年一月〕因米夫的影響於中共六屆四中全會被拔擢進入黨的領導（這份備忘錄起草時，米夫已被內務人民委員部〔NKVD，蘇聯特務機關，其前身為國家政治保衛總局〕逮捕，並以「人民公敵」罪名處決）……茲建議中國共產黨領導人別把王明放進黨內領導要職。茲建議黨的領導人別把〔現任〕政治局委員康生、政治局候補委員方林（即鄧發），以及中央委員關向應和楊尚昆納入政治局或書記處，也別派他們擔任人事、組織或特勤工作。

> 茲建議政治局及書記處成員博古、中央委員羅邁（即李維漢）、陳昌浩、張浩（即林育英）和孔原，不納入中央委員會、不在黨中央擔任人事、組織工作……從共產國際執委會人事部提供的材料，以及和周恩來、陳林（即任弼時）、毛澤民等人的談話，已經就二十六名領導成員編成評估，這些人可在七大提升進黨的領導機關。基本上，這些人是黨最值得信任、有經驗、經淬煉的幹部，他們曾經歷艱苦的地下工作和內戰，現在從事黨、軍和軍中政治工作。這二十六位同志中以下列幾位較突出：林彪、賀龍、劉伯承、聶榮臻、蕭克、徐向前、陳光、鄧小平和葉劍英，他們不只全都在黨內有名、全國也都知道他們是八路軍部隊的指戰員；鄧穎超（女）〔周恩來之妻〕、毛澤民、高崗、徐特立、陳毅、劉曉、Zhang Qiqi（？）⑥和曾山，全是完整測試、有經驗的幹部……
>
> 毛澤東肯定是中國共產黨最重要的政治人物。他比起中共其他領導人都更瞭解中國，瞭解其人民、瞭解其政治，大體上都正確處理問題。[39]

受到舉薦的人絕大多數是毛澤東的支持者。莫斯科否定的人被視為王明的追隨者。共產國際執委會——史達林本身站在背後——再次協助毛澤東鞏固其權力。這一次他們甚至做得太超過。毛澤東並沒把康生及其他幾位幹部視為敵人。康生已經公開易幟、投靠過來。毛澤東甚至寫信向季米特洛夫替康生掛保證。毛澤東寫說：「康生是可靠的。」[40]

蘇聯亦提供金錢援助，幫毛澤東增強他在中共黨內的權勢。一九四〇年三月底，周恩來從莫斯科帶來三十萬美元給毛澤東。[41]這還不是最後的贈禮。即使納粹德國在一九四一年六月二十二日攻擊蘇聯，蘇聯

---

⑤ 原書註：任弼時夫婦與周恩來夫婦一起回延安。林彪（化名李進）於一九三九年一月來到蘇聯治病，留下來擔任中國共產黨駐共產國際代表團代理團長。他在一九四一年八月卸任，也回到延安。後來，在共產國際執委會同意下，中共中央不再派代表駐莫斯科。

⑥ 編註：原書即加註問號，亦無法查到此人之中文名。

還是繼續援助中國共產黨。在蘇聯檔案館中，蘇共中央政治局特別檔案中保有一份驚人的文件：政治局於一九四一年七月三日決定撥款一百萬美元給共產國際執委會，以支援中共中央。[42]共產國際執委會向政治局要兩百萬美元，但只能接受一百萬美元。[43]同一天，七月三日，史達林首度公開承認德國進犯的程度，而政治局仍裁定送一百萬美元給中共中央。[44]

同時，毛澤東在一九四一年堅持改寫黨史以吻合他的個人崇拜之需。這位永遠不會錯的領袖必須以民族救星之姿站出來，在中國共產黨最關鍵的時刻既是先知，又是導師。偉大的舵手之降臨必須被當作是劃時代的大事，整個共產運動的過程都是準備著迎接他的降臨。毛澤東在這時候，和往常一樣，緊隨著他的導師的步伐前進。史達林曾經說過：「歷史有時候需要被糾正。」[45]毛澤東對這一點也深信不疑。《蘇聯共產黨（布爾什維克）歷史簡明教程》（簡稱《聯共（布）黨史簡明教程》，*The History of the Communist Party of the Soviet Union, Short Course*）於一九三八年底、一九三九年初在延安推出中譯本，正好派上用場，可以作為他的範本。[46]

一九四一年九月八日，中共中央書記處在毛澤東領導下通過決議，要組織認真研究黨史問題。主要的焦點擺在毛澤東處境最艱巨那一階段，也就是六屆四中全會（一九三一年一月）至遵義會議（一九三五年一月）那段時期。[47]兩天後，毛澤東在政治局擴大會議中就黨內鬥爭史提出報告，重點擺在一九三一至三四年期間的教條主義者、主觀主義者和「左傾機會主義者」（雖然他沒有點名王明，但人人曉得他指的是誰）。毛澤東說：「能使馬克思主義中國化的教員，才算好教員……研究馬、恩、列、斯（史達林）的思想方法論，以《聯共黨史》為學習的中心，多看反對主觀主義的言論。」[48]他又擬稿寫了一本長文討論「左傾機會主義」這個主題，由於文章砲火猛烈，他也不敢公開發表它。只有最貼身的親信才曉得有這篇文章的存在。[49]

毛澤東的講話掀起檢討黨史的運動，目標在於堅決地鑄造領袖的偉大。一九四二年二月的這項運動發展成為黨的大規模「整風」。它的主要目標是已被史達林棄如敝屣的王明。王明依然受到季米特洛夫信賴；王明在莫斯科工作時，與季米特洛夫結為好友。因此，這位共產國際總書記很替他已經淪為毛澤東首要敵人的朋友擔心，可是沒有史達林的核准，季米特洛夫也愛莫能助。

博古、張聞天和「人民公敵」米夫的其他學生，也都成了「整風」的對象，周恩來因為過去反毛澤東，也被整風掃到。可是，延安的整風一點也不像蘇聯一九三七年的大整肅。毛澤東在一九四三年一月說：「中國共產黨目前的領導人認為蘇聯共產黨過去的整肅是錯的。我們需要的是像目前邊區正在進行的『精神整風』。」[50]信守他的「治病救人」原則，他沒有發動逮捕和處決，而是交付意識型態學習（有個目擊者稱之為「心理的柔軟體操」）。[51]延安陷入無盡的大小會議和集會，毛澤東昔日的對手被貼上「教條主義者」的標籤，在會中坦白、認錯、自我批判，還要全力歌頌領袖的「睿智」。他們寫下自我批判，也要批判他們的朋友。康生奉毛澤東之命主持特別委員會負責「整風」，它把這些資料建檔、整理。

劉少奇於一九四二年十二月受主席之邀來到延安，也在此一新的意識型態運動扮演主要角色。毛澤東很早就認識他，但是直到一九四〇年代初期，和他都沒有密切接觸。他們首次見面是一九二二年夏天，當時二十四歲的劉少奇剛在莫斯科東方勞動者共產主義大學完成六個月的研修，回到長沙從事工會工作。毛澤東派他到贛西的產煤重鎮安源，擔任李立三的首席助手，負責工人俱樂部。劉少奇只比毛澤東年輕五歲，組織能力不亞於他。他非常瘦，一副弱不禁風的模樣，其實有無窮的精力、決心和勇氣。他和毛澤東一樣，出身湖南農民家庭。他在一九二一年十二月於莫斯科念書時加入共產黨。劉少奇很快就成為全國工人運動的一位主要領導人，一九二五年被推選為中華全國總工會副委員長。一九二七年，他成為中共中央委員。一九三一年一月的六屆四中全會上，因米夫的推薦，他成為政治局候補委員。可是，米夫的舉薦並沒有反映在他的政治立場上。一九三五年一月的遵義會議，他支持毛澤東。從此之後，毛澤東注意到他，指派他擔任過幾個重要職位。抗戰爆發，毛澤東派他到東南部在日軍敵後的共產黨游擊隊中從事政治工作。一九三九年七月，劉少奇回延安述職時，於馬列主義學院發表兩次演講，討論「如何成為優良的共產黨員」。和毛澤東一樣，他要求所有黨員每天都要自我教育，強調「一個共產黨員，在任何情況下，能夠不能夠把自己個人的利益絕對地無條件地服從黨的利益，是考驗這個黨員是否忠於黨、忠於革命和共產主義事業的標準。」[52]兩年後，即一九四一年七月，劉少奇在中共中央華中局黨校做報告，題目是〈論黨內鬥爭〉，痛批教條主義。這份報告得到毛澤東特別嘉許。[53]

毛澤東邀請劉少奇以黨務「專家」的身分到延安。一九四三年三月，毛澤東這位新歡和任弼時一起出任改組後的中央書記處書記。劉少奇也被派為毛澤東在中央革命軍事委員會的副主席，又兼中央組織委員會書記及中央研究局局長。[54]即使並非政治局委員，他在黨內的影響力也快速上升。毛澤東委派給劉少奇籌備中共第七次全國代表大會的重任；它原定於一九四一年春天召開，但一再展延，終於在一九四五年四至六月召開。一九四一年來到延安的代表們在兩、三年的期間裡，必須在劉少奇和康生控制下，參加「整風」運動的一切活動。唯一一個拒絕做自我批判的就是王明。[55]

一九四三年初，毛澤東對王明施加壓力；王明稱病不出，避免出席「整風」。一九四三年一月十五日，季米特洛夫收到一封延安來信，令他很不安，因為信上說王明病情嚴重。[56]由蘇聯情報官員彼得．佛拉迪米洛夫（Petr Vladimirov）傳回的訊息說：「他需要在成都或蘇聯治病，但是毛澤東和康生應該是不想讓他離開延安，因為擔心他會洩漏對他們不利的信息。」[57]

季米特洛夫能怎麼辦？他並不能自行作主，他必須執行史達林的政策。他能憑自己的主意，冒著與毛澤東交惡的風險嗎？他設法介入，先要求紅軍情報總處不要介入中國共產黨的內部事務。[58]可是，這麼做不能滿足王明。一九四三年一月底，王明透過駐在延安的蘇聯醫生安德烈．阿洛夫（Andrei Orlov）和佛拉迪米洛夫發了一封詳盡電報，舉發毛澤東的「反列寧主義」及「托派」活動。莫斯科於二月一日收到電報。[59]可是，季米特洛夫在二月三日也收到毛澤東的電報，毛澤東尖銳指控王明。[60]很顯然，毛澤東已獲悉敵人去告狀，急急反攻。攻擊就是最好的防禦。

衝突益加尖銳。二月十一日，內務人民委員部部長佛拉迪米爾．狄卡諾佐夫（Vladimir Dekanozov）不請自來，突然登門拜訪季米特洛夫，討論王明的問題。狄卡諾佐夫建議季米特洛夫通知王明，他應該立刻找蘇聯駐華大使潘友新（Alexander Panyushkin），他可以拜託蔣介石允許王明離開中國。[61]顯然狄卡諾佐夫透過自己的消息管道，獲悉季米特洛夫與王明頗有交情，趕緊關切這件事。或者這是突如其來的挑激？這個突如其來的動作未免太奇怪。為什麼必須請蔣介石允許王明離開中國，而不是請毛澤東允准？極有可能是狄卡諾佐夫在考驗季米特洛夫：季米特洛夫會不會把自己的私交放在國際共產運動之上呢？季米特洛夫這下子非得犧牲他的老朋友不可了。他不採取任何行動。後來，到了一九四三年十二月十三日，他發給王明一封悲觀的電報：「至於你們的黨內事情，請你們設法自己解決。由我們從這裡干預，現在來說是不恰當的。」[62]王明的命運似乎已經定案。

幾乎就在這封悲觀的電報發出之後幾天，季米特洛夫於一九四三年十二月二十二日發送一封私函給毛澤東，緊急建議他不要迫害王明，也拜託他別碰周恩來。他寫說：「我認為，開展反對周恩來和王明的運動，指責他們推行共產國際建議的民族戰線政策，似乎他們正在把黨推向分裂，這在政治上是不正確的。不應當使周恩來和王明這樣的人孤立於黨，而應當維護他們並盡一切辦法為黨的事業而使用他們。」[63]季米特洛夫一定是得到史達林的指示，或至少是得到史達林的核准。

這九天之內究竟發生了什麼事？為什麼史達林決定保護王明？他是希望在日後可利用王明牽制毛澤東嗎？或是他記起來王明在反「托派」鬥爭中有過「功績」呢？沒有人清楚在一九四三年十二月底這幾天天寒地凍，是什麼原因使這位克里姆林宮獨裁者改變初衷。

季米特洛夫十二月二十二日的私函頗受重視。毛澤東在一九四四年一月二日及一月七日各發一封電報回覆。他在第一封電報中說：「我們同周恩來的關係非常好。我們根本不想把他排除在黨外。周恩來有很大的成就和進步。」但是，毛澤東在王明這件事上面不願退讓：

> 王明進行了各種各樣的反黨活動。這一切都已通報給黨的全體幹部。但是我們不想把此事向全體黨員群眾公開……在黨的高級幹部中對王明所有錯誤進行批判的結果，則是這些幹部更加團結一致……我

> 的看法是，王明是個不可靠的人。王明早期曾在上海被捕。有幾個人說他在獄中承認了自己的共產黨員身分，之後被釋放。還有人說他同米夫有可疑的聯繫。王明進行了大量的反黨活動。

可是，五天之後，毛澤東撤退了。他很清楚他真正通信的對象是誰。

> 關於黨內問題：這方面的政策是致力於聯合一致，鞏固團結。在同王明的關係上正是執行這樣的政策。由於一九四三年下半年所做工作的結果，黨內的形勢、黨的團結都在很大程度上得到改善。
>
> 請您放心。就您的想法，您的內心感受而言，我們是心心相通的，因為我的想法和感受基本是和您一致的。[64]

毛澤東刻意不用自己的管道、改託佛拉迪米洛夫送出一月七日的電報。收到電報後，季米特洛夫終於可以鬆一口氣。毛澤東還是對莫斯科忠心耿耿。季米特洛夫二月二十五日回覆毛澤東說：「您的第二份電報特別使我高興。我不懷疑，您對我的友好意見會給予必要的、認真的注意，並將為黨和我們共同事業的利益採取所要求的必要措施。」[65]

一月十九日，季米特洛夫也發了一封電報給王明，談起他和毛澤東的關係，也告訴他這位遭迫害的好友，他和他的敵人交涉成功。[66]我們不能說王明完全滿意。但是他也明白，他不能期待史達林和季米特洛夫做更多了。克里姆林宮大老闆不願他擔任中國共產黨領袖，但也無意讓毛澤東把王明給撕成碎片。他必須降服了。三月七日，季米特洛夫收到老友回信：

> 尊敬的格奧爾基．米哈伊洛維奇：
>
> 十二月至一月期間轉給了我兩份您的電報。

謝謝您對中共和對我的關心。我對毛澤東的態度一如既往，因為我把他作為黨的領袖而全心全意地予以支持，儘管過去我們在抗日民族統一戰線政策方面，和最近一年就黨內生活問題針對我開展的重大運動中的一些個別問題上，有個人之間的分歧。

(一位)同志告訴我，他系統地向您通報了有關所有這些問題的情況。我不瞭解在這方面您對哪些事情感興趣和對哪些問題不清楚。請給予指示，我將作覆。最近一年，在黨內開展了以毛澤東的思想和活動為基礎重新審視黨的全部歷史的運動。他被宣布為中國布爾什維克主義和中國化馬列主義的主要代表。

我意識到您能提高我們黨的威信，這在沒有共產國際的條件下是特別重要的；在強調中共是全國性無產階級政黨的條件下，我完全支持這場運動。因此我已經既在口頭上，也在書面上向毛澤東和中央委員會聲明，反對李立三路線的鬥爭和確定新的抗日民族統一戰線政策都是毛澤東的貢獻，而不是我的，如同我以前認為的那樣。我還聲明，我放棄一切有關政治分歧的爭論。

衷心感謝您和親愛的羅莎多年來對我女兒的關心和教育。[67]

中國共產黨第七次全國代表大會終於在一九四五年四月二十三日至六月十一日在延安召開，周恩來和王明都入列擔任中央委員；周恩來甚至還增強他在黨內高層的地位。毛澤東刻意不在七大揭幕式講話，直到他親自下達命令，將「生病」的王明放在擔架上抬進會場，他才現身講話。他說：「我邀請了王明同志和王稼祥同志來參加我們的大會，我們的大會真正是一個團結的大會！」[68]

王明和周恩來出任中央委員並不代表毛澤東的權力有絲毫受損。受到屈辱的王明不再是個重要人物。同時，周恩來展現出全面臣服，而他這位中國共產黨偉大的領袖早已理解周恩來能力的價值。毛澤東得到全面的、決定性的勝利。他已經達到中國共產黨其他領袖都不敢企求的最高權位。他的勢力已完全成熟。

毛澤東本人欽點七大中央委員、主導所有的會議，並且界定其工作方向和決定。他發表主題報告〈論聯合政府〉，再次闡述他的新民主主義構想。[69]除了王明之外，代表一百二十萬黨員的其他七百五十四名代表，似乎都真誠視毛澤東為黨的良知。他們全心全意信任他們的領袖，預備為他赴湯蹈火。[70]

七大前夕，毛澤東成功地完成另一項重要會議，即第七次中央委員會擴大會議。⑦會議遵循他的意旨，通過〈關於若干歷史問題的決議〉。在這套新的、正統的黨史裡，主角當然是毛澤東，而且遵義會議之前中國共產黨的整個路線都被描繪成一連串、持續的偏離毛澤東的正確路線——先是右傾錯誤、又是左傾錯誤。在這個脈絡下，他所有真實的及想定的對手——陳獨秀、盲動主義者李立三、王明、博古、張國燾，甚至他的好友羅章龍（羅章龍在一九三一年沒有反毛澤東、反的是政治局）——都遭到批判。[71]

七大還做了一件大事，即通過新的黨章。劉少奇就這件事提出報告，他在報告中遠超過其他所有代表，把毛澤東捧上天去。章程的文本本身明白標舉「毛澤東思想」是中國共產黨意識型態的基礎。它說：「毛澤東思想，就是馬克思列寧主義的理論與中國革命的實踐之統一的思想……作為我黨一切工作的指針。」[72]「毛澤東思想」這個名詞是王稼祥在一九四三年七月初首次提出。它出現在《解放日報》刊登、王稼祥所寫的文章〈中國共產黨與中國民族解放的道路〉。在此之前，從一九四〇年九月開始，中共的詞彙裡已出現各種類似的詞語，如「毛澤東同志的理論」、「毛澤東同志的思想」、「毛澤東的理論與策略」、「毛澤東同志的理論與策略」、「毛澤東同志的觀點」、「毛澤東同志的看法」、「毛澤東同志的政策」、「毛澤東同志的路線」、「毛澤東同志的道路」、「毛澤東的方式」，甚至「毛澤東主義」。王稼祥的提法脫穎而出、持續下來，不過事實上今天許多人偏好「毛澤東主義」。

四年之後，毛澤東本人在一九四九年三月十三日的七屆二中全會上提到為什麼「中國共產黨的思想」不應該稱為主義這個問題：

> 有人說，史達林的思想之稱為學說，不稱主義，是史達林的謙虛。我看不是的，不能解釋為謙虛，而是因為蘇聯已經有了一個列寧主義，而史達林的思想是合乎這一主義的，並且把它貫徹到實際政策中

去了。不然，有一個列寧主義，再有一個史達林主義，那就有了兩個主義。同樣，中國革命的思想、路線、政策等，如再搞一個主義，那麼世界上就有了幾個主義，這對革命不利，我們還是作為馬克思列寧主義的分店好。[73]

當然，還有另一個原因是，早在一九二七年時，中國共產黨曾經以非常負面的意義用過「毛澤東思想」這個字詞，以它作為軍事投機主義的同義詞。異議派的共產主義者葉青，⑧在一九四〇年代從古典馬克思主義的立場攻擊中國共產黨時，也以負面意義使用這個字詞。葉青在他的文章〈抗戰與文化〉中堅稱，毛澤東根本沒有一絲一毫的馬列主義，只有一個主義，那就是毛澤東主義，「一個代表農民小資產階級的主義」。[74]葉青的文章在中國共產黨人當中相當知名，毛澤東不可能忽視這一點。

然而，重點是最後選定這個名詞反映出毛澤東及其支持者企圖製造一種純中國的意識型態，平均地表達中國社會所有階層的利益，從無產階級到地主、民族資產階級都包含在內，一種意識型態的統一戰線。「思想」有別於「主義」，完全符合這個超越階級的中華民族意識型態。事實上，「思想」和「主義」不同，「思想」源自於中國。日本人在十九世紀借自中國古籍，在中國古籍中它用來表示「理解」、「思考」和「回想」。日本人用它來代表西方的「意識型態」和「思想」等新概念。「思想」這個字詞內涵豐富後，由日本傳回中國。可是，「主義」這個字詞在中國傳統裡沒有根源。十九世紀，日本人把中文字「主」（基本）和「義」（意義）兩個字拼起來，以傳達西方的「教條」、「原則」和「因果」的概念。「主義」傳進中國時是一個前人不知的新生事物。很自然，「思想」比起外來詞語「主義」，比較容易為中國廣大民眾所瞭解與貼近。

---

⑦ 譯按：中共中央六大七中擴大會議。

⑧ 譯按：即任卓宣，後來在台灣辦帕米爾書店。

在中國，借助新的或罕為人知的詞彙去宣揚、表達，即使是神聖的觀念也會招致負面反應與抗拒。同時，依賴傳統字詞的創新概念和理論，則受到廣大民眾認識與支持。我們曉得，毛澤東深諳中國政治文化。甚且，他懂得給他的作品加油添醋，特別是在關於新民主主義的文章中，攙入大量中國人民所珍視、尊重的古籍之典故。[75]

毛澤東的做法完全符合史達林的政策，因此不會引起莫斯科的不滿。恰恰相反，這位世界共產主義運動無所不能的領袖一定十分贊許中國共產黨現在團結在這個領導人之下，他能夠忠實地掌握我史達林「明智」的戰術路線，且在各方面模仿得惟妙惟肖。

七大之後的一中全會，毛澤東被推選為中共中央、政治局及書記處主席；一九四五年八月底的政治局擴大會議，他又被推舉為新改組的中央軍事委員會主席。他集所有大權於一手。一九四五年八月初，七大一中第二次會議通過新版本的〈關於若干歷史問題的決議〉以及黨章，把毛澤東的角色和重要性以更鮮明的方式呈現出來。[76]中國共產黨已經在意識型態上、政治上和組織上全面武裝起來，跨進對日抗戰的最後階段。

第二十三章
史達林、毛澤東及中國的新民主主義革命

史達林很有可能在親信圈子裡把毛澤東稱作「窯洞裡的馬克思主義者」，毛澤東也很有可能因為史達林不信任他而相當鬱卒。但是，史達林相信過誰呢？哪一個最忠心的親信他不輕蔑呢？他認為誰是偉大的馬克思主義者呢？所有的人都只是他棋盤上的卒子。

史達林在他的辦公室徘徊踱步，同時思考在好幾個棋局的步子。中國已經出現一個很複雜、很重要的黨在運作；它的勝利會決定他一生努力的成敗功過。中國共產黨的勝利會激烈改變世界競技場的相對力量關係，有利於蘇聯。前提是他和毛澤東要能讓美國中立、讓華府及其盟國相信中國共產黨新民主主義的計劃是真心的。羅斯福、杜魯門（H. Truman）必須接受新民主主義的概念，並支持中國共產黨。然後中國共產黨才能逐漸地把蔣介石及其支持者「擠出」權力位置，接下來再在國民黨左派及自由派人士當中操縱運作，最後奪取權力。

這場棋局分布極廣。毛澤東藉由接受訪問、寫文章、發表演講，努力宣傳。艾德加和海倫・佛斯特・史諾夫婦、艾格妮絲・史沫特萊和其他作家、記者的書籍文章，以及伊凡斯・卡爾森的電文，全都往同一個目標發射。英國作家佛瑞達・尤特蕾（Freda Utley）與克萊兒和威廉・班德（Claire and William Band），以及美國記者畢森（T. A. Bisson）、哈里遜・佛爾曼（Harrison Forman）等人有關毛澤東及其同

志的奮鬥故事，也都讓大眾產生極鮮明的印象。他們異口同聲，向全世界保證，中國的共產黨和馬列主義一點都不同。[1]在許多美國人心目中，陰沉的獨裁者蔣介石及其政府，逐漸輸給了「自由派」民族主義者毛澤東及其「人民」政府。

這場棋局的高潮發生在一九四四至四五年間，毛澤東、周恩來、朱德和中共其他領導人與美國官員進行直接對話。它們始於一九四四年七月底，一架道格拉斯C-47運輸機載著九名乘客，於延安機場降落。這是所謂狄克西代表團（Dixie Mission）的第一批人員，分別來自美國國務院、陸軍部和戰略情報處（中央情報局前身）等單位。四十四歲的團長巴大維上校（David D. Barrett）是個矮胖男子，曾任美國駐重慶大使館助理武官。他熟諳中國歷史與文化，能說流利中國話，是公認的中國事務專家。職階次高的是美國駐重慶大使館二等秘書謝偉志（John Stewart Service），克萊倫斯·高思（Clarence Gauss）大使稱他是「我們政府有關中國共產主義的專家」。八月初，狄克西代表團第二批人馬也在另一位外交官雷蒙·陸登（Raymond P. Ludden）率領下抵達。後來，美國人愈來愈頻繁來延安，甚至組織起到幾個「解放區」去參訪。一九四五年七月底，這個所謂的「美國駐延安觀察團」共有三十二名成員。[2]

巴大維、謝偉志和觀察團其他許多團員，透過和毛澤東的對話及個人自身觀察，得到的主要結論是：

> 政治上，中國共產黨一度或許對蘇聯有過的任何傾向，似乎都已成為過去。共產黨努力使他們的思想和計劃吻合中國現實；他們推行民主政策，期盼美國贊同，並予以同情支持。
>
> 經濟上，中國共產黨尋求中國的快速發展與工業化，主要目標是提升人民經濟水準。他們體認到，依據目前中國狀況，這必須透過資本主義，以大規模外國援助才能完成。他們相信美國，而非蘇聯，將是唯一一個能夠給予這種經濟援助的國家，也察覺到基於效率的原因，以及為了吸引美國投資，讓美國的參與有極大自由，才是明智之舉……
>
> 結論——共產黨領導人本身也持續如此聲明——對於中國而言，美國的友誼與支持，比起俄國的友誼

與支持更加重要。

狄克西代表團成員建議美國政府改變它對中國共產黨的方向，也提出警告說，「如果被迫為了挺過美國支持國民黨進攻才能生存，他們也有可能轉回去投靠蘇俄。」[3]

我們很驚訝，毛澤東、周恩來和中共其他領導人竟然如此容易就騙倒這些經驗豐富的美國情報官員。他們是什麼都可以統統拍胸脯承諾。為了中立化華府，一九四四年夏天，毛澤東甚至預備把中國共產黨改名新民主黨。一九四六年十月，「解放區」的共產主義青年團果真就如此改名，一九四九年四月整個中國共產主義青年團改名新民主主義青年團。最後，黨沒有改名，但其他所有的改名把美國人全都耍了。

同時，史達林和他的外交部長莫洛托夫同樣狡詐地在外交陣線上玩弄美國人。莫洛托夫在一九四四年九月初，告訴美國駐蘇聯大使艾維瑞爾．哈里曼（W. Averell Harriman）和新任美國駐中國大使派垂克．赫爾利將軍（General Patrick J. Hurley）說：「所謂的中國共產黨事實上根本不是共產黨……蘇聯政府並沒支持中國共產黨。」一九四五年四月十五日，在另一場會議裡（這次史達林在場）他又確認這一點。赫爾利立刻把這件事向華府報告。[4]

不過，哈里曼和赫爾利都沒有被史達林的狡詐所騙。華府的情報官員也不相信共產黨這套話。分析同僚來自中國的報告，以及有關中國共產黨的大量文獻之後，一九四五年夏天美國陸軍部軍事情報局的官員得出結論：「中國共產黨是共產黨……中國共產黨的『民主』是蘇聯式的民主……中國共產黨運動是國際共產黨運動的一部分，得到莫斯科的資助與指導。」[5]因此，在最後分析下，毛澤東和史達林都沒有騙倒美國領導人。

當第二次世界大戰於一九四五年八月中旬終止時，中國仍然分裂。國民黨的中央政府得到美國支持，只控制三分之二國土。共產黨控制陝甘寧邊區政府（下轄三十個縣），以及華北、華東和華南的十八個大型「解放區」，總人口九千五百五十萬人。[6]中國東北（滿洲）則由蘇聯陸軍佔領。但是，多年來這是第一次，中國似乎有真正的可能性實現和平、民主的國家統一。美國和蘇聯都不希望在中國又起戰爭，也生怕在中國的嚴重衝突會擴散為更大規模的戰爭。[7]

史達林在他一九四五年至一九四九年的地緣政治評估裡，必須顧及到美國壟斷了核子武器。還沒有準備好如何抵擋美國的核子攻擊，他必須竭力避免激怒華府。[8]周恩來日後回憶說：「美國那兩顆原子彈震驚了史達林，使他極力想妥協。」[9]一九四五年二月由三巨頭簽署的雅爾達秘密協定，以及一九四五年八月十四日（日本同一天宣告投降）蘇聯與國民黨簽訂的友好同盟條約，也局限住這個克里姆林宮獨裁者的動作。透過它們，蘇聯在遠東得到重大的經濟、政治和領土的讓利。特別重要的是和蔣介石達成的協議，連史達林自己都說這是「不平等」條約。[10]伴隨著蘇聯與國民黨條約的特別議定書，授與蘇方有權在旅順港設立海軍基地三十年，控制東北的大連港，還與中方共同經營中東鐵路。[11]這就是史達林在第二次世界大戰後開始表示懷疑中共有能力奪權的原因。他不想冒險無條件支持中共，卻失去因為協助美國與中國打日本而已經得到的戰果。他甚至勸告毛澤東要與蔣介石達成「臨時協議」，並堅持毛澤東應該到重慶去和他的宿敵親自會談。他替這樣做提出解釋，只能說中國若再爆發內戰，恐怕會導致中華民族的滅亡。[12]

毛澤東被史達林「出賣」大為驚駭，但是他必須聽命，去和蔣介石會談。毛澤東日後說：「由於史達林堅持，我被逼非去不可。」[13]一九四五年八月二十三日，他在政治局擴大會議中宣布：「蘇聯為中、蘇條約所限制及為維持遠東和平，不可能援助我們。」[14]即使中共中央收到好幾個黨部組織上書反對與國民黨談判，他仍在八月二十八日偕同周恩來飛往重慶。[15]國民黨派出張治中將軍，與美國大使赫爾利在前一天抵達延安，陪中共代表飛往重慶。在延安機場，毛澤東面帶微笑、與江青及政治局委員們道別，但是據蘇聯情報特務佛拉迪米洛夫的說法，他顯然並不高興。毛澤東走向飛機舷梯時，「一副要走上行刑台遭處決」的神色。當著眾人的面，他也沒有覺得害臊，親了江青的唇——這是他在公開場合的第一遭。

然而，國共雙方談判毫無成績。毛澤東在重慶逗留六個星期，與蔣介石及國民黨其他領導人會談，也和自由派輿論代表會商，甚至也簽署一份和平協議，但是他毫無意願放棄奪權鬥爭。他只是向史達林表態讓步罷了，因為他心知肚明，唯有蘇聯提供軍事及經濟援助，中共才有贏的機會。

現在他必須等待史達林改變立場（毛澤東後來稱史達林是「偽善的洋鬼子」）。[16]同時，他必須聽取蘇聯部隊在東北的總司令羅迪安・馬林諾夫斯基（Rodion Malinovsky）的指示。在史達林的堅持下，馬林諾夫斯基不肯讓八路軍在蘇軍撤出之前就進佔東北城市。他說：「不干涉中國內政，中國內部問題由中國自行解決。」[17]

當毛澤東能夠向史達林擔保，中共有能力處理面臨的一切困難之後，史達林才開始慢慢克服「偏差」。一九四五年秋天，中國共產黨靠自己的主動，設法在華北一連兩場戰役擊敗國民黨部隊。史達林開始動搖。一九四五年十月，他決定將蘇聯軍隊從關東軍接收過來的部分武器，移交給在東北的中共部隊。雖然他明顯開始認為國共內戰已是事實，但並不希望大家注意到他參與中國內戰。他在這段時候責備助手時說道：「我們的軍官、聯絡人員及其他人員，必須盡快撤出延安，以及毛澤東部隊正在作戰的地區。中國的內戰已經轉趨嚴重，我擔心我們的敵人將指控我們在這些地區的人員煽動中國的內戰；其實我們的人員對什麼事也都控制不了。我們愈快把他們撤走愈好。」[18]

一九四六年二至三月，造化弄人，蔣介石本身在右派人士的壓力下，開始執行一項短視的對蘇政策，逼得史達林轉向無條件支持中國共產黨。國民黨與輿論此時開始表示不滿蘇聯軍隊在中國東北的行為。用不著多說，蘇聯佔領軍肆無忌憚展開劫掠：他們將大型工業設施拆卸、運回蘇聯，還不問主人是日本人或中國人，佔用各種財產。結果是東北工業損失達八億五千八百萬美元。三月六日，中華民國外交部就此事提出抗議，並要求蘇聯軍隊立即撤離東北。[19]蔣介石當時明白中共軍隊將一擁而上，取代蘇聯軍隊嗎？他可能並不明白。仗著有美國人支持，他以為自己的部隊可以佔領俄軍撤退後的東北各城市。但他失算了。

一星期之後，即三月十三日，史達林開始撤軍，行動於五月三日完成。同時，他要求他的中國同志積極、公開行動，甚至批評他們對美國過度柔順。[20]換句話說，他同意中共部隊進入東北城市，而且他甚至堅持毛澤東的部隊要盡快佔領它們，還命令蘇聯軍隊與中共合作控制住各地交通網。[21]

這時候冷戰已經開始，史達林終於決定提供實質援助給中共部隊。東北變成了中國共產黨的基地。一九四六年六月，中國爆發新的全面內戰。

剛開始，共產黨似乎凶多吉少。國民黨四百三十萬大軍明顯強過中共部隊的一百二十萬官兵。頭幾個月，共軍被迫棄守一百零五座城鎮。蔣介石發動全面攻擊——西起陝西、東抵太平洋濱，全線開戰。他也在東北開戰。美國人認為蔣介石的行動「野心過大」，警告他說，這樣的軍事行動「會使中國陷入經濟紊亂，終致毀滅國民政府」，因為蔣介石延伸戰線，會使他的「交通線暴露，遭到共產黨游擊隊攻擊」，迫使他的士兵「撤退或投降，把美國提供的武器及彈藥」統統送給敵人。[22]

可是這段期間共產黨卻接二連三吃敗仗。一九四七年三月十二日，蔣介石的空軍轟炸延安及其周圍窯洞區。自從一九三八年十一月日本軍機開始不斷地轟炸以來，延安城本身早已體無完膚，只剩下毀壞的城牆和兩、三條街道。黨、政領導人早已搬遷到延安北郊的窯洞區，毛澤東也住在那兒。現在這個地區遭到蔣介石空軍的**B-24**和**P-52**飛機密集轟炸。一連一個星期，約五十架飛機持續不停地轟炸，並且國民黨步兵部隊從城南發動大規模進攻。[23]

到了三月十八日，國民黨部隊已逼近到離延安城兩、三公里的距離。毛澤東下令棄守延安，同一天夜裡偕江青、李訥母女撤出窯洞區。坐上他那破舊軍用吉普車之前，毛澤東命令負責撤退事宜的彭德懷，每個窯洞的房間要打掃乾淨、家具不得破壞。[24]他不想讓國民黨部隊以為共產黨是落荒而逃。[25]

他撤往陝北，整個夏天、秋天和冬天，帶著他那些疲憊不堪的部隊在山路流竄。一九四七年三月底，共軍部隊改名「中國人民解放軍」。毛澤東的長子毛岸英已在一九四六年一月初從蘇聯回到延安，也跟著他和江青嘗盡撤退的苦頭。

這個身材高大、相貌英俊的二十三歲青年，有著和善、憂鬱的眼神，的確歷經坎坷。一九四二年五月，他從國際兒童院畢業，在國際主義衝動的影響下，他上書史達林請求派到前線和納粹作戰：「我要替千千萬萬被殺害的蘇聯人民報仇。」[26]一九四四年八月他被派去研習軍事科學，然後，「瑟吉・永福少尉」

被派到第二白俄羅斯方面軍當見習官。他只服役四個月，不過已經足夠嘗點滋味。一九四四年十一月，他被調回莫斯科，這次送到東方學院（Institute of Oriental Studies）。[27]他一再申請被派到中國。最後，他在一九四五年底獲得批准。毛岸英回國前夕，史達林在克里姆林宮召見他，送給他一把鐫上名字的左輪手槍。[28]毛岸英帶著左輪槍飛回延安，從此以後和它形影相隨。

他和父親的關係相當複雜。毛岸英幾乎對毛澤東毫無記憶，覺得賀媽媽很可憐，也一直提防著江青；而江青也經常向毛澤東抱怨他。我們從蘇聯情報官員的報告讀到「父子倆很快就為理論問題意見不合」。報告說：

> 毛澤東認為他兒子是「教條主義者」，只知理論，根本不清楚中國的生活和工作環境。毛澤東認為他兒子在蘇聯被慣壞了，也表示不滿意他受到的教育。為了「教他瞭解（中國的）生活」，一九四六年四月，毛岸英被派到農村替一個富農吳滿有做勞力工。毛岸英做了約三個月的粗活。[29]

這時候他父親才滿意。毛澤東說：「每個人這輩子都應該吃點苦頭。」[30]他又說：「以前你吃麵包、喝牛奶，現在回到中國，你應該吃陝北的麥粥，這對身體健康很好。」[31]

然後他把兒子派到中央宣傳部工作；一九四七年三月，毛岸英跟著其他中央工作人員離開延安，追隨毛澤東進入陝北山區。不久，毛澤東的其他子女——毛岸青和嬌嬌——也跟著賀子珍從蘇聯回到中國。他們先到哈爾濱，受到地方中共官員的照料。孩子們以俄語吱吱喳喳講話（他們幾乎不會說中國話），但是賀子珍的狀況極差。在蘇聯的最後兩年，備嘗創傷。一九四五年，嬌嬌突然患了急病。她經診斷，得了肺炎，性命垂危。驚慌的賀子珍抱著她出院，生怕又失去最後一個子女。女兒熬了過來，但賀子珍已瀕臨發瘋邊緣。她經受不起這樣的折磨。女兒復元後，賀子珍住進伊萬諾沃市西南方約三十公里的辛諾佛村（Zinovo）的精神病院。一直要到一九四七年三月，經過來到莫斯科治病的王稼祥及妻子的多次申請，賀子珍才得以出院，交給他們照料。這時候，她才能夠再次見到女兒。嬌嬌本人（即李敏）回憶起母女重逢那一幕：「我被帶到一處像是旅館的地方。進到房間，我見到一個中年婦人。我差點嚇昏過去！這不是媽媽嗎？蒼白、瘦弱、衰老！即使是笑容也很孱弱，而且兩眼無神。」[32]兩個月後，在王稼祥夫婦護送下，賀子珍和李敏母女倆踏上回鄉之旅。[33]抵達哈爾濱時，賀子珍哭了。她說：「我終於擺脫了令人恐怖的日子，擺脫了寄人籬下的生活，我真正的自由了！」[34]

同一時期，即一九四七年夏天，毛澤東執行了一項漂亮的計劃：他派出一部分部隊潛往蔣介石後方、在華中平原大別山區建立一個新的軍事基地。這項布局意在迫使蔣介石從西北和東北前線抽調部分兵力，以保衛華中平原的重要都市，如武漢、九江、南昌、上海和首都南京。這一來即可瓦解蔣委員長的戰略計劃。這項行動啟動了內戰的新階段——中共部隊開始反攻。[35]一九四八年四月二十五日，共軍收復延安。到了一九四八年六月，國民黨部隊已萎縮至三百六十五萬人，而中共的解放軍兵力上升至兩百八十萬人。[36]

一九四八年春天，渡過黃河之後，毛澤東及其部隊進入山西省，繼續以急行軍搶進河北西部。由劉少奇和朱德領導的中央工作委員會自從一九四七年春天即已進駐當地。劉、朱住在西柏坡村，是位於北京西南方五百六十公里相當不易進入的太行山區一處小村落。一九四八年五月底，毛澤東的部隊抵達西柏坡，此後直到國共內戰即將結束前，它都是共產中國的新首都。

在西柏坡，毛澤東和江青住在一棟舒適的一層樓房子，內院鋪了石板。家具不多，但毛澤東滿意這種幾近家徒四壁的環境。他大部分時間待在書房裡，坐在大辦公桌邊辦公。他接見同志、與朱德籌劃軍事行動、起草文書。一九四八年六月，他在這裡和長子又爆發衝突，這件事對父子關係留下長久陰影。有話直說、相當天真的毛岸英，在氣急敗壞下指控他父親製造「領袖崇拜」，甚至稱他是「假領袖」。他在黨的圈子內已經意識到這股氣氛。若不是江青和周恩來批評毛岸英，要求他寫下悔過書，這件事還不知會鬧得多大。

相當痛苦地，這位反個人崇拜的戰士向勝利者投降。他承認，「我的行為……已傷害父親的權威。」

他說明他會如此「自負」的原因之一是他在蘇聯受到尊寵待遇，他被「當作『小領袖』對待……他享受舒適的物質條件，生活中沒經歷任何困難」。毛澤東、周恩來和江青衡酌案情後，通過決議：「在〔毛澤東的秘書〕陳伯達管束下，在中央機關中運用毛〔岸〕英擔任低階技術工作」。它規定，他的「生活條件不應與這個階級的其他人員有任何不同」。毛澤東直到一九四九年二月，都不肯見他的兒子。毛岸英未獲允准，也不能到他父親的住處探望。[37]

家庭糾紛當然沒使主席分神不顧他和蔣介石的奪權鬥爭。毛澤東、朱德、周恩來、劉少奇和黨其他領導人，在西柏坡策劃擊潰蔣介石部隊的策略，儘管國民黨部隊人數佔優勢、美國支持南京政府，以及解放軍的技術和武器都不如人，但從一九四八年九月至一九四九年一月的五個月期間，共產黨仍發動了三大戰略作戰。第一在東北、第二在華中、第三在北平、天津地區。①超過五十萬以上的敵軍官兵遭殲滅，包括北平在內許多大城被共軍佔領。一、兩年前，很少人會相信這可能辦得到。當時，毛澤東於一九四六年八月接受美國記者安娜・路薏絲・史特朗（Anna Louise Strong）的訪問，說了一句話「一切反動派都是紙老虎」，卻只招來微笑。②他說，「我們所依靠的不過是小米加步槍，但是歷史最後將證明，這小米加步槍比蔣介石的飛機加坦克還要強些」，可以被當作是雄辯的花俏辭令。[38]縱使如此，解放軍打贏了。一九四九年一月三十一日，解放軍與負責守衛北平的國軍將領傅作義達成協議後，兵不血刃進入北平。南京於四月二十三日淪陷，上海於五月二十七日失守，廣州亦於六月二日易手。國民黨政府先遷廣州，再到重慶、成

① 編註：此三大作戰分別是遼瀋大戰、淮海大戰（又稱徐蚌會戰），以及平津大戰。

② 原書註：值得一記的是，幾年後的一九四九年初，有病態疑心病的史達林寫信告訴毛澤東：「我們有可靠的信息指出，美國作家安娜・路薏絲・史特朗是美國間諜……她替美國人當間諜已經很久了。我們建議你不要再允許她到你們那兒，或是進入中共佔領的地區。」當然，這是典型的史達林式疑神疑鬼的絮絮叨叨。事實上，安娜・路薏絲・史特朗熱切支持中國共產主義運動。一九五八年，她甚至搬到中國終老（她在一九七〇年過世）。她下葬在北京的八寶山英雄公墓，墓碑上刻著「中國人民的友人、進步派美國作家」的字樣。一九五〇年過世的艾格妮絲・史沫特萊也下葬在八寶山公墓。

都，最後在十二月初播遷到台灣。蘇聯政府投資在中國革命上的數千萬美元，現在有了成果。中國大陸現在淪入共產黨獨裁者控制。

中國共產黨勝利的原因在哪裡？解放軍為何能夠突破成功？首要之因是毛澤東部隊在衝突初期階段積極運用傳統的游擊作戰方式。頭幾個月先撤退，共產黨試圖讓敵軍疲於奔命，他們的目的是「使敵達到十分疲勞和十分缺糧之程度，然後尋機殲滅之」。毛澤東稱此為「蘑菇戰術」。[39]一九四七年夏天起，解放軍部隊開始攻擊敵軍陣地。[40]

其次，國民黨部隊瓦解，其將領和軍官卻無力改善情勢。國軍士兵作戰精神渙散，而「中國共產黨卻從熱切變成狂熱」。[41]蔣介石的部隊顯示完全沒有作戰能力。所有的部隊都鬧貪瀆和地方派系。軍閥遺跡仍牢不可撼。司令官不願讓他們的部隊涉險作戰，把它們當作本身政治勢力的根源，以及致富之所恃。

第三，政府沒有能力激勵經濟發展也十分明顯。一九四六年全國陷入通貨膨脹風暴。從一九四五年九月至一九四七年二月，銀圓價值跌到只剩三十分之一。一九四七年，每個月的通貨膨脹率高達百分之二十六。危機持續惡化。有位目擊者報導：「通貨膨脹製造極大的財政不安定……通貨膨脹嚴重到一堆錢上午可買三個雞蛋，到了下午只能買一個雞蛋。老百姓必須用推車帶著錢。米價高到平常奉公守法、做夢也不會偷竊的人，卻闖進米店為所欲為、任意搶劫。」[42]

罷工的次數攀升。一九四六年，上海一地就發生一千七百一十六次罷工。到了一九四八年春天，政府被迫在各大城市實施配給，並且為了增加穀糧儲備，實施以低價強制收購穀糧的做法。[43]這個做法使國民黨天生的盟友——富農——大為疏離。廣大的民眾愈來愈不滿蔣介石的內政政策。

中共利用這個情勢，號召各大政治勢力向它靠攏。它能崛起奪權不是以社會主義、共產主義或史達林主義的旗幟為號召，而是以新民主主義的口號為號召，這一點具有決定性的重要性。

第四，蘇聯的立場也很重要。儘管史達林起先對國共內戰採取審慎立場，他似乎並不反對中國的共產主義革命——有些歷史學者錯誤地這麼認為。[44]其實，他起先還在談中國是否可能沿長江「隔江而治」分為兩塊——長江以北歸中共，長江以南歸國民黨。[45]然而，儘管蔣介石政府多次請求，他拒絕在交戰雙方之間進行調停。[46]雖然他一再下達斷然指令給蘇聯駐中國大使館，要求它別介入衝突，他也沒有意願要拯救國民黨。[47]沒錯，南京淪陷之前，他命令蘇聯駐華大使羅申（Nikolai Roshchin）跟隨蔣介石到廣州，這時候的美國和英國駐華大使卻留在南京。不過，以史達林自己的話說，他這麼做是為了「取得情報，他〔羅申〕才能定期告訴我們〔史達林〕長江以南的情勢，以及國民黨高層及其美國主子的動態」。[48]史達林秘密告訴毛澤東這件事。早在一九四八年初，也就是毛澤東抵達西柏坡之前，史達林在克里姆林宮和保加利亞及南斯拉夫代表團談話時，就承認蘇方錯了，中共對國共內戰前景的評估才正確。一九四九年七月劉少奇到莫斯科非正式拜訪他時，他也這樣告訴劉少奇。他問劉少奇：「我在一九四五年八月發的電報有沒有妨礙你們的解放戰爭呀？」劉少奇當然回答說沒有，但是史達林感覺到劉少奇這麼說是為了討好他、不讓他對早先的審慎政策有愧疚；他又說：「現在我已經老啦！我現在關心的是，我過世之後，這些同志（他指指克里蒙特·伏洛希羅夫〔Klimeat Voroshilov〕元帥、莫洛托夫等人）會害怕帝國主義。」[49]

史達林並不想介入國共內戰，但是他在武器及顧問意見上大力幫忙中共。他在這段期間與毛澤東有特別頻繁的通信。為了保持機密，史達林在密電上署名他的俄國化名菲力波夫（Filippov）或中國化名馮西，然後透過他的代表轉交給毛澤東。他的代表之一是阿洛夫醫生，另一位是一九四九年一月抵達西柏坡的伊凡·柯瓦列夫（Ivan Kovalev）將軍——曾任蘇聯交通部長。史達林既擔心美國有可能直接介入中國內戰，一面又不斷希望能欺騙西方世界。整個國共內戰期間，他比毛澤東還更努力企圖證明中國共產黨和布爾什維克黨有相當距離。一九四七年底起，毛澤東不時表示希望拜訪史達林，但是直到中國境內軍事作戰基本上已經終止，史達林都不肯見他。他不希望讓西方國家及蔣介石有理由指摘毛澤東是「蘇聯代理人」。

一九四六至四九年中國內戰期間，史達林不斷冷卻毛澤東的共產主義熱情。文獻資料顯示，在這段期間毛澤東比史達林更激進。一九四六至四九年，毛澤東已經消極遵循新民主主義的概念。他一發覺他可以擊敗國民黨，就改變了他對新民主主義的態度。他在對日抗戰期間因為中共實力弱，基於戰術理由而發展此一路線，但是當他發覺他可以擊敗蔣介石，他開始要求史達林准他放棄它。毛澤東頻頻反對此一路線，但是在形式上他繼續遵行它、以免觸怒這位莫斯科主子。[50]史達林的思慮縝密，他不僅擔心會與美國發生核子衝突，也希望騙過華府。身為俄羅斯共產主義者，當史達林想到中共勝利的結果，他一定很關切未來共產主義又會崛起一個強大的新中心。共產中國遵循蘇聯模式，透過獨裁專政手段快速達成經濟現代化，可能威脅到他在共產世界的霸主地位。設法把毛澤東的野心限制在「民主」的目標，史達林或許可讓毛澤東自縛手腳，並且使得中共的戰術路線服從他自己的政治行動路線。

同時，史達林對毛澤東的猜疑也隨著中共在國共內戰的戰績升高而水漲船高。一九四八年「南斯拉夫震撼」——史達林與南斯拉夫領導人狄托（Josip Broz Tito）決裂——之後，史達林更是疑神疑鬼。莫斯科原本認為南斯拉夫是它最忠誠的衛星國家之一，不料突然卻不聽話了。「狄托事件」之後不久，史達林與親信私下談話時，開始表現對可能從中國出現新威脅愈來愈焦慮。他忖思：「毛澤東究竟是什麼樣的人？他具有某種特別的觀點，某種農民的觀點。他好像害怕工人，老讓他的軍隊遠離城市。」[51]史達林派他的左右手莫洛托夫去拜訪毛澤東，瞧瞧他究竟是「何等人物」。莫洛托夫對毛澤東也有疑慮，和史達林談話時，稱呼毛澤東是「中國的浦加契夫（Y. I. Pugachev）」。③莫洛托夫說：「當然，他絕對不是馬克思主義者。他向我承認，他沒有讀過馬克思的《資本論》。」[52]一九四九年初，史達林甚至找一九二三至二七年擔任孫中山及武漢政府「首席顧問」的鮑羅廷，就毛澤東這個人出具書面意見。鮑羅廷顯然料到這位偏執的領導人的心意，他寫說：

他個性獨立，「一意孤行」的傾向在當時已很明顯。會議中，別人發言時，他總是百無聊賴、不專心的模樣，但是一輪到他發言，他立刻滔滔不絕，彷彿在他之前，別人都沒說過話似的……毛澤東鮮明的特徵就是傲慢的自信。他早已自認為是個理論大師，對社會科學有過貢獻……他具有錯誤的觀點……以為農民優於其他階級……因而低估無產階級的領導角色。毛澤東在和我私下聊天時，一再表達這個觀點。

一九三〇年代末期和一九四〇年代負責監控中國共產黨的KGB上校喬治·莫德維諾夫（Georgii Mordvinov）也對毛澤東有頗不恭維的評語。他強調「毛澤東家父長的傾向、病態的猜疑心、格外的野心、狂妄自大已發展到了極致」。[53]這段話不曉得會不會造成史達林的尷尬，它不就是在影射他嗎？鮑羅廷的評估使得史達林坐下來，好好研讀。

直到情勢清晰之前，史達林不會同意接見毛澤東，不過他允許江青和他們的女兒李訥到蘇聯。此行對外保密；江青以瑪麗安娜·尤素波娃（Marianna Yusupova）的名字旅行。此行正式理由是治病。延安窯洞生活以及在陝西、山西、河北山區的跋涉已經損害江青的健康。她身高一六二公分，體重只有四十七公斤。毛澤東因此想讓她和女兒到蘇聯休養、治病。[54]同時，江青也要研究蘇聯的生活及接觸重要人物。因此，史達林和毛澤東要她到蘇聯的用意有了相通之處。

她和李訥在莫斯科從一九四九年五月住到八月。五月十八日，江青先住進格蘭諾夫斯基街（Granovsky Street）克里姆林醫院的療癒科和耳鼻喉科診察，診斷出是一般性的疲倦。她在醫院住了一個多月。她抱怨虛弱、很容易暈眩、胃痛、不時拉肚子、睡不安穩和非常亢奮。她要求房間溫度一直保持在華氏六十五度。她說她曾經兩次得了痢疾，而且從童年起，每年會有好幾次心絞痛發作。經過專家會診，江青在一九四九年六月十三日切除扁桃腺；兩星期後移到莫斯科郊外的巴維卡療養院（Barvikha Sanatorium）。後來她們母女轉到一棟政府別墅休養。八月二十九日，江青前往克里米亞。史達林替她準備了火車專用列車。挺湊巧的是她下榻的科瑞茲宮（Koreiz）是著名的菲力克斯·尤素波夫親王（Prince Felix Yusupov）的舊府邸——這位親王因殺了亂政的拉斯普丁（Rasputin）而出名，而江青旅行所用的姓氏即與他相同。她住進

③原書註：浦加契夫是十八世紀領導大規模俄羅斯農民叛亂的一個著名的哥薩克族領袖。

宮邸整個一樓。後來出任捷克斯洛伐克總統的魯迪維克・史渥波達（Ludvik Svoboda）將軍及夫人艾瑞娜（Irena）則住二樓。江青大部分時間和他們玩撞球，以及在附近散步。蘇聯共產黨中央派給她一位隨員、兩年前剛從莫斯科東方學院畢業的安娜絲塔希亞・卡圖娜娃（Anastasia Kartunova）。[55]

一九四九年七月，劉少奇率領中共代表團到蘇聯非正式訪問。[56]十一月底，在毛澤東要求下，蘇聯政府允許任弼時入境治病。[57]

史達林和往常一樣，密切注意中國的發展。他甚至在中共中央政治局裡也安插了秘密線人，並且能夠多少有效地對中國共產黨領導人施加影響。毛澤東和中共其他領導人也持續不斷地向他報告他們的計劃和意向，並且連芝麻綠豆小事也不時請教莫斯科的意見。例如，一九四九年二月，他們請教「菲力波夫同志」，他們是否應該把中國首都從南京遷到北平。九月二十八日，宣布中華人民共和國建政前夕，他們希望得知「菲力波夫同志」的意見，關於與各國恢復外交關係一事，究竟「應該透過無線電以一般方式、或是個別發電報給每個國家」。[58]毛澤東發給莫斯科的密電，稱呼史達林為「大老闆」（Comrade Master-in-Chief）。毛澤東頗有可能對史達林沒有「太多好感」，[59]但是他很明白他在言行上必須對史達林特別忠誠，尤其是他已經很清楚史達林天性多疑。這也是為什麼毛澤東一九四八年八月二十八日致電史達林，告訴史達林，他即將訪問蘇聯時要和他討論的問題。毛澤東說：「為了使我們的政治路線完全與蘇聯的路線相一致，我們將達成協議。」[60]

史達林沒邀毛澤東到莫斯科訪問，反倒在一九四九年一月派米高揚（Anastas Mikoyan）代表他到西柏坡秘密訪問，討論最重要的問題。米高揚有兩個同姓的隨員：一位是我們前文已提到的伊凡・柯瓦列夫；另一位是蘇共中央國際外交政策部遠東處處長伊夫金尼・柯瓦列夫（Evgenii Kovalev）。冷峻的米高揚後來向史達林報告：「一個是笨蛋，另一個是懦夫。」

史達林交代他的代表和毛澤東討論的一個問題是，新民主主義在中國的性質。毛澤東曾經在一九四七年十一月三十日的電報中向史達林提到：「在中國革命取得徹底勝利的時期，要像蘇聯和南斯拉夫那樣，所有政黨，除中共之外，都應離開政治舞台，這樣做會大大鞏固中國革命。」[61]這個說法公開牴觸毛澤東在〈論聯合政府〉中的說法，也違背旨在中國建立多黨制的新民主主義的整個方向。史達林於一九四八年四月二十日的電報中表示，他不同意毛澤東的提議。

我們不同意這樣做。我們認為，代表中國老百姓中間階層和反對蔣介石集團的中國各反對派政黨，還將在很長的時期內存在。中國共產黨應該與他們合作以反對中國反動派和帝國主義列強，但必須保持領導權即領導地位。如果可能，還要讓這些黨派的某些代表進入中國人民民主政府。這一政府應宣布為聯合政府，以便以此擴大這一政府在民眾中的基礎，並孤立帝國主義分子及其國民黨走狗。[62]

毛澤東顯然完全接受史達林的觀點，在四月二十六日的電報中，把一切都怪罪到中共地方領導人的「左翼傾向」。他向「大老闆」報告：這些傾向「已經徹底改正過來」。[63]然而，一九四八年九月，他又企圖激進化政治方向，這次從經濟學的觀點討論這個問題。政治局九月八至十三日在西柏坡開會，他在提報告時表示，在新民主主義時期，社會主義部門將成為全國經濟的領先部門，因為在革命之後，官僚資本以及屬於官僚資本的大企業將成為國家的財產。[64]一九四九年一至二月，米高揚和毛澤東會談時再度說明蘇聯的立場。他的態度傲慢，不像提供建言，倒像是下達指令。毛澤東很不爽，但是他隱藏不滿，表示接受史達林的指示。他向米高揚提出基本上從他的構想折衷的版本。二月初，和客人漫談中共目前及未來政策時，談起與民族資產階級合作、不沒收「富農」財產而執行土地改革，他強調即使聯合政府會包含若干「民主黨派」，中國未來的國家本質上還是「無產階級專政」。他又強調新中國的建設將以蘇聯經驗為基礎。[65]

為了贏得「大老闆」的歡心，毛澤東向史達林的特使表示，他的意識型態論述取自史達林有關中國革命性質的理論。[66]實際上，他妥協後的立場並沒有和史達林的觀點有根本上的歧異。徹底分析之下，史達林本人根本不是溫和派。他只是擔心共產黨在日後統一的中國之力量，是否掩飾得很好，另外也擔心中國的現代化是否會太快。因此，他相當滿意獲悉他的指示被正式接受。[67]

同時，在一九四九年初，毛澤東預期將會戰勝國民黨，他再度試圖回到他的激進主張，想要躲開新民主主義的羈束。一九四九年三月他在西柏坡向七屆二中全會提出報告，幾乎完全避開提起「新民主主義」一詞，改用「人民民主專政」的說法。二中全會的決議顯示出毛澤東是如何區分這兩個名詞——他認為在東歐各人民民主國家，「資本主義的存在及發展，自由競爭和自由貿易的存在及發展……被限制和縮小得非常大」。[68]反之，新民主主義的概念代表相當的經濟自由。[69]二中全會之後，新民主主義的概念實際上從毛澤東的演講和文章中都消失了。他的新綱領性的文章於一九四九年六月三十日發表，題目是〈論人民民主專政〉。[70]許多年後，毛澤東承認：「基本上，關於消滅資產階級的基本立論，包含在七屆二中全會的決定中。」[71]

史達林能夠在一九四九年十二月，中國革命勝利之後更正這個立場。即使如此，他的戰術運作協助毛澤東大勝蔣介石。一九四七年底、四八年初，中國共產黨偽裝為新民主主義者，甚至在長期與中共及莫斯科合作的宋慶齡協助下，成功地使國民黨分裂。一九四八年一月一日，國民黨內左派人士在香港集會，宣布成立所謂的中國國民黨革命委員會。宋慶齡本人被推為榮譽主席，馮玉祥、譚平山等知名人物列為領導人。

三月二十三日，毛澤東和其他中央領導人離開西柏坡，前往兩個月前經解放軍接收的北平。出發前，毛澤東笑著向周恩來說：「今天是進京的日子！進京『趕考』去。」

周恩來答說：「我們應當都能考試及格，不要退回來。」

毛澤東很嚴肅地說：「退回去就失敗了。我們絕不當李自成。④我們都希望考個好成績。」[72]

共產黨設法全力作為。一九四九年九月三十日，他們組成一個多黨派聯合政府；⑤毛澤東出任主席，劉少奇、朱德和宋慶齡為副主席。十月一日，在北平（中共於十天前將它恢復舊名北京），毛澤東宣布建立中華人民共和國。

這是毛澤東最光輝鼎盛的一刻。他站在天安門講台上，背後即是歷代皇帝居住的紫禁城。他目光投向底下廣場上巨大的群眾（四十多萬人參加這場盛會）。在他腳下是一個歷史、文化悠久的大國，現在他是它無所不能的主人。他在想些什麼？權力？多年艱苦的鬥爭？他那些已經去世的朋友和同志？或許他想的是他，以及長期以來受苦受難的中國人民的未來？我們不知道。

站在他身邊的是他的親密戰友：周恩來、劉少奇、朱德，以及許多共產黨及聯合政府重要人員，宋慶齡也在其中。毛澤東非常高興，一直微笑，露出平整的牙齒。他可不想掩飾他的勝利。身上一襲深棕色新外套的左襟，用別針別著紅彩帶，上面有兩個黃色大字——主席。以後許多年，這兩個字在生活於中國的所有人生命中都是最重要的字詞。

④ 原書註：李自成（生於一六〇五或〇六年，卒於一六四五年）是明朝末年農民起義的領袖。一六四四年他攻克北京，自立為皇帝，但是他無法保持對北京的控制——用毛澤東的話說，就是沒通過考試。在滿洲人進攻下，李自成退走，後來在一六四五年夏天身亡。

⑤ 原書註：從此以後的中華人民共和國，除了執政的中國共產黨之外，還有八個弱小的所謂民主黨派，與共產黨組成統一戰線。他們從來沒有對中國共產黨的一黨專政構成實質的反對力量，只是一種民主櫥窗裝飾品。一九五〇年代初期，他們的若干成員也在所謂的聯合政府中佔有數席位子。

毛澤東的父親毛貽昌。

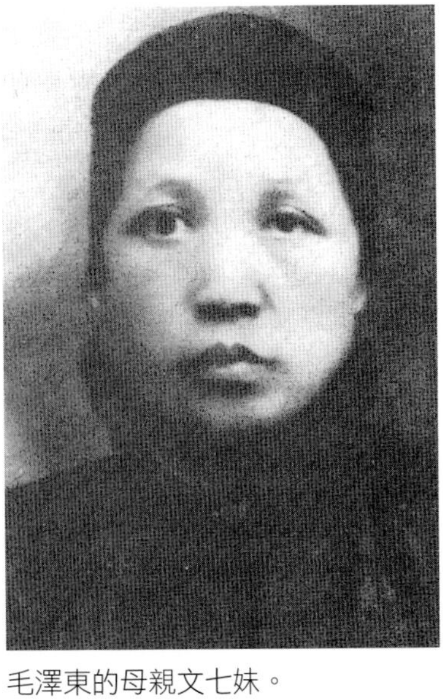

毛澤東的母親文七妹。

毛澤東出生的韶山沖老家。

毛澤東出生的房間。

毛澤東生平第一張照片，一九一三年春攝於長沙。

毛澤東最喜歡的老師楊昌濟。

李大釗，中國第一個布爾什維克。

陳獨秀，中國共產黨創始人。

中國共產黨第一次全國代表大會在上海這棟房子舉行。

蘇區中央局委員，一九三一年十一月攝於瑞金。左起：顧作霖、任弼時、朱德、鄧發、項英、毛澤東、王稼祥。

中共領導人，一九三七年十二月攝於延安。前排左起：項英、凱豐、王明、陳雲、劉少奇。後排左起：康生、彭德懷、張聞天、張國燾、林伯渠、博古、周恩來、毛澤東。

中共六屆六中全會擴大會議主席團，一九三八年秋攝於延安。前排左起：康生、毛澤東、王稼祥、朱德、項英、王明。後排左起：陳雲、博古、彭德懷、劉少奇、周恩來、張聞天。

毛澤東在閱讀史達林文集，一九三九年攝於延安。

楊開慧，毛澤東的第二任妻子，
和他們的兒子岸英(右)、岸青，
一九二四年攝於上海。

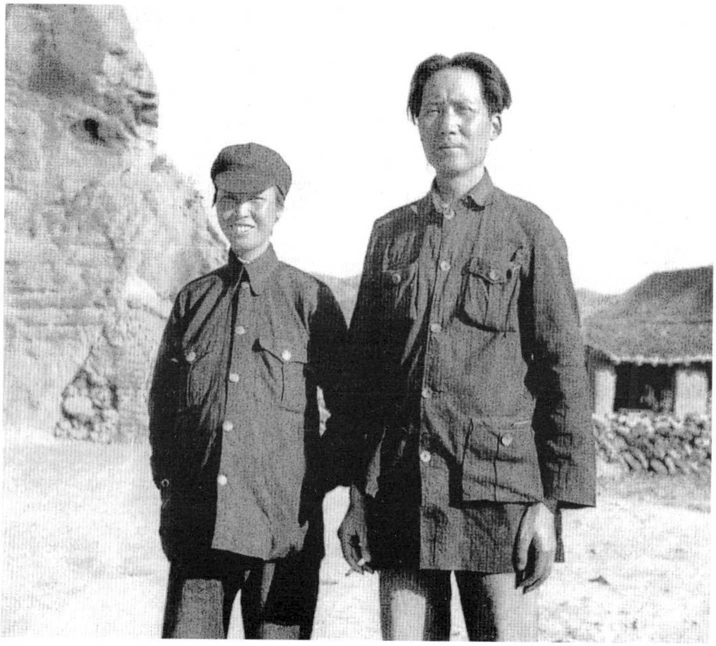

毛澤東和賀子珍，他的第三任妻子，一九三六年攝於保安。

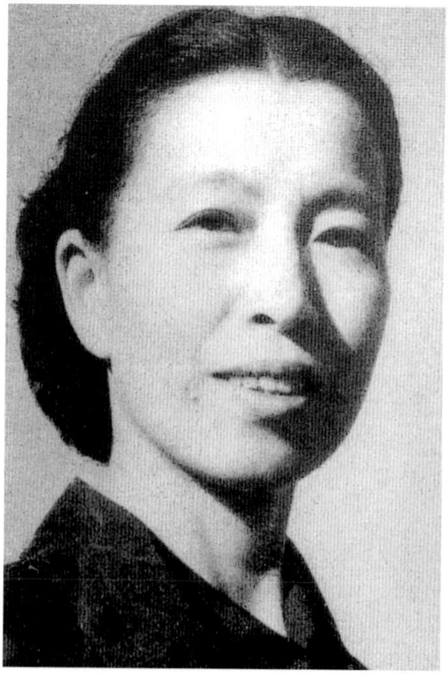

江青，毛澤東的第四任妻子，
一九四九年攝於莫斯科。

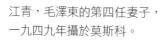

毛澤東和他的兒子岸英，一九四六年攝於延安。

毛澤東的兒子岸青，一九五〇年代攝於莫斯科。

毛澤東和他的女兒李敏，
一九四九年攝於香山。

毛澤東和他的女兒李訥
（最左），一九五〇年代
初期攝於北京。

國共談判，一九四五年秋攝於重慶。前排左起：美國駐華大使赫爾利、蔣介石、毛澤東。後排左起：蔣經國、張群將軍和外交部長王世杰。

王稼祥、劉少奇和高崗，一九四九年七月攝於莫斯科。

毛澤東宣布中華人民共和國成立，一九四九年十月一日攝於北京。圖中最左為林伯渠，最右為周恩來。

毛澤東在天安門，胸前佩著「主席」彩條，一九四九年十月一日攝於北京。

毛澤東與史達林，一九四九年十二月二十一日攝於莫斯科。

赫魯雪夫、毛澤東和布加寧，一九五七年十一月七日攝於莫斯科。

毛澤東一九六六年七月十六日在武漢長江游泳。

周恩來、毛澤東和林彪慶祝文化大革命，一九六〇年代末期攝於北京。

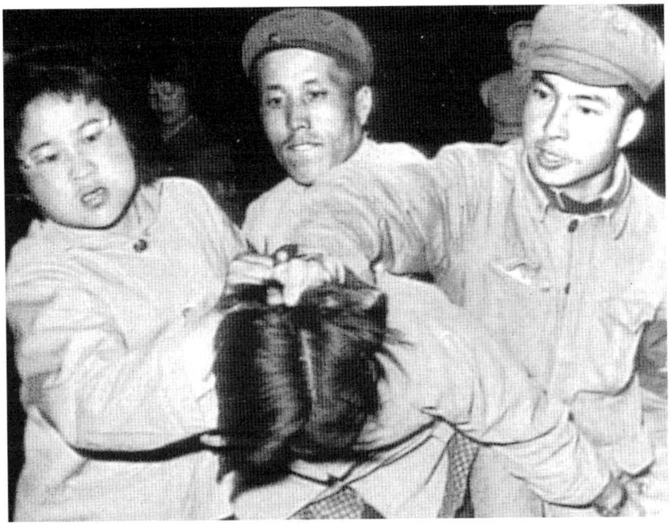

文革期間紅衛兵攻擊受害人。

毛澤東和尼克森，中間為毛澤東最後的情婦張玉鳳，一九七二年二月二十一日攝於北京。

毛澤東和鄧小平，一九七四年。

毛澤東一九七六年九月九日逝世。

第三部

獨裁者

第二十四章

紅色麥加朝聖

來到北京後，毛澤東先住進位於北京市西北方風景如畫的香山內的雙清別墅。這個地區長久以來是中國許多統治者避靜之地，有許多高雅的亭台樓閣。乾隆皇帝在十八世紀把它營建為非常漂亮的園林勝地。松針之香氣襲人、微風輕拂、松枝搖曳、碧湖水波平靜，創造出一片寧靜氣氛。

毛澤東一九四九年三月底到達時，北平正陷入沙塵暴。蒙古平原大風帶來的炙熱沙塵，令人呼吸困難。但是，人在香山，鳥語花香，可以感受到春天即將到來。雙清別墅是一棟一層樓的建物，因附近有兩條山泉經過，因而得名。基於安全理由，在共產黨員圈子，毛澤東住所旋即被稱為「勞動大學」或簡稱「勞大」。不曉得是誰給取這個名字，但是它出奇地適合這個地方。只要把發音稍微調整一下，「勞大」就變成「老大」。還有誰比主席更當得起這個代號呢！內戰還在進行中，中國共產黨首腦的位置是個重大機密。

五十六歲的毛澤東，不再是史諾在一九三六年初次見到的那位身材瘦削的高個頭年輕人。他已經體重增加，動作慢了下來；頭髮也開始剪短。他經常失眠、容易感冒。多年來他飽受血管神經病變之苦，這是血管衰弱引起的功能失常，經常盜汗、頭痛、暈眩、腰痛和關節、手指、腳趾神經痛。他變得急躁、容易發脾氣。病情上升時，他向親友及醫生抱怨：「我感覺像走在棉花上。」[1]有時候走著走著，他就失去平衡。他開始揮舞雙臂，彷彿要抓住空中什麼東西。這時候他總以為腳底下踩的地空了。[2]

他仍然認真工作——每天忙十五、六個小時——可是愈來愈容易疲倦。他從不曾改變多年來的生活作息，每天睡到下午兩、三點才起床，晚間召開會議，然後讀書、寫字至上午。他是個老煙槍，一天抽三包香煙，喜愛的牌子是美國的吉時（Chesterfield）、英國的三五煙和中國的紅星牌。

上了年紀後，他愈來愈依賴年輕、有活力的江青。江青不僅是熱烈的愛人，還兼秘書、生活管家。她照料他的健康、日常作息、見客行程，也管他的衣、食、住、行。她和毛澤東都愛跳舞，他經常辦舞會。這時候她也會帶妙齡女郎親近他。她和賀子珍不同，她瞭解男人，不亂吃醋。她後來告訴她的傳記作家：「性只是第一輪，但男人長期有興趣的是權力。」[3]江青一旦不在身邊，毛澤東就無法自理生活。和太太分開，令他十分煩惱。和次子岸青及長女嬌嬌——他為她取名李敏——的接觸沒有幫助。江青和李訥出國後不久，伊凡．柯瓦列夫把他們從東北帶來，和他同住。①

毛澤東和他子女的會面相當溫馨。

柯瓦列夫對毛澤東說：「毛澤東同志，這是你可愛的子女。」他推推靦腆的岸青和嬌嬌。有個侍從官說：「靠近來啊，這是你們的父親毛主席。」

李敏後來回憶說：「我抬起頭來，看到一個我完全不認識的人。他穿一件寬鬆的灰上衣、黑布鞋。他非常平凡、樸素，一點也不像『領袖』。」李敏寫說，會面十分親善。毛澤東把臉湊過來親她，可是她笑了，因為她聽不懂他的中國話，尤其是湖南腔的中國話。

然而，他們之間慢慢也就冷淡下來。有一天李敏和她父親在院子裡散步，李敏問：「爸爸，江青會不會打我？」毛澤東一愣，表情怪怪地瞪著女兒，半天不接話。李敏說：「後娘經常打小孩的咧！」[4]

江青沒有打她，但是江青也從來沒有和毛澤東前婚生的小孩發展出親密的家屬關係。他們不願喊她「媽媽」，江青覺得他們對她不友善。她也就回敬回去。即使當著來到北京為她寫傳記的美國作家羅珊妮．維特克的面，江青也掩抑不了她對李敏的感覺。江青對維特克說：「李敏啊，從來就不能『敏於行』

嘛！」她究竟是什麼意思，迄今沒有人明白。[5]

毛澤東沒有時間介入家庭關係這種旁枝末節。他站在江青這一邊。結果是，他一有空大都和小女兒李訥玩。他對待兩位前妻生的子女幾乎是漠不關心，不過他讓他們住在他家裡。[6]

一九四九年九月，他終於和他們，以及中共領導人們搬進與紫禁城比鄰的中南海。他住進豐澤園的菊香書屋。李敏描繪說：

豐澤園是個傳統的四合院，四周都有建築物，中央是古柏樹。從北到南、從東到西，庭院被兩條通道分為四塊。在這個美麗的庭院裡，相當安靜、平和。庭院結構非常均衡。北面正房是會客室，左、右兩側都有房間。江青住一間，另一間爸爸住。北邊正房高大、寬敞。爸爸房裡有一張大床、一張沙發椅和幾張安樂椅，書櫃和書桌。東廂還有三間房。中間是起居室、兼作飯廳。房裡有個衣架，供客人和爸爸掛衣服。南面正房是過道間，兩側分別是岸青和妹妹李訥的房間。兩側的中央正房有一出口連到大街，另外有遊戲間，我們在那兒打乒乓球。角落另一房間是爸爸的藏書室。[7]

毛澤東大部分時間待在寬敞的臥室中。他躺在散落著書籍的大木床上批公文，甚至接見劉少奇、周恩來等政治局委員。劉少奇是他的首席副手，周恩來則在人民共和國建立之後，即出任最高行政機關政務院總理。毛澤東在這個房間內決定了新民主主義時期及社會主義建設時期國家的命運、大躍進時期可怕的結果，以及一九六〇年代初期直到所謂無產階級文化大革命時期的危機。毛澤東在菊香書屋住到一九六六年八月，才搬到另一棟建築物「游泳池館」（在特勤人員的代號中，他、他的家人和他最親近的助手被稱為

---

① 原書註：李敏的回憶錄說是蘇聯特使尤金（Pavel Yudin）帶她見生父；然而，尤金直到一九五〇年才到中國。一九四九年史達林派在中國的特使是柯瓦列夫。

「第一組」）。[8]

新政府成立的頭幾個月，他就在這裡訂定人民共和國發展的主要方向，規劃打造史達林主義國家的計劃。雖然在革命勝利後的頭三年中，人民共和國正式維持新民主主義共和國的性質，沒有複製史達林主義的經濟、政治發展模式，中國與蘇聯及其衛星國家維持特別親密的關係、激烈反對帝國主義，並於一九五〇年至一九五三年積極參與在朝鮮半島和聯合國部隊的武裝衝突。在新民主主義的表象下，中國仿效蘇聯模式建立非常嚴厲的共產主義秩序。毛澤東所認識的唯一的社會主義，就是《聯共黨史簡明教程》中所敘述的共產主義。他仰望全世界望之生畏的史達林和蘇聯作為他的導師，以他們為效仿的楷模。這正是為什麼他試圖將史達林主義移植到中國，他心知肚明這種社會政治制度意味著由共產黨嚴格集中化、階層化的極權主義控制、全國上下對黨領袖無限地崇拜、公民的政治與知識生活完全由安全機關控制、私有財產收歸國有、嚴格的中央計劃、優先發展重工業，以及龐大的國防支出。

然而，人民共和國的史達林主義化，卻因蘇聯在一九四九年至一九五三年期間對中政策的喜怒不定，大受限制。中華人民共和國建立，史達林卻更害怕強大、工業化的中國一旦崛起，可能威脅到他的霸業，他對毛澤東及全體中國人瘋狂的疑心病益加沉重。毛澤東日後回憶說：「史達林懷疑我們，給我們打個大問號。」[9]他清楚地理解到這位克里姆林宮獨裁者不想讓中國共產黨建立社會主義，至少要等到蘇聯本身夠強大、不必怕有社會主義對手時才行。

表面上史達林小心翼翼遵奉馬克思主義規範，根據馬克思主義的說法，需要多久時間才能達到社會主義，要看發生革命的特定國家社會經濟發展的水準而定。因此經濟上比俄羅斯低度開發的國家，要比蘇聯走更長的路才能到達社會主義。這些國家的過渡期就像蘇聯在一九二〇年代的新經濟政策（New Economic Policy）時期，經過此一過渡階段才能走向成熟的社會主義。

史達林終於邀請毛澤東到莫斯科訪問，恩賜毛澤東一個機會向這位「人民之父」祝賀七十大壽。[10]親自掌管蘇聯對中政策的史達林，非常認真看待這位中國領導人的到訪。[11]一九四九年十二月，毛澤東到訪前夕，他再度索取有關這個「窯洞馬克思主義者」的情資。這次，很湊巧，除了負面報告之外，他還收到毛澤東醫生安德烈・阿洛夫提供的正面消息。阿洛夫在十二月十日報告說：「他對蘇聯的態度非常好。這對整個共產黨有極大的影響……蘇聯及史達林同志本人在中國革命的勝利及中國人民的勝利之角色，特別受到珍重……現在毛澤東把他所有的希望寄託在蘇聯、蘇共和特別是史達林同志身上。」

即使這些電文也不能讓史達林完全放心，因為他天性就不隨便信任任何人。阿洛夫也報告說，毛澤東非常謹慎、很容易動怒，而且很會作戲，是個大演員。「他能夠喜怒不形於色，扮演他的角色；他會跟親密友人（有時是跟著名人物）談起它，還笑著問，他是不是演得很棒。」[12]「這個演員」在騙史達林同志嗎？

十二月一日，蘇共政治局通過「關於中國代表團抵達、停留和歡送的計劃」。它甚至注意到極細微的細節。蘇方在邊境歐特波（Otpor）車站安排的火車專列包括：一節頭等艙車供毛澤東專用；一節供其隨員用；一節供蘇聯駐中大使尼古拉・羅申用；一節供史達林駐中代表伊凡・柯瓦列夫及其隨員用；兩節國際車廂；一節軟臥鋪；一節餐車。政治局指派蘇聯國家安全部（MGB）及其部長維克多・阿巴庫莫夫（Viktor Abakumov）負責貴賓及其安全人員來、去邊境沿途之膳食。國家安全部亦負責毛澤東及其隨員住在莫斯科歐斯特洛夫斯基街（Ostrovskii Street）八號寓邸的保安。另外，市郊的札瑞奇（Zareche）別墅江青最近還住過，也撥交毛澤東使用。[13]

蘇聯外交部副部長安納托利・拉夫仁提夫（Anatolii Lavrent'ev）和外交部禮賓司司長費多爾・馬特維耶夫（Fedor Matveev）奉派到邊境歐特波車站迎接中方代表團。原先的安排是由蘇聯部長會議副主席尼古拉・布爾加寧（Nikolai Bulganin）、外交部長安德烈・維辛斯基（Andrei Vyshinsky）、武裝部隊部長亞歷山大・華西列夫斯基（Aleksandr Vasilevskii）以及外交部、武裝部隊高階官員在莫斯科雅洛斯拉夫（Yaroslav）車站迎接毛澤東。[14]但是，最後一分鐘，史達林決定提高接待層級。他加派現已升任蘇聯部長會議第一副主席的莫洛托夫也到車站迎賓。

毛澤東為了會見偉大的導師也做足準備。他非常緊張，思緒很亂，連那些天馬行空的念頭也在腦子裡亂撞。有時候他覺得在莫斯科會有人企圖謀殺他，好幾次問柯瓦列夫蘇方採取什麼措施保護他的安全。他非常盼望見到史達林、親自向他祝賀七十大壽，把自己親手挑選的禮物送給他。他打算花很多時間與史達林會談，也要和莫洛托夫及蘇共書記安德瑞・日丹諾夫會談。他也希望休息、治病。最重要的是，他滿心盼望簽署中蘇友好同盟互助條約，取得三億美元貸款。他帶了一支以陳伯達為首的工作小組，另外還有一位秘書葉子龍、他的首席保鑣汪東興、保鑣李家驥，以及一九二〇、三〇年代在蘇聯住過多年、精通俄文的翻譯員師哲。柯瓦列夫建議讓精通俄文的毛岸英也隨團擔任譯員，但是毛澤東不肯。[15]他依然不能原諒長子在西柏坡的不敬行為，不過事實上他已經正式原諒這個「逆子」，甚至歡迎他和年輕的妻子每星期六到中南海來（毛岸英已在一九四九年結婚，由劉少奇做媒人）。[16]

毛澤東在羅申大使和柯瓦列夫大使陪同下，於十二月初從北京出發。後者回憶說：「解放軍從北京到中蘇邊境沿著鐵路全線加強戒備。鐵路沿線兩側每隔五十公尺就有一名士兵手持自動武器面朝外站崗……從北京一路迤邐到歐特波車站。」[17]這樣如臨大敵的戒備不是沒有道理。縱使如此戒備森嚴，在天津車站還是搜出一顆手榴彈、幾顆炸彈以及其他爆裂物。[18]

十二月十六日中午，毛澤東的專列停進布滿蘇、中兩國國旗的雅洛斯拉夫車站。天很冷，接待儀式十分枯燥乏味和拘泥形式。來迎接他的蘇方代表顯然不知如何舉措。他們應該擁抱和親吻毛澤東嗎？還是應該只握手就行呢？毛澤東給搞糊塗了，覺得沒面子。他在月台出現，轉向莫洛托夫和其他蘇聯官員，開口說：「親愛的同志們、朋友們！」[19]可是沒有人熱情回報。大家都很拘謹；天氣反映這場會面：寒風凜冽，面如刀刺。由於實在太冷，儀式被迫縮短。[20]

同一天晚間六點鐘，史達林在莫斯科接見他。接待會很簡短、但很值得注意。起先談了世界「和平前景」之後，史達林談到有一件事令他十分困擾，就是新民主主義以及它和社會主義的關係。他清楚地強調「中國共產黨必須把民族資產階級列入考量」。他也試圖軟化毛澤東對西方世界的嚴苛立場，指出「你們

（中方）不需要和英國人製造衝突……重點是不要太急，要避免衝突」。毛澤東必須向史達林擔保，他們「目前」不會去動民族資產階級和外國企業家。[21]

接下來四天半他被丟在市郊的別墅，史達林沒邀他，毛澤東也不知道怎麼一回事。莫洛托夫、布爾加寧、米高揚和維辛斯基前來禮貌性拜會，但這些談話都滿足不了他，一則是談話短促，再則是純為官式禮儀。蘇聯東道主的行為洩漏出他們對他有相當的不信任，一種奇特的警戒。柯瓦列夫後來回憶說：「他們（莫洛托夫及其他人）只來一下下，而且只坐椅子邊邊。甚且，毛澤東邀他們留下來吃飯，他們都婉謝、告辭。這也讓他生氣，覺得不給面子。」[22]

十二月二十一日，史達林的生日，毛澤東必須到波修伊大劇院（Bolshoi Theater）參加慶宴時，他已經十分激動，甚至必須吃鎮靜劑。在他簡短致詞稱頌「偉大的領袖和導師」之前，更是渾身不舒服。唯一讓毛澤東欣慰、至少也稍微放心的是，史達林請他緊坐在右手邊。然而，他並沒有太欣賞這場慶宴。毛澤東和史達林手下那夥人不一樣，他不太喝酒，覺得俄羅斯大菜並不高明。

真正讓他受不了的是，宴會後他被護送回下榻的別墅，接下來三十天完全見不到史達林。這段期間，他參觀莫斯科汽車工廠、到列寧格勒參觀郵輪〈曙光號〉（Aurora）以及隱士廬博物館（Hermitage Museum），也看了一大堆有關蘇聯歷史的影片。他也去見了克里姆林宮醫生。新年前三天，他牙痛發作。毛澤東從來不刷牙，認為用綠茶漱口就夠了，這也是為什麼即使他的牙齒平整，它們卻明顯泛綠色，而且幾乎全有蛀洞。他也去見皮膚科醫生。他的手腕發癢已有很長一段時間，有些部位甚至出現紅疹。但是他需要求醫的，其實主要是血管神經症，這一點醫生也束手無策。他們建議他戒煙、做身體按摩、夜間洗松針浴、服維他命B_1、定期在戶外散步、偶爾注射鹿茸精②和定期進食。[23]

一九五〇年一月二日，醫療小組會診完畢後得出下列結論：

---

② 原書註：西伯利亞雄鹿角提煉的一種藥。

> 病人顯示有溫和的動脈硬化症狀；主要受到影響的是腦部血管以及供血給心臟的動脈。由於這個原因，病人偶爾會突然出現腦部血管干擾，造成腿腳衰疲和不穩定。上述血管干擾有時長達數小時。肺部有溫和的肺氣腫現象，那是一九四八年肺和肋膜發炎的殘餘跡象。[24]

毛澤東很生氣平白浪費這麼多時間。當然最讓他氣憤的不是醫生，而是史達林對他不理不睬。他氣憤地問柯瓦列夫：「你們把我叫到莫斯科來，什麼事也不辦，我是幹什麼來的？難道我來這裡就是為了天天吃飯、拉屎、睡覺嗎？」他嘗試打電話給史達林，可是接到的回覆是，史達林不在家，有事可找米高揚。毛澤東回憶說：「我覺得深受侮辱，因此決定什麼事也不幹，待在別墅裡，那裡也不去。」蘇方提議安排他到處參觀遊覽，他「立刻拒絕」，回答說他寧可「在別墅裡睡大覺」。[25]他相信下榻之處一定裝了竊聽器，[26]每天想到什麼，就開口罵出來。[27]

「不讓他和史達林會面，害得毛澤東很緊張，盛怒之下，他口出惡言尖銳批評到莫斯科來。」柯瓦列夫日後回憶說：

> 他不只一次強調，他不僅是以國家元首身分來訪，也是以中國共產黨主席的身分前來，要加強兩個兄弟黨的關係。可是，這方面也毫無動靜。他光是坐在那裡，什麼事也辦不了。沒人打電話給他，沒人來拜訪他；即使來了，也是坐一下就走，純是禮貌拜訪。他一度表示要取消原先打算停留三個月的計劃，預備早點回中國去，至於起草、簽署條約及其他蘇、中文件的事，就交給他已經調到莫斯科的周恩來去處理。我只好把毛澤東的情緒如實向史達林報告，有時也得上書面報告。

史達林沒有任何改善狀況的行動。最後，毛澤東告訴柯瓦列夫：「我再也受不了了；我已經到了控制不了自己的地步。」他把自己關在臥房裡，不讓別人進去。用柯瓦列夫的話說，他「很怕此行到莫斯科會一事無成。這會證實反對他來訪的人沒看走眼，也會使他在中國人民眼中威望大損」。[28]

史達林故意要這麼幹。他要折辱毛澤東，給他一個教訓，別再趾高氣揚。他實際上在告訴毛澤東，在這裡我講話才算數。我是世界共產主義運動偉大的領袖，你算哪根蔥？你是我底下的小學生，你得照我的話去做事才行。史達林不只如此對待毛澤東，他對待其他共產黨領導人也都是這個態度，只不過對待毛主席特別擺架子就是。等到柯瓦列夫再次向他報告毛澤東的情緒時，他才說：「或許我們做得太過火了」。

要到這一刻，雙方才恢復最高層級的談判。史達林再度邀毛澤東到克里姆林宮一談，又把毛澤東找到在附近孔策沃（Kuntsevo）的別墅談話。但是毛澤東還是不放心。史達林依然有所保留、有戒心，不太講話。史達林的譯員尼古拉·費多連科（Nikolai Fedorenko）回憶說：「他偶爾會側目瞄瞄站在遠處的客人。兩人會談的房間……其實是爾虞我詐的一個舞台。」[29]這一切都沒逃過毛澤東的法眼，但是他最受不了的是，史達林對中國公然的帝國主義政策。據毛澤東機要翻譯員師哲的說法，他很清楚意識到史達林的「泛俄羅斯主義」，因為史達林「比起一般俄羅斯人更強烈地」表露出來。[30]毛澤東覺得最受侮辱的是史達林拒絕和他簽署一份政府對政府的正式條約，因為史達林覺得和國民黨政府已經簽的那份條約就夠了。[31]蘇聯和國民黨政府簽訂的條約是一項不平等條約，對中方相當不利，對蘇聯則極其有利。史達林獲悉英國決定在一九五〇年一月初承認中華人民共和國之後，才改變主意，同意簽署中蘇友好同盟互助條約。但是這份歷史性的文件直到二月十四日才簽署。毛澤東現在滿意了，但還是忍不住要對史達林如此決定，故作「驚訝」。他不懷好心眼地說：「改動這項協議，豈不是有違雅爾達會議的決定啊!?」史達林原先一直用雅爾達會議做理由，反對與中華人民共和國簽訂條約，毛澤東故意糗他。史達林答說：「沒錯，的確是（有違雅爾達會議的決定），但是去他的！」[32]

中共為簽署條約感到高興，卻很快又蒙上烏雲，因為史達林擺明了不只要控制毛澤東行動的政治方向，也亟欲染指新中國的經濟。作為條約的附件另外簽署的秘密議定書，透露史達林真正的意圖。第一份議定書授與蘇聯在中國東北和新疆若干特權。除蘇聯人之外，所有外國人都必須退出這些地區。史達林甚至要和這些地方當局另簽商務協定，以加強蘇聯對它們的控制，但是他遭到毛澤東和周恩來堅決抗拒（周恩來奉毛澤東之召，在一月二十日趕到莫斯科）。[33]另兩項秘密協議是在中國境內成立四家合資公司，以確保蘇聯開發中國經濟資源的權益。這些所謂的中、蘇合資公司，兩家設在新疆，一管稀有的、非鐵金屬，另一管石油；另兩家設在大連，經營民航及造船、修船。蘇方擁有百分之五十的資本投資、分享百分之五十的獲利，但是全面主導權也歸它掌握。[34]

中共也為史達林強加在他們身上關於中國長春鐵路（簡稱中長鐵路）的新協議，大為驚慌。毛澤東和周恩來想成立一個委員會經營中長鐵路，主任委員和局長都由中方擔任。他們也希望變更持股比例，把中方持股增加為百分之五十一。史達林和莫洛托夫不接受這些提議，堅持平等，投資持股和經營管理雙方一樣大。[35]與有關中長鐵路、③旅順和大連新協議相關的是，蘇聯對鐵路及旅順海軍基地的控制，維持到一九五二年底。[36]大連的地位則等到簽署對日和約後再來決定。[37]

史達林愈是介入中國事務，他的胃口就愈大，對毛澤東的不信任也上升。史達林的後任赫魯雪夫說，見過毛澤東之後，史達林「沒有入迷」，常以不太中聽的話點評毛澤東。赫魯雪夫說：「你可以感覺到他對毛澤東有種侮慢的態度。」[38]有一次，這個克里姆林宮老大也不知是開玩笑，還是當真，甚至試圖激怒毛澤東，逕說：「在中國，共產主義有民族主義傾向，雖然毛澤東是個共產黨人，他傾向民族主義。」史達林也說，中國恐怕會出現狄托。根據毛澤東的說法，他簡潔地回答史達林：「現在說的這些話，都與事實不符。」[39]以蘇聯小說家康士坦丁．西蒙諾夫（Konstantin Simonov）的話來講，他顯然不瞭解史達林具有「半不可測度的幽默感，它對交談對象而言，有時候挺危險的」。[40]為了消除史達林的疑慮，毛澤東要求史達林派一位「蘇聯同志」到中國評閱、編輯他的作品。[41]毛澤東的確希望史達林派一位他信任的親信到中國來，親眼瞧瞧中國共產黨人是何等無懈可擊的馬克思主義者。[42]

簽訂條約及協定之後，毛澤東和周恩來於二月十七日告別莫斯科。一板一眼的莫洛托夫再次到車站送行，這次毛澤東雖然依舊稱呼蘇方東道主為「同志和朋友」，他也一本正經，講起冠冕堂皇的話。他在上車前宣稱：「在告別偉大的社會主義首都時，我們真誠表示對史達林元帥、對蘇聯政府和人民的衷心感謝。中、蘇永久友誼、永久和平萬歲！」[43]但是，史達林的不信任和貪婪讓他不能釋懷。他失眠、不舒服，變得很緊張、動輒發脾氣。[44]

史達林果真派了蘇聯著名的馬克思哲學專家、學人帕維爾・尤金在一九五〇年春天到中國，查驗毛澤東是不是貨真價實的馬克思主義者。尤金的任務是對不久即將以俄文及中文出版的新版本《毛澤東選集》進行「正確、技術性更正」的編輯工作。原先的中文版《選集》未經蘇聯專家驗證，已於一九四九年在哈爾濱出版，後再譯為俄文，於莫斯科發行。

尤金在中國住了兩年，這段期間就毛澤東的作品提出五百個批註，不過全都是私下性質。用他的話說，他在毛澤東的文章和書籍當中「沒有發現……有任何嚴重反馬克思主義或反列寧主義的見解」。[45]尤金回國後奉命到政治局做報告，史達林非常仔細地問：「他們的確是馬克思主義者嗎？」（史達林特別著重最後一個字詞。）尤金答說：「他們是馬克思主義者，史達林同志！」[46]根據尤金的說法，在這之後，「大老闆」下了結論：「很好！我們可以放心了。他們沒靠我們幫助，自己長大了。」[47]我們不曉得史達林是否真正放心，但過後不久毛澤東即再次展現他對克里姆林宮主子的效忠。

③ 原書註：一九五〇年三月二十二日，蘇共中央政治局通過蘇聯部長會議提出的「關於中長鐵路共管」草案。

第二十五章
韓戰

一九五〇年十月十九日，毛澤東依循史達林的希望，派中國軍隊協助北韓共產黨。北韓已在前幾個月入侵和美國結盟的南韓。毛澤東當然很清楚，他這個決定對史達林有極大意義。他日後經常說，要到中國介入韓戰，站在北韓領導人金日成同一邊，史達林才除去貼在他身上的「疑似狄托派」的標籤，逐漸相信「中國共產黨並不親美，中國革命不是『民族主義共產主義』的範例」。[1]中國外交部長陳毅證實這段話，他說，史達林聽到毛澤東決定出兵，感動得落淚。這位上了年紀的獨裁者連說兩次：「中國同志，好樣的！」[2]毛澤東加入韓戰顯然至少有一部分是刻意要表明，中國領導人對克里姆林宮主子的效忠。

這場浴血大戰由北韓共產黨在一九五〇年六月二十五日發動。中國是在北韓共產黨即將被擊敗的緊要關頭介入。金日成部隊不僅遭遇南韓士兵的抵抗，也遭逢安全理事會為制止侵略者而派出的聯合國部隊。聯合國部隊的主力是美軍，而盟軍總司令亦由美國將領道格拉斯・麥克阿瑟（Douglas MacArthur）出任。

金日成和毛澤東在戰爭開打前達成協議，史達林表示支持金日成的二十七天之內佔領南韓的冒險計劃，慫恿他掀起戰端。[3]若沒有克里姆林宮主子的撐腰，這個北韓領導人絕不會跨越分隔兩韓的北緯三十八度線。克里姆林宮主子刻意要把美國人捲入戰爭。安理會就北韓侵略一事進行決定性表決的前夕，蘇聯外交部第一副部長安德烈・葛羅米柯（Andrei Gromyko）要求史達林指示蘇聯代表雅科夫・馬利克

（Yacov Malik），出席安理會會議，以便否決它可能通過的任何決議，①但是史達林不理會他。自從一九五○年一月起，蘇聯即杯葛安理會，理由是安理會拒絕承認中華人民共和國加入聯合國的合法權利。就葛羅米柯建議馬利克回到安理會，以便阻止不利北韓或蘇聯的任何決議一事，史達林斷然表示：「我個人認為，蘇聯代表不得參加安理會會議。」葛羅米柯試圖反對，解釋說，蘇聯代表若是缺席，將使安理會可以派遣聯合國部隊前往南韓，但史達林不為所動。他甚至親自口諭葛羅米柯，不准馬利克出席安理會會議。[4]

史達林因此即使「在戰爭開始當天，情勢已很清楚，美國將會干預」，也放棄否決安理會決議的機會。[5]這使得美國及其盟國得以在六月二十五日譴責北韓（在蘇聯代表缺席下，安理會以九比零、南斯拉夫棄權，表決通過譴責北韓）。兩天後的六月二十七日，馬利克依然缺席，安理會批准動用國際部隊對抗北韓人民軍，立刻有十五個國家表態加入反擊侵略者（聯合國大會有五十三國贊成動用武力）。[6]

史達林在向其部屬解釋為什麼要把「帝國主義者」扯進韓戰的思維時，完全不說實話。以下是他在一九五○年八月二十七日發信給蘇聯駐捷克大使米海爾．席林（Mikhail A. Silin），要他轉呈給捷克總統克萊門特．哥德瓦爾德（Klement Gottwald）：

> 我們退出安理會的目的有四個：第一，表明蘇聯與新中國團結一致；第二，強調美國的政策荒誕愚蠢，因為它承認國民黨政府這個稻草人是中國在安理會的代表，卻不允許中國的真正代表進入安理會；第三，認定安理會在兩個大國（史達林指的是蘇聯及中華人民共和國）代表缺席的情況下做出的決定是非法的；第四，讓美國放開手腳，利用安理會中的多數再做些蠢事，從而在公眾輿論面前暴露美國政府的真實面目。
>
> 我認為，我們已經達到了所有這些目的。
>
> 我們退出安理會後，美國陷進了對北韓的軍事干涉，敗壞了自己在軍事和道義上的威望。現在沒有哪個正直的人還會懷疑，美國在北韓扮演了施暴者和侵略者的角色，在軍事上也不像它自己宣揚的那樣

強大。此外，很明顯，美國的注意力從歐洲被引向了遠東。從國際力量對比的觀點來看，這一切是不是對我們有利呢？當然是。

假設美國政府還繼續被牽制在遠東，並使中國加入解放北韓和爭取本國獨立的鬥爭，那會是什麼樣的結果呢？首先，美國像其他國家一樣，也不是擁有大批武裝力量的中國的對手。美國會在這場鬥爭中無力自拔。其次，美國在這裡被纏住後，就不能在短時間內著手進行第三次世界大戰。那麼，第三次世界大戰就會不定期拖延，這就為鞏固歐洲的社會主義爭取了時間。更不要說美國和中國的鬥爭會在亞洲和整個遠東地區引發革命了。從國際力量對比的觀點來看，這一切是不是對我們有利呢？當然是。可見，蘇聯是否參加安理會已經不是表面看來那麼簡單的問題。[7]

從一開頭，史達林就意圖利用韓戰，讓美國捲入，不僅和北韓衝突、也和中國交戰，藉以削弱美國。赫魯雪夫日後告訴毛澤東說：「我們應該記住，我們也不是沒有罪過。是我們把美國人拖進南韓的。」[8]換句話說，在史達林看來，韓戰似乎只是在全球搞世界革命的新計劃的元素之一而已。列寧這個「偉大的學生」從來沒有放棄社會主義接管全球的念頭。他和列寧不一樣，列寧為了世界革命，可以不惜犧牲俄羅斯。史達林則認為世界革命是散布俄羅斯霸權的一個手段。現在，一九五〇年代初期，似乎又出現達成這個宏偉目標的新機會——果真也是最後一次機會。史達林自一九四九年八月以來已擁有核子武器。半個歐洲已臣服在他腳下。紅旗在中國、蒙古和北韓飛舞。在中南半島方面，莫斯科的傀儡正在和有美國撐腰的法國帝國主義作戰。世界革命的成功似乎已經不遠。

然而，毛澤東在這方面的立場卻不是一言可以道盡。韓戰爆發前，他顯然完全支持金日成和史達林。

① 原書註：這時聯合國安全理事會有十一個理事國，其中五個是具有否決權的常任理事國。這五個常任理事國是美國、蘇聯、蔣介石的中華民國、英國和法國。

他在北韓開戰之前一年，已經由前來雙清別墅拜訪他的北韓代表口中獲悉金日成的計劃。他明白地答應鄰邦，一定幫忙，包括動用部隊，但是要等到他和蔣介石的內戰終止才行。[9]一九五〇年一月底，他和史達林有一次談話，史達林本人提起「提供北韓援助，以便增強其軍事潛力、並強化其國防的需要與可能性」這個問題。[10]可是，他對毛澤東守口如瓶，隻字不提北韓可能入侵南韓。不提，其實就是對客人的另一個蔑視。[11]毛澤東也保持緘默，但已經大為不爽史達林不信任他。不必含糊其詞講些什麼「提供北韓援助」，「偉大的領袖」或許可以直接告訴毛澤東他想要什麼。但是史達林覺得他只能和金日成商討南侵計劃。他要金日成承諾目前絕不洩漏有此計劃，即使是對「中國同志」或甚至北韓其他領導人，也絕口不能說。他寫信告訴金日成說：「為瞞住敵人，非得如此不可。」[12]

縱使如此，即使史達林不說，毛澤東也明白：這個構想早已經討論過相當一段時間了。這時，史達林已拿定主意，但是毛澤東的同意卻不可缺少。毛主席答應協助北韓「強化其國防需要」，不僅是因為身為客人不想拂逆東道主，也因為毛澤東本人希望有個統一的韓國以打造社會主義。或許他明白史達林預備讓他在世界革命擔任「衝鋒隊」的角色。總而言之，他不怕老美；他相信「美國人不會為（朝鮮）這樣一小塊地方掀起第三次世界大戰」。[13]

和毛澤東談過之後，史達林在一九五〇年一月三十日發電報給蘇聯駐北韓大使捷連季．什特科夫（Terentii Shtykov）：「我理解金日成同志的不滿，但他應當理解，他想對南韓採取如此大的舉措，是需要充分準備的。此舉必須有組織，不冒太大風險。如果他想同我會談此事，那麼，我隨時準備接見他並同他談。請把此事轉告金日成並且告訴他，在這件事上我準備幫助他。」[14]

一九五〇年三月三十日，金日成興高采烈地前往莫斯科，四月與史達林有過三次秘密會談。史達林證實，「緊急狀況下，中國會出兵」。他又加了一句話以穩住金日成：「我們必須絕對肯定華府不會涉入作戰才行。」史達林似乎是告訴他的客人，蘇聯將盡全力阻止美國介入。事實上，我們已經看到，史達林處心積慮要把美國扯進這場衝突。

已經暈陶陶的金日成顯然目盲，看不清他的導師玩兩面手法。在「偉大的」史達林面前，這位蘇聯紅軍前任上尉失去批判性思考的能力。他高興地向東道主保證，「因為蘇中同盟，美國人不會冒陷入大戰的危險」。他不瞭解史達林的地緣政治計劃，因此他說：「朝鮮人寧願靠自己的力量統一全國，我們相信我們將會成功。」然而，史達林再次建議：「你必須依靠毛澤東，他對美國事務非常瞭解。」[15]

金日成需要毛澤東的援助，但又不願意太依賴中國人。他不僅是共產黨人，也是朝鮮民族主義者，他對中國有戒心。好幾個世紀以來，他的國家必須忍受其巨大鄰國的帝國主義霸權。金日成希望避免同樣的命運。甚且，他真的有必勝的把握。北韓的武裝部隊明顯比南韓總統李承晚的部隊優勢。金日成的部隊人數和砲火是南韓的兩倍，機關槍是七倍，自動步槍是十三倍，坦克是六倍半，飛機是六倍。[16]金日成沒有辦法不服從史達林，但是他也很聰明地打他的牌。

回到平壤之後，他派一位首席助手到北京，向毛澤東、朱德和周恩來彙報他和「各民族之父」會談的結果，並且告訴「中國兄弟」，他只要求得到解放軍當中三個朝鮮族組成的師。中共在國共內戰期間已從滿洲召募當地的朝鮮人，組訓這些單位，每個師有一萬人。毛澤東裝作不是完全明白這項請求的真正意思，不僅向金日成的特使表示同意，還親切地補充說：「必要時，我們可以給你們悄悄地派去中國士兵……都是黑頭髮，誰也分不清。」[17]毛澤東立刻告訴柯瓦列夫有這項談話，柯瓦列夫又向史達林一五一十報告。

五月十三日，毛澤東接見搭乘蘇聯飛機、抵達北京的金日成。次日，史達林才在拖了許久之後通知毛澤東，他和這位北韓領導人曾經秘密會商：

毛澤東同志！在與朝鮮同志會談中，菲力波夫和他的朋友們提出，鑒於國際形勢已經改變，他們同意朝鮮人關於實現統一的建議。同時補充一點，這個問題最終必須由中國和朝鮮同志共同解決，如果中國同志不同意，則應重新討論解決這個問題。會談詳情可由朝鮮同志向您講述。菲力波夫。[18]

史達林發出這封電報之前，毛澤東早已氣惱史達林和金日成在克里姆林宮秘密會商，竟然把他蒙在鼓裡，他在五月十三日也要求大老闆「親自澄清」他和金日成的確有此諒解。[19]從毛主席的角度，這只不過是個形式，因為他早已瞭解史達林有意在朝鮮發動戰爭，只是他很氣史達林在一月間竟沒跟他坦誠交換意見。

縱使如此，毛澤東還是完全同意支持朝鮮透過軍事手段統一。金日成讓毛澤東瞭解他的全盤作戰計劃，毛主席也完全贊成它。當然他會贊成——計劃的基本架構早已在莫斯科協調好了。然而，金日成告辭時，毛澤東還是要說一句：「美國人依然有可能介入戰事」；不過，和原先一樣，毛澤東對這一點倒沒有特別焦慮。他的結語是：「如果美國人參與軍事行動，中國將提供部隊給北韓。」[20]

然而，就和金日成一樣，毛澤東誤判情勢。史達林全部料中。打從一開始，每樣事都照他的推算發展。美軍緊急馳援南韓。然而在第一批美軍部隊六月二十九日登陸時，北韓人民軍已擊潰南韓主力部隊，並於戰爭開打後三天內攻陷首都首爾。然而，不久之後美軍逆轉情勢，北韓部隊潰散。為了避免遭到包圍，他們迅速往中國邊境撤退。[21]到了九月底，南韓部隊往三十八度線推進；既然沒遭遇抵抗，他們在十月一日跨過三十八度線。同一天，麥克阿瑟將軍要求北韓人民軍最高本部立刻無條件投降。毛澤東採取行動的時候到了。這是史達林早就等待的一刻。世界革命不久即將開始。

十月一日，人在黑海海濱索契（Sochi）的史達林，拍發緊急秘密電報給毛澤東和周恩來：

> 我考慮，根據眼下的形勢，如果您認為能為朝鮮人提供援軍，哪怕五六個師也好，應即刻向三十八度線開進，從而使朝鮮同志能夠在你們部隊的掩護下，在三十八度線以北組織後備力量。中國部隊可以以志願者的身分出現，當然，由中國的指揮員統率。[22]

史達林很篤定，毛澤東只是在等候他下達命令。他從羅申大使那裡獲悉，中國已派遣三個軍、十二萬部隊進入瀋陽附近地區，防備聯合國部隊跨越三十八度線。

現在，面臨到決定關頭，毛主席突然猶豫起來。衡量介入的正、反理由之後，他現在發現自己低估了美國。中國還沒準備好和美國全面開戰。中國一片殘破，人民厭戰。甚且，美國掌握朝鮮半島空中優勢，史達林還沒答應替中國攻勢提供空中掩護。中國沒有自己的空軍。為莫斯科的利益，把自己丟到世界革命的祭壇，豈不是蠢斃了？十月一日和二日，毛澤東和最親近的副手會商朝鮮局勢；中國領導人大多數反對出兵，其中以周恩來講話最直率。包括林彪在內，許多軍事將領也不支持介入。他們都說：「非到不得已，最好別打這一仗。」[23]

中方也為金日成的行為相當不滿。他既未開口向中國求助，請中方武裝介入，而且甚至不覺得有必要告訴中方，他的抵抗進行得如何。金日成明顯表露出他不信任中共領導人，寧可求史達林伸出援手。周恩來顯然是奉毛澤東指示，一再向蘇聯大使抱怨這一點。史達林也認為金日成的行為「不正常」，但金日成偏偏就不改。即使到了九月底，中方表示願意協助，他在回答時也只說，「朝鮮人民準備長期抗戰。」[24]蘇聯大使什特科夫在一九五〇年九月二十二日向葛羅米柯報告（這封密電是要呈給史達林）：

> 一九五〇年九月二十一日，勞動黨中央委員會書記〔亞歷克西．伊凡諾維奇〕黑加（Aleksei Ivanovich Hegai）——蘇聯出生的朝鮮人——前來拜訪我。
>
> 討論一開始，黑加就告訴我，他希望照會我（勞動）黨政治委員會九月二十一日舉行的一場會議之情況。
>
> 兩個半小時的會議，討論如何回答中國同志。針對發展中的局勢，中國政府向朝鮮政府提出建議，周恩來問我們究竟有何打算……發言者……得到相同的結論，即局勢艱難，顯然他們無法靠自己對付美國人。因此，他們的結論是，有必要請中國政府派部隊進入朝鮮。
>
> 接下來金日成發言。他問，再來會是什麼？我們已經估算過，我們有這麼多人，我們可以靠自己的部隊對付。蘇聯照我們的要求，給了我們這麼多的軍火。我們根據什麼，可以要求中方援助？

> 金日成又提出一個問題，如果中方站在朝鮮這一邊參戰，可能會有什麼後果。這會不會導致第三次世界大戰……
>
> 他提議目前暫不決定要求中國政府援助，應該致函史達林同志，請教他是否該請中國派兵。他還強調，蘇聯或許會不高興，我已經提供顧問和軍火，還不夠嗎？
>
> 金日成又宣布，如果我們有時間，我們將加快編組新單位，那就不必向中方求助了。但他們擔心情況未必如此。
>
> 討論並沒做出決定。[25]

經過激烈辯論後，朝鮮勞動黨中央政治局終於在九月二十八日決定回信給北京，只「暗示求援」。[26]北韓依然把希望「寄託在史達林同志身上」，於九月二十九日上書史達林，懇求他直接介入此一衝突。[27]為此，「領袖及導師」不耐煩地回覆說，解決朝鮮問題的上上之策是中國派兵進入朝鮮，他建議北韓領導人盡快和中方展開諮商。[28]這下子金日成再也不能漠視事實。十月一日深夜，他要求中國大使立即向毛澤東報告，他要求中國派兵到朝鮮。另外，他也透過自己的管道，把相同的電報傳到北京。[29]

可是，毛澤東在十月二日透過蘇聯大使羅申傳遞訊息給史達林，史達林次日接到它。這封電報說：

> 我們原計劃當敵人前進到三十八度線的時候派幾個師的志願軍到北韓為朝鮮同志提供援助。
>
> 然而，經過全面考慮，我們現在認為採取這樣的行動可能會承擔極其嚴重的後果。
>
> 第一，派幾個師的兵力解決朝鮮問題非常困難（我們的部隊裝備很差，與美國軍隊作戰沒有取得軍事勝利的把握），敵人可能會迫使我們後退。
>
> 第二，這樣做很可能會導致美國與中國的公開衝突，其結果蘇聯也會被拖進戰爭。這樣，問題就變得十分嚴重了。

中共中央的許多同志認為對此表示謹慎是必要的。當然，不派軍隊援助對於正處在如此困難之中的朝鮮同志是很不利的，我們自己也強烈地感覺到這一點；但是如果我們派去幾個師，敵人又迫使我們後退，同時還導致美國與中國的公開衝突，那麼我們的整個和平恢復計劃就會遭到徹底毀滅，這會引起國內很多人的不滿（人民受到的戰爭創傷沒有恢復，我們需要和平）。因此，目前最好還是耐心一些，不派出軍隊，同時積極準備我們的力量，這樣做在把握與敵作戰的時機上會更為有利。

由於暫時的失敗，朝鮮可以把鬥爭的形式改為游擊戰。

我們將舉行一次中央會議，中央各部門的主要同志都要出席。關於這個問題還沒有做出最後決定，這是我們的初步電報，我們希望與您商量。如果您同意，我們準備立即派周恩來和林彪同志飛往您的療養地，與您談這件事，並報告中國和朝鮮的局勢。

敬候佳音。

毛澤東

一九五〇年十月二日[30]

當然，和史達林吵架是很危險的事，但是毛澤東認為他可以根據客觀困難說服大老闆。同一天（十月二日），他起草一份完全不同的電報給史達林。他在電報中說：「我們決定用志願軍名義派一部分軍隊至朝鮮境內。」[31]現在，他先壓住這封電報，[32]決定試探一下史達林的想法。誰敢斷言呢？——或許史達林能接受他的論據。

十月四日下午，毛澤東召開政治局擴大會議，「中央各局重要同志」都出席。他要求與會人士「列出派兵到朝鮮」的不利之處。同時，他又說：「如果我們袖手旁觀，實在難過。」[33]會中討論，大多數人再度表達反對介入的意見。

稍後，毛澤東接到史達林的回覆，透露出大老闆非常不爽毛澤東的電報。現在史達林坦白說明他正是希望中國和美國公開衝突。這封密電送到北京，答覆毛澤東十月二日的電報，它的內文充滿猙獰的誠實：

當然，我也考慮過，美國儘管沒有做好大戰的準備，仍可能為了面子而被拖入大戰，這樣一來，自然中國將被拖入戰爭，蘇聯也將同時被拖入戰爭，因為它同中國簽有互助條約。對此應該害怕嗎？我認為不應該，因為我們聯合起來將比美國和英國更有力量，德國現在不能給美國任何幫助，而歐洲其他資本主義國家更不成為重要的軍事力量。如果戰爭不可避免，那麼讓它現在就打，而不要過幾年以後，到那時日本軍國主義將復活起來並成為美國的盟國，而在李承晚控制整個朝鮮的情況下，美國和日本將會在大陸有一個現成的橋頭堡。[34]

把這份最高機密的密電，和前文引述的一九五〇年八月二十七日史達林給蘇聯駐捷克大使的電報並列，我們對史達林真實的地緣政治意圖就十分清晰，不再有疑問。為了推動世界革命，他預備挑動第三次世界大戰。他原先愛好和平的一些話，完全是假話。

十月五日，垂頭喪氣的毛澤東又一次召開政治局擴大會議，會中他請強烈主張參戰的彭德懷發言。彭德懷懇請與會者「派兵援助朝鮮」，強調若不出兵，接下來美國恐怕就會利用台灣和朝鮮這兩個基地攻打中國。他說：「老虎是要吃人的，什麼時候吃，決定於它的腸胃。」[35]彭德懷一番慷慨激昂的講話打破僵局，會議通過史達林要求的決定。毛澤東旋即指派彭德懷為還未組建的志願軍總司令（毛澤東起先屬意林彪領軍，但林彪藉口生病不就）。[36]然後毛主席發電報給史達林，表示堅決支持史達林電報中的根本立場，而且為了讓大老闆息怒，又說他將「派的不是六個而是九個師」。他解釋說他「不是現在而是過一些時候再派」；他要求史達林「接見他的代表，和他們討論任務細節」。[37]

史達林同意這個提議，毛澤東派周恩來和林彪（兩人都反對參戰）於十月八日趕往索契。他坐立不安地等候大老闆指示。同時，為了巴結史達林，毛澤東命令彭德懷和東北人民政府主席高崗（高崗兼任東北軍區司令員及政委）改組派駐東北的部隊為中國人民志願軍。他要求志願軍立刻進入朝鮮。[38]十月八日，

毛澤東照會金日成他已下令出兵，[39]雖然他瞭解彭德懷和高崗主張介入韓戰，卻都無法「動作快」。他們需要時間組訓志願軍。

十月十日晚間七點，周恩來和林彪在索契和史達林會面。莫洛托夫、馬林可夫（Georgii Malenkov）、貝利亞（Lavrentii Beria）、卡岡諾維奇（Lazar Kaganovich）、布爾加寧和米高揚等蘇聯高階領導人也參加了這場會談，談得很辛苦。一向鎮定的周恩來，經過好幾小時的辯論後也疲憊不堪。依照師哲的說法，林彪更是累壞了，活像一具死屍。清晨五點鐘，史達林建議擺宴，慶祝談判完成，林彪嚇壞了。周恩來是千杯不醉，林彪卻滴酒不沾，可是林彪也不能不硬著頭皮參加。因此，儘管已經累極了，客人不能不賞光。可是，究竟有什麼好慶祝的呢？史達林沒有答應提供中國人民志願軍空中掩護，只說蘇聯空軍還沒準備好。他只答應在二至二個半月之後派出飛機。會議之後，他致函毛澤東，也是這麼說。[40]他要求中國人犧牲，自己卻慢條斯理派出飛機。

同時，朝鮮半島的戰事持續不停。十月十二日，毛澤東十分洩氣，再次照會史達林，他無法派出部隊到朝鮮。同一天，他收回要彭德懷和高崗出發的前令，召他們回北京商量。[41]

這不啻是造反。史達林眼前又浮現中國「狄托主義」的影像。史達林既氣毛澤東，也氣金日成——周恩來和林彪向他投訴了金日成許多曖昧不明的行為——同一天即命令金日成把他的殘部統統撤出北韓：「中方再次拒絕出兵。因此，你必須退出北韓，把朝鮮部隊撤退到北方。」[42]十月十三日他重申命令：「我們相信，持續抵抗已無希望。中國同志拒絕參與軍事行動。在這種情況下，你必須準備完全退入中國或蘇聯……必須保留未來與敵軍交戰的力量。」[43]他對周遭親信說：「好了，現在會怎麼樣？我們沒有派兵進去，現在美國人將在我們的遠東邊境跟我們做鄰居，不過就這麼一回事嘛。」[44]世界革命未出師、即夭折。

接下來，突然奇蹟出現。史達林告訴金日成，在他認為金日成的掙扎「沒有希望」的同一天，即十月

十三日，毛澤東突然告訴羅申大使，「中共中央重新討論了形勢，決定盡管中國軍隊非常缺乏武器裝備，但還是要給朝鮮同志提供軍事援助。」[45]他把同樣的訊息傳給人仍在莫斯科的周恩來。羅申和周恩來迅速通報蘇聯領導人。[46]終究毛澤東無法反對史達林，即使「領袖和導師」拒絕提供空中掩護，也必須在最後一分鐘退卻。史達林對他的影響力極大：這位叱咤風雲的克里姆林宮獨裁者的陰影依然盤旋在中南海。

得到羅申報佳音，史達林立刻命令金日成「請暫緩執行昨天發給你們的關於在北韓進行疏散和將朝鮮軍隊向北撤退的電報」。[47]他喜不自勝。現在一切又恢復原定計劃進行。

六天後，解放軍四個野戰軍、三個砲兵師在彭德懷統率下，終於介入韓戰。聯合國部隊攻勢受挫，旋即南撤，不久即穩住局勢。南韓及美軍開始堅強抵抗，導致彭德懷停止攻勢。兩軍大致沿著三十八度線對峙。

中國軍隊初期的成功讓毛澤東有個想法，甚至開始認為如果像它原先在中國的戰爭打成持久戰的話，或許會打贏這場戰爭。他在一九五一年三月一日寫信給史達林，大談這個構想。史達林這方面則堅持「不應加快韓戰，因為持久的戰爭第一能夠使中國軍隊在實戰中學習現代戰爭；第二將會動搖美國杜魯門政府和打破美英軍隊的軍事神話」。[48]

一九五一年二月，史達林透過中共指示印尼共產黨發動武裝鬥爭奪取政權。他發給劉少奇一封轉交印尼共產黨中央委員會的電報，強調「印尼共產黨最近的將來之根本任務」，不是「『建立盡可能最廣泛的民族聯合陣線』以反抗帝國主義，『達成印尼的真正獨立』，而是要消滅封建的土地財產，把土地交給農民」。[49]世界革命大火繼續延燒。

史達林和毛澤東都不介意戰爭造成生靈塗炭。毛澤東在三月一日同一封信中向「導師」報告，中國部隊傷亡已達十萬人，估計今年及明年還有三十萬名傷亡。毛澤東的結語是：「因此，我們還將需要三十萬人補充兵員。」[50]他彷彿說的不是人，而是沒有生命的統計單位。

然而，隨著時間流逝，戰爭開始顯得沒希望。中國人民志願軍人數已膨脹到一百萬（另有一百萬人負責運送補給到朝鮮），使得中國大失血，毛澤東終於開始思考如何從朝鮮脫身。一九五一年初夏，他開始審慎、堅持地在函電中向史達林試探這個想法。[51]可是史達林不同意結束戰爭。他仍然需要戰爭。在朝鮮半島上，中國及朝鮮部隊正在上課學習當代戰爭，為新戰爭做準備，甚且「在整個遠東亞洲促成革命」，並且「強化歐洲社會主義」。

然而，一九五一年夏天，北韓也開始醒悟戰爭必須結束。六月十日，在毛澤東同意下，金日成和高崗飛往莫斯科，先和在當地養病的林彪會合。三人合力說服史達林，同意與敵人談判。可是，這位克里姆林宮獨裁者沒有賦與金日成和毛澤東簽署朝鮮和平協定的權力。停戰談判從一九五一年七月十日開始，但進展遲緩，戰火持續燃燒。

接下來毛澤東開始向史達林抱怨，戰爭引起經濟困難。例如，一九五一年十一月十四日他寫說：

> 今年因為抗美援朝的關係，中國政府的全年預算已較一九五〇年預算增加了六〇%，而總預算中的三二%均直接用於朝鮮戰場，蘇聯政府給我們提供的軍事貸款尚未計算在內。因此，如果現在不立即採取緊縮的方針，則明年的預算必更膨脹，財政必受影響，物價必大波動，勢必使前方戰爭大不好，後方建設亦搞不好。採取這種方針，正是為著在朝鮮談判中，和固有利，拖也不怕，而打下去一定能打出一個結果來，國內各項工作均好做，並有把握爭取政治和經濟的繼續穩定和發展。[52]

一九五二年一月，消息傳抵莫斯科，北韓百分之十的人民正陷入飢饉，到了四、五月，大部分農民都將陷入飢饉。儘管中國國內糧食狀況十分不理想，毛澤東還是決定運送糧穀協助北韓人民。史達林則似乎刻意裝聾扮啞。一九五二年八月二十日，史達林在克里姆林宮會見周恩來及中國代表團其他團員時，依然強硬表示：

> 這場戰爭使美國人大傷腦筋。北韓除了死傷一些人，沒有損失……美國人瞭解這場戰爭不利，他們必須終止它，尤其是情勢變清楚，我們的部隊會留在中國之後。現在需要堅忍不拔……韓戰已經顯示美國的衰弱……美國人根本沒有能力打大規模戰爭，尤其是韓戰之後……美國打不贏小朝鮮……他們已失去打大規模戰爭的能力。他們把希望寄託在原子彈和空中力量上。但是，打勝仗不能光靠它；需要有步兵，可是他們沒有太多步兵，而且他們的步兵太弱。他們和小朝鮮作戰，美國國內已經有人在哭。如果他們打大規模戰爭，會是什麼狀況？豈不是人人都要哭。[53]

毛澤東一直要到史達林於一九五三年去世，才得以「光榮」地從這一困局脫身。朝鮮半島的戰爭一直是中國嚴峻的負擔。解放軍再也打不起這樣一場耗費不貲的戰爭。金日成也很高興能夠終止戰爭。一九五三年三月十一日，這位獨裁者死後六天，率團到莫斯科悼亡的周恩來，向馬林可夫、貝利亞和赫魯雪夫等蘇聯領導人提出中國的緊急要求，希望加快停戰談判。蘇聯新領導人也贊成結束戰爭。[54]三月十九日，蘇聯部長會議決議變更史達林路線，尋求退出朝鮮的方法。[55]莫斯科派特使前往平壤，向金日成傳達蘇聯的新指令。

一九五三年七月二十七日上午十點，北韓及中國的代表，與聯合國司令部的代表，簽署停火協定。中國人民志願軍停留在朝鮮，直到一九五八年十月才因金日成的壓力，調回中國。[56]

根據官方資料，中國在這場戰爭有十四萬八千人陣亡，超過三十萬人負傷、被俘或失蹤（根據其他資料來源，陣亡人數為十五萬二千人，或甚至十八萬三千人，整體傷亡人數達到九十萬人）。[57]同時，北韓人民軍陣亡五十二萬人，南韓陣亡四十一萬五千人；美軍傷亡為十四萬二千人，包括三萬六千五百一十六人陣亡。蘇聯陣亡人數兩百九十九人，包括一百三十八名軍官和一百六十一名士兵。人數最多的受害者是朝鮮半島的人民；根據不同的資料，死難者有三、四百萬人。[58]

毛澤東的長子毛岸英也在韓戰中陣亡。一九五〇年夏天韓戰爆發，毛岸英申請參軍。和反法西斯戰爭時期一樣，他爭取到第一線去。他或許是要向依然對他冷淡的父親表現。總之，他到了朝鮮，派在中國人民志願軍參謀本部任職。總司令彭德懷設法把他擺在身邊，卻無法保護他不受傷害。一九五〇年十一月二十五日，美軍空襲彭德懷總部，毛岸英被炸死，年僅二十八歲。同一天，彭德懷就上報告給毛澤東，但是毛澤東的秘書葉子龍在周恩來同意下，扣住這封電報。隔了幾天，毛澤東才得知噩耗。

根據毛澤東隨扈人員的說法，他沒有掉眼淚。葉子龍說：「他……沒有任何表情，但他的臉色非常難看。他向我擺了擺手說：『戰爭嘛，總會有犧牲，這沒有什麼！』」[59]後來和彭德懷碰面時，他又做同樣的表示。彭德懷向他請罪：「主席，你把岸英託付給我，我沒有保護好他。我有責任，我請求處分！」但毛澤東只是閉上眼，他說：「打仗總是要死人的……岸英是一個普通戰士，不要因為是我的兒子，就當成一件大事。」[60]可是，很顯然他受到的打擊甚為嚴重。一連多日，他幾乎不吃東西，也睡不著覺。他一個人坐在躺椅上，一根煙接一根煙抽個不停。

這時候他已經失去許多家人。他最小的弟弟毛澤覃一九三五年在閩西與國民黨作戰死亡。大弟弟毛澤民一九四三年在新疆慘死。毛澤民一九四〇年到新疆，在軍閥盛世才手下工作。有相當長一段時間，盛世才以史達林朋友自居，甚至申請要加入蘇聯共產黨。但是，一九四二年他和蘇聯斷絕關係，顯然有相當理由懷疑共產國際和中共陰謀推翻他。盛世才抓了毛澤民和中共新疆黨部其他領導人，打入大牢。他們接連好幾個月被審訊、刑求，一九四三年九月二十七日處決。他們先遭警棍痛毆，再遭勒殺，屍體塞進麻布袋，埋到偏僻山區。毛澤東後來聽到謠言說，三天後，盛世才又下令把屍身挖出來拍照，再把照片送交宋美齡，轉呈蔣介石。[61]

一九二九年八月，毛澤東的堂妹毛澤建死在國民黨手中，一年三個月之後楊開慧也死了。一九四六年六月，毛澤覃十九歲的獨子毛楚雄被殺。楊開慧的堂弟楊開明一九三〇年在長沙被處決；一九三五年長征途中，毛澤東又失去一個舅子——賀子珍的小弟賀敏仁因褻瀆喇嘛廟，被藏人所殺。

毛澤東兩個弟弟的家人，只有毛澤民的子女活下來：女兒毛遠志（元配所生，比毛岸英大一歲）、兒子毛遠新。毛遠新一九四一年二月十四日在新疆出生；前不久，好色的毛澤民才剛拋棄第二任妻子錢希鈞，另娶新歡。他的第三任妻子朱旦華和江青一樣，演員出身。一九四三年二月，她被捕，與小兒子一起關在牢裡。一直要到一九四六年五月她才獲釋；七月間，帶著毛遠新到達延安，投靠毛澤東。毛澤東對比女兒李訥小半歲的小侄子很親善。他或許覺得有責任比對自己子女更關心毛遠新。他也關心侄女毛遠志，但她已經長大。她在一九四五年結婚，一年後生下兒子，因此毛澤東也開始有當了爺爺的感覺。從一九五一年起，毛遠新在伯父照料下長大。朱旦華改嫁，與新婚丈夫在南昌工作，把兒子交給毛澤東，江青要他住進中南海。

毛澤東失去長子之痛其實一直揮之不去，即使自己的女兒、幼子和鍾愛的侄子也減緩不了傷痛。彷彿他和已逝的長子仍有一線牽連，不時啃噬著他。

毛岸英的死，對岸青的衝擊最大。他們倆情逾手足，對死去的母親哀痛逾恆，對童年挨餓受苦、從香港跋涉到莫斯科、住進國際兒童院、與賀媽媽一起住等等有共同的記憶。毛岸青是個非常神經質的年輕人，很容易焦慮，心理並不平衡。當他的母親被捕時，士兵痛打他的腦袋留下後遺症。哥哥一死，使他崩潰。他失眠，開始繞室急走、自言自語。不久，醫生診斷說他得了精神分裂症。毛岸青無法工作，毛澤東送他到蘇聯治病，但一直治不好。回國後，他被送到大連軍方的療養院。他的寡嫂劉松林，帶著妹妹邵華照料他。一九六〇年，毛岸青和邵華結婚。兩年後，他們回到北京。毛岸青病情開始好轉，但從來沒能完全痊癒。[62]

毛澤東當然為兒子生病煩憂，甚至更加失望。他痛苦地說：「『始作俑者，其無後乎』；我無後乎？……我一個兒子打死了，一個兒子瘋了，我看是沒有後的。」[63]其實，他一如往常，沒時間搞感情。權力和政治取代了他的親情。

第二十六章

新民主主義的矛盾

毛澤東希望中國快速發展成為現代社會主義國家。但是在中華人民共和國初年，史達林的生性多疑、亟欲主宰一切的心態，加上教條主義作祟，限制住他提供蘇聯援助給中國。即使他真心希望多幫忙，被戰爭拖垮的蘇聯經濟也不允許他大幅增加對中華人民共和國的援助。然而，我們從現有的文件看到，促使史達林限制對中華人民共和國援助，政治因素大於經濟因素。蘇聯外貿部副部長康士坦丁．柯瓦爾（Konstantin Koval）有關史達林和周恩來一九五二年八、九月間談判經過的回憶，就很鮮明。[1]當周恩來表示，「你來協助我們建設社會主義中國，我們將協助你建設共產主義的蘇聯」時，史達林沒理他。[2]史達林也不贊成中國想要起草一九五一至五五年的五年計劃，認為那是不切實際的事。[3]從一九五〇年二月十四日簽訂的協定看，他提供給人民共和國分期五年、以優惠的年利率一%計算的三億美元融資之財務援助。[4]沒錯，這是毛澤東開口要求的數字，而且又是「我們最好是現在少借點、而且多延個幾年」。[5]但是史達林日後並沒有再多借，而且在韓戰期間，中方被迫把貸款用在購買蘇聯武器。當然，中方認為這樣不公平，因為貸款原本說是要用以協助解決國內經濟問題，何況中方也認為他們參加韓戰是在盡「國際義務」。[6]

到了一九五三年三月五日史達林過世時，蘇聯政府只正式批准了北京所提議的一百四十七項工業計劃當中的五十項，[7]而且它慢條斯理，不急著履行這些承諾。[8]史達林拒絕中方一切加速援助步伐的要求，一再地建議中共領導人不要強行推動現代化。一九五二年九月三日與周恩來會面、討論擬訂的五年計劃時，史達林表達不滿中方希望訂下工業年成長率為二〇%。他不能同意，因為，根據官方統計，蘇聯在第一個五年計劃期間的經濟成長率只有一八・五%。①基於競爭的理由，史達林建議周恩來將整體成長率調降到一五%，也同意作為宣傳口號，考慮訂下二〇%的年成長率。[9]一九五三年二月初，蘇聯國家計劃委員會主席米海爾・薩布羅夫（Mikhail Saburov）交給來到莫斯科的中華人民共和國財經委員會副主任李富春一套蘇聯專家對中方五年計劃草案的建議。薩布羅夫循著史達林的訓示，建議中國同志訂下更低的工業成長率，只在一三・五%至一五%之間。[10]中華人民共和國政務院被迫同意。[11]最後，中方將年工業成長率訂在一四・七%。[12]

史達林藉著一九五二年十月蘇聯共產黨第十九次全國代表大會舉行，接見前來莫斯科的劉少奇，他又表示莫斯科對中國建設社會主義的謹慎態度。劉少奇時任中共中央政治局委員、中華人民共和國中央人民政府副主席。這一次，史達林堅決反對毛澤東一個月前在中共中央書記處開會時首度提出的構想——要在十至十五年內實現中國農民的合作化和集體化。[13]劉少奇是在報告中共中央的政策時，告訴史達林這件事。[14]劉少奇一九五三年十一月和蘇聯大使瓦西里・庫茲涅佐夫（Vasily Kuznetsov）談話時，回憶起「史達林同志建議他不要急於建立農業合作社和集體農莊，因為中國的現狀要比蘇聯集體化時期的情況好得多」。[15]劉少奇把史達林的意見回報北京，毛澤東被迫要尊重這個建言。

但是毛澤東並非一直都遵循史達林的指令。一九四九年至一九五三年間，他主動採取一系列行動，加速中國的史達林化。宣布中華人民共和國建政、又把國民黨殘餘軍隊趕到台灣之後，中共政權繼續以軍事行動對付在內戰期間並未持續支持國民黨的各種社會勢力。其中包括傳統的地方菁英，某些地方權力結構的代表；這些人在國共內戰期間袖手旁觀，靜待風波定調。完全擊敗國民黨之後，毛澤東逐漸、但堅定地開始在地方層級建立他的權力，換掉地方菁英，並在建構新的權力機關時代之以親共的支持者。

現在，中國共產黨遭遇來自其社會敵人激烈的抗拒，內戰呈現群眾性格，影響到千百萬人。根據可能是保守的官方數字，到了一九五一年底，兩百多萬人在鬥爭過程中喪生。另外兩百萬人被關進牢房或打入勞改營。[16]這場戰爭持續下去，但是官方不再發布受害人數的統計數字。根據俄國的中國事務專家戈巴契夫上校（Colonel B. N. Gorbachev）蒐集的資料，人民解放軍三十九個軍團、即一百四十多個師、約一百五十萬兵力，參與這些戰鬥。[17]最殘酷的一幕即是肅清內戰期間投向共產黨的前國民黨官兵這些不可靠的分子。根據華北軍區司令員顧問喬治・謝米諾夫將軍（General Georgi Semenov）的回憶，北平防衛司令傅作義開城迎接解放軍，在「和平時期」光從他的部屬中就「揪出」兩萬兩千零一十四名罪犯，經由政委審查，其中一千二百七十二人立即槍斃、一千四百一十五人判處「死緩」，另六千二百二十三人流放。[18]令情勢更加複雜的是，在中華人民共和國建政頭幾年，並沒有制定民法、處理民事犯罪。一九四九年至一九五四年間，中國共產黨靠政治運動和群眾動員治理國家。

農業改革期間最尖銳的鬥爭發生在農村地區。到了一九四八年，毛澤東已經收起土地重分配，以及減租、減息的口號，因而替黨爭取到農村地主的中立，使國民黨與其社會根源孤立，加速國民黨的失敗。攤牌算帳的日子很快就到來。過了大約三年時間，中國共產黨逐漸從北往南執行其實應該稱作「從上往下」的農業革命之農業改革。由於農民消極、被動，中央每年派出大約三十萬個由黨工幹部組成的工作組下鄉，組織農民協會，扶植新的地方菁英，並且嚴懲被貼上地主及反革命分子標籤的人。農村成立人民法庭，有權判處犯人死刑。許多人因抗拒不從，遭到槍決或打入集中營。儘管共產黨號稱保護富農，富農人數卻大幅下降。農村的權力及若干經濟特權落到新興的「共產黨」菁英手中。

農村富人被消滅後，城市地產所有人成為下一個目標。一九五一年十二月，毛澤東發動運動，直接衝

① 原書註：根據大多數西方專家的研究，蘇聯在第一個五年計劃期間，工業年成長率為一二%。然而，史達林不會信任西方的統計數字。

著資產階級：「三反」運動針對貪瀆官員、「五反」運動針對民間創業人。②城裡也設立人民法庭，有權判處犯人死刑。公審舉行後，經常就是當場公開處決。針對資產階級主要的壓迫方式，就是課以高得不得了的懲罰，嚴重減弱他們的經濟地位。結果是到了一九五二年九月，毛澤東得以在中共中央書記處的會議宣布，國家對工業的佔比為六七．三％、對貿易的佔比為四〇％；因此，社會主義部門佔了中國經濟支配、領導的地位。[19]

逐漸地，知識分子成為意識型態運動的目標。一九五一年，在毛澤東倡議下，以討論電影《武訓傳》為名義，展開灌輸馬克思主義的運動。這部電影講的是十九世紀相當著名的教育家，赤貧出身、辛苦辦學的故事。江青自命為電影藝術專家，對它很不以為然。她向毛澤東說：「繼續推崇武訓是很危險的，因為他的行為牴觸目前國家重要任務：即打倒地主階級、埋葬儒家學者、撲滅教育可以化解階級矛盾、導致社會與政治成功的……改良派思想。」[20]毛澤東同意她的見解。運動迅速變質為從意識型態上譴責異議分子，變成改造知識分子意識型態的運動，在中華人民共和國精神生活的發展扮演邪惡的角色的意識型態暴政方法，此時已明顯露出跡象。

根據某些資料，中華人民共和國建政頭幾年的這些運動，四百多萬個「反革命分子」受到鎮壓。[21]執政黨本身也沒有躲過此一尖銳的鬥爭。一九五一年，毛澤東已經決定展開中國共產黨黨員黨籍總檢查、再登記，它導致「清除」異己。到了一九五三年，一〇％的黨員被清除出黨。

然而在新民主主義時期（本意即是作為走向社會主義的過渡時期），並非中華人民共和國所有的領導人都贊同毛澤東的政策。幾位高階領導人對新民主主義的解讀，和毛澤東並不相同。劉少奇是其中最重要的一員。我們知道，早在一九四九年，史達林就接到中共中央政治局委員、東北人民政府主席高崗的密報；高崗指控劉少奇犯了「右傾偏差」和「高估中國資產階級」的錯誤。高崗的某些說法（雖然沒有直接道及高崗的名字），包含在柯瓦列夫呈給史達林的一份重要機密報告〈關於中共中央政策與實際情況若干問題〉當中。這份報告也包含了對周恩來，以及彭真、李富春、李立三、③薄一波和林楓等中央委員的指控。[22]然而，史達林並沒有完全接受這些指控，還說：「關於中國民主黨派以及需要和其領導人算帳的問題，高崗同志……錯了，周恩來同志和劉少奇同志肯定是對的。」史達林在莫斯科近郊的別墅和毛澤東有過一次談話，他甚至把柯瓦列夫報告的副本，以及得自柯瓦列夫和高崗的某些文件之副本，交給毛澤東過目。[23]柯瓦列夫此時正在住院，從毛澤東的私人翻譯師哲口裡獲悉此事（史達林、毛澤東會談時，師哲就在現場）。[24]

毛澤東把史達林的行為視為他「不信任、猜疑」中共中央的又一項證明。[25]史達林的行動或許還有別的動機。首先，他或許並不相信高崗；高崗以前就提供給他有關中共某些領導人的消息，但情報似乎可疑。這個中共區域領導人「揭發」的人物當中就有毛澤東。例如，一九四九年底，高崗透過柯瓦列夫通報史達林，毛澤東和他在中國共產黨內的人馬有反蘇及「右傾托洛茨基派」的傾向。[26]雖然是以「有節制、審慎的方式」表達，高崗和一九五二年取道東北、要回蘇聯，順路來訪的尤金談話時，又再次指控中共領導人。[27]史達林可能把這些指控當作是中共黨內又在鬥爭的證明，沒太注意它們。

其次，從一九四九年夏天起，史達林對高崗非常失望。劉少奇率領代表團訪問莫斯科，與克里姆林宮領導人開會時，身為中方團員的高崗，其行為被史達林認為非常不得體。高崗為了炫示效忠，當著眾人之面提出牽涉甚廣的提議，包括蘇聯應該增加駐大連的部隊之兵力、派海軍進駐青島，而且最重要的是，東北應加入蘇聯，成為一個加盟共和國。史達林很不高興，打斷他的話，稱他為「張作霖同志」[28]（張作霖是中國軍閥，不聽中央政府號令，獨立統治東北直到一九二八年）。④

② 譯按：「五反」即反地、富、反、右、壞（地主、富農、反革命分子、右派、壞人）。

③ 原書註：一九四五年六月，中國共產黨舉行第七次全國代表大會，在毛澤東提議下，李立三當選為中央委員。值得一提的是，李立三當時人在莫斯科，甚至因為早先被開除黨籍，連黨員資格都不具備。但是毛澤東為表示舉黨團結，因此寬恕了李立三。

④ 原書註：柯瓦列夫誤說它發生在一九四九年七月二十七日政治局擴大會議上。可是，七月二十七日，政治局並沒有開會，而是史達林、布爾加寧和維辛斯基，與劉少奇、高崗和王稼祥會面，交換意見。政治局會議是在七月十一日舉行。

第三，如果史達林相信他收到的情資，他或許會認為劉少奇的「偏差」會有用處，因為它會有助於他本身想要「防堵」毛澤東激進主義的政策。

最後，高崗並非史達林在中共領導人圈中唯一的消息來源。根據某些資料，劉少奇本人也提供一些機密情資給史達林。蘇聯國家安全部（MGB）前任官員彼得・德里亞賓（Petr Deriabin）聲稱，劉少奇一九三〇年代以中華全國總工會派駐赤色職工國際代表身分在莫斯科工作時，就開始替蘇聯特務機關效力。劉少奇在一九四〇年代繼續提供資料給史達林。[29]如果德里亞賓的說法正確無誤，那麼就可以合邏輯地推論，對於史達林來講，劉少奇的價值高於高崗，畢竟他是中國共產黨內地位僅次於毛澤東的第二號人物。犧牲掉高崗，史達林可以強化他更重要的線民之地位。

不管怎麼說，高崗說對了。中國共產黨領導圈對「新民主主義」這個問題意見並不一致。毛澤東已經拋棄「新民主主義」這個字詞，而中共其他若干領導人仍繼續使用「新民主主義革命」這個詞彙。周恩來和劉少奇顯然把史達林勸告中國應該逐漸過渡到社會主義，很認真地當作一回事，因此才會大談新民主主義國家、建設新民主，或是文藝的新民主主義趨勢等等。[30]他們在當時構成對毛澤東審慎的反對，而毛澤東則以最極端激進的方式詮釋新民主主義。

這正是這幾年中共政策不時出現矛盾的原因。社會要民主轉型的概念反映在統一戰線的「共同綱領」上。統一戰線組織上的具體代表就是中國人民政治協商會議，中共於一九四九年九月底在北京召集開會。中國人民政治協商會議作為統一戰線的代表組織，承擔起制憲會議的功能，推毛澤東為主席。中國共產黨以中國人民政治協商會議的名義，建立新的國家權力機關，通過共同綱領，它成為新的國家當局綱領性的主要文件，功能有如臨時憲法。共同綱領宣示民主價值，但是強調中國共產黨在多黨制下的領導角色；總共有八個政黨承認中國共產黨的領導角色，取得合法地位。共同綱領保障人民有權利擁有私有財產，它也有支持民間民族資本家的條款，以及勞資關係互惠的規定。共同綱領也宣布國家民主發展的政策。以社會主義重新建設中國社會的概念，完全沒有出現；「社會主義」這個字詞更是毫無蹤影。[31]

農業改革法由政府在一九五〇年六月二十八日通過，它也完全符合人民民主的精神。土地作為私有財產、授與農民，富農經濟保留下來。[32]劉少奇一九五〇年六月向中國人民政治協商會議全國委員會做報告時說：「我們所採取的保存富農經濟的政策，當然不是一種暫時的政策，而是一種長期的政策。這就是說，在整個新民主主義的階段中，都是要保存富農經濟的。」[33]

新政府的政策得到民主、愛國人士的支持。他們歡迎全民教育制度的改造與發展，其目標是消除（或者更準確地說，是「降低」）文盲，開辦新的高等教育機構，設立前提條件、促進民主化，培訓科學家，並且建立一套現代科學機構的系統。[34]一九五〇年通過的婚姻及家庭法得到廣大的民眾支持；它提供女性完全的民權，目標是要達成女性的真正平等。[35]中國老百姓對於新政府的對外政策獨立而又強硬（尤其是朝鮮和西藏），⑤印象特別深刻。

一九四九年至一九五三年間，不僅劉少奇和周恩來，連陳雲和其他幾位中共領導人也對新民主主義表達了溫和的看法；即使在和其他國家共產黨代表非官式談話時，也會如此表露意見。[36]這些領導人會悄悄反對毛澤東，是因為有史達林為靠山；史達林不是說不要急著建設社會主義嗎？此一政治支持特別的重要，先不問其真正目標是什麼，因為它對他們付諸實行的想法提供了意識型態的基礎。史達林的立場也對毛澤東及其同志發揮影響力，他們沒有別的選擇，只能服從「老大哥」的觀點。劉少奇在和毛澤東討論時，說不過毛澤東，竟然在一九五三年十一月和蘇聯大使談話時，想搬出史達林來替他撐腰。

毛澤東和他的對手都接受社會主義的理想，他們不同的只是達成社會主義理想的方法。以下是幾個例子。一九五一年春天，山西省委書記提議加快農村合作化的步伐。劉少奇不僅在中央宣傳會議上批評這些想法，還在一九五一年七月以中共中央名義發布一份文件，指責山西省委的做法是「錯誤的、危險的、空想的農業社會主義思想」。可是，毛澤東保護地方上這些積極分子，兩個月後推翻劉少奇所下達的文件。[37]

⑤ 原書註：西藏在國民政府時期保有正式獨立的地位，解放軍於一九五〇至五一年間將它征服。

一九五二年十二月，周恩來主持政務會議，通過由財政部長薄一波所擬定的新稅制草案。它的主要創新即是所有各種財產都得統一上稅。國家和合作社財產失去稅負優待，民間資本家得到有利的條件可以競爭。這項稅法草案並未經由中共中央審批，毛澤東並不知情。不久之後，毛澤東在一九五三年一月十五日憤怒地發了一封信給政務院領導人——周恩來、陳雲、鄧小平和薄一波——宣稱他們想為民營企業復辟創造條件是錯誤的。[38]這場爭議導致對不同意毛澤東路線的人士發動激烈的意識型態、政治鬥爭。二月中旬，毛澤東在武漢與中共中央中南局領導人非正式談話時提到：「有人說『要鞏固新民主主義秩序』，還有人主張『四大自由』（即農民有借貸、租佃、雇工、貿易的自由）。我看都是不對的。新民主主義是向社會主義過渡的階段。」[39]

到了一九五三年夏天，毛澤東對付黨內「溫和派」領導人的鬥爭加劇。意識型態辯論於全國財經工作會議上達到最高潮。幾乎全國黨、政高層官員全都出席了六月十四日至八月十二日在北京舉行的這項會議。會議主旨說是要討論新稅制，事實上它討論的是中國共產黨整個政治策略。除了周恩來和鄧小平，高崗也是會議主席。儘管毛澤東個人不喜歡高崗，但是就意識型態而言，他們兩人非常接近，而高崗拚了全力詆毀劉少奇及其支持者。高崗在和蘇聯駐瀋陽總領事安德烈·李多夫斯基（Andrei Ledovsky）談話時聲稱，不僅是劉少奇支持「薄一波錯誤的資產階級路線」，事實上這條路線是出自劉少奇的主意。[40]

全國財經工作會議的意識型態關鍵，由毛澤東在一九五三年六月十五日政治局擴大會議的講話所提供。毛澤東激烈地批評黨內有些領導人企圖「確立新民主主義的社會秩序」。[41]毛澤東批評劉少奇及其支持者，⑥他們「有人在民主革命成功以後，仍然停留在原來的地方。他們沒有懂得革命性質的轉變，還在繼續搞他們的『新民主主義』，不去搞社會主義改造。這就要犯右傾的錯誤」。[42]毛澤東特別氣憤這些領導人「確保私有財產」的做法。[43]這是毛澤東頭一次如此明白、直接地與新民主主義的觀念劃清界線，表明他本身贊成迅速過渡到社會主義革命。

高崗和李富春在這項漫長的會議提出有關經濟建設的報告，李維漢也就私有資本提出報告。大多數高階領導人參與了討論。

高崗特別積極。他不斷批評薄一波不僅犯了「錯誤」，還指控他進行「反黨路線的鬥爭」，這不啻是要判他死刑。高崗還一再引述劉少奇「錯誤」的言談作為這個財政部長罪狀的證明。他雖然沒有點明這些話出自劉少奇之口，卻一再咬定薄一波有這樣說。[44]換句話說，他是指桑罵槐，表面上批判薄一波，骨子裡攻擊劉少奇（毛澤東不允許他公然批評劉少奇）。在場的每個人，包括劉少奇在內，都很清楚這套戰術。

對「溫和派」來講，情勢變得很不祥，但是沒有人清楚高崗是否得到毛澤東示意而發動攻擊。七月七日，周恩來寫了一封信給並沒有參加會議的毛澤東，報告會議進行情形，並請求指示。毛澤東很明白，劉少奇和周恩來已經嚇壞了，決定出來扮和事老。事實上，儘管他和他們意見不同，他並沒有打算將他們解職。他只是要教訓他們，讓他們明白誰在當家作主。既然已經獲致結果，他也不為已甚。這也是為什麼聽到高崗的舉動後，他答覆周恩來：「（我們）要展開桌面上的鬥爭。解決問題，不要採取庸俗態度，當面不說背後說，不直說而繞彎子說，不指名說而暗示式說，都是不對的。」[45]（我們聽了這席話，還真以為毛澤東本人一向公開進行鬥爭，而且他從來不曾掩掩藏藏批評劉少奇咧！）

周恩來立刻將此一「啟示」轉達給相關人士。薄一波、劉少奇、鄧小平和周恩來本人立刻就明白下一步該怎麼辦。劉少奇、鄧小平和薄一波上台發言，公開自我批判，薄一波更是兩度發言認錯。[46]周恩來承認他在「政治上和組織上犯了錯」，他又「脫離了黨的領導」；他下令嚴懲薄一波。他指責薄一波「在相當長一段時間未能承認錯誤」。[47]照周恩來的說法，薄一波的「左傾偏差源自於他沒從馬列主義、黨的政策和勞動人民的利益出發，而是有意識、無意識地反映資本家階級的許多觀點、意見和習慣」。[48]周恩來責備薄一波「對黨不誠實」。[49]

毛澤東宣布會議的工作「成功」，嘉許劉少奇和鄧小平的自我批評，也支持對「資產階級路線」的批

---

⑥ 原書註：毛澤東的講詞發表時並沒指名道姓。可是，出版社發表其演講稿時附了按語，點明目標是劉少奇及其支持者。

評。在這一次及其他若干次講話，他強調全國財經工作會議完成的工作，在政治上、意識型態上非常重要。從他的講話明顯看出，它認為這項會議是中國共產黨及中華人民共和國發展上一個重要的轉捩點，他也強調稅制問題決定性的重要。他說：「新稅制度發展下去，勢必離開馬列主義，離開黨的總路線，向資本主義發展。」[50]毛澤東認為，這項會議可使中國去除掉此一威脅，走向從新民主主義幻覺中解放出來，並且開創道路使國家走上社會主義發展。毛澤東後來也指出，這項會議的工作是確認社會主義建設總路線最重要的因素：「若非七、八月舉行的全國財經工作會議，總路線的問題還會得不到解決。」[51]毛澤東因而把他的觀點強加在中國共產黨領導人身上。「根據蘇聯模式建設社會主義」的方向正式確立。

第二十七章
社會主義工業化

史達林的去世有助於毛澤東在全國財經工作會議取得勝利。直到現在，毛澤東才能加快革命改造的步調，換句話說：全面性、決定性地將中國史達林化。當然，他絕不表露他最深層的感想。反而是在蘇聯大使館向已故的史達林致哀時，他幾乎要淚灑靈堂。有個目擊者說：「他努力控制自己，不欲表露情感，但並不成功。他眼眶含淚。」周恩來與新到任的蘇聯大使潘友新哭成一團。[1]

然而，毛澤東並不想出席「各民族之父」的葬禮。或許他是怕得了肺炎——莫斯科在三月初依然冰封。或許是因為兩個月前他才發現，史達林竊聽他和政治局委員們在中南海內的對話。一九五〇年底，在北京工作的蘇聯國家安全部特務在毛澤東的臥房和毛澤東住處其他幾個房間，安裝了竊聽器，此舉明顯得到他們的中國間諜協助。毛澤東發覺之後，大發雷霆，甚至發函向史達林抗議。史達林卻推諉地回答說，他不曉得這些國安部特務在中國幹些什麼勾當。他向毛澤東正式道歉。[2]史達林在世最後一年又發生另一件不愉快事件，使得他和毛澤東的關係又罩上烏雲。事件因蘇聯拍攝一部電影《普熱瓦列斯基》（*Przheval'skii*）而起。按照中共領導人的說法，這部電影把中國人民形容得很不堪。電影編劇可能是試圖製作一部有關偉大的旅行家尼古拉．普熱瓦列斯基生平的客觀電影，講出他不喜歡中國人的「偽善、狡猾、奸詐」。[3]但是史達林才是電影事務的最高檢查人員，並不覺得它有何不妥。他不僅批准電影在蘇聯放映，還送去參加捷克的國際電影節。中方非常不滿意，要求他們的蘇聯同志不要再播映。史達林卻以電影部長伊凡・波夏可夫（Ivan Bol'shakov）的名義，發了一封措詞嚴峻的電報給北京，表示他認為中方的批評「不正確、大錯」。這位獨裁者不習慣遭人批評，反而責怪中方民族主義作祟。他說：

我們必須要說，我們蘇聯在某些時候也會有某些歷史學家和藝術家，會基於民族主義信念去修飾歷史或隱匿歷史真相……我們俄國共產黨認為這種人危險、有沙文主義，會以民族主義的毒素傳染群眾，傷害批評與自我批評的基礎——而這卻正是共產黨教育群眾的方法之根基。[4]

毛澤東當然很不爽這封電報的口氣，以及其中包含的責難之意。

中共中央開會，決定派周恩來率領悼唁團出席史達林的葬禮。他也將向蘇聯共產黨新任領導人表達毛主席的弔唁。毛澤東寫說：「人們都知道：史達林同志熱愛中國人民，認為中國革命的力量是不可估量的。在中國革命問題上，他獻出了崇高的智慧……我們失去了偉大的導師和最真摯的朋友……這是多麼的不幸呵！這個不幸所給予我們的悲痛，是不能夠用言語來形容的。」[5]

江青當時正在蘇聯治病、休養，也成了毛澤東非正式的悼喪代表。她非常哀慟史達林的去世，前往設在蘇聯國會大廈的靈堂致哀，並獲准為死者守靈。[6]三月九日，周恩來參加出殯行列；而且是外國貴賓唯一得到殊榮者，與蘇聯共產黨領導人一起為史達林扶棺執紼。

三月十一日，周恩來與中國代表團其他團員，同克里姆林宮新領導人喬治・馬林可夫、拉佛連提・貝利亞和尼基塔・赫魯雪夫坐下來商討，對中華人民共和國的經濟援助。[7]這些談判導致雙方於三月二十一日簽署一份蘇、中於一九五三年交換物資的重要議定書，以及蘇聯協助中國興建發電廠的協定。[8]接下來在一九五三年五月十五日，蘇聯和中國又簽署一份更重要的協定，蘇聯承擔起責任提供一切技術文件及全套器械，要在一九五九年底之前，於中國興建九十一座大型工業設施。[9]

周恩來和馬林可夫、貝利亞、赫魯雪夫三人的談判，也促成蘇方已經承諾的五十項計劃之興建工作加快進行。毛澤東為此發了一封電報給馬林可夫，表達他由衷感謝蘇聯政府同意提供經濟與技術援助給中國。毛澤東寫說：「對於中國的工業化、中國的逐漸過渡到社會主義，以及強化蘇聯領導的和平、民主陣營之力量，這將是極其重要。」[10]

三月的談判代表蘇聯領導人對中國的社會主義工業化計劃的態度突然起了轉折。在後史達林時期錯綜複雜的情勢下，蘇聯共產黨領導人很快就放棄史達林對中國的審慎提防政策。馬林可夫、貝利亞和赫魯雪夫都努力爭取毛澤東的支持，生怕他可能利用史達林去世這個機會丟掉蘇聯的指導。他們意識到危險，全力拉攏毛澤東。他們要預防中國走上南斯拉夫（走自主路線的共產主義國家）的路線。至少赫魯雪夫非常明白已故的獨裁者走的是帝國主義的外交政策。就所有的表象看，他真正試圖改變這種做法。[11]貝利亞和馬林可夫可能也有同感。和莫洛托夫、米高揚不一樣，他們三個人都不曾直接參與史達林的中國政策，因此不必為史達林詆毀毛澤東負任何責任。

莫斯科的新立場意味著毛澤東現在可以認真依賴蘇聯大規模援助，來建設工業化的社會主義中國。有了蘇聯的政治支持和經濟合作，他終於可以粉碎反對他放棄新民主主義計劃的黨內反對派。全國財經工作會議的討論及決定，反映出此一新的意識型態和政治情勢。

毛澤東在一九五三年夏天勝過「溫和派」之後，中國共產黨內的任何論戰只能在這個主宰一切的意識型態趨勢的框架之內發生，一切指向建設強大的社會主義國家的目標。黨有關建設社會主義的總路線，並沒有取代中國共產黨的政治綱領，但是它界定了它具體的社會及政治目標，也澄清了達成目標的手段。

為了通過總路線，黨的領導人內部又爆發衝突。新路線的提法所產生的討論，明白點出相對雙方的立場。毛澤東於一九五三年六月初提出對總路線的初步定義，同時認真研究李維漢所起草的有關黨和資本主義工、商業之間關係的報告草案（李維漢時任政協秘書長及中共中央統戰部部長）。[12]一九五三年六月十五日政治局討論這份文件草案時，毛澤東說：「黨在過渡時期的總路線和總任務，是要在十年到十五年或者更多一些時間內，基本上完成國家工業化和對農業、手工業、資本主義工商業的社會主義改造。」[13]很顯然，這時候他還是寧願小心，明顯企圖爭取政治局全體人員正式支持他的新路線。他不希望嚇壞「溫和派」，他甚至提到通過「逐步」向社會主義過渡。[14]然而，他嚴厲批評不能瞭解革命性質已經發生變化的人（「右傾」偏差）；同時溫和地告誡「走得太快」的人犯的「錯誤」（「左傾」偏差）。

政治局支持毛澤東的想法，但是劉少奇等「溫和派」試圖降低其革命的衝動，在決議文裡更動幾個關鍵字。一九五三年六月二十三日，李維漢在全國財經工作會議上發言，以政治局的名義提出下列主張：

從中華人民共和國建立開始，我國就已進入過渡時期，往社會主義社會逐漸過渡。過渡時期的總路線和總任務即是逐漸達成國家的基本工業化，以及在一段長時間內逐漸達成農業與手工業，以及資本主義工商業的基本改造。[15]

新的提法沒有指明新路線的時間架構（「十至十五年之內，或是再稍久的時間內」），而且「逐漸」這個字詞出現三次，顯然具有特殊意義。

直到會議即將結束前，毛澤東再度試圖激烈地改變經濟政策。八月十日，政治局討論「總結報告」的文字時（周恩來將在會議閉幕前宣讀，它也包含了政治局的提法），他提出第三種提法，小心地避開「逐漸」的字眼。同時，他同意不訂出明確的時間框架。雖然其他文字沒變動，它的大體意思卻變了。毛澤東的新版本是：

從中華人民共和國成立，到社會主義改造基本完成，這是一個過渡時期。黨在這個過渡時期的總路線或總任務，是要在一個相當長的時期內，基本上實現國家工業化和對農業、手工業、資本主義工商業的社會主義改造。[16]

接受了這個定義，周恩來修改了他的總結報告文字。[17]一九五三年九月八日，他在人民政治協商會議全國委員會常務委員會擴大會議提出這個說法。[18]可是，其他的「溫和派」仍不死心，繼續運作；他們在一九五三年十二月提出又一個版本的總路線。他們在毛澤東的提法「完成」這個動詞前加上「逐漸」這個字詞，而關於總路線的此一新定義就塞進中共中央宣傳黨在過渡時期總路線的文字當中；它的題目是〈為動員一切力量把我國建設成為一個偉大的社會主義國家而鬥爭——關於黨在過渡時期總路線的學習和宣傳提綱〉。[19]一九五四年二月十日，要求「逐步」實行工業化和社會主義改造的最終版本提法，在中共七屆四中全會上獲得通過。[20]

毛澤東沒有出席四中全會，他在杭州休息，會議由劉少奇主持。劉少奇必須進行自我批判，因為他錯誤地主張「中國受到資本主義低度開發之害」。[21]因此，兩派人馬達成妥協。毛澤東接受對總路線審慎的提法，而「溫和派」的劉少奇為「右傾偏差」道歉。但是情勢很快就明朗化，毛主席無意維持這種勢力均衡。新民主主義過時了，中國開始沿著建設史達林式的社會主義之道路前進。莫斯科採取善意態度。

同時，毛澤東必須解決無數的問題，包括黨內許多棘手問題。一九五三至五四年間，黨內最重大的問題即是「揭發」高崗——史達林在莫斯科峰會時出賣的那位「張作霖同志」。然而，史達林在世時不准任何人碰高崗，現在這位獨裁者死了，北京又與蘇聯領導人建立平等關係，毛澤東終於能夠剷除「背著黨中央，裡通外國」的這個叛徒。[22]高崗不是毛澤東意識型態方面的對手。他反而是最熱切的左派路線人物。一九四〇年代末期，史達林甚至在電報中向柯瓦列夫批評高崗過分左傾；毛澤東在一九五〇年代初期的鬥爭中利用高崗對付「溫和派」。例如，毛澤東在一九五二年二月十六日於黨的機關報《人民日報》上，發表一封致高崗的私函，巨細靡遺地批評「右傾偏差」。[23]甚且，毛澤東在和高崗私下談話時，經常抱怨劉少奇和周恩來的「保守主義」。[24]可是，他不能原諒高崗向史達林通風報信。

高崗沒有懷疑過毛澤東的真正感覺，誤以為主席和他「親密」談話是他受到特別寵信。因此，他積極想方設法消滅黨內高層的「溫和派」。他在黨內積極散布謠言，說是黨中央裡「有兩組人馬不能信任，一派以劉少奇為首，另一派以周恩來為首」。[25]他爭取到中央組織部部長饒漱石（曾任上海市委書記）①和其他若干領導幹部和他同一陣營。這夥人已經開始分官授職——高崗打算取代劉少奇、饒漱石則覬覦周恩來的總理職位。高崗又不智地想爭取陳雲和鄧小平，不料兩人去向毛澤東報告。[26]毛澤東大怒。儘管毛澤東和「溫和派」有歧見，他並沒有要換下劉少奇和周恩來。毛澤東和鄧小平談話時，克制住怒火，問起鄧小平對此事有何看法、會建議他該怎麼做？鄧小平曉得毛澤東喜歡從古書上引喻，遂拿孔夫子的一句話回答：「在其位謀其政，應本分事，不在其位而欲謀其政，這是權力欲作怪呵！」[27]毛澤東大為贊同。一九五三年十二月二十四日的政治局會議上，毛澤東抨擊高崗和饒漱石，指控他們搞「陰謀」活動。在毛澤東發動下，劉少奇於一九五四年二月向中共七屆四中全會提出所謂「高饒事件」的報告。這兩個陰謀分子被控搞「宗派主義」和「派系主義」、企圖建立「獨立王國」及組織奪權陰謀。四中全會批評高崗和饒漱石，但沒有將他們開除黨籍。縱使如此，高崗在一九五四年八月十七日自殺身亡，顯然是因為他覺得被毛澤東出賣了。畢竟在策劃反劉少奇、倒周恩來時，高崗自認為是在主席默許下進行。[28]一九五五年三月，中共全國代表會議考量高饒事件。它把高崗和饒漱石兩人開除出黨，並確認毛澤東的政治路線，實質上主張剷除他所有的敵人[29]（饒漱石坐牢，於一九七五年三月因肺炎死於監獄）。

毛澤東在高饒事件——中華人民共和國史上第一次清算高階領導人——獲勝，創下可怕的先例，預示著黨內領導人要和主席鬥爭，必敗無疑。高饒事件是一個非常重要的關鍵。此後全國推動對毛澤東的個人崇拜，構成中國共產黨意識型態工作的基本方向。尊崇毛澤東的運動組織完善、極端有效率。毛主席《選集》是灌輸意識型態的主要工具，研習它們成為每個公民的責任。沒錯，毛澤東在一九五四年建議不要再用「毛澤東思想」這個字詞；但他是在推展與蘇聯的積極關係這個前提下，做出這個戰術決定。中共中央宣傳部的解釋如下：

（毛澤東思想）它的內容和馬克思列寧主義是同一的……至於講解黨章和過去黨的重要文件決議時，

仍應按照原文講解，不必改變，但應注意說明「毛澤東思想」就是馬克思列寧主義思想。[30]

高崗、饒漱石及他們的黨羽遭到清算，在黨內外引爆一場激烈的運動，要剷除「潛伏」的反革命分子。中國社會積極參與政治的人士，包括許多幹部和知識分子，不能輕易接受放棄掉新民主主義。他們支持中國共產黨的新民主主義口號，被一九五三年的急轉彎搞得不知所措、迷失方向。黨的領導人訴諸意識型態暴力，運用一九四〇年代初期以來即證明有效的「整風運動」手法，要求各方「學習」。毛澤東在一九五一年力倡馬克思主義意識型態時，也祭出同樣的方法。他剛發動這兩項運動時，都以循循善誘、教小學生似的樣貌出現，彷彿是要開導落後的知識分子幹部，然後就現出鎮壓的面貌。

新運動始於一九五四年，以針對十八世紀名著《紅樓夢》（湊巧是毛澤東喜愛的一部古典小說）進行學術討論發軔。它很快就變成針對研究這部小說的權威學者俞平伯的政治鬥爭。可是，這還只是開端。不久，毛澤東鬥爭的矛頭指向逃到台灣的實證主義哲學大師胡適。毛澤東一度相當尊敬胡適，現在卻把他列名敵人榜單。胡適的自由主義哲學傷害到共產黨政權的意識型態基礎。俞平伯與其他文化界人物被控同情胡適及西方資產階級意識型態。[31]一九五四年底，針對詩人、散文家、文學評論家胡風的鬥爭也上陣。胡風是共產黨員，也是中國作家協會領導人之一。身為左派作家中著名的不守常規的人物，胡風為言論自由辯護，被指控進行反革命活動，想恢復國民黨政權。毛澤東派人士不願意再寬容他或他的支持者，因為胡風等人嚴厲批評他們領導文化的工作手法。一九五五年，胡風與其他七十七個自由派知識分子被捕。北京、上海、天津和南京，總共有兩千多人捲入此一事件[32]（事隔二十五年，這些人才獲得平反）。

同一時期，還有所謂的保健醫生陰謀，涉及照顧中共領導人的醫生們。中南海的幾個醫生被控企圖下毒傷害高階病人。根據一位目擊者的說法：「我受到很大的震動。中國人沒有權利……只能絕對服從，不

① 編註：饒漱石同時擔任華東局第一書記。

能絲毫違背『上級』的意旨……一個人不能有什麼個人意志，只能是一部龐大複雜的機器中的一個小零件。稍微有不滿或偏離既定規矩的跡象，小零件就會被丟掉。」[33]

毛澤東對付知識分子的運動只是全國肅清反革命分子運動的前奏；肅清反革命分子運動始於一九五五年三月，目標是清除掉所有懷疑他建設社會主義路線的人物。接下來的兩年，八萬多名「反革命分子」遭到鎮壓。蘇聯大使館取得一份廣州黨領導人的報告，它指出不下於七%的地方黨、政機構官員「或多或少涉及到反革命事務」。[34]由於氣氛恐怖，一九五五年下半年十九萬名以上黨員擔心公開遭到羞辱，竟然自動跑到安全機關編造故事自首。[35]四千多人自殺身亡。針對知識分子的意識型態運動也加劇。以改造中國農村的主張著稱的哲學家梁漱溟也成為挨批的新對象。梁漱溟生活、工作在北京，支持新政府，但是他試圖捍衛他的獨立觀點。他是在意識型態恐怖氣氛中，少數維持信念的社會科學家之一。同一時期，郭沫若、茅盾和周揚等文化界領導人，卻在這些初期的大規模意識型態運動中成為打手。鎮壓的風潮也蔓延到農村，一九五四至五五年間，許多舊地主和富農也受到鎮壓。

毛澤東終於得勝。他要依據蘇聯模式將中國史達林化的總路線，得到黨及廣大人民的支持。之所以會如此，除了拜高壓運動之助，還因為得到蘇聯援助，共產黨政府在一九五〇年代上半期經濟上頗有進展。到了一九五三年，共產黨已經設法在全國建立秩序，完成土地改革，也恢復因長期戰亂而破壞慘重的國家經濟。一九五〇至五三年間，鋼鐵生產量增加約八〇%，煤與棉花皆增加五〇%，穀物也增加二五%。因此，回復到一九三六年的水準。他們甚至也以「限制需求、刺激供給」對付通貨膨脹。通貨膨脹率「從數十萬降到一九五一年的二〇%，一九五二年更低於一〇%」。[36]毛澤東興奮極了，甚至把總路線以及有關蘇聯經驗對中國的重大意義的一段話，納入中華人民共和國憲法。中國人民政治協商會議通過的共同綱領，一直扮演基本法的角色，現在功成身退，頒布了新憲法。他在劉少奇報告的憲法草案修正版加入一段合宜的文字。[37]

憲法於一九五四年九月二十日新國會「第一屆全國人民代表大會」第一次會議中通過。中華人民共和國最高國家機關改制，設置相當於一國總統的中華人民共和國主席的職位。毛澤東順理成章擔任主席，朱德為副主席。劉少奇則被選為第一屆全國人民代表大會常務委員會委員長，周恩來被派為國務院總理。[38]新國會經由選舉產生；選舉雖非全民普遍投票，仍不失群眾投票的性質（政府的「階級敵人」，以及地主和其他「反革命分子」，沒有投票權）。因此，中國共產黨號稱經由人民委託，取得權力，蘇聯也因而十分歡迎這個結果。

從一九五三年九月起出任蘇聯共產黨中央首腦的赫魯雪夫，於界定蘇聯對中國政策上扮演決定性的角色。赫魯雪夫在爭奪大權時，來自中國的支持十分重要，而毛澤東也在關鍵時刻助他一臂之力。中國共產黨領導人完全接受套在史達林最親信的副手、內政部長貝利亞頭上荒謬的指控，以及將他逮捕、槍斃的處置。同樣的，他們也很快就接受馬林可夫遭到罷黜。毛澤東在這方面非常務實。他的譯員師哲回憶毛主席曾說：「〔蘇聯領導人〕誰上來，我們統統支持。」[39]縱使如此，這並沒有減低中方支持的重要性。

赫魯雪夫起先也投桃報李，事後追認有關高崗和饒漱石的決議——劉少奇直到一九五四年二月初才告訴蘇聯大使尤金這件事。[40]在此之前，毛澤東一月二日於杭州接見蘇聯部長會議副主席伊凡．捷沃西安（Ivan Tevosian）和尤金時，只向他們暗示。他向訪客講起中國古時候秦國滅楚的故事；毛澤東說，若非如此，「中國可能要出亂子」。[41]蘇聯訪客當然不瞭解這則古代故事，毛澤東也不急著講解給他們聽。隔了幾個月，九月一日，高崗都已去世了，他才親自告訴赫魯雪夫這件事。[42]即使中方未經莫斯科核示就幹掉高崗，但毛澤東並未受到責備。毛主席及其副手把整肅高崗、饒漱石比擬為蘇聯的貝利亞事件；蘇聯沒有反對。[43]

不久，蘇、中合作關係進入新階段。一九五四年收到中國政府要求蘇聯擴大貸款、協助中國建設重工業之請，赫魯雪夫以極大的熱情回應，指示蘇聯相關部會首長擬定計劃，以前所未見的規模提供援助。他決定送給毛澤東一份大禮，給予他新的長期貸款，並在各個領域提供大規模經濟合作。援助中國納入這位蘇聯共產黨第一書記直接管控，[44]因而成為優先事項。[45]同時，赫魯雪夫開始清掃蘇中關係過去一切誤解，試圖放在真正平等的基礎上重新出發。他重申：「和中國人將按照兄弟的方式共處。如果需要的話，我們將把最後一塊麵包均分。」[46]他需要毛澤東無條件承認他是史達林的繼承人，以及不僅是蘇聯共產黨、也是世界共產主義運動最權威的領導人。這位中國共產黨主席在整個共產世界享有非常崇高的聲望。甚且，與毛澤東交好也會強化蘇聯的東部邊疆，在冷戰日益嚴峻下，這件事絕對不容小覷。

一九五四年九月底，赫魯雪夫召集蘇聯共產黨中央主席團特別會議，爭取蘇聯領導層贊同他的中國政策。他宣稱：「我們若不協助中國在即將展開的五年計劃之社會主義工業發展……我們將錯失與中國建立及強化友誼的歷史機遇。」[47]赫魯雪夫的熱情促成蘇聯其他領導人打消反對的念頭。

隔沒多久，赫魯雪夫於九月二十九日率領蘇聯黨、政代表團到北京，參加中華人民共和國建政五周年的慶會。經過高層會談，雙方簽署了若干協定，蘇方給予中國相當於五億二千萬盧布的長期外幣貸款，擴大到四億盧布的技術援助供中國興建一百四十一個工業設施，並且同意再援助另外十五項工業計劃的興建。甚且，赫魯雪夫放棄蘇聯在四個合資企業的股份，②並將蘇聯部隊進駐使用的旅順海軍基地交還給中國（韓戰期間，蘇聯與中國在一九五二年九月十五日協商好，延長蘇軍駐軍旅順。蘇軍原訂在一九五五年五月二十六日前完成撤離）。他也廢止了給予蘇聯在東北及新疆特權的秘密協定。最後，他還同意協助中國開發原子武器及訓練核子專家。[48]總而言之，赫魯雪夫此次到訪，大大有助於中國加速推動社會主義工業化的計劃。[49]

毛澤東起先甚為高興。日後他承認：「我第一次見到赫魯雪夫同志時，我們相談甚歡……建立起互信。」[50]他也承認：「我們很感謝他……赫魯雪夫同志廢除了〔以前的〕『合作社』。」[51]然而，赫魯雪夫出手闊綽，過於慷慨。他應該理智行事，卻感情衝動。他一直想見識國外世界，可是史達林不讓他出國。現在首次有了機會，他興匆匆地一頭栽進去。他打從一開始就犯了致命的錯誤。他根本不應該先登門造訪毛澤東；他應該安排讓毛澤東先來拜會。但是有機會訪問中國，使得赫魯雪夫十分興奮，壓抑不下好玩的衝動。他樂得跟個小孩似的。[52]從莫斯科出發時，他和米高揚講俏皮話，又向全蘇工會中央理事會主席尼古拉·什維爾尼克（Nikolai Shvernik）開玩笑說，他已經「準備好吃蛇肉了」。[53]他在中國期間，情緒一直很高亢。他不守外交禮節，跑上前擁抱、親吻毛澤東，把中方主人嚇了一跳。他到處說笑話，大爆貝利亞性生活糜爛的料，又像個生意人信口承諾這、承諾那。

他的行為，就和他過分慷慨的禮物一樣，事實上反而讓毛澤東產生負面印象。毛澤東和史達林一樣，只知尊重實力。毛澤東不能理解赫魯雪夫的友善，反而認為那是荏弱的跡象，因而覺得這個蘇聯新領導人是個「大傻瓜」。[54]這種感覺使得毛澤東認為，赫魯雪夫需要他道德上的支持。[55]在高峰會議上，毛澤東和周恩來不斷地測試赫魯雪夫，向他提出不計其數的要求。毛澤東甚至向他索取原子彈的機密，也要求他幫中國建造一支潛艇艦隊。[56]雖然赫魯雪夫斷然拒絕了大多數要求，中方還是留下他是個軟弱的夥伴的印象。毛澤東並不急著掏心掏肺、跟他攀交情，甚至也不願介紹赫魯雪夫和他太太見面。十月一日在天安門城樓上閱兵時，周恩來按照外交禮節，想帶江青和赫魯雪夫寒暄，毛澤東卻牽起她的手，快快走向另一端。[57]

這次高峰會議象徵毛澤東從蘇聯教導的束縛解放出來的開端，赫魯雪夫自己在行程即將結束時也意識到這一點。許多年之後，赫魯雪夫回憶說：

> 當我們一九五四年去了中國、與毛澤東幾度會談之後，我告訴同志們：「中國與我們之間的衝突勢必難免。」我從毛澤東說的話，以及我方代表團受到的待遇，得出這個結論。我們之間出現了東方式病態的客套氣氛。他們是令人難以置信地殷勤，但全都假惺惺。我們鍾愛地擁抱和親吻毛澤東、陪他游泳、隨時閒聊，一直想交心攀談。但是總是讓你翻胃啊！另一方面，某些特殊問題冒出來，讓我們起了戒心。最重要的是，我有種感覺——我當時就跟所有的同志這麼說——毛澤東可沒打算讓中國共產黨以外的任何共產黨來主宰世界共產運動，一絲一毫都不會。他絕對不容許。[58]

② 原書註：蘇聯同意於一九五五年一月一日交還股份，換取中國商品。

毛澤東真正的感情此時並未浮現。即使他自己也不是那麼容易就擺脫開對「老大哥」的尊敬。何況中國還需要蘇聯援助以建設社會主義。

赫魯雪夫回到莫斯科後，還是在一九五四年十二月裁示，免費提供中國一千四百份重要工業設施的技術藍圖，以及兩萬四千多套各種科技文件。[59] 一九五五年三月，蘇聯與中國簽訂一項新協定，承諾出資援助另十六項工業計劃。[60] 一個月之後，蘇聯與中華人民共和國正式就蘇聯援助中國以和平方式開發核子技術達成協議。[61] 隔沒多久，蘇聯政府於八月送交中國一份備忘錄，表示協助興建十五個國防工業設施，以及十四個新的工業廠區。又隔幾個月，中國政府在一九五四年底向莫斯科提出要求，問蘇聯能否增加協助中國發展國防及能源工業。[62]

蘇聯繼續與中華人民共和國合作，擬定其第一個五年計劃的最後草案——中國從一九五二年起即開始與莫斯科討論此一經濟計劃。草案於一九五五年二月完成；副總理陳雲於三月二十一日向中共全國代表會議的代表們報告其重點。三月三十一日，最後草案獲得通過，七月五至六日，國家計劃委員會主任李富春向第一屆全國人民代表大會第二次會議提出報告。七月三十日，全國人民代表大會第二次會議通過以這份文件作為中華人民共和國一九五三至五七年的正式經濟發展計劃，具體代表了中國共產黨的工業化及社會主義建設的政策。[63] 第一個五年計劃構想完成六百九十四項主要工業項目，包括大型發電廠、冶金工業、機械製造廠和其他設施，以便替快速發展重工業及國防工業奠定基礎。五年計劃也打算在農村地區推動合作化運動。它打算在一九五七年底之前，把大約三分之一的農民家庭組織成半社會主義的低階農業生產合作社。在這些合作社裡，農民只在共有經濟上一起工作，同時也保有私有財產權，如土地持分、牲口及他們帶進合作社的主要農業機具等。甚且，也有計劃要把大約兩百萬個城市手工業工人組成合作社。最後，大多數的私有工廠以及商業將改造為國有企業或國家所控制的企業。政府計劃將工業工人的薪資提高三分之一。[64]

蘇聯領導人和中國領導人雙方在後史達林時代的密切合作，使得中華人民共和國能發展出五年計劃，它既符合中國國家經濟的需求，也符合蘇聯的經濟能力。到這個時候，中國的工業化已經展開，絕大多數專家認為中國可以成功地達成五年計劃所訂的目標。

結果卻超乎所有人的預期。中國工業成長率遠遠高出計劃的目標。根據各種不同估計，年成長率實際在一六%至一八%之間。工業產出毛額超過一倍以上，生鐵和鋼的生產量增為三倍。[65]蘇聯的援助極為重要。雖然蘇聯對中華人民共和國經濟的直接投資不算太大——人民幣十五億七千萬元，僅為中國投資資金總額四百九十三億元的百分之三左右[66]——我們很難過度高估蘇聯援助的重要性。除了提供相當數額的財務支援之外，蘇聯免費提供數量相當可觀的技術資訊，它們在世界市場上至少值得數億美元。蘇聯一方面協助中國興建相當多的關鍵工業項目，在替中國訓練科技人才方面，也扮演極重要角色。一九五〇年代，中國派了六千多名學生和大約七千名工人到蘇聯學習。蘇聯和東歐也有一萬兩千多名專家和顧問來中國。[67]

儘管蘇聯的援助相當重要，還是因為國家投資在經濟現代化，中國工業才得以快速成長。國家資本投資佔經濟基礎部門投資總額的九七%。和史達林時期的蘇聯相同，農村是積累資本的主要來源，靠著它們挹注了城市工業化所需的資金。在建設社會主義時，中國共產黨善於運用蘇聯經驗，而蘇聯經驗不論是多麼殘暴，仍展現出極大的經濟效率。

第二十八章　大轉折

完成第一個五年計劃的農業生產和農村社會改造，是黨的工作之重心。一九五〇至五三年間完成農業改革，激烈地將大多數農民變成中等的個別自耕農，這個地位使他們大大擺脫當局的專斷。可是，改革後的農村未能供應社會充足的生鮮蔬果和原材料。基本原因是中國生產力落後；農業人口過多；可耕地不足，因之而來的小家庭之存在；農業基礎建設開發不足；以及古舊的社會關係。因農業改革而出現的社會平等，加劇了開發不足的危機，因為它導致農民增加消費，使得可在市場上販售的過剩食糧減少。劉少奇一九五三年十一月九日對新任蘇聯大使庫玆涅佐夫說：「如果農民吃得更好，他們將消費掉農村生產的所有糧食。而城鎮將沒有糧食……在這種情況下，我們還不能讓農民想吃多少就吃多少。」[1]

黨領導人面臨設計新式農村合作方式的任務。他們已經捨棄市場方式。社會主義烏托邦的思想開始指導政策。一九五三年秋天，毛澤東發起對農村新民主主義市場關係的攻擊。他的目標十分清楚，就是將農村集體化、私有財產收歸國有，以便以此為基礎，達成經濟落後的中國之工業化。中國領導人無一遲疑。為了推動這個計劃，他們對中國人民的社會經濟、政治和意識型態生活，都建立起嚴格的管控。黨內的不和僅涉及到執行計劃的方法與步調。

十月十六日，在毛澤東倡議下，中共中央決定一九五三年十一月十六日起，實施穀物專賣制。[2]這代表以低位固定價格向農民強制收購穀物。[3]嚴禁個人在市場上買賣穀物。次年，棉花、棉製品及蔬菜油交易亦實施國家專賣。農民因而被貶抑為國家的佃戶，完全喪失財產權。這些措施深刻擾亂全國市場經濟，很快就導致對城市居民的基本消費商品實施配給制。儘管水準不高，政府至少可以藉此保證基本需求供應不缺。城市居民只能在國營商店買到基本物資，而且得憑配給券才能購買。

強大的國家高壓機制試圖控制一切基本物品之流通。一九五二年，國家囤積了三千三百萬噸穀物，一九五三年至一九五五年，當局又分別囤積了四千八百萬噸、五千三百萬噸和五千萬噸的穀物。政府透過相當高的實物稅以及穀物強迫收購辦法，囤積穀物；前者和後者不尋常地呈現二與三之比。一九五四年和一九五五年，中國每年穀物收成量約為一億六千萬噸。其中將近三一%從農民身上抽走；它比農民本身在市場上出售的量多出六%至一一%。[4]根據俄國經濟學家邦尼（L.D. Bony）的說法，它很可能造成「中國農民實質必須消費量肯定受到影響，這一點可從中國許多地區出現農民騷動作為證明」。[5]毛澤東和周恩來後來也承認，共產黨從農民「收購的穀物數量稍微多了一點」。[6]農民騷動一直持續到一九五五年春天。

把生活物資集中在國家手中，並沒有解決飢荒的問題。根據官方數字，中國在一九五二年人均穀物生產量是兩百五十公斤，情況在一九五三年或一九五四年並未改進。一成的農家穀物不足以自給自足，必須依賴國家援助。實際上，一半以上的農村人口活在半飢餓狀況下，數百萬家庭靠國家直接支持才能生存。[7]情勢十分弔詭：一方面，政府透過集中收購穀物及其他產品，掌控了農村相當大比例的生產，創造出國家經濟實力的表象。另一方面，它必須釋出將近三分之二的穀物回到農村，以拯救數以百萬計貧困地區的農民免於餓死。國家援助農業發展的能力逐漸在消失。國家提高徵收量傷害農民增加生產的興趣，而要求國家援助的人數持續上升。共產黨自己反市場的政策製造出惡性循環，使毛澤東及其副手深陷其中。

國家為此對立尖銳：當局拚命想從農村增加榨取貨品，而農民積極抗拒。毛澤東開始失去農民的支持。他在一九五五年十月被迫承認：

過去我們同農民在土地革命基礎上建立起來的那個聯盟，現在農民不滿足了。對那一次得到的利益，他們有些忘了。現在要有新的利益給他們，這就是社會主義……以前那個反地主、打土豪、分田地的聯盟是暫時的聯盟，它鞏固一下又不鞏固了。[8]

這個情勢有助於發起合作化運動。

一九五〇年至一九五三年的農業改革時期，中國共產黨幾乎毫無動作以加速合作化。到了一九五一年底，全國只有三百多個所謂的低階的合作社，每個社只有二十至四十個家庭社員。[9]新民主主義的政治氛圍限制住積極推動農業的社會主義改造。從概念上及實務上，中國共產黨非常小心地處理農村的改造。一九五三年二月十三日，中共中央通過的〈關於農業生產互助合作的決議〉即是一個典型例證。這份文件由中共中央農村工作部起草，透過身兼國務院副總理的該部部長、老黨員鄧子恢，呈報到中央。黨一向的做法是點出政策左傾和右傾偏差的危險，但是鄧子恢點出左傾偏差是主要危險。鄧子恢說：「目前，倉促向前跑是主要的偏差、是全國規模的大危險。」[10]他的報告經由中共中央通過，作為指導文件，以它為基礎針對各種「左傾」錯誤進行鬥爭。

同時，黨也在新民主主義時期累積合作化運動的經驗。國民黨時期即已出現的供銷合作社和信用合作社，成為改造過的農民發展市場關係有機的部分。到了一九五二年底，四成的農民家庭加入農業生產互助組。[11]這是一九三七至四五年中日抗戰期間，在共產黨控制的「解放區」最早出現的一種特別形式的合作組織。黨的領導人，尤其是劉少奇，把這種農業生產互助組視為自願性質合作化運動明確的組織及經濟基礎。雖然一九五三年中共中央將違反自願加入原則所成立的合作社「大規模解散」，半社會主義的「低階」合作社也得到擴張。到了一九五三年底，全國已有一萬四千多個合作社。

毛澤東一九五三年夏天贏了「溫和派」，鼓舞他加快集體化的腳步。農民社會主義改造的步伐快慢問題，成為黨內討論的中心議題。毛澤東後來回憶說：「我們打鐵趁熱，這是戰術必要，不可能『喘一口氣』或建立『新民主主義秩序』。如果我們要去打造它，以後就得浪費力氣去拆除它。」[12]

一九五三年秋天，毛澤東與中共中央農村工作部官員開會，勸說他們反制在中國農村愈來愈「危險的」「資本主義傾向」強化的現象，並且要加快社會主義改造。[13]然而，他並未能壓制某些黨工幹部的抗拒。因此在一九五三年十二月十六日，黨中央折衷地通過〈關於發展農業生產合作社的決議〉，暫時以它作為農村社會主義改造的綱領性文件。[14]決議文擬想的農民家庭有計劃、逐步合作化，是與農業機械化同步推動。中共中央官員認為，農村沒有技術改造、逕自實行合作化，太過危險。文件顯示，到一九五四年底，「低階」合作社將有三萬五千八百家，即不到所有農民家庭數的一％。替第一個五年計劃定下的任務也同樣溫和。起先，草案規劃到一九五七年底，兩成的農民家庭將完成合作化；[15]後來的版本，這個數字提升到三分之一。這只是說「低階」合作社。「高階」或「高端」的合作農場（意即依據農民財產完全集體化所組成，約有一百至三百個農家組成的完全「社會主義」的集體農場），只是實驗性質的設置。

毛澤東並不滿意這些計劃。同時，他也不為農村極端的技術落後——生產力低度開發即是例證——而煩惱。他在一九五四年七月寫信給劉少奇和鄧小平說道：「萬事莫如實行社會主義革命急，也就是農業合作化。推動技術革命，也就是逐步導入機械化，和在農村進行其他技術革新，那是次要的工作……各種可能的技術革新應以合作化為基礎導入。」[16]

他繼續表示不滿意「步調太慢」，其實到了一九五四年底，合作社的家數已增為七倍，達到十萬家。一九五四年十月，在毛澤東倡議下，中共中央通過決議，要加快組織合作社。當局擬定了加快步調的新計劃，要求合作化運動大躍進。一九五五年，低階合作社預定要增為六倍，達到六十萬家。可是，到了一九五五年春天，它們已經成長到六十七萬家。[17]光是浙江省，在一九五四至五五年那個冬天，就成立四萬二千家合作社，是原有合作社的七倍之多。[18]

很自然地，被動員來達成加快集體化的幹部們，使用暴力、嚴峻命令和橫暴手段來達成黨交付的任務。在許多村莊，拒絕加入合作社的農民被迫在街上罰站，頂著烈日或冒著酷寒，一站就是幾個小時、甚至幾天，疲憊不堪之下，他們簽下「自願」入社申請書。許多地方的農民乾脆殺了家裡的牲口、雞鴨，以示抗議。例如，浙江省的豬隻，數量減了一百二十萬頭，約佔三〇%。某個以火腿聞名的縣，更減少了四〇%。其他地方則因飼料不足，造成牲口疫病。一九五五年初，許多失去土地的農村居民開始餓死。許多中農自殺；其他人離家出走、前往城市。許多人公開表達不滿。他們說：「共產黨比國民黨還糟。共產黨把我們帶到死亡邊緣，共產黨已經墮落了。」[19]

同時，好幾個黨領導人仍然試圖攔阻主席的激進做法。中共中央農村工作部部長鄧子恢堅持，合作化方案應依據五年計劃執行。農村工作部提議放慢步伐，在一年半內籌設不到三十五萬家的合作社。鄧子恢也打算解散十二萬家存活困難的合作社。[20]劉少奇、鄧小平及其他多位政治局委員，尤其是周恩來，支持他的主張。

毛澤東猶豫了一下子，認為或許「生產關係要適應生產力發展的要求，否則生產力就會起來暴動。當前農民殺豬、宰羊，就是生產力起來暴動」。[21]他決定暫停合作化半年，等到秋天再說。劉少奇支持這項決定，建議削減合作社十七萬家。一九五五年春天，農村工作部決定解散透過行政手段、而非自願方式成立的合作社。

這項決定卻激怒想要強力推動合作化運動的地方領導人之反對。他們說：「不需要削減合作社的數量。」[22]中共上海局第一書記、老布爾什維克柯慶施，特別憤慨，指控高達三成的黨幹部不支持社會主義，並於一九五五年四月毛澤東訪問上海時，直接向主席表達不滿。[23]當時，毛澤東正在華東和華南幾個省份進行十六天的視察，一路上也有許多省、縣官員表達出左翼的情感。

這時候，鄧子恢在北京召開全國農村工作會議，會中他表示贊成放緩合作化的步伐。他和其他「溫和派」已跟不上時代腳步，毛澤東再也不願聽他們的意見。主席視察完回京，深受各省領導人布爾什維克精神鼓舞，重燃起他達成快速「突破」走向社會主義的興趣。他拋開遲疑，堅定立場。他和鄧子恢見面，警告他：「不要重犯一九五三年大批解散合作社的錯誤，否則又要做檢討。」[24]幾天後，他又說：「農民是要

『自由』的，我們要社會主義……有一群……官員反映農民要『自由』的情緒，不願意搞社會主義。」[25]

五月中旬，他在中南海召集十五個省、市黨委領導開會，要讓農村工作部官員相信他知道民之所欲。他呼籲拋棄對合作化的「悲觀情緒」。毛澤東陰沉地說：「如果我們不拋開〔它們〕，就會犯下大錯。」[26]不久，他又出北京去「進行調查」，這次是到杭州去。

然而，鄧子恢把他的話置若罔聞，仗著劉少奇的支持，緊抱住自己的觀點。六月中旬，劉少奇主持的政治局會議徹底討論這個議題，多數委員支持農村工作部的提議。劉少奇說：「明春發展到一百萬個，關一下門，辦好了，讓中農自願前來敲門。關鍵是保證中農自願。」[27]農村工作部旋即在一九五五年中期之前又解散了兩萬多家撐不下去的合作社，其中包括浙江一省之內的一萬五千多家合作社，涉及四十萬戶農民家庭。[28]

毛澤東絕無意願投降。他乾脆繞過不聽他話的政治局，直接向全國黨幹部訴求。他在一九五五年七月三十一日召開的會議，號召省、市及地方黨委書記們支持他的計劃。毛澤東的報告〈關於農業合作化問題〉，旨在說服大家接受需要加快農村合作化。和全國人民代表大會才通過的五年計劃——它規劃在一九五七年底以前促成三分之一的農民家庭加入合作社——相反，毛澤東現在堅持要有二分之一的農民家庭加入合作社。到了一九五六年秋天，合作社家數應從六十五萬家——這是解散無以為繼的合作社之後還剩的合作社——倍增為一百三十萬家。[29]

毛澤東的講話包含常見的對蘇聯發展道路的正面評價，例如說蘇聯經驗證明在短時間內完成大規模合作化，是完全有可能的。[30]可是，證據顯示，毛主席仍然受到蘇聯模式所鼓舞之際，他已經開始思考比蘇聯更高的社會主義建設比例。他譴責「若干同志」引用史達林著名的一段批評，史達林曾說，蘇聯在集體化過程中曾犯了「操之過急」、「往前衝」的錯誤。他說：「我們絕不容許這些同志用蘇聯經驗為藉口，掩飾他們蝸牛速度的想法。」[31]毛澤東第一次提出以「多、好、快」原則建設社會主義的說法，但他還沒把它奉為新的總路線。他仍然擁抱蘇聯模式，但是希望更快地達成它。他在氣憤下，曾經對他的私人醫生①

說：「我說學蘇聯，難道拉屎撒尿也要學蘇聯？」[32]赫魯雪夫要他別加快合作化的步伐，但是毛澤東不聽他的勸。[33]他對合作化運動強大的動力相當樂觀。這次會議在中共黨史上是破天荒第一遭，他必須越過政治局向地方幹部們訴求，並且公開表達他不同意政治局的決定。他日後還會一再祭出這一招。

整體而言，他的操弄運作成功了。毛主席果如預期得到來自基層的支持後，現在他可以迫使黨的領導人接受他加速史達林化的計劃。一九五五年十月，他在北京召開中國共產黨七屆六中全會（擴大會議），以取得其政治路線的正式支持。受邀出席會議的中、低層黨員幹部的人數，是中央委員的十倍以上，確保了大會一定會通過他的政策處方。決議文宣稱：「面臨著農村合作化運動日益高漲的形勢，黨的任務就是要大膽地和有計劃地領導運動前進……但是我們有些同志對於農民問題的看法卻還停留在老階段上……看不見大多數農民群眾願意走社會主義道路的積極性。」[34]

鄧子恢、薄一波和李富春做了自我批評，周恩來則無條件支持毛主席。[35]但是毛澤東仍然不痛快，嘰嘰歪歪說：「鄧子恢在民主革命時期支持我們……但是解放後卻走上另一條路。我們的某些同志卻像一個小腳女人，東搖西擺地在那裡走路。」[36]一直要到日後回顧時，他才滿意地說：「一九五五年那一年才在生產關係的權限上面贏得基本勝利。」[37]

擴大會議之後，毛澤東發起事後證明相當有效的宣傳運動，號召全黨追隨他前進。基層共產黨員積極投入鬥爭，以達成他們領袖的烏托邦計劃。他們相信毛主席、崇拜毛主席，甚至把他奉為神。沒有這樣的造神運動，一個以領袖為中心的政黨不可能存在。毛澤東是新中國、建設社會主義社會、平等與富足的光

---

① 原書註：這位醫生名叫李志綏。他隨侍毛澤東身旁超過十二年。一九八八年，他在奇蹟下獲准離開中國到美國，六年之後他發表了他的回憶錄。書中，他揭露毛澤東及中國共產黨其他領導人許多私生活的機密，在中國醸為風暴。後來，李醫生一九九五年一月在美國電視台接受訪問時透露，他打算再寫一本傳記。可是，他沒辦法寫了。接受訪問之後幾個星期，他在伊利諾州卡洛溪家中去世。

明未來的代表。因此，可以理解，為什麼對廣大的普通共產黨員而言，參與集體化是莫大的光榮。

到了一九五六年初，毛澤東和他的支持者急遽加快合作化的步調，它現在已進入一九五六年上半年大體完成集體化的新階段。地方幹部技巧地利用佔極大多數小規模家戶的貧農渴望平等的情感。共產黨在他們之中仍享有極大聲望，貧農大眾熱切支持共產黨，盼望中國共產黨的政策會像農業改革時期一樣造福他們。同一時期，中國政府效法史達林，任意運用高壓手段。一九五六年，它強迫農民綁在土地上，嚴禁農村居民搬離他們緊鄰的合作社以外之地區。[38]從此以後，農民即使要到附近城市或隔壁的合作社去，也要向村的當局申請路條。

總之，農業社會主義高奏凱歌。到了一九五六年六月，一億一千萬戶農民家庭（佔總數約九二%），已加入農業生產合作社。其中，六千三百萬戶成為「高級社」（「社會主義」）社員。這個過程在下半年持續進行，直到全部農民幾乎無一不納入合作社。同時，小型合作社整併、大型合作社改造為高級社。到了一九五六年底，全國共有七十五萬六千個農業生產合作社，涵納九六%的農民家庭；八八%的農民家庭加入高級社。[39]

毛澤東雖在政治上取得重大勝利，個人卻也付出重大代價、吃盡苦頭。在中國共產黨黨內激烈衝突時，尤其是一九五五年底之前那段時間，毛澤東幾乎無法入眠。他以前也不時鬧失眠，動輒一連幾天無法闔眼睡覺。他的醫生寫說：「醒著的時間也愈來愈長，有時連續二十四小時，甚至三十六個小時不睡，隨即一連睡上十或十二個小時。」他服用數量大到難以想像的安眠藥，但是不管用。他變得十分疲倦，搖搖晃晃、奇癢難忍、暈眩。但是醫生也無能為力。他的「失眠症是政治鬥爭的結果」。[40]

集體化的勝利還有另一個代價。毛澤東和整個黨都困於無法兌現當時誘使農民加入合作社時所承諾的繁榮。許多農民很快就失望了，開始表示不滿。[41]兩年後，毛澤東自己承認合作化並未解決中國共產黨和「廣大的中間分子」之間的矛盾。[42]相反地，根據蘇聯專家的資料，實施穀物專賣之後開始積累的社會緊張，現在更加強烈。蘇聯經濟學家一九五七年初即認為：「（中國）農業集體化遭到農民的抗拒。」[43]騷動撼動新成立的合作社，但是毛澤東深信不經考驗和苦難，不可能建立「光明的未來」。他說：「要使帝國主義絕種，封建主義絕種，資本主義絕種，小生產也絕種。在這方面，良心少一點好。我們有些同志太仁慈，不厲害，就是說，不那麼馬克思主義。使資產階級、資本主義在六億人口的中國絕種，這是一個很好的事，很有意義的事。我們的目的就是要使資本主義絕種，要使他在地球上絕種，變成歷史的東西。」[44]然而，農民抗拒的規模根本比不上蘇聯實行集體化時期那麼慘烈。整體而言，社會主義相當和平地進入中國農村。

一九五五至五六年，中國共產黨在毛澤東倡議下，同時也進行工業與商業大規模的社會主義改造。這些改革是一九五一年及一九五二年針對城市資產階級措施的延續。一九五三至五四年，中國共產黨已對所有重要消費者商品的銷售建立國家管控，因此大大限制了市場經濟。國有工商業公司排擠了私營企業。共產黨利用了各種所謂的低度國家資本主義方式。就某種程度而言，他們重複國民黨政府在一九三〇年代和一九四〇年代已做的事。它包括政府收購私營企業的產品，以及國家頒令強迫原物料以固定價格供應。一九五五年，國家把約八成的中小企業置於政府管控下。國家藉由購買公司股票的方式投資資金，將雇用員工五百人以上的大型企業，改造為國、民營合資公司。到了一九五六年中期，全國私有財產基本上已摧毀殆盡。[45]毛澤東將它視為是經濟領域社會主義革命的勝利，是提前實現黨的總路線；在這個時候，他認為總路線的目標是解決財產的問題。[46]

重點是中國共產黨在最短的可能時間內將中國社會激烈改造成功。它的戰術在城市、在農村都有效，沒有遭遇富人重大的反抗。政府決定「收購」私營工業財產，減弱了資產階級抗拒的力量。一九五五年十月二十九日，毛澤東提議給予中國資本家相當大的金錢補償、完全就業，以及崇高社會地位，以交換他們保證不破壞社會主義改革。資本家必須自願將財產交給政府。[47]政府後來決定，將付給他們每年五%利息，為期七年[48]（實際上，付息時間更長，直到一九六六年才停止）。

實際上抗拒中國共產黨最力的是勞工階級，這把宣示為無產階級服務的黨嚇了一跳。社會主義改造導致工人的物質條件惡化。他們失去了原來控制住企業主所享有的許多特權。工人控制的制度始於一九四九年共產黨在內戰勝利之後，它可以捍衛工人的利益。但是這個制度短命、存在不久。國家接管生產手段之後推出一項改造，正式成立工會，取代工人的實質控制，它造成勞力工人的生活水準降低。官方設置的工會由國家控制，它捍衛政府，不是捍衛工人。工人開始罷工以示不滿，地方當局愈來愈難以壓制。根據官方資料，一九五六年八月至一九五七年一月之間，發生一萬多起工人大、小罷工，以及一萬多起學生罷課。[49]從中國檔案資料發現，上海地區原本私營企業的工人特別活躍。一九五七年春天，上海五百八十七家企業發生「大型騷亂」，涉及約三萬名工人，另外七百多家工廠也發生較不嚴重的騷亂。大約九成事件發生在剛由國家買下、控制的企業。[50]

到了一九五六年底，由於加速工業發展及強迫社會主義改革的結果，中國經濟開始出現一些困難，如原物料、電力及合格工人短缺等等。同時，社會主義的勝利強化了中國共產黨對社會嚴格的獨裁專政。黨官僚現在不僅享有絕對的政治權力，還有完全的經濟權力。在這種情勢下，全國經濟已完全受到國家控制，共產黨菁英可以發動更加危險的實驗，試圖以鐵的意志解決所有的經濟問題。共產黨仍然完全走史達林的路，史達林曾說：「沒有布爾什維克攻不下的堡壘。」[51]

第二十九章
思想大解放

一九五六年發生另一件事，大大震撼了中國和全世界。二月二十五日，赫魯雪夫在蘇聯共產黨第二十次全國代表大會的秘密會議發表報告，譴責史達林搞個人崇拜。這位已故的獨裁者被控訴多項罪行。赫魯雪夫強調，史達林在第二次世界大戰初期犯了嚴重錯誤，違反集體領導的原則，並且建立個人獨裁。他談起史達林在民族問題及農業政策上犯的錯誤，也談他在蘇聯國際關係上犯的錯誤。然而，他沒有提到史達林不信任毛澤東；赫魯雪夫倒是提到史達林對待狄托犯了錯誤。[1]

毛澤東沒有出席這次蘇共全代會。朱德、鄧小平及其他人員代表中國共產黨與會，他們將這個驚天動地的新聞回報給毛主席。毛澤東也大吃一驚。他以中共中央的名義才發賀電給蘇共二十次大會，照例歌頌已經去世的史達林。賀電提到「列寧創造、史達林養大的所向無敵的蘇聯共產黨」。[2]朱德也極為尷尬，他在大會主席台上才宣讀賀電，全場掌聲如雷。赫魯雪夫這番話給人的印象是，他根本不管他的講話會在共產世界引起什麼回響。他甚至沒把報告書交給外國的共產黨過目。毛澤東必須靠新華社譯自《紐約時報》三月十日刊登的全文，才得知箇中內容。[3]赫魯雪夫只顧著解決自己的問題。換句話說，在譴責史達林主義時，這位蘇聯新領導人的行徑與史達林無異，一點兒都不懷疑莫斯科所有的衛星附庸國家會照單全收克里姆林宮所講的一切。[4]他們曾經在一九三九年接受令人難以置信的莫洛托夫—里賓特洛甫條約

（Molotov-Ribbentrop Pact，即德蘇互不侵犯條約），完全翻轉了蘇聯與希特勒德國的關係，而今他們也將接受史達林被批判。

然而，經過一番思索，毛澤東壓抑下原先不痛快的感覺。姑且不論其他，批判克里姆林宮前獨裁者使他徹底解脫。赫魯雪夫於一九五四年到訪所開始的過程，現在達到它合邏輯的結尾。[5]

隔了一陣子，赫魯雪夫送來了官方正式消息，毛澤東注意到這個拆卸史達林神壇的蘇聯首腦並沒有百分之百的自信。他很明顯試圖爭取毛澤東的贊同。毛澤東為此甚爽；它證實了他原先對赫魯雪夫的印象；赫魯雪夫是個軟弱的夥伴。這個蘇聯共產黨第一書記在私函中告訴毛澤東，蘇共通過了有關史達林的決議之外，又提議協助中國興建五十一個軍事項目和三個科學研究機構。他也表示願意與中國合作，興建一條連接新疆烏魯木齊到中蘇邊境的鐵路。換句話說，赫魯雪夫企圖爭取毛澤東。一九五六年四月七日，赫魯雪夫的個人代表米高揚和中方簽署了一份蘇聯援助興建五十五個新工業設施（包含製造火箭和原子武器的工廠）的協議。[6]

這一切激烈地改變了中、蘇關係之間的力量均衡。從現在起，毛澤東不再需要仰事蘇聯，覺得必須抄襲蘇聯的經驗。如果說他在一九五五年和一九五六年初推動類似蘇聯的史達林式集體化時，只敢要求以比蘇聯更快的步調進行，現在他完全可以摸索自己的發展路徑。他甚至可以試圖趕上、並超越蘇聯，把中國打造成最強大的工業強國。

他搞懂了赫魯雪夫的報告之後，於三月三十一日邀請回莫斯科出席蘇共二十大、而今回到任所的蘇聯駐北京大使尤金過來一談。尤金本人也想要見毛澤東。赫魯雪夫迫切需要中國共產黨的支持，要求尤金大使求見。然而，毛澤東以生病為託辭，讓尤金等了一段時候才終於答應見他。兩人談了三個小時。毛澤東精神十分亢奮，儘管話題嚴肅，他卻談笑風生。他希望給人的印象是，他的人生閱歷豐富，智慧深邃，能夠安然笑看世界風雲變色。然而，很顯然他無法坦然討論史達林這個話題。

他先開口告訴尤金，他認為已逝的導師「毫無疑問……是偉大的馬克思列寧主義者，是優秀忠誠的革命家」。據尤金的說法，毛澤東同時也說「（蘇共二十大）代表大會的文件使他印象深刻」。毛澤東強調「批評與自我批評精神和代表大會後所造成的氣氛，也會幫助他們廣開言路……在這件事情上，我們是不能先說話的」。[7]

毛澤東很清楚他在說什麼。我們已經看到，在中國共產主義運動的整個歷史當中，它的領導人，包括毛澤東在內，幾乎無可避免地在意識型態、組織和政治上，都得依賴莫斯科。雖然毛澤東心知肚明史達林的奸詐陰狠，現在他一死，自己可以感到輕鬆，可是他無法公開批評他的「領袖和導師」。沒錯，他並不清楚史達林陰狠的全貌。例如，他並不曉得這個克里姆林宮獨裁者在一九三八年曾經計劃，針對共產國際官員發動大規模政治審判。史達林在思索要鬥爭哪些人時，一度把周恩來、劉少奇、康生、陳雲、李立三、張聞天、王稼祥、任弼時、鄧發、吳玉章、楊尚昆、董必武，甚至一九三五年已被國民黨處決的瞿秋白，都列入黑名單。[8]內務人民委員部調查員亞歷山大・伊凡諾維奇・郎方（Aleksandr Ivanovich Langfang）對一九三八年三月被捕的共產國際執委會人事部官員郭紹棠動刑，逼得他攀咬出上述這些人。[9]我們不用懷疑，郎方不會自己主動去做這件事。①

史達林打算在已經進行過的齊諾維也夫和卡門涅夫案（Zinoviev and Kamenev）、拉狄克和皮亞塔可夫案（Radek and Piatakov），以及布哈林和萊可夫案（Bukharin and Rykov）這三大案之外，再於一九三八年春末針對共產國際官員發動公審。這一次主要對象是共產國際執委會書記約瑟夫・派特尼斯基。其他目標還有共產國際執委會官員貝拉・孔（Bela Kun）和威廉・柯諾寧（Wilhelm Knorin），[10]至於上述中方人士只是配角。決定逮捕大批共產國際官員是在一九三七年五月定案。五月二十六日子夜一點鐘，季米特洛夫被請到人民委員葉佐夫辦公室；葉佐夫告訴他說：「共產國際裡潛伏了重要間諜。」一九三七年下半年和一九三八年初，開始動手抓人；可是在莫斯科工作的中國人大部分沒被抓。我們不知道為什麼如此，但是

① 原書註：內務人民委員部調查員不會自動進行調查，是赫魯雪夫自己在〈關於個人崇拜及其後果〉這份報告中說的。

若非史達林放棄他的計劃，很有可能許多中國共產黨領導人會遭到他的毒手。他沒有把毛澤東列在「黑名單」上，但是又有誰真知道他究竟有多少份整肅名單呢？

毛澤東並不曉得有這麼一件胎死腹中的整肅計劃，他和尤金大使的談話，大部分集中在史達林對中國及中國共產主義運動有哪些政策錯誤。他提到他和史達林歷年交往過程遭遇到哪些羞辱。[11]最後，他告訴尤金，《人民日報》即將發表社論談蘇聯個人崇拜的問題。

這篇社論由陳伯達執筆，[12]經過毛澤東本人及其他幾個人（其中只有少數是政治局委員）潤飾，[13]發表於一九五六年四月五日。它的標題是〈關於無產階級專政的歷史經驗〉，由於它的讀者對象是廣大民眾，它並沒有對前共產主義偶像做出不平常的批評。中共領導人，尤其是毛澤東，並不希望有任何人打起反史達林的旗幟來反對他們的獨裁專政。四月二十八日，毛澤東在政治局擴大會議中承認，「我們並不打算把史達林和第三國際幹的壞事……統統向群眾揭露」。[14]現在，毛澤東也不想透露他本身尋求自己的發展路徑的計劃。史達林的功過被定為七三開，但是蘇聯還是被稱頌能夠「無私地批評……過去犯的錯誤」。

次日，毛澤東接見赫魯雪夫的私人代表米高揚時，又提到這個話題。米高揚是在四月六日來中國訪問兩天。根據社論精神，毛澤東花了不少時間批評史達林對中國革命犯下的「嚴重錯誤」；可是他指出，「史達林功大於過」。[15]米高揚在回話時，邀請毛澤東到莫斯科訪問。毛澤東問說：「去幹嘛？」米高揚不正面回答，只說：「總會有事的。」[16]毛澤東很不爽米高揚一副家長口吻。

五月一日，天安門廣場照例舉行五一勞動節大遊行，遊行隊伍和去年一樣，高舉著史達林的巨幅人頭照。[17]全中國各城市的遊行亦莫不如此。

次日，毛澤東主動拜訪尤金。根據蘇聯外交官康士坦丁．克魯提可夫（Konstantin Krutikov）的回憶，毛澤東再次表達中共中央政治局對史達林「功過」的立場；可是他又提到上次和米高揚談話之後，「我終於明白為什麼史達林不信任他……很顯然，史達林認為即使他最親近的副手伏洛希羅夫、莫洛托夫和米高揚，根本比不上外國的受提攜者。」[18]可是，他拜訪尤金另有目的。毛澤東是來表達他不同意赫魯雪夫在蘇共二十大的報告中的一些立場。赫魯雪夫提到「兩種制度和平共處」和「現階段防止戰爭的可能性」，他不能苟同。在此之前，中共中央政治局已悄悄表示，它不能同意同一份報告中有關「從資本主義向社會主義和平過渡」的理論。[19]《人民日報》一九五六年二月十九日有一篇文章談論蘇共二十大，赫魯雪夫這個主張即被刻意忽視。[20]

毛澤東決定也要對「和平共處」表達他的觀點。他採取非常迂迴的方式，不直接攻擊。他告訴尤金大使，三國時期（西元二二〇年至二八〇年），由於年年征戰，中國人口減少了四千萬人，而在唐玄宗時期，安祿山作亂（西元七五五年至七六三年），人口減少得更厲害。他的意思是用不著害怕和帝國主義發生核子戰爭。即使帝國主義者能佔領蘇聯的歐洲部分和中國的沿海省份，社會主義最後仍會勝利。他的結論是，帝國主義只是「紙老虎」。[21]不知什麼原因，他很喜歡「紙老虎」這個字詞，在幾個不同場合使用過，甚至還開玩笑地稱江青為「紙老虎」。[22]這一次，他只是迂迴地重述他在一九五五年一月底與芬蘭駐中國大使卡爾—久翰．孫士敦（Carl-Johan Sundstrom）所說過的話。當時他說：

美國的原子訛詐，嚇不倒中國人民。我國有六億人口，有九百六十萬平方公里的土地。美國那點原子彈，消滅不了中國人……美國如果發動第三次世界大戰，那麼，算它要打八年或十年吧，其結果是美國和英國及其他幫兇國家的統治階級要被掃光，世界上大部分地方都要變成共產黨領導的國家……他們發動戰爭愈早，他們在地球上被消滅也就愈早。[23]

他在更早以前對同樣的話題也有過更簡潔的說法。一九五四年十月，印度總理尼赫魯（Jawaharlal Nehru）到中國友好訪問，毛澤東對目瞪口呆的貴賓「保證」說：「如果你的政府被原子彈摧毀，人民會起來建立新政府，而它將可以進行和談。」[24]他現在想把這一點告訴赫魯雪夫，在毛澤東看來，赫魯雪夫過度高估了美帝國主義的力量。

就在最近，即四月底，毛澤東在為期四天的政治局擴大會議發表了一項不尋常的講話。四月二十五日的這項講話，題目是〈論十大關係〉，它產生極為深遠的影響。基本上，這項講話代表毛澤東整個世界觀的重大轉折，反映中國共產黨思想正在解放的新氣氛。它界定了黨建設社會主義的新政策，這條路將不同於蘇聯模式。首先，毛主席痛批蘇聯經驗，公開主張黨要走新路徑：

> 我們工作中間還有些問題需要談一談。特別值得注意的是，最近蘇聯方面暴露了他們在建設社會主義過程中的一些缺點和錯誤，他們走過的彎路，你還想走？過去我們就是鑒於他們的經驗教訓，少走了一些彎路，現在當然更要引以為戒。[25]

顯然他已經開始重新檢討史達林主義模式，覺得它不夠激進，而且蘇聯的發展步調太慢。

毛澤東沒有提出建設中國式社會主義的詳盡計劃；然而，他指示一些策略元素，強調需要遵循「多、快、好、省」的原則。②他心中盤算的是：大幅提升對輕工業及農業的資本投資，快速開發內地省份，減少在國防部門的投資，以及加速整體經濟建設。毛澤東也談到加強對工作的精神、而非物質鼓勵，減少集中化官僚管理下的經濟範圍，並且開發相對自主的生產基地。他沒有隱瞞新策略和蘇聯策略之間的差異：

> 我們必須以分析、批判的眼光學習，我們不能囫圇吞棗抄襲、機械地移植……有些人從來懶得分析，只知「跟風」。今天若吹北風〔即蘇聯〕，他們就加入「北風」派……如果每句話都奉行、即使是馬克思說的話，一定大亂……我們若是已經清楚明白，我們就不能每個細節都學別人……蘇聯有許多人很自負、很傲慢。[26]

毛澤東的講話稿當時沒發表，一點兒也不奇怪。毛主席不只是公開批評蘇聯。他的想法與中國許多領導人的想法南轅北轍。後者包括劉少奇、周恩來③和陳雲。鄧小平也不瞭解他的想法。[27]譬如，一九五六年四月底政治局擴大會議上，毛澤東主張增加人民幣二十億元的資本建設，周恩來就公開和他爭辯。周恩來認為，這樣做就會很難供應基本必需品給老百姓，會導致城市人口異常大增。毛澤東被這個主張刺痛，[28]五月二日他把他的新主意又向最高國務會議成員提出來。[29]

在這個情況下，中共中央覺得有必要派發毛澤東四月二十五日的講話稿，但只發給黨的高階及中階幹部。④這時候，周恩來、陳雲和其他經濟專家忙著起草第二個五年計劃，他們沒有完全理解毛澤東的非正統想法。基本上，他們沒理睬他。劉少奇和鄧小平也是如此。他們全都忙著日常的黨、政工作，沒有時間與「偉大的理論家」進一步討論他的新構想。

毛澤東很生氣，他提的構想竟然沒人聞問。一九五六年中期，他從北京飛往廣州視察，希望能像以前一樣取得地方幹部的支持。當時天氣非常熱，廣東人飽受蚊蠅肆虐之苦。毛澤東居停的住處沒有冷氣機，可是他並不急著回北京。他必須解決一大堆問題、接見許多人、評估他們的想法、爭取他們支持他和「死硬的溫和派」繼續鬥爭。這些「溫和派」利用主席不在家，在《人民日報》發表一篇社論，批評「保守主義」和「急躁情緒」。毛澤東的反應卻十分孩子氣，他說：「我才不讀它。我幹嘛要讀他們罵我的文章？」[30]

② 原書註：毛澤東的講話稿有兩個版本，一個是未經修正的速記記錄，一個是部分編訂過的正式版本。前者的譯本於一九七〇年代出現在西方及蘇聯。官方版則在一九七六年於中華人民共和國內發表。「多、快、好、省建設社會主義」的提法只出現在速記記錄。可是，《毛澤東選集》第五卷編者在按語中證實，毛澤東的確提議以這個想法作為社會主義建設的總路線。

③ 原書註：周恩來是第一個提出「根據『多、快、好、省』原則進行社會主義建設」說法的人。他是在一九五六年一月十四日中共中央召開的一項有關知識分子的會議上報告時，公開提出這個說法；當時他是就毛澤東一九五五年十二月六日提出的想法加以發揮。不過，他並沒有從這個提法演繹出「革命」的意義。

④ 原書註：即使如此，國外很快就知道有這麼一件事。譬如，南斯拉夫共產黨代表團於一九五六年九月拜會毛澤東時，就談到「十大關係」。

他對這些完全缺乏「勇氣與決心」，「仍有奴隸心態的殭屍」感到疲倦。[31]不，他必須向他們展現他比全部人加起來都還有力量。

他決定要實現舊夢，游渡三江：廣州的珠江、長沙的湘江，和武漢的長江。他的確是個游泳健將，但是他的想法也的確很荒謬。這三條河流都寬得不得了，長江更有許多漩渦和急流。但是想讓他改變主意根本就是浪費時間。一九五六年五月底，他跳進水面寬逾二點五公里的、汙濁的珠江。職責在身、必須陪他下水的醫生說：「水可真髒，水色汙濁，偶爾有糞便從身旁流過。毛躺在水中，大肚子成了一個氣箱，全身鬆弛，兩腿微曲，彷彿睡在沙發上。他隨水流漂浮，只有時用手臂打水，或擺動兩腿。」[32]這次在珠江口漂浮了將近兩小時，超過十公里。不久之後，他離開廣州，前往長沙，兩次游渡一點五公里寬的湘江，湘江的水也沒比珠江乾淨。毛澤東高興得不得了。他大聲喧嚷：「湘江太窄，游長江去。」[33]

毛澤東終於在六月初抵達武漢。很快地，在四十多個衛士簇擁下，他來到這條大河岸邊。當然，他沒辦法游渡長江；那會是愚蠢之舉。水流力量極大，毛澤東只是順流漂浮而下，和珠江一樣；這次漂流超過三十公里。毛澤東高興得無以言宣，新聞記者也準備好了，立刻向全國發布「我們敬愛的舵手」勇敢征服長江的「好」消息。毛澤東在武漢逗留那幾天，在長江游水三次。[34]他後來熱切地說：「事情就怕認真對待。認真準備，事無不成。」[35]我們曉得，他心裡念茲在茲的就是政治局裡的「溫和派」。

不過，興奮之餘，不能無詩以誌。他寫下：

才飲長沙水，
又食武昌魚。
萬里長江橫渡，
極目楚天舒。
不管風吹浪打，

勝似閒庭信步，
今日得寬餘。
子在川上曰：
逝者如斯夫！
風檣動，
龜蛇靜，
起宏圖。
一橋飛架南北，
天塹變通途。
更立西江石壁，
截斷巫山雲雨，
高峽出平湖。
神女應無恙，
當驚世界殊。[36]

可是，新的一樁失望在北京等著他。政治局裡的「溫和派」正在緊鑼密鼓籌備召開黨的第八次全國代表大會，準備把個人崇拜問題放到議程上。北京的氣氛十分緊繃，毛澤東暫時不去碰黨務，躲到黃海邊安靜的度假小城北戴河避暑。他可能心裡想：「你們想逞能呀？請便。大家走著瞧！」他又玩起他鍾愛的游擊戰術：「敵進我退；敵駐我擾；敵疲我打；敵退我追。」夏末，他向左右宣布，基於「健康」原因，他打算交出中華人民共和國主席的職位，只保留中國共產黨中央主席一職。[37]

劉少奇和其他幾位政治局委員不希望冷落毛澤東，也趕到北戴河去。主席一直都是他們的領袖。他們只希望有些集體領導權。可是這也正是毛澤東所不能同意的。他認為，赫魯雪夫的融化不僅威脅中國，也危及整個社會主義大業，後果如何尚不可預料，中國共產黨比以往更迫切需要團結在他四周。

中共八大就在這兩種觀點對立衝突的背景下召開。正式會議是九月十五日至二十七日在北京召開。一千零二十六位黨代表和一百零七位候補代表，代表將近一千一百七十三萬名黨員出席會議。但是，正式會議之前，從八月二十九日至九月十二日還有閉門討論（所謂的預備會）。在這些討論中，敲定了大會的一切基本決策。代表們在閉門會議中討論及通過所有的決議，以及所有的基本報告和講話的文本。他們也要解決人事問題。

這一次，毛澤東非常小心。和以往一樣，為了測試他的對手，他不主持任何一次會議，也不發表任何報告。他把最活躍的角色交給劉少奇、周恩來和鄧小平。他本人要故示「謙虛」。他只發表兩次簡短談話歡迎與會代表，一次是八月三十日預備會第一次會議，另一次是九月十五日全代會開幕式。[38]同時，他竭盡全力推介他的構想。特別是在這兩次簡短談話，他都重申「十大關係」中的主張，他也修訂劉少奇將向全代會發表的〈中國共產黨第八次全國代表大會政治報告〉的草稿。他添了下面一段文字：

> 中國革命和中國的建設，都是依靠發揮中國人民自己的力量為主，以爭取外國援助為輔，這一點也要弄清楚。那種喪失信心，以為自己什麼也不行，決定中國命運的不是中國人自己，因而一切依賴外國的援助，這種思想是完全錯誤的。[39]

為了明白顯示他拒絕接受蘇聯的家父長主義，毛澤東甚至拒絕出席九月十七日的會議，因為赫魯雪夫的代表米高揚被安排在會上演講。[40]

全代會的基本調子卻完全不符毛澤東的意向。在劉少奇、周恩來和鄧小平領導下，與會代表尊重蘇聯模式，只支持毛澤東意在加速完成史達林化的社會實驗。全代會正式宣布中國的「無產階級、社會主義革命」基本上已經勝利。所有發言者都熱切稱讚農村和城市社會主義改造的結果。

然而，最重要的是，全代會通過的一項決議，讓毛澤東痛徹心脾。在赫魯雪夫於蘇共二十大批判史達林的講話所創造的新氣氛影響下，中共八大的代表竟然同意從黨章中刪掉中國共產黨由毛澤東思想「指導它整個工作」這句話。[41]取而代之的一段文字是：「中國共產黨由馬列主義指導。」[42]鄧小平在宣讀〈關於修改黨章的報告〉時，特別強調需要針對強欲別人接受意見、並且將它光榮化的鬥爭。他宣稱：「我們黨也厭棄對於個人的神化。」固然他也提到毛澤東在反對中共黨內個人崇拜的鬥爭中扮演重要角色，但沒有人把這句話當真。[43]全代會恢復設置中共中央總書記的職位，這一點也相當重要。毛澤東親自提議由鄧小平升任總書記。即使鄧小平不瞭解「十大關係」，毛澤東認為他是「相當誠實的人」，[44]因為鄧小平並不像劉少奇和周恩來那樣公開表示反對毛澤東的冒進。

反對毛澤東唯意志論實驗的人士，就劉少奇的報告準備了一項全代會決議文，在這份文件中加入一段理論，從現在起，在建設社會主義社會之後，

> 我們國內的主要矛盾，已經是人民對於建立先進的工業國的要求同落後的農業國的現實之間的矛盾，已經是人民對於經濟文化迅速發展的需要同當前經濟文化不能滿足人民需要的狀況之間的矛盾。[45]

八大閉幕之後的一九五六年十一月，國務院副總理陳雲和其他幾位經濟學家在外貿部官員的一項會議上，談到需要理性的結合經濟建設和改善人民生活。[46]

可想而知，毛澤東並不滿意八大所通過的許多決議。個人崇拜這個問題最讓他不滿。全代會之後不久，他即決定反攻。他在接見南斯拉夫共產黨代表團時，故作不經意地說：「中國也有些人公開批評我。中國人民寬容我的缺點和錯誤。那是因為我們一直都在服務人民、為人民工作。」這些話聽來頗有向毛澤東的對手警告的意味，尤其是毛主席還解釋說，「老闆主義」在中國還不是問題。他還說：「有些人批評

我之時，其他人會出來反對，指責他們對領袖不敬。」[47]這時候，在他的親信圈子內，他開始批評赫魯雪夫的反史達林政策。他向他的譯員李越然抱怨，史達林是「該被批評、但不是殺頭呀！」他在生氣時向另一個譯員閻明復表示，赫魯雪夫「不夠成熟到可以領導那樣一個大國」。他也對其他副手說，赫魯雪夫「不遵守馬列主義」。[48]

周恩來一向對政治氣候稍有變化十分敏感，他在十月一日向波里斯．尼古拉耶維奇．波諾馬瑞夫（Boris Nikolaevich Ponomarev）闡釋，毛澤東對個人崇拜的新的、批判的立場。波諾馬瑞夫是蘇聯共產黨中央委員，前來出席中共的八大。周恩來批評蘇共在貶抑史達林時犯了一些「錯誤」：第一，「事先沒有和兄弟黨諮商」；第二，「完全沒有進行周全的歷史分析」；第三，蘇共領導同志「沒有自我批評」。[49]

一九五六年發生在波蘭和匈牙利的反史達林主義事件，也大大增強了中國領導圈內的崇拜氣氛，進而增強了毛澤東的地位。一九五六年十月，在工人示威風潮下起而掌權的波蘭共產黨新領導人哥穆爾卡（Władysław Gomułka），將史達林派趕出波蘭工人黨⑤政治局。其中之一即波蘭國防部長兼部長會議副主席康士坦丁．康士坦丁諾維奇．羅科索夫斯基元帥（Marshal Konstantin Konstantinovich Rokossowski）。他是由史達林欽點出任這兩項要職。原本在波蘭人民中就很強烈的反蘇氣氛，開始快速增長。同時，在匈牙利方面，由於民主革命的結果，政府權力交到頗孚民心的自由派共產黨人納吉（Imre Nagy）手中。東歐社會主義的危機，毫無疑問是因赫魯雪夫批判史達林的講話所引爆。

毛澤東對此非常瞭解，也不隱藏他對赫魯雪夫行動的不滿。十月二十日晚間，毛澤東召開政治局擴大會議，他首次譴責蘇聯搞「大國沙文主義」。他聽到新聞報導說，赫魯雪夫打算動武、對付哥穆爾卡，他不願見到這一幕。蘇聯干預波蘭政局可能引爆整個社會主義陣營。開完政治局擴大會議，毛澤東立刻召見蘇聯大使尤金。毛澤東不顧禮節，穿著睡衣，在臥室接見尤金。毛澤東十分激動地說：「我們堅決反對你們這樣做。請你馬上把我們的意見打電話告訴赫魯雪夫：如果蘇聯出兵，我們將支持波蘭反對你們。」[50]

接到尤金報告後，赫魯雪夫驚慌不已，於十月二十一日決定，「鑒於情勢……對武裝干預〔全面〕節制。展現忍耐。」[51]

毛澤東覺得他贏了。十月二十三日半夜一點鐘，又把倒楣的尤金找到他臥室講話；當著劉少奇、周恩來、陳雲和鄧小平整個政治局核心的面，他惱怒地指出，俄國人已經完全丟棄了史達林的利劍。他說，結果是敵人撿起劍來、殺共產黨人。他說，這不啻是搬磚砸自己的腳。[52]

同一天夜裡，毛、劉、周、陳、鄧決定幫蘇共領導人照料局勢。他們會這麼做，是因為莫斯科在十月二十一日發了電報給中共中央表示「需要諮商」。赫魯雪夫也向捷克、保加利亞和東德共產黨中央發出相同的電報。[53]十月二十三日上午，劉少奇、鄧小平、王稼祥（時任中共中央對外聯絡部部長）和胡喬木（中央書記處候補書記）等人組成的中方代表團飛往莫斯科。⑥代表團逗留了十一天。從十月二十三日至三十一日，劉少奇等人和赫魯雪夫、莫洛托夫和布爾加寧在利普奇（Lipki）以前史達林的別墅進行會談。赫魯雪夫好幾次邀請劉少奇、鄧小平及中方其他代表參加蘇共中央主席團會議。頭一天晚上，劉少奇就把毛澤東的「棄劍論」和「大國沙文主義」的意見傳達給赫魯雪夫，赫魯雪夫被迫嚥下去。[54]這時候，蘇聯領導人已自己決定不干預波蘭。[55]

現在讓毛澤東不安的大事是匈牙利的局勢。到了十月二十三日，它已經發展到更加緊張的地步。因此，匈牙利問題是赫魯雪夫和劉少奇討論的重點。劉少奇與毛澤東一直保持密切聯繫，而毛澤東起先建議赫魯雪夫，對匈牙利也採取和對波蘭相同的和平方式。他相信「匈牙利的勞動階級」能夠「重新掌控情勢，自己平息動亂」。[56]但是情勢在十月三十日下午急轉直下。毛澤東同時接到中國駐匈牙利大使和劉少奇的報告，國家安全官員在布達佩斯被私刑處死，⑦這下子他按捺不住了，決定不能聽任事態發展下去。

---

⑤ 譯按：即共產黨。

⑥ 原書註：赫魯雪夫在回憶錄中誤說康生也是劉少奇代表團一員。

⑦ 原書註：劉少奇從赫魯雪夫那裡得知這個消息，而赫魯雪夫則是接獲他派到匈牙利去的米高揚及ＫＧＢ頭子伊凡・亞歷山德洛維奇・瑟洛夫（Ivan Aleksandrovich Serov）的報告。

看來，匈牙利的革命和哥穆爾卡的自由派共產黨改革不一樣。它有可能從根本上動搖整個社會主義陣營的局勢。劉少奇通知了赫魯雪夫及蘇共中央主席團其他人員毛澤東的新觀點：「〔蘇聯〕部隊應該留在匈牙利和布達佩斯。」[57]這是准予鎮壓匈牙利民主運動的綠燈。

同時，毛澤東和劉少奇對蘇共中央主席團施加壓力，要求它通過「關於發展和進一步加強蘇聯同其他社會主義國家的友誼和合作的基礎的宣言」。他們這麼做是要避免蘇聯日後又來對社會主義國家展現大國沙文主義。他們認為，這種沙文主義正是東歐會出現「不健康」的情勢的一個主要原因。宣言表示：「社會主義國家大家庭的各國，唯有依據完全平等、尊重領土完整、國家獨立與主權，以及互不干預內政的原則，去打造他們的相互關係。」[58]

十月三十一日晚間在機場為中方代表團送行時，赫魯雪夫顯然已聽進毛澤東新立場的意見，他告訴劉少奇說，蘇共中央主席團已決定「恢復匈牙利的秩序」。赫魯雪夫日後回憶說：「不再有爭論。劉少奇說，如果在北京還有人有不同意見，他會通知我們。」[59]但是毛澤東沒有再次改變立場。結果是赫魯雪夫決定全面進擊，尤其是很快就發現，匈牙利政府宣布它有意退出華沙公約，並轉向西方國家及教宗求助。十一月四日，蘇軍坦克開進布達佩斯。匈牙利人民革命淹死在血水中。

儘管如此，毛澤東和中國其他領導人十分震驚，社會主義國家裡竟然會發生自由民主運動。十一月中旬，毛澤東在八屆二中全會繼續發展他的「棄刀」論。他對蘇聯的攻擊空前猛烈。他控制不住怒氣，甚至宣稱許多蘇聯領導人已經「在相當程度上……丟棄列寧的刀」。甚至，他更標舉他和莫斯科在另一範圍也有歧異，他首次公開批評赫魯雪夫的「從資本主義往社會主義和平過渡」的可能性之理論。毛澤東強調說：「蘇共二十次代表大會赫魯雪夫的報告說，可以經過議會道路去取得政權。這個門一開，列寧主義就基本上丟掉了。」[60]

當然，他發動的論戰明顯是設計出來的：畢竟，沒有人能預測未來。縱使如此，從這時起直到一九七○年代末期，蘇聯和中國領導人一直激烈辯論「從資本主義往社會主義和平過渡」的可能性。

毛澤東也試圖向東歐若干國家領導人招手。他認為這些國家的根本問題，在於其共產黨員沒有妥當地進行階級鬥爭。因此這些國家有「太多反革命分子逍遙法外」。[61]

利用這個情勢，他同時試圖推動在中國加快經濟發展步調的主張，再度攻擊仍然傾向蘇聯經濟經驗的「溫和派」。他在二中全會前夕指出：「蘇共二十大有個好處，就是揭開蓋子，解放思想，使人們不再認為蘇聯所做的一切都是絕對真理，不可改變，一定要照辦。我們要自己開動腦筋，解決本國革命和建設的實際問題。」[62]

八屆二中全會再度批評「溫和派」之後，毛澤東要求在次年在中共黨內展開另一輪整風運動。[63]他沒有點明誰是「溫和派」，但是與會者都明白他腦子裡指的是劉少奇、周恩來和陳雲這幾個在會上發表重要報告的領導人。[64]毛澤東的不滿源自於劉少奇、周恩來和陳雲擔心「經濟過熱」，試圖在工業建設領域訂下「暫時撤退」的路線。[65]然而，最讓他氣惱的是，劉少奇和周恩來的報告把東歐的事件歸因於波蘭和匈牙利領導人在經濟上「誤判情勢」、特別是他們一再試圖強推工業化和集體化。[66]二中全會開幕日，十一月十日，《人民日報》照例發表一篇文章，依據劉少奇、周恩來的想法，認為匈牙利領導人錯誤地推動工業化、並且操之過急地實施集體化。雖然在會議上所有的發言者，包括「溫和派」在內，都和毛澤東一樣對蘇聯領導人犯的「錯誤」同聲表達憤慨，毛主席仍然不滿意。

十一月初，他已經表示需要準備一篇新文章討論史達林——「特別是和匈牙利事件的關係」。[67]十二月，政治局把這項任務交付給《人民日報》編輯部。前後提出六個版本，全都在政治局擴大會議討論。毛澤東做了若干修正，最重要的即是在第六稿刪去下列一段話：「中國社會主義建設事業的迅速發展，在很大程度上就是學習蘇聯經驗的結果。」同時，他加了批語：「中國建設事業的方針是否正確，還待將來證明，這裡不說為宜。」[68]這篇文章標題〈再論無產階級專政的歷史經驗〉，刊登在一九五六年十二月二十九日的《人民日報》。文章中對史達林的批評已大幅減少。四月的文章說的是蘇聯人民及蘇聯共產黨對人類歷史的「偉大功績」，現在新文章講的是史達林對「蘇聯……和國際共產主義運動的發展」之「偉大功績」。

文章發表後，毛澤東派周恩來在一九五七年一月率團訪問蘇聯、波蘭和匈牙利。[69]它的任務包括協調對涉及東歐危機相關問題之管理。周恩來必須再次向赫魯雪夫說明：「蘇聯那些想要再次推行大國沙文主義〔政策〕的人將會無可避免地遭遇困難」。毛澤東向周恩來說：「這些人因渴望收穫而盲目。對付他們最好的方法就是痛罵一頓。」

即使直到此時周恩來對於對蘇關係這個問題尚無確切立場，他十分忠實地遵循毛澤東的「建議」。赫魯雪夫、布爾加寧和米高揚為他辦了一場「盛大的接待會」，可是，次日，周恩來發動猛烈攻擊。他先從中共中央政治局對史達林問題的新立場說起，並請他們注意《人民日報》最近那篇文章。但是，他後來向毛澤東報告說，他們三個人都說這篇文章中「對史達林的批評」「都讓他們不悅（或處於困難地位，我不記得確切用詞）」。[70]

縱使如此，赫魯雪夫已經意識到危險，試圖軟化他在對史達林關係的立場。一月十七日，中國大使館為周恩來代表團的到訪舉辦接待會，赫魯雪夫在致歡迎詞時，突如其來開始提起史達林。根據站在離他不遠的《真理報》記者列夫．彼得洛維奇．德留辛（Lev Petrovich Deliusin）的說法，赫魯雪夫已經醉醺醺，講話結結巴巴。[71]即使如此，他還是可以把他的主要意思傳達給他身邊的人士。那就是，蘇聯共產黨人和以前一樣，一直都是史達林主義者。赫魯雪夫說：「我們批評史達林，不是因為他是個壞共產黨員。史達林的名字與馬列主義分不開。」[72]可是，這並不能打動周恩來。周恩來向毛澤東報告說：「講了一堆不妥當的話〔我們只能猜測周恩來要說什麼〕，可是，他並沒有自我批評。我們逼問他……那些同志，尤其是那些〔蘇共〕政治局委員，他們和史達林共同工作，怎麼能推卸、不負任何責任呢？」對此，赫魯雪夫和布爾加寧只回答說，他們怕被槍斃，因此，「他們沒辦法勸說史達林或防止他的錯誤」。可是，周恩來緊咬不放：「我……表示，我們中國黨的信念是，公開自我批評不會有壞處，反而會增強黨的信譽和聲望。」赫魯雪夫在機場送行時，向周恩來解釋說：「〔蘇聯人〕沒辦法和我們〔中國人〕進行同樣的批評；他們若是這麼做，目前的領導班子會出現麻煩。」[73]

毛澤東對此，反應相當節制。雖然他沒有改變對赫魯雪夫的負面意見，他下達指示在文宣上不要太過火。他說：「以後，我們應該一直很小心、很謙虛，我們應該夾緊自己的尾巴。我們還是需要向蘇聯學習。可是，我們應該選擇性地向他們學習；只接受好的、要避免撿了壞的。」[74]不過，一月底、二月初在一連串閉門會議講話時，他還是大肆抨擊蘇聯。[75]同一時期，大量的負面消息開始出現在機密的內部參考文件，批評蘇聯的生活以及蘇聯的外交政策，尤其是第二次世界大戰前夕的做法（紅軍入侵波蘭、芬蘭和羅馬尼亞）。[76]

不過，毛澤東在二月底又降低了批評的音量。二月二十七日，他在最高國務會議擴大會議上公開發表談話〈關於正確處理人民內部矛盾的問題〉，又主張「學習蘇聯先進經驗」。他明白表示，他講的只限於和中國條件有關的經驗。[77]三月十七日，向來自天津的高級官員講話時，毛澤東說明他特別強調的是「先進」經驗。[78]然而，這一次，蘇聯不是他的重點。毛澤東在會議上的講話闡釋他評論「八大」所訂的政治、經濟路線之理論基礎。他再度繞過高階黨務機關，直接向中層幹部、也就是出席會議的這一類黨工幹部訴求。他試圖藉由討論（即使很短促）更加快現代化步調，爭取他們站到他這邊。他的講話其實前後內容不一致：一方面，他確認社會主義已經勝利；另一方面，他表示懷疑黨有能力在劃時代的短時間內，把中國改造成為軍事與經濟大國。為了重振黨的活力，他籲請非黨員群眾，尤其是「民主黨派」及其他知識分子，來批評馬克思主義和中共黨員，對黨的政策提供大膽、誠實的評價。他呼籲直接針對官僚主義發起大規模的意識型態運動。他或許希望能把來自底下的批評，導向他在黨內領導圈的對手。他提議這項運動的口號是「百花齊放、百家爭鳴」。[79]

毛澤東最早在一九五五年十二月政治局會議上就提出這個口號，但是當時由於黨內的反對和知識分子的懷疑，並未形成風潮。[80]現在毛澤東再次試圖發動運動。雖然他的講話一直要到六月才發表，中共中央於一九五七年四月二十七日通過措施以執行毛澤東的指示，把他的指示作為〈關於整風運動的指示〉之基礎。這項決議成為重振中國共產黨的綱領；毛澤東認為黨已經變得太保守、太官僚化，因此才不能採納他激進的政治、經濟原則。黨內官僚主義、主觀主義和宗派主義，成為密集批評的目標。

五月十日，中共中央發布一項新的決議，號召黨的幹部回到民粹的「延安道路」，以便克服「資產階級道路」。延安道路指的是黨幹部和群眾之間的和諧關係，依毛澤東的說法，那是一九三七至四五年抗日戰爭時期的特色。為了恢復「延安精神」，中共中央提出一個辦法，所有的幹部不分等級職階，都要撥出若干時間與工農群眾一起做體力勞動。[81]在毛澤東已經預先規劃的經濟及社會發展領域全新、史無前例的沸騰，黨必須充分準備好重新檢討傳統的蘇聯社會發展模式。

五月間，新的「百花運動」正式展開。毛澤東顯然賦與人民完全的言論自由。他現在的講話鼓勵意識型態和政治的多元主義。從五月初起將近一個月時間，中國所有的報紙和其他大眾宣傳工具，統統開放，任何人想對政治議題發表批評，一律歡迎。然而，許多人批評的不是「個別錯誤」，而是整個共產黨專政的制度。中國共產黨的意識型態基礎——馬列主義——遭到猛烈批評。民主黨派人士章乃器、章伯鈞和羅隆基等人特別活躍。他們的反共文章獲得許多大學教員的支持。學生陷入騷亂。

中共領導人和毛澤東本人顯然沒有預料到會有如此熱切的反應。他們還沒準備好和對手認真討論，而對手顯然頗孚民心。毛澤東顯然失算了。知識分子並沒有幫他的忙，他們展現出的是排斥共產主義。除了終止運動，已經別無辦法。六月八日，在毛澤東提議下，中共中央通過一道黨內指示〈組織力量反擊右派分子的猖狂進攻〉。言論自由全面取消，共產黨恢復原先的政治和意識型態暴政。同一天，《人民日報》對政策突如其來大轉彎提出以下的解釋：

> 本報及一切黨報，在五月八日至六月七日這個期間，執行了中共中央的指示，正是這樣做的……讓毒草大長特長，使人民看見，大吃一驚，原來世界上還有這些東西，以便動手殲滅這些醜類。

《人民日報》等於承認黨的領導人發動一場大規模政治騙局。

現在，一場規模空前龐大的鎮壓運動排山倒海撲向知識分子。中共黨史上第一遭，「右派資產階級分子」的標籤貼到數百萬知識分子頭上。大約五十萬人被打入勞改營。[82]他們並不全都批評政府，許多人其實忠於新政府，只是被陰謀及「階級鬥爭的邏輯」害了。

恐怖的氣氛使得毛澤東可以克服他在經濟建設領域的主要對手，周恩來首當其衝。一九五七年夏末，毛澤東抨擊周恩來，指責他犯了嚴重錯誤，試圖追求中國經濟平衡發展。毛主席宣稱他本人本質上是個冒險家，不怕搗亂局勢，以便加速中國往社會主義和共產主義過渡。[83]

一九五七年秋天，八屆三中擴大全會總結了此一大規模政治運動的若干結果。它評估運動完全成功。即使毛澤東也很滿意。他後來說：「沒人反駁我，我佔了上風，很受鼓舞。一九五七年九月的三中全會令我們振奮。黨和全體人民很清楚地界定了發展的道路。」[84]全會即將結束前，毛澤東決定放緩整風運動。現在他可以向黨提出一個問題：「我們是不是可以把蘇聯走過的彎路避開，比蘇聯搞的速度更要快一點，比蘇聯的品質更要好一點？」答案早已擺在那裡：「應當爭取這個可能。」[85]

就在三中全會中，毛澤東首次提到農業生產巨幅增長的可能性，提議重唱早已遺忘的「多」與「快」口號。他說：「我看中國就是靠精耕細作吃飯。將來，中國要變成世界第一個高產的國家。有的縣現在已經是畝產千斤了，半個世紀搞到畝產兩千斤行不行呀？將來是不是黃河以北畝產八百斤，淮河以北畝產一千斤，淮河以南畝產兩千斤？到二十一世紀初達到這個指標，還有幾十年，也許不要那麼多時間。」[86]

他會這樣相信，並不只是他個人性好冒險（毛澤東常常愛說：「我是那種傾向放膽〔評估事情〕的人」），也因為蘇聯在一九五七年十月五日發射第一枚人造衛星「斯普特尼克」（Sputnik）成功。雖然毛澤東仍然認為不應該方方面面都抄襲蘇聯，這件事卻令他大為震驚。固然他沒把它看作是蘇聯力量的指標，而是當作社會主義高明的指標。他開懷笑說，老美每年生產一億噸鋼鐵，「到現在連個紅薯都送不進太空去。」私心裡，他暗想哪一天中國也能圓了太空夢。[87]

反右運動持續升溫。針對依「三多三少」原則辦事的幹部，已經展開批鬥。這些人說得多、卻揭發不了幾個反革命分子；他們過度寬容，卻罕於揭發「潛伏進入革命隊伍的人」；他們經常揭發低階的人、卻罕於糾舉領導機關的人。黨內展開競賽，看誰能揪出最多的潛伏右派分子。上級機關開始下達詳細命令，明白規定要揪出多少人。全國各地出現大字報，要求嚴懲右派分子。

同時，毛澤東接到赫魯雪夫的邀請函，邀他參加十月革命四十周年慶典，以及隨後要召開的全世界共產黨和工人黨代表大會。毛澤東能否出席慶典和會議，對赫魯雪夫來講，十分重要。莫斯科全球共產黨大會意在顯示，社會主義陣營「堅定地團結」在偉大的十月理想四周。

毛澤東思索了一陣子，決定第二次訪問蘇聯。[88]赫魯雪夫樂壞了，派出兩架TU-104專機接送毛澤東及中方代表團人員。

十一月二日上午八點，毛澤東率領宋慶齡、鄧小平、[89]彭德懷等代表團成員，從北京起飛。

出發前夕，毛澤東問他的譯員李越然：「俄語紙老虎要怎麼說？」

李越然答說：「Bumazhnyi tigr。」

毛澤東以濃厚的湖南腔英文重複了一遍，笑開了懷。[90]他為各國共產黨領袖峰會在做準備。

赫魯雪夫看來精神奕奕、友善、有點阿諛，親自到伏努科沃機場（Vnukovo Airport）接機。跟著他一起去的還有伏洛希羅夫、布爾加寧、米高揚以及一夥層級較低的官員。他們全都散發著友好熱情。幾個月前，即六月間，赫魯雪夫粉碎了莫洛托夫「反黨」集團；因此他又需要毛澤東的支持。他明白這個中國領導人不滿意他的專斷獨行，但是他試圖盡量淡化這件事的重要意義。他覺得有把握，是因為中國代表團抵達之前，蘇共中央主席團成員阿韋爾基‧鮑里索維奇‧阿里斯托夫（Averkii Borisovich Aristov）向他報告，他在一九五七年九至十月間訪問中國、與毛澤東談話時，毛澤東曾強調「中、蘇團結」。毛主席對六月間莫洛托夫遭整肅事件，的確表示了他的困惑，但只是輕描淡寫。他對阿里斯托夫說：「我們一向支持你們。但有時候不該急著解決某些問題。譬如說，我們很喜歡莫洛托夫〔史達林的左右手〕，蘇共中央全會六月有關莫洛托夫的決定，讓我們困惑。」說到這裡，他就打住，不再談這個議題，[91]但是他又回到史達林的問題。毛澤東告訴他的莫斯科來賓：「今天你看到史達林的巨大肖像陳列在我們的廣場。你認為我們不怨恨史達林嗎？不，我們非常怨恨他。史達林造成中國革命許多困難……縱使如此，中國重要節慶場合還是要掛史達林肖像。這不是做給領導人看，而是要讓人民看到。」毛澤東補充了一句話：「我家就沒有史達林肖像。」[92]

赫魯雪夫根本搞不懂中方對史達林問題的立場。即使如此，他可能希望在私下談話時，能讓毛澤東消消氣。

但是毛主席這番來蘇聯，可不是要和赫魯雪夫交朋友。他已經很清楚這個蘇聯領導人的心意。毛澤東覺得時間站在他這邊。社會主義在中國基本上已經建設起來，工業已經開發，在這個全世界人口最多國家的共產黨專政也堅強屹立。現在看來，原本聲勢鼎盛的莫斯科，已經無可挽回地喪失了它在共產世界的權威；波蘭和匈牙利的事件就是活生生的事例。當然，赫魯雪夫握有核子武器，而且蘇聯在一九五七年十月發射了斯普特尼克人造衛星。可是，毛澤東要向所有這些共產黨同志顯示，世界共產主義運動的中心現在究竟在哪裡。

赫魯雪夫是使盡全力來討好毛澤東，把他和中方全體代表都安置在克里姆林宮下榻，其他共產黨的代表團大部分安置在莫斯科郊外的別墅。他每天上午和中方代表團打招呼，頻頻送禮給他們，陪他們參加所有的文化活動，還和他們「親密、友好」談話。他每天忙進忙出，努力當好頭號東道主。但是毛澤東卻「矜持、甚至有點冷淡」。[93]當然他很高興這次受到上賓之禮對待。史達林和赫魯雪夫對待他的方式有如天壤之別。他帶著不屑的微笑向隨員說：「你瞧瞧，他們對待我們是如何的不同呀！」

他可沒拿好氣回報赫魯雪夫。赫魯雪夫愈是討好毛澤東，毛澤東對他就愈是睥睨不屑。他好幾次毫不隱瞞他對這位蘇共領導人的輕蔑。赫魯雪夫陪著他到波修伊大劇院觀賞芭蕾舞《天鵝湖》，第二幕剛完，他突然起身、走人。他對丈二金剛摸不著頭腦的赫魯雪夫說：「這麼個跳法，用腳尖走路，看得叫人不舒服。不能改個法子跳嗎？」[94]

他第一次訪問莫斯科時，即使史達林不在場，他都不敢如此放肆。他第一次出訪、替他做譯員的師哲回憶說，基洛夫劇院（Kirov Theater）表演芭蕾舞劇《巴亞捷爾卡》（*Baiaderka*），毛澤東從頭到尾乖乖坐著，表演完畢，還捧著鮮花獻給女主角。[95]

有些場合，毛澤東更加粗魯。根據他的譯員李越然的回憶，有次晚宴，毛澤東突然打斷談興大開、大談當年戰爭時他是如何又如何地扮演重要角色的赫魯雪夫。毛澤東擦擦嘴、放下餐巾，他說：「赫魯雪夫同志啊，我已經吃飽了，但是你那西南戰爭的故事講完了沒呀？」[96]

不過，最大的驚奇在共產黨及工人黨代表大會上等著赫魯雪夫。毛澤東問他譯員「紙老虎」俄文要怎麼說，可不是沒原因的。他在會上談話的主題就是它，聲稱所有的反動派都是紙老虎。這還不夠，他又加了石破天驚的一段話：

> 要設想一下，如果爆發戰爭要死多少人？全世界二十七億人口，可能損失三分之一；再多一點，可能損失一半……一打就要摔原子彈、氫彈。我和一位外國政治家辯論過這個問題。他認為如果打原子戰爭，人會死絕的。我說，極而言之，死掉一半人，還有一半人，帝國主義打平了，全世界社會主義化了，再過多少年，又會有二十七億，一定還要多。[97]

很顯然他是在進一步申論他以前和印度總理尼赫魯、芬蘭大使卡爾─久翰．孫士敦和尤金談話時的觀點。這一次他的數字更具體，而他漫不在乎地談論犧牲數億條人命，令在場人人不寒而慄。一下子全場鴉雀無聲。

後來在晚宴席上，他又把話題扯到利用核子戰爭推動社會主義。赫魯雪夫不知道怎麼接話。此時，義大利共產黨黨魁帕爾米羅．陶里亞蒂（Palmiro Togliatti）問：「毛澤東同志啊，有多少義大利人會挺得過原子戰啊？」毛澤東很冷靜地回答：「一個都不剩。你為什麼覺得義大利人對人類而言很重要呢？」[98]歐列格・亞歷山德洛維奇・葛里涅夫斯基（Oleg Aleksandrovich Grinevskii）是赫魯雪夫的文稿撰述員，當時在場擔任譯員，他記得毛澤東說這句話時，臉上並無笑容（葛里涅夫斯基並不通中文。蘇聯的中國問題專家瓦西里・希迪赫梅諾夫〔Vasilii Sidikhmenov〕先把毛澤東的話由中文譯成俄文之後，葛里涅夫斯基再從俄文翻成英文，講給只懂英文的聽眾聽）。

這裡有什麼深意？毛澤東真的這麼無知，不曉得他這番話很荒謬嗎？不！當然不是。他有足夠的知識，至少在政治和軍事事務上是如此。那他為什麼要這麼說？許多人思索這個問題，得出一個想法，認為他顯然是要慫恿蘇聯與美國發生核子衝突。也有人不同意，他們認為毛澤東只是太粗魯。他們臆測毛澤東只是希望破壞兩大超級強國修好。然而，對毛澤東行為的這兩種解釋都不對。事實上，他只是要震撼在座人士，公開嘲弄赫魯雪夫和共產國際老幹部，這些人前一陣子還在抱史達林的大腿。他痛恨陶里亞蒂這一型的人物（他曾經在共產國際執委會任職），這些人和王明交好，瞧不起毛澤東這種人。⑧他們對「人民領袖」的任何愚蠢行徑隨時隨地都奉為綸旨，對史達林的胡言亂語和笑話都要曲意解讀。現在該輪到他來整整他們了。

毛澤東覺得自己很偉大，希望人人承認它。他要為當年在那陰沉的克里姆林宮暴君底下遭受的羞辱報一箭之仇。這也是為什麼他要刻意模仿史達林。他用家父長的口吻講話、扮演大老闆的角色，並且學史達林講些尖酸刻薄的笑話。因此，他不只一次提到核子戰爭的話題，高唱戰勝帝國主義的論調。他和赫魯雪夫正式會談時也會發揮此一論調。每一次赫魯雪夫都要揣摩毛澤東的意思，以及「他是根據什麼這樣說」。[99]也因此他從來摸不透毛澤東的袖裡乾坤。[100]

毛澤東回國前，赫魯雪夫送給他的貴賓許多紀念品，以及一罐粒狀的魚子醬。它的品質極佳，但毛澤

⑧原書註：帕爾米羅・陶里亞蒂（化名馬里歐・厄科利〔Mario Ercoli〕，一八九三年生，一九六四年卒）從一九三八年至一九四三年任共產國際執委會主席團主席，一九三五年至一九四三年也是共產國際執委會書記處書記。

東無福消受，因為中國人一般不喜愛吃生魚。不過，他還是把這罐魚子醬帶回北京。幾天後，他請他的秘書們、衛士們吃晚飯，拿出這罐異國珍饈，小心地擺在瓷盤上。他笑著說：「吃啊、吃啊，這是社會主義的魚子醬！」有個人拿筷子夾起一些魚子醬，放進嘴裡。顯然他吃不下去，但還是勉強吞下肚，可是差點就吐出來。

毛澤東笑得渾身發顫，直問：「怎麼了？好吃嗎？」

「中看，不中吃。看起來漂亮，但是實在不好吃。我不喜歡。」

毛澤東說：「好了！好了！吃不下去，就別吃了！」[101]

他特別高興的是，他的侍從人員不喜歡赫魯雪夫的禮物。這裡頭的象徵意義很大。

回到中國之後，毛澤東開始發展他最早在〈論十大關係〉中所提出的，中國走向社會主義的特殊道路的思想。他前思後想各種大躍進的方法，想要找出一種善加利用中國相對優勢、尤其是取之不竭的人力資源，以加速經濟發展的新模式。他歎息說：「我們這個國家就是鋼太少了。就是要搞實力地位才行，要不然你說話，誰人來理你，人家看不起你，你講半天有什麼用。」[102]

他在莫斯科就誇下海口，十五年後，中國的鋼鐵生產量要超過英國。他對出席共產黨及工人黨大會的代表們說：「英國年產兩千萬噸鋼，再過十五年，可能爬到年產三千萬噸鋼。中國呢，再過十五年可能是四千萬噸，豈不超過了英國嗎？」[103]毛澤東之所以會誇下海口，其實是被赫魯雪夫激的。赫魯雪夫天性愛吹牛，十分有名。毛澤東說話之前兩個星期，赫魯雪夫在蘇聯最高蘇維埃週年會議上，高聲喧嚷，未來十五年，蘇聯不僅要趕上、還要超越美國。[104]毛澤東輸人不輸陣，回應「老大哥」，也要「超英趕美」。

毛澤東這麼說，其實還算謙虛。事實上，他內心有一股熊熊之火，決心超越蘇聯，要讓人人知道，尤其是要讓已經發射了兩顆人造衛星的赫魯雪夫知道，我毛澤東也不是昨天才出生的小嬰孩。他在一九五七年初對中國同志講的一席話，就有不少的辛辣和怒氣。他說：「〔蘇聯領導人〕什麼叫利呢？無非是五千萬噸鋼，四億噸煤，八千萬噸石油。這算什麼？這叫不算數。看見這麼一點東西，就居然脹滿了一腦殼，這叫什麼共產黨員，什麼馬克思主義者！」[105]因此之故，毛澤東的新路徑充滿了中、蘇關係無可避免、日益交惡的因子。

一九五八年一月的杭州（浙江）會議和南寧（廣西）會議中，毛澤東增強對反對「倉促」和「冒進」的人士之抨擊。他再度責備這些人遵循蘇聯模式。他說：「如果我們做的每件事，都和蘇聯在十月革命之後做的事一模一樣，那我們就不會有紡織品，也不會有糧食（沒有紡織品，就沒有東西去換糧食），不會有煤、不會有電力，什麼都沒有。」他在杭州會議上改口宣稱，整風運動要貫徹到底（他自己前不久才在三中全會上決定要放鬆整風運動）。一月十八日，他在南寧警告幹部說，「反冒進」無可避免將「澆滅……六億人民的熱情」。[106]甚且，他告訴周恩來說，周和其他幾個同志「距離右派只有五十米遠了」。[107]支持毛主席和周總理的幹部被迫要進行自我批評。日後周恩來向他的秘書解釋說，他犯錯誤的主要原因是，意識型態上他落在毛澤東同志之後。周恩來哀傷地說：「我必須仔細地學習毛澤東思想。」[108]然而，毛澤東甚至提議換下周恩來，讓中共中央華東局第一書記柯慶施出任總理。過後不久，周恩來同意下台，但毛澤東又改變心意、原諒了他。[109]

毛澤東再度勝利。一月三十一日，他以一份重要文件〈工作方法六十條〉總結兩次會議的結論，它基本上訂下大躍進的方針，提出「苦戰三年」的口號。[110]這成為他建設中國社會主義計劃中最重要的一部分。

於是乎，毛澤東中國特殊發展道路的概念，最先出現於一九五六年四月、後來在一九五七至五八年間發展，而它只能在赫魯雪夫於世界共產主義運動所創造的後史達林環境中才能萌生。赫魯雪夫刺激了毛澤東，不僅加速史達林化，還牴觸赫魯雪夫的意向，決定性地排斥了蘇聯的發展道路。

史達林主義的社會主義建設模式，原先激勵著毛澤東，現在已經失去動力。結果是始於一九四九年新中國建立時的史達林化時代，現在完全走到結局。從現在起，不再適合談論史達林化，應該改稱中華人民共和國的毛澤東化。同時，我們不該忘記，在政治及意識型態領域，毛澤東只不過是中國版的史達林主義，換句話說，它是中國版的共產主義。並且，即使中華人民共和國的蘇式史達林化已經終結，史達林主義作為極權的政治及經濟權力制度的影響力，在中國並無改變。

第三十章
大躍進

一九五七至五八年那個冬天，毛澤東一直都很興奮。莫斯科之行顯然使他精神大振。他深具信心，中國很快就將成為世界領導大國。他跑遍全國各地，督促遲滯落後者、痛斥遲疑的騎牆派、責備盲目仿效蘇聯者。即使在他出發訪問蘇聯之前，他已經開始撰寫一篇文章，後來發表在十二月十二日的《人民日報》。他在文章中號召全黨、全國「大膽走『多、快、好、省』的路線」。中國務必要在經濟發展的基本指標上，超越英國及其他先進國家。不曉得為什麼，他專注鋼鐵和穀物這兩大項目。

他一點都不懂經濟學，但是他不在意。不懂經濟學的，又不是只有他一個。全世界其他許多領導人也不通經濟學，中共中央政治局裡幾乎所有成員也不懂經濟學。毛主席甚至還拿他的無知來炫耀。一九五八年一月，他在南寧會議上說：「政治局的大多數人是紅而不專……我最不懂，我不適合參加任何一個委員會。」[1]

然而，毛澤東的不足，被他用極大的熱情、堅信自己不會失敗，以及意志和權力，彌補起來。他堅稱：「我們的方法是政治領導一切，政治掛帥。」[2]他一生在黨內一直如此奉行不渝：緊抓著政治和軍事機器。他一開年就去向他的湖南老鄉、湖南省委書記周小舟找麻煩。

他連珠砲地發問：「湖南的農業就是上不去，為什麼湖南只種一季稻？」彷彿他根本不知道老家不可能一年收成兩次似的。「我看，就是不吸取人家的好經驗。」

周小舟訥訥地回答：「我們回去再研究研究。」

毛主席咆哮了：「什麼研究，我看研究不出什麼名堂來……你們回去吧。」[3]他走到哪裡，都是這個樣子。

毛澤東的施壓和威脅產生效果。周恩來提議把毛澤東的新路線稱為「大躍進」，而劉少奇參與起草〈六十條〉，為這份訂定大躍進政策的重要文件撰寫了一段文字。[4]鄧小平也對大躍進感到興奮，多年後他回憶說：

「大躍進」，毛澤東同志頭腦發熱，我們不發熱？劉少奇同志、周恩來同志和我都沒有反對，陳雲同志沒有說話。在這些問題上要公正，不要造成一種印象，別的人都正確，只有一個人犯錯誤。這不符合事實。[5]

一九五八年一月，毛澤東開始要求全國推行「不斷革命」。簡單講，它指的是人們必須毫不鬆懈地、藉由不斷的、系列的各種革命運動和改革，推動共產主義。毛澤東說，否則，「人會發霉」。[6]空氣裡有恐懼的氣味；不斷革命意味著加劇階級衝突。

整個黨的領導人都捲入到追求這個幻象。領導人開始狂熱地蒐尋方法以實現計劃。地方回報到中央，全是全民熱切擁護的消息。二月十八日，政治局擴大會議，在場人員全數支持下，毛澤東宣布，「多、快、好、省」路線成為黨推動社會主義建設的新的總路線。[7]五月間，中共八大二次會議正式通過此一路線，但文字改為：「鼓足幹勁、力爭上游、多快好省地建設社會主義。」[8]

毛澤東對如何展開大躍進，並沒有具體計劃。他不曉得如何增加鋼鐵和穀物的生產，因此他只能在所有的會議反覆念咒：「我們可以在十五年內趕上英國。」他要求領導官員進行實驗、試行各種方法。他保證不會以左傾主義或主觀主義懲罰。[9]他瞭解相對於其他國家，中國有個巨大的優勢：廉價勞力充沛。

早在一九五七年秋天，毛澤東於八屆三中全會上提議以另一個運動吸引人民，他認為，運動若成功，可以大大提升農業生產。他構想的運動是「除四害」——老鼠、蚊子、蒼蠅和麻雀——它們不僅傷害穀物生產，也會危及農民健康。除四害的工作其實在更早的一九五六年一月就出現在一九五六至五七年「開發農業計劃」當中，但是沒有堅持下來。[10]毛主席抱怨說：「我很關心『除四害』，但是沒有人一起來關心。」[11]他在十二月初回到這個議題，要求中共中央和國務院發布相關命令，甚至在一個月後自己動手擬辦法。最後，他成功地說服了每個人，一九五八年二月中旬，法令頒布了。[12]

全國上下，老少出動，全面搜索「四害」。沒有人能辯說不需要為清潔而作戰。大部分中國人不注重衛生。他們活在令人毛骨悚然的汙穢之中，忽視在庭院或垃圾堆鑽進鑽出的成群老鼠，對滿天的蒼蠅也可以視若無睹。老鼠、蒼蠅和蚊子當然都帶菌，可以促成疫病流行。麻雀會上榜，是因為牠們吃田裡的穀物。除四害是有道理的；可是執行毛主席命令的幹部卻做得太過火了。有位目擊者敘述除害的情況：

> 一大清早我就被一個女人鬼哭狼號般的尖叫吵醒。我衝到窗邊，看到隔壁鄰居屋頂上有個年輕女子跑來跑去，瘋狂地搖著掛著大布巾的一支竹竿。突然間，那名女子停止呼號，顯然是要喘一口氣；不一會兒，底下街上響起鼓聲，她又恢復鬼哭狼號、瘋狂揮舞她的旗子。持續了幾分鐘，鼓聲一歇，她也停止叫喚。我發現旅館的高樓層，許多白衣女子揮舞著床單、毛巾，要趕走停到樓房上的麻雀……一整天下來，鼓聲、槍聲、尖叫聲不斷，人人揮舞被單……作戰持續不停，直到中午，旅館裡所有人力統統動員起來——門房、櫃台經理、譯員和女服務生，全員參加……這場麻雀大戰的戰略歸納起來，就是不讓那可憐的東西停在屋頂或樹上休息……據說，麻雀在空中飛超過四小時以上，就會累壞、摔下來。[13]

對付其他三害的運動一樣是如火如荼推動。老百姓在宣傳鼓舞下，到處追殺嚇得半死的老鼠、拿破巾撲殺蚊蠅；令人懷疑是不是舉國瘋狂了。數千萬人參加運動。光是四川省重慶市一地，幾天之內，撲殺老鼠逾二十三萬隻、毀滅兩噸多蒼蠅幼蟲，也清理六百噸垃圾。[14]數萬隻死麻雀上繳給國家。

毛澤東堅持，除四害會增進國民健康。他說：

我們可以在醫院開辦學校，醫生可以去耕田：病人人數會大為減少，這將提升全民精神，工作者的比例將大幅上升……中國消滅四害那一天，值得大大慶祝。這些事蹟可以載入史書。資產階級政府無法處理四害問題。他們自認為是文明國家，可是他們到處都是蚊蠅。[15]

除四害卻出現可怕的後果。消滅麻雀及其他三「害」，破壞了生態平衡。也不曉得在哪裡逾越了分際，合理的開端釀成災禍。昆蟲開始迅速繁殖，摧毀了收成。中國竟然要從蘇聯進口麻雀！好在他們不需要進口老鼠、蒼蠅和蚊子，不過也放緩了撲殺步調。

南寧會議出現另一個計劃：擴大合作社，讓每個合作社包含一萬戶以上家庭。這樣做可以動員民眾建設水利工程，包括農業灌溉所需的水庫。另外也提出深耕、密耕穀類以便一年多次收成的構想。藉由這些方法，國家可以增加以實物稅徵收的穀物數量，然後透過穀物出口，賺取更多外匯（這時候的中國是穀物出口最大國家之一，主要輸出到東歐國家）。農業增產後，即可藉由不斷向鋼鐵廠及機械製造業增加投資，進而保證工業大幅增長。

建立極大型合作社的構想，最早由毛澤東在一九五五年提出，但沒有得到支持。它在一九五八年一月的南寧會議再度提出，但是直到四月間劉少奇和周恩來到華南視察，才為這些大型組織取了「公社」的名字。[16]人人都喜愛它。

第一個公社取名「衛星」，四月間成立於河南南部遂平縣城附近，它含納二十七個合作社、四萬三千人。第二個公社成立在河南北部的新鄉縣。為了搶創意，它的社員把它稱為人民公社。

毛澤東再度以實踐作為出發點；他深信實踐是檢驗真理的標準。也正是因為如此，他在一九五八年有整整八個月跑遍全國各地。[17]他要深入瞭解「領先」的實務，與黨的幹部及一般農民談話，並且視察水庫及其他工程項目。他身體力行，「有調查，才有發言權」。但是他沒有算到一點，由於現在他已經是「偉大的領袖」，地方官員竭盡能事要創造好印象。他們很清楚他要的是什麼。毛澤東本人已經一再告訴他們：「寧左勿右。」

當然，全民熱情高漲在全國各地都很明顯。數以百萬計的人民相信共產主義，因為他們所講的，大都已實現。大學之門已為農、工子弟打開，免費醫療保健實施了，大量的工廠和作坊陸續興建，文盲也漸漸掃除。窮人特別高興；生平第一次，他們覺得自己享有平等權利。其餘的老百姓也展現「熾烈的熱情」；他們很清楚，不參加黨發起的運動將會有危險的後果。沒有人想被貼上右派的標籤。

因此，主席所進行的「調查」無可避免地產生了虛幻的景象，使他更相信唯意志論。毛澤東在某次例行視察後宣稱：「在我看，我們必須走『閉起眼睛向前衝』。我們必須幹勁十足、高高興興地做，不是冷漠、悶悶地做……只要能快的事，我們就必須盡可能快。」[18]大躍進的幽靈驅使他在社會主義建設的計劃和方法上，做出愈來愈左傾的調整。它就好像是：只要能動員六億人民，任何夢想都能成真。

他對公社的經驗特別感到興趣。中國的「公社社員」（communards）開始以新方法組織生產，轉向最理想的分工。為了最大化勞動效率，「衛星公社」和其他合作社開始設立公共食堂。每一家庭的廚房全不開伙。這一來參與勞動的婦女可在田裡加班工作，省下燃料，並且改進營養。劉少奇熱切地支持「公社社員」，聲稱他們的創意製造出一個機會，可望在農村增加三分之一的勞動力。他說：「有五百多戶人家，其中兩百多戶搞公共食堂，家庭不再做飯了。組織起來之後，出工人數增加了三分之一，從前兩百多人做飯，辦起食堂後，只需四十多人做飯。」[19]「公社社員」也藉由廢除工資勞動和實施免費用餐，並採取共產主義的「各盡所能、各取所需」原則，促進了共產主義關係。他們把家禽、甚至家用器皿社會化。他們還真以為免費的公社用膳代表共產主義的到來，心想：「現在我們已有公共食堂可以餵飽肚子，哪裡還需要杯盤碗筷？」他們急切地要逃離貧窮。

毛澤東欣喜若狂。七月十六日，中共中央新辦的理論機關雜誌《紅旗》上，主編陳伯達刊出毛主席一道指示：「我們的方向，應該逐步地有次序地把『工（工業）、農（農業）、商（交換）、學（文化教育）、兵（民兵，即全民武裝）』組成一個大公社，從而構成為我國社會的基本單位」。[20]八月初，毛澤東到河南參觀一個人民公社，樂不可支。共產主義已經在他眼前建立起來。毛澤東說：「這個名字好。巴黎公社是法國工人階級奪取政權的組織形式。人民公社是我們農民建立政經合一的，向共產主義過渡的組織形式。人民公社好。」[21]數十家報紙和雜誌立刻發行號外，散布這個「絕妙的啟示」，全國旋即掀起建立人民公社的運動。

過後不久，毛澤東說明人民公社的重大意義：

> 人民公社的特點是兩個，一為大，二為公……在農村和城市，我們都必須到處向社會主義秩序灌輸共產主義思想……現在我們正在建設社會主義，但也有了共產主義的幼苗。我們可以到處建立人民公社，在教育機構、在工廠、在城市街坊。不出幾年，樣樣都將統一為一個大公社。

毛澤東最受吸引的是，這樣的大型組織、有數以千計的人，卻能靠著內部分工，變成完全自給自足。他興高采烈地說：「如此巨大的合作社，可以從事工業，也可以從事農業、商業、教育和軍事工作，這可以結合……林業、畜牧和兼營漁業。」[22]

毛澤東很高興人民「抓」住他搞大躍進的熱情。表面上的確是如此，至少他視察所及之地是如此。毛澤東逐漸意識到自己的偉大。揮揮手，數億人就爭先恐後執行他的指示，「腦子上緊發條」，想出新的組織形式，晝夜不息地勞動。他對這些貧窮、無知的人可以為所欲為；這些人對未來懷抱著種種的希望。毛澤東說得很坦白：「中國六億人口的顯著特點是一窮二白。這些看起來是壞事，其實是好事，窮則思變，要幹，要革命。一張白紙，沒有負擔，好寫最新最美的文字，好畫最新最美的畫圖。」[23]

一九五八年，毛澤東突然意識到，共產主義並不是遙遠的未來才能實現。他宣稱：「中國不需要花一百年建設共產主義，五十年就夠了。共產主義的第一個條件是物品豐富，第二個條件是有共產主義精神存在。」雖然第一個條件還未進行得順利，第二個條件已經具備。他在政治局擴大會議中說：「永久幸福的時代已將來臨。」

我們將組織一個世界委員會，為全球制定統一計劃……大約十年內就會有豐富的物產，士氣會提升到空前無比之高……未來，一切都將命名為公社……每個大型公社都要蓋一條公路或寬闊的水泥或柏油馬路。如果兩旁不種樹，飛機就可以利用它們當起降跑道。這就是機場。未來每個省都會有一、兩百架飛機，每個縣平均會有兩架飛機。

他又補充了一句：「我們沒有瘋狂。」[24]

共產主義的理想是如此美好，連毛澤東都不敢完全相信，不需要刺激，光憑人民自己的力量就能達成。因此，他熱切歡迎一些人民公社不僅有共產主義熱情，還會引進「軍事化的勞動組織、軍事化的工作方式，以及軍事紀律」。他說：「『軍事』的概念和『民主』的概念顯得互相排斥，其實不然。民主產生自軍隊……人人都是士兵時，人們就會受啟發，變得更勇敢。」

呼應領袖的號召，全國開始往大軍營改造。毛澤東持續提供啟發：「控制是必不可免的。我們不能光是遵守民主。我們需要結合馬克思和秦始皇帝。」（秦始皇是中國古代惡名昭彰的暴君，毛澤東在東山求學時喜愛閱讀有關秦始皇事蹟的材料。）他提醒大家：「秦始皇活埋了四百六十個儒家學者。」

> 秦始皇算什麼？他只坑了四百六十個儒，我們坑了四萬六千個儒。我們鎮反，還沒有殺掉一些反革命的知識分子嘛！我與民主人士辯論過，你罵我們秦始皇，不對，我們超過秦始皇一百倍。罵我們是秦始皇，是獨裁者，我們一貫承認；可惜的是，他們說得不夠，往往要我們加以補充……從前搞革命時，死了許多人；這是展現自我犧牲的精神。我們現在為什麼不能照同樣原則進行？[25]

因此，熱情不是公社所賴以組織的唯一基礎。毛澤東自己也曉得，他的「大同世界」非常類似列寧和托洛茨基在布爾什維克革命早期所推行的戰時共產主義。[26]但是，他並不覺得這有什麼不妥，他也和十月革命的領導人一樣，堅持所有的白領工人每年至少花一個月時間做體力勞動，以便協助工、農完成大躍進。[27]

每過一天，這些任務就似乎益加急迫。一九五八年五月，毛澤東突然宣布，有可能只花七年、不需十五年，就能超過英國的鋼鐵生產量，只需兩、三年就超過英國的煤生產量。六月間，他又說，在近期內，即一九五九年，英國就會被拋到後頭，並且五年內，中國的煉鋼量將可追近蘇聯。這表示中國在一九五八年的鋼鐵生產量必須倍增一九五七年的生產量，提升到一千零七十萬噸；一九五九年要達到兩千至兩千五百萬噸、一九六二年要達到六千萬噸。過了一陣子，他又修正這些數字：現在他要求一九五九年達到三千萬噸、一九六〇年達到六千萬噸，而一九六二年要達到八千至一億噸、或甚至一億二千萬噸，那就超過美國了。經過十五年之後，即一九七〇年代中期，毛澤東估計年產量為七億噸，是英國人均產量的兩倍。這時候，劉少奇提出來的計劃，荒唐程度有過之而無不及。[28]

如果你知道一九五六年九月中共八大所通過的第二個五年計劃，把一九六二年的鋼鐵生產量目標訂在一千零五十萬噸至一千二百萬噸之間，你就會瞭解毛澤東和劉少奇所要達到的「大躍進」是多麼的宏偉。農業增產的目標一樣令人咋舌：一九五八年的穀物生產量要求倍增至三億至三億五千萬噸之間，而第一個五年計劃所設定的一九六二年目標只有兩億五千萬噸。[29]

八月間，毛澤東宣布：「工業是今天的主路線。全黨、全民都要抓工業。」[30]人民開始投入「廣設土高爐」的運動。「鋼鐵作戰」以空前巨大的規模展開。農村和城市庭院、運動場、公園和城市廣場，到處立起原始的土高爐。人們把他們能找到的一切——破銅爛鐵、門把、鑵子、家用刀叉——統統丟進這些土高爐，完全不知道這些小得可憐的原始土高爐根本煉不出任何鋼鐵。無知被推崇為美德。

有知識的工程師沉默不語。如果他們反對，也沒人會聽。毛澤東早就覺得知識分子討人厭。他們老是多疑又自大，使得他和其他布爾什維克領導人對他們仇視、反感。知識分子的一切言行，都惹毛澤東不快，並不只是因為他們具有他欠缺的知識。發動大躍進之後，他宣稱：「知識分子必須向勞動人民低頭。在某些方面，知識分子完全無知。」[31]經過他這一番話，工程師哪裡還能吭聲？

在毛澤東要求下，周恩來親自督導煉鋼運動。到九月中旬，投入煉鋼運動的人員已超過兩千萬人，到了十月，堂堂邁向九千萬人。①一個月之內，後院土高爐煉鋼量從一四%提高到四九%。農民、工人、老師、學生、中小學的孩子、醫生、護士、店員、會計，人人投入運動。城市、鄉村無不濃煙沖天。擴音器震天價響的是運動的主題曲〈超英趕美〉。

偉大的舵手交代的任務，似乎很快就要達成。到了年底，中國已經煉了一千一百萬噸的鋼鐵。連毛澤東也大吃一驚。他向侍從人員說：「如果小高爐可煉鋼的話，為什麼還要那麼大的高爐呢？難道外國人都是笨蛋？」[32]這個問題很快就有了答案。這些土高爐煉出來的鋼鐵根本不能用。即使毛澤東認為「沒念書的人比念書的人還強」，[33]依舊騙不了科技。

為了追求工業大躍進的幽靈，中國領導人忽略了穀物問題。稻米和其他穀物的收成工作落到婦女、老人和兒童身上。雖然他們不眠不休地工作，卻無法收完全部收成。同時，各地幹部生怕毛澤東生氣，謊報農業生產大豐收，把灌水的數字報給上級。國防部長彭德懷回憶說：「有的同志說穀物生產破五億噸，也

---

① 原書註：中國第一個原始的土高爐建於一九五八年春天。到了六月，全國已有一萬二千六百八十個。但是真正的煉鋼狂熱始於八月。

有人說是四億五千萬噸。後來主席表示，對外就宣布三億七千五百萬噸吧！」[34]實際上，只收成了兩億噸，比一九五七年多了五百萬噸。[35]輪到要和國家算帳時，農民的收穫幾乎全部都要上繳。和一九五五年一樣，農村再度出現飢荒。然而，毛澤東拒絕承認出現危機，不急著向外求助。因此，出口穀物的合同一切照常履約，這樣「洋鬼子」才沒有理由懷疑他錯了。這對國內糧食供給造成嚴重衝擊。

毛澤東最不情願的，就是向赫魯雪夫開口求助。那豈不是丟人丟到家了！大躍進搞得紅紅火火之時，也就是一九五八年七月三十一日，赫魯雪夫突然飛到北京做非官式訪問；毛澤東必須從北戴河度假地專程跑回北京接見他。這一次，毛澤東不僅對赫魯雪夫粗魯相待，更可謂散發敵意。

原因出在赫魯雪夫到訪前十天，尤金大使代表蘇聯領導人向毛澤東傳達了一項提議：蘇、中海軍一起建立一支太平洋聯合艦隊。這是因為中方要求蘇聯援助它開發其海軍艦隊，莫斯科才有此答覆。毛澤東原本懷抱極高希望，認為赫魯雪夫會積極回應他的要求，但是他錯了。赫魯雪夫答非所問。甚至，赫魯雪夫也沒向尤金說明中、蘇聯合艦隊要根據什麼原則去籌組。當毛澤東想知道艦隊將是某種中、蘇合作模式呢，還是由誰來控制它時，尤金大使一問三不知。毛澤東立刻發火。尤其是因為四個月前，蘇聯國防部長馬林諾夫斯基才發函給中國，表示蘇聯政府希望中、蘇共同在中國建造一座雷達站，供蘇聯太平洋艦隊通訊之用。[36]

毛澤東和中國其他領導人把這些提議看作是侵犯中國主權。毛澤東一下子想起了他遭遇史達林的種種羞辱，新仇舊恨統統湧上心頭，他告訴尤金大使，中國絕對不再容許外國在其領土，如旅順港，建立軍事基地。尤金訥訥地表示，鑒於問題的重要性，最好是由毛澤東和赫魯雪夫親自說清楚、講明白。毛澤東則表示懷疑雙方會談能有什麼結果。[37]

這就是赫魯雪夫率領馬林諾夫斯基以及國防部、內政部和蘇共中央若干要員趕到北京的原因。他很苦惱，不能理解毛澤東又怎麼不痛快了。赫魯雪夫認為聯合艦隊和雷達站是符合蘇、中兩國「共同利益」的事。[38]但是，一發現問題所在後，他立刻撤回提議。他說：「這是誤會……讓我們記下來：過去沒有、現在不是、將來也不會有問題。」[39]但是毛澤東久久平靜不下來，並以最任性的方式發洩他的情緒。

毛澤東是個大煙槍，他端出一向對赫魯雪夫粗暴相對的作風，在談話時香煙一根又一根地抽，往赫魯雪夫臉上不斷的噴煙。赫魯雪夫受不了煙燻，痛苦不堪。毛澤東嘗試控制住脾氣，但仍不時冒火，把手指頭指到客人鼻子上，開始咆哮；休息時間還痛罵譯員沒把他一肚子怒火表達出來。接下來，他把談判移動到游泳池。毛澤東是個游泳高手，赫魯雪夫則幾乎是旱鴨子，下了水，頗有受辱之感。[40]著名的電影導演米海爾・羅姆（Mikhail Romm）的日記裡有一段有趣的記載，提到赫魯雪夫告訴他的游泳池遭遇：

> 赫魯雪夫在中央委員會開會的休息空檔，脫口而出：「你曉得毛澤東在哪裡見我嗎？游泳池耶。他竟然在游泳池和我談話耶。」
>
> 他也沒辦法。毛澤東是主人嘛。蘇聯政府首腦必須脫下西裝，遞給衛士，換上游泳褲，不顧國際禮儀，噗通跳下水。毛主席游水，赫魯雪夫跟在他後頭勉強掙扎——「我是礦工出身，你可不能跟別人說喔，不太識水性，很快就業了」，譯員夾在兩人中間。毛澤東顯然是故意裝作沒注意他的貴賓很難跟得上，大談時事、問問題，赫魯雪夫吞了好幾口水，沒辦法答清楚……尼基塔〔赫魯雪夫〕不久就不幹了。「我游了又游，腦子裡在想，去你的，我不游了。我爬上池邊坐，搖晃著雙腳。現在，我在上頭，而他在下頭游水。譯員不知道要怎麼辦，究竟是跟著他游，還是要坐我旁邊。他在那兒游，我從高處往下看著他。他抬起頭望我，談起公社、他們的公社。我已經喘過氣來，就答他的話，和他談人民公社：『好啊，我們走著瞧，看你的人民公社以後會怎麼樣吧。』我坐起來後就舒服多了。他可不高興了。同志啊，我們就是這麼樣談話的。」[41]

兩人談話時，毛澤東向赫魯雪夫傾訴一籮筐他在史達林時期累積起來對蘇聯的不滿。清單落落長，惹得赫魯雪夫按捺不住。「你替史達林辯護。而我因為批評史達林而被抨擊。怎麼現在卻翻轉過來啦。」但是他也說不出史達林有哪裡特別好。他只能說：「我們說了一些史達林的成就，而我們也是這些成就當中的人物。」[42]毛澤東當然同意這個說法。可是，他對和赫魯雪夫的談話留下相當壞的印象，他也不隱瞞侍從人員。毛澤東說：「蘇聯就是想控制中國，想捆住我們的手腳，真是癡人說夢。」[43]

毛澤東不高興赫魯雪夫對人民公社抱持懷疑態度。中國人民對大躍進的熱情達到最高點，而他的蘇聯貴賓竟然表示懷疑。毛澤東告訴赫魯雪夫說，自從中華人民共和國建政以來，他第一次感到高興；他也驕傲地告訴他，即將就要有空前未見的穀物大豐收等著收割了。他克制不住，甚至還「揶揄」赫魯雪夫。明知道蘇聯糧食不足，他還裝作若無其事地問赫魯雪夫：「我們已經積存了一大堆小麥，現在反而喪愁要怎麼辦。你能不能給出出主意呀？」

赫魯雪夫勃然變色：「我們從來沒有過穀物過剩。中國人又不是傻瓜。你們自己會想出辦法。」[44]毛澤東一下子愣住了，忍了一會兒，才爆笑起來。不久之後，他碰上嚴重的經濟問題，不禁想起赫魯雪夫這段不懷好意的話。

這個蘇聯領導人還有一段尖酸刻薄的話，讓毛澤東不能釋懷。兩人有一次談話時，赫魯雪夫笑說蘇聯駐華工程師把在營建工地上用竹簍挑砂土的中國工人稱為「走動的挖土器」。毛澤東聞言大笑，心底下卻把仇恨再記一筆。[45]

不久，毛澤東在八月底下令對國民黨佔領的金門、馬祖展開砲擊。②赫魯雪夫立刻表示願意派「一個師的飛機」來協助「中國弟兄」，但是毛澤東要讓赫魯雪夫曉得，蘇聯把中國「看扁」了。他告訴赫魯雪夫：「我們自己會解決問題。」

毛澤東並不打算拿下金、馬外島。蔣介石部隊駐守中國大陸外島，反而對毛澤東有利。它有助於團結中國人民追求黨的計劃。這次軍事行動只有一個目標：向全世界、包括蘇共領導人在內，展現中國軍隊的尚武精神和精壯的實力。③

赫魯雪夫不明白毛澤東葫蘆裡賣什麼藥，[46]還警告美國總統艾森豪（Dwight Eisenhower），如果美國要介入衝突，蘇聯將視攻擊中華人民共和國如同攻擊蘇聯。他甚至暗示他不排除針對「侵略者」發動核子反攻。他照會毛澤東有此一事，④這一次毛澤東表示「衷心感謝」。[47]

一九五八年十一月初，經濟初步遭遇困難，毛澤東下令放慢大躍進的步調。後來，他說：「急什麼？趕著去見馬克思，聽他親口嘉勉嗎？」現在，一九五九年煉鋼量不要三千萬噸，改為兩千萬噸（一九五九年五月，目標再調降為一千三百萬噸）。毛澤東仍然要求穀物收成量不低於五億二千五百萬噸，亦即一九五八年產量的兩倍半。[48]

一九五八年十一月底至十二月初舉行的八屆六中全會裡，毛澤東要求交卸中華人民共和國主席的職位。他終於可以交卸長久以來就覺得繁重的禮儀性工作了。全會一致通過他提名的劉少奇接替。幾個月後的一九五九年四月，第二屆全國人民代表大會第一次會議正式通過這項領導人事異動案。毛澤東只保留中國共產黨主席一職。[49]

同一時期，全國正在醞釀一場大災厄。經濟發展出現嚴重的失衡現象。從一九五八年十二月中旬起，到處開始發生食物供給中斷的狀況。中南海的國宴廳也看不到肉類。城市裡到處有人排隊多日，等著買食物。北京市民每月花生油配給量只剩三百三十克（一般黨幹部正常時可配到約五百克），如果非常幸運的話，每人也可配到四百五十克的肉。稻米配給額為十四公斤。三口之家可配到約五百克的糖。[50]安徽、甘肅和四川已經飢荒嚴重，不久，其他省份也告急。根據幾個不同消息來源，飢民達兩千五百萬人。[51]到了一九五九年春天，毛澤東終於體認到大躍進達不成目標了。他把這一切統統怪罪到地方幹部頭上，指責他們誤導他。他怒斥說：「盡是謊話！上級施壓，底下就說謊。」[52]

② 譯按：即「八二三砲戰」。
③ 原書註：中國共產黨往後二十年持續隔日砲打金門、馬祖（譯按：所謂「單打雙不打」）。
④ 原書註：赫魯雪夫特別把中國大使劉曉召到他正在休假的雅爾達四天，請劉曉轉告這個消息。

他現在責備黨幹部「只顧生產、不管人民生活」。[53]可是他無意放棄人民公社。他只想要暫停，希望一九五九年新的一年能夠達成更大的躍進。一九五九年的經濟目標仍然很高：煉鋼量預定成長四一%，煤產量預定成長六二%。[54]

一九五九年六月底，毛澤東決定回闊別三十二載的老家韶山沖去瞧瞧。他希望回到老家，鄉親會把實情告訴他。他沒有弄錯。他在老家住了兩天，所見所聞令他相當傷感。他父母墳上的墓碑不見了，母親生前愛去燒香拜拜的小廟已成廢墟。陪著毛澤東一道下鄉的李志綏醫生寫說：「這個土地廟去年成立人民公社時給拆了。磚拿去砌了土高爐煉鋼，木頭當煤用，煉鋼時燒掉了。」跑去探望他的本族親戚，只見到殘敗景象。房子空空蕩蕩。做飯的鍋沒有了，甚至連灶也拆掉。他聽了地方居民的抱怨，看看從鐵鍋煉成的一堆廢鐵，歎口氣，走了。他的結論是：「食堂裡吃不飽飯，可以散了嘛。這個辦法也太費糧食……煉鋼煉不成，就不要再煉了。」[55]

唯一能讓他高興的是，見到新稻收成。因此，在離開韶山前，他填了一闋樂觀的七律：

別夢依稀咒逝川，
故園三十二年前；
紅旗捲起農奴戟，
黑手高懸霸主鞭。
為有犧牲多壯志，
敢教日月換新天；
喜看稻菽千重浪，
遍地英雄下夕煙。[56]

但是毛澤東高興得太早了。全國上下、還有他自己，很快就又面臨新的考驗和苦難。他顯然還無知覺，從韶山到武漢、再搭船下九江（江西省）。他決定在廬山度假勝地召開政治局擴大會議（他一派輕鬆地說，要召開「神仙會」）。[57]

他在七月一日抵達廬山，住進牯嶺的一棟兩層樓石造別墅「美廬」。這棟房子原本是蔣夫人宋美齡喜歡來此度假的居停。毛澤東在附近散步、在水庫清澈的水裡游泳、享受青山美景、呼吸新鮮空氣。可是，突然間他想起了賀子珍。許久以前，就在同樣的青山綠水之間，他初識賀子珍，年輕、苗條，像蓮花亭亭而立。現在，三十載歲月已飛逝。他突然間起了熊熊之火想要見她，但是他克制住自己，隔了幾天，他才派衛士的妻子去把賀子珍接到廬山來。

江青此時在北京。過去四年，毛澤東和她只剩下名分上的關係。他們各過各的日子，互不相擾。他對一度鍾愛的妻子已經感情淡了，現在只剩習慣。江青只顧著自己的健康，一年有好幾個月都在休養。一九五六年底，她經診斷得了癌症。在蘇聯和中國診治後，她終於痊癒；但是她因病情起伏，性格大變，易怒、緊張，不斷和醫生、護士及衛士吵架，每天只談她的病情。[58]毛澤東盡量不去給她招惹壓力。他的性需求就靠四處旅行遇上的無數青年女郎來滿足。他最喜歡的就是解放軍歌舞團的美麗舞者。

他因為江西的風景影響，突然起了見賀子珍一面的念頭。他的前妻住在南昌，離廬山車程四個小時。她容貌憔悴，見了她，毛澤東更添傷感。賀子珍顯然已經認不得任何人了，說話也語無倫次。不曉得他們兩人談些什麼，但是當她要離去時，毛澤東告訴他的衛士：「賀子珍頭腦已經不清楚……我們需要注意她的狀況，明天送她下廬山吧……在她走之前，緊跟在她身邊，別讓她碰上任何熟人。」[59]從此之後，他們再也不曾會面。

幾天後，毛澤東在會議上遇到些困擾。七月十四日，他收到國防部長彭德懷的一封長信，⑤信中批評

⑤ 譯按：即所謂的萬言書。

到大躍進。彭德懷措詞很小心，沒有否定「偉大的成就」，當然也沒有直接抨擊主席本人，但是從整篇論述裡看得出來他明顯不滿毛澤東的唯意志論。他談到對權限問題「有一段混亂」、談到「全民煉鋼鐵中……是一筆較大損失」（幾達二十億元人民幣）、談到領導幹部的「浮誇風」，以及「小資產階級的狂熱性」。總而言之，他認為「使我們容易犯左的錯誤」，他建議要明辨是非，在真相和謊言之間劃出清楚界線。

毛澤東很生氣。潛伏的敵人終於曝光！俗話說得好，露出「廬山真面目」了。毛澤東自己當然曉得全國出現許多問題，但是彭德懷這封長信的主旨卻是說整個大躍進是錯誤的。彭德懷說：「總想一步跨進共產主義，搶先思想一度占了上風；把黨長期以來所形成的群眾路線和實事求是作風置諸腦後了……在這些同志看來，只要提出政治掛帥，就可以代替一切……政治掛帥不可能代替經濟法則，更不能代替經濟工作中的具體措施。」[60]這個批評顯然目標指向毛主席。彭德懷怎麼敢寫下這樣的東西？毛澤東心情大壞，吃不下飯。

七月十六日深夜，毛澤東把政治局常委都找來開會，出示彭德懷的信（出席者有劉少奇、周恩來、朱德和陳雲）。人人都很沮喪，毛澤東動怒宣稱，如果黨要分裂，他就上山去，另組一個共產黨，另糾一些農民組一支紅軍。[61]大家決議要嚴懲「分裂分子」。毛澤東在這封信上批了「彭德懷同志的意見書」幾個字後，把它交給中共中央辦公廳拷貝副件發給參加擴大會議的人，讓大家來評評這封信。

現在輪到彭德懷氣毛澤東搞花樣了。他寫的是一封私信，又不是要大家來討論，因此用字遣詞未必嚴謹。現在，人人都曉得他莽撞。七月十七日上午，他的親信副手、解放軍總參謀長黃克誠（彭德懷曾經把信交給他過目）表示，很關心它用詞尖銳，但也說：「你總是感情用事，你和主席共事多年，應該互相瞭解較深。」[62]他這可就錯得離譜了。打游擊的「兄弟」情誼歲月早已成為過去，何況真的有兄弟情誼存在嗎？

儘管彭德懷抗議，要求中央辦公廳撤回「匆匆」寫下的信，卻不果；七月十八日，與會者開始討論給主席的這封信。絕大多數人口沫橫飛，痛批彭德懷種種不是。人人都曉得偉大舵手的情緒風向。

少數幾個人發言支持彭德懷，例如湖南省委書記周小舟、外交部第一副部長張聞天（曾任中共中央總書記）、黃克誠，以及剛當毛澤東秘書不久的李銳。他們立刻被打入和彭德懷一夥的「反黨集團」。七月二十三日上午，毛澤東說，他把火燒旺了。他說，他這輩子奉行的原則是「人若犯我，我必犯人」。

他批評彭德懷的信是「右派機會主義綱領」，是「刻意設計和組織」的。他稱支持彭德懷的這群「同志」是跟隨主唱者的合唱團。他宣稱：「我覺得這裡頭有兩個趨勢。」這彷彿是他已下達判決。這一次他向所有與會者再度宣布：如果「勢在難免」，他就到農村去，號召農民起事推翻政府。他肯定地說：「如果人民解放軍不跟隨我，」這是暗喻彭德懷是國防部長，「那我就另組一支紅軍。不過我認為解放軍會跟隨我。」然而，這時候他也承認自己犯了幾個錯誤，其中最嚴重的就是要求煉鋼一千零七十萬噸；但是同時他也要求在座每個人檢討自己該負什麼責任。

彭德懷回憶說：「聽了主席這番話，我簡直無法形容內心有多麼沉重。我根本不能信服。我有滿腔憤怒。」[63]

會議中場休息時，毛澤東走向彭德懷。他隨口說：「彭老總，我們談一談吧。」彭德懷氣得滿臉通紅，勉強控制住自己，回答說：「沒什麼好說的了。光談有什麼用。」[64]他揮著手，往門外走。和毛澤東能說什麼！

八月二日，中央全會在廬山召開，檢討「以彭德懷為首的反黨集團問題」。毛澤東再次發言，更加痛批「分裂分子」，他說：「現在廬山會議不是反『左』的問題了，而是反右的問題了。因為右傾機會主義在向著黨，向著黨的領導機關猖狂進攻，向著人民事業，向著六億人民的轟轟烈烈的社會主義事業進攻。」[65]

這一說，大家都明白，彭德懷、張聞天、黃克誠、周小舟和李銳，前途完了。彭德懷表示願意依黨內方式自我批評，但是被指控「不誠實、耍詐」。[66]「集團」的其他人也做了自我批評，但也一樣沒用。毛澤東告訴彭德懷和他的「同夥」：「我勸你們先學會吃辣椒，否則你怎會知道辣椒是辣的？」[67]

廬山會議之後一個月，彭德懷被解除國防部長職務。毛澤東指派林彪繼任。公安部長羅瑞卿取代黃克誠，擔任總參謀長。其他「同謀者」也都去職。彭德懷請毛澤東准他下放到人民公社去，但是毛澤東不准，要他閉門思過。毛澤東一直沒有原諒彭德懷及其支持者。彭德懷罷官後，被趕出中南海，安置到一六四四年迎清兵入關的叛將吳三桂已經半塌毀的府邸。[68]

然而，對毛澤東而言，這是虛幻的勝利。他完全不習慣遭到批評，想到彭德懷的說法說不定正確，讓他心虛。他清楚看到大躍進的後果，但又頑固地繼續堅持總路線是正確的、成就十分了不起、前途無量。想到黨和領導圈裡有人覺得他無知，令他十分痛心。廬山會議之後，他的疑心病益發嚴重。

國家的狀況並無助於強化他的權威。和一九五八年不一樣，一九五九年到處收成欠佳。偶一例外或許就是韶山，老家稻菽茂密令毛澤東欣慰。八月，毛澤東緊急修正計劃。這一年穀物生產量不要五億二千五百萬噸，下修到兩億七千五百萬噸就行了；煉鋼量也從一千三百萬噸，下修到一千二百萬噸。[69]

但是，來不及了，飢荒已經擴大到全國範圍。現在必須劍及履及採取做法才能避免災禍，但是毛澤東擔心的卻是如何保留顏面。數以百萬計的人民餓肚子、吃不飽，他根本不在乎。他說：「當不夠吃的時候，人會餓死，那最好讓一半人死掉，另一半人就能吃飽。」[70]他甚至還有時間插科打諢，他說：「有時候……蔬菜奇缺，沒有辦法，事情亂了套，市場也亂了。人人都緊張不安，但是我認為沒理由激動嘛……如果你上半夜太擔心，吃顆安眠藥，就沒事了嘛。」[71]

廬山會議之後，他決定加強對他的個人崇拜。他認為：「個人崇拜有兩種，一種是正確的崇拜，如對馬克思、恩格斯、列寧、史達林正確的東西，我們必須崇拜，永遠崇拜，不崇拜不得了。真理在他的手裡，為什麼不崇拜呢？……另一種是不正確的崇拜，不加分析，盲目服從，這就不對了。」[72]他當然認為對他的尊敬屬於前一種。

中國在廬山會議之後立刻淹沒在阿諛諂媚風氣之中，而聲音最響亮的就是劉少奇和林彪，他們在北京的中央軍事委員會擴大會議中，發起對毛澤東極盡吹捧能事的歌頌。劉少奇宣布：「毛澤東同志的領導，絕不次於馬克思、列寧的領導，假如馬克思、列寧生在中國，我想他們領導中國革命也不過如此……黨要有威信，無產階級要有威信，如果沒有什麼個人的威信，怎樣建立得起來？」[73]林彪也一樣卑躬逢迎，稱當今的馬列主義——不僅在中國、而且在全世界——就是「毛澤東思想」。[74]這些話成為治療毛澤東受創的心理最好的膏藥。他慢慢地恢復了信心。

這時候赫魯雪夫又觸怒了他。一九五九年九月，這位蘇聯領導人將到美國訪問，預備依其和平共處理論的精神，與美國總統艾森豪會談；而毛澤東視艾森豪為主要敵人。赫魯雪夫在訪美前夕想的是穩定世界局勢，避免傷害蘇、美關係。這時卻發生一件不幸的事——中國和印度邊境爆發武裝衝突。穿越崇山峻嶺地區的邊境線其實是虛擬的；而且是英國人在許久以前所劃設。印度政府不承認它，因此印度邊防部隊跨越它。由於中國在一九五九年三月彈壓西藏獨立運動，西藏精神領袖達賴喇嘛化裝為普通士兵，逃到印度，而印度總理尼赫魯為他嗆聲，表示支持，中、印關係已經緊張。中、印邊境衝突是赫魯雪夫在會見美國總統之前所不樂見的事情，他也不希望在這個複雜的問題上花費太多時間。但是，美國政府既已站出來表態支持西藏和印度，他也不能不說一些話。他指示外交部就中印邊境問題擬一份聲明，交由塔斯社發表。聲明稿由外交部長安德烈．葛羅米柯親自改訂過，但是赫魯雪夫完全不滿意，因為他對兩邊都想討好。因此，外交部乾脆就表明了，蘇聯保持「中立」。蘇聯外交官康士坦丁．克魯提可夫回憶說：「北京方面認為塔斯社的聲明對中國不利。他們認為蘇聯從支持盟友的立場溜掉……當然，他們很氣惱，赫魯雪夫要和美國拉關係了，就來對中國施壓。」[75]

很顯然赫魯雪夫心頭湧上他在「游泳池談判」遭受羞辱的舊恨，也十分不耐煩。他開始對中國事務粗暴相待，毛澤東更加發火。一九五九年六月二十日，即廬山會議之前，赫魯雪夫突然宣布，他要將提供中國技術以製造核武器的協定作廢。[76]這項協定自從一九五七年十月即已生效，當時蘇、中雙方已在莫斯科就此簽署議定書。根據條文，蘇聯承諾提供中國一顆原子彈可用的模型，並派蘇聯科學家來教中國專家如何造一顆。一九五八年八月，赫魯雪夫從北京一回國，就派了一個代表團到中國準備運交原子彈。[77]現在他反悔了。日後他解釋說，這是報復。「他們在不斷地誹謗我們，而我們卻像聽話的奴隸一樣，還準備為其提供核武器？」[78]

不久之後，毛澤東接獲報告，一九五九年七月十八日，赫魯雪夫訪問波蘭城市波茲南（Poznan）時，尖銳批評人民公社，聲稱那些腦子裡打這些主意的人「不瞭解共產主義是什麼，也不瞭解共產主義是如何打造的」。[79]我們不清楚當下這個蘇聯領導人突然想起了什麼。他經常喝醉，尤其是在外交宴會場合，因此常常胡言亂語。[80]這一回他也有可能又喝醉了，但是毛澤東不會原諒他。赫魯雪夫也不願意道歉，他已經沒有耐心了。九月三十日，為了出席中華人民共和國建政十周年來到北京，他根本連控制情緒都免了。蘇聯代表團其他團員也有樣學樣，舉止都很粗魯。毛澤東也開始公然表露他的敵意，他身邊的中國其他領導人當然得跟進。大友好時代就此迅速落幕。[81]

十月二日的談判有兩個主要議題：一是蘇聯和中國的對美關係，包含台灣問題；一是中、印邊境衝突。剛從美國回來的赫魯雪夫一開口便替艾森豪講話，建議毛澤東展現「善意」，把韓戰期間中國軍方俘虜的五個美國人還給美國，毛澤東當場發作。毛澤東認定，為了和帝國主義者改善關係，這個蘇聯領導人馬上就要背叛社會主義道路。

赫魯雪夫表示，蘇聯不能允許因台灣問題而爆發第三次世界大戰時，毛澤東也是如此反應。[82]咦，最近赫魯雪夫不是才向他保證過，中華人民共和國若是和國民黨發生衝突，如果美國膽敢攻擊中華人民共和國，蘇聯將不排除對「侵略者」（美國）發動核子反擊嗎？現在他怎麼突然就食言了。⑥如果這不叫背叛，那什麼才是背叛？

赫魯雪夫有關印度和西藏的聲明，讓毛澤東及中國領導人更加不快。赫魯雪夫直白地說：「請恕我直言，西藏的事，是你們的錯。」他表明了他不相信中方對於中、印邊境衝突的講法。中國外交部長陳毅毫不隱瞞敵意，頂撞回去，蘇聯的政策是「機會主義和見風轉舵」。赫魯雪夫光火了，對陳毅咆哮：「如果就如你所說的，我們是見風轉舵，陳毅同志，你別向我伸手。我拒絕和你握手！」他們就這樣舌槍唇劍起來。這個蘇聯客人控制不住，講了一些相當不堪的話。他對陳毅吼說：「你不要從元帥權杖的高度向我吐唾沫！你的唾沫是不夠的，我們是不會被嚇著的。」[83]根據赫魯雪夫的回憶錄，陳毅「像唱盤跳針，一再喊：『尼赫魯！尼赫魯！尼赫魯』」。[84]

會議之後，赫魯雪夫告訴他的代表團團員說：「我們和中國共產黨只有一條路徑。我們認為他們是我們的朋友，但是，如果他們以高高在上的態度和我們講話，我們甚至和這樣的朋友也是無法相處的。」[85]他突然開始尖酸地嘲笑中國人，用俄國髒話押韻地叫他們的名字，還說毛澤東是老鞋套子。[86]第二天赫魯雪夫到了機場要回國了，雙方還未鳴金收兵。赫魯雪夫原本預定在北京逗留一星期，但是既然話不投機，他決定縮短行程，打道回府。這一次毛澤東沒有介入論戰。他已經認定破鏡難圓。三個月後，回顧這次會談，他說：

一九五九年三月至今，我們朋友與帝國主義、反動民族主義和狄托修正主義組織了一次反華大合唱。中國將在長時期內，一方面被孤立，一方面得到世界許多共產黨、許多國家、許多人民的擁護。在這種困難局面下，中國將在八年內相當強大起來……烏雲越厚，光明越多。[87]

他再度和兩年前一樣，號召中國人民進行「不斷革命」。可是，即將來臨的經濟災禍，為他的宏大計劃帶來問題。

⑥ 原書註：這時候蘇共領導圈子最主張對中國採取強硬路線的，是主管意識型態的中央書記米海爾·安德列維奇·蘇斯洛夫（Mikhail Andreevich Suslov）。他說服赫魯雪夫，中國應該為了加劇台灣海峽的緊張受到嚴厲譴責。

第三十一章

飢荒與恐懼

一九五九年整個夏天，中國東北陷入乾旱，而華南卻豪雨肆虐。疲憊的人民對大躍進熱忱盡失，但是毛澤東依然認為困難是暫時的。他對一九六〇年寄予厚望，宣布宏偉的計劃。他堅稱：「全國情勢一片大好。」[1]現在，他不顧一九五九年穀物收成量只有一億七千萬噸、鋼鐵生產量只有一千三百萬噸的事實，要求一九六〇年穀物收成量要達到三億噸、鋼鐵生產量目標也訂在兩千萬至兩千兩百萬噸之間。一九六〇年春天，中國的報界一片「新大躍進」的呼聲。[2]

但是，一九六〇年全國陷入可怕的乾旱。這是本世紀以來前所未有的現象。河流與運河乾枯，甚至連雄偉的黃河也水位下降。乾旱過後，大鬧熱帶豪雨和颱風，河水又越堤氾濫。比較弱的水庫崩塌，造成洪水肆虐。半數以上的耕地，收成枯萎或被淹沒。穀物收成量只有一億四千三百五十萬噸，比起大躍進前一年的一九五七年，還少了五千多萬噸。中國整個歷史上從來沒有遇上如此可怕的飢荒。農村與城市，每天有上萬人死亡。

苦難最為深重的是農民，國家把他們最後的麵粉屑也搶走了。許多村子，根本沒東西可吃。憔悴的村民在鄉下遊蕩，摘樹葉、剝樹皮，尋找蠕蟲、甲蟲、水蛙、野果和青草。許多人甚至吃以泥土混雜草莖所製成的「觀音土」。吃了觀音土，其實必死無疑。有個目擊者回憶說：「人們拿它〔觀音土〕混玉米粉做成餅，吃了這種餅……很有飽足感……但是一下肚，泥土會使腸子裡水分乾掉……許多人撐不到進醫院，有些人則死在手術檯上。」[3]

和一九五七至五八年一樣，人們又開始打麻雀，只是現在是為了緩解飢饉。其他的禽鳥也不得幸免。另一個目擊者說：

我們開始吃任何能飛的東西。我練習用彈弓打麻雀。我打下麻雀，就帶回家給我娘，她把牠做湯餵我姥姥……姥姥因此才沒餓死……鳥逐漸絕跡，我們就摘樹葉……有人把水塘弄乾，找到東西就吃，連水蛇也吃……等到什麼都不剩了，許多人就餓死了……大飢荒時期，一家有兩、三人餓死，是常有的事。[4]

有好幾個省份，整個村子的人全都死了。有位醫生跟著一群視察人員來到甘肅省西部，他說：

一大早，我們來到一個大村莊，但是在低矮的茅屋四周看不到有太多生命的跡象。見得到的少許幾個人已經疲弱不堪，連張口討東西吃都沒有力氣。隊長提高了嗓門大喊：「老人家們，出來吧！毛主席和共產黨派醫生來救你們啦！」他一再地呼叫。終於，那些還活著的人爬出他們的房子。這些人已在死亡邊緣掙扎。如果他們跌跤，恐怕就爬不起來了。我們發現一堆又一堆的死者。我推開一戶茅屋的門，卻因惡臭，立刻退出。屋裡傳來呻吟聲，我看到兩、三個人在黑暗中躺在炕上。前頭是個老人，一隻手指向某個方向。在他身邊躺個女人，早已死亡，她那腐爛的屍身即是惡臭的來源。老人的手指的是一具小小人體，四肢張開，嘴也大開。看來像是小孩在哭，其實他早已死去多日。[5]

東南方的福建省也是哀鴻遍野。有個當地居民回憶說：「我們已經疲弱到無法走路。不久，我弟弟就餓死了。我還記得他死前的模樣。他已經弱得不能走路，躺在床上，口裡只有一個字：『吃、吃、吃。』他一直呻吟到嚥下最後一口氣。」[6]

公社的農民寫信給在軍中服役的兒子，問起：「毛主席要讓我們餓死嗎？」[7]有些地方，老百姓起來攻打鐵路運糧車、倉庫和穀倉，而且還經常是由黨書記帶頭。也有些地方，農民上路，往城裡去，天真地以為城裡會有充足的米和肉。一九五八至六一年間，安徽大約一百萬人從農村外移，河南有一百五十萬人離開人民公社，山東也有一百六十萬人從農村出走。總體來講，超過一千萬人參與此一人口大移動。許多人因疲憊或飢餓倒斃途中。從東北逃難的一個飢民回憶說：「從村子往鄰省去的路上盡是死屍，淒厲的哭聲來自路兩旁的洞穴。循著哭聲，你可以看到被丟棄在洞穴的孩子的腦袋。很多父母覺得他們的子女若是被善心人士收養，可能更有機會活命。洞穴深到讓小孩爬不出來，不會跟他們走，但又可以讓路人看到，說不定願意收容他們。」[8]

城裡人的日子也沒有比較好過。成群的農村貧民目光呆滯，顴骨下陷，引不起營養不足的城市人的同情。他們也得摘樹葉、剝樹皮、打雀鳥、找野菜。北京的情況也好不到哪去。有位北京居民回憶說：「很難找到東西吃。但是，有一天，有個朋友和我弄到一點糖。我們樂壞了！我們真想當場就把它全吃掉。可是，瞧了又瞧，我們決定把它帶給同事。他身體極糟，已經住院。可是醫院裡也沒東西吃。我們把那股黏糖拿出來時，他高興極了。但是他沒辦法吃。他含笑而死。」[9]

中南海終於也嘗到大飢荒的苦頭。毛澤東的私人醫生回憶說：「每人的配糧一個月減至十五斤。肉、蛋已經絕跡。沒有食油。我們雖可以去市場買瓜類和蔬菜，可是瓜、菜也很少買得到。所以實際上是在挨餓。有辦法的中央機關和軍事機構，都組織人到內蒙去打黃羊，大家都去打，打到的也就愈來愈少了。」[10]

毛澤東決心和大家一起吃苦，開始不吃肉。他告訴侍從人員說：「大家都餓飯，我不能再吃肉了。」周恩來放棄肉、蛋，也把他每月的配糧減為十五磅。許多黨領導人和他們的妻子開始在自己的豪宅前後空地種上青菜和瓜果，或出城去找野草和可吃的根苗，改喝由樹葉泡的茶。當然，這一切都無助於解決飢荒的問題。

就在這個節骨眼上，赫魯雪夫下令召回所有駐華蘇聯專家。對於已經陷在大飢荒的中國，他這記重擊有如落井下石。而這個最兇惡的敵人，最近還剛唱著兄弟之誼的高調。赫魯雪夫的兇殘其實不遜於史達林。六個星期內，一千三百九十個蘇聯工程師、技師、科學家、工業設計師及其他專家，由中國撤回蘇聯，帶走所有的科學文件、計劃和藍圖。許多建築工地停工、許多科學項目叫停。蘇聯專家一撤走，中國經濟危機更加惡化。

赫魯雪夫於一九六〇年七月中旬倉促做下決定，因為他剛剛在羅馬尼亞共產黨全代會上，和中共代表團團長彭真狠狠吵了一架。[11]赫魯雪夫上次訪問北京不歡而散以來，這九個月裡，兩黨、兩國的關係急遽惡化。因此，赫魯雪夫在布加勒斯特（Bucharest）大幹譙，以及隨後召回駐華專家，其實並不意外。整個一九五九至六〇年的冬天和春天，媒體及其他黨政平台上已經迭次發生明槍暗箭的相互攻訐。最後，它在一九六〇年四月底，藉著四月二十二日列寧九旬冥誕的場合統統爆開。當天，中共的理論刊物《紅旗》雜誌發表一篇冗長社論〈列寧主義萬歲！〉，《人民日報》也發表了稍微短一點的頭條新聞〈沿著偉大的列寧道路前進！〉。這兩篇論戰文章目標對準赫魯雪夫的「兩個制度的和平共處」政策，以及他的「從資本主義向社會主義和平過渡」的理論。毛澤東親自動筆修潤《紅旗》雜誌這篇文章；他還引經據典援引列寧、馬克思和恩格斯的話來增強論點。這篇文章的重點是展示列寧認為，與帝國主義無法避免、必將一戰。俄方的回應由共產國際老幹部奧托・庫西寧主筆。他搬出列寧的遺孀娜傑日達・克魯普斯卡婭（Nadezhda Krupskaia）來說話，宣稱她的亡夫曾經認為，有一天戰爭會變得破壞力十足，再也不能打仗了。[12]然而，克魯普斯卡婭的回憶根本說服不了毛澤東和中共其他領導人。

一九六〇年六月，中方在北京舉行的世界工聯理事會全體會議（General Council of the World Federation of Trade Unions）中，強調他們的強硬路線觀點。美國人在會議前夕無意中幫了他們大忙，因為美方宣稱要繼續圍堵共產主義。五月一日，烏拉山區斯維爾德洛夫斯克城市上空，蘇聯火箭擊落進行情報偵蒐作業的一架U-2飛機，飛行員蓋瑞．鮑爾斯（Gary Powers）落到蘇聯當局手中。急躁的赫魯雪夫未經深思，就大聲喧嚷此一間諜事件，沒想到毛澤東正好可以藉機作文章。赫魯雪夫只想到他被艾森豪騙了，向美國興師問罪。中方則利用這個機會，增強批評赫魯雪夫對帝國主義的軟弱政策，才造成今天的情勢。五月十二日，赫魯雪夫希望和毛澤東討論這個問題，邀他到莫斯科見面，毛澤東峻拒。[13]

現在場景轉到布加勒斯特，和彭真在羅馬尼亞共產黨全代會上吵開來，赫魯雪夫按捺不住，放下原先準備好的講稿，突然破口大罵起毛澤東。他痛罵毛澤東是「極左派、極端教條主義者，還是不折不扣的左派修正主義者」、「從鼻子裡冒出理論的菩薩」，以及「舊破鞋」。他也指控毛澤東「除了自身利益，不顧他人死活」。[14]彭真毫不客氣，也回敬赫魯雪夫在外交政策上冷熱無常。赫魯雪夫又把話題轉到史達林和個人崇拜。費多爾．布拉茨基（Fedor Burlatsky）也參加這次羅共全代會，他記得赫魯雪夫向中共代表團團長①叫囂：「如果你們要史達林，把他連棺木一起載走好了！我們可以把他用火車專列送去給你們！」[15]赫魯雪夫回莫斯科時還一肚子氣。他極有可能根本沒有認真考量召回蘇聯專家對中國經濟會有什麼衝擊。他只想要好好修理毛澤東。

這時候，中國老百姓繼續在餓肚子。毛澤東採取極端措施，同意從國外進口穀物。一九六一年，中國透過協力廠商，從澳大利亞、加拿大和美國，進口四百萬噸穀物，翌年進口量更多。[16]但是，危機仍然嚴重。連赫魯雪夫都忽然醒悟到這一點，於一九六一年二月二十七日發了一封密函給毛澤東，表示願意供應一百萬噸穀物——三十萬小麥和七十萬噸裸麥——以及五十萬噸古巴的糖給中國。他接到周恩來的回信，表示只接受糖。周恩來聲稱：「現在蘇聯也有災情，所以我們不願加重蘇聯負擔。」[17]

中國當局否認出現飢荒，也極盡能事地隱瞞它。一九六〇年下半年，在毛澤東指示下，中國共產黨的「老朋友」艾德加．史諾被邀請到中國訪問五個月。毛澤東一直認為史諾是中央情報局的特務，因此他允

① 原書註：布拉茨基把中共代表團團長誤記為劉少奇。

許史諾到許多內陸地區、包括最貧窮的地方去訪問，希望利用史諾作為管道，告訴美國人和全世界：中國並沒有飢荒。史諾在結束訪問之前，見過毛澤東兩次、周恩來一次。毛澤東還是率真、好客、友善，與二十四年前在保安一樣。他向史諾談起大躍進了不起的成績，尤其是鋼鐵的生產量，不過他加了一句，中國和過去一樣，依然是個「貧窮、落後的國家」。然而，他又說，對這一點不用焦急，認為「人們必須先認識困苦、匱乏和奮鬥」。他隻字不提民眾大飢荒；毛澤東還講些黑色幽默：「中國人基本上是吃素的，肉類也吃一點，但吃得不多。」[18]史諾把偉大的舵手希望他說的話，向全世界宣告：「我必須肯定地說，我在中國沒有看見飢民，沒有過去飢荒那種現象……我不認為中國有飢荒。」[19]

當然，數以百萬計、死於營養不良的中國人，不會知道史諾說了什麼。那些餓肚子的人也沒聽到一九六〇年五月和一九六一年九月，兩度訪問中國的蒙哥馬利（Bernard Law Montgomery）大元帥說了什麼。蒙哥馬利和毛澤東談過話後聲稱：「有關大規模飢荒、數千人餓死、匱乏、冷漠不管、國家動盪等等說法，完全不實；它們是由希望毛澤東及其政府垮台的人士所散布的謊言。所有這些說法都很荒謬、甚至可能危險。」[20]中國老百姓也不會曉得毛澤東一九六一年二月對法國社會主義領袖密特朗（François Mitterrand）所說：「我再重複說一遍，中國沒有飢荒。」[21]這些話在國外一再傳播。

一直要到一九八〇年，毛澤東屍骨已寒之後，中國才正式承認大躍進期間及之後，有許許多多人因飢荒而喪生。中共中央總書記胡耀邦說，死者兩千萬人；然而，根據不同的估算，這個數字太低。比較符合事實的數字是三千萬人，或者甚至達到四千萬人以上。西方根據中國地方檔案對大飢荒最新的研究，認為死者人數至少四千五百萬人，而某位中國異議作家著書，則說死者有三千六百萬人。[22]光是四川一個省，一九五七年人口七千萬人，每八個人有一個人死亡；而安徽省和甘肅省各有人口三千三百萬人及一千二百萬人，每四個人有一個人殞命。[23]大躍進整體經濟損失達人民幣一千億至一千兩百億元之間，是中華人民共和國整個第一個五年計劃期間資本投資的兩倍。[24]

在一個民主國家，出現這樣大災劫之後，整個政府會被換掉。但是在中華人民共和國，所有的權力屬於黨、國官僚，而它又依賴軍、警及相關的官僚機構。黨已經滲透到社會每個角落，異議分子遭到迫害。官僚出身自人民，說得精確點，出身最低的社會階級——赤貧農民、客家人，以及昔日的地痞、流氓和其他無產階級。但是這群官僚有他們自身的集體利益，最關心的是如何保障他們自身的特權和權力。位居權力的頂峰是一群曾經經歷過一九二〇年代至一九四〇年代階級鬥爭的「老革命」。毛澤東在一九六〇年十月告訴史諾：「到一九六〇年，這些年間倖存者八百人左右……中國在現在以至今後若干年間，基本上是靠這八百人來進行管理，有時候也得仰仗他們。」[25]

在這種情況下，反對意見只能出自於黨內菁英那窄小的階層內部。而毛澤東最焦慮的也就是這群人的情緒，尤其是在彭德懷事件之後。飢荒和經濟危機可能再次引發他這些老同志的不滿，他們有許多人仍死守著新民主主義的傾向。

他明白在經濟方面、甚或政治方面，必須拿出一些作為，但是他拒絕承認本身基本上犯了錯誤。他需要掌握主動，可是一九六〇年整個春天和大半個夏天，毛澤東意志十分消沉。一直要到八月，他才重新振作起來。這時候，政府內部已出現主張停止大躍進的聲音。一九六〇年七月，國家計劃委員會主任李富春提議「調整、鞏固、提高（標準）」的新經濟政策。周恩來支持他，又在這個提法上加了「充實」兩個字。陳雲也表示強烈贊同此一政策。[26]

毛澤東明白他必須趕快有所行動。他堅持要調查清楚，但又繼續責怪地方幹部造成飢荒。他恬不知恥地說：「有些公社，幹部做得過頭了；他們丟掉紀律的概念；未經上級批准就實行平等主義、搞重新分配。」[27]這些幹部需要被好好調查。

同一時期，他認為大量的城市居民也應該動員起來，協助農民。數百萬產業工人和知識分子應該下放到農村。大躍進期間，由於農村勞動力流入，中國的城市人口倍增。現在毛澤東決定，至少有一部分人應該回到農村。當然，「右派」和「壞分子」也藉這次運動加以清掃；許多人被下放，包括知識分子在內，他們可從來不曾在農村工作過。毛澤東才不在乎。毛主席訓示說：「不論是幹工業、交通運輸、文教、資本建設或其他任何行業，人每天都得吃飯；沒有人沒糧食就能活。」因此他要求「採取所有有效措施」，擠出農村人民公社「一切可以擠出的勞動力」，以便「加強第一線農業生產」。[28]他的指示立刻成為行動指針。數十萬城市人口被下放到農村工作。

可是，他的主要方案影響到基本政策。一九六〇年九月，他要求中央政治局常委們以「生產大隊」或二十多戶人家組成的「生產隊」作為基本單位。人民公社只保留作為基本行政單位，以及農村財產三結合制度之一環。這個制度出現在人民公社成立之後，透過它，一部分生產工具——例如幾乎所有的土地——屬於四、五萬人組成的人民公社所有，而其他部分則由人數約六千人的生產大隊，以及生產大隊和兩百多人組成的生產隊去瓜分。每一層的財產就與某一層的集體化相對應。

十一月初，中共中央發布一道十二項指示，題目為〈關於農村人民公社當前政策問題的緊急指示信〉，它也允許農民可以有小塊的私有地，以及小規模的經營手工副業。周恩來是這份文件的起草人。[29]

不久，毛澤東亦以中共中央名義指示各省、市及區黨委做好「糾正五風」的工作。這五大錯誤風氣即：共產風②、浮誇風、命令風、幹部特殊風和對生產瞎指揮風。重點擺在消滅「共產風」。[30]

毛澤東很明顯向右靠，但他還是不考慮向「溫和派」投降。他還想被視為發動改革的人，而他也成功了。中共中央八屆九中全會一九六一年一月舉行時，通過了公社的改革方案。黨撤退到一九五〇年代中期高級農業生產合作社時期。但是，毛澤東很滿意，因為中全會與會者呼應他的主張。

會議即將結束，他又呼籲大家要做好調查工作。他告訴大家：「親眼去看、親耳去聽、親手去碰，不假他人……總之，我們必須實事求是。」他也溫和地告誡中共中央，指它「去年秋天……沒有看清情勢、沒有抓得好、沒有完全糾正」。他以這種方法烘托出他是新的調整政策的發起人，在適當時刻掌握情勢。毛澤東宣布：「一九六一年成為一個調查年。」他又說：「如果錯了，不要氣餒。」[31]他就這樣輕易地躲過黨內危機。

縱使如此，他還是不懂經濟學。他一度坦白承認：「經濟建設方面有許多問題，我並不明白。我也不懂工業和商業；我只稍微懂農業，但也只懂某個地步，也就是說，我略知一二。」[32]這也正是為什麼他在一九六〇年春天意志十分消沉，當時他終於明白飢荒已釀成大災害。雖然他在秋天恢復活動，他的情緒還是很消沉。他曉得大躍進已經失敗，但是他沒有清晰的計劃要如何糾正錯誤。若是回到新民主主義，意味著放棄整個建設社會主義的經驗，承認他和「溫和派」的爭論錯了，當然就丟人、沒面子。可是，若是埋頭直衝向共產主義，又有惹起全民怒火大爆炸的危險。他在一九六〇年十月告訴史諾說：「談到政策、政治指示、政治方法、軍事事務和階級鬥爭等等，你也曉得，我們有許多經驗；但是談到社會主義建設，我們從來沒幹過，我們仍然沒有太多經驗。你或許會問，你們現在不是已經幹了十一年了？的確，我們是的。但是我們還是缺乏經驗，我們的經驗不足，你或許可以說我們已經開始積累一些經驗，但它還是只有一點點。」

這也是為什麼他想到的第一件事，是退回去一段時間，至少在往後七年，退回到大躍進之前組織生產的方式。除此之外，他也根本不知道要怎麼辦。當史諾問起他，他對中國經濟發展有何長期計劃時，毛澤東答說：「我不知道。」史諾大吃一驚：「你說話太小心了。」但是毛澤東重申：「這不是我是否小心的問題，我是不知道；我們缺乏經驗呀！」[33]

放棄野心勃勃的大躍進計劃，他現在認為中國在未來五十年不可能建立強大的社會主義經濟。他完全不具熱情地說：「要追上及超過最先進的資本主義國家，依我看，需要一百年以上時間。」[34]一九六一年四月中旬，他下達指示，關掉人民公社的公共食堂，他認為公共食堂已經成為「致命的腫瘤」。[35]

他意志消沉，決定退到「第二線」，讓其他人領導。他把「調整、鞏固、充實、提高」八字真言新路線交付給劉少奇去執行；劉少奇固然是「溫和派」，但仍然狂熱地支持毛澤東。陳雲、鄧小平及政治局其他委員要輔佐劉少奇；現在毛澤東言談上開始以劉少奇為他的繼承人。幾年之後，他解釋說：「我負責的

② 編註：「共產風」意指不承認各生產隊之間的差異，強調貧富拉平、無償徵調個人財產，實行絕對的平均主義。

就是〔把領導層〕分工為第一線和第二線。我們為什麼要分為第一線和第二線呢？第一個原因是我的健康不太好〔毛澤東在這裡耍詐〕；第二個原因是蘇聯的教訓。馬林可夫不夠成熟，史達林死前，他沒有使用過權力。每一次他一敬酒，他〔劉少奇〕就奉承、諂媚。我要在我死前建立他們的聲望。」[36]

毛澤東沒有停止出席大小會議，但是他的講話變成儀式性質。他繼續召集行政官員進行「有系統地調查和考察」，而不是「走馬看花」。他嘮叨不滿「各層幹部仍然沒有確切瞭解社會主義」，他號召對「〔過度〕集體化的歪風」進行鬥爭。[37]他只能做這麼多了。

這時候，全國各地紛紛出現劃時代的事件。安徽等地，農民開始採行所謂的「包產到戶」制度，實際上就是分配土地，把生產責任分派給家庭。他們和地方當局簽訂協議，實際上向生產大隊或生產隊承租土地，答應在收成季節依穀物配額上繳給國家。它自發性地出現（毛澤東後來也說，「突然間就冒出來」），然後就像連鎖反應散布開來。[38]某些黨的領導人不認為這樣做有危險。安徽省委第一書記曾希聖甚至還支持它。有些人認為：「農民非常關心他們自己的利潤。如果利潤要和一萬個人分，他們就不做了；如果利潤要和一千個人分，他們就做一點；如果利潤要和一百個人分，他們就再多做一點；如果要和十個人分，他們會更認真做；如果只跟自己家人分，他們最認真。」[39]

當然黨裡面沒有人會想把土地分給農民當作私有財產。小塊地只分配作為短期利用，甚至也不是到處這麼辦。正因為如此，難怪安徽省委第一書記認為這是暫時的權宜之計，不會傷害社會主義，只是為了解決短期的飢荒問題。到了一九六一年仲夏，安徽省百分之五的土地由個體戶農民家庭耕作。[40]

許多中央領導人對安徽的創舉頗有正面反應。陳雲憤怒地說：「農民已經有了怨言說：『蔣介石手裡受難，吃飯；毛澤東手裡享福，吃粥。』這說明農民很不滿意。農民分到了田，自然有了乾飯吃。」[41]毛澤東會怎麼想？沒有關係，不論社會主義或資本主義，只要經濟發展、人民日子過得舒服，不就行了嗎？

劉少奇在一個月前似乎還是狂熱支持毛澤東，現在，從毛澤東的角度來看，竟做出最不受歡迎的結論。他回湖南老家寧鄉縣考察後回到北京，於一九六一年五月中央工作會議上說：「湖南農民有一句話，他們說是『三分天災，七分人禍』……從全國範圍講，有些地方，天災是主要原因，但這恐怕不是大多數；在大多數地方，我們工作中間的缺點錯誤是主要原因。」他又說：「有的同志講，這還是一個指頭和九個指頭的問題。現在看來恐怕不只是一個指頭的問題。總是九個指頭、一個指頭，這個比例關係不變，也不完全符合實際情況。」[42]這句話明顯就是攻擊毛澤東，因為人人都曉得毛主席最愛用「九個好手指頭、一個壞手指頭」的原則來比較成敗功過，而且他也拿這個說法比喻過大躍進。但是劉少奇克制不住自己。回老家一看，真的令他十分震驚。劉少奇花了四十天時間，深入瞭解當地狀況。在他離開前，向老家村子的農民話別時，他掩抑不住心中的難過。他說：「我已經四十年沒有回鄉，我非常盼望回來瞧瞧這裡的情況。現在我回來了，也看到鄉親的日子過得非常辛苦。我們的工作表現太差了；請原諒我們！」[43]

這次會議上，鄧小平支持劉少奇。其他許多人也同樣傾向於劉少奇。毛澤東沒料到會有這一記重擊，相當尷尬。輪到他發言時，毛澤東承認錯誤。「現在我們遭到報應了。土地不肥、人畜憔疲。報應是衝著過去三年的政策而來。是誰之過？中央和我要負最大的責任。我負主要責任。」[44]他還說，有很長一段時間，他「不懂如何在中國建設社會主義」。[45]有一段時期，即一九六一年中期，毛澤東甚至預備承認安徽經驗，但時間為期不久。

他意氣十分消沉。他對他的私人醫生說：「中國共產黨裡，好人早都死完了。現在剩下的都是些行屍走肉。」但是他在罕有的坦白時刻也說：「我們要的是社會主義，要的是公有制。現在農田生產上有困難，我們可以讓一步，但是這並不是我們的方向。」[46]

黨內的反對派勢力日益上升。針對毛澤東的間接批評也持續擴散，他再次感覺到有若多年前在贛南陷入孤立無援之境。他又覺得想要甩開一切，遁入山中。讓他們派人來求我回去吧！

毛澤東和蒙哥馬利大元帥第二次見面時，提到死亡這個話題。毛澤東此時六十九歲，客人虛長幾歲，已經七十五，但毛澤東不管禮數，大談死亡。他說，一個人隨時隨地都有可能因種種原因死亡，但他覺得自己最有可能是因病而死。他告訴蒙哥馬利說，中國民間傳說，七十三歲和八十四歲是兩個重要關卡。一個人若能熬過這些關卡，就可以長命百歲。毛澤東說，他本身並不想活超過七十三歲。他預備去「見馬克思」，因為「有太多事要和馬克思討論」。他又提到劉少奇是他的接班人。[47]

一九六一年下半年，毛澤東的情緒一直很陰沉，時序進入一九六二年也不見改善。一、二月間召開的中央擴大工作會議，他遭遇到近來最嚴厲的批評。全國各地來了七千多人參加會議，難怪有些人發言「太過火」，尤其是有政治局委員帶頭定調子。彭真提起高級領導人為大躍進失敗個人應負什麼責任這個題目，建議責任應由中央委員會承擔，主席、劉少奇和政治局其他常委若有責任，也不要推諉。他又說：「毛主席的威信不是聖母峰，也是泰山，拿走幾噸土，還是那麼高；是東海的水，拉走幾車，還有那麼多……如果毛主席的百分之一、千分之一的錯誤不檢討，將給我們黨留下惡劣影響。」[48]

毛澤東應該要怪自己。他在挑選領導幹部時應該更加小心。他決定向人人挑戰之後，就先把民主集中制和自我批評——這是中國共產黨評估黨員是否忠誠的標準伎倆——納入大會議程。他的用意是測試同志的可靠度，讓他們有機會「出出氣」。他希望再次借用百試不爽的「百花齊放」手法「引蛇出洞」。差別是，這次是用在黨內。

劉少奇石破天驚的一番發言，大出他的意料。劉少奇一開口就說：「過去我們經常把缺點、錯誤和成績，比之於一個指頭和九個指頭的關係。」他重複了造成經濟危機的主、客觀因素之間不利關係的結論，然後他說：「現在恐怕不能到處這樣套。有一部分地區還可以這樣講。」這時候毛澤東插嘴說：「這種區域很少嘛。」但是劉少奇繼續說下去：「全國總起來講，缺點和成績的關係，就不能說是一個指頭和九個指頭的關係，恐怕是三個指頭和七個指頭的關係。」

毛澤東不高興，但是劉少奇沒住口。他指出：「還有些地區，缺點和錯誤不止是三個指頭。」[49]據一位目擊者說，劉少奇的發言使得毛澤東十分掃興。[50]

這時候，地方代表加入戰局。有人說，主觀主義是主要問題，已經鬧了好幾年。也有人質疑毛澤東所謂缺失是因經驗不足的論點。人人都曉得在完成第一個五年計劃期間，中國共產黨也相當欠缺經驗。好幾個黨幹部尖銳地問：「那時為什麼不像現在有這麼多問題呢？」[51]

你要毛澤東怎麼答？他只能說要怪就怪他。他說：「凡是中央犯的錯誤，直接的歸我負責，間接的我也有份，因為我是中央主席。」他雖然也承認對經濟學是門外漢，還需要學習，但他的自我批評就這麼多。毛澤東把火燒向黨的其他領導人，用他的話說，這些人「有了錯誤，自己不講，又怕群眾講」。他警告這些人「越怕，就越有鬼……不負責任，怕負責任，不許人講話，老虎屁股摸不得，凡是採取這種態度的人，十個就有十個要失敗」。他甚至還和與會代表逗趣：「你老虎屁股真是摸不得嗎？」他又說：「我在這個講話裡批評了一些現象，批評了一些同志，但是沒有指名道姓……你們自己心裡有數。」[52]

大家都笑了，不過有許多人可笑不出來。主席說完話後，許多領導人展開自我批評，但只有少數人熱切地支持毛澤東的講話，林彪是其中之一。林彪說，他「深深感覺到，我們的工作搞得好一些的時候，是毛主席的思想能夠順利貫徹的時候，毛主席的思想不受干擾的時候。如果毛主席的意見受不到尊重，或者受到很大的干擾的時候，事情就要出毛病。我們黨幾十年來的歷史，就是這麼一個歷史。」根據這個邏輯，林彪解釋大躍進會出錯是因為「我們沒有聽毛主席的警告」。毛澤東老家的地委書記、能幹的華國鋒也發表了奉承主席的談話。毛澤東一九五九年回韶山就注意到這個年輕人，印象極佳。現在他更喜歡他了。但是，林彪這席話是治癒他心靈創傷的膏藥。其實這並不意外，因為林彪的演講稿事先已經過他修潤。[53]

偉大的舵手對其他大多數人的發言都很不爽，因此對這些副手愈來愈失望。他疲倦了、看來蒼老了許多。政治局的氣氛令他不快。二月八日，也就是七千人大會落幕次日，他把日常事務交付給劉少奇，就離開北京，打算有一段長時間不回來。他要瞧瞧這些傢伙怎麼處理國家大事。當然，他沒把他們當作敵人，但是他對他們的憤恨日益上升。他故意交出權力、退居「第二線」，以便在他死前增強他們在國內的影響力，可是現在事事都「背道而馳」。[54]讓他們去嘗嘗苦頭吧！

同一天夜裡，劉少奇召集大家舉行工作會議，檢討國家經濟情勢。預算赤字超過人民幣三億元，即使客氣地說，前途也是多艱。陳雲在政治局委員心目中是公認的經濟專家，負起擬定對付局勢具體方案的職責。兩週之後他提出的計劃，本質上就是降低城市人口、大幅精簡軍隊及行政官僚，並把經濟建設的重心從工業轉向農業。他最多只能走到這裡，其中並沒有激進的主張。劉少奇警告說，如果領導當局不迅速採取具體措施以改善糧食狀況，中國可能已瀕臨內戰邊緣。他們全都承認經濟情勢嚴峻至極。[55]

同時，住到杭州去的毛澤東也在療傷。二月二十五日，他指示秘書田家英組織一個小組，到劉少奇最近去過的湖南各地去調查。他們也奉命去韶山，以及鄰近的唐家坨（毛澤東母親的出生地），和鄉親談談、評估情勢。劉少奇聲稱毛主席本人應該為大躍進失敗負首要責任，令毛澤東很煩惱。他要駁斥這個讕言。田家英比任何人都更合適擔當這項任務。毛澤東還記得一九六一年三月首次派田家英到安徽調查包產到戶制度，他回來後痛批此一創新制度不人道，因為它完全不考量孤兒、寡婦的地位。包產到戶制度如果推行到全國，要置孤兒、寡婦於何地？毛澤東這位心地善良的秘書想到就極為痛心。[56]現在他奉命搜集材料，以便主席能駁斥他的副手。

到了湖南後，田家英聽到農民的傾訴，大為震驚。他們大多數詛咒大躍進、稱讚包產到戶制。有些人甚至希望回到新民主主義時期。田家英沒有辦法，只能一五一十統統向毛主席報告。毛澤東苦笑地說：「我們是要走群眾路線的，但有的時候，也不能完全聽群眾的，比如要搞包產到戶就不能聽。」[57]

田家英也拜訪過陳雲和劉少奇，很欣慰他們和農民站在同一邊。鄧小平也支持包產到戶制度。劉少奇、鄧小平和陳雲整個春天煞費苦心要恢復經濟。由於包產到戶制度推廣到各地，情勢慢慢有了改善。到了一九六二年夏天，全國大約兩、三成土地交給農民自行耕作。[58]這已經足以使國家逐漸克服嚴重的糧食危機。一九六一年，穀物生產量增加四百萬噸，一九六二年又增加一千二百五十萬噸。[59]劉少奇、鄧小平和陳雲的結論是，若非農民家庭普遍分田耕作，經濟不可能穩定增長。陳雲在這方面特別激進。他說：「這是非常時期的非常辦法，叫『分田到戶』也好，叫『包產到戶』也好……國家遇到了如此大的天災人禍，必須發動全體農民按照〈國際歌〉詞中『全靠我們自己』的話辦，盡快恢復生產。」[60]

劉少奇和鄧小平支持陳雲。鄧小平甚至還引用四川和安徽的一句俗諺：「不管黃貓黑貓，只要捉住老鼠就是好貓。」[61]周恩來也不反對。中共中央農村工作部部長鄧子恢全力推動包產到戶制度。

甚且，劉少奇和鄧小平在三月間已著手為在一九五〇年代末期整風運動被打為所謂右派分子的數十萬人爭取平反。劉少奇寫信給公安部部長說：「從一九五九年以來，有許多地方公安機關，甚至公社大隊等用長期拘留、長期勞改、勞教等方式，實際上逮捕了許多人，餓死和折磨死了一些人……一九六一年，這種情況還沒有完全停止。去年我在湖南就還看見這種情況。你們應該嚴格地檢查、揭露、批判和糾正這種違法的情況。」[62]劉少奇和鄧小平都不敢提平反彭德懷和他的「同黨」。這些人太重要。他們成功地平反了三千五百多個基層右派分子。[63]

田家英因為得到劉少奇及其他領導人的支持，膽氣大壯，他向毛澤東報告說，如果允許農民選擇，加入包產到戶制度的農民家庭很快就會增加到四成，只剩六成家庭會留在合作社裡。他又很小心地補了一句，日後生產恢復之後，或許可以再把農民導回集體化。毛澤東平靜地問話：「是你個人意見，還是有其他人的意見？」田家英答說：「是個人意見。」[64]他不想出賣劉少奇和陳雲。但是毛澤東很清楚背著他發生了什麼事。他明白，「溫和派」向他展示的效忠只是表面工夫。他現在決定對黨內反對派給予粉碎性的當頭一棒，讓他們無法再興風作浪。

他在一九六二年七月初回到北京，立刻召見劉少奇、周恩來、鄧小平和田家英。他也要《紅旗》雜誌主編陳伯達到場，曉得陳伯達一向都支持他。毛澤東痛罵包產到戶制度，指示陳伯達起草一份中央決議文，要強化人民公社的集體經濟。[65]陳雲沒有參加這次會議。毛澤東先前已見過陳雲，表達了他痛恨分地的計劃。陳雲後來回憶說：「毛澤東同志很生氣。」[66]

毛澤東的副手全部退讓。陳雲稱病不出。鄧小平前一天才在共青團會議講話，重提他的「黃貓黑貓」論，緊急打電話請共青團中央第一書記把他這句話從速記記錄刪掉。[67]

謹言慎行的周恩來照舊支持毛澤東。偉大的舵手說，周恩來已經從一九五六至五七年反對「鼓足幹勁、力爭上游」學到教訓。[68]劉少奇也試圖改變路線；他在毛澤東「澆冷水」過後幾天，立刻開始熱切為集體化財產辯護。七月十八日，中共中央下達通令，禁止再宣傳包產到戶制度。[69]

毛澤東怒氣不止。他一再召見劉少奇和周恩來，對他們發脾氣。有位中央領導人當時在日記寫下：「我覺得事態很嚴重！十分不安！」他在這句話邊上還畫線強調。[70]

毛澤東痛批陳雲、鄧子恢、田家英和其他幹部。他怒斥：「你們贊成社會主義，還是贊成資本主義？……現在有人主張在全國範圍內搞包產到戶，甚至分田到戶。共產黨來分田？」[71]

從七月底到八月底，毛澤東又召開中央工作會議，痛罵已經嚇得半死的各級幹部。他語帶威脅地說：「你們已經壓迫我很久了。從一九六〇年算起，那就是兩年多了。我也可以壓迫你們回去。」[72]他怒氣沖沖痛罵說：「有些人陷入意識型態混亂；他們迷了路、失去信仰。要不得！」他在這次會議首次提到社會主義社會也有敵對的階級，以階級的角度詮釋黨內的意見分歧。這使得他的講話具有相當不祥的意味。

毛澤東顯然達成他的目標：讓聽到他講話的人心生畏懼。在他和「溫和派」的鬥爭中，他似乎也走到最極端了。現在他們全是他的階級敵人，和他們算帳只是時間遲早的事情。他要警告那些騎牆派，主張包產到戶制度和其他「資產階級事物」是一條十分危險的道路。

他不敢相信其他共產黨員竟然看不到，包產到戶制會造成「兩極分化，貪汙盜竊，投機倒把，討小老婆，放高利貸。一邊富裕，而軍、烈、工、幹四屬，五保戶這邊就要貧困。赫魯雪夫還不敢公開解散集體農場。」毛澤東的結論是：「反革命依然存在。」他甚至認為，「中國共產黨若是繼續迎合其陣營內的資產階級，它不無可能被推翻。」他抑鬱寡歡地認為：「人民如果太挑剔，革命就有必要。」[73]

他是經過長期思考才得出這些結論，不管受到近來發生在中國國內及中共黨內事件的影響，也受到國際局勢日益緊張的影響。造成他會有這些觀點，有一項重要因素，即中、蘇分裂。當然，毛澤東怪罪到蘇共領導人身上；他認為蘇共已經墮落，或者說得更精確一點，已經走上資產階級改造。這就是赫魯雪夫會有兩種制度和平共處、在現階段有可能避免戰爭、從資本主義向社會主義和平過渡等等「修正主義」觀點的源頭。這也說明了為何赫魯雪夫和美國帝國主義及印度「反動派」眉來眼去。他向參加工作會議的幹部宣稱：「蘇聯到現在幾十年，還有修正主義，為國際資本主義服務，實際是反革命……資產階級有可能復辟。這正是蘇聯的狀況。」[74]

這樣的說法扼殺了與蘇共改善關係的任何希望。在毛澤東頭腦裡，中國若不永久剷除資本主義的根苗，明天的中國很可能就是今天的蘇聯這副模樣。一九六二年八月，他批准一項大規模宣傳攻勢、抨擊「蘇修」（蘇聯修正主義），其中心主題就是：蘇聯全面追求物質福祉，已經完全熄滅了群眾的革命熱情。從此以後，與蘇共決裂已經無可避免。

工作會議之後，中共中央旋即進行八屆十中全會，毛澤東也提起中國共產黨或許墮落的可能性。可是，這一次他沒有大發雷霆，甚至寬宏大量地表示：「犯了錯誤的同志，只要認識錯誤，回到馬克思主義的立場方面來，我們就與你團結……不採取殺頭的辦法。」

既然已經把反對派逼到牆角，他再次感到掌控全局。現在所要做的就是創造一個過分緊繃的氣氛，教育幹部要有「反修」精神，在他所選擇的時機對所有的「敵人」施以致命一擊。他說：「現在可以肯定，社會主義國家有階級存在。」

被推翻了的階級還是長期存在的，甚至要復辟……社會主義國家也可能出現這種反覆。如南斯拉夫就變質了，是修正主義了，由工人、農民的國家變成一個反動的民族主義分子統治的國家。我們這個國家就要好好掌握、好好認識、好好研究這個問題。要承認階級長期存在，承認階級與階級鬥爭，反動階級可能復辟……所以我們從現在起就必須年年講，月月講，天天講，開大會講，開黨代會講，開全會講，開一次會就講，使我們對這個問題有一條比較清醒的馬克思列寧主義的路線。[75]

這成為他講話的主題。十中全會之後，毛澤東發動「反修防修」（反對國外修正主義、防止國內修正主義）

新運動。它是社會主義群眾運動的一環。

農村成為這項運動的主要場所。由於包產到戶制度，毛澤東認為，農村是復辟威脅會發生的地方。但是城市居民也是運動的目標。不論各省或中央，每個地方都必須摒棄唯利是圖，以道德和革命的激勵取代物質的激勵。毛澤東相信，唯有如此，受到鼓舞的人民才能「移山」。

他的貼身圈子完全接受他的想法，尤其是江青。江青明白，唯有無條件效忠毛澤東，她才能保有主席夫人的地位，他早已沒把她當作女人看待。一九六二年九月底，毛澤東首度允許她進入政治圈，讓她掌管文化界。江青熱切地承擔起新角色，就像易卜生筆下的娜拉，決心對資產階級社會奮力一擊。她的目標是把「腐敗」的文學、「墮落」的藝術完成全面革命改造。

康生又如同延安時期一樣，受到毛澤東的倚重。毛澤東分派給他審查幹部的任務。毛澤東也依賴狂熱忠誠的陳伯達。主席不論說了什麼荒誕不經的話，陳伯達都能替他找出馬克思主義的根據。他在上海也有一些忠心的助手，例如柯慶施，毛澤東在一九五八年一度考量要提拔他當國務院總理。一九六五年初，柯慶施被派為周恩來的副總理，但是這個反右戰士不久即因胰臟癌而去世。但是柯慶施的人馬仍在上海。其中有兩個幹練的「筆桿子」：一個是四十八歲的張春橋，上海市委負責宣傳的書記；另一個是三十四歲的姚文元，上海《解放日報》的編輯。

周恩來雖然過去反對毛澤東，現在卻展現無我地效忠毛主席。周恩來一定很高興領袖的不爽全針對劉少奇及他的助手而去。他和劉少奇因為互相爭寵、嫉妒，素來不和。兩人都想在毛澤東之下爭搶第二把交椅。有時候他們的敵對像兒戲。史達林以前派在中國的代表伊凡．柯瓦列夫回憶說：「周恩來和劉少奇的確互相看不順眼……其實有點滑稽：如果宴會上我向毛澤東敬酒後，先敬劉少奇，周恩來就拂袖而去；反之，敬完毛澤東，若是先敬周恩來，劉少奇也會不高興。」[76]

毛澤東團隊裡，人人有固定位置。第一號主將是國防部長林彪。自從一九五〇年代末期起，他就把軍隊打造成「毛澤東思想的學校」。一九六一年，軍方報紙《解放軍日報》開始每天在報紙刊頭下刊載一則毛主席語錄。士兵奉令剪下這些方塊，整理自己的毛語錄，然後認真研讀。一九六四年一月，解放軍總政治部首次印發油印本的語錄；這本紅小書在中國被稱為「紅寶書」，兩百則語錄，編為二十三章。到了一九六四年五月，又出一本增訂版，三十章，三百二十六則語錄。一九六五年八月再推出新版本，三十三章，四百二十七則語錄。第三個版本成為經典，在往後十一年印行量超過十億本。這本二百七十頁的袖珍書約為十公分高、七．五公分寬（某些版本稍大，約為十三公分高、九公分寬）。

毛派也在軍中發展其他形式的宣傳，譬如推崇基層士兵、模範軍人雷鋒。共產黨員雷鋒的核心美德就是對毛主席無盡的忠誠。雷鋒自幼即為孤兒，一輩子都受黨的栽培。進入軍中後，他成為模範軍人、理想公民。一九六二年八月，年僅二十二歲，雷鋒即因意外事故身亡。他的「功績」說也說不完。他把微薄的薪水奉獻給戰友的父母親、向長官和新兵奉茶、替長途行軍後疲憊不堪的同志洗腳，也替他們洗曬襪子和床單。他之所以成為全國英雄，是因為他在日記裡傾吐對國家、對黨，尤其是對毛主席的深刻感情。從小他就常夢到這位「所有孤兒的偉大朋友」，而雷鋒在學校裡學到的頭五個字就是「毛主席萬歲」。

毛澤東聽到雷鋒日記記載的內容，深受感動，於一九六三年三月五日下令人人向雷鋒學習、向解放軍學習。[77]他對林彪極為滿意。林彪已把軍隊打造成毛主席最可靠的根據地。全國現在一片軍事化。許多單位成立模仿軍中的政治部門。[78]

江青也取得某些重大成功。她所提倡、並加諸在文藝官僚上的「革命歌舞劇」和「芭蕾舞」已擠走「可惡的封建」作品。「社會主義教育」的「進步」運動持續加溫，經濟領域方面，拜周恩來和陳伯達之力，集體財產再次得到堅強確認。黨沒有再發動大躍進，天災也不再發生；現在被編入生產大隊、而非巨大的人民公社的農民，顯然也接受了他們的命運。一連三年（一九六二至六四年）穀物收成都相當不錯。一九六四年發生一樁劃時代的大事，象徵著中國即將躍居世界大國。十月十六日下午三點鐘，在新疆羅布泊沙漠馬蘭核試驗基地，核武器試爆成功。全國熱烈慶祝此一偉大的勝利。

現在，一切似乎都順著毛澤東的心意走。國家緩步發展，群眾也沉浸在反資本主義復辟之險的鬥爭中。「溫和派」現在被毛主席定名為「走資派」（走資本主義道路派），他們的勢力大降。在毛澤東的鼓勵下，對主席的崇拜已推到極致，尤其是赫魯雪夫一九六四年十月在蘇共中央全會被罷黜下台之後。毛澤東認為，赫魯雪夫垮台的原因之一是，他不像史達林，根本不搞個人崇拜。[79]

在多事的這些年裡，毛澤東心理上十分躁動。像一頭努力追蹤獵物的猛獸，他有熊熊的獵殺意志。劉少奇、鄧小平和其他從徒久久沒有冒犯天顏，反而更加強化他的嗜殺欲。他把他們的效忠視為軟弱的跡象，因此極盡所能去孤立他這些革命戰友。他們的每項倡議，即使是遵循他自己的觀點，他也有偏見地視為他的「敵人」企圖強化他們的權力。

在這個風雨飄搖時期，他有了一段影響深遠的新際遇。一九六二年底，在他的火車專列上，他看上了一名年輕女子，而她很快就成為他的親密愛人、旋即晉升為最親信的秘書。她名叫張玉鳳，當時只有十八歲。毛澤東一向喜歡年輕女子，但他特別寵愛她。她有許多與眾不同的特點。她天真、害臊，和許多中國年輕女孩一樣，可是她個性強、有急智，又尖牙利嘴。最重要的是，她是個美女，因而融化了老人的心。

她來自東北的牡丹江市，在毛澤東的專列車廂當服務員。毛澤東的衛士長曉得首長喜好年輕女子，把她介紹給主席。主席要她在紙上寫下姓名，可是張玉鳳卻雙手發抖。他就替她寫了，然後問她，這沒寫錯吧？她羞紅了臉。此時，衛士長就問主席，是否留下小張同志在車廂服務啊？毛澤東點點頭。一夕纏綿，立刻變成萬馬奔騰的羅曼史。[80]這個十八歲的女郎肯定感到受寵若驚。你能想像嗎？她竟然成為偉大舵手的愛人了？即使他已年近七旬，假牙在嘴裡咯咯響，又如何呢？他的性欲極強。

一九六五年五月，在愛情的滋潤下，毛澤東決定搭火車重遊青年英雄時代的舊地。他要思考、準備與愈來愈難忍受的「溫和派」進行最後一戰，他先前往井岡山，三十八年前他率領游擊隊作戰的地方。[81]這趟旅行對他來講，明顯具有極大的象徵意義。遠眺青山，他興奮地填了一首新詞：

久有凌雲志，
重上井岡山。
千里來尋故地，
舊貌變新顏。
到處鶯歌燕舞，
更有潺潺流水，
高路入雲端，
過了黃洋界，
險處不須看。

風雷動，
旌旗奮，
是人寰。
三十八年過去，
彈指一揮間。
可上九天攬月，
可下五洋捉鱉。
談笑凱歌還，
世上無難事，
只要肯登攀。[82]

毛澤東有理由感到驕傲。他已經成為一個大國的統治者。一彈指，他可以號令數億人俯首聽命。但是他愈是攀上權力高峰，他心頭就愈加不安。他無法瞭解道家的哲學；道家講究的是「以虛靜推於天地」，莊子即說：「故古之王天下者……能雖窮海內，不自為也。」[83]

第三十二章

「海瑞罷官」

毛澤東一九六五年六月回到北京，又碰上騷亂。社會主義教育運動在絕大多數黨組織中都發現可恥的「資產階級墮落」的例證。至少有半數黨組織，已被「階級敵人」奪了權。自從一九六四年底，效忠毛澤東的幹部已經向他報告地方層級出現此一有威脅的情勢，現在則更加嚴重。這一點是無可避免的，因為每個黨官員都能揣摩偉大舵手的情緒，只往上呈報毛澤東愛聽的消息。這就是毛澤東本人創造的極權主義制度。出於命運的諷刺，他成為這套制度最大的受害人。

他所活著的可怕的幻象世界，激發他要有實際行動。即使他已年逾七旬，他仍然不像孔子的「七十，從心所欲不逾矩」。這還不是毛澤東和這位偉大聖人唯一不同的地方，孔子也說過：「六十而耳順」。[1]毛主席直到嚥氣都做不到這一點。

回到北京，他和江青就文化事務有一番長談。早先，她已經說服他需要揭發吳晗所寫的《海瑞罷官》歷史劇的「反革命」性質。吳晗這本劇本寫於一九六一年一月，隨即在中國向少數觀眾公演。它講的是十六世紀一位勇敢的清官海瑞敢犯顏直諫腐敗的明朝皇帝。劇中的海瑞向皇帝說：「過去您做了一些好事。但是您現在在幹什麼？趕快改正您的錯誤！讓老百姓過幸福的日子。您已經犯了太多錯誤，可是還認為自己永遠是對的，聽不進所有的批評。」江青認為吳晗是「以古諷今」，拿海瑞來暗喻彭德懷。他那「惡毒」

的劇本意在打擊偉大舵手的權威。可是，中國的看戲者卻沒有感覺到這齣戲的「犯罪」意圖，不以為忠實追隨毛澤東的吳晗有任何不忠誠。

江青早早就質疑這份劇本，但是起初毛澤東或任何人都不支持她。連康生也對江青的主張存疑。大家都曉得，毛澤東喜歡海瑞。他從海瑞身上看到自己的身影，「一個誠實、正直的革命家」，力抗墮落階級的惡行。一九六一年底，毛澤東還題字送給吳晗一本《毛澤東選集》第三卷。[2]

然而，到了一九六五年，毛澤東開始覺得草木皆兵，到處都是敵人；現在江青終於成功地引起他對吳晗的疑懼。這位學者兼劇作家也是北京市副市長，算得上是彭真的直接部屬。而彭真又是劉少奇、鄧小平的親信副手。在毛主席發脹的腦子裡，吳晗、彭真、劉少奇和鄧小平這四個人組成一支「邪惡的樂隊」。

一九六四年底，毛澤東在政治局全國會議上宣泄他對劉少奇和鄧小平的不滿。他之所以發作是因為會議前夕，鄧小平建議毛澤東不用參加開會。這個建議並沒有不尋常，因為毛澤東當時身體不適。毛澤東還是出現在議事廳，照舊大談階級鬥爭。他甚至說，目前農村的主要矛盾出在一方是走資本主義道路的當權派，另一方是廣大的群眾。劉少奇試圖反駁這個觀點，因為他長久以來即擔心反修正主義的鬥爭會無限上綱，而他本人可能成為目標。他意識到主席的矛頭已經轉向他。毛澤東非常生氣，決定大鬧一場。隔了幾天，他拿著中華人民共和國憲法和中國共產黨黨章來到會場，向同志們喧嚷大叫，他手上這兩本書都賦與他身為公民、身為黨員，有權利發表意見。毛澤東聲稱：「現在，你們一個不讓我參加黨的會議（指鄧小平），違反黨章；一個不讓我發言（指劉少奇），違反憲法。」[3]

不久之後，他想到江青對吳晗的評論。現在，一切都明白了。吳晗奉彭真、劉少奇和鄧小平的命令寫劇本，夢想粉碎我！若干年後他告訴史諾，換下劉少奇的決定是一九六五年一月即有的想法，因為劉少奇「強烈反對」正在展開的剷除「黨內走資本主義道路當權派」的社會主義教育運動。史諾根據毛澤東的說法寫下：當時「許多權力——各省及地方黨委、尤其是北京市委之內的宣傳工作權力——都不在他控制下」。因此，他決定「更需要搞個人崇拜，以便鼓勵群眾解散反毛的黨官僚」。[4]

一九六五年二月，毛澤東派江青到上海，「安排發表批判《海瑞罷官》歷史劇的一篇文章」。[5]江青在當地黨報編輯姚文元協助下進行任務。江青和上海的左派張春橋派專差秘密送到北京給毛澤東過目，更動十一次文稿。[6]一直要到夏末，他才覺得「大致滿意」。他把定稿交還給江青，建議讓中央其他領導人也過目，但是江青表示，「文章就這樣發表的好，我看不用叫恩來同志、康生同志看了。」江青怕的是，如果周恩來和康生拿到文稿，劉少奇和鄧小平也會要求讀它。[7]他們決定照江青建議進行。文章刊登在一九六五年十一月十日上海《文匯報》，掀起了旋即被稱為「無產階級文化大革命」的一場新的群眾運動。

毛澤東一九六三年十二月讀了江青的盟友、上海市委第一書記柯慶施的一份報告，對文化情勢有悲觀的描繪時，即有在文化領域發動激烈革命的想法。毛澤東當時擬了一項決議文，聲稱文藝界的「流氓」正在宣傳封建和資產階級的價值、而非社會主義的價值。[8]他原先就表示憂心有創意的知識分子、包括有些是黨員，迴避階級鬥爭。然而，直到一九六四年七月初，他才要求中共中央成立一個五人小組負責文化革命事務。[9]「溫和派」不欲和主席衝突，支持這個主意；五人小組由劉少奇倚重的彭真主持，康生則代表強硬路線的毛派。不過，毛澤東並不滿意這個小組。彭真及其同夥想藉由組織學術討論，限制黨對文化領域的干預。毛澤東則深信非得要在文藝界進行階級清洗不可。

整個夏天，毛澤東對派人撰文、準備批判吳晗這件事守口如瓶。他不打算在北京發表這篇文章，因為他還不想引爆公開衝突。他打算悄悄地攻打吳晗、彭真以及他們背後的支持者劉少奇和鄧小平。劉少奇和鄧小平似乎沒有察覺偉大舵手的情緒，也可能覺得自己不是全無招架之力。九月底，彭真在五人小組會議上宣布：「人人平等，不問他們是否中央委員或主席。」[10]毛澤東絕對不能原諒他這樣說。他立刻示意姚文元發表文章。姚文元譴責吳晗的劇本是資產階級在反無產階級專政及社會主義革命的鬥爭之一項武器。在毛澤東治下的中國，這樣的指控等同於宣判死刑。

一九六五年十一月，文章發表後兩天，毛澤東取道天津、濟南、徐州、蚌埠（安徽省）和南京，前往上海這個左派大本營。他很不滿意沿路所見的地方領導人。人人熱切於在社會主義教育運動中達成的「重大成功」。沒有人關切反修正主義的鬥爭或是資本主義復辟的危險。

只有到了上海，空氣中才充滿了激進主義。可是他不能鬆懈。從北京傳來的消息，令他心存警戒。彭真對於《文匯報》刊出的批判《海瑞罷官》的文章，初步反應是不准中央的報刊雜誌轉載，並且把針對劇本的討論框限在學術領域內。吳晗針對上海方面的批評，其反應就是指出《文匯報》這篇文章有許多不符史實的引述。吳晗寫說：「姚文元這樣批評我，我也不怕。不過我覺得這樣牽強附會的批評，亂扣帽子，這種風氣很不好，誰還敢寫東西，誰還敢寫歷史？」[11]

讀完這個回應後，毛澤東失眠了。彭真和北京市委控制了中央報刊雜誌，不肯投降。鬥爭要升高。毛澤東日後回想說：「我在北京無能為力。」[12]彭真和他的支持者不曉得姚文元背後的靠山是誰。但是周恩來介入了。他告訴彭真，如果北京的傳媒繼續置之不理，毛澤東打算把姚文元的文章出單行本。[13]《人民日報》終於在十一月二十九日轉載這篇惡意攻訐的文章，但是又加上評論文字，秉持彭真精神，指它是學者之間的論戰。

毛澤東樂了，寫了一首詩，描述一頭大鳥思念風暴。

鯤鵬①展翅九萬里，②
翻起扶搖羊角。
背負青天朝下看，
都是人民城郭。
炮火連天，彈痕遍地。
嚇倒蓬間雀，怎麼得了。
哎呀，我想飛躍。

借問你去何方？
雀兒答道，
有仙山瓊閣，
不見前年秋月朗，
訂了三家條約。③
還有吃的，
土豆燒熟了，
再添牛肉。④
不須放屁，
試看天地翻覆。⑤[14]

的確，在毛澤東居住的世界，已經天翻地覆。他希望把全國鬧得天翻地覆。

毛澤東精神一振，又從上海跑到杭州，來到寧靜的西里湖畔，⑥他終於可以放輕鬆了。現在一切都順心如意。然而，過了十天之後，他又坐不住了，再次上路。他渴望作戰。到了上海，他召開一次政治局常委會議，然後回到杭州；陳伯達、康生和其他親信等著他，聽取指示。然後他又跑到廬山、廣州和南寧，

① 原書註：鯤鵬是一隻巨鳥，見《莊子》第一章。
② 原書註：里是中國傳統的距離單位，一里約等於五百公尺。
③ 原書註：毛澤東指的是美、英、蘇三方一九六三年八月五日在莫斯科簽署的禁止在大氣層、外太空和水底進行核子試爆的條約。
④ 原書註：毛澤東是在譏諷赫魯雪夫一九六四年四月曾經形容共產主義像一碟土豆燒牛肉。
⑤ 編註：原詩是「請君允我荒腹」，毛澤東在發表前修改最後一句。
⑥ 編註：西湖蘇堤以西的湖面即西里湖。

再於新年後回到杭州。二月初，他經長沙，往武漢去。[15]

他住進武漢東湖邊的東湖賓館，在這裡召見了文化革命五人小組的四名成員：彭真、康生、陸定一（中共中央宣傳部部長）和吳冷西（新華社社長兼《人民日報》總編輯）。他們帶來〈關於當前學術討論的匯報提綱〉。有一位與會者描述會議進行情況：

毛澤東問彭真一個問題：「吳晗真的是反黨反社會主義分子嗎？」彭真還來不及回答，康生已插嘴說，吳晗的作品是「反黨、反社會主義毒草」。沒有人敢出言反駁。毛澤東打破沉默說：「當然，任何人有不同的觀點，都應該說出來。」……最後，彭真發言。他要為他帶來的文件辯護。[16]

彭真說：「學術問題還是照主席的指示，『百家爭鳴，百花齊放』。」陸定一支持彭真。毛澤東總結說：「你們去寫，我不看了。」[17]

彭真、陸定一和吳冷西都以為毛澤東核准他們的報告，沒察覺這是陷阱。他們向主席報告後，就輕鬆地逛武昌和漢口聞名的善本古書書肆。[18]隔了幾天，中央通過、並分發此一劃為「絕密」的文件。

現在，毛澤東鬥志昂揚，發起行動。五月中旬，毛澤東氣憤彭真，核定了江青所起草的〈部隊文藝工作座談會紀要〉的報告；這是經林彪批准，於二月解放軍召開一項會議所做出的結論。[19]和彭真等人那份報告不一樣，這份報告談到，「反黨、反社會主義的黑線」反對毛澤東思想，自從中華人民共和國建政以來，即由文藝官員在鼓吹、宣傳。〈紀要〉強調：「『寫真實』論……就是他們的代表性論點。」它主張「進行一場文化戰線上的社會主義大革命，徹底搞掉這條黑線」。[20]

三月中旬，毛澤東召開政治局常委擴大會議，邀請劉少奇、周恩來和省、市、自治區黨委第一書記出席。某些中央委員也參加會議。許多人對他們聽到的話大為震驚。毛澤東不僅攻擊彭真、吳晗和吳冷西散布資產階級文化，他也號召在全國大、中、小學發動階級鬥爭。「讓學生們……大鬧一番。我們不需要盲目的信念或束縛。我們需要新的知識分子、新的論點、新的創造。我們需要的是，讓學生推翻教授。」[21]

一星期之後，毛澤東在杭州對江青、康生等最親信的人士說，北京市委和中央宣傳部替壞分子辯護、沒有支持左派。他說：「北京市針插不進，水潑不進，要解散市委；中宣部是『閻王殿』，要『打倒閻王，解放小鬼』。」他再度把吳晗貼上「反黨、反社會主義」的標籤。他也批評《人民日報》前任總編輯鄧拓，和北京市委統戰部前任部長廖沫沙，指責他們在首都報紙發表雜文諷刺時政，而他們文章的共同作者不是別人、正是吳晗。[22]

在毛澤東施壓下，中共中央把江青的〈紀要〉報告發下去。六天後，毛澤東在杭州召開政治局常委擴大會議，他要求將彭真的報告作廢、並解散文革五人小組，換上另一個新小組，直屬政治局常委會。[23]湖北省委第一書記王任重出席會議，在日記中記下毛澤東憤怒地表示：「出修正主義，不止文化界出，黨、政、軍也要出，主要是黨、軍。」[24]

毛澤東這時候無意回北京，因此他要求劉少奇等人在中南海召集政治局擴大會議以執行這些決定。他對副手們說：「『西風吹渭水，落葉下長安』，灰塵不掃不少。」[25]劉少奇為了自保，出賣彭真；五月間，他這個忠心的副手被免除一切職務，並被指控散布「真理面前、人人平等」這種「資產階級」口號。四月底，彭真已遭到軟禁。[26]

陸定一同時也遭罷黜，原因還不只因為他在武漢討論四月報告時支持彭真。一九六六年初，林彪的太太葉群發現她素來視為「戰友」的陸定一太太嚴慰冰，竟然十分痛恨她。嚴慰冰究竟是因為嫉妒、還是其他什麼原因仇恨葉群，我們並不清楚（陸定一後來說他太太有精神分裂症）。從一九六〇年起，就在「葉同志」成為她丈夫在國防部的辦公廳主任之後，「嚴同志」開始向她及林彪其他家人濫發匿名信。大半的信說葉群生性淫蕩，一再讓林彪戴綠帽子。嚴慰冰發給林彪女兒豆豆的信，一口咬定葉群不是她的親生母親。

葉群和林彪大怒，要求有關單位嚴懲散布謠言者，把數十封匿名信交給公安部調查。公安部後來移送陸定一的太太。一九六六年四月二十八日，嚴慰冰被捕，罪名是從事「反革命活動」。隔了幾天，倒楣的陸定一也和彭真同一命運，遭到軟禁。[27]

在毛澤東堅持下，他們兩人和總參謀長羅瑞卿、中共中央辦公廳主任楊尚昆，一起湊成一個「反黨集團」；羅、楊兩人稍早即因完全不相干的理由遭到免職。[28]把他們湊在一起，是要顯示正在展開的文化大革命不僅針對文宣部門官僚，也要對付其他「滲透進入黨、政、軍的資產階級代表」，換句話說，要對付「準備伺機奪權，把無產階級專政改成資產階級專政」的任何人。

五月十六日，林彪在政治局擴大會議上厲聲質問陸定一：「你和你太太已經陰謀活動了許久，毀謗葉群同志和我全家，灌爆一大堆匿名信。你究竟想幹什麼？說！」

在場人人轉頭看陸定一。會議開始前，人人桌上已擺了一張林彪親筆寫的聲明書：「我證明：（一）葉群和我結婚時是純潔的處女。婚後一貫正派；（二）葉群與王實味根本沒有戀愛過；（三）老虎、豆豆（指林立果、林立衡）是我與葉群親生的子女；（四）嚴慰冰的反革命信，所談的一切全係造謠。林彪，一九六六年五月十四日。」[29]

嚇得渾身發抖的陸定一趕緊跟他愛妻劃分界線：「嚴慰冰（的確）寫了匿名信，但是我完全不知情。她沒有和我商量過、沒有給我看過，我也沒有起疑過。」

林彪暴跳如雷，用拳捶桌：「你胡說！你怎麼會不知道你太太在做什麼？」

陸定一好不容易才回了一句：「先生不曉得他們太太在做什麼，有那麼不尋常嗎？」他根本不曉得他說了什麼。

人人都僵住了。林彪則氣瘋了，咆哮：「我要斃了你！」康生立刻做出裁決：「陸定一是間諜。」[30]

康生也指控「四個反黨分子」為首的彭真是間諜，聲稱自中華人民共和國建政以來，一直和蔣介石的特務維持秘密聯繫。他也把彭真的岳父列為「大叛徒」。[31]

五月十六日，同一次政治局擴大會議以中共中央的名義，通過下達全國各級黨委組織的特別公告，宣布解散五人小組，另成立直屬政治局常委會的中央文革小組。這份公告首次號召全黨「高舉無產階級文化革命的大旗」。

公告有幾段話，包括另成立直屬政治局常委會的中央文革小組的那一段，由毛澤東本人親自撰寫。它最重要的部分是：

> 混進黨裡、政府裡、軍隊裡和各種文化界的資產階級代表人物，是一批反革命的修正主義分子，一旦時機成熟，他們就會要奪取政權，由無產階級專政變為資產階級專政。這些人物，有些已被我們識破了，有些則還沒有被識破，有些正在受到我們信用，被培養為我們的接班人，例如赫魯雪夫那樣的人物，他們現正睡在我們的身旁，各級黨委必須充分注意這一點。[32]

這份公告邀請全民參與文化大革命，這是它最鮮明的特色。在此之前，黨內的清算鬥爭全都門戶森嚴、關起門來進行。[33]現在主席賦與人民權力評斷「修正主義分子」，包括「大黨閥」在內。可是沒有人曉得，偉大的舵手在講，像赫魯雪夫這類的人「他們現正睡在我們的身旁」，究竟指的是誰。

人人皆知毛澤東的接班人是劉少奇，但沒有人料想他是叛徒——或許，毛主席身邊少數圈內人士除外。康生回憶說：「一九六六年五月十六日，毛主席強調，修正主義者、反動派和叛徒躲在我們身邊、受到我們友人的信任。當時，許多幹部不瞭解毛主席的意思，認為影射的是羅〔瑞卿〕、彭〔真〕。但是，事實上，彭真已經暴露。沒有人敢亂猜誰是我們之中的叛徒。」[34]康生又說：「我沒有意識到指的是劉少奇，對於毛主席這項重要指示只有很膚淺的瞭解。」[35]上海左派人物張春橋也有同樣說法：「運動開始時，很少人瞭解主席的話，尤其是有關『像赫魯雪夫這類的人還躲在我們身邊』這一段——因此反應也非常遲緩。當時，我不瞭解這段話。我只想到彭真，完全沒料到是劉少奇。」[36]

毛澤東認為他有關「中國的赫魯雪夫」這一段是公告的重點，立刻就告訴康生和陳伯達。他要這份公告不僅「炸」黨、還要「炸」整個社會。

康生被毛澤東提示，後來解釋說：

> 文化大革命起源自社會主義陣營裡仍然存在階級鬥爭的意念。這個意念既是理論又是實踐。經驗已證明，就是在列寧的故鄉——蘇維埃聯邦共和國布爾什維克黨已成為修正主義者。我們二十多年來在建設無產階級專政制度的經驗，特別是最近發生在東歐的事件，資產階級的自由主義和資本主義已在那裡復辟了，由此使我們提出在無產階級專政和社會主義條件下進行一場革命的方式是什麼的問題。為了解決這個問題，毛主席發動了中國的文化大革命。

根據康生的說法，偉大的舵手原本提議以三年的時間搞文化大革命。第一年（一九六六年六月至一九六七年六月）的任務是「動員人民」；第二年（一九六七年六月至一九六八年六月）是「取得重大勝利」；第三年（直到一九六九年六月）是「完成革命」。這位毛澤東的忠心追隨者聲稱：「以這麼大的革命來說，三年不算太長的時間。」[37]

一九六六年五月十八日，林彪在政治局會議上提出有關文化大革命的一項重要報告。他首次暗示批評劉少奇「從來沒有提倡毛澤東思想」。[38]康生提議把「毛澤東思想」這個詞語改為「毛澤東主義」，但是，毛澤東再次反對更改。

中國陷入混亂，但是毛澤東根本不介意。他反而還添油加醋。很顯然，年邁的主席因為指揮群眾運動而恢復活力。他覺得遭到敵人包圍，因此把所有賭注壓在這一寶上面。為了粉碎「陰謀者」，他再度轉向人民訴求。這一次他向沒有經驗、可又狂熱效忠他的年輕人——大學及技術學院，以及中等學校學生——發出訴求。一九六六年三月中旬，他已經認定，學生應該「打倒他們的教授」。現在，既已「揭發」了彭真及其他黨內「走資派」，他清楚地意識到青年學生的熱情比往常都更加高昂。他只要發出訊號，革命怒火即可席捲教育學府。他每天收到無所不在的公安機關、張春橋為首的中央文革小組上海分部，以及學運分子的報告。有個學生（湊巧是某個幹部的兒子）寫說：「誰能料想到彭真、羅瑞卿這樣的老幹部，其實是危險人物？現在我覺得我們只能信賴毛主席、只能信賴黨中央，我們必須懷疑每一個人。如果有人不執行毛主席的指示，那個人就要被攻打。」[39]這個砲手將成為他的新衛兵。沒有一個「走資派」官僚抵擋得住他們強大的壓力。

他思索把年輕人更深地引入「真正的社會主義」的需要，已經有很長一段時間。他認為「階級鬥爭」是重點，而高等學府裡教的課程大部分都有害。因此，教室授課時數應該大幅減少，不再讓學生聽一大堆廢話，要讓他們花時間積極參與「階級鬥爭」。他憤慨地認為，「現在的〔教育〕方法有害才智、有害青年。我不贊成。必須停止讀太多書！」他也不喜歡學科考試這套制度。他說：「現在的考試辦法是對付敵人的辦法。」他指的是刻板依據規定舉行考試的方法。「這無非是你會我不會，你寫了我再抄一遍，也可以。」他說，有些考試根本全該廢了。他在文革之前兩年多、就在一次會議上說過：「目前的教育制度、課程、教學方法、考試方法，全得改，因為它們困住人。」[40]

他在一九六六年五月七日，即政治局公告展開文化大革命之前九天，也在信中向林彪談到這個主題。[41]總而言之，從教育機構中清除「走資派」，並動員青年參加「階級鬥爭」，是新成立的中央文革小組的主要任務之一。毛澤東指派陳伯達為組長、江青為副組長，康生出任小組的顧問。

康生派他太太到北京大學，找她認識的聶元梓。聶元梓擔任北大哲學系黨組書記。康生太太鼓勵聶元梓動員幾個學生批評北京市委及北大領導人。四十五歲的聶元梓立刻行動，於五月二十五日偕同六個學生在餐廳牆上張貼大字報。她攻擊北京市委高教工作部幾個領導，以及北大校長（他也是北大黨委書記），「這是十足的反對黨中央、反對毛澤東思想的修正主義路線」。[42]以當時的政治規矩來說，這是造反。但是，聶元梓和她的學校當然不怕；他們有中央文革小組撐腰。

康生一讀到大字報全文，立刻將它整理出來，送呈人在杭州的毛澤東。毛澤東立刻稱讚這段胡說八道是「全國第一張馬列主義大字報」，並且命令康生和陳伯達透過大眾傳媒廣為發表。他下條子說：「康生與伯達同志！此文可以由新華社全文廣播，在全國各報刊發表，十分必要。北京大學這個反動堡壘，從此可以開始打破。毛澤東。六月一日。」[43]幾個小時後，他又打電話到北京給這兩個副手，強調這份大字報是一九六〇年代的北京公社宣言，「比起巴黎公社宣言還更重要」。[44]這時，陳伯達已派出一支所謂的工作組，接管了《人民日報》編輯部。毛澤東早就不滿意《人民日報》，指責它受到劉少奇、鄧小平和彭真的控制，大家不應該讀它。[45]現在，它已經和新華社一樣，都回到正統毛派的控制下。因此陳伯達毫無困難，立即執行主席的指示。[46]

劉少奇、鄧小平和其他多位政治局領導人不曉得該如何處理。主席不在，他們亂了手腳，不知該怎麼辦。由於毛澤東要求加調公安部兩個師的警力加強防衛首都，而林彪也下令不准對抗革命學生；這下子他們更加狼狽，不知如何是好。[47]武裝部隊全力支持主席，左派青年肆無忌憚。

這時候，劉少奇和鄧小平也慢慢改組北京市委、撤換北大校長。這些行動立刻在全國引起回響。許多高教機構學生效法聶元梓，也攻擊他們的校長和黨委。大學陷入大字報流感、學生停止上課。

六月九日，稍微忙了過來的劉少奇、鄧小平，偕同周恩來、陳伯達、康生和新任中共中央宣傳部部長陶鑄，前往杭州，勸毛澤東回北京。但是毛澤東一口就拒絕。然後他們徵求他同意，黨要派工作組到全國所有大學「恢復秩序」，[48]參加談話的陳伯達反對此一建議。毛澤東未置可否。他就像在武漢接見彭真時一樣，讓人莫測高深地表示：「可以派工作組，也可以不派，不要急急忙忙派工作組。」[49]他和以前一樣，要誘使「敵人」完全亮相。他還是一個老方法，「讓那些討厭的東西全部爬出來，否則牠們若只爬出來一半，隨時又可以躲起來」。[50]奇怪的是，劉少奇和鄧小平這樣經驗老到的政客竟然沒看穿他的伎倆。

他們迷迷糊糊地回到北京，立即採取了兩個相互矛盾的決定：一方面，全國各級學校「暫時」停課「六個月」，取消考試；另一方面，他們承認派工作組到所有大學去「恢復秩序」是正確的。他們說：「中央認為北大工作組處理亂鬥現象的辦法是正確的、及時的。各單位如果發生這種現象，都可參照北大的辦法辦理。」[51]不久，上萬個人被編組為工作組，派到北京及全國各地去。[52]

他們犯了絕大的錯誤。毛澤東正是希望他們這樣做，他才好指控「敵人」「壓迫」群眾。他明白，只要工作組出現在校園，那些已被挑激起來的左派分子一定會挑釁，雙方的衝突勢必發展為流血對抗。他坐在高山上俯視情勢發展，欣喜若狂：「北大一張大字報，把文化革命的火點燃起來了！」[53]

他在六月中旬離開杭州，回韶山老家，不過只逗留了十一天。六月底，他又到了武漢，照舊下榻於東湖邊的東湖賓館。在櫻桃樹下享受著清涼的微風，他在平靜的環境下思索，終於決定該出手對「潛伏在共產黨領導圈中的走資派黑幫」予以決定性的重擊。七月八日，他在給江青的信中透露他的想法：

天下大亂，達到天下大治。過七八年又來一次。牛鬼蛇神自己跳出來。他們為自己的階級本性所決定，非跳出來不可……現在的任務是要在全黨全國基本上（不可能全部）打倒右派，而且在七、八年以後還要有一次橫掃牛鬼蛇神的運動，爾後還要多次掃除。[54]

他把這封信寄到北京給江青，然後決定再給中國人民、甚至全世界一個大驚奇。七十二歲的他決定再次下長江游泳。

他在七月十六日下水。當然他沒有要游渡長江，而是和往常一樣順流而下，浮游了約十五公里，全程費時一小時又五分鐘。但是它讓數以百萬計的中國人民興奮莫名。新華社報導：「一九六六年七月十六日，中國人民偉大的領袖、毛澤東主席在宜人的風浪下於長江游泳。一小時又五分鐘，他游了約十五公里……這則令人欣喜的消息……很快就傳遍武漢。全市歡欣鼓舞，消息口耳相傳。人人都說：『我們敬愛的領袖毛主席是那麼健康，這是全中華民族最大的福氣。這也是全世界革命人民最大的福氣。』」

在毛澤東下水游泳這一天——

揚子江畔旗海飄揚、掛出大型海報，人群萬頭攢動，擴音器播放雄偉的〈東方紅〉曲調，唱出對我們敬愛的毛主席的讚美……歡呼如雷聲般響起，與笛號匯為一聲。毛主席神采奕奕，站在汽艇甲板……在水面上，你可以看到紅旗飄揚，許多布條貼出毛主席的訓示，「帝國主義亡我之心不死，要時刻提高警惕」、「下定決心、不怕犧牲、排除萬難、去爭取勝利」……毛主席向熱情的群眾揮手……他高聲喊出：「同志們，大家好！」有一隊兩百多人的年輕泳將、小學生，特別吸引毛主席注意。這些八到十四歲的少年先鋒隊（人在水中、高舉牌子）亮出「好好學習、天天向上」的標語，並且唱著「我們是共產主義接班人」的歌，充分展現毛澤東時代少年先鋒隊的熱情……快艇靠近武昌岸邊。毛主席下水游泳，時間上午十一點整。夏天時，長江水流湍急。毛主席先游自由式，接著換上仰式、側式……當時鐘指向已經過了一小時又五分鐘……毛主席爬上岸；他精神奕奕，毫無倦容。55

毛澤東英勇壯舉的新聞，也令國外許多人震驚。但不是人人都相信中國的宣傳：七十二歲的毛澤東以一小時多的時間游了十五公里！根本沒有人提毛澤東其實是順流漂浮。

職業游泳好手特別拿這位中國共產黨領導人來調侃。國際游泳總會（International Swimming Association）會長威廉・柏吉・菲力浦斯（William Berge Phillips）甚至發函邀請毛澤東參加在加拿大的兩場比賽。他尖酸刻薄地寫說：「我們聽說閣下在七月十六日，以非常了不起的一小時五分鐘成績游了十五公里。由於十六公里（即十英里）游泳的世界記錄於去年在魁北克一項傳統比賽中，由世界最快的游泳好手之一、德國籍的賀曼・威廉斯（Herman Willemse）⑦所締造，那是四小時又三十五分鐘。您已經合格，可參加這兩項比賽。」菲力浦斯會長進一步指出，義大利泳將吉里歐・特拉瓦吉里歐（Giulio Travaglio）一九六六年二月在阿根廷的艾爾桂連湖（Lake El Quillén）已經刷新記錄，但是他的成績三小時五十六分鐘，和毛主席一比還是望塵莫及。毛澤東的成績顯示，他平均速度是每百碼二四・六秒；可是迄今世界上尚無人可在平均四五・六秒內完成這項紀錄。菲力浦斯尖舌辣嘴地寫說：「或許毛主席在轉為職業選手之前，願意代表紅色中國參加下一屆奧林匹克運動會。但是如果他想要輕鬆賺點錢，我建議他今年夏天參加職業游泳比賽，好好給威廉斯、特拉瓦吉里歐及其他人上一課，他們連替他舉蠟燭都不夠看。」[56]

七月十八日，毛澤東回到北京，立刻給劉少奇和鄧小平顏色看。他一回到北京，先住進西郊的釣魚台賓館，故意不回中南海住——因為劉少奇和鄧小平住在中南海。劉少奇立刻趕到釣魚台賓館，但是毛澤東不肯接見。毛澤東的秘書告訴大驚失色的劉少奇：「主席已經休息了。」其實，毛澤東正和康生、陳伯達闢室密談；他們兩人當然藉機抹黑劉少奇和鄧小平。劉少奇一直要到第二天夜裡才見到毛澤東。對於劉少奇而言，這場談話非常不愉快。毛澤東連珠砲般痛罵，劉少奇的「工作組不行，前市委爛了，中宣部爛了，文化部爛了，高教部也爛了，《人民日報》也不好」。劉少奇像熱鍋上的螞蟻。同時，毛澤東步步進逼，技巧地以眾人辜負他的期望之姿出現。他在八天內召開七次會議，要求召回「起了阻礙作用、幫助反革命」的工作組。[57]他痛罵說：「誰去鎮壓學生運動？只有北洋軍閥……我們不應該限制群眾……凡是鎮壓學生運動的人，都沒有好下場！」[58]

暴跳如雷的毛主席指控政治局領導人破壞文化大革命。在毛澤東壓力下，劉少奇和鄧小平得到周恩來及北京市委新領導班子的協助，七月二十九日在天安門廣場的人民大會堂，召開大規模的學運分子會議。參加者逾一萬人。劉少奇和鄧小平試圖說明他們的行動，但是結結巴巴說不清楚。劉少奇尤其可憐；他承認說：「我……坦白說……不知道……如何推動『文化大革命』。」[59]大會堂陷入一片死寂。鄧小平的女兒也在現場，不禁落淚。

然而，「敵人」「像小孩般的喃喃之語」只讓毛澤東更為生氣，他現在嗅到了血腥味。劉少奇講話的時候，毛澤東隱身坐在幕後。鄧小平和忠心的周恩來發言時，他還是沒有現身。等到人人都說完了，他才掀開布幕，在眾人驚呼中走向講台。學生們著魔似地狂呼：「毛主席萬歲！」「毛主席萬歲！」毛澤東在

⑦ 原書註：菲力浦斯弄錯了。賀曼・威廉斯其實是荷蘭人。

台上走前走後，頻頻揮手。[60]

偉大的表演者正在做他最精彩的演出。灰頭土臉的鄧小平和劉少奇沒有辦法，只能參加這一幕演出，拚命地和大家一起向折磨他們的這個人鼓掌。

第三十三章
造反有理

工作組撤了，毛澤東的怒氣並沒有平息。他痛罵說：「派出工作組，事實上就是從資產階級立場反對無產階級革命的行為。」他要求文化大革命唯有依賴年輕人及革命教師的支持進行下去。他問：「如果我們不能依賴他們，那我們要依賴誰？」[1]

八月一日，他發了慰問函給五月二十九日清華大學附設中學成立的一個青年組織。這個組織自稱「紅衛兵」，毛澤東很喜歡這個名字。他嘉許他們：「不論在北京，在全國，在文化革命運動中，凡是同你們採取同樣革命態度的人們，我們一律給予熱烈的支持。」[2]

這封信一公開，全國各地青年學生更是風起雲湧，紛紛組織紅衛兵團體。毛澤東摩拳擦掌：有這樣的軍隊，他可以「大鬧天宮」。他宣稱：「我們相信群眾，做群眾的學生，才能當群眾的先生。現在這次文化大革命是個驚天動地的大事情。能不能、敢不敢過社會主義這一關？這一關是最後消滅階級，縮短三大差別。」[3]

八月初，他召開定期中央全會的擴大會議，邀請若干高教院校「革命師生」參加。與會者共有一百八十八人，其中七十五人為中央委員、六十七人為候補中委。「全國第一張馬列主義大字報」的作者聶元梓也出席了會議。

八月一日開幕的八屆十一中全會原定會期五天，卻因毛澤東的指示延長為十三天。毛澤東痛罵工作組，現在指控他們是「恐怖主義」。第一次會，劉少奇正在做政治報告，他粗魯地打斷他的報告。毛澤東說，百分之九十的工作組犯了路線錯誤，站在資產階級那一邊、反對無產階級革命。[4]同一天（八月一日），他發出給清大附中紅衛兵那封信。

為了平息主席的怒火，已經嚇得不成人形的劉少奇親訪北京一所大學，瞭解工作組進駐後的狀況。接下來連續兩個晚上，他繼續調研工作，並邀請工作組人員到中南海開會。他溫和地批評他們：「如果你們不允許他們〔學生〕造反，他們肯定會除掉你們。」[5]同時，他的支持者在八月二、三日的中全會中怯生生地試圖緩和毛澤東對劉少奇及工作組極端嚴厲的批評。

然而，偉大的舵手反而更生氣。八月四日，他突然中斷全會，匆匆召開政治局常委擴大會議。會中，他斥責劉少奇和其他「走資派」，不僅拿他們比擬為北洋軍閥，還直斥這夥人有如中國共產黨的大敵國民黨，也搞鎮壓學生。他對著被嚇壞的政治局常委及其他人說：「現在在場就有牛鬼蛇神！」他說這句話是因為葉劍英講說：「我們有百萬雄兵，我們不怕妖魔鬼怪。」劉少奇對北京的一切狀況負起責任，毛澤東不耐煩地指出：「你在這裡〔北京〕已經建立自己的專政啦！好啊！」[6]

次日，奉毛澤東指示，周恩來通知劉少奇，即日起他不得再以中華人民共和國主席身分在公開場合露面或接見外賓。劉少奇找來北京市委第一書記李雪峰，告訴李，他不再探視高教機構了。他說：「看來我不夠格領導文化大革命。」[7]顯然劉少奇覺得非常痛苦，也明白自己氣數已盡。

他還不知道毛澤東就在同一天（八月五日），中全會猶在進行中，自己寫了一張大字報〈砲打司令部——我的一張大字報〉，引起許多幹部戰慄害怕。[8]現在，人人都曉得文化大革命針對的是劉少奇。中全會更改議程，調查起劉少奇和其最親近助手鄧小平的私人事務。[9]

八月八日，中全會通過〈關於無產階級文化大革命的決定〉（所謂「十六條」）。陳伯達和中央文革小組在七月就草擬這份文件，經三十次易稿，毛澤東才在中全會期間拍板定案。它的主要一段是：

資產階級雖然已經被推翻，但是，他們企圖用剝削階級的舊思想、舊文化、舊風俗、舊習慣，來腐蝕群眾，征服人心，力求達到他們復辟的目的。無產階級恰恰相反，必須迎頭痛擊資產階級在意識型態領域裡的一切挑戰，用無產階級自己的新思想、新文化、新風俗、新習慣，來改變整個社會的精神面貌。在當前，我們的目的是鬥垮走資本主義道路的當權派，批判資產階級的反動學術「權威」，批判資產階級和一切剝削階級的意識型態，改革教育、改革文藝、改革一切不適應社會主義經濟基礎的上層建築，以利於鞏固和發展社會主義制度。[10]

紅衛兵興高采烈地背下這一段。

決議獲得通過，並不是沒有遭遇反對意見。毛澤東後來回憶說：「經過討論，我才勉強得到過半數代表的支持。用不著說，和以前一樣，許多人不接受這個觀點。」[11]

為了剷除劉少奇人馬的抗拒，毛澤東改組政治局領導機關，拔擢他的親信林彪、康生及陳伯達為政治局常委；林彪更出任唯一的副主席，①取代遭到貶抑的劉少奇，成為毛澤東新指定的接班人。[12]為了削弱鄧小平的勢力，黨的總書記一職廢除，中央書記處自此在黨內毫無影響力可言。中全會之後，書記處功能由中央文革小組接管。

八月十八日，中全會落幕後五天，毛澤東、林彪等人站在天安門城樓上，向數十萬名集聚在廣場上的紅衛兵揮手致意。許多學生壓抑不住激動的感情，喜極而泣。「毛主席萬歲！」的口號響徹雲霄，〈東方紅〉、〈大海航行靠舵手〉的歌聲縈繞全場。許多男女青年學生在花團錦簇下載歌載舞。紅色大旗在人海中飄揚，領袖的巨幅肖像高擎過頭。

一個年輕的女紅衛兵受邀上台，把繡著「紅衛兵」字樣的鮮紅臂章綁到主席的左臂上，全場歡聲雷

① 原書註：在此之前，除了林彪，黨還有四位副主席，即劉少奇、周恩來、朱德和陳雲。

動。無數的照相機咔喳咔喳搶鏡頭，電視及電影攝影師忙著錄下這個歷史鏡頭。毛澤東朝這位戴副大眼鏡的瘦女孩笑著問：「妳叫什麼名字呀？」

她僵在那裡，怯生生地答說：「宋彬彬。」

毛澤東揚起眉毛說：「妳應當要武嘛！」說著說著，他大笑起來。

這個羞澀的小女孩窘得完全說不出話來。但是，和偉大的舵手有此歷史機遇的一會之後，她改名「宋要武」。[13]她的同志們把主席的話奉為綸旨，更堅決投入行動。

同一天，毛澤東接見北京大學附設中學十八歲的女學生彭小蒙。她因為以銅扣皮帶狠打工作組組長張承先而名揚全國。五十一歲的張承先是中央華北局宣傳部副部長，他的年紀、他的職位都不足以讓小女孩打不下手。毛澤東一聽到彭小蒙的「英勇事蹟」後，十分欣賞她的兇狠。一九六六年八月一日他給清大附中紅衛兵的信中，就提到「小彭」，給她「熱烈支持」。[14]

八月十八日接見彭小蒙時間雖短，意義重大。毛澤東精神奕奕，還會說笑。他逗彭小蒙玩，還揮舞雙手做游泳狀，教她如何游泳。但是當彭小蒙問到今後紅衛兵該做什麼時，他立刻變得很嚴肅。他熱烈地回答：「當然是造反嘍！不造反、改不了壞東西。第一是鬥、第二是批、第三是改造。這一切都要遵守〈十六條〉去做。」[15]政治危機因此更加劇烈，文革愈來愈沾染鮮血。一九六六年八月十八日天安門大遊行之後，紅衛兵從大、中學校園走上城市街頭。

暴力風潮迅速席捲全國。這齣血腥大戲的主角不是大學生，而是青少年，在全面放縱的氣氛中沖昏了頭的中學生、甚至小學生。[16]他們只是還沒長大的小孩，彷彿聞到血腥味的幼狼，這些無知的狂熱分子幻想著自己是除四舊——舊思想、舊文化、舊風俗、舊習慣——以及打倒走資派的巨人。全國有一千三百多萬這樣的小孩。毛澤東藉著他們揭起文化大革命的野火。他以他的「指示」、呼籲和大字報毒化這些小孩的心靈，犯下最傷天害理的罪行。天底下還有什麼事比褻玩年輕人更可惡？

北京市，光是八、九兩個月內，瘋狂的年輕人就殺害一千七百七十三個有走資派之嫌的人。同一時期的上海，有一千二百三十八人喪生，其中七百零四人因不堪年輕的紅衛兵羞辱而自殺身亡。公安部完全不介入。公安部部長②嚴格遵守偉大舵手的指示，告訴他的部屬：「最後分析起來，壞人就是壞人。因此他們被打死了，也不是悲劇！」[17]一九六六年八月二十一日，中共中央通過一項決議，禁止公安部干預「革命學生」的行動。解放軍總參謀部和總政治部在同一天也對軍隊下達同樣的禁令。[18]

年輕人迫害的首要對象是他們的老師。某些學校的紅衛兵把教室改為牢房，把所謂「資產階級反動當局黑幫」分子的老師抓來羞辱。這些老師被羞辱、毆打、動刑，許多人差點就給活活整死。中南海對面、北京第六中學的音樂教室就是這樣一處牢房。他們在牆上用老師的鮮血寫上：「紅色恐怖萬歲！」[19]年輕人對這個口號的瞭解就是如此。「在這場文化大革命中，我們學校被資產階級知識分子控制的現象，必須完全改過來。」[20]

受到免責權的鼓舞，從一九六六年九月起，首都和其他城市的紅衛兵開始分散到全國各地去，到處播撒不幸和恐怖。他們在旅行中無可避免會到韶山沖、井岡山、遵義和延安等「聖地」朝覲。他們在開導落後的群眾、拔除走資派大毒草之餘，到處發現目標。毛澤東非常高興聽到這些「革命創舉」：

> 讓他們去嘛，留些人輪流看家就行了。他們要開介紹信，就統統開，管他是左派、右派。文化革命委員會的人要去，也可以讓他們去……對外來的學生，要給他們搞伙食。有人說沒有房子住，哪裡沒有房子住？房子多得很，這是藉口（不讓學生去）。

受到好消息激勵，毛澤東在八月底向《人民日報》同仁提到：「不需要在年底結束文化大革命。我們先讓它持續到農曆年（即一九六七年二月初），然後再說。」[21]

---

② 編註：即謝富治，文化大革命開始後，被補選為中央書記處書記及政治局候補委員。

「革命學生」對於偉大舵手的支持十分熱切。有個參與者回憶說：「我們不是遊客……我們是上戰場和舊世界作戰的士兵……從現在起，我們不必再羨慕我們的父母參加革命戰爭的英勇事蹟，遺憾我們出生太晚……我們將要啟發、組織群眾，挖出潛伏的敵人，為文化大革命的最終勝利流血、犧牲。」[22]一九六六年，寫下這段回憶的作者年僅十五歲，我們不可能懷疑她青少年的純真熱情。可是，她不必像那些被她和她的同志掃進走資派行列的人一樣，她不需要流自己的血。這些被打為走資派的人，和那些「死守舊文化」的人，求饒也沒用。這些宣揚「四新」——新思想、新文化、新風俗、新習慣——的「傳教士」引以為傲的，正是他們的革命比他們父母的革命更無情。

全國各地城市與農村，紅衛兵發動教育性的表演，主角就是他們逮捕的「走資派」。被恐怖擊倒的老人家，雙手已被打斷，被帶上街在群眾叫囂狂罵聲中遊行。他們有如一九二〇年代被農村極端分子凌辱的對象一樣，頭戴尖筒帽、脖子上掛的紙板書明「反革命修正主義分子某某某」、「反黨黑幫分子某某某」，臉被墨汁或煤炭畫髒、衣服撕破，被迫向「革命群眾」低頭，坦白交代犯的過錯。同時，圍觀的民眾齊聲痛罵，握拳高喊：「打倒某某某！」

那些被「紅色巨輪」壓倒的人心中充滿恐懼。如果那些慘遭折磨的人大難不死，這些公審的可怕景象一定永遠烙印在心頭：

火紅的紅色臂章燃燒起年輕人胸中熊熊之火。響亮的口號鼓舞著孩子們戰鬥。衝、打、砸，跟著紅色走，打造一個紅色新世界。但是，他們仍然不曉得敵人是誰……

「快說！你恨黨，是不是？你做什麼樣的夢想想要恢復失去的樂園？」

「快說！你在醞釀什麼樣的反革命陰謀？你現在預備怎麼樣推翻黨？」

「快說！你保留什麼樣的舊文件，還想拿回你的舊財產？你想要蔣介石回來當政，你才好報仇、殺光全黨，是不是……」

皮鞭一抽、鐵鍊叮噹響，有人哀號。

「快說！快說！快說！」

「我愛黨呀！」

「胡說！你怎麼會愛黨？你怎麼可能愛黨？你竟敢說你愛黨？你怎麼配愛黨？你是腦筋死硬的笨驢！」

鞭子抽動、鐵鍊叮噹響；皮鞭與鐵鍊，火與冰，血與汗。[23]

搶劫也是這些「落後」教師和「黑幫」黨官遭受的紅色恐怖不可分割的一部分。所有能移動的財產都被搬出這些「壞」分子的家，不能移動的則統統搗毀。光在北京一地，從八月底至九月初，紅衛兵抄了三萬三千六百九十五戶民家，拿走五．七噸黃金、十九噸以上白銀、大約人民幣五千五百五十萬元和六十一萬三千六百件玉器。同一時期，上海的「新文化旗手」抄了八萬四千二百二十二戶民家；除了大量的寶石、金銀之外，他們沒收美金三百二十四萬元、三百三十萬元其他貨幣、二百四十萬元國民政府發行的法幣，以及三億七千萬元人民幣。以全國而言，到了一九六六年十月，總共沒收約六十五噸黃金（當然，這些數字並不代表劫掠的全貌；它們只代表紅衛兵繳交給中國銀行的數量。沒有人曉得他們自己中飽了多少。縱使如此，報繳的財物之數字仍令中共領導人咋舌。一九六六年十月，中共中央工作會議盛讚這些「梁山泊新英雄」）。③[24]

不僅是普通老百姓被抄家，國家機關也逃不過紅衛兵的毒手，博物館、圖書館和展覽館等文化機構，首當其衝。只要有可能，歷史古蹟無不遭到破壞。一九六六年十一月，北京師範大學學生跑到山東曲阜孔子老家，搗毀約七千件石碑（其中有一千件古石碑），並且破壞了兩千個墳墓。他們褻瀆至聖先師的出生地。三個月後，山東一群紅衛兵也褻瀆了十九世紀興學辦校的武訓的墳墓。他們把武訓的遺體挖了出來、

③ 原書註：小說《水滸傳》起義造反的農民，即落腳於梁山泊。

付之一炬，群眾在旁歡呼、鬼叫。海瑞葬於海南，他的遺骸也同樣遭到破壞。[25]

並非所有的黨領導人都歡迎紅衛兵。許多人都很不安，其中不少是中央委員。黨領導圈內的鬥爭持續到九月。那些還保持理智的人設法遏抑混亂，冀望經濟不再陷入危機。九月中旬，腦筋清醒的中央官員以周恩來為首，說服毛澤東批准一道禁令，不准工人及農民加入紅衛兵運動。[26]但是，正宗毛派分子旋即對劉少奇集團又祭出重擊。十月中旬的中央工作會議上，林彪點名攻擊劉少奇和鄧小平，指控他們走「壓制群眾、反對革命」的路線。[27]他的發言明顯是得到毛澤東的核可。江青雖然不具中央委員資格，也參加了會議。從八月底起，陳伯達工作繁重，分身乏術，江青已經形同中央文革小組組長。[28]

劉少奇必須做自我批評。十月二十三日，他在工作會議上發表談話，結束了他的政治生涯。鄧小平隨即跟進，也承認錯誤。

毛澤東沒有出席頭兩個星期的工作會議，但是他透過林彪、周恩來、陳伯達和康生，掌控會議的發展。直到十月二十五日，也就是劉少奇和鄧小平自我批評之後兩天，他才出現在議場。他開始迂迴地、甚至溫和地批評自己因為不在第一線、而待在所謂的第二線太久了，以致「沒有注意日常事務」。接下來，他發動攻擊。

> 這次會議兩個階段，頭一個階段，大家發言都不那麼正常，後一個階段經中央同志講話，交流經驗，就比較順了，思想就通了一些。運動只搞五個月，可能要搞兩個五個月，也許還要多一點……五個月文化大革命，火是我點起來的，時間很倉促。與二十八年民主革命和十七年社會主義革命比起來，時間是很短的，只有五個月。不到半年，不那麼通，有牴觸情緒，是可以理解的……我看衝一下有好處，多少年沒有想，一衝就想了。[29]

隔了一陣子，在會議結束後，毛澤東顯然很欣喜他贏了緘默不語的中央委員會，他又說：

娃娃要造反——我們必須支持他們。讓他們自己走；我們不應該怕他們會犯錯……如果我們不開始向「小將」學習，我們就完了……群眾一上場，妖魔鬼怪就會消失。嚴格講，天底下沒有妖魔鬼怪；它們只存在於某些人腦子裡，這個妖魔鬼怪的名字叫作「害怕群眾」……亂是人搞起來的，製造騷亂的人並沒犯罪……年輕人創造世界大事。30

我們已經曉得紅衛兵小將造出什麼大事，但是毛澤東顯然盼望還要進一步造成天翻地覆。他似乎毫不介意紅衛兵的野火會威脅到中國的經濟。

當上海及其他城市的青年工人不理會中共中央九月發布的禁止工、農介入運動的決議時，經濟開始出現狀況。他們開始自發性地成立革命團體。十一月初，十七家工廠的勞動青年代表組織所謂的「上海工人革命造反總司令部」，來自一家紡織廠的青年警衛員王洪文被推為司令。他在一九六六年六月成為上海第一個工人貼大字報痛批工廠的管理人員時，即受到毛派分子的注意。這個好戰、活力又充沛的年輕人符合所有的革命標準。他才三十一歲，已經服過兵役、在朝鮮打過仗，又是黨員。

可是王洪文領導的組織並沒有得到上海市委的承認；上海市委還未調整思想，仍然認為王洪文及其同志的行動有害生產。不久，王洪文莽莽撞撞地就在上海郊區安亭火車站滋事，使得通往南京的鐵路交通中斷三十個小時。他的追隨者有兩千多人，躺臥鐵軌上，要求當局提供給他們列車，以便「上訪」北京，好向偉大的舵手報告上海市黨、政當局的「不當壓迫」。王洪文的行動得到張春橋、江青和姚文元的支持；他們批評了上海市委之後，開始利用這些工人。因此，全國各地青年工人及職工也紛紛成立與紅衛兵平行的組織。它們仿效上海的組織，自稱「造反派」。

這個名稱源自毛澤東在延安為慶祝史達林六秩華誕所發表的講話：「馬克思主義的道理千條萬緒，歸根結蒂，就是一句話：『造反有理。』」31一九六六年六月五日，《人民日報》讓讀者溫習這個字詞，後來清華附中的紅衛兵就把「造反有理」這句話用進他們的大字報。他們把這些大字報送呈毛澤東；而毛澤東在前述的回信裡興奮地說：「說明對反動派造反有理。我向你們表示熱烈的支持。」[32]從此以後，「造反有理」成為文化大革命最主要的口號。

十二月初，林彪主持政治局擴大會議，撤銷九月禁止紅衛兵擴張進入人民公社和工業設施的決議。中國的經濟再次受到威脅。交通系統陷入危機。受到毛澤東八月十八日向紅衛兵致意的啟示，各地狂熱的青少年紛紛擁上前往北京的火車。每個紅衛兵、每個造反派，都想見到偉大的舵手。毛澤東也歡迎，他向中央文革小組解釋說，愈多人見到他，對革命愈好。他說：「蘇聯會拋棄列寧主義的原因之一，就是太少人見過活著的列寧。」[33]

到了十一月底，他已經站上天安門城樓八次，接待了一千一百多萬人的遊行青年。最大的一場是十一月二十五、二十六日的活動，有兩百五十萬名革命學生參加。

我們今天讀到新華社當時對這些遊行的報導，很難不笑出來。有個我們不知其名的記者聲嘶力竭地報導：

> 昨天上午十一點三十分，在〈東方紅〉莊嚴肅穆的樂聲中，我們偉大的導師、偉大的領袖、偉大的統帥、偉大的舵手毛主席，和他的親密戰友林彪副統帥，走上天安門廣場的中央講台……這一刻，整個天安門廣場和從東側連接到廣場的街道，變成一片人海……人人興高采烈的跳起跳落。「毛主席萬歲！萬歲！萬萬歲！」的聲浪此起彼落……接下來，在〈大海航行靠舵手〉的樂聲中，六十多萬名革命青年遊行穿過天安門廣場……他們不斷地高呼「毛主席萬歲！」的口號向偉大的領袖致敬……十一月二十五日，首都氣溫降到攝氏零下七度。縱使如此，我們最敬愛的偉大領袖毛主席，沒穿大衣，一襲卡其色的制服，步上中央講台，親切地揮手，向革命青年鼓掌，鼓勵他們堅持文化大革命到底……十一月二十六日下午，毛主席校閱一百八十多萬名聚集在天安門廣場的革命教師、職工和紅衛兵……在激越的歡呼聲中，毛主席和他的親密戰友林彪副統帥及其他中央領導同志，坐在敞篷汽車上從天安

門廣場向西走，走進文革大軍的中心。[34]

劉少奇和鄧小平仍名列黨的領導人，因此也出現在天安門廣場的講台上。但是他們的日子已經不多。早在十月二十一日，北大已貼出大字報，公開宣稱：「劉少奇是中國的赫魯雪夫！」十月二十四日，即劉少奇和鄧小平做了自我批評的次日，中央組織部出現一張大字報，指稱：「鄧小平也是中國的赫魯雪夫！」它首次指出，早在一九六〇年代初期，鄧小平就倡導「不管黃貓黑貓，只要捉住老鼠就是好貓」的論調。[35]

十二月十八日，江青的副手張春橋指示清華大學紅衛兵頭頭：「你們革命小將應該聯合起來，發揚徹底革命精神，痛打落水狗，把他們搞臭，不要半途而廢。」他又提及劉少奇和鄧小平，「中央那一兩個提出資產階級反動路線的人至今仍不投降」。七天之後，五千多名紅衛兵在北京遊行示威，高喊：「打倒劉少奇！打倒鄧小平！和劉、鄧血戰到底！」[36]

不久，全國各地即出現同樣的示威活動。劉少奇和鄧小平立刻從政治舞台消失。一九六七年一月一日，劉少奇中南海住家出現塗鴉：「打倒中國的赫魯雪夫劉少奇！」兩天之後，中央辦公廳組織了一場「批鬥大會」，公審劉少奇夫婦。後來，這種「批鬥大會」流行開來，蔚為風氣。有個目擊者如此形容批鬥大會：

警衛團也來了不少官兵。劉少奇和王光美正在草場上挨鬥。鬥他們的人大都是秘書局的幹部。警衛們袖手旁觀。劉的頭髮被扯亂，上衣扣子掉了兩個，被人將兩臂向後拉住，腰彎下來，頭幾乎碰到地上。這就是所謂的「坐噴氣式飛機」。這時候還有人上來，踢幾腳，打了一個耳光。警衛還是沒有插手。我實在看不下去了，劉少奇已經六十多歲，他是堂堂的國家主席。[37]

經過多次求見，毛澤東終於在一月十三日接見被他擊敗的敵人。劉少奇只要求准他辭職，退居到鄉下，以普通農民身分度其餘生。但是毛澤東不准。[38]

這時候，文化大革命已進入最血腥的階段。一九六六年十二月二十七日，江青派紅衛兵從北京到四川去找貶居於當地的彭德懷。一群兇神惡煞衝進彭德懷的家，把他抓起來，押回北京，關進大牢。彭德懷被動刑毒打上百次，肋骨打斷、臉部打傷、肺部也打傷。他一再被拉去批鬥大會。老元帥不斷呻吟，說不出話來。他在獄中寫信給毛澤東：「向您最後一次敬禮，祝您萬壽無疆！」一九七三年，他被移置到監獄醫院。他死於一九七四年十一月二十九日。[39]

另一位中國革命英雄賀龍元帥也受到毒刑拷打。賀龍是個愛說笑的樂天派，很有女人緣，當年毛澤東在延安剛和江青共宿共眠時，他是少數力挺毛澤東的人之一。但是早年和領袖夫人的交情，幫不了他。一九六〇年代初期，他和林彪不和，他認為林彪在現代武器方面是個土包子。他就是因為這樣垮台的。一九六六年十二月三十日，江青召集清華大學學生鬥爭賀龍。賀龍求周恩來保護，拜託周恩來准他住進中南海。但是周恩來心驚膽戰，答說：「即使在中南海，情勢也很緊張。你需要找個更遠的僻靜地方休息。」可是中國之大，再也沒有安靜處所。幾個月後，賀龍被捕，歷盡折磨。他已倦乏，不想再替自己辯護，旋即絕食，死於一九六九年六月九日。他在死前不久對妻子說：「我只希望毛主席會說一句話：『賀龍是我們的同志。』」[40]

賀龍死後不久，被造反派迫害許久的李立三，也在六月二十二日自殺身亡。李立三在一九三〇年代初期曾是中國共產黨實際最高領導人。他在一九四六年初從蘇聯回國，在中央委員會任職，歷任黨、政及工會領導職務。一九六六年底，年輕人把他抓出來批鬥，然後有一陣子沒理他，但是一九六七年一月底又來抓他。他被毒打了兩年半，直到他受不了，乃吞食過量安眠藥自殺。他寫給毛澤東的信透露：「我身心俱疲，已無法忍受刑求。」[41]李立三身亡次日，他那也迭遭批鬥的俄國太太和兩個女兒，都被逮捕。[42]李立三遺孀回憶說，當她發覺自己被關進一間安靜的小牢房時，竟然大大鬆了一口氣，跟自己說：「我自由了！我得救了！」[43]

一九六六年八月二十四日，中國共產黨創黨黨員、武漢大學校長李達，因為不能忍受刑求，自殺而死。同年，據實將農民的感受向毛澤東報告的主席秘書田家英，也自殺了。一九六六年九月十九日，天津市委第一書記萬曉塘，被紅衛兵罰在烈陽下站了好幾個小時後，也死了。一九六七年一月，煤炭工業部部長張霖之在偵訊過程被刑求而死。同一時期，中共中央國防工業政治部主任趙爾陸，以及山西省委第一書記衛恆、雲南省委第一書記閻紅彥也都自殺身亡。

劉少奇也遭受迫害。一九六七年一整年，他屢次在中南海及北京其他地方的批鬥大會中遭到羞辱。九月中旬，他太太被關坐牢，後來劉少奇即陷入過度緊張及血糖過多的症狀。沒多久，他的自主神經系統功能失常；接下來又得了肺炎。病情嚴重的他受到居家監禁，不給他任何醫療照顧。一九六九年十月中旬，他被秘密轉移到開封，化名「劉衛黃」，丟在屬於本地「革命」當局的一棟房子，無人聞問地等死。房裡除了地上一副髒擔架供他睡覺之外，沒有任何家具。一個月之後，某天上午六點四十五分，這位中華人民共和國前任主席死了。救護車兩小時之後才到達。[44]死亡證明書職業欄，醫生填上「無業」，死因「病亡」。其他許多不知名的中共領導人也成為紅衛兵和造反派恐怖動亂的受害人。文化大革命的野火燒向全國。

毛澤東曉不曉得這些狀況？他聽到老同志們的呻吟嗎？這根本毋庸置疑。是他，對個別的黨領導人的命運做出最終裁決。是他，把他們一一剷除黨、政職位。沒錯，他和史達林不一樣，他沒有親自簽署他們的死亡狀。但是，把人逼到走上自殺的絕路，不就等於執刑嗎？他縱容別人對階下囚刑求、拷打，不就等於下達死刑宣判嗎？毛澤東有可能不知道無法無天的規模、他不瞭解徹底放縱會伊於胡底嗎？不！他太瞭解一切了，也因此他對受害人的悲慘命運逃脫不了責任。他是這場毫無道理、心狠手辣的群眾暴力的罪魁禍首。在「天下大亂」的這幾年裡，上百萬人被刑求、被槍決或被逼自盡，[45]上億人嘗盡程度不一的苦頭。其中只有少數人是黨員或幹部。毛澤東完全知情，事事了然於心。

有很長一段時間，毛澤東不僅不試圖制止無政府狀態，反而還盡力慫恿。遠自《湖南農民運動調查報告》就已經顯現的暴力欲求，從來沒在毛澤東心中熄過火。當他透過革命鬥爭和研讀馬克思主義不斷強化他的暴力欲求時，他怎麼可能減弱他的偏執狂？毛澤東一生相信一個偽論證——「不破不立」。他對於文革受害人的生死際遇，根本無動於衷。即使親生女兒李敏向他抱怨，那些不長眼睛的瘋狂的反修鬥士，竟然也對她及丈夫發動無稽的攻訐，毛澤東也沒有絲毫行動。他只是笑著答說：「沒有什麼好怕的呀！你可以學點經驗。」[46]一九六六年十二月二十六日，和他親信歡慶他的七十三歲生日時，毛澤東敬酒說：「為開展全國全面的內戰乾杯！」[47]④

他活在自己的世界裡，根本不知民間疾苦。毛澤東有空的時候就和十七、八歲的漂亮姑娘廝混在一起；他雖然很喜歡張玉鳳，仍不時「打野食」。一到夜裡，他就跟她們關在人民大會堂寬敞的一一八廳嬉玩；從一九六六年底起，他在中南海一棟有室內游泳池的建物裡，三不五時舉辦舞會。他現在喜歡住這裡，勝過菊香書屋。[48]同時，他持續注意著國家大事。每件重大事情無不向他請示後才做決定。他身為主席，一言九鼎，是一切真理的終極裁決者。只要他意念一動，就可以拯救被定罪的人。

他就是這樣處理鄧小平的個案。他把鄧小平的案情與劉少奇切割開來。雖然毛澤東在不同場合一再痛罵鄧小平，抱怨他「從一九五九年起，有六年不向我報告他的工作」，但是毛澤東不准任何人摧毀鄧小平。不論他對「矮鄧」多麼生氣，他依然重視鄧小平傑出的組織能力。鄧小平的女兒鄧榕（毛毛）寫說：「當鄧小平被批、被打倒的時候，他在身體上和政治上，受到毛澤東的保護。」一九六七年七月，毛澤東甚至向他一個親密戰友說：「如果林彪身體不行了的話，還是要鄧小平出來。我會讓他至少當個政治局常委。」[49]

這位前任總書記也經歷恐怖鎮壓。他被迫做自我批判、戴尖帽子，甚至下跪，但是他沒被殺。一九六九年十月二十二日，鄧小平帶著太太、繼母，下放到江西，在幹部勞改學校蹲了三年半。這段時期，他承受極大的精神痛苦。這倒不是因為他失去職位和權力所致。文革對鄧小平一家狠狠給了重擊。一九六八年八月底，他那就讀北大的長子鄧樸方，經受不了衝著他的種種嘲弄，從校園一棟高樓跳窗。他奇蹟般地沒有跌死，可是傷了脊椎骨，終身癱瘓。

劉少奇的兒子劉允斌就沒那麼幸運了；他自殺成功。一九六六至六八年的恐怖暴行促使許多人自殺。藝術家、作家、大學教授和黨組織的官員，忍受不了不人道的待遇，相繼自殺，以求解脫。一九六六年八月底，傑出作家老舍在一場野蠻的批鬥大會後，在北京太平湖投水自盡。

一九六六年十二月底，上海紅衛兵和造反派受到張春橋慫恿，攻打上海市委辦公處，於一月初將它佔領。這次暴動的帶頭者是上海造反派頭頭王洪文。這場戰鬥進行了四個多小時，不少人喪生。毛派歡慶勝利。張春橋說，在王洪文率眾發動「革命」行動後，「市委癱瘓、被推翻，再也沒有人聽它的」。[50]

毛澤東聽到佔領上海市委的消息，十分興奮。他肯定地說：「這是一個階級推翻另一個階級，這是一場大革命。」[51]唯一令他擔心的是紅衛兵和造反派相當弱；因此他下令林彪調動解放軍「支左」（支援左派）。這一來，極端革命組織的青年惡棍的奪權，在各地蔓延開來。

④編註：根據當時在場的中央文化革命小組成員之一王力的回憶錄（《王力反思錄》），以及中共中央文獻研究室編《毛澤東年譜，一九四九—一九七六》，毛澤東的敬酒語另有一版本：「祝全國全面的階級鬥爭！」

第三十四章

紅衛兵的悲劇

上海的一月風暴導致全國成立新的權力機關：由紅衛兵與造反派首腦、解放軍軍官，以及某些還在世的「老革命幹部」等三方人馬組成的「革命委員會」。地方黨組織停止運作。原本就不時發生的摩擦，現在更因軍方和激進派搶分省、市官位而升高為流血衝突。某些地方，軍事單位不但沒「支左」，反而壓制左派；同時，紅衛兵和造反派也試圖「革命化」軍隊，煽動青年士兵起來反抗他們的指戰員。四川成都和青海西寧的衝突最為激烈，死了約兩百人。一萬多名四川紅衛兵和相當多的青海紅衛兵被抓進監獄。[1]

第一個省級革委會於一九六七年一月三十一日在黑龍江成立，但是其他地方要成立新的權力機關卻拖延許久。造反派和紅衛兵立不了新，只會破壞。因此，北京幾所大學的革命學生一月就控制了北京市委，卻只會打砸搶。一直要到三個月後的一九六七年四月二十日，中共中央和文革小組才好不容易成立了北京市革委會。[2]偉大的舵手指派公安部長謝富治擔任主任。

毛澤東可能漫不經心，以為船到橋頭自然直，是非對錯到了時候自有結果。然而，激進派攻打軍隊、黨內深陷危機、紅衛兵又到處奪權，使得一群資深政治局委員十分苦惱，其中有譚震林、陳毅、李富春、李先念和聶榮臻等五位副總理，以及中央軍委副主席徐向前和中央軍委秘書長葉劍英。陳毅、聶榮臻、徐向前和葉劍英四人還具有元帥軍銜。一九六七年二月初及二月中旬，在兩場包含政治局委員及中央文革小組成員出席的中央領導人會議中，他們激烈批評奪權行為及文化大革命。

毛澤東自己製造機會讓人批評起文化大革命。在政治局委員發出「反黨」言論前夕，毛澤東在中央文革小組的會議上批評了陳伯達和江青。他很久就注意到，任務交代下去，文革小組不但未能有效地去執行，總是先彼此吵個不停。康生總是不盡同意陳伯達的意見，陳伯達也無法忍受「康老」。江青經常試圖勸陳伯達接受她的意見，也老是不能如願。蠻橫又歇斯底里的江青沒有外交手腕，對政治也沒有老到的經驗，更是經濟門外漢。毛澤東也不滿江青和陳伯達有時候自作主張，不來向他請示。因此，他大發雷霆。

他先罵陳伯達：「你呀，陳伯達！過去，在〔劉〕少奇和我之間，你一直都是投機派。我認識你這麼多年，除了事情涉及到你個人，你從來不來請示我。」

陳伯達脹紅了臉，立刻請求准予發言，以便自我批評，但是毛澤東揮揮手要他坐下，掉過頭罵他太太。

「你啊，江青！你志大才疏，空有大目標、沒有能力。你又目空一切，看不起任何人。」

接下來，他轉向林彪：「你瞧，又跟以前一樣！我看不到報告。事情都瞞著我。唯一的例外是總理。有重大事情、即使不是那麼重要，他總是向我報告。」[3]

李富春和葉劍英也出席這項會議，把毛主席動怒的情況說給政治局的同志聽。由於這一絲改變的氣息，他們才發言批評文化大革命。

一九六七年二月十一日，也就是毛主席痛罵陳伯達和江青的翌日，中央領導人在中南海開會。葉劍英率先發難攻擊陳伯達，認為他好欺負（毛澤東通常不參加這一類會議，不過他會透過親信掌握狀況）。葉劍英指責陳伯達：「你們把黨搞亂了，把政府搞亂了，把工廠、農村搞亂了」，而「你們還嫌不夠，還一定要把軍隊搞亂！這樣搞，你們想幹什麼？」

徐向前支持葉劍英：「軍隊是無產階級專政的支柱。這樣把軍隊亂下去，還要不要支柱啦？難道我們這些人都不行啦？要蒯大富〔清華大學紅衛兵頭頭，一九六六年十二月策劃第一次反劉少奇的群眾示威〕

這類人來指揮軍隊嗎？」主持會議的周恩來開始緊張，而康生抓住機會發言：「軍隊不是你徐向前的。」他還想說話，但是葉劍英打斷他：「革命，能沒有黨的領導嗎？能不要軍隊嗎？」聶榮臻呼應他：「只有心懷不軌的人才會迫害老幹部、背後插一刀。」

全室陷入沉寂。康生、陳伯達和中央文革小組的王力衝著坐在對面的老帥們怒目瞪視。周恩來趕緊宣布散會。後來，副總理陳毅向葉劍英講悄悄話：「劍公，你真勇敢！」五天後，周恩來以為大家情緒過了，恢復討論。這是重大誤判。譚震林立刻砲打張春橋，替被造反派推翻的上海市委第一書記辯護。張春橋冷冷答覆，群眾自己會解決問題。譚震林打斷他：「什麼群眾，老是群眾群眾，還有黨的領導哩！不要黨的領導，一天到晚，老是群眾自己解放自己，自己教育自己，自己搞革命。這是什麼？這是形而上學！」

譚震林吸了一口氣，繼續放砲：

> 你們的目的，就是要整掉老幹部，你們把老幹部一個個打光。把老幹部都搞掉……高幹子弟統統挨整，見高幹子弟就揪……這一次，是黨的歷史上鬥爭最殘酷的一次。超過歷史上任何一次……如果我打一開始就知道必須活著看這種事，那我絕不參加革命，絕不入共產黨。我不需要活到六十五歲，遵循毛主席的話四十一年。

他起身要走，但是陳毅說：「不要走，要跟他們鬥爭！」

接下來三個小時，老帥們和中央文革小組互相叫罵，周恩來疏通無效。陳毅最積極，他對激進派說：

> 如果你們奪了權，就會搞修正主義。劉少奇、鄧小平和彭真過去在延安……就假裝最積極，高舉毛主席思想的大旗！他們從來沒有公開反對毛主席……我們跳出來反對毛主席的，卻被批評。總理不是也

被批評嗎？歷史〔到後來〕不是證明誰〔真的〕反對毛主席嗎？未來它還會再次證明。赫魯雪夫在史達林死後不久即奪權。但是他一當家後，不就惡毒攻擊史達林了嗎？[4]

陳毅罵得過了頭。其他政治局委員都沒有他如此尖銳批評。周恩來又得宣布散會。張春橋、姚文元和王力匆匆趕去向江青匯報，江青立刻命令他們向毛澤東一五一十報告。張春橋立刻求見毛主席。

毛澤東注意聽，但是顯然沒把政治局委員的反對看得太嚴重，甚至還笑了幾次，覺得老帥們有些話真有趣。但是他一聽到陳毅的話，情緒變了，但倒不全然是因為陳毅的話語帶不敬而生氣。他突然發覺他遭遇最難平息的反對，也是最難粉碎的反對。

但他畢竟是多年的政壇老手，哪種波譎雲詭沒經歷過，早已練就無人勝過他的功力。他知道他可以用分化手段對付反對派。他先指示周恩來在《人民日報》和《紅旗》雜誌發表社論，宣示不應打擊任何老幹部。文章表示：「必須妥當處理幹部。」然後，他邀請周恩來、康生、公安部長謝富治、林彪太太葉群（林彪生病請假），以及三個「搗亂鬼」李富春、葉劍英和李先念，半夜到他住處開會。[5]接下來還真熱鬧，毛澤東開始扯開嗓子怒吼：

「中央文革」小組執行十一中全會精神，錯誤是百分之一、二、三，百分之九十七都是正確的。誰反對「中央文革」，我就堅決反對誰！你們要否定文化大革命，讓劉鄧上台辦不到！葉群同志你告訴林彪，他的地位也不穩當啊！有人要奪他的權哩，讓他做好準備，這次文化大革命失敗了，我和他就撤出北京，再上井岡山打游擊。你們說江青、陳伯達不行，那就讓你陳毅來當「中央文革」組長……把陳伯達、江青逮捕、槍斃！讓康生去充軍！我也下台，你們把王明請回來當主席嘛！[6]

一直要到天色放明，毛澤東才冷靜下來。他命令周恩來去逼陳毅自我批評；李富春和謝富治去逼譚震林；

葉劍英、李先念和謝富治去逼徐向前。他沒有要求李富春、葉劍英或李先念道歉。

毛澤東因此把打擊著重在最放肆、批評的幾個人身上。陳毅、譚震林和徐向前發現腹背受敵。一邊是李富春、葉劍英和李先念，已經出賣了他們；另一邊卻是中央文革小組。當然，江青、康生和陳伯達最惡毒，把敵人貼上「走資派」標籤。張春橋也很狠，把老帥們的攻擊說是「二月逆流」。譚震林、陳毅和徐向前完全孤立，沒有後援，只能承認錯誤。周恩來也因為未能控制好政治局委員的不當發言，必須自我批評。[7]

政治局和國務院實際上停止運作。毛主席把它們的職掌分派給中央文革小組。[8]江青得意洋洋，還要戳一下周恩來：「你呀，周恩來，也得來參加我們的會議啦，因為你的會議不行了嘛！」[9]

有關老帥和黨主要領導人反對文革的傳聞傳遍全國，引發痛恨左派流氓行徑的軍、民人士反抗紅衛兵與造反派的風潮。一九六七年果真爆發激進派和中央文革小組，跟那些試圖控制住紅衛兵暴行的人士之間的實質內戰。全國各城市都出現反極端派的團體。

這類團體在一九六六年就有，但沒有得到太多人支持。有一個反左團體「首都中學紅衛兵聯合行動委員會」由高幹子弟組成，設在北京。委員會成員宣誓效忠「馬列主義及一九六〇年以前的毛澤東思想」，呼籲「全面消滅左傾機會主義」。一九六七年一月底，這個組織一百三十九名成員被捕，罪名是毀謗江青和陳伯達、保衛劉少奇，但是三個月之後，毛澤東下令放人，因為他害怕會引爆黨內幹部大動作反撲。[10]

一九六七年春天，類似的組織到處出現。他們的成員攻打紅衛兵和造反派，逮捕、痛毆他們，甚至殺了他們。他們痛罵文革領導人江青、張春橋、姚文元等人，但對毛澤東有所期待，仍認為他是絕對不會錯的、偉大的舵手。情勢更加複雜的是，紅衛兵運動已分裂為許許多多互相作對的團體與派系，互相指控對方是走資派和修正主義者。

毛澤東仍舊繼續認為一切都在往正確的方向發展。他對一個衛士說：「你們一再談會亂，但是你們看不見什麼最重要——運動最重要，也就是說無產階級領導的革命在進行，最重要。不需要害怕……讓群眾在運動的過程學點東西、汲取經驗。」

他對外國訪客也有相同的解釋：

亂是階級鬥爭的結果，是兩派鬥爭的結果。左派和右派在鬥爭。亂不是災禍；天不會塌下來。我曾經跟一些外國朋友說：「第一、天不會塌下來；第二、山坡上的草和樹還會繼續長，如果你不相信，不妨上去瞧瞧；第三、河裡的魚會繼續游；第四、女人會繼續生小孩。」……我們政府靠的是群眾。沒有群眾，什麼事也辦不成。[11]

到了初夏，毛主席照樣漫不經心，可是內戰十分激烈（毛澤東要到六個月之後，即一九六七年十二月才承認這個事實；他和一個外國訪問團談話時，不小心說溜了嘴：「我們國家〔在一九六七年六月〕開始出現動用槍砲的武裝衝突」）。[12]

衝突的焦點是武漢。五月底，武漢五十三個反極端分子組織聯合起來成立一個團體，號稱「百萬雄師」。它有相當好戰的一大票成員。百分之八十五的成員是黨員，而且許多人同時又是紅色民兵成員——武漢的武裝工人隊。武漢軍區司令員陳再道是個說話直率的軍人，曾經參加過抗日戰爭和國共內戰，建立功勳。他給這個同盟提供道德和物質支援。[13]一九六七年夏天，百萬雄師發動一系列流血事件，造成兩千多人死傷。

毛澤東決定介入。七月中旬，他不顧大多數黨領導人的反對，堅決要到武漢去。大家生怕當地局勢動亂，會危害他的安全。但是毛澤東力排眾議。他說：「我不怕亂，我要去。」[14]出發之前，他派忠心耿耿的周恩來先到武漢，為他打點、準備。

他照舊投宿鍾愛的東湖賓館。但是，這一次很不自在。武漢的情勢很複雜，他已經控制不了武漢。到處牆上貼著大字報，宣稱：「打倒陳再道，解放全中原！」「堅決撤出武〔漢〕老譚〔震林〕！」不同派系持續激戰。毛澤東抵達的次日，激進派和溫和派發生一場血戰，十死、四十五傷。周恩來增派警衛保衛賓館。不過，賓館情勢也堪憂，因為賓館員工就分屬兩派。[15]

分析情勢過後，毛澤東瞭解「目前黨、政機關均已失去力量，唯有軍方可以解決問題（恢復秩序）」。七月十八日晚間，接見陳再道和軍區第二政委鍾漢華時，毛澤東可比和二月逆流派講話客氣許多。對陳再道、鍾漢華吼叫，恐生不測。他們會像當年張學良抓蔣介石一般，把我老毛也給抓了嗎？還是小心為是。

他強調軍隊應該和革命學生團結，他也斥責軍隊和亂黨都犯了錯誤。他甚至譴責首都的紅衛兵對待劉少奇過分粗暴，這一說讓政治經驗太稚嫩的將領們心生同情。談話中，他只有一次玩火。他突然問起猝不及防的客人：「我們為什麼不能武裝工人和學生呢？」不等答案，他已經自己說：「我說，我們應該武裝他們！」[16]然後他轉向房裡眾人，其中有些是紅衛兵，他笑著說：「你們可不會還要推翻司令員吧？我個人可不想這麼做喔。」[17]談話結束前，他溫和、但堅定地勸告將領們要自我批評。陳再道、鍾漢華次日上午果然在武漢軍區總部自我批評。

可是，陳、鍾的自我批評卻使百萬雄師和許多痛恨左派的軍官們相當生氣。七月二十日一大早，大約兩百名百萬雄師成員衝進東湖賓館，王力、公安部長謝富治以及剛從北京下來的一些激進派也下榻於此（由於毛澤東訪問武漢的消息對外保密，他們並不曉得主席也住在東湖賓館）。他們攘臂高呼，抓了王力，把他拖到他們的總部，狠狠痛打一頓，把他一條腿都打斷了。[18]

毛澤東氣爆了，命令陳再道交還王力，然後趕緊飛往上海，因為他搞不清楚陳再道是否在幕後指使抓王力，因此完全沒把握陳再道會執行命令。情勢十分險峻。抵達上海，住進全市最好的旅館之一——虹橋賓館——之後，毛澤東終宵難眠，與隨行官員討論危機。他猶疑不定，不知陳再道是否發動兵變，還是始終效忠主席。

他焦慮地問總參謀長楊成武：「他會造我的反嗎？」

楊成武強力認為陳再道不至於發動兵變。

「主席，沒有人會反您。軍隊、幹部、黨員和人民，全都認為您是他們的解放者。軍中所有的老同志都和您一起搞革命的呀！」

毛澤東點點頭：「說的也是。我也是這麼想。如果陳再道和鍾漢華想要收拾我，他們就不會讓我們離開武漢！」[19]

他在兩天後才平靜下來，同時決定立即解散百萬雄師，以及替他們撐腰的武漢衛戍司令部。接下來，他立刻要求周恩來命令陳再道和鍾漢華到北京報到。

同一時間，無意兵變反毛的陳再道，設法讓王力恢復自由，返回首都。七月二十五日，江青在北京籌劃一場大規模的軍中反走資派集會。[20]後來，上北京報到的陳再道和鍾漢華，在周恩來主持的政治局常委擴大會議中受到懲戒。[21]七月二十七日，兩人被解除一切職務，過後不久，林彪派出軍隊，強力解散武漢衛戍司令部。被捕的官兵被下放勞改。接下來，百萬雄師也遭取締。[22]

張春橋膽氣大壯，在七月三十一日懇請毛澤東准許在上海成立工人民兵，以保護左派。毛澤東同意，立即寫信給中央文革小組其他人，以及林彪、周恩來，歡迎張春橋的提議。八月四日，他給江青一封信，表示他相信解放軍四分之三的軍官不可靠，因為他們站在右派那一邊。他主張在全國建立群眾專政，向公安及司法機關奪權，建立「革命」法庭，並將各地左派分子武裝起來。江青立刻把這段話轉達給政治局常委，很快地，武裝的紅衛兵單位在全國各地紛紛出現。[23]

不到三個星期，毛澤東就曉得自己操之過急了。受到主席支持所鼓舞，中央文革小組中最狂熱的王力，糾同另一個成員關鋒，發動向外交部奪權，武裝的紅衛兵毀損了極為寶貴的外交檔案。接下來，這兩個人又挑激激進分子打砸英國駐北京的代辦辦公樓。一萬多名反帝國主義青年毆打辦公室內的外交官、搗毀名貴家具、燒毀代辦的辦公室和汽車。他們用這個方式表達抗議英國佔領香港。[24]

紅衛兵成立武裝單位不僅不能停止內戰，反而讓衝突更加惡化。八月各省平均每天發生三十起激進派和溫和派之間的流血衝突。[25]另外，激進派和溫和派也各自繼續與解放軍衝突。

毛澤東理解到紅衛兵不會自己安靜下來，終於決定下手對付他們。周恩來因為外交部和英國駐北京代辦館舍被砸，顏面盡失。一九六七年八月底，毛澤東藉周恩來提出要求，下令逮捕王力和關鋒。六個月之後，中央文革小組另一個極左派戚本禹也被抓起來。在毛澤東指示下，針對他們的「反革命行動」展開調查，赫然發現三個人都是國民黨和蘇聯的特務。[26]毛澤東對這個「發現」痛心疾首，在有關王力事件的一份文件上批了「大大大毒草！」幾個字。後來，他全面清算左派組織，也展開對所有國家及公立機關的又一次定期清算。這一次，奉他的命令，極端分子是首要的清算目標。

現在，毛澤東的論調大幅改變。他堅定表示：「絕大多數的幹部都是好的，不好的只是極少數。對黨內走資本主義道路的當權派，是要整的，但是，他們是一小撮。」[27]一九六七年九月初，毛澤東開始提到替大多數被打倒的幹部平反的可能性。九月中旬，他從上海回北京，一路上所到之處無不闡述這個話題。[28]他在武漢時甚至暗示讓鄧小平恢復要職的可能性。他對丈二金剛摸不著頭腦的武漢新領導人拋出這個爆炸性的議題：「我們需要保鄧小平嗎？」他說：「第一、他打過一些仗；第二、他不是國民黨的人；第三、他沒有『黑修養』。」[29]他沒有說得很明確，但人人猜想，主席正在考慮「原諒」這位劉少奇的主要副手。十月中旬，主席下令盡速恢復各級學校及大學的學習。十月底，他下令中共中央及文革小組下達指示，在已有革委會的地方，恢復黨的組織。[30]

到這個時候為止，全國二十九個省市自治區，只有七個成立革委會。到了一九六八年三月，又有十一個省成立革委會。成立革委會的過程一直持續到九月才告一段落（最後一個省級革委會成立於新疆）。軍隊是成立此一新權力機關的主角，也有心掌控各革委會。所謂革委會的「三結合」並不平均。全國地級以上革委會共有四萬八千個委員，絕大多數是現役解放軍軍官。二十九個省級革委會主任當中，六個是上將、五個是中將、九個是少將。其餘都是政委。新改組過的二十九個省市自治區黨委的第一書記，有二十二個都是解放軍高階軍官。[31]

一九六七年秋天，從上海回北京之後，毛主席也開始談論「抓革命、促生產」。[32]周恩來以及負責擬定第三個五年計劃（一九六六至七〇年）的李富春，定期提出生產急遽下降的報告。生產下降的原因不僅出在「走資派破壞」，也因為「革命」工人偷懶所致。[33]

如何讓熱情的青年冷靜下來，卻是最艱難的工作。嘗過「自由」的滋味，沒有人想回到當初因循苟且的日子。年輕人的隊伍穿城過鎮，高喊「毛主席萬歲！」「砸破頭號黑幫劉少奇的狗頭！」和「打倒修正主義！」的口號。他們繼續揪出「走資派」及其家屬、私設法庭、呼喊口號、製造喧囂。他們把年邁的教授以及黨委官員從家裡拖出來，在烈日下或寒風中當著臨時組成的法庭遊行示眾，逼他們戴上尖筒帽、脖子上掛著羞辱的紙板，任人叱罵。無知的年輕人還在「破四舊」——打倒舊思想、舊文化、舊風俗、舊習慣。左派到了許多地方，訂下新規矩，譬如，遇紅燈可過街，因為紅色是代表革命的顏色。古蹟被搗毀；檔案遭破壞；資深的專家如醫生、工程師和技術人員，不准工作。群眾製造的混亂已將帶來災禍。

一九六八年七月三日，毛澤東下令立刻停止騷亂。七月二十七日，來自北京六十多家工廠的三萬多名工人，組成所謂的毛澤東思想宣傳隊，開進清華大學。衝突爆發，十個人喪生，但是狂熱的紅衛兵拒絕投降。

毛澤東氣炸了。次日，他在人民大會堂召開黨的領導人會議，出席者有林彪、周恩來、江青、康生、陳伯達、謝富治和新任解放軍總參謀長黃永勝。北京的紅衛兵頭頭被找來當代罪羔羊。

毛澤東外表鎮靜，甚至試著說笑話，但是他的幽默很奸邪。

他說：

> 蒯大富要抓黑手，這麼多工人去「鎮壓」「壓迫」紅衛兵，黑手是什麼？現在抓不出來，黑手就是我嘛！……來抓我嘛！本來新華印刷廠、針織總廠、中央警衛團是我派去的，你們就給吹。我說你們去做做工作看看。結果去了三萬人，其實他們恨北大，不恨清華。

他說：「北京大學也想抓出黑手。」他轉向「第一張馬列主義大字報」的作者聶元梓：「這個黑手不是我，是謝富治，我也沒有這麼大的野心。」

紅衛兵的頭頭們低著頭靜聽。毛澤東說：

你們搞了兩年文化大革命了，一是鬥，二是批，三是改。鬥是鬥，你們是搞武鬥，也不鬥，也不批，也不改，現在是少數學校搞武鬥，人民不高興，工人不高興，農民不高興，居民不高興，部隊不高興，多數學校學生也不高興，就連擁護你的那一派也有人不高興，就這樣一統天下？

林彪不祥地預言：「國家將會發生大事。」然後他引述小說《三國演義》的卷首語：「天下大勢分久必合，合久必分。」[34]「〔為了在高教機構進行〕武裝鬥爭所建的工事必須完全拆除；所有的武器、刀、槍必須交回給軍火庫。」

紅衛兵頭頭們曉得大勢已去。除了蒯大富開始啜泣之外，沒有人試圖辯解。聶元梓突然靈光一現，甚至請主席派解放軍進入北京大學。

毛澤東下結論：

天下大亂……或許這一次你們會把我開除出黨？因為官僚主義開除我，更多過我是黑惡棍、壓迫紅衛兵……群眾不喜歡內戰……我們必須向全國訴求。如果任何人繼續破壞秩序、攻擊解放軍、破壞電信、殺人放火，就必須把他當犯罪對待。如果一小撮人不理睬這些警告，頑推改過，他們將變成強盜、國民黨分子，他們必須被四面八方包圍。如果他們抵抗，他們必須被消滅。

他又說：「進步不能一步到位，歷史總是迂迴向前。」會議結束。[35]

八月間，解放軍開始行動。唯有他們才有能力恢復秩序，控制大學校園。用毛主席的話說，它們已經變成「大大小小的獨立王國」。[36]

當然，現在又出現新的受害人。軍方意識到主席的意向，開始以最殘酷的方法鎮壓紅衛兵。一九六八年八月，軍隊和廣西壯族自治區省會南寧市年輕人之間發生的衝突，最為慘烈。南寧街頭血流成河；青年團體控制的市區從地球表面被掃蕩乾淨。受害人達兩千三百二十四人；約一萬人被捕入獄，五萬多人無家可歸。[37]毛澤東聽到報告後，把責任推到紅衛兵和造反派的極端分子身上，聲稱他們對抗軍隊是「階級敵人的一種垂死掙扎」。[38]

一九六八年下半年開始，未來七年內，一千兩百萬個幻想破滅的青年被下放到農村，其中絕大多數下放到勞改營去，直到偉大的舵手一九七六年去世仍不得回家。他們受到的是慘痛的教育。許多人可以跟作家王蒙小說的英雄同樣浩歎：「生為中國人真是三生有幸……中華民族，如此偉大、如此悲劇。」[39]

一九六八年十月，中共八屆十二中擴大全會總結了這個狂飆前進（Sturm und Drang）時期。到了這時候，七成以上的中央委員及候補中央委員已被貼上「反黨分子」、「叛徒」和「裡通外國」的「間諜」的標籤。自從一九六六年八月以後，九十七個中央委員已有十人死亡。

八大所產生的八十七個中央委員和九十六個候補中央委員當中，只有四十個委員和十九個候補中央委員能夠出席中全會。為了達成法定出席人數，毛澤東讓十個候補中委遞補為中委，其中九個是高階軍官。他也讓七十四個來自中央文革小組、中央軍事委員會，以及省革委會和軍區領導人，還有一些中央官員有投票權。中全會將劉少奇「永遠」開除出黨，並且強調「揭發」他的「反革命面貌」是毛澤東思想的「偉大勝利」。這位前任國家主席被稱為「埋藏在黨內的叛徒，內奸，工賊，是罪惡累累的帝國主義，現代修正主義和國民黨反動派的走狗」。[40]

可是，在毛澤東施壓下，中全會允許鄧小平保留黨籍。毛澤東說：「大家要開除他，我對這一點還有一點保留。」[41]這就夠了。毛澤東也不允許激進派把一九六七年二月反對紅衛兵暴行的老帥和黨官員——

所謂的二月逆流派——開除出黨。甚且，他堅持把他們「選」為代表，出席預定次年召開的全國代表大會。雖然中全會花了相當力氣批評二月逆流，他還是如此堅持。毛澤東對二月逆流的「死硬派」代表說：「陳毅同志，你將以右派的代表身分參加全代會。」[42]中全會熱切支持陳毅作為全代會黨代表。

先後與「溫和派」及紅衛兵的作戰，實質上已告結束。毛澤東現在決定召開第九次全國代表大會。「九大」於一九六九年四月一日至二十四日在北京舉行。一千五百一十二位黨代表代表著將近兩千兩百萬個黨員。九大無異議通過新黨章，毛澤東思想再度列為中國共產黨的理論基礎。現在它被稱為是「帝國主義走向全面滅亡、社會主義邁向全球勝利的時代的馬列主義」。[43]

中國共產黨領導機關的組成出現激烈變化。新一屆中央委員會有一百七十名委員、一百零九位候補委員，遵循所謂「三結合」原則組成，含納文革領導人物、解放軍主要指戰員，以及最效忠毛澤東的「革命」領導人。毛澤東讓若干舊敵留任中委，他們包括鄧子恢，以及「二月逆流派」的陳毅、葉劍英、徐向前、聶榮臻、李富春和李先念。經主席提名的「同志」全都得到需要的票數當選。

九屆一中全會，毛澤東和林彪那兩個權力飢渴的妻子，江青和葉群，都進入政治局；上海英雄張春橋、姚文元也入列。陳伯達、周恩來和康生進入政治局常委會，與毛澤東、林彪並列。林彪仍是獨一無二的副主席，全國開始再次熱烈向軍隊學習，特別是因為最後恢復國家秩序的乃是解放軍部隊。

九屆一中全會在熱烈掌聲中結束。「無產階級文化大革命勝利萬歲」、「中國共產黨萬歲」、「偉大的毛澤東思想萬歲」、「毛主席萬歲！萬歲！萬萬歲！」的呼聲繞梁不絕。

九大及一中全會還突出強調反「蘇修」（蘇聯修正主義）的鬥爭。毛澤東說：

> 現在蘇修攻擊我們，什麼塔斯社的廣播，王明的材料，以及《共產黨人》（*Kommunist*，蘇共刊物）的長篇大論，說我們現在不是無產階級的黨，叫作「小資產階級的黨」。說我們搞一元化，回到了過去根據地那個時代，就是講倒退了。什麼叫一元化呢？他們說就是軍事、官僚體制……這些話嘛，我

看讓人家去講！人家怎麼講，就怎麼講。但他有個特點，他就是不罵我們叫資產階級的政黨，而叫「小資產階級的政黨」。而我們呢，就說他是資產階級的專政，恢復資產階級專政。[44]

林彪在九大上提出的中央報告也尖銳反蘇。一九六〇年代初期點燃的論戰，在一九六九年達到最高點。

三月間，也就是九大召開前夕，蘇聯和中國在遠東邊界爆發武裝衝突。蘇聯和中國的邊防部隊在烏蘇里江的珍寶島交火。雙方都有人喪生：三月二日第一天交火，蘇方就有兩名軍官、二十九名士兵陣亡，中方也折損十七條人命。蘇方另有四十九人負傷、一人被俘，後來死於中國監獄。[45]西方有些人為這場社會主義國家第一次交戰歡呼。

自從一九六〇年蘇聯專家突然撤走之後，中、蘇關係已逐步走下坡。蘇、中代表在各種會議場合經常為當前時代的性質及史達林個人崇拜的問題互相叫罵。中方指控蘇共領導人為「社會民主黨人」，而蘇共則痛斥中共領導人為「極左」。

赫魯雪夫在一九六三年終於按捺不住。中共中央在一九六三年六月十四日發了一封信，標題是〈關於國際共產主義運動總路線的建議〉，蘇共中央在七月十四日發表給蘇聯各級黨組織和全體共產黨員的公開信作為回答。它提到中國共產黨的「錯誤和致命」政策、中共領導人的行動「鮮明牴觸」「不僅是社會主義國家之間相互關係的原則，在許多個案上，（也牴觸）所有國家應遵守的公認規矩和規範」。[46]《人民日報》和《紅旗》雜誌發表共同社論反擊，痛罵莫斯科、華府、新德里和貝爾格勒可恥的統一戰線「反社會主義中國、反所有的馬列主義黨」。「赫魯雪夫修正主義者」被斥為背叛「馬列主義和無產階級國際主義」。[47]中國傳媒又跟進發表八篇所謂的批判文章就這個主題繼續發揮。一九六四年五月，毛澤東在中國領導人一項會議中毫不掩抑他的憤怒，聲稱：「現在的蘇聯是資產階級專政，大資產階級專政，德國法西斯專政，希特勒式的專政，是一幫流氓，比戴高樂（De Gaulle）還壞。」[48]

同一時期，雙方提出可爭議的新議題。中方向蘇方提出領土主張。赫魯雪夫回憶說：「在和我們駐華顧問討論時，北京領導人以非常敵意的方式表示，俄國人從中國佔領了今天的蘇聯遠東地區以及其他鄰接領土。」他又說：

我們之間就沿烏蘇里江及沿其他一些河流的邊界有一些誤解。一般都知道，經過一段時間後，河流往往會改道，有時候也會形成新島嶼。根據中國與沙皇政府簽訂的條約，以中方河岸為國界，而不是依國際法慣例以河流中線為界。因此，若是形成新島嶼，它們屬於俄方所有……後來情勢變得更加緊張。[49]

一九六二年，莫斯科同意與北京秘密談判邊界問題；雙方於一九六四年二月開始交涉。可是，因為中方除了河流中線問題外，也堅持要討論沙皇在西伯利亞和遠東擴張的問題，赫魯雪夫於十月間中止談判。縱使如此，蘇方同意應與中華人民共和國另訂邊界新約，以取代沙皇時代的舊約。根據邊界新約，珍寶島位於烏蘇里江中線之西，應歸屬中國。換句話說，若依國際慣例，它位於中國領海內。可是，雙方並未簽訂條約；不過中方指稱蘇聯已同意依據國際原則簽約，遂把珍寶島視為中國領土。[50]

赫魯雪夫在一九六四年十月遭罷黜之後，中、蘇之間一度出現雙方可能恢復建設性對話的希望。十一月初，周恩來接受蘇方邀請，率領中國代表團到莫斯科，參加十月革命週年慶典。蘇聯總理亞歷可西·柯錫金（Alexei Kosygin）最積極與中國關係正常化，親自接機。可是，原本安排好鄰居恢復正常對話關係的機會卻搞砸了。根據安德烈·亞歷山德洛夫─艾金托夫（Andrei Aleksandrov-Agentov）的說法（他是赫魯雪夫的繼承人李歐尼德·布里茲涅夫〔Leonid Brezhnev〕的助理），之所以會搞砸，是因為「荒唐的意外，或是軍方領導人不滿中國而作梗的結果。總之，在克里姆林宮的宴會上，喝得醉醺醺的國防部長馬林諾夫斯基元帥走近中國總理，以人人聽得見的聲音說：『我們已經幹了我們該做的，把我們的老朽赫魯雪夫趕下台。現在你們若是除掉你們的老朽，我們大家就沒問題啦。』周恩來大怒，立刻退席。」[51]翌日，布里茲涅夫試圖打圓場：「馬林諾夫斯基不是〔蘇共〕主席團主席，他又喝太多了，醉言醉語一通。而且，翻譯也不精確。我們預備道歉。」[52]但是周恩來說：「我們沒什麼好談的。」[53]

柯錫金和其他幾個主張和中國改善關係的蘇聯領導人大驚失色。他們建議布里茲涅夫去拜訪毛澤東，但是布里茲涅夫倔強不從。最後，他挑戰柯錫金：「如果你覺得這件事這麼重要，那你自己去。」柯錫金果真就去了。一九六五年二月，他到了北京，先後拜會周恩來、毛澤東和劉少奇。亞歷山德洛夫－艾金托夫寫說：「對話很尖銳，相當不愉快。我們的同志被提醒，赫魯雪夫是如何如何地不公平對待中國，並且也一再指控蘇共『修正了列寧主義』。總歸一句話，很顯然不可能恢復從前『兄弟般的友情』，並且中國也絕不會再扮演蘇聯『小老弟』的角色。」[54]毛澤東表示他希望繼續和蘇共論戰下去，一萬年也不妨，直到即將結束會談時才稍微緩和，縮短為再吵個一千年。[55]

然而，一年後，文化大革命一發動，毛澤東猛烈加強對蘇聯的攻擊，甚至指控蘇聯領導人想對中國發動戰爭。他向全世界宣稱：「蘇聯正在計劃……於西伯利亞和蒙古侵犯國境、入侵內蒙及西北，並佔領中國。這可能導致解放軍和蘇聯軍隊隔長江對峙的局勢。」[56]

中方為了迫使蘇聯政府簽署邊境新約，開始採取愈來愈具威脅的行動。從一九六四年至一九六九年，中、蘇邊境共發生四千一百八十九件事件——沒錯，還不是武裝衝突。一九六八年八月底，蘇聯部隊開進捷克之後，中、蘇關係益加惡化。因為蘇聯領導人發表了所謂「布里茲涅夫主義」的談話，宣稱當某國社會主義陷入危險時，蘇聯有權介入該社會主義國家的內政。一九六八年十月，中國國防部長林彪下令中國武裝部隊進入警備狀態。毛澤東和周恩來起先對林彪的焦慮不無懷疑，但他們並不反對這些預防措施。[57]

因此，珍寶島交火並非意外事故。究竟是誰開第一槍，迄今仍不清楚。最有可能是每件事同步發生。某個人的神經崩裂了！但是，事故使得中、蘇關係進入新水準。槍聲在兩國首都都引起回響。每一方都大聲指控對方挑釁。根據幾個消息來源，蘇聯政府相當驚慌。國防部長安德烈・葛瑞契科（Andrei Grechko）堅持以原子彈攻打中國工業中心。其他人建議炸毀中國的原子彈基地。不過，布里茲涅夫決定以格勒式

（Grad）火箭對深入中國邊界二十公里的地區轟炸。三月十四至十五日深夜，蘇軍在珍寶島附近發動攻擊，中方死了八百多人。

隔沒多久，毛澤東在九屆一中全會上發言，花了相當大篇幅講準備和蘇聯開戰的問題。[58]他的確認為蘇聯有可能武裝攻打中國。九屆一中全會之後，他甚至下達秘密指示，預備將大多數黨領導人撤離北京。[59]

他似乎知道，一九六七年一月底，住在蘇聯的王明在和蘇共中央社會主義國家事務部官員談話時，曾經建議蘇聯領導人武裝干預中華人民共和國事務。王明說：「目前中國的情勢比起一九五六年的匈牙利事件，對社會主義陣營及對國際共產運動，都還更加危險。我們不能錯失機會……我們必須提供他們〔中國共產黨健全的勢力〕不僅是政治、還有物質的支援，例如給予武器或派出由中亞或蒙古人民共和國適當民族所組成的部隊。」王明甚至準備與他認為秘密支持他的新疆及內蒙古領導人私下洽商。[60]

當然，蘇方並未入侵。然而，一九六九年四月、五月、六月和八月，中、蘇雙方的確在遠東及新疆邊界發生新衝突。情勢旋即因柯錫金和周恩來九月十一日在北京機場的一場會談控制下來。[61]後來，雙方就邊境議題恢復談判。蘇聯同意放棄珍寶島。可是，毛澤東直到死前，一直都認為蘇聯是中國最惡劣的敵人。中國在國內、外始終沒有停止反「狂熱」修正主義的鬥爭。

第三十五章
五七一工程疑雲

一九七〇年十二月十日，艾德加．史諾對毛澤東進行第五次、也是最後一次專訪時，毛澤東離他七十七歲大壽只差兩星期。史諾發覺他的身體狀況相當不錯。毛澤東似乎感冒，但各方面看來都很好。和他們上次一九六五年一月相會時相較，毛澤東甚至還減輕體重。當然，他的年歲已經顯現出來，可是主席的神智仍很清楚。偉大的舵手向客人告白，他「很快就要去見上帝」，但是他似乎並不沮喪。毛澤東說：免不了的啦，人人終究得去見上帝。史諾曉得，更早幾年，毛澤東也愛談死亡。毛主席一九六一年和蒙哥馬利元帥談話時，就提到要去見馬克思。一九六五年文化大革命前夕，他和史諾講話，就提到死期將至，首次說「很快」他就要去見上帝（沒有人曉得他為什麼不再說去見馬克思，而改口說去見上帝）。[1]老齡及死亡長久以來成了他喜愛的話題。

當然，這裡頭也有耍心機、搞陰謀的成分。毛澤東喜歡裝病、裝不舒服，來刺探身邊的人對此有什麼反應。[2]例如，一九六三年二月，中蘇關係陷入低潮，他就在蘇聯駐中國大使斯捷潘．契爾沃年科（Stepan Chervonenko）面前，表演了一齣精湛的垂死大戲。他的醫生回憶說：「先前他在我及數名衛士的眾目睽睽之下，在身上蓋了一塊毛巾被，假裝痛苦萬分，表情呆滯，語不成調。『我演得好不好？』他問我們。然後毛把蘇聯駐中國大使叫到床前，演將了起來。」[3]蘇聯大使對於眼前的情景的確嚇了一跳：

我們被事先未料到的反差嚇了一跳：在燈光幽暗的房間中央擺了一張大高床，毛澤東半躺在上面。劉少奇、周恩來、鄧小平和譯員各自圍坐一旁……主席說他已經看不清楚小字，得為他特別準備大字體的報告；他說他不再主持政治局會議，也不核閱所有的重要公文。毛澤東指指坐在他臥室的幾位中共領導人說：「現在黨的事務交給他們處理。」[4]

一九七〇年十二月，毛澤東的確身體不舒服。他費了好大勁才在史諾面前表現出健康模樣。會面前夕，他才從嚴重肺炎發作勉強復元，之前已在床上躺了將近兩個月，也因此看來瘦了。

他終於完全復元。在和史諾話別時，毛澤東留給他一句話，我老毛是「和尚打傘、無髮無天（『髮』與『法』諧音）」。[5]這表示他不受人間法、也不受天上法所管制。換句話說，他隨心所欲而活，也會如己所願、活得長長久久。

史諾根本不明白他在說些什麼，因為毛澤東年輕的譯員唐聞生生於美國，不懂中國古典哲學，把這句話譯為毛澤東是個「拿把破傘、在世間踽踽獨行的和尚」。[6]沒有人曉得她怎麼會神來一筆，如此翻譯。史諾卻信而不疑，把毛澤東的話傳遍天下，害得天下眾生莫不大傷腦筋，猜不透主席葫蘆裡是什麼膏藥。為什麼他會孤獨而行？

毛澤東吹噓他愛活多久就能活多久，根本是廢話。在他這把歲數，肺炎可以非常危險。以前他只得過支氣管炎，但是因為他每天抽兩包煙，無法完全復元。他愛抽的牌子不再是吉時或三五，換成國產煙中華、熊貓和珞伽山。他或許是基於愛國，才改抽國產煙。史諾抵華前不久，毛澤東又改抽「北星」，是廣州煙廠用外國煙草產製的高檔紙煙。[7]

毛澤東的健康也頗受他有異常人的作息習慣所影響。他是不過午夜不上床，通常是清晨五點才就寢，睡到十一點多才起床。他一天吃兩餐，一次在下午兩、三點，另一次在晚上八、九點。他最愛吃湖南辣椒醬炒肥豬肉。不過他喝酒有節制，偶爾才喝國產葡萄酒，只有在重大節日才略微喝烈酒茅台。

不斷的權力鬥爭也有害他的健康。紅衛兵被鎮服之後，權力鬥爭由街頭轉回黨內。軍隊因為直接負責恢復秩序，重要將領地位大幅上升，造成江青等文革派領導人的不滿。一度團結的左派，現在各派系的關係愈來愈緊張。江青及其副手開始對解放軍的行動表示憤懣。林彪及其將領，以及他的太太葉群（她對她丈夫及其親信有極大影響力），也覺得對方很討厭。他們認為狂飆前進的時代已經過去，當務之急是生產和軍事現代化。周恩來支持他們。

衝突的跡象最早出現在一九六七年底。蘇聯情報機關向蘇共中央報告中國的局勢如下：

來自提斯維甘（Tsvigun）同志的情報。①登記序號四七六一號，時間一九六七年十二月七日……（我們在中國共產黨）新領導團隊中（的特務）目擊到周恩來、林彪這夥人，與中央文革小組領導人，尤其是康生、江青，彼此關係日益緊張。許多康生和江青支持的「新勢力」中的代表人物遭到批評及排擠，顯示這一派人物目前地位已被減弱。軍中停止整肅，控制住紅衛兵及造反派武力奪權，也拒絕武裝他們，加上更為重視經濟問題，凡此種種行動毫無疑問已增加周恩來和林彪的權力。[8]

這個情報相當正確。江青在黨領導圈內以愈來愈公開的方式鼓動反林彪的情緒。起先，她無法引誘毛澤東接受她的觀點。毛澤東仍然信賴他的「親密戰友」（這是林彪的正式名銜）。九大甚至在黨章中明訂林彪是毛澤東的接班人。[9]

毛澤東拒絕聽關於林彪的壞話。一九二八年四月，林彪跟著朱德的部隊來到井岡山加入毛澤東的游擊部隊，毛澤東就認識了他。當時的介紹人是朱德部隊的政委陳毅，他稱許林彪是傑出的軍官，知道如何痛

---

①原書註：西蒙・庫玆米克・提斯維甘（Semyon Kuz'mich Tsvigun，一九一七至一九八二年），一九六七年十一月起出任國家安全委員會（ＫＧＢ）第一副主席。

打敵軍。毛澤東非常高興，大讚：「你這麼年輕，作戰這麼勇敢。太了不起了！」[10]

林彪當時還不滿二十一歲。他在一九〇七年十二月五日出生於湖北省黃岡縣一戶織工人家。他受過中學教育，一九二四年受兩位共產黨員堂兄的影響，加入社會主義青年團。一九二五年冬天，他到廣州，進入黃埔軍校，找到了他的事業前程。一九二五年底，林彪加入共產黨，被派到葉挺部隊服務。林彪追隨朱德和葉挺，參加一九二七年八月一日南昌暴動，事敗轉移至井岡山。[11]

他立刻對毛澤東佩服得五體投地，從此以後恭順服從。毛澤東也很器重這個青年信徒。林彪對馬克思主義理論認識不足，毛澤東成了他的知識寶庫，是科學與政治的天才，也是軍事上的領袖。在中國共產黨的領導人當中，林彪被稱為「女士」。[12]林彪身材不高，濃眉大眼，常讓人想起京戲裡的旦角。林彪這個名字和他俊美的相貌舉止並不相符。

他的服從、忠誠、沒有野心，加上傑出的軍事能力，②讓毛澤東印象深刻，他也很快就讓林彪臣服在他的堅強意志下。毛澤東開始提拔林彪出任一些重要職位，因為他從這個沉默寡言、不跋扈的軍事指戰員身上，沒發覺有和他作對的氣質，林彪總是一馬當先執行他的命令。一九四九年，林彪已是黨的中央委員，又是第四野戰軍的司令員。同年，他被推為中央人民政府委員，又是中華人民共和國人民革命軍事委員會副主席。一九五四年，他出任國務院副總理。一年之後，毛澤東拔擢林彪進入政治局，並頒予元帥軍銜。一九五八年五月，他再上層樓，成為政治局常委及黨的副主席。彭德懷一九五九年遭罷黜之後，毛澤東迅即指派林彪接任國防部長。

只有一件事，即使毛澤東有時候也感到吃不消，那就是林彪過分奉承他。毛澤東一九六六年七月給江青的信裡提到：「我歷來不相信，我那幾本小書，有那樣大的神通。現在經他一吹，全黨全國都吹起來了，真是王婆賣瓜，自賣自誇……他到北京五月會議上還是那樣講，報刊上更加講得很兇，簡直吹得神乎其神。這樣，我就只好上梁山了……事物總是要走向反面的，吹得越高，跌得越重。」[13]然而，林彪的奉承並沒有太逾越。毛澤東嘴上雖然嘀咕，其實心裡爽得很。甚且，還有許多人爭先恐後將毛主席偶像化，以至於一九六〇年代末期，年邁的領袖也開始自以為是神。《毛語錄》發行的冊數只遜於聖經，而且《人民日報》及其他報紙不斷地報導毛澤東思想製造了令人無從相信的奇蹟。新華社記者報導，醫生朝死者屍體誦念偉大的舵手的語錄，可使死人復活，更不用說盲者可以復明、啞巴能夠說話，真是鬼話連篇、荒謬絕倫。[14]這可不能怪到林彪頭上，控制大眾傳媒的是江青和陳伯達。

讓毛澤東更不方便的是，他未來的接班人是個長期病號。他的病情迄今仍然神秘難解。我們只曉得精神毛病大過實質毛病。或許是因為他在國共內戰和抗日戰爭期間負傷四次的關係。一九三九至四一年間，林彪首次到莫斯科治病，就抱怨有嚴重頭痛、嘔吐、心跳快速、失眠和神經失調的毛病。[15]他在莫尼諾和基茲洛沃茨克（Kislovodsk）接受治療，但是沒有效果。用他自己的話說，每次「稍微用腦」，他就嚴重頭痛和失眠。[16]一九五一年七月至十月，他和葉群帶著女兒林立衡（小名豆豆）③住在莫斯科，他再次就醫，還是沒用。他不再相信俄國醫生，而且出現嚴重的受迫害情結。他認為醫生們在他的浴池下毒、陰謀殺他。他不再見醫生，此後改由太太葉群做他的醫生。[17]她是個具有極堅強性格的女子，難怪意志薄弱的林彪完全受到她控制。她不愛她那經常陷在憂鬱中的丈夫，尤其是困於疾病的林彪早已失去性欲。婚姻只是她攀上權力高峰的跳板，這也是為什麼她竭盡全力遷就她那患病的丈夫。

同時，林彪的心理毛病逐年惡化。雖然形式上他位居好幾個重要職位，卻一度告假好幾個月，不能工

---

② 原書註：即使素來瞧不起林彪的李德也不能不在向共產國際執委會報告時指出，「我個人認為他〔林彪〕是八路軍最佳的前敵指揮官」。

③ 原書註：林彪結過兩次婚。第一任太太劉新民，又名張梅，比他小了十二歲。她是單純、不識字的陝北姑娘。一九三九年，她陪丈夫赴蘇聯；兩年後，林彪與她離異。他在一九四一年八月回中國，把懷有身孕的她留在莫斯科。劉新民生下女兒，取名曉霖。直到一九四八年九月，劉新民都在伊萬諾沃的國際兒童院工作（毛澤東的太太賀子珍一度在此工作）。之後她回到中國。曉霖直到一九五〇年才因林彪出面交涉，得以回國。可是，他很少與女兒見面。因為他已經另組家庭。抗戰期間，他娶福建姑娘葉群為妻（她也比他年輕十二歲）。葉群為他生了兩個小孩：女兒林立衡（豆豆）生於一九四四年，兒子林立果生於一九四六年。

作。[18]毛澤東派他的私人醫生到林彪的家探視。李志綏醫師說：「我們走到林的住室。林躺在床上，頭放在葉群的懷裡，哼哼唉唉地哭著。葉群在撫慰他。那時我對林彪的觀感完全改變，從一位驍勇善戰、運籌帷幄的元師變成不適合治理國家的精神上十分脆弱的患者。」林彪的太太告訴李醫師說，她丈夫在一九四〇年代吸鴉片煙，後來改成注射嗎啡。一九四九年以後，到蘇聯去，才戒掉的。但是——

林的舉止仍然令人難以理解。林怕風、怕光，所以很少外出，更別說去開會。怕水怕到令人匪夷所思的程度，只要看見水或聽見水聲就會拉肚子。因此根本不能喝水，只能用饅頭泡濕了吃，代替喝水。大便不能上廁所，要用便盆放在床上，用棉被從頭下蓋全身，在被子內大便。我心中很納悶，這明明是一個精神上不健全的人，怎麼能讓他來管理國家呢？[19]

另一位中國醫師幫國防部長檢查後，也得出同樣的診斷。他「找不到任何機能失常的跡象」，但是他承認「有一大堆心理失常的跡象，也有明顯吸毒的證據」。[20]

根據林彪女兒豆豆和女婿張清霖的回憶，文革期間林彪一定要先服某種「藥」才敢踏出高牆聳立的家，外出參加公共集會。放在玻璃瓶裡的「藥」，標籤貼的是維他命C，可以讓他撐幾個小時，但是事後他的病情會惡化好幾個星期。[21]

這正是生怕有強人在臥榻之側的毛澤東所需要的「親密戰友」。或許主席只是同情可憐的林彪，讓他放輕鬆、養病？總之，他不想聽江青及其盟友汙衊他的國防部長。

但是，涓滴也能穿石，鐵杵可以磨針。狡詐的江青終究還是推翻了久病的元帥。在兩派爭奪權力的拚死搏鬥中，年邁的舵手支持自己的妻子。一九七〇年五月初，毛澤東在杭州休息時，想起要修改中華人民共和國憲法，打算刪去第二條以中華人民共和國主席為國家正式元首的相關條文。劉少奇被整肅下台之後，這個職位懸缺；現在毛澤東覺得它是多餘的。他照會了政治局，可是又附了一句話，如果他們決定保留這個職位，他們應該知道，他（毛澤東）無意擔任人民政府主席。他的結論是：「如果（政治局）決定維持這個職位，應由林彪去任斯職。」[22]解放軍空軍司令員、政治局委員吳法憲多年之後記得毛澤東是這樣指示的。[23]

政治局接到毛澤東的指示後，成立一個六人小組開始研擬新憲法。同時，未能出席政治局會議的林彪，也告訴毛澤東及其他人，他不想當人民政府主席。然而，他認為，中國這樣一個堂堂大國，「不設國家主席，國家沒有一個頭，名不正言不順」。因此他堅持毛澤東本人應該勉為其難接受這個職位。有可能是林彪不瞭解偉大的舵手之真正意向，決定再次表態效忠。當然，依照中國人行為的合宜模式，即使他真正有意於這個職位，他也應該謙辭不就。但是，其實他是一想到國家主席有那麼多職責，如需要參加外交活動、需要經常出國，就給嚇壞了。以他的情況來講，這是不得了的重擔。

毛澤東似乎也瞭解林彪在害怕，或是還在表態效忠。總之，他告訴林彪，憲法可以維持中華人民共和國主席這個職位。但是他也說：「我不會擔任這個職位，你也不必當。讓老董④當國家主席好了，同時讓幾個年輕人掛副主席好了。」[24]看來，這件事已經可以落幕。

可是，這時候六人修憲小組卻為如何徹底明瞭偉大舵手的意向發生激烈爭議。康生和張春橋認為，毛澤東的真心並不要設中華人民共和國主席這個職位，而吳法憲和林彪派的另一位將領則認為恰恰相反。此外，對於憲法條文中是否列入「毛澤東思想是國家指導力量」這句話，也有不同意見。將領們主張要納入，反對者卻持相反意見。後者可能只是慫恿林彪的支持者，想要激生反感。張春橋甚至說：「有些人嘴上一再說馬克思主義和毛澤東思想，這並不代表他們真的是馬克思主義者。」他顯然是暗諷林彪，也影射毛澤東對於被林彪捧有點嘀咕。陳伯達也參與修憲工作，他支持將領們。第六個成員則不作聲。

④ 原書註：老董指的是一九三〇年代初期擔任中央監察委員會書記的董必武（一八八六年生，一九七五年歿）。從一九五九年起，他和宋慶齡都是中華人民共和國副主席。

陳伯達原本是江青和康生的親密盟友，他會支持軍方態度，其來有自。陳伯達長久以來即不喜歡江青。他甚至曾向幾個好友講，他再也受不了這個歇斯底里、權力飢渴的女人，有心自殺以求解脫。他轉投林彪和葉群陣營，捨棄自殺，選擇了背叛。一九六八年底，他開始公開支持江青的對手；江青當然絕對不會原諒他。[25]

在這種情境下，九屆二中全會於一九七〇年八、九月在廬山召開。新憲法的議題排進議程。林彪藉這個題目打擊張春橋和整個江青幫。周恩來支持林彪；而毛澤東暗示同意，只建議林彪不要點名批評張春橋。他說：「一定是江青在背後支持張春橋。」[26]

林彪一切都照他和毛澤東的協議進行。他沒有點名批評張春橋，但是他堅持偉大的舵手是天才，應當把毛澤東思想這段話列入憲法。接下來，全會代表分組討論林彪的講話。此時，發生了一些事，林彪日後大為懊悔。許多人發言都熱烈支持林彪，尤其是他手下的將領體會到他的講話針對的是張春橋、江青及他們的黨羽，更是發言踴躍。長征老將也紛紛支持他。

江青的悲哀是黨裡面很少人喜歡她。許多領導人及他們妻子對江青的敵意，一直困擾著她的婚姻，她也向這些人回報以惡意、嫉妒和仇視。這成了一個惡性循環。這些人愈是瞧不起江青，她就愈加仇恨他們；而她愈是急欲迫害敵人，他們就愈加尖銳瞧不起她。當她領導中央文革小組時，特別仇視黨內元老。現在，這些挺過紅衛兵施暴的老幹部亟欲報仇。他們樂於稱頌林彪來讓江青難堪。陳伯達也參一腳。

討論進行了兩天。江青、張春橋及其他左派意識到苗頭不對，非常害怕。因此，他們只剩一計可行：向毛澤東求救。我們可以想像他們會如何無所不用其極地來抹黑林彪、葉群和其他將領。他們發覺大勢不妙，把對手描繪成「陰謀者」，打算推翻文化大革命。甚且，由於林彪主張必須維持中華人民共和國主席這個職位，他們栽贓、指控他企圖僭奪國家大權。他們信口雌黃，才不管事實上是這位天真的元帥建議由毛澤東出任國家主席。他們硬把對手所說的話解讀為一貫「卑鄙、陰謀」欺騙主席的詭計。偉大的舵手不能容忍這種事。

他立即就召開政治局常委開會，堅定地站在張春橋這一邊。然後，他停止進行中的二中全會，準備反擊江青的對手。他深思熟慮了六天才動手，集中批評火力於陳伯達身上，因為他背叛了江青，也因此背叛了文化大革命。毛澤東要逼陳伯達自我批評。

林彪沒有料到偉大的舵手這一招。這是他們相交數十年來第一次，毛澤東出賣了他。離開廬山時，林彪臉色鐵青地對他的部屬講：「我們是軍人，只曉得帶兵打仗。」意即他和他的部屬都不曉得如何玩政治把戲。[27]

林彪真的被毛澤東惹毛了，命令他的將領不要自我批評。他曉得在這場權力鬥爭中，他已經輸給江青和張春橋，但是他不想再這汙穢的群架中玩下去。可是，毛澤東冷靜不下來。他和往常一樣，又在那邊蠢蠢欲動、要找人吵架。嗜血的江青意識到這一點，便再進讒言：主席可要提防軍隊不穩喔。林彪感到大勢不妙，勉強允許手下將領當著主席的面自我批評。他自己則堅不認錯。其實，他是把自己的腦袋埋在砂裡。

葉群曉得事不宜遲，必須趕緊想方設法脫離此一危險局勢。葉群是林彪左右最積極、意志最強烈的一員，最早思考如何反撲。劉少奇夫婦的命運一直縈繞在她心頭。她研判如果毛主席再繼續聽進江青的讒言，她、林彪及家人恐怕性命不保，她不能束手待斃。她兒子林立果也和她一樣憂心忡忡。林立果是空軍軍官，雖然十分年輕（一九七〇年時僅有二十四歲），在解放軍空軍卻極有影響力。自從一九六九年十月以來，林立果即擔任空軍作戰部副部長⑤，是空軍司令員吳法憲麾下主要參謀人員之一。不足為奇，他非常自負，趾高氣揚。從小他就被媽媽當作王子，她慣他、寵他，到了根本無視女兒豆豆存在的地步。女兒從小被當賤民，做盡家中粗活，還不斷被媽媽斥罵。她把一切怨妒往心裡頭藏。

一九七〇年十月，林立果和一夥親密戰友組成一個秘密團體「聯合艦隊」，這些人崇拜他，私底下用

⑤ 編註：另兼空軍司令部辦公室副主任。

英文稱他為「司令員」。[28]這個組織志在全國奪權。葉群成為傑出女性（他們稱她為「伯爵夫人」）。[29]

這夥人開始討論各種緊急對策。林立果非常果斷，甚至比他媽媽還激進。在他同意下，他手下一個空軍軍官於一九七一年三月起草各種不同版本的行刺毛澤東的計劃。林立果看了計劃，十分興奮。他立刻給這份文件取名《五七一工程紀要》（「五七一」與「武〔裝〕起義」諧音）。毛澤東在文件裡的代號B-52，則是美國的巨型轟炸機。這是一些天真的兒童作戰遊戲。

當然，它們註定不會成功。這些計劃沒有一項合乎實際。譬如，有一項除毛計劃是派出一隊空中部隊轟炸偉大的舵手乘坐的火車專列。另一個計劃是，趁主席專列靠近時，炸毀上海一處儲油槽。還有一個是在上海、南京之間某一橋梁安排一場事故。[30]這群陰謀者深信奇襲是必要條件。[31]

陰謀者和時間賽跑，沒時間規劃詳細的兵變計劃。他們預期隨時可能被捕。計劃的起草人寫說：「我們必須採取激烈的革命政變。B-52非常提防我們。我們最好是破釜沉舟、不能坐以待斃……這是生死決鬥——不是他死，就是我亡」。[32]

同一時期，毛澤東並未起疑心，對林彪添加壓力。用他自己的話說，他祭出「丟石頭」、「攙砂子」和「挖牆腳」這三招。[33]換句話說，他先批評，再把自己的人馬塞進軍委會，然後改組效忠於林彪的組織。一九七〇年底、一九七一年初，他改組中共中央東北局和北京軍區司令部，除掉林彪和陳伯達重要的支持者。同時，全國展開猛烈的批陳運動，指控陳伯達「叛國及間諜」（除了毛澤東和文革小組成員之外，全國上下沒有人明白究竟實際罪行是什麼）。同時，毛澤東也讓林彪明白，最好趕緊爬著來求饒。但是他那精神不正常的親密戰友已經意志消沉、痛苦不堪。他沒有力量振作起來。即使周恩來奉毛澤東之命去見林彪，告訴他主席的意旨，林彪只能咬緊牙關，吐出一句話：「有人不勞而獲呀！」[34]他還是沒有行動。

毛澤東研判林彪在躲他，但是在預定四月至六月召開的中央工作會議上會自我批評。但是林彪稱病，避不出席。現在，主席已經沒有耐心。一九七一年七月，他勉強按捺住怒氣，告訴周恩來說：「他們犯的錯和你過去的錯誤不同，因為他們串謀。」[35]

不到一個月，八月十四日，毛澤東秘密離開北京，探索各省輿情。從八月十五日至九月十一日，他經過武漢、長沙、南昌、杭州和上海，與沿途各地黨政軍負責人進行多次談話。他在行前對他的私人醫生說：「我就不相信，這些司令員們就都跟著林彪走。難道解放軍就都會造反不成？還是那句老話，如果解放軍不聽指揮，我再上井岡山打游擊去。」[36]

現在情勢急轉直下。我們不完全清楚毛澤東此時是否已經知道林立果和葉群真正圖謀不軌。有些目擊者說是；也有人表示懷疑。極有可能是，他並不曉得，而他口口聲聲「陰謀者」，可能指的是林彪及其支持者在搞黨內權謀鬥爭。否則他不太可能離開北京趴趴走，聽任陰謀者串謀舉事。縱使如此，所到之處與地方幹部講話，他還是一再公開攻擊「廬山的新陰謀者」，甚至點名批判。他講的話真像宣判死刑。

> 一九七〇年廬山會議，他們〔林彪等人〕搞突然襲擊，搞地下活動，為什麼不敢公開呢？可見心裡有鬼。他們先搞隱瞞，後搞突然襲擊，五個常委瞞著三個，也瞞著政治局的大多數同志……我看他們的突然襲擊、地下活動，是有計劃、有組織、有綱領的。

毛澤東氣壞了。他憤憤地說：「有人急於當國家主席，要分裂黨，急於奪權。『天才』論是個理論問題。他們的理論是唯心主義的先驗論。」這時候，眾多聽眾齊聲長歎，不再懷疑原來備受尊敬的「偉大的領袖的親密戰友」的「反革命」本質。我們或許要問一聲，他們有人懂那聽起來挺可怕的「先驗主義」究竟是什麼東西嗎？可是毛澤東還沒說完。他恬不知恥地推諉說：「林彪同志那個講話，沒有同我商量，也沒有給我看。」他也表示瞧不起林彪：「我一向不贊成把自己的老婆當自己工作單位辦公室主任。」對於林彪的兒子林立果，毛澤東說：「有的說『超天才』，⑥對二十幾歲的人就這麼捧，這沒有什麼好處，其實是害

⑥編註：吳法憲等吹捧林立果的話。

了他。」

經過這番話之後，林彪一家和他的將領只剩下幾條路可以走：跪求原諒、舉槍自盡，或起兵叛變。可是，毛澤東又端出他喜歡掛在嘴上的一句說法，似乎要給他們一個機會翻開歷史新頁。他說：「對這些人怎麼辦？還是教育的方針，就是『懲前毖後，治病救人』。對林還是要保。」可是，他把他和新「敵人」的意見不合定性為兩條路線的鬥爭、兩個司令部的鬥爭，把「廬山新陰謀者」不僅當作彭德懷對待，也當作和劉少奇是一丘之貉。37

葉群和林立果立刻獲悉毛澤東的講話內容。他們驚慌，不知所措。不過他們倒是有足夠智慧，知道發動五七一工程計劃絕對沒有勝算。唯一一條路只剩逃命了！毛澤東一地又一地跑遍各地，局勢也日益緊張。最後，毛澤東在九月十二日回到北京，他們也到了生死抉擇的重要關頭。葉群和林立果向林彪建議，走為上計。他們並不想帶豆豆一道走。葉群和女兒的關係非常不睦。林立果和姐姐也手足不和。她也狠狠回報，不假顏色。她的情緒十分低沉，小時候還一度鬧自殺。她一直認為葉群不是她的親娘；當她收到匿名信後，更確信自己的懷疑沒有錯。

一九七一年九月，林彪全家在北戴河度假。附近的山海關機場，有一架編號二五六的三叉戟飛機待命，供國防部長隨時差遣。林彪、葉群和林立果終於決定藉這架飛機逃亡出國。他們的討論一直秘密進行，直到九月十二日晚間，林立果才向姐姐透露消息。豆豆毫不猶豫，立刻舉發雙親及弟弟。晚上十點鐘，她跑到警衛室向解放軍八三四一部隊副團長⑦檢舉（八三四一部隊即中央警衛團，負責高階領導人保安工作）。她深信不疑，她的父親遭到母親和弟弟「綁架」。

副團長立刻向在北京的上級⑧報告，上級再轉呈周恩來。周恩來衝到中南海，向領袖報告。毛澤東一聽林彪要潛逃，全身一震。周恩來建議主席立刻離開住處，搬到人民大會堂去住，比較安全。38

這時候，林彪夫婦和兒子抓了些瓷器、地毯、照相機和錄音機，坐上一輛防彈車趕到機場。一上飛機，他們命令飛行員即刻起飛，不及檢查油艙還有多少燃料（勉強近一噸）。走得太急，飛機並沒有副駕駛、領航員和無線電報務員。起飛時，飛機還擦撞到油箱車，造成飛機起落架脫落。⑨

目擊者告訴我們當時人民大會堂一一八廳的情景。毛澤東、他的情婦張玉鳳和其他隨從都趕到：

周提出要用導彈打下來。毛不同意。毛說：「天要下雨，娘要嫁人，有什麼辦法。林彪要跑，隨他去吧。不要打。」我們只好等待。

雷達偵測到飛機航路……林彪乘坐的那架飛機往西北蘇聯方向飛去。凌晨二時，周向毛報告，林彪乘坐的那架飛機已經越出國境，進入外蒙古領空。飛機在偵測儀上失去蹤跡。

毛看上去沉著而冷靜，只說了一句：「不過是張國燾、王明之外，再加一個〔叛徒〕罷了。」

在當天下午，周恩來送給毛，蒙古人民共和國照會中國駐蒙古大使的報告：有架中國飛機，在聶滋爾庫區以南溫都爾汗墜毀，機上八男一女，全部死亡……毛只是輕鬆地說了一句：「跑得好嘛。」[39]

外蒙古和蘇聯派往墜機現場的調查人員得出的結論是，飛機在試圖迫降時爆炸。它在著陸時失去平衡，右翼在地上拖行，終於起火。飛機殘骸散布在十平方公里的一塊地區。駐蒙古共和國大使許文益九月十五日抵達溫都爾汗，他對意外現場有如下描述：

屍體大都仰面朝天，四肢叉開，頭部多被燒焦，面部模糊不清，難以辨識。〔我們〕將屍體由北向南

---

⑦ 編註：張宏，同時任中央辦公廳警衛處副處長。

⑧ 編註：中央辦公廳副主任兼中央警衛團團長汪東興。

⑨ 編註：林彪等人的飛機約於九月十三日凌晨起飛，故此事件被稱為「九一三事件」。

編成一至九號，並讓孫一先⑩等從各個角度拍下照片，以便以後鑒別確認。根據事後查證，五號屍體是林彪，瘦削禿頂，頭皮綻裂，頭骨外露，眉毛燒光，眼睛成黑洞，鼻尖燒焦，牙齒摔掉，舌頭燒黑，脛骨炸裂，肌肉外翻；八號屍體是葉群，燒灼較輕，頭髮基本完好，左肋部綻裂，肌肉外翻；二號屍體是林立果，個子較高，面部燒成焦麻狀，表情痛苦，與前似在烈火中掙扎過，現場遺物中有林立果空軍大院〇〇〇二號出入證。

現場焚化。

依據和蒙古人的協議，蘇方代表把林彪和葉群的頭顱取下，帶回莫斯科讓法醫檢驗。[40]死者遺骸即在事故現場焚化。

九月十三日同一天夜裡，林彪的三名副手試圖搭直升機潛逃出國，但是在北京附近遭到迫降。他們殺了駕駛員後，有兩人自殺。唯一存活的參與陰謀者不久即開始招供。[41]

林彪出逃、死亡震撼了中國領導人。不論毛澤東如何試圖保持鎮定，他仍深受打擊。他的第一個反應是把他「親密戰友」叛逃一事保密。他交代周恩來好好調查事件經過之後，就把自己關在中南海，閉門幽居。他一天到晚睡在床上，神情憂鬱，話也少了，無精打采。兩個月後當他再度現身公開場合時，大家都注意到他一下子蒼老了許多，步履遲緩。他繞室而走，經常咳嗽，往地上吐痰。他抱怨頭疼，舉步困難。他的血壓也上升，收縮壓一八〇，舒張壓一〇〇。他也有心律失常。

同時，周恩來派人查出陰謀的細節。他們搜索一名共謀者的家，找到一份筆記本，載有〈五七一工程紀要〉。直到事件發生後二十天，解放軍高級將領和黨的高級幹部才在秘密會議中獲悉，「領袖的親密戰友」叛逃。[42]一般黨員稍後也被告知，廣大群眾則又過了許久才得知。全國跟著掀起歇斯底里的批林運動。主席前任「親密戰友」現在被批為「極左派」。[43]

毛澤東持續感到不適。他經常發高燒，脈搏快到每分鐘一四〇。他突然變得多愁善感，會想起年輕時搞革命鬥爭的夥伴，他們有許多人在文革期間已因他的意志遭到貶抑。一九七二年一月六日，當他聽到井岡山時期的同志、外交部長陳毅的死訊，特別沮喪。一月十日，陳毅出殯，儘管自己身體不好，當天天氣也差，毛澤東堅持要去探望陳毅遺孀。後來，他命令周恩來平反文革時期受害的老幹部。

他的身體健康逐日惡化。毛澤東的醫生診斷他有充血性心臟衰竭的毛病。他的腦部沒有足夠的氧氣，呼吸困難，不時要張開嘴，貪婪地吸幾口氣，然後猛烈吐氣。他的醫生寫說：「兩臂、兩腿伸直，似乎癱在沙發上，兩頰蒼黃。」

一月二十一日晚上，他感到格外不舒服。當著眾多侍從的面，他向周恩來說：「不行了。我不行了。我死了以後，事情全由你辦。」江青當下臉色蒼白，她「雙眼圓睜，兩手握著拳，全身好像要爆炸了」。但是毛澤東不為所動，他又說：「就這樣定了。你們去吧！」[44]雖然他當時沒死，但已經無法完全復元。他在往後五年逐步凋萎。

軍營式共產主義制度跟著他凋零。它的崩潰還需要一段時間，但是一九七〇年代初期的政治危機已經很清晰地顯示，毛澤東式的權力制度破產了，中國廣大人民開始對他的理智失去信心。毛澤東時代即將落幕。

---

⑩編註：孫一先為駐蒙古共和國大使館二等秘書。

第三十六章
赤皇駕崩

毛澤東為什麼選擇周恩來？他為什麼不指派康生或張春橋為接班人？或是江青本人？很難說。或許是受到陳毅出殯的影響，毛澤東對左派有反感。數十年來和他並肩共事的老幹部都走了，他孑然一身。他已站上權力高峰，可是的確孤家寡人，已經和效忠於他的許多同志切斷關係。當年一道起家的同志，只剩下周恩來仍照常和他有往來。其他人都已被他打倒或疏遠了。

毛澤東可不願責怪自己。把怒氣發洩在聽命於他或是出於自願成為「天下大亂」急先鋒的人，比較簡單。因此他會責備江青，要她瞭解自己的本分。

但是，他的孤獨感日益上升，即使美麗的張玉鳳也紓緩不了。難道孤獨是所有偉大的舵手註定的命運？社會主義的一些主張，如階級鬥爭，都是設計來讓人相互對立、啟發恐懼和恐怖。列寧、史達林和毛澤東如此孤獨，寧非必然？如果他們這一類激進革命派的心態，有如杜斯妥也夫斯基（Fyodor Dostoyevsky）說的，「精神世界、人類最崇高的部分……全被一股勝利、甚至仇恨所全然摒棄」，又怎能不如此呢？[1]

毛澤東搞一輩子革命，操縱人類感情。他傳遞的不是兄弟友誼，而是敵意和普遍猜疑。「打倒地主！」「打倒富農！」「打倒資產階級、商人和知識分子！」「打倒和我們不同的人！」「打倒讀書人、生意人、聰明人！」打倒所有的人、打倒他們、打倒一切！階級鬥爭從來沒停過。「龍生龍、鳳生鳳、老鼠生的兒子會打洞」是毛澤東時代中國一句諺語。毛澤東也宣布鬥爭絕不終止。他問：「當我們達到共產主義時，就不會有鬥爭嗎？」但是他也自答：「我不認為。即使我們達到共產主義，還是會有鬥爭，但它們將是新與舊鬥、正確與不正確鬥。過了一萬年，不正確還是不對、還會失敗。」[2]因此，孤獨、多病的皇帝被迫要分享自身暴政的果實。

但是毛澤東仍然緊抓住性命，試圖控制一切。他還有許多未了宿願。中國還未得到世界承認。聯合國的中國代表權屬於受美國支持的台灣。在中、蘇邊界衝突之後，毛澤東在一九七〇年代初亟需在外交上有所突破。中國和昔日的老大哥蘇聯之間的關係，已經變得十分危險；中國若與美國改善關係，將對改變東亞權力平衡產生深遠影響。對美修睦和加入聯合國，成為毛澤東另一目標。他為了達成此一目標，於一九七〇年下半年跨出第一步，邀請史諾來中國（這是史諾最後一次訪華）。我們應當還記得，毛澤東一向認為史諾是美國中央情報局特務，不過這一點他是錯的。這一次，他又要借助此一「溝通管道」。一九七〇年十月一日，他邀請史諾夫婦上到天安門城樓，站在他身旁，歡慶中華人民共和國建政，並且一起留影紀念。從來沒有過任何美國人享有此一殊榮。毛澤東顯然是在向華府發送訊號。

但是他的訊號沒得到回音。白宮根本不瞭解。尼克森（R. M. Nixon）總統的國家安全顧問亨利．季辛吉（Henry Kissinger）在若干年後寫說：「後來，我們才瞭解，毛澤東有意象徵對美關係現在已得到他親自關心，但那時候這只是純學術見解：在那重要關鍵，我們沒抓住他的意思。過度的細膩委婉造成溝通失敗。」[3]

華府領導人還記得毛澤東六個月前的一段話。一九七〇年五月，美軍部隊打進柬埔寨之後，毛澤東痛罵尼克森是「法西斯」，又說「美帝國主義屠殺外國人」，也「屠殺本國的白人和黑人」。他宣稱：「尼克森的法西斯暴行，點燃了美國革命群眾運動的熊熊烈火。中國人民堅決支持美國人民的革命鬥爭。我相信，英勇戰鬥的美國人民終將得到勝利，而美國的法西斯統治必然失敗。」[4]但是，現在毛澤東希望尼克森到中國來。尼克森總統的到訪將大大提升中華人民共和國以及毛主席本身的聲望。

直到一九七〇年代初期，中國官員只透過華沙大使級會談，與美國有間歇接觸，但是沒有太多收穫。然而，尼克森在一九六九年一月就職後，因中方的建議，華沙會談持續進行。毛澤東知道，一九六八年八月尼克森獲得提名後立即宣布：「我們不能忘掉中國。我們必須一直尋找機會和她對話……我們不能只關注變化，我們必須設法做出改變。」[5]

尼克森也有他自己的原因，真心盼望與毛澤東談判。到了一九七〇年代初期，美國在越南的戰爭已陷入僵局。尼克森迫切需要毛主席協助，才好在避免戰敗的表象下把美軍部隊撤出中南半島。他希望毛澤東向越南同志施點壓力，逼他們讓步。因此，中、美雙方都互有期待能夠改善關係。一九七〇年十月初，尼克森接受《時代》雜誌的專訪，表達他有意訪問中國。他說：「若說我有生之年還想做什麼事，那就是到中國去。如果我去不成，希望我的子女能去。」[6]十二月初，周恩來透過巴基斯坦當中間人發信，邀請華府派「特使」到北京，「討論撤出中國領土台灣」這個問題。白宮正確地理解，提起台灣問題其實無關宏旨，那只是「標準說法」。真正的重點是尼克森的訪問。季辛吉回覆：「北京會談將不限於只談台灣問題。」[7]

同一期間，毛澤東邀請人還在北京的史諾吃早飯，席間他提起：「中國人和美國人之間不需要有偏見，可以相互尊重、平等對待。」他表示敬重美國人民，寄希望於他們。然後他坦率說出，他「樂意」與尼克森「交談」。[8]十二月二十五日，《人民日報》登出十一國慶毛澤東和史諾在天安門城樓的合影照片。這一頁的右上角也登出一則毛澤東語錄：「全世界人民，包括美國人民在內，都是我們的朋友。」

毛澤東認為史諾會立刻把他邀請尼克森對話的訊息傳達給中央情報局，但是，當然史諾沒這樣做。史諾直到一九七一年四月才發表他的專訪稿，但它對尼克森和季辛吉已經沒有效用。[9]那時，美國一支乒乓球隊在日本名古屋參加第三十一屆國際乒乓球錦標賽後，已應中方邀請，來到中國。很顯然，邀請這些運動員到訪，是由最高層級拍板決定。四月十四日，美國隊及其他國家優勝隊伍，在人民大會堂出席接待會。周恩來對美國桌球協會會長葛萊姆・史汀霍芬（Graham B. Steenhoven）說：「有朋自遠方來，不亦樂乎？」[10]孔夫子這句話出自周總理之口，當下就受到外國記者的注意，大家開始預測中、美之間可能建立「友好關係」。

不久之後的七月九日，尼克森的特使季辛吉取道巴基斯坦，抵達北京。他和周恩來及中國外交部官員展開三天的密集會談。毛澤東當然沒接見季辛吉；這倒也不全然礙於外交禮儀原因。當時他對這位哈佛大學前任教授評價不高。季辛吉訪問北京之前幾個月，毛澤東和北越主要領導人范文同談話時，直接就說：「季辛吉是個臭老九。」[11]季辛吉之行是機密，但是雙方同意就會談結果發表公報。用周恩來的話說，它會「震驚世界」。[12]

的確也是如此。七月十五日，雙方首都同步發布季辛吉秘密訪問北京的消息。尼克森總統強調，他的國家安全顧問帶回來周恩來總理的邀請函，而他已欣然接受。[13]全世界屏息等待後續發展。

一九七一年十月二十五日，美國排除一切障礙，讓中華人民共和國進入聯合國。一九七二年二月二十一日，美國總統偕夫人抵達北京。周恩來親赴機場迎接。毛澤東在他住處不耐地等候尼克森。尼克森抵達之前三個星期，毛澤東接受嚴密的醫事治療。在歷史性的會面之前，他的身體已大有改善。他的私人醫生寫說：「肺部感染控制住了，心律不整現象也減少了。水腫還只消退一部分……但毛仍喉嚨腫脹，說話困難，體力很差。」[14]毛澤東在會面前十分焦慮，報告尼克森一行人行蹤的電話不斷打進來。醫療組為這次會面做了萬全準備。毛澤東原來書房兼會客室內的氧氣瓶、呼吸器等醫療用具全部搬走，移到會客室與臥室之間的內走廊上，又準備了一些小型輕便的急救設備，將氧氣瓶藏在一個大雕漆箱裡，其他設置則置於室內的大盆景後面，以便因應緊急之需。

下午兩點五十分，尼克森在周恩來和季辛吉陪同下抵達中南海。季辛吉的助理溫斯頓・羅德（Winston Lord）、毛澤東的外侄孫女王海容（外交部禮賓司副司長），以及譯員唐聞生，相繼走進書房。尼克森和季辛吉發覺書房並不整潔。尼克森在日記寫下：「好幾本書打開在不同頁數，擺在他座位旁的茶几上。」[15]季辛吉也回憶說：「毛澤東的書房……比較像是學者的書房，而不像是全世界人口最多的國家大權在握的領導人的會客室。」[16]在張玉鳳攙扶下，毛澤東起身迎接貴賓，舉步維艱地走幾步迎向他們。[17]他握緊尼克森的手，捏了幾下。他說：「我說話不太方便了。」[18]季辛吉寫說：「每句話似乎都費了很大勁才說出來。它們從他的聲帶費勁地蹦出來，說完每一句話後，似乎都需要振作體力，才有足夠力氣說出另一句辛辣的評語。」[19]他看來浮腫，不論是水腫或其他原因。事實上，毛澤東患的是心力衰竭所引起的水腫。

即使如此，一般也能意識到毛澤東很高興見到尼克森。他不停地說笑話，試圖製造輕鬆氣氛。尼克森一要把話題轉到正事，毛澤東就揮揮手指向周恩來：「我們在這裡不需要討論這些問題，它們應該去和總理商量。我只討論哲學問題。」尼克森三度試圖和毛澤東談論蘇聯對中國的威脅，毛主席每次都躲開。於是乎，談話就從一個閒話跳到另一個閒話。毛澤東特別喜歡尼克森拿季辛吉交「女朋友」逗趣的話題。尼克森記得：

> 毛澤東誇季辛吉首次到北京時，能做到消息滴水不漏，很了不起。
>
> 我說：「他一點都不像特務。可是他是唯一一個有能力去了巴黎十二次、到北京一次，而外界神不知鬼不覺的人——或許除了一兩位美女以外。」〔周恩來大笑。〕
>
> 季辛吉趕緊說：「她們也不曉得。我只是用來當煙幕。」
>
> 毛澤東裝出不相信的神情：「在巴黎？」
>
> 我說：「任何人能利用美女掩飾，一定是歷來最偉大的外交官。」
>
> 毛澤東問：「你是說你經常利用女生啊？」
>
> 我答說：「他的女生、不是我的女生。我若是利用女生當掩飾，會惹出大麻煩。」
>
> 周恩來說了：「尤其是選舉期間的話。」毛澤東為之大笑。[20]

這就是他們談笑風生的「哲學問題」。但是，有些話，相當嚴肅。毛澤東以手比畫四周：「我們共同的老朋友、蔣委員長，對此一定很不以為然。他稱呼我們是共匪。」[21]他要請教尼克森該怎麼答，可是尼克森避而不答，反問：「蔣介石稱呼主席是匪，那主席又怎麼稱呼蔣介石呢？」就在談笑間，台灣問題擱到一邊去。尼克森聲明他不會為了交新朋友，背棄老朋友。

原定會談五十分鐘，實際進行了六十五分鐘。主席已出現疲態，周恩來也不斷地瞄手錶。尼克森注意到了，趕緊結束談話。毛澤東起身送客。尼克森誇毛澤東氣色好，毛澤東答說：「外表會騙人的啦。」[22]

尼克森旋即與周恩來進行會談，最後雙方於二月二十八日發表聯合公報。除了聲明雙方在若干國際議題的立場之外，公報強調「中國與美國往關係正常化進展，吻合所有國家的利益」。[23]後來，一九七二年七月十二日，中方在與北越共產黨定期的會談中，周恩來技巧地向越南民主共和國（北越）領導人施壓，逼他們向美國人讓步，不再堅持西貢政府阮文紹總統一定要下台。[24]日本、西德及其他許多國家，相繼承認中華人民共和國。與美國恢復大使級正式關係，花了更長時間交涉，但也終於在一九七九年一月一日完成。

毛澤東對於尼克森來訪，相當振奮，健康亦大為好轉。他的醫生寫說：「到三月中旬，水腫完全消退。肺部感染痊癒，不再咳嗽。重病期間戒了煙，咳嗽和支氣管炎未再復發。」當然，他身體還是衰弱，走路遲緩，手腳顫抖，有時候控制不住會流口水。[25]即使如此，他頭腦還是清醒，權力依舊無限大。他繼續控制住黨與國，而且準備好要展開一場新戰鬥。

江青現在把周恩來視為頭號敵人，遂再次利用毛澤東的「作戰」精神。她沒辦法服氣、接受毛澤東指派周恩來為接班人，因此希望主席指派效忠她的人，出任領導圈的重要職位（包括國務院總理在內）。她採取屢試不爽的老伎倆，在主席心目中把對手抹黑為「反革命分子」、「叛徒」，躲在他背後搞「陰謀詭計」。她也針對支持周恩來的老幹部展開新打擊，這些人若不是在文革高潮中挺了過來，就是才剛獲得平反。

她的第一步即力拱年輕的上海造反派頭頭王洪文做毛澤東的接班人。王洪文忠心耿耿、年輕有活力、平易近人，江青可以輕易透過他統治中國。他在第九次全國代表大會（九大）已當選為中央委員，但江青希望他能被提升為副主席。一九七二年九月，她說服毛澤東把王洪文調到黨中央工作。[26]這是他快速竄升的起始。中南海新貴給江青這個新寵取了綽號「火箭」。江青最親密的盟友——張春橋和姚文元——支持她一切作為。康生已經得了末期膀胱癌，也支持毛澤東的太太。

時機對江青有利。康生被診斷出得了癌症之後，周恩來的尿液亦檢測出有癌細胞，醫生說周恩來來日不多了。這時候，江青卯足勁活動。即使毛澤東已在十二月二十八日指派王洪文為接班人，她還是不放心。[27]她希望一舉結束病弱的周恩來，拔掉他的總理職位，換上她的忠心盟友張春橋。

可是，江青的路上障礙還不少。周恩來得到黨領導圈許多人的支持，其中就有葉劍英，長期以來是政治局委員、又是軍委的主要領導人。甚且，主席本人也不打算事事順她心意。一九七二年夏天，毛澤東開始認真考慮讓江青一向嫉恨的鄧小平復職。八月三日，鄧小平上書毛主席，除了照例自我批評一番外，也表示希望能夠恢復工作，即使是技術性質的職位也無妨。十一天後，毛澤東起草一項決議文，它說：「鄧小平同志所犯錯誤是嚴重的。但應與劉少奇加以區別……他……贏得名聲。」[28]江青只能氣得咬牙切齒。

周恩來意識到機會，順勢進攻。十月初，他發表兩次講話，猛烈批評極左主義。他表面上講的是林彪，但是細心的聽眾很清楚他在影射誰。隔了幾天，支持周恩來立場的《人民日報》在十月十四日刊登三篇文章反對無政府主義，把這個傾向貼上「假馬克思主義騙子的反革命工具」。江青一夥人立刻找毛澤東投訴，因此偉大的領袖必須介入。毛澤東宣稱，林彪是「極右、修正主義、分裂、陰謀詭計、叛黨叛國」。[29]現在，人人各安其位。

毛澤東沒有放棄平反鄧小平、讓他復職的計劃。一九七三年三月九日，他任命鄧小平為周恩來的副總理。後來毛澤東向中央軍委同志解釋說：「我們黨裡有人什麼事也不幹，仍會犯錯誤，但是鄧小平雖犯錯誤，卻實際辦事……我覺得他棉裡藏針。」[30]在同一會議中，毛澤東表示鄧小平的行為「應該三七開」。他意思是鄧小平過佔三成、功佔七成。[31]

江青現在瞭解她必須更積極才行。一九七三年五月，左派成功地取得毛澤東同意，讓王洪文及另一個激進派、北京市長吳德，參加政治局工作。另一個獲得拔擢的是華國鋒；他原本是毛澤東老家的縣委書記，自從一九六二年冬天在七千人大會上對領袖、導師稱頌之後，即被主席放在心上。文革一起，毛澤東把華國鋒提升為湖南省委書記，後來又出任湖南省革委會代理主任。一九六九年的九大，毛澤東欽點華國鋒為中央委員，一九七一年調入國務院工作。

中國共產黨第十次全國代表大會預定一九七三年八月底舉行，江青決定要加強奪權鬥爭。十大召開之前六個星期，即七月四日，王洪文和張春橋在張玉鳳同意下，去晉見毛澤東。張玉鳳外表柔順，其實個性十分剛烈，這時候已經成為主席與外界接觸的主要中間人。即使是江青，沒經過張玉鳳點頭，也見不了她丈夫。張玉鳳（在中南海，大家稱呼她「小張」）在一九七三年初地位上升得特別明顯，因為偉大的舵手講話幾乎已經無人理解。毛澤東經常氣喘咻咻，不時要奮力吸氣，因此眾人很難理解他說些什麼，可是張玉鳳卻明白他的意思，也因此她的政治影響力上升。

晉見的首要話題是周恩來。左派領導人對周恩來處理國際關係，加以詆毀。儘管中國在外交上相當順利，毛澤東卻聽信他們的讒言。他注意到周恩來和美國人交涉時「不夠堅定」。毛澤東在談話末尾批評周恩來「大事不〔跟我〕討論，小事天天送。此調不改動，勢必出修正」。江青親密戰友只要聽到這句話就夠了。他們立刻把話題轉到「哲學」方面，向毛澤東報告說，在搜索林彪家時，抄出一大盒孔子語錄。誰會料想得到半瘋狂的林彪會著迷中國古代哲學？毛澤東早就知道，但這時他才表示對此一發現感到興趣。他說，林彪和國民黨領導人一樣也崇拜孔子。他不屑地說，他們「尊孔、抑法」。[32]王洪文和張春橋滿心歡喜地告辭而去。

他們晉見毛澤東之前即與江青密談，討論如何動員人民公開鬥爭黨領導圈內的「新投降派」。直接點名周恩來和鄧小平，恐怕有危險，因為毛澤東還不打算拋棄他們。因此他們狡猾地決定發動一項運動，明批林彪、暗打周恩來。林彪家裡抄出孔子語錄，就是做文章的好藉口。[33]毛澤東抱怨林彪和國民黨尊孔，更是幸運之神垂顧。現在他們可以在批林舊戲裡加入新主題，矛頭是批孔，其實針對周恩來。

要瞭解他們的策略，我們必須回到孔子的時代。孔子生在周朝末年，正是社會、經濟出現重大危機的時代。傳統的社會關係快速解紐，許多人質疑敬祖，社會上興起新富階級，他們蔑視宗法及朝廷的權威。中國已陷入內戰，諸侯各據一方。人文主義哲學家孔子出來辯護消退的秩序，主張「君君、臣臣、父父、子子」。[34]他從這個秩序裡，找到適當治理的精義。他的觀點是，宗法關係必須維持不變，若是破壞社會力量的平衡只會使亂局加劇。他的學說受到法家（如商鞅等人）的反對。他們反映富有的地主之利益，藐視垂死的宗法貴族；而毛澤東青年時期頗為敬仰商鞅。

江青及其盟友把此一古代情勢推衍到一九七〇年代初期的中國。由於孔子替舊社會辯護，因此他就是「反動派」。由於法家反孔，顯然他們就是「進步派」或甚至是革命派。這是從馬列主義和毛澤東思想出發的觀點；因此之故，過去法家和儒家之間的鬥爭，只是革命派與反革命派永恆的鬥爭之一幕而已。正、邪之戰猶在進行中，而且在中國、尤其是中共黨內，還有許多「儒家」夢想復辟。

當然，江青及其左派盟友可以把當代儒家的標籤往任何一個敵人身上貼。他們的主要目標是在廣大群眾中挑激起對周恩來的負面反應，他的姓氏正好和孔子所辯護的「反動」的周朝同一個字。對於一九七〇年代絕大多數的中國人而言，報章雜誌上出現「周」這個字，幾乎無不指向周恩來總理。因此，一再以負面意義重複這個字，即是對江青主要敵人含沙射影暗中批鬥。

然而，左派的陰謀詭計失敗。他們深奧、冗長的文章大談法家、儒家之爭，只讓大多數人覺得沉悶無趣，敬而遠之。受人敬愛的周總理，不僅形象沒受損，反而還因傳聞傳遍全國，指他病情嚴重，更增添老百姓對他的關愛。

一九七三年八月二十四日至二十八日在北京召開的第十次全國代表大會，左派也沒有得到勝利。出席會議的一千二百四十九名代表，代表兩千八百萬黨員。其中只有部分代表屬於江青派。周恩來的支持者仍然保有相當大的勢力。毛澤東指定周恩來在大會發表主要報告。同時，王洪文也熠熠發亮。主席安排王洪文坐他右手邊、周恩來坐他左手邊。周恩來做完報告後，王洪文發表有關黨章的報告。大會追認文化大革命一切指示，稱頌偉大的舵手，譴責林彪、把林彪名字從黨章刪掉，並且選舉新一屆中央委員。在政治局這個領導機關裡，兩派人馬大致旗鼓相當。政治局九名常委，周恩來派佔多數。[35]當然，這並不重要，有一個人憑一己之意，就可以做出一切決定。

果然，十全大會落幕不久，毛澤東就讓周恩來嘗嘗主席天威難測的味道。

十一月十日晚間，剛被派為國務卿的季辛吉抵達北京，進行三天半的正式訪問。周恩來和葉劍英出面接待。毛澤東也接見他（一次，即十一月十二日），基本上透過速記報告掌握談判進展。可是，談判一結束，毛澤東突然懷疑周恩來有事瞞他，不讓他知道他和美國來使談話的細節。其實這個罪名是無妄之災，因為周恩來去到中南海要向毛澤東報告時（另一說法是周恩來打電話過去），主席身體不適，正在睡覺；毛澤東的愛人兼秘書張玉鳳不想吵醒他。毛澤東醒來後，非常不快，立刻懷疑周恩來在搞什麼陰謀詭計。隔了一會兒，他在披閱速記報告時，發現周恩來和帝國主義者打交道不夠堅定，更是火大。季辛吉竭盡本事，想爭取北京同意成立對抗莫斯科的軍事同盟。周恩來沒有果決地辯護中國一向獨立自主的政策[36]（在這件事上，周恩來的確過度保持外交禮貌，針對糾纏不休的季辛吉，他應該正色告訴他，讓他瞭解「這項提議必須以『不讓人覺得我們是同盟的方式』進行」）。[37]這時候，毛澤東已經依賴他的外侄孫女王海容及譯員唐聞生，作為他和其他領導人之間的聯絡員。他立刻透過王海容和唐聞生，告訴政治局委員們，他覺得周恩來已經和美國人成立軍事合作，同意美方把中國置於它的「核子傘」底下。當然，周恩來根本沒做這回事（一般來講，他什麼事也沒辦法作主），可是毛澤東還是很生氣。他抱怨說：「有人要借給我們一把傘，可是我們不要啊。」[38]毛澤東也不高興周恩來在台灣問題上脊骨不夠硬。毛澤東覺得周恩來打算同意美國人與蔣介石政府維持特別關係。

一向疑心病極重的毛澤東，現在病懨懨地，更是誰也不信。毛澤東交代下去，把周恩來的行為交給政治局檢討。江青等人當然毫不留情地痛貶一番。不過，毛澤東冷靜下來；生氣變成憐憫。[39]事情也就不了了之了。十二月間，他表示想讓鄧小平出任解放軍總參謀長（不過，直到一九七五年一月，他才正式做出此一決定）。

甚且，十大之後，毛澤東愈來愈常批評江青，口氣也愈來愈重。他批評江青企圖在政治局裡製造不和，勸她不要「吹毛求疵」，甚至在政治局會議公開指責她搞「四人幫」——指的是江青、王洪文、張春橋和姚文元。[40]

很顯然，毛澤東是在左右搖擺。不過，他並不是含混亂動。毛澤東神智清楚，不想讓任何一派有太大權力。即使身體健康很差，他還沒有失去在領導圈內控制勢力均衡的能力，保持住敵對派系之間相當的平衡。他的政治手腕高超，各派首腦都得來向他本人請示。即使像季辛吉這樣經驗老到的政客，見到病懨懨的毛澤東，也感受到他意志的強烈磁場。[41]

只有一個因素對他不利，那就是時間。從一九七四年起，他再也無法出席政治局所有的會議。年初，他因白內障，雙眼失明，只能分辨光亮與黑暗。但是這只能算是小不幸。更糟的是，他在一九七四年夏天開始出現盧．賈里格氏症（Lou Gehrig's disease），即肌萎縮性脊髓側索硬化症（amyotrophic lateral sclerosis, ALS）症狀。這種致命的疾病就是大腦延髓和脊髓內，主宰喉、咽、舌、手、腿運動的神經細胞逐漸變質死亡。它的初步症狀就是手腕或腿衰弱，然後逐漸散布到全身。病人失去走動、講話、吞嚥的能力，最後連呼吸的能力也沒了。毛澤東的案例，病情先出現在右手、右腳逐步癱瘓，然後影響到他的喉、咽、舌和肋間肌肉。據他的醫生說，主席不到兩年可活了。[42]

此外，毛澤東繼續患充血性心臟衰竭。左右兩肺都受到嚴重感染，左肺也有慢性阻塞症。他的血氧很低。毛澤東經常咳嗽不停，只能靠左側躺下。他無法吞嚥硬物，張玉鳳只能餵他雞湯或牛肉湯。

可是，偉大的舵手仍然緊抓著生命。他的頭腦仍然清醒，全世界仍要注意他的金玉格言。他在一九七四年二月提出全世界人類可概分為三個世界的概念，特別讓人印象深刻。毛澤東說，美國和蘇聯兩大超級強國屬於第一世界；日本、歐洲、澳大利亞和加拿大，屬於第二世界；其他國家都屬於第三世界。毛澤東說，中國也屬於第三世界，第三世界人民必須團結起來。[43]在毛澤東指示下，鄧小平一九七四年四月十日在聯合國大會上對「三個世界論」有詳細的闡述。[44]

毛澤東三不五時就會突然活動一下。那年夏天，他再也不相信醫生，決定要自行治病。張玉鳳回憶說：「他說，『醫生的話，最多只能聽信三分之一或二分之一。』他認為可以靠自己體內的抵抗力對付病魔。」[45]他希望換個環境，呼吸鄉下新鮮空氣。七月中旬，就在他痛斥江青的那場政治局會議之後，毛澤東出發周遊全國。這是他一輩子最後一次出巡。七月十八日，他抵達武漢，住到十月中旬。後來，他轉赴老家長沙，住了一整個冬天。在長沙，他試圖進游泳池游水，卻已經游不動了。

除了忠心的張玉鳳——她憑著「讀他的唇語及……動作」，就可瞭解主席的心意——之外，這段期間還有兩個女子繼續幫助他，一是他的外侄孫女王海容、當時的外交部副部長；一是他的英語譯員唐聞生，此時已升為外交部副司長。[46]他們往來於北京和武漢之間，以及北京與長沙之間，捎來周恩來和鄧小平給毛主席的報告，有時候也帶來江青的口信。她們完全支持周恩來，每次來回必向周恩來報告、請示，即使周恩來已在一九七四年六月一日住進醫院，也沒中斷。他面臨艱巨的癌症開刀手術，癌細胞已進入他的膀胱、大腸和肺部。

理解到周恩來已經來日無多，毛澤東決定指派鄧小平為第一副總理。同時，他依循派系平衡的原則，把日常黨務工作交給王洪文負責。兩派都不滿意。江青覺得需要加快行動。十月十七日，她召集其最親信的盟友秘密會議，決定瞞著其他政治局委員，派王洪文去見毛澤東。王洪文銜命去向主席報告：「北京現在的氣氛很像（一九七〇年）廬山會議時那樣。」[47]箇中意思就是，周恩來、葉劍英和鄧小平預備走上林彪路線。四人幫認為，在這種情況下，萬萬不宜把第一副總理讓「反革命分子」鄧小平來當。

王洪文毫無瑕疵地完成江青交代的任務。根據張玉鳳的回憶（也經過王洪文證實），他向毛澤東報告說：「總理雖然病了、住院，每天仍忙著召集人開會到深夜。幾乎天天有人往他那兒跑。」[48]但是毛澤東生氣了，小張把他的話傳達給罵怕了的王洪文：「如果你有意見，應該直接、當面說，這樣做，不好。你必須和小平同志團結。」然後毛澤東交代說：「回去要多找總理和劍英同志說，不要跟江青搞在一起，你要注意她。」[49]

後來，十一月中旬時，王海容和唐聞生來見他，他氣憤地對她們說：「江青有野心。她是想叫王洪文做委員長，她自己做黨的主席。」[50]

江青這時候有可能的確懷抱這樣的野心。但是一九七五年一月召開的十屆二中全會，依據人在長沙的毛澤東之提案，選出鄧小平為中央的一位副主席及政治局常委。後來的第四屆全國人民代表大會第一次會議確認鄧小平為國務院第一副總理。四月十八日，毛澤東回到北京接待來訪的北韓首腦金日成。毛澤東說：

> 我今年八十二了……現在我不談政治了，由他來跟你談（毛澤東朝也參加談話的鄧小平比了一比）。此人叫鄧小平。他會打仗，還會反修正主義。紅衛兵整他，現在沒事了。那個時候打倒了好幾年，現在又起來了。我們要他。[51]

從一九七五年七月起，鄧小平在毛澤東點頭下，成為政治局的領導人。江青和她的盟友氣到不行。但是他們並不善罷干休。他們發動的「批林批孔」運動失敗之後，又發起好幾次意識型態運動，如研究無產階級專政理論、反經驗主義，以及反「投降主義」等運動（後者是以古典小說《水滸傳》為張本）。然而，只要主席不點頭，這些意識型態運動無一能改變政治局的權力平衡。因此，「左派」這些動員群眾打黨內「修正主義者」的運動一事無成。

江青必須先克服毛澤東這一關。可是，她要見毛澤東，又得先過張玉鳳那一關。一九七四年底，政治局正式派張玉鳳為主席的機要秘書。甚且，還有形影不離的王海容和唐聞生（兩人都支持周恩來），擔任毛澤東和政治局之間的聯絡人。江青企圖以送禮、討好等手法爭取張玉鳳，想和她攀交情，可是小張不怎麼甩她。這時候毛澤東身邊又跑出一名年輕女子孟錦雲，擔任張玉鳳的助理。孟錦雲非常漂亮，她沒有理由喜愛「左派」。她因為紅衛兵的中傷，從一九六八年至一九七三年被關押坐牢。在張玉鳳協助下，她來找毛澤東平反。一九六〇年代，她曾經是解放軍空軍歌舞團舞者，某次演出時被偉大的舵手看上。毛澤東當場就喜歡她，邀她共舞。兩人跳舞時，主席還要她「不要一本正經」。三下兩下，他就把她帶進臥室。兩人交往並不久，張玉鳳也沒嫉妒她。她反而還相當同情比她小四歲的孟錦雲。孟錦雲在武漢當了一段時候護士，就被捕坐牢了。

一九七五年五月底，孟錦雲重逢張玉鳳，請她幫忙安排見毛澤東。毛澤東聽了舊情人不幸的際遇，不勝唏噓，將她「平反」，留在身邊。江青不高興，但也莫可奈何。[53]

突然間，十月初，江青和盟友時來運轉。年邁的獨裁者決定讓侄子毛遠新取代王海容和唐聞生，擔任他和政治局之間的聯絡員。很顯然，他很想念他。然而，聰明、狡詐的毛遠新曉得如何利用情勢，哄著伯父偏袒江青。他熱切支持江青，也不避人耳目。

左派趁勢反攻。透過毛澤東鍾愛的侄子，他們努力讓主席對鄧小平心生反感。毛遠新向伯父進言：「『擔心中央，怕出反覆』。我很注意小平同志的講話，我感到一個問題，他很少講『文化大革命』的成績，很少批判劉少奇的修正主義路線。今年，我一次都沒聽到他講如何學習〔無產階級專政〕理論，或批評《水滸傳》，或批評修正主義。」[54]又說：「有兩種態度，一是對『文化大革命』不滿意。二是要算帳。」[55]

經過個把月的讒言，毛澤東聽信了。他變得憤怒，開始對鄧小平動輒發脾氣。在他要求下，政治局委員開始批評鄧小平。全國掀起「批鄧、反右傾翻案風」的一輪新運動。鄧小平被解除大部分職務，只剩下主持政治局會議的開會與閉會，以及處理外交政策事項。

這場鬥爭鬧到高潮之際，周恩來在一九七六年一月八日上午九點五十七分去世。許多人哀悼他的去世。大部分中國人懷念他的智慧、誠實和仁慈。中國很少有人有興趣去細究他是否真的是這樣的人物。群眾心目中的他，是個偉大的領導人。一月十一日，出殯的行列帶著他的骨灰往革命英雄公墓前進，北京市民沿途慟哭相送。當天在長安大街頂著冰雪風寒相送的人群，估計逾百萬人，終其餘生永遠都記得白／藍色的巴士載著敬愛的周恩來走向永恆。

北京市很快就傳出謠言，說周總理是被痛恨他的左派害死的。三月間，上海《文匯報》暗示周恩來是「走資派」，同樣的謠言更加熾盛。南京立刻出現大字報，號召人民出面抗議。消息很快就傳到北京。人們開始湧入天安門廣場，在人民英雄紀念碑四周留下悼念周恩來的花圈、花環。這一自發的行動持續了兩個星期。終於四月四日清明節到了，在這個傳統的祭祖掃墓節日，廣場人山人海。市民群情憤慨，到處有人高喊：「誓死保衛周總理！」「偉大的馬克思主義者周恩來萬歲！」「打倒反對周總理的人！」還有許多人高唱〈國際歌〉。[56]

江青一夥人嚇壞了。他們害怕控制不了的群眾運動。他們的對手一樣也很焦慮。他們都不習慣民主的集會。四月四日晚間，政治局召開緊急會議，通過共同決議要取締未經核可的集會。奉毛澤東之命代理國務院總理的華國鋒表示：「一批壞人跳出來了，寫的東西有的直接攻擊主席，很多攻擊中央。」[57]四月五日，警察出動驅散集會民眾。江青在廣場西側的人民大會堂，以望遠鏡觀看公安攻擊群眾。

毛遠新「客觀地」向毛澤東報告，指控民眾示威是鄧小平慫恿。毛澤東聽完侄子的報告，變得很堅決，支持要鎮壓「反革命暴動」。他下達命令：「解除鄧小平一切職務。」[58]同一道命令，他指派五十五歲的華國鋒為黨中央第一副主席、真除國務院總理。三個星期後，毛澤東已經無法講話，用筆寫下「慢慢來，不要著急。照過去方針辦。你辦事，我放心」。[59]

江青及其他激進派興高采烈，而北京大部分市民則悲痛莫名。作為沉默的抗議之表徵，市民開始在住家的窗檯擺出小瓶子。這是因為「小瓶」與「小平」同音，把小瓶擺在窗檯上，反對四人幫的人藉此暗喻「鄧小平還在台上」。

批鄧運動在沒人支持下，註定失敗。大多數幹部也只是做做表面文章。毛澤東最後一波政治活動也就無疾而終。

但是偉大的舵手可能不完全瞭解箇中狀況。他已經一隻腳踩進墳墓裡。他的健康狀況不佳，影響他的情緒。毛澤東經常心急氣躁。他呼吸十分困難，肺、腎和心臟都不能正常運作。他一直不停地出汗，也持續需要氧氣。由於經常靠左側躺臥，也長出褥瘡。

唯一有改善的是他的視力。一九七五年七月二十三日，他左眼手術成功。為了確保萬無一失，幾位眼科名醫先對四十名與毛澤東情況近似的老人試行開刀，拿他們做實驗品。等到確認正確的方法之後，他們才誠惶誠恐地對偉大的領袖動刀。[60]張玉鳳回憶說：「當……棉紗帶從主席眼睛取下時，他張眼四望。突然很興奮地指著一名侍從，正確地說出她衣服的顏色和樣式。他也指著牆說：『白色！』」[61]

但是其他方面的病情並沒有進步。根據張玉鳳的回憶，有時候他弱到「要餵他吃東西，他都張不了口」。[62]可是，隔了一陣子，他又好多了。他甚至還有勇氣接見外賓。譬如，一九七六年四月三十日，毛澤東接見紐西蘭總理羅伯・穆爾東（Robert Muldoon）。當然，他沒辦法和客人討論嚴肅話題；他只是抱怨健康太差了。他說：「我兩腿無力。」沉默了一會兒，他又說：「天下大亂呢。」[63]

五月十一日，他第一次心臟病發作。張玉鳳和孟錦雲陪侍在側，寸步不離。醫療團隊想盡各種辦法，隔了兩星期，毛澤東才覺得稍微好一點。五月二十日，他接見來中國訪問的新加坡總理李光耀；五月二十七日，又接見巴基斯坦總理阿里・布托（Ali Bhutto）夫婦。但是，這兩個場合，賓主雙方都只閒談十分鐘，他就非常疲倦，必須停止談話。①縱使如此，他的客人十分興奮能見到他。布托對記者們說：「他已經不年輕，可是我並不預期會見泰山啊！」[64]後來，中國外交部正式宣布：主席因為「工作忙碌」，將不再接見外賓。[65]

六月中旬，毛澤東召見華國鋒、以江青為首的四人幫，以及他的外侄孫女王海容。他躺在床上，氣喘咻咻地說：

人生七十古來稀，我八十多了。人老總想後事，中國有句古話，叫「蓋棺定論」，我雖未蓋棺，也快了，總可以定論吧？我一生幹了兩件事，一是與蔣介石鬥了那麼幾十年，把他趕到那麼幾個海島上去了。抗戰八年，把日本人請回老家去了……對這些事持異議的人不多，只有那麼幾個人，在我耳邊唧唧喳喳，無非是讓我及早收回那幾個海島罷了。另一件事你們都知道，就是發動文化大革命。這事擁護的人不多，反對的人不少。這兩件事沒有完。這筆「遺產」得交給下一代。怎麼交？和平交不成就動盪中交，搞不好就「血雨腥風」了。你們怎麼辦？只有天知道。[66]

張玉鳳費了好大勁傳達他這項獨白。

六月二十六日，毛澤東第二次心臟病發作，較前次嚴重。他的狀況已經壞到無法自行進食，必須從鼻子塞進胃管餵食。華國鋒等四個政治局委員組成小組，督導醫療團隊，他們亦輪流陪伴在主席病榻旁。七月初，奧地利著名的腎臟科醫師華德．畢克馬耶（Walter Birkmayer）前來診察，但是他也無能為力，幫不了主席。[67]

毛澤東即將死了，可是即使是這種情況，他仍然試圖抓住權力。他還是要求張玉鳳讀給他聽重要公文，每天幾分鐘也好。七月六日，他接獲報告：老戰友朱德去世。他平靜以對。

他經常和小張一起觀賞台灣和香港的電影。它們可以幫助他分神，也使他可以打打瞌睡。七月二十七至二十八日夜裡，離北京不遠的唐山市發生芮氏儀七點八規模的大地震，造成二十四萬多人死亡、十六萬人以上受傷。地震之強大，連中南海都可以感覺到。毛澤東睡在游泳池館的床都震動了。當下即把他移到鄰近游泳池館、能抗地震的一棟樓房。之後，他還繼續保留看電影的習慣。

---

① 原書註：布托在記者會上說，會談進行了二十一分鐘，但中方後來說，毛澤東和這位巴基斯坦總理會面時間沒超過十分鐘。他和李光耀談話也是這麼久。

毛澤東移住的新樓房趕緊改裝，房裡裝滿醫療器材。另外為他備了一間電影間，裝了投影機和大電視。可以說毛主席在世的最後一陣子就在邊看「敵人」電影，邊用胃管鼻飼的方式度過。

九月二日，第三次心臟病發。這次最為嚴重。群醫已經束手無策，救不了他一命，可是他強大的求生意志仍不鬆懈。毛澤東一再問醫生們，他的病情有多嚴重。[68]他們試圖安慰他，其實已不抱任何希望。

九月八日晚上八點稍過，他全臉開始青紫。隔了幾分鐘，四肢失去感覺。醫生試圖從他鼻子抽出液水，但是他已無反應。到了九點十六分，他心搏加速；半小時後，血壓急降。十點十五分，他陷入昏迷。不久，即瞳孔放大，對光線沒有反應。九月九日，零點四分，他開始痙攣。兩分鐘後，已停止自己呼吸。午夜過後十分鐘，毛澤東心跳停止。這個大獨裁者、革命家、暴君，得年八十有三。

尾聲

中國人以活力充沛、工作勤勉著稱。在這個全國只有一個時間的國家，數億人於上午六點同時起床，練氣功、吃早飯，然後各自上班、上學、下田、開店去。

北京市民黎明即起，擠上地鐵、公共汽車、火車。鈴聲響起，有人騎自行車擦肩而過；比較有錢的，則坐計程車或私家車。他們喧喧鬧鬧地擠在街上，瞪著外國遊客看，也有人在天安門廣場放大風箏。

一大早起，市場就嘈嘈雜雜活動起來，無數的小餐廳傳來美食的香味。進到胡同裡，老人、老婦靜靜坐著曬太陽，小孩在附近鑽進鑽出玩。你也可以聽見小販吆喝、叫賣東西。

王府井是條主要的購物大街，最近才改為行人徒步區，這裡人潮特別洶湧。群眾熙來攘往，但是你若往南走，可以走到北京市著名的長安大街。往右轉，你會經過巨大的北京飯店，約十分鐘，就到了北京歷史中心天安門廣場。往右看，是紫禁城，往左看，就是大廣場。

首先進入眼簾的，就是一幅毛主席巨大肖像掛在從前皇宮入口——天安門——上方。他那咄咄逼人的眼神、圓圓的前額，還有下唇下方那顆痣，特別明顯。偉大的舵手寶相莊嚴。看來他已經很久與中國共產黨、中國及世界毫不相干了。他也管不了，和他一九五六年四月表達的意願相反，他的遺體並未火化，而是做了防腐處理，保留下來。它就擺放在廣場上宏偉的毛主席紀念堂中。這座白砂色建物樓高三十三・六公尺、佔地近三萬平方公尺。毛澤東的遺體擺放在中堂，水晶棺置於山東黑色花崗石做成的基座上。主席身著灰藍色外衣，覆蓋的紅旗鑲綴著榔頭和鐮刀。基座四周白色青花瓷瓶裡擺了鮮花。棺木頭部位置，白色的大理石牆上鐫著金字「偉大的領袖、導師毛澤東千古」。

中國市場經濟在一九七〇年代末、八〇年代初復興，很大一部分要歸功於毛澤東過世後「溫和派」迅速復職，尤其是鄧小平在一九七七年七月恢復權位，它也導致毛澤東被商品化。北京市各地，包括天安門，禮品店的商販，靠著毛澤東的胸章、海報、半身雕像和《毛語錄》大發觀光財。這個昔日的領袖變成歷史紀念品，在相當程度上也得助於中共新領導人對他的統治做出的評估。中國共產黨在一九八一年宣稱：「毛澤東同志是偉大的馬克思主義者，是偉大的無產階級革命家、戰略家和理論家。他雖然在『文化大革命』中犯了嚴重錯誤，但是就他的一生來看，他對中國革命的功績遠遠大於他的過失。他的功績是第一位的，錯誤是第二位的。」[1]從此以後，他們再也沒有重新修正此一評價；這一點倒也完全符合中國的文化傳統。中國人和日本人、越南人及東方其他許多民族一樣，缺乏「悔改」的觀念。對西方人而言，這是基督徒重要的聖事，沒有它，就沒有赦罪或清罪。但是對於住在天子腳下的人而言，重要的是不能丟臉。

就毛澤東這個案例來講，還有一些其他因素可以解釋此一態度。毛澤東與列寧、史達林不一樣。列寧和史達林摧毀了十月革命之前已是世界主要大國的強盛的俄羅斯；毛澤東則把中國從一個半殖民地改造成為獨立、強大的國家。他不僅是個革命家，改造了社會關係，他還是個民族英雄，實現了孫中山首開其端的反帝國主義大革命，迫使全世界尊重中國人民。他把歷經多年分裂、權力鬥爭和內戰的中國大陸統一起來。毛澤東統治期間，中國終於能夠成為世界主要地緣政治中心之一，政治上和兩大超級強國維持等距離關係，也因此吸引世界輿論更加重視中國。當然，在毛澤東統治期間，中國人民仍然貧窮，中國經濟仍然落後，但是同樣也在這段時期，中國開始以它的現在、乃至以它的過去為榮。這也是為什麼中國人民忘不了「偉大的舵手」。

毛澤東不只帶給中國人民族解放，也帶來社會勞苦。他以及他領導的中國共產黨，透過欺騙和暴力，把極權的社會主義強加在苦難已久的中國人民身上，逼迫他們墜入血腥的社會實驗深淵。數億人的生活因此吃盡苦頭，數千萬人更因飢荒和鎮壓而死於非命。整個世代在孤絕於世界文化之下成長。毛澤東對人類犯下的罪行，絕不亞於史達林和二十世紀其他獨裁者的邪惡行徑。他罪行的規模甚至還更大。

可是，毛澤東的極權主義還是與俄國布爾什維克主義的理論家、實踐家不一樣。他的性格更加複雜、多樣、駁雜。他的疑心病和背信忘義絕不遜於史達林，但是他沒有史達林那麼殘酷無情。他幾乎一輩子——即使在文化大革命期間——的黨內鬥爭中，都遵行「治病救人」的原則，強迫他真實的或想像的對手承認「罪過」，但沒判他們死刑。這正是為什麼「溫和派」雖一再有人遭到整肅，在他去世後又能站起來、掌握權力的緣故。毛澤東沒有治癒鄧小平及其支持者的「病」，但是他也沒把他們殺掉。他甚至也沒有下令殺掉劉少奇，這位中華人民共和國主席是被憤怒的紅衛兵逼死的。而且，毛澤東也沒有對舊日敵人報復。他沒有殺博古、周恩來、任弼時、張國燾，甚至也沒殺王明。他在逼他們做了自我批評後，試圖與他們找出共同語言。換句話說，他逼他們「丟臉」，但讓他們保住權位。

凡此種種，毛澤東是道道地地的中國領導人和思想家，能把外國布爾什維克主義的原則，不僅和中國革命的實務結合起來，也和中國傳統結合起來。

一個有才能的中國政客、歷史學家、詩人、哲學家、權傾一時的獨裁者、活躍的組織家、手段高明的外交官、烏托邦社會主義者、全世界人口最大國家的元首，同時也是一個不屈不撓的革命家、一心一意要改造數億人的生活方式和意識的民族革命的英雄、雙手沾血的社會改造者——歷史將這樣記載毛澤東。他一生波濤壯闊，不能以單一意義來形容他。

這也是為什麼他安息在中國中心一座皇帝陵寢，而且廣場高掛著他的巨幅肖像。他還會在那裡很長一段時間，或許永遠在那裡也不一定。本質上，毛澤東現象反映出中國在二十世紀複雜、矛盾的軌跡，反映出這個社會、經濟落後的東方大國，與過去徹底決裂，在八十年之內走向現代的軌跡。

毛澤東的成就不容爭辯。他的過錯和罪行也不容否認。然而，中國人把他們對毛澤東專制獨裁的社會主義之憤怒，統統傾瀉到偉大舵手的親密戰友身上。他太太在主席故世一個月後，被華國鋒「出賣」，遭到逮捕。江青和文化大革命其他領導人於一九八〇年底、一九八一年初出庭應訊。江青不認罪，她向全世界高聲否認：「我做的一切，都是毛主席要我做的。我是毛主席的一條狗，毛主席叫我咬誰我就咬誰。」[2]她被判處死刑、緩刑兩年。張春橋刑罰相同。其他的左派領導人王洪文、姚文元和陳伯達，刑期分別是無期徒刑、二十年和十八年。[3]隔了兩年，江青和張春橋的死刑改判為無期徒刑。

江青坐牢坐到一九八四年五月初，後改為在家軟禁。但是，一九八九年，學生示威在天安門廣場受到鎮壓後，她又被關進大牢，這回是因為她批評鄧小平殺害學生。可是，不久她就出獄，關押在北京東北區一戶兩層樓洋房裡。一九九一年三月中旬，因為健康惡化，江青被送進公安部管理的一家醫院。或許是厭倦無意義的苟活，一九九一年五月十四日夜裡，她以毛巾結繩，在醫院浴室上吊自殺。她的遺書寫著：「主席，我愛您！您的學生和戰士來看您來了。」[4]

毛澤東的前妻賀子珍一九八四年四月十九日於上海過世。他唯一在世的兒子毛岸青二〇〇七年三月二十三日死於北京。毛澤東的女兒李敏、李訥，今天還活著，住在北京。毛澤東的子女早已各生子女。毛岸青和李訥生下兒子，李敏有一兒一女。毛澤東的侄女毛遠志和毛遠新也都有子女。孫兒女輩皆已長大成人，其中之一是直系血胤——毛冬東，即毛岸青的孫子。他已經九歲，而且湊巧生在二〇〇三年十二月二十六日，即曾祖父一百一十歲冥誕之日。

他們周遭一片新氣象。中國社會已在快速現代化。許多中國青年吸收科技新知；他們經商，也到國外就學。毛澤東的後嗣也不例外。李敏的女兒孔東梅二〇〇一年五月在美國拿到文學碩士學位。李敏的兒子孔繼寧則是商人。

後毛澤東時期的改革派今天俱已逝去，可是中國繼續向前走。社會實驗的時期俱往矣。中國正在發展混合經濟的新社會。這個大國的面貌以驚人的速度在改變中。毛澤東過世後開始的改革，刺激中國人民各種活潑旺盛的活動。毛澤東思想對中國政治及意識型態生活的影響，迄今仍很強大，但是這些改革的成功，預示著它們不會持續太久了。

★

文化大革命開始時，毛澤東給了江青一封信，表示歡迎「天下大亂」。當時，他寫說：

> 我是自信、又有些不自信。我少年時曾說過：「自信人生二百年，會當水擊三千里。」可見神氣十足了，但又不很自信，總覺得山中無老虎，猴子稱大王，我就變成這樣的大王了。但也不是折中主義，在我身上有些虎氣，是為主，也有些猴氣，是為次。我曾舉了後漢人李固寫給黃瓊信中的幾句話：「嶢嶢者易折，皎皎者易汙，陽春白雪，和者蓋寡，盛名之下，其實難副。」這後兩句，正是指我。[5]

毛澤東的自我分析是否正確？或者他又在耍花樣？或者他是和太太分享他最深層的秘密？我們不知道。主席早已經去見馬克思了。

附錄一
毛澤東年表

一八九三年十二月二十六日——毛澤東（家中次子，又名潤之）生於湖南省湘潭縣韶山沖；父毛貽昌、母文七妹。
一九一三年春至一九一八年六月——在長沙省立第四（後改為第一）師範學校就讀。
一九一八年四月——參加組織「新民學會」。
一九一八年十月至一九一九年三月——在北京大學圖書館當助理，首度接觸馬列主義。
一九二一年一月一日至三日——在長沙成立共產主義組織。
一九二一年七月二十三日至三十一日——以湖南代表身分在上海及嘉興參加中國共產黨第一次全國代表大會。
一九二三年六月十二日至二十日——在廣州參加中國共產黨第三次全國代表大會，當選為中央執行委員會委員，並出任中執會秘書、組織部部長。三大之後，遵循統一戰線政策，他加入國民黨。
一九二四年一月二十日至三十日——在廣州參加中國國民黨第一次全國代表大會，當選國民黨中央執行委員會候補委員。
一九二五年二月至八月——請病假回家休養，領導韶山及鄰近村莊貧農及貧民運動。
一九二五年十月至一九二六年五月——在廣州擔任國民黨中執會宣傳部代理部長。主編國民黨刊物《政治週刊》。
一九二七年一月四日至二月五日——在湖南進行農民運動調查研究，後來主張激進的農民革命。

一九二七年四月十二日——蔣介石在上海及華東其他地區發動血腥的白色恐怖。
一九二七年四月二十七日至五月九日——在武漢參加中國共產黨第五次全國代表大會，當選為中央候補委員。
一九二七年七月十五日——國民黨左派領導人汪精衛打破與共產黨的統一戰線。
一九二七年八月七日——在漢口參加中共中央緊急會議，當選為中央臨時政治局候補委員。
一九二七年九月九日至十九日——在湖南東部組織共產黨暴動，失敗後，前往湘、贛邊界井岡山的高山地區，在地方土匪協助下，建立第一個蘇區。
一九二八年四月二十日或二十一日——朱德的部隊與毛澤東的部隊在湘南會師，隨即打出中華工農革命軍第四軍團的番號。一九二八年六月，毛澤東組建紅軍。
一九二八年六月十八日至七月十一日——中國共產黨第六次全國代表大會，毛澤東雖未出席，仍當選為中央委員。
一九二九年一月至二月——率領部隊進入江西和福建邊境地區。
一九三〇年——毛澤東成為紅一方面軍總政委，兩度攻打長沙。
一九三〇年九月——在上海的中央擴大全會上，當選為政治局候補委員。
一九三〇年十月——在贛南建立游擊根據地，稱為「中央蘇區」。
一九三〇年十二月——發動「富田事件」。
一九三〇年底至一九三一年九月——毛澤東部隊三次擊退蔣介石針對中央蘇區的剿匪之役。
一九三一年十一月七日至二十日——毛澤東在瑞金主持第一屆中華蘇維埃大會，當選為中華蘇維埃共和國中央執行委員會主席及人民委員會主席。
一九三一年至一九三二年——受到中共中央攻擊，被剝奪掉在紅軍的一切職務。
一九三三年二月至一九三四年十月——中央蘇區紅軍對抗蔣介石部隊的第四次及第五次圍剿。
一九三四年一月十五日至十八日——在莫斯科堅持下，他在中共中央擴大全會上由政治局候補委員遞升為委員。
一九三四年一月二十二日至二月一日——參加第二屆中華蘇維埃大會工作，當選連任中華蘇維埃共和國中央執行委員會主席，但被拔掉人民委員會主席職務。
一九三四年十月——和紅軍部隊展開長征。
一九三五年一月十五日至十七日——在遵義參加政治局擴大會議。他批評黨和軍的領導。當選為政治局常務委員，並被任命為紅軍總政委的副手。
一九三五年三月四日——被任命為紅軍前敵政委。
一九三五年七月至八月——史達林開始推動毛澤東個人崇拜。
一九三五年九月至一九三六年十一月——與張國燾分裂，張國燾另立中央。
一九三五年十月——完成長征。毛澤東開始在陝北建立蘇區。
一九三七年七月——日本發動全面侵華戰爭。
一九三七年九月二十二日至二十三日——與國民黨成立第二次統一戰線。
一九三八年七月——共產國際執委會總書記季米特洛夫傳達給中共中央，莫斯科決定承認毛澤東為中國人民的領導人。共產國際堅持中國共產黨團結在毛澤東四周。
一九三九年十二月至一九四〇年一月——提出新民主主義理論。
一九四二年二月——展開黨內大規模整肅的「整風」運動。
一九四五年四月二十三日至六月十一日——在延安主持中國共產黨第七次全國代表大會。大會通過新黨章，宣稱「毛澤東思想」「指導整個工作」。他當選為中央委員。七屆一中全會上，被推為中央委員會主席、政治局主席，以及中央書記處主席。
一九四五年八月十四（十五）日——日本投降。
一九四五年八月底至十月中旬——到重慶與蔣介石及國民黨其他領導人進行和談。
一九四六年六月——與國民黨重啟內戰。
一九四九年一月三十一日——解放軍進入北平（今北京）。

一九四九年九月三十日——當選為中央人民政府主席。
一九四九年十月一日——宣布中華人民共和國建政。
一九四九年十二月十六日至一九五〇年二月十七日——前往蘇聯正式訪問，與史達林進行談判，簽訂中蘇友好同盟互助條約。
一九五〇年六月——展開新民主主義農業改革。
一九五〇十月十九日——派解放軍部隊到朝鮮，參加對抗聯合國部隊的戰爭。
一九五三年一月——開始推行第一個五年計劃。
一九五三年夏天——提出以蘇聯模式建設社會主義的黨的總路線。
一九五三年至一九五四年——編造高崗、饒漱石事件。
一九五四年九月十五日至二十八日——主持第一屆全國人民代表大會第一次會議，通過中華人民共和國憲法。當選為中華人民共和國主席。
一九五五年至一九五六年——農業、工業及商業社會主義改造。
一九五六年四月二十五日——在政治局擴大會議發表〈論十大關係〉講話，對中共關於社會主義建設有別於蘇聯模式的新政策奠下基礎。
一九五七年二月二十七日——在最高國務會議發表〈論正確處理人民內部矛盾〉的講話，提出「百花齊放、百家爭鳴」運動。這項運動旋即於六月八日叫停，展開對「右派資產階級分子」的鬥爭。
一九五八年二月十八日——在政治局擴大會議上宣布以「多、快、好、省」政策作為黨的社會主義建設之新的總路線。三個月後，中共八大二次會議確認這項政策。大躍進正式開始。
一九五八年十一月至十二月——向中共中央全會提出要求，希望交卸中華人民共和國主席職務。四個月後，他的要求經中央全會同意、全國人民代表大會通過。劉少奇繼任中華人民共和國主席。
一九五九年七月二日至八月十六日——主持政治局及中央全會廬山擴大會議。針對批評大躍進的彭德懷及其支持者發動鬥爭。

一九六〇年四月——中共與蘇共公開展開論戰。

一九六一年春天——毛澤東退居「第二線」，把中共中央日常領導工作移交給「溫和派」劉少奇。劉少奇推行「調整」政策。

一九六二年一月至二月——七千名幹部到北京舉行中央擴大會議，毛澤東的政策受到批評。他也做了自我批評。

一九六二年七月——回到「第一線」，發動對黨內「溫和派」的鬥爭。

一九六五年十一月十日——在他授意下，上海《文匯報》登出姚文元批評吳晗歷史劇《海瑞罷官》的文章。

一九六六年五月十六日——在毛澤東授意下，政治局擴大會議以中共中央名義通過一份告全國黨組織的公告，號召全黨高舉無產階級文化大革命的大旗。

一九六六年八月五日——寫下大字報〈砲打司令部〉，指示紅衛兵攻擊黨內最高階層的「溫和派」。

一九六六年八月至十一月——在天安門廣場接見紅衛兵集會遊行。

一九六七年二月——一群政治局委員站出來反對文化大革命。

一九六七年五月至七月——武漢發生針對紅衛兵極端分子的群眾騷亂。

一九六八年七月三日——要求立即停止紅衛兵過當行動。接下來兩個月，解放軍出動，恢復秩序。

一九六九年三月二日至十五日——中、蘇邊防部隊在珍寶島發生武裝衝突。

一九七〇年八月二十三日至九月六日——中共中央在廬山召開會議，毛澤東對林彪及其部屬展開打擊。

一九七一年九月十三日——林彪夫妻及兒子搭機出亡，飛機墜毀在蒙古人民共和國境內。機上人員全部身亡。

一九七一年十月二十五日——中華人民共和國成為聯合國會員國。

一九七一年秋天——毛澤東病情嚴重，醫師診斷為充血性心臟衰竭。

一九七二年二月二十一日——接見來華正式訪問的美國總統尼克森，進行六十五分鐘的「哲學討論」。

一九七二年二月二十八日——中、美在上海發表聯合公報，象徵兩國往關係正常化發展。

一九七四年一月——毛澤東因白內障雙眼失明。
一九七四年二月——提出「三個世界」理論。
一九七四年夏天——醫生診斷他得了盧・賈里格氏症（肌萎縮性脊髓側索硬化症）。
一九七六年一月——周恩來去世。他任命華國鋒為國務院代理總理，並將中共中央日常領導工作委付給華國鋒。
一九七六年三月十九日至四月五日——天安門廣場出現示威集會。中國公民對周恩來去世表達哀思。政治局派出公安取締，驅散民眾。毛澤東支持鎮壓「反革命動亂」。
一九七六年四月七日——派華國鋒為中共中央第一副主席及國務院總理。
一九七六年九月九日零時十分——毛澤東過世。

附錄二

系譜

父母親

父（毛氏第十九代「貽」字輩）——毛貽昌（一八七〇年十月十五日生、一九二〇年一月二十三日歿）

母——文七妹（一八六七年二月十二日生、一九一九年十月五日歿）

妻室

第一任妻子——羅一姑（一八八九年十月二十日生、一九一〇年二月十一日歿）。於一九〇七年底或一九〇八年初結婚。

第二任妻子——楊開慧（一九〇一年十一月六日生、一九三〇年十一月十四日歿）。於一九二〇年十二月結婚。

第三任妻子——賀子珍（一九〇九年九月生、一九八四年四月十九日歿）。於一九二八年五月二十五或二十六日結婚。

第四任妻子——江青（一九一四年三月生、一九九一年五月十四日歿）。於一九三九年十一月十九日結婚。

子女

第一個子女（第二任妻子所生）——兒子毛岸英（毛氏第二十一代「遠」字輩）（一九二二年十月二十四日生、一

九五〇年十一月二十五日歿）

毛岸英的妻子——劉思齊，後來改名劉松林（一九三〇年三月二日生）。於一九四九年十月十五日結婚。

第二個子女（第二任妻子所生）——兒子毛岸青（毛氏第二十一代「遠」字輩）（一九二三年十一月十三日生、二〇〇七年三月二十三日歿）。

毛岸青的妻子——張少華，後來改名邵華（一九三八年十月三十日生、二〇〇八年六月二十四日歿）。於一九六〇年結婚（譯按：本名陳安雲，和劉松林是同母異父姐妹）。

第三個子女（第二任妻子所生）——兒子毛岸龍（毛氏第二十一代「遠」字輩）（一九二七年四月四日生、一九三一年五月歿）。

第四個子女（第三任妻子所生）——女兒毛金花（一九二九年五月底生、卒年不詳）。

第五個子女（第三任妻子所生）——兒子毛岸紅（毛氏第二十一代「遠」字輩）（一九三二年十一月初生、卒年不詳）。

第六個子女（第三任妻子所生）——兒子（毛氏第二十一代「遠」字輩）（一九三三年秋末或初冬生、卒年不詳）。

第七個子女（第三任妻子所生）——女兒（一九三五年二月生、卒年不詳）。

第八個子女（第三任妻子所生）——女兒嬌嬌；毛澤東後來替她改名李敏（一九三七年一月生）。

李敏的丈夫——孔令華（一九三四年生、一九九九年一月二十日歿）。於一九五八年八月二十九日結婚。

第九個子女（第三任妻子所生）——兒子李歐瓦（Lyova）（毛氏第二十一代「遠」字輩）（一九三八年四月六日生、一九三八年十二月歿）。

第十個子女（第四任妻子所生）——女兒李訥（一九四〇年八月三日生）。

李訥的第一任丈夫——徐寧（生、卒年月不詳）。於一九七〇年結婚，於一九七四年或一九七六年離異。

李訥的第二任丈夫——王景清（一九三二年生）。於一九八四年初結婚。

孫兒女輩

孫兒（毛岸青所生）——毛新宇（毛氏第二十二代「世」字輩）（一九七〇年一月十七日生）。①

毛新宇的第一任妻子——郝明莉（一九七二年一月生、二〇〇三年十二月二十九日歿）。於一九九七年十二月七日結婚。婚姻結束於二〇〇二年五月。②

毛新宇的第二任妻子——劉濱（一九七七年初生）。於二〇〇二年結婚。

外孫兒（李敏所生）——孔繼寧③（一九六二年十月二十七日生）。

孔繼寧的妻子——沈蓉（出生日、結婚日不詳）。

外孫女（李敏所生）——孔東梅④（一九七二年生）。

外孫兒（李訥和徐寧所生）——徐小寧。李訥和徐寧離婚後，改名李小寧⑤，但是李訥一九八四年再嫁王景清後，他又改名王效芝⑥，（一九七二年生）。

王效芝的妻子——於二〇〇七年結婚。

曾孫兒女輩

曾孫（毛新宇和劉濱所生）——毛冬東，後改名毛東東，因為李訥覺得「冬東」這個名字太「冷」（毛氏第二十三

---

① 原書註：名字為毛澤東所取，他並不想按照宗族系譜排輩給孫子命名。大體上，共產黨掌政後，中國人依系譜排輩命名的傳統即已消失。很長一段時間，毛澤東家人把這小孩稱作「毛毛」。這也是毛澤東和賀子珍所生的兒子毛岸紅的小名。

② 原書註：郝明莉死於秦城監獄。二〇〇二年她聽說毛新宇想和她離婚後和他大吵，同年五月即被關進監獄。（編註：原書記郝明莉死於「江西」秦城監獄，此為誤記，該監獄位於北京。）

③ 原書註：名字由毛澤東和小孩的祖父所取。

④ 原書註：毛澤東為她取名。取自己名字的「東」，加上他一生喜愛的「梅」花。

⑤ 編註：原書誤植拼音為Li Xiaoyu。

⑥ 原書註：名字為李訥所取。

代「代」字輩）（二〇〇三年十二月二十六日生）。

外曾孫女（孔東梅所生）——（二〇〇五年生）。

外曾孫（孔東梅所生）——（二〇〇七年十月生）。

弟弟（毛氏第二十代「澤」字輩）

弟弟——毛澤民（一八九六年四月三日生、一九四三年九月二十七日歿）。

毛澤民的第一任妻子——王淑蘭（一八九六年二月五日生、一九六四年七月七日歿）。於一九一九年或一九二〇年結婚。

毛澤民的第二任妻子——錢希鈞（一九〇五年生、一九八九年九月十一日歿）。於一九二六年結婚。

毛澤民的第三任妻子——朱旦華（一九一一年十二月二十六日生、二〇一〇年五月二十九日歿）。於一九四〇年五月結婚。

弟弟——毛澤覃（一九〇五年九月二十五日生、一九三五年四月二十五日歿）。

毛澤覃的第一任妻子——趙先桂（一九〇五年九月五日生、一九三三年六月歿）。於一九二四年結婚。

毛澤覃的第二任妻子——周文楠（一九一〇年十月生、一九九二年九月歿）。於一九二六年底結婚。

毛澤覃的第三任妻子——賀怡（一九一〇年生、一九四九年十一月二十二日歿）。於一九三一年七月二十日結婚。

堂妹

堂妹——毛澤建（一九〇五年十月生、一九二九年八月二十日歿）。為毛貽昌及文七妹之養女。

毛澤建的第一任丈夫——於一九一九年結婚（？）。婚姻結束於一九二〇年。

毛澤建的第二任丈夫——陳芬（一九〇三年生、一九二八年五月一日歿）。於一九二五年結婚。

照片來源

本書的照片來源如下，感謝北京文物出版社的副主任及編輯Mr. Geng Bao、俄羅斯社會暨政治史國家檔案館副館長Dr. Valerii N. Shepelev，以及Dr. Daria A. Spichak同意本書重製並使用這些照片。

中國革命博物館編，《紀念毛澤東》（北京：文物出版社，一九八六年）：

1. 毛貽昌；2. 文七妹；3. 韶山沖老家；4. 毛澤東出生的房間；5. 毛澤東第一張照片；6. 楊昌濟；8. 陳獨秀；10. 蘇區中央局委員；11. 一九三七年中共領導人；14. 楊開慧；17. 毛岸英；19. 李敏；20. 李訥；21. 國共談判；23. 中華人民共和國成立；24. 毛澤東在天安門；25. 毛澤東與史達林

俄羅斯社會暨政治史國家檔案館（Russian State Archive of Social and Political History）：

7. 李大釗；12. 中共中央六大擴大會議主席團；13. 毛澤東在閱讀；15. 毛澤東和賀子珍；16. 江青；18. 毛岸青；22. 王稼祥、劉少奇和高崗；26. 赫魯雪夫、毛澤東和布加寧；27. 長江游水；28. 周恩來、毛澤東和林彪；29. 紅衛兵；31. 毛澤東和鄧小平；32. 毛澤東逝世

Dr. Daria A. Spichak（The Russian Higher School of Economics）所攝：

9. 中國共產黨第一次全國代表大會

National Security Archive（http://www.gwu.edu/~nsarchiv/NSAEBB/NSAEBB145/index.htm）：

30. 毛澤東和尼克森

尾聲

1. *Resolution on CPC History (1949-81)* (Beijing: Foreign Languages Press, 1981), 56.
2. 引自 Terrill, *Madam Mao*, 9.
3. *A Great Trial in Chinese History*, 128.
4. 引自 Terrill, *Madam Mao*, 353.
5. Borisov and Titarenko, *Vystupleniia Mao Tsze-duna, ranee ne publikovavshiesia v kitaiskoi pechati* (Mao Zedong's Speeches Previously Unpublished in the Chinese Press), series 6, 212-13, 214.

46. 同前註，99; *Lichnoe delo Mao Tszeduna* (Personal File of Mao Zedong), RGASPI, collection 495, inventory 225, file 71, vol. 7, sheet 170; *A Great Trial in Chinese History*, 49-50.
47. 同前註，159。
48. 同前註，47。
49. 引自逄先知、金冲及編，《毛澤東傳》（一九四九至一九七六年），卷2，1704。
50. 引自鄧榕，《鄧小平與文化大革命》，282 -83。
51. 同前註，300。
52. 見逄先知、金冲及編，《毛澤東傳》（一九四九至一九七六年），卷2，1739。
53. 詳情見郭金榮根據孟錦雲回憶錄所寫的書：郭金榮，《走進毛澤東的最後歲月》（北京：中共黨史出版社，2009）。
54. 引自鄧榕，《鄧小平與文化大革命》，353。
55. *History of the Chinese Communist Party—A Chronology of Events*, 373.
56. 見*Rethinking the "Cultural Revolution"* (Beijing: Foreign Languages Press, 1987), 22-23; 嚴家其和高臯，《文化大革命十年史》，553。
57. 引自*History of the Chinese Communist Party—A Chronology of Events*, 375.
58. 引自鄧榕，《鄧小平與文化大革命》，398。
59. 引自逄先知、金冲及編，《毛澤東傳》（一九四九至一九七六年），卷2，1778。
60. 見同前註，1745-1746；李志綏，《毛澤東私人醫生回憶錄》，601-2, 604-5。
61. Zhang, "Neskol'ko shtrikov k kartine poslednikh let zhizni Mao Tszeduna, Chzhou En'laia" (Some Brushstrokes Toward a Picture of the Last Years of Mao Zedong and Zhou Enlai), 98.
62. 同前註，102。
63. *Lichnoe delo Mao Tszeduna* (Personal File of Mao Zedong), RGASPI, collection 495, inventory 225, file 71, vol. 6, sheet 114.
64. 同前註，sheet 107。
65. 同前註，sheet 201。另見逄先知、金冲及編，《毛澤東傳》（一九四九至一九七六年），卷2，1778。
66. 逄先知、金冲及編，《毛澤東傳》（一九四九至一九七六年），卷2，1781-82。略為不同的翻譯，見Barnouin and Yu, *Ten Years of Turbulence*, 291; Michael Schoenhals, ed., *China's Cultural Revolution, 1966-1969: Not a Dinner Party* (Armonk, NY: M. E. Sharpe, 1996), 293.
67. 見*Lichnoe delo Mao Tszeduna* (Personal File of Mao Zedong), RGASPI, collection 495, inventory 225, file 71, vol. 6, sheet 81.
68. 見李志綏，《毛澤東私人醫生回憶錄》，614、618、624；李敏，《我的父親毛澤東》，296-97。

Beijing and Moscow (New York: New Press, 1998), 60.

21. 同前註。
22. Nixon, *RN*, 561-64; Burr, *The Kissinger Transcripts*, 65.
23. 引自Kissinger, *White House Years*, 1492.
24. 見Westad, "77 Conversations Between Chinese and Foreign Leaders on the Wars in Indochina," 179-82.
25. 李志綏，《毛澤東私人醫生回憶錄》，566、569。
26. 見廖蓋隆編，《毛澤東百科全書》，卷6，3249。
27. 見Barnouin and Yu, *Ten Years of Turbulence*, 249.
28. 引自鄧榕，《鄧小平與文化大革命》，209。
29. 引自*History of the Chinese Communist Party—A Chronology of Events*, 358.
30. Borisov and Titarenko, *Vystupleniia Mao Tsze-duna, ranee ne publikovavshiesia vkitaiskoi pechati* (Mao Zedong's Speeches Previously Unpublished in the Chinese Press), series 6, 283.
31. Vremia novostei (News hour), August 23, 2004.
32. 引自*History of the Chinese Communist Party—A Chronology of Events*, 360.
33. Jin Qiu, *The Culture of Power*, 78.
34. The Analects of Confucius, 57.
35. 見《中國共產黨第十次全國代表大會檔匯編》（北京：人民出版社，1973）；*The Tenth National Congress of the Communist Party of China* (Documents) (Beijing: Foreign Languages Press, 1973); *Lichnoe delo Mao Tszeduna* (Personal File of Mao Zedong), RGASPI, collection 495, inventory 225, file 71, vol. 6, sheets 257-60.
36. 見Burr, *The Kissinger Transcripts*, 166-216; 力平、馬芷蓀編，《周恩來年譜》（一九四九至一九七六年），卷3，632-34; Gao Wenqian, *Zhou Enlai. The Last Perfect Revolutionary. A Biography*, trans. Peter Rand and Lawrence R. Sullivan (New York: PublicAffairs, 2007), 239-42.
37. Burr, *The Kissinger Transcripts*, 205.
38. 引自Gao, *Zhou Enlai*, 241.
39. 鄧榕，《鄧小平與文化大革命》，255-56。
40. 見廖蓋隆編，《毛澤東百科全書》，卷6，3253。
41. Kissinger, *White House Years*, 1058.
42. 李志綏，《毛澤東私人醫生回憶錄》，581-82。
43. 見Mao, *Mao Zedong on Diplomacy*, 454. 自從一九六三年秋天以來，這個概念即在他腦海裡醞釀。見同前註，387-88。
44. 見*History of the Chinese Communist Party—A Chronology of Events*, 363.
45. Zhang, "Neskol'ko shtrikhov k kartine poslednikh let zhizni Mao Tszeduna, Chzhou En'laia" (Some Brushstrokes Toward a Picture of the Last Years of Mao Zedong and Zhou Enlai), 81.

44. 李志綏，《毛澤東私人醫生回憶錄》，552。

第三十六章　赤皇駕崩

1. Fyodor Dostoevsky, *The Brothers Karamazov*, trans. Constance Garnett (New York:Modern Library, 1996), 350, 353.
2. Borisov and Titarenko, *Vystupleniia Mao Tsze-duna, ranee ne publikovavshiesia vkitaiskoi pechati* (Mao Zedong's Speeches Previously Unpublished in the Chinese Press), series 6, 280. 另見毛澤東一九七五年六月二十一日與赤色高棉(Khmer Rouge)領袖波帕(Pol Pot)的談話紀錄，收在Westad, "77 Conversations Between Chinese and Foreign Leaders on the Wars in Indochina," 191.
3. Henry A. Kissinger, *White House Years* (Boston: Little, Brown, 1979), 699.
4. Borisov and Titarenko, *Vystupleniia Mao Tsze-duna, ranee ne publikovavshiesia vkitaiskoi pechati* (Mao Zedong's Speeches Previously Unpublished in the Chinese Press), series 6, 270.
5. 引自Kissinger, *White House Years*, 164.
6. Richard Nixon, *RN: The Memoirs of Richard Nixon* (New York: Grosset & Dunlap, 1978), 546.
7. Kissinger, *White House Years*, 700-702.
8. Snow, *The Long Revolution*, 171, 172. 另見毛澤東，《毛澤東文集》，卷8，436-37。
9. Edgar Snow, "A Conversation with Mao Tse-tung," *Life*, April 30, 1971, 46-48.
10. 引自力平、馬芷蓀編，《周恩來年譜》（一九四九至一九七六年），卷2，451。另見*The Analects of Confucius*, 3; Kissinger, *White House Years*, 708-10; 李志綏，《毛澤東私人醫生回憶錄》，558；廖蓋隆編，《毛澤東百科全書》，卷1，36。
11. Westad, "77 Conversations Between Chinese and Foreign Leaders on the Wars in Indochina," 175.
12. Kissinger, *White House Years*, 163, 755.
13. Nixon, *RN*, 544.
14. 李志綏，《毛澤東私人醫生回憶錄》，563。
15. Nixon, *RN*, 560.
16. Kissinger, *White House Years*, 1058.
17. Zhang Yufeng, "Neskol'ko shtrikhov k kartine poslednikh let zhizni Mao Tszeduna, Chzhou Enlaia" (Some Brushstrokes Toward a Picture of the Last Years of Mao Zedong and Zhou Enlai), in Yu. N. Galenovich, ed., *Smert' Mao Tszeduna* (The Death of Mao Zedong) (Moscow: Izd-vo "Izograf," 2005), 89.
18. 引自Nixon, *RN*, 560.
19. Kissinger, The *White House Years*, 1059.
20. Nixon, RN, 561-62. 另見William Burr, ed., *The Kissinger Transcripts: The Top Secret Talks with*

file 71, vol. 7, sheet 211.

19. 李志綏，《毛澤東私人醫生回憶錄》，453、454。
20. 引自 Jin Qiu, *The Culture of Power*, 147.
21. 同前註，129。
22. 引自同前註，121。
23. 吳法憲未出版的回憶錄在他女兒的專書裡有大量摘錄。見 *The Culture of Power: The Lin Biao Incident in the Cultural Revolution*, published by Stanford University Press in 1999.
24. 引自 Jin Qiu, *The Culture of Power*, 122。
25. 同前註，101、117。
26. 同前註，123。
27. 同前註，131。
28. 見巢峰，《文化大革命詞典》，404；嚴家其和高皋，《文化大革命十年史》，312-22。
29. Michael Y. M. Kau ed., *The Lin Piao Affair: Power Politics and Military Coup* (White Plains, NY: International Arts and Sciences Press, 1975), 81.
30. 見 *A Great Trial in Chinese History: The Trial of the Lin Biao and Jiang Qing Counter- Revolutionary Cliques, Nov. 1980-January 1981* (Oxford: Pergamon Press, 1981), 24-25; 李志綏，《毛澤東私人醫生回憶錄》，540。
31. 見 "Outline of 'Project 571,' " 收在高英茂編，The Lin Piao Affair, 88.
32. 同前註，83、85。
33. Schram, *Chairman Mao Talks to the People*, 295.
34. 引自 Jin Qiu, *The Culture of Power*, 134.
35. 同前註，135。
36. 李志綏，《毛澤東私人醫生回憶錄》，533。
37. Schram, *Chairman Mao Talks to the People*, 290-99. 另見 *Lichnoe delo Mao Tszeduna* (Personal File of Mao Zedong), RGASPI, collection 495, inventory 225, file 71, vol. 7, sheet 286-94.
38. Jin Qiu, *The Culture of Power*, 173-80, 186；李志綏，《毛澤東私人醫生回憶錄》，534-37。
39. 李志綏，《毛澤東私人醫生回憶錄》，537、538。
40. 見 V. Skosyrev, "Golovu Lin Biao general KGB privez v Moskvu" (A KGB General Brought Lin Biao's Head to Moscow), *Izvestiia* (News), February 17, 1994.
41. 見 *A Great Trial in Chinese History*, 89-100, 216; 巢峰，《文化大革命詞典》，405; Jin Qiu, *The Culture of Power*, 237；嚴家其和高皋，《文化大革命十年史》，343-45。
42. 本書作者潘佐夫二○○四年十月三十一日在北京訪問某位市民的紀錄。根據另一個消息來源，事隔五至十天，才把此一事件通報黨內高階幹部。見鄧榕，《鄧小平與文化大革命》，182。
43. 見 Barnouin and Yu, *Ten Years of Turbulence*, 252-53.

外交部，"Meeting between Zhou Enlai and Kosygin at the Beijing Airport," http://www.fmprc.gov.cn/eng/5691.html.

第三十五章　五七一工程疑雲

1. 見Snow, *The Long Revolution*, 4, 89, 168, 170, 194, 219, 220; "Statement of Edgar Snow," RGASPI, collection 495, inventory 225, file 71, vol. 6, sheet 379; 毛澤東，《毛澤東文集》，卷8，400。
2. 見Snow, *The Long Revolution*, 89.
3. 李志綏，《毛澤東私人醫生回憶錄》，105。
4. Rakhmanin, *Vzaimnootnosheniia mezhdu I. V. Stalinym i Mao Tszedunom glazamiochevidtsa* (Relations between J. V. Stalin and Mao Zedong through the Eyes of an Eyewitness), 80, 81.
5. 引自Thomas, *A Season of High Adventure*, 326; 李志綏，《毛澤東私人醫生回憶錄》，120.
6. Snow, *The Long Revolution*, 175.
7. *Lichnoe delo Mao Tszeduna* (Personal File of Mao Zedong), RGASPI, collection 495, inventory 225, file 71, vol. 6, sheet 440.
8. *Lichnoe delo Lin Biao* (Personal File of Lin Biao), RGASPI, collection 495, inventory 225, file 53, vol. 1, sheets 197-200, 204-6.
9. 見*IX Vsekitaiskii s"ezd Kommunisticheskoi partii Kitaia (dokumenty)* (Ninth Congress of the Communist Party of China [Documents]) (Beijing: Izdatel'sto literatury na inostrannykh iazykakh, 1969), 102-3.
10. 引自汪幸福，《林氏三兄弟》，314。
11. Lin Biao, "Avtobiografiia" (Autobiography), RGASPI, collection 495, inventory 225, file 53, vol. 1, 197-200, sheets 204-6.
12. 見*Lichnoe delo Lin Biao* (Personal File of Lin Biao), 同前註，201。
13. Borisov and Titarenko, *Vystupleniia Mao Tsze-duna, ranee ne publikovavshiesia vkitaiskoi pechati* (Mao Zedong's Speeches Previously Unpublished in the Chinese Press), series 6, 212, 213.
14. 見George Urban, ed., *The Miracles of Chairman Mao: A Compendium of Devotional Literature 1966-1970* (Los Angeles: Nash, 1971); *Lichnoe delo Mao Tszeduna* (Personal File of Mao Zedong), RGASPI, collection 495, inventory 225, file 71, vol. 5, sheets 267-77.
15. 見*Lichnoe delo Lin Biao* (Personal File of Lin Biao), RGASPI, collection 495, inventory 225, file 53, vol. 1, sheets 167, 177.
16. 同前註，sheet 178。
17. 本書作者潘佐夫二〇〇四年十月三十一日在北京訪問林立衡（豆豆）的紀錄。
18. *Lichnoe delo Mao Tszeduna* (Personal File of Mao Zedong), RGASPI, collection 495, inventory 225,

二傷和一人失蹤。根據蘇方資料來源，中方死了八百人。見*Geroi ostrova Damanskii* (Heroes of Damansky Island) (Moscow: Molodaia gvardiia, 1969); Krivosheev, *Grif sekretnosti sniat* (The Stamp of Secrecy Is Removed), 398; Christian F. Ostermann, "East German Documents on the Border Conflict, 1969," *CWIHP Bulletin*, nos. 6-7 (1995/1996): 188-90; Michael Clodfelter, *Warfare and Armed Conflict: A Statistical Encyclopedia of Casualty and Other Figures, 1494-2007, 3rd ed.* (Jefferson, NC: McFarland, 2008), 676; D. S. Riabushkin, *Mify Damanskogo* (Damansky's Myths) (Moscow: AST, 2004), 73-75, 78-81.

46. *The Polemic on the General Line of the International Communist Movement*, 573, 576.
47. 同前註，57。
48. Borisov and Titarenko, *Vystupleniia Mao Tsze-duna, ranee ne publikovavshiesia v kitaiskoi pechati* (Mao Zedong's Speeches Previously Unpublished in the Chinese Press), series 4, 119.
49. Khrushchev, *Memoirs of Nikita Khrushchev*, vol. 3, 471-72.
50. 見Ostermann, *East German Documents on the Border Conflict*, 186-87.
51. A. M. Aleksandrov-Agentov, *Ot Kollontai do Gorbacheva: Vospominaniiadiplomata, sovetnika A. A. Gromyko, pomoshchnika L. I. Brezhneva, Iu. V. Andropova, K. U. Chernenko i M. S. Gorbacheva* (From Kollontai to Gorbachev: The Reminiscences of a Diplomat, and Adviser to A. A. Gromyko, and Assistant to L. I. Brezhnev, Iu. V. Andropov, K. U. Chernenko, and M. S. Gorbachev) (Moscow: Mezhdunarodnye otnosheniia, 1994), 169.
52. 引自力平、馬芷蓀編，《周恩來年譜》(一九四九至一九七六年），卷2，686。
53. 引自*Lichnoe delo Mao Tszeduna* (Personal File of Mao Zedong), RGASPI, collection 495, inventory 225, file 71, vol. 4, sheet 149.
54. Aleksandrov-Agentov, Ot Kollontai do Gorbacheva (From Kollontai to Gorbachev), 169-70.
55. 見Snow, *The Long Revolution*, 175. 另見*Lichnoe delo Mao Tszeduna* (Personal File of Mao Zedong), RGASPI, collection 495, inventory 225, file 71, vol. 4, sheets 49, 51-52, 149.
56. *Lichnoe delo Mao Tszeduna* (Personal File of Mao Zedong), RGASPI, F. 495, inventory 225, file 71, vol. 3, sheet 80.
57. 見Ostermann, "East German Documents on the Border Conflict, 1969," 187.
58. Borisov and Titarenko, *Vystupleniia Mao Tsze-duna, ranee ne publikovavshiesia vkitaiskoi pechati* (Mao Zedong's Speeches Previously Unpublished in the Chinese Press), series 6, 266.
59. 見Barnouin and Yu, *Ten Years of Turbulence*, 91.
60. *Lichnoe delo Van Mina* (Personal File of Wang Ming), vol. 2, 48, 49.
61. 見A. Elizavetin, "Peregovory A. N. Kosygina i Chzhou En'laia v Pekinskom aeroportu" (Talks between A. N. Kosygin and Zhou Enlai at the Beijing Airport), *Problemy Dal'nego Vostoka* (Far Eastern affairs), no. 5 (1992): 39-63; no. 2 (1993): 107-19. 關於中方對這次會談的說法，見中國

21. 見力平、馬芷蓀編，《周恩來年譜》（一九四九至一九七六年），卷3，173。
22. 見Wang, *Failure of Charisma*, 159-60; MacFarquhar and Schoenhals, *Mao's Last Revolution*, 213-14.
23. 見MacFarquhar and Schoenhals, *Mao's Last Revolution*, 215.
24. 見*History of the Chinese Communist Party—A Chronology of Events*, 338.
25. 見MacFarquhar and Schoenhals, *Mao's Last Revolution*, 216.
26. 見同前註，232；逄先知、金冲及編，《毛澤東傳》（一九四九至一九七六年），卷2，1502-4。
27. *History of the Chinese Communist Party—A Chronology of Events*, 340.
28. 見逄先知、金冲及編，《毛澤東傳》（一九四九至一九七六年），卷2，1500、1504-6。
29. 引自同前註，1506。
30. 見*History of the Chinese Communist Party—A Chronology of Events*, 338-40.
31. 見MacFarquhar and Schoenhals, *Mao's Last Revolution*, 240, 245-46; 逄先知、金冲及編，《毛澤東傳》（一九四九至一九七六年），卷2，1450、1512、1519。
32. 逄先知、金冲及編，《毛澤東傳》（一九四九至一九七六年），卷2，1455-56。
33. 見MacFarquhar and Schoenhals, *Mao's Last Revolution*, 174.
34. 《三國演義》卷首開宗明義就說：「天下分久必合、合久必分。」羅貫中，《三國演義》，abridged ed., trans. Moss Roberts (Berkeley: University of California Press, 1999), 3.
35. 見Borisov and Titarenko, *Vystupleniia Mao Tsze-duna, ranee ne publikovavshiesia v kitaiskoi pechati* (Mao Zedong's Speeches Previously Unpublished in the Chinese Press), series 6, 226-28, 237-38, 244, 245, 256.
36. *History of the Chinese Communist Party—A Chronology of Events*, 342.
37. 見MacFarquhar and Schoenhals, *Mao's Last Revolution*, 244-45.
38. Borisov and Titarenko, *Vystupleniia Mao Tsze-duna, ranee ne publikovavshiesia v kitaiskoi pechati* (Mao Zedong's Speeches Previously Unpublished in the Chinese Press), series 6, 239.
39. Wang, *Bolshevik Salute*, 55, 95.
40. Velikaia Proletarskaia kul'turnaia revolitsiia (vazhneishie dokumenty) (The Great Proletarian Cultural Revolution [Key Documents]), 165-67.
41. 引自鄧榕，《鄧小平與文化大革命》，75。
42. 引自Barnouin and Yu, *Ten Years of Turbulence*, 175.
43. James T. Myers et al., eds., *Chinese Politics: Documents and Analysis*, vol. 1 (Columbia: University of South Carolina Press, 1986), 393.
44. Schram, *Chairman Mao Talks to the People*, 282.
45. 一九六九年三月二日至二十一日這段期間，蘇聯軍隊有四名軍官、五十四名士兵陣亡，九名軍官、八十五名士兵負傷。中方確實傷亡人數不詳。根據中方資料來源，為二十九死、六十

2. 見同前註，94-99, 156-61, 171-73; Borisov and Titarenko, *Vystupleniia Mao Tsze-duna, ranee ne publikovavshiesia v kitaiskoi pechati* (Mao Zedong's Speeches Previously Unpublished in the Chinese Press), series 5, 180; 逄先知、金冲及編，《毛澤東傳》（一九四九至一九七六年），卷2，1470-71。
3. 引自陳曉農編，《陳伯達最後口述回憶》（香港：陽光環球出版有限公司，2006）, 325-26；（譯按：陳曉農是陳伯達的二兒子。）逄先知、金冲及編，《毛澤東傳》（一九四九至一九七六年），卷2，1480; MacFarquhar and Schoenhals, *Mao's Last Revolution*, 189.
4. 引自MacFarquhar and Schoenhals, *Mao's Last Revolution*, 191-94；力平、馬芷蓀編，《周恩來年譜》（一九四九至一九七六年），卷3，125-27；《葉劍英傳略》（北京：軍事科學院出版社，1987），269；聶榮臻，*Inside the Red Star*, 740-42；逄先知、金冲及編，《毛澤東傳》（一九四九至一九七六年），卷2，1481-82。
5. 見力平、馬芷蓀編，《周恩來年譜》（一九四九至一九七六年），卷3，129。李富春和李先念在中南海第二次會議時亦積極參加辯論。
6. 引自MacFarquhar and Schoenhals, *Mao's Last Revolution*, 195-96. 另見逄先知、金冲及編，《毛澤東傳》（一九四九至一九七六年），卷2，1482-83。王明從一九五六年初起即住在蘇聯，就醫治病。他在一九七四年三月二十七日因心臟病發在莫斯科去世。
7. 見MacFarquhar and Schoenhals, *Mao's Last Revolution*, 196；逄先知、金冲及編，《毛澤東傳》（一九四九至一九七六年），卷2，1483；力平、馬芷蓀編，《周恩來年譜》（一九四九至一九七六年），卷3，129-30。
8. 見*History of the Chinese Communist Party—A Chronology of Events*, 336.
9. 引自Jin Qiu, *The Culture of Power*, 105.
10. 見MacFarquhar and Schoenhals, *Mao's Last Revolution*, 197-98; Borisov and Titarenko, *Vystupleniia Mao Tsze-duna, ranee ne publikovavshiesia v kitaiskoi pechati* (Mao Zedong's Speeches Previously Unpublished in the Chinese Press), series 5, 188.
11. 逄先知、金冲及編，《毛澤東傳》（一九四九至一九七六年），卷2，1486-87。
12. 引自同前註，卷2，1490。
13. 見MacFarquhar and Schoenhals, *Mao's Last Revolution*, 203.
14. 引自逄先知、金冲及編，《毛澤東傳》（一九四九至一九七六年），卷2，1491。
15. 見同前註，1493、1494。
16. 引自MacFarquhar and Schoenhals, *Mao's Last Revolution*, 215.
17. 引自逄先知、金冲及編，《毛澤東傳》（一九四九至一九七六年），卷2，1495。
18. 見同前註，1496; MacFarquhar and Schoenhals, *Mao's Last Revolution*, 204-12.
19. 引自逄先知、金冲及編，《毛澤東傳》（一九四九至一九七六年），卷2，1496-97。
20. 見*History of the Chinese Communist Party—A Chronology of Events*, 338.

collection 495, inventory 225, file 71, vol. 4, sheets 10, 11-13.

35. 見MacFarquhar and Schoenhals, *Mao's Last Revolution*, 146.
36. 引自劉崇文與陳紹疇編，《劉少奇年譜》（一八九八至一九六九年），卷2，652。
37. 李志綏，《毛澤東私人醫生回憶錄》，489-90。
38. 見MacFarquhar and Schoenhals, *Mao's Last Revolution*, 147.
39. 見*History of the Chinese Communist Party—A Chronology of Events*, 333; Peng Dehuai, Memuary marshala, 18-20;《彭德懷年譜》（北京：人民出版社，1998），851。
40. 引自《賀龍年譜》（北京：中共中央黨校出版社，1988），455。另見M. I. Sladkovskii, ed. *Informatsionnyi biulleten': Seriia A: "Kulturnaiia revoliutsiia" v Kitae: Dokumenty i materially (perevod s kitaiskogo), Vypusk 2, "Hunveibinovskaia pechat" o Den Siaopine, Pen Chzhene, Yan Shankune, i Khe Lune* (Information Bulletin: Series A: The "Cultural Revolution" in China: Documents and Materials Translated from Chinese, 2nd Installment, The Red Guard Press on Deng Xiaoping, Peng Zhen, Yang Shangkun, and He Long) (Moscow: IDV AN SSSR, 1968), 225-329.
41. 引自唐純良，《李立三傳》，168。
42. 詳情見李莎，《我的中國緣份：李立三夫人李莎回憶錄》（北京：外語教學與研究出版社，2009）。
43. 本書作者潘佐夫二〇一〇年六月十四日在北京訪問李莎（本名Elizaveta Pavlovna Kishkina）的紀錄。
44. 見劉少奇，《劉少奇自述》，179-254；王光美和劉源，《你所不知道的劉少奇》（鄭州：河南人民出版社，2000）；劉崇文與陳紹疇編，《劉少奇年譜》（一八九八至一九六九年），卷2，653-61；嚴家其和高臯，《文化大革命十年史》，（臺北：Institute of Current China Studies, 1988), 168.
45. 根據某些估計，光是中國農村地區死者即在七十五萬人至一百五十萬人之間；城市被殺人數迄今不詳。見MacFarquhar and Schoenhals, *Mao's Last Revolution*, 262.
46. 引自李敏，《我的父親毛澤東》，265。
47. 引自MacFarquhar and Schoenhals, *Mao's Last Revolution*, 155.
48. 見李志綏，《毛澤東私人醫生回憶錄》，478-81。
49. 引自鄧榕，《鄧小平與文化大革命》，39、53。
50. 引自*History of the Chinese Communist Party—A Chronology of Events*, 334.
51. Schram, *Chairman Mao Talks to the People*, 275.

第三十四章　紅衛兵的悲劇

1. 見MacFarquhar and Schoenhals, *Mao's Last Revolution*, 177-83.

11. Borisov and Titarenko, *Vystupleniia Mao Tsze-duna, ranee ne publikovavshiesia vkitaiskoi pechati* (Mao Zedong's Speeches Previously Unpublished in the Chinese Press), vol. 5, 195.
12. 見*Lichnoe delo Mao Tsze-duna* (Personal File of Mao Zedong), RGASPI, collection 495, inventory 225, file 71, vol. 3, sheets 104-5; 廖蓋隆編，《毛澤東百科全書》，卷6，3215; *History of the Chinese Communist Party—A Chronology of Events*, 329.
13. 見吳麗萍，〈文化大革命中的女紅衛兵〉，《二十一世紀》，68（2007）：57。
14. Schram, *Chairman Mao Talks to the People*, 260.
15. Borisov and Titarenko, *Vystupleniia Mao Tsze-duna, ranee ne publikovavshiesia vkitaiskoi pechati* (Mao Zedong's Speeches Previously Unpublished in the Chinese Press), series 5, 96.
16. 見MacFarquhar and Schoenhals, *Mao's Last Revolution*, 104.
17. 引自同前註，125。
18. 見逄先知、金冲及編，《毛澤東傳》（一九四九至一九七六年），卷2，1438。
19. 見MacFarquhar and Schoenhals, *Mao's Last Revolution*, 126.
20. *CCP Documents of the Great Proletarian Cultural Revolution 1966-1967*, 50.
21. 引自逄先知、金冲及編，《毛澤東傳》（一九四九至一九七六年），卷2，1439。
22. Rae Yang, *Spider Eaters: A Memoir* (Berkeley: University of California Press, 1997), 131.
23. Wang Meng, *Bolshevik Salute: A Modernist Chinese Novel, trans. Wendy Larson* (Seattle: University of Washington Press, 1989), 12-14.
24. 見Elizabeth J. Perry and Li Xun, *Proletarian Power: Shanghai in the Cultural Revolution* (Boulder, CO: Westview Press, 1997), 12; Wang Shaoguang, *Failure of Charisma: The Cultural Revolution in Wuhan* (Hong Kong: Oxford University Press, 1995), 72; MacFarquhar and Schoenhals, *Mao's Last Revolution*, 115.
25. 見MacFarquhar and Schoenhals, *Mao's Last Revolution*, 113-16, 118-22.
26. 見*CCP Documents of the Great Proletarian Cultural Revolution 1966-1967*, 73-74, 77-78.
27. 引自*History of the Chinese Communist Party—A Chronology of Events*, 331.
28. 見*Lichnoe delo Mao Tszeduna* (Personal File of Mao Zedong), RGASPI, collection 495, inventory 225, file 71, vol. 3, sheet 77; *History of the Chinese Communist Party—A Chronology of Events*, 324-25.
29. Schram, *Chairman Mao Talks to the People*, 271, 273.
30. Borisov and Titarenko, *Vystupleniia Mao Tsze-duna, ranee ne publikovavshiesia vkitaiskoi pechati* (Mao Zedong's Speeches Previously Unpublished in the Chinese Press), series 5, 136-37.
31. 《新中國報》，December 30, 1939.
32. Schram, *Chairman Mao Talks to the People*, 260.
33. 引自MacFarquhar and Schoenhals, *Mao's Last Revolution*, 107.
34. *Dosie k lichnomu delu Mao Tszeduna* (Dossier to the Personal File of Mao Zedong), RGASPI,

53. 引自逄先知、金冲及編，《毛澤東傳》（一九四九至一九七六年），卷2，1417。
54. O. Borisov [O. B. Rakhmanin] and M. Titarenko, eds., *Vystupleniia Mao Tsze-duna, ranee ne publikovavshiesia v kitaiskoi pechati* (Mao Zedong's Speeches Previously Unpublished in the Chinese Press), series 6 (Moscow: Nauka, 1976), 212-14.
55. Dosie k lichnomu delu Mao Tszeduna (Dossier to the Personal File of Mao Zedong), RGASPI, collection 495, inventory 225, file 71, vol. 4, sheets 88-90, 93.
56. 同前註，86-87。
57. Borisov and Titarenko, *Vystupleniia Mao Tsze-duna, ranee ne publikovavshiesia v kitais-koi pechati* (Mao Zedong's Speeches Previously Unpublished in the Chinese Press), series 5, 84, 85.
58. 引自MacFarquhar and Schoenhals, *Mao's Last Revolution*, 84.
59. 劉少奇，《劉少奇自述》（北京：解放軍文藝出版社，2002），177。
60. 見鄧榕，《鄧小平與文化大革命》，trans. Sidney Shapiro (New York: Random House, 2005), 18-19; 李志綏，《毛澤東私人醫生回憶錄》，469-70。

第三十三章　造反有理

1. 引自*History of the Chinese Communist Party—A Chronology of Events*, 328; Borisov and Titarenko, *Vystupleniia Mao Tsze-duna, ranee ne publikovavshiesia v kitaiskoi pechati* (Mao Zedong's Speeches Previously Unpublished in the Chinese Press), series 5, 84, 129.
2. Schram, *Chairman Mao Talks to the People*, 260.
3. 同前註，254。三大差異指的是工農的差異、城鄉的差異、精神工人和體力工人的差異。
4. 見MacFarquhar and Schoenhals, *Mao's Last Revolution*, 87；廖蓋隆編，《毛澤東百科全書》，卷6，3216；劉崇文與陳紹疇編，《劉少奇年譜》（一八九八至一九六九年），卷2，647。
5. 引自MacFarquhar and Schoenhals, *Mao's Last Revolution*, 89.
6. Borisov and Titarenko, *Vystupleniia Mao Tsze-duna, ranee ne publikovavshiesia vkitaiskoi pechati* (Mao Zedong's Speeches Previously Unpublished in the Chinese Press), series 6, 216-17；逄先知、金冲及編，《毛澤東傳》（一九四九至一九七六年），卷2，1427-28; *History of the Chinese Communist Party—A Chronology of Events*, 328；廖蓋隆編，《毛澤東百科全書》，卷6，3216。
7. 引自MacFarquhar and Schoenhals, *Mao's Last Revolution*, 89.
8. 關於這張大字報全文，見同前註，90。
9. 見逄先知、金冲及編，《毛澤東傳》（一九四九至一九七六年），卷2，1428-29；廖蓋隆編，《毛澤東百科全書》，卷6，3215；劉崇文與陳紹疇編，《劉少奇年譜》（一八九八至一九六九年），卷2，649。
10. *CCP Documents of the Great Proletarian Cultural Revolution 1966-1967*, 42-43.

36. 引自同前註。
37. Westad, "77 Conversations Between Chinese and Foreign Leaders on the Wars in Indochina," 130-31.
38. 同前註，132。
39. 引自逄先知、金冲及編，《毛澤東傳》（一九四九至一九七六年），卷2，1413。
40. Borisov and Titarenko, *Vystupleniia Mao Tsze-duna, ranee ne publikovavshiesia v kitaiskoi pechati* (Mao Zedong's Speeches Previously Unpublished in the Chinese Press), series 4, 94, 95, 97, 98, 103.
41. 同前註，series 5, 74-75。
42. 聶元梓等，〈宋碩、陸平、彭珮雲在文化大革命中究竟幹什麼〉，《人民日報》，1966年6月2日。
43. 引自逄先知、金冲及編，《毛澤東傳》（一九四九至一九七六年），卷2，1414, and MacFarquhar and Schoenhals, *Mao's Last Revolution*, 58.
44. 引自MacFarquhar and Schoenhals, *Mao's Last Revolution*, 58.
45. Borisov and Titarenko, *Vystupleniia Mao Tsze-duna, ranee ne publikovavshiesia v kitaiskoi pechati* (Mao Zedong's Speeches Previously Unpublished in the Chinese Press), series 4, 105.
46. 見巢峰，《文化大革命辭典》（臺北：台灣東華書局股份有限公司，1993），429，436-37; *History of the Chinese Communist Party-A Chronology of Events*, 325. 另見Borisov and Titarenko, *Vystupleniia Mao Tsze-duna, ranee ne publikovavshiesia v kitaiskoi pechati* (Mao Zedong's Speeches Previously Unpublished in the Chinese Press), series 5, 154.
47. 見MacFarquhar and Schoenhals, *Mao's Last Revolution*, 42-51, 62.
48. 新的北京市委已在六月二日派工作組進駐北大。這是經由劉少奇和鄧小平核准的。次日，政治局常委擴大會議決定派工作組到北京所有學校。全部人員達七千二百三十九人。見劉崇文與陳紹疇編，《劉少奇年譜》（一八九八至一九六九年），卷2，640；MacFarquhar and Schoenhals, *Mao's Last Revolution*, 65, 66.
49. 引自Barnouin and Yu, *Ten Years of Turbulence*, 75; Lowell Dittmer, Liu Shaoch'I and the Chinese Revolution: The Politics of Mass Criticism (Berkeley: University of California Press, 1974), 81. 另見劉崇文與陳紹疇編，《劉少奇年譜》（一八九八至一九六九年），卷2，641。
50. Borisov and Titarenko, *Vystupleniia Mao Tsze-duna, ranee ne publikovavshiesia vkitaiskoi pechati* (Mao Zedong's Speeches Previously Unpublished in the Chinese Press), series 4, 114.
51. 引自逄先知、金冲及編，《毛澤東傳》（一九四九至一九七六年），卷2，1415。
52. 見M. I. Sladkovskii, ed., *Informatsionnyi biulleten': Seriia A: "Kulturnaia revoliutsiia" v Kitae: Dokumenty i materialy* (perevod s kitaiskogo), Vypusk 7, *Vystupleniia Zhou Enlaia v period "kul'turnoi revoliutsii"* (Information Bulletin: Series A: The "Cultural Revolution" in China: Documents and Materials Translated from Chinese, 7th Installment, Zhou Enlai's Speeches During the "Cultural Revolution" (Moscow: IDV AN SSSR, 1971), 6.

17. 引自李志綏，《毛澤東私人醫生回憶錄》，448。
18. 見MacFarquhar and Schoenhals, *Mao's Last Revolution*, 31.
19. 張戎和哈利戴認為，林彪在文化大革命開頭時「克制住、沒幫毛澤東」。見張戎夫婦，《毛澤東：鮮為人知的故事》，527。但是他們的說法與事實不符。
20. *Velikaia Proletarskaia kul'turnaia revolitsiia* (*vazhneishie dokumenty*) (The Great Proletarian Cultural Revolution [Key Documents]) (Beijing: Izdatel'stvo literatury na inostrannykh iazykakh, 1970), 191-92.
21. Borisov and Titarenko, *Vystupleniia Mao Tsze-duna, ranee ne publikovavshiesia vkitaiskoi pechati* (Mao Zedong's Speeches Previously Unpublished in the Chinese Press), series 5, 62-63, 66, 68.
22. *History of the Chinese Communist Party—A Chronology of Events*, 320-21. 另見Borisov and Titarenko, *Vystupleniia Mao Tsze-duna, ranee ne publikovavshiesia v kitaiskoi pechati* (Mao Zedong's Speeches Previously Unpublished in the Chinese Press), series 5, 69.
23. 見廖蓋隆編，《毛澤東百科全書》，卷6，3212。
24. 引自逄先知、金冲及編，《毛澤東傳》（一九四九至一九七六年），卷2，1408。
25. Borisov and Titarenko, *Vystupleniia Mao Tsze-duna, ranee ne publikovavshiesia v kitaiskoi pechati* (Mao Zedong's Speeches Previously Unpublished in the Chinese Press), series 5, 73.
26. 見MacFarquhar and Schoenhals, *Mao's Last Revolution*, 34.
27. 見陳清泉與宋廣渭，《陸定一傳》（北京：中共黨史出版社，1999）, 485-502; MacFarquhar and Schoenhals, *Mao's Last Revolution*, 34-35; Jin Qiu, *The Culture of Power: The Lin Biao Incident in the Cultural Revolution* (Stanford, CA: Stanford University Press, 1999), 153-54.（譯按：吳法憲女兒金秋一九八九年赴美，攻讀碩士、博士，寫成專書，由史丹福大學出版。金秋，《權力的文化：文革中的林彪事件》。）
28. 見陳清泉與宋廣渭，《陸定一傳》，496-508; Westad, "77 Conversations Between Chinese and Foreign Leaders on the Wars in Indochina," 131.
29. 根據其他來源，聲明書結語是：「主席可以證明葉群是處女！」引自MacFarquhar and Schoenhals, *Mao's Last Revolution*, 35. 另見陳清泉與宋廣渭，《陸定一傳》，501。
30. 引自陳清泉與宋廣渭，《陸定一傳》，500。
31. Westad, "77 Conversations Between Chinese and Foreign Leaders on the Wars in Indochina," 131.
32. *CCP Documents of the Great Proletarian Cultural Revolution 1966-1967*, 27, 28.
33. 見Liu Guokai, *A Brief Analysis of the Cultural Revolution* (Armonk, NY: M. E. Sharpe, 1987), 16; Barbara Barnouin and Yu Changgen, *Ten Years of Turbulence: The Chinese Cultural Revolution* (London: Kegan Paul International, 1993), 73-74.
34. Westad, "77 Conversations Between Chinese and Foreign Leaders on the Wars in Indochina," 132.
35. 引自MacFarquhar and Schoenhals, *Mao's Last Revolution*, 48.

第三十二章 海瑞罷官

1. Confucius, The Analects of Confucius, 6.
2. 見MacFarquhar, *The Origins of the Cultural Revolution*, vol. 3, 252-56, 443-47.
3. 見Borisov and Titarenko, *Vystupleniia Mao Tsze-duna, ranee ne publikovavshiesia v kitaiskoi pechati* (Mao Zedong's Speeches Previously Unpublished in the Chinese Press), series 4, 183-86, 192-93, 206；薄一波，《若干重大決策與實踐的回顧》，卷2，1128-31；逄先知、金冲及編，《毛澤東傳》（一九四九至一九七六年），卷2，1366-75；李志綏，《毛澤東私人醫生回憶錄》，416-17。
4. Snow, *The Long Revolution*, 17, 67, 169, 170.
5. O. Borisov [O. B. Rakhmanin] and M. Titarenko, eds., *Vystupleniia Mao Tsze-duna, ranee ne publikovavshiesia v kitaiskoi pechati* (Mao Zedong's Speeches Previously Unpublished in the Chinese Press), series 5 (Moscow: Progress, 1976), 194.
6. 見Roderick MacFarquhar and Michael Schoenhals, *Mao's Last Revolution* (Cambridge, MA: Belknap Press of Harvard University Press, 2006), 17.
7. Borisov and Titarenko, *Vystupleniia Mao Tsze-duna, ranee ne publikovavshiesia vkitaiskoi pechati* (Mao Zedong's Speeches Previously Unpublished in the Chinese Press), series 5, 154, 194-95. 另見Snow, *The Long Revolution*, 87.
8. Borisov and Titarenko, *Vystupleniia Mao Tsze-duna, ranee ne publikovavshiesia v kitaiskoi pechati* (Mao Zedong's Speeches Previously Unpublished in the Chinese Press), series 5, 71.
9. 見*History of the Chinese Communist Party—A Chronology of Events* (1919-1990) (Beijing: Foreign Languages Press, 1991), 311.
10. 引自Andrew Hall Wedeman, *The East Wind Subsides: Chinese Foreign Policy and the Origins of the Cultural Revolution* (Washington, DC: Washington Institute Press, 1988), 176.
11. 引自逄先知、金冲及編，《毛澤東傳》（一九四九至一九七六年），卷2，1399。
12. Schram, *Chairman Mao Talks to the People*, 270.
13. 見MacFarquhar and Schoenhals, *Mao's Last Revolution*, 18; Wedeman, *The East Wind Subsides*, 223-24.
14. Mao, *Oblaka v snegu* (Clouds in the Snow), 99.
15. 見吳秦傑編，《毛澤東光輝歷程地圖集》，122、125。據另一個消息來源說，毛澤東於一九六六年一月五日抵達武昌。見逄先知、金冲及編，《毛澤東傳》（一九四九至一九七六年），卷2，1402。
16. 關於報告全文，見*CCP Documents of the Great Proletarian Cultural Revolution 1966-1967* (Hong Kong: Union Research Institute, 1968), 7-12.

61. 鄧小平於一九六二年六月底在中共中央書記處的會議，首次講了這句話。引自薄一波，《若干重大決策與實踐的回顧》，卷2，1084。
62. 引自劉崇文與陳紹疇編，《劉少奇年譜》（一八九八至一九六九年），卷2，551。
63. 見Peng Dehuai, *Memuary marshala* (Memoirs of a Marshal), 16.
64. 引自逄先知、金冲及編，《毛澤東傳》（一九四九至一九七六年），卷2，1230。
65. 同前註，1232。
66. 引自朱佳木編，《陳雲年譜》（一九〇五至一九九五年），卷3，120。
67. 見鄧小平，《鄧小平選集》（一九三八至一九六五年）（北京：外文出版社，1992），293; Roderick MacFarquhar, *The Origins of the Cultural Revolution*, vol. 3, *The Coming of the Cataclysm, 1961-1966* (New York: Oxford University Press and Columbia University Press, 1997), 268.
68. Borisov and Titarenko, *Vystupleniia Mao Tsze-duna, ranee ne publikovavshiesia vkitaiskoi pechati* (Mao Zedong's Speeches Previously Unpublished in the Chinese Press), series 3, 97.
69. 見逄先知、金冲及編，《毛澤東傳》（一九四九至一九七六年），卷2，1232-33。
70. 楊尚昆，《楊尚昆日記》，卷2，196。
71. 引自逄先知、金冲及編，《毛澤東傳》（一九四九至一九七六年），卷2，1234。
72. Borisov and Titarenko, *Vystupleniia Mao Tsze-duna, ranee ne publikovavshiesia vkitaiskoi pechati* (Mao Zedong's Speeches Previously Unpublished in the Chinese Press), series 4, 40.
73. Borisov and Titarenko, *Vystupleniia Mao Tsze-duna, ranee ne publikovavshiesia vkitaiskoi pechati* (Mao Zedong's Speeches Previously Unpublished in the Chinese Press), series 4, 35-40, 44.
74. 同前註，38-39。
75. 同前註，47。
76. Kovalev, "Rossiia i Kitai (S missiei v Kitae)" (Russia and China [My Mission to China]), *Duel'* (Duel), November 5, 1997.
77. 《人民日報》，March 5, 1963。
78. Borisov and Titarenko, *Vystupleniia Mao Tsze-duna, ranee ne publikovavshiesia vkitaiskoi pechati* (Mao Zedong's Speeches Previously Unpublished in the Chinese Press), series 4, 74-75.
79. 見史諾對毛澤東所作的採訪（1965年1月9日），刊載於Snow, *The Long Revolution*, 70, 205, and Mao, *Mao Zedong on Diplomacy*, 424-25.
80. 見葉永烈，《江青傳》（北京：作家出版社，1998）, 340-41。
81. 見汪東興，《汪東興日記》，214-16。
82. Mao, *Poems of Mao Tse-tung*, 130.
83. 莊子，《莊子全集》，trans. Burton Watson (New York: Columbia University Press, 1968), 144-45.

38. 同前註，series 4，36。
39. Leung, *Morning Sun*, 204-5.
40. Becker, *Hungry Ghosts*, 242.
41. 李志綏，《毛澤東私人醫生回憶錄》，378。
42. 見劉少奇，《劉少奇選集》，卷2（北京：人民出版社，1985），337。
43. 同前註，328。
44. 引自Usov, *KNR: Ot "bol'shogo skachka" k "kul'turnoi revoliutsii"* (The PRC: From the "Great Leap" to the "Cultural Revolution"), 47.
45. 毛澤東，《毛澤東文集》，卷8，273。
46. 引自李志綏，《毛澤東私人醫生回憶錄》，377、380。
47. 見Montgomery, *Three Continents*, 33, 34.
48. 引自薄一波，《若干重大決策與實踐的回顧》，卷2，1026。另見MacFarquhar, *The Origins of the Cultural Revolution*, vol. 3, 158.
49. 劉少奇，《劉少奇選集》，卷2，421。另見Usov, *KNR: Ot "bol'shogo skachka" k "kul'turnoi revoliutsii"* (The PRC: From the "Great Leap" to the "Cultural Revolution"), 78; 黃嶺峻，〈劉少奇與大躍進〉，110。
50. 薛暮橋，〈懷念偉大的馬克思主義者劉少奇同志〉，《光明日報》，November 24, 1988.
51. 引自Usov, (The PRC: From the "Great Leap" to the "Cultural Revolution"), 77.
52. Borisov and Titarenko, *Vystupleniia Mao Tsze-duna ranee ne publikovavshiesia v kitaiskoi pechati* (Mao Zedong's speeches previously unpublished in the Chinese press), series 4, 6, 12.
53. 見李志綏，《毛澤東私人醫生回憶錄》，387-88; Usov, *KNR: Ot "bolsh'ogo skachka" k "kul'turnoi revoliutsii"* (The PRC: From the "Great Leap" to the "Cultural Revolution"), 85-87; MacFarquhar, *The Origins of the Cultural Revolution*, vol. 3, 166-68, 545.
54. Schram, *Chairman Mao Talks to the People*, 266.
55. 見逄先知、金冲及編，《毛澤東傳》（一九四九至一九七六年），卷2，1207-8, 1218；朱佳木編，《陳雲年譜》（一九〇五至一九九五年），卷3（北京：中央文獻出版社，2000), 107-10; Becker, *Hungry Ghosts*, 156.
56. 見董邊、譚德山等編，《毛澤東和他的秘書田家英 》（北京：中央文獻出版社，1989），62-65。
57. 引自薄一波，《若干重大決策與實踐的回顧》，卷2，1084。
58. Borisov and Titarenko, *Vystupleniia Mao Tsze-duna, ranee ne publikovavshiesia vkitaiskoi pechati* (Mao Zedong's Speeches Previously Unpublished in the Chinese Press), series 4, 36.
59. 見MacFarquhar, *The Origins of the Cultural Revolution*, vol. 3, 282.
60. 引自朱佳木編，《陳雲年譜》（一九〇五至一九九五年），卷3，115。

Thomas, *Season of High Adventure: Edgar Snow in China* (Berkeley: University of California Press, 1996), 299.

19. Edgar Snow, *The Other Side of the River: Red China Today* (New York: Random House, 1962), 619.
20. Bernard Law Montgomery, *Three Continents: A Study of the Situation and Problems in Asia, Africa, and Central America, and the Relationship of Those Areas to Defence Policies in the 1960's and to the British Commonwealth* (London: Collins, 1962), 17.
21. 引自Becker, *Hungry Ghosts*, 293.
22. 見Dikötter, *Mao's Great Famine*, x, 324-34；楊繼繩，《墓碑：中國六十年代大飢荒紀實》，兩卷（香港：天地圖書有限公司，2008）.
23. 見Dudley L. Poston Jr. and David Yaukey, eds., *The Population of Modern China* (New York: Plenum Press, 1992), 170, 226, 252; Michael Dillon, ed., *China: A Cultural and Historical Dictionary* (Richmond, UK: Curzon Press, 1998), 122; Becker, *Hungry Ghosts*, 149, 161, 162, 164.
24. 見MacFarquhar, *The Origins of the Cultural Revolution*, vol. 2, 330; Usov, KNR: Ot "bol'shogo skachka" k "kul'turnoi revoliutsii" (The PRC: From the "Great Leap" to the "Cultural Revolution"), 15.
25. 引自Thomas, *Season of High Adventure*, 300.
26. 見MacFarquhar, *The Origins of the Cultural Revolution*, vol. 2, 323.
27. Borisov and Titarenko, *Vystupleniia Mao Tsze-duna, ranee ne publikovavshiesia vkitaiskoi pechati* (Mao Zedong's Speeches Previously Unpublished in the Chinese Press), series 3, 162.
28. Mao Zedong, *Miscellany of Mao Tse-tung Thought (1949-1968), part 1* (Springfield, VA: Joint Publications Research Service, 1974), 232.
29. 見MacFarquhar, *The Origins of the Cultural Revolution*, vol. 2, 324; 力平、馬芷蓀編，《周恩來年譜》（一九四九至一九七六年），卷1，366。
30. Borisov and Titarenko, *Vystupleniia Mao Tsze-duna, ranee ne publikovavshiesia vkitaiskoi pechati* (Mao Zedong's Speeches Previously Unpublished in the Chinese Press), vol. 3, 167.
31. 同前註，268、269、271、272。
32. 同前註，series 4 (Moscow: Progress, 1976), 19.
33. 同前註，17-18。
34. 同前註，18-19。另見毛澤東，〈同蒙哥馬利的談話，一九六〇年五月二十七日〉，收在毛澤東，《毛澤東文集》，卷8，189；毛澤東，〈同斯諾的談話，一九六〇年十月二十二日〉，215。
35. 毛澤東，《建國以來毛澤東文稿》，卷9（北京：中央文獻出版社，1996），467-70。
36. Schram, *Chairman Mao Talks to the People*, 266.
37. Borisov and Titarenko, *Vystupleniia Mao Tsze-duna ranee ne publikovavshiesia vkitaiskoi pechati* (Mao Zedong's Speeches Previously Unpublished in the Chinese Press), bseries 3, 273-74; 285-88.

The Sino-Soviet Split: Cold War in the Communist World (Princeton, NJ: Princeton University Press, 2008).

86. Taubman, *Khrushchev*, 394.
87. 毛澤東，《建國以來毛澤東文稿》，卷8，600-601。

第三十一章 飢荒與恐懼

1. Borisov and Titarenko, *Vystupleniia Mao Tsze-duna, ranee ne publikovavshiesia v kitais- koi pechati* (Mao Zedong's Speeches Previously Unpublished in the Chinese Press), series 3, 163.
2. 見MacFarquhar, *The Origins of the Cultural Revolution*, vol. 2, 301, 305; V. N. Usov, *(1960-1966)* (The PRC: From the Great Leap to the "Cultural Revolution," [1960-1966]), part 1 (Moscow: IDV RAN, 1998), 13.
3. 引自Becker, *Hungry Ghosts*, 208.
4. Leung Laifong, *Morning Sun*: Interviews with Chinese Writers of the Lost Generation (Armonk, NY: M. E. Sharpe, 1994), 201, 202, 204.
5. 引自Becker, *Hungry Ghosts*, 159-60.
6. Leung, *Morning Sun*, 243.
7. 引自MacFarquhar, *The Origins of the Cultural Revolution*, vol. 2, 329.
8. 引自Becker, *Hungry Ghosts*, 153-54.
9. 本書作者潘佐夫二〇〇四年十月二十八日對北京某居民的訪談紀錄。
10. 李志綏，《毛澤東私人醫生回憶錄》，339、340。
11. 詳情見Lüthi, *The Sino-Soviet Split*, 167-80.
12. 見《紅旗》，卷8 (1960)；《人民日報》，April 22, 1960；《真理報》，April 23, 1960.
13. 見"The Letter of the Central Committee of the CPSU to the Central Committee of the CPC, March 30, 1963,"收在*The Polemic on the General Line of the International Communist Movement* (Beijing: Foreign Languages Press, 1965), 496-97; Fursenko, *Prezidium TsK KPSS, 1954-1964* (Presidium of the CC CPSU, 1954-1964), vol. 1, 443.
14. 引自*The Sino-Soviet Dispute* (New York: Charles Scribner's Sons, 1969), 28; Taubman, Khrushchev, 471.
15. *Moskovskii komsomolets* (Moscow young communist), February 6, 2002.
16. 見Gao, *Gao Village*, 138.
17. 引自劉曉，《出使蘇聯八年》，128。
18. 毛澤東，〈同斯諾的談話，一九六〇年十月二十二日〉，收在毛澤東，《毛澤東文集》，卷8（北京：人民出版社，1999），215、216-17；史諾和毛澤東對話的筆記摘記，見S. Bernard

71. Borisov and Titarenko, *Vystupleniia Mao Tsze-duna, ranee ne publikovavshiesia vkitaiskoi pechati* (Mao Zedong's Speeches Previously Unpublished in the Chinese Press), series 3, 92.
72. 同前註，series 2, 165。
73. 引自黃嶺峻，〈劉少奇與大躍進〉，108。
74. 見《紅旗》，2 (1981)，33。
75. Krutikov, *Na kitaiskom napravleniu* (Pointed Toward China), 281. 另見Khrushchev, *Memoirs of Nikita Khrushchev*, vol. 3, 464-69; Vereshchagin, *V starom i novom Kitae* (In Old and New China), 145-48; Kapitsa, *Na raznykh parallelakh* (On Various Parallels), 63-65; MacFarquhar, *The Origins of the Cultural Revolution*, vol. 2, 256-60.
76. 見"Records of Meeting of the CPSU and CCP Delegations, Moscow, July 5-20, 1963," 379; MacFarquhar, *The Origins of the Cultural Revolution*, vol. 2, 225-26; Shu Guang Zhang, "Between 'Paper' and 'Real Tigers': Mao's View of Nuclear Weapons," in John Lewis Gaddis et al., eds., *Cold War Statesmen Confront the Bomb: Nuclear Diplomacy Since 1945* (Oxford: Oxford University Press, 1999), 208.
77. 見Zhang, "Sino-Soviet Economic Cooperation," 207; MacFarquhar, *The Origins of the Cultural Revolution*, vol. 2, 11-15; 吳冷西，《十年論戰》，卷1，205-8。
78. Khrushchev, *Memoirs of Nikita Khrushchev*, vol. 3, 480-81.
79. 引自MacFarquhar, *The Origins of the Cultural Revolution*, vol. 2, 226-27.
80. 例如，一九五五年五月訪問南斯拉夫時，赫魯雪夫喝醉了，逢人就抱著吻，尤其是渾身酒味地對狄托說：「約瑟夫呀，別再生氣了！你的臉皮還真薄呀！喝酒、喝酒！誰再提起以前的事，就讓他失明！」引自Galina Vishnevskaia, *Galina: Istoriia zhizni* (Galina: A Life Story) (Moscow: Gorizont, 1991), 179. 一年之後，在莫斯科附近的圖希諾(Tushino)航空展，他已經醉醺醺，開始痛批所有外國國家，根本沒注意到好幾個外國外交官起身、退席。Taubman, *Khrushchev*, 348.
81. 見Dong Wang, "The Quarreling Brothers: New Chinese Archives and a Reappraisal of *the Sino-Soviet Split*, 1959-1962," *CWIHP Working Paper*, no. 36 (April 2002): 1-80.
82. 關於赫魯雪夫和毛澤東一九五九年十月二日談判的速記報告之摘記，以及蘇共中央書記蘇斯洛夫的報告，見Wolff, "One Finger's Worth of Historical Events," 64-72; 另見Zubok, "The Mao-Khrushchev Conversations," 262-70.
83. 引自Wolff, "One Finger's Worth of Historical Events," 65; Zubok, "The Mao- Khrushchev Conversations," 266, 267, 269.
84. Khrushchev, *Memoirs of Nikita Khrushchev*, vol. 3, 468. 另見劉曉，《出使蘇聯八年》，88-91；李越然，《外交舞臺上的新中國領袖》，159-64。
85. 引自Wolff, "One Finger's Worth of Historical Events," 70. 關於中蘇交惡，詳見Lorenz M. Lüthi,

55. 李志綏，《毛澤東私人醫生回憶錄》，302、304。關於毛澤東回韶山老家另一不同、比較光明面的記述，見一九六五年湖南省作家協會主席周立波寫的“A Visit to His Hometown,”收在 *Mao Zedong: Biography—Assessment— Reminiscences*, 233-38.
56. Mao, *Oblaka v snegu* (Clouds in the Snow), 75.
57. Borisov and Titarenko, *Vystupleniia Mao Tsze-duna, ranee ne publikovavshiesia vkitaiskoi pechati* (Mao Zedong's Speeches Previously Unpublished in the Chinese Press),series 3, 109.
58. 見李志綏，《毛澤東私人醫生回憶錄》，109、142、143、349、353、401、452；Kartunova, "Vstrechi v Moskve s Tszian Tsin, zhenoi Mao Tszedun" (Meetings in Moscow with Jiang Qing, the Wife of Mao Zedong), 127; 維特克，《江青同志》，30-31、48、124、164、169、172-73、225-26、227-28、241、242、254-56、259、260、268-71、303、445。
59. 引自李敏，《我的父親毛澤東》，189；另見李敏女兒孔東梅的回憶錄《聽外婆講那過去的事情：毛澤東與賀子珍》。
60. "Comrade Peng Dehuai's Letter to Chairman Mao (July 14, 1959)," 收在Peng Dehuai, *Memoirs of a Chinese Marshal*, 517-18.
61. 見李志綏，《毛澤東私人醫生回憶錄》，315。另見力平、馬芷蓀編，《周恩來年譜》（一九四九至一九七六年），卷2，243。
62. 黃克誠，〈廬山風雲〉，收在魯林與陳德金編，《紅色記憶》，423-24。
63. Peng Dehuai, *Memoirs of a Chinese Marshal*, 504.
64. 引自李志綏，《毛澤東私人醫生回憶錄》，317。
65. Borisov and Titarenko, *Vystupleniia Mao Tsze-duna, ranee ne publikovavshiesia vkitaiskoi pechati* (Mao Zedong's Speeches Previously Unpublished in the Chinese Press),series 3, 111.
66. Peng Dehuai, *Memoirs of a Chinese Marshal*, 508. 另見李銳，《廬山會議實錄》（北京：春秋出版社/湖南教育出版社，1989）；逄先知、金冲及編，《毛澤東傳》（一九四九至一九七六年），卷2，953-1010；張培森編，《張聞天年譜》，卷2，1147-56；《周小舟傳》（長沙：湖南人民出版社，1985），58-71, 93-94; Yu. N. Galenovich, *Peng Dehuai i Mao Tszedun: Politicheskie lidery Kitaia XX veka* (Peng Dehuai and Mao Zedong: Political Leaders of 20th Century China) (Moscow: Ogni, 2005).
67. 引自 Galenovich, *Peng Dehuai i Mao Tszedun* (Peng Dehuai and Mao Zedong), 101.
68. 見Peng Dehuai, *Memuary marshala* (Memoirs of a Marshal), 14.
69. 見*Dokumenty VIII Plenuma Tsentral'nogo Komiteta Kommunisticheskoi partii Kitaia vos'mogo sozyva* (Documents of the Eighth Plenum of the Eighth Central Committee of the Communist Party of China) (Beijing: Izdatel'stvo literatury na inostrannykh iazykakh, 1959), 33.
70. 引自Frank Dikötter, *Mao's Great Famine: The History of China's Most Devastating Catastrophe, 1958-1962* (New York: Walker, 2010), 88, 134.

Conversations," 256.

40. 見陸仁與劉青霞，〈毛澤東沖赫魯曉夫發火〉，27；李越然，《外交舞臺上的新中國領袖》，154-58; N. Fedorenko, "Vizit N. Khrushcheva v Pekin" (N. Khrushchev's Visit to Beijing), *Problemy Dal'nego Vostoka* (Far Eastern affairs), no. 1 (1990): 123; Taubman, Khrushchev, 390-92.
41. 引自Ogonek (Little light), no. 14 (1999): 28-29. 另見M. Romm, *Ustnye rasskazy* (Oral Tales) (Moscow: "Kinotsentr," 1991), 154; Khrushchev, *Memoirs of Nikita Khrushchev*, vol. 3, 456-62.
42. 引自Wolff, "One Finger's Worth of Historical Events," 53; Zubok, "The Mao-Khrushchev Conversations," 268.
43. 李志綏，《毛澤東私人醫生回憶錄》，261。
44. 引自Fedorenko, "Vizit N. Khrushcheva v Pekin" (N. Khrushchev's Visit to Beijing), 123; Vereshchagin, *V starom i novom Kitae* (In Old and New China), 130. 另見葉子龍，《葉子龍回憶錄》，215。不過，毛澤東的翻譯員李越然記得是劉少奇問赫魯雪夫如何處理中國穀物過剩問題。見李越然，《外交舞臺上的新中國領袖》，149-50。
45. 見Khrushchev, *Memoirs of Nikita Khrushchev*, vol. 3, 441.
46. 同前註，442-43。
47. *CWIHP Bulletin*, nos. 6-7 (1995/1996): 219, 226-27；逄先知、金冲及編，《毛澤東傳》（一九四九至一九七六年），卷1，856-84；劉曉，《出使蘇聯八年》（北京：中共黨史出版社，1998），74-78。另見Chen Jian, *Mao's China and the Cold War* (Chapel Hill: University of North Carolina Press, 2001), 163-204.
48. Borisov and Titarenko, *Vystupleniia Mao Tsze-duna, ranee ne publikovavshiesia vkitaiskoi pechati* (Mao Zedong's Speeches Previously Unpublished in the Chinese Press), series 2, 414, 419-20; series 3, 164-65; MacFarquhar, *The Origins of the Cultural Revolution*, vol. 2, 247.
49. 見*Lichnoe delo Mao Tszeduna* (Personal File of Mao Zedong), RGASPI, collection 495, inventory 225, file 71, vol. 1, sheets 117-18; *Materialy 6-go plenuma Tsentral'nogo Komiteta Kommunisticheskoi partii Kitaia vos'mogo sozyva* (Materials of the Sixth Plenum of the Eighth Central Committee) (Beijing: Izdatel'stvo literatury na inostrannykh iazykakh, 1959), 55.
50. 這些統計數字有些見於〈中華人民共和國當前經濟情勢〉（俄文）調查，這是蘇聯部長會議國家國際經濟關係委員會於一九五九年七月初所做的一份告。節略見Wolff, "One Finger's Worth of Historical Events," 63-64. 另MacFarquhar, *The Origins of the Cultural Revolution*, vol. 2, 202.
51. 見Becker, *Hungry Ghosts*, 85.
52. 引自李志綏，《毛澤東私人醫生回憶錄》，295。
53. Borisov and Titarenko, *Vystupleniia Mao Tsze-duna, ranee ne publikovavshiesia vkitaiskoi pechati* (Mao Zedong's Speeches Previously Unpublished in the Chinese Press),series 2, 413.
54. 見Wolff, "One Finger's Worth of Historical Events," 63.

(Mao Zedong's Speeches Previously Unpublished in the Chinese Press), series 2, 158, 170.

19. 引自黃嶺峻，〈劉少奇與大躍進〉，107。
20. 毛澤東，《建國以來毛澤東文稿》，卷7，317。
21. 引自李志綏，《毛澤東私人醫生回憶錄》，269。
22. Borisov and Titarenko, *Vystupleniia Mao Tsze-duna, ranee ne publikovavshiesia vkitaiskoi pechati* (Mao Zedong's Speeches Previously Unpublished in the Chinese Press), series 2, 310, 311, 315, 329.
23. 毛澤東，《建國以來毛澤東文稿》，卷7，177-78。
24. Borisov and Titarenko, *Vystupleniia Mao Tsze-duna, ranee ne publikovavshiesia vkitaiskoi pechati* (Mao Zedong's Speeches Previously Unpublished in the Chinese Press), series 2, 201, 237, 238, 312, 314, 316, 319, 329.
25. 同前註，241、307、319、336。
26. 見同前註，327-28、333-34。
27. 關於布爾什維克對戰時共產主義的觀點，見"Pis'mo L. D. Trotskogo [V. I. Leninu] ot 19 dekabria 1919 g." (Letter from L. D. Trotsky [to V. I. Lenin]. December 19, 1919), RGASPI, collection 5, inventory 1, file 1408, sheets 1-2.
28. 見黃嶺峻，〈劉少奇與大躍進〉，107-8。
29. 見Borisov and Titarenko, *Vystupleniia Mao Tsze-duna, ranee ne publikovavshiesia v kitaiskoi pechati* (Mao Zedong's Speeches Previously Unpublished in the Chinese Press), series 2, 264, 275, 281; MacFarquhar, *The Origins of the Cultural Revolution*, vol. 2, 85, 90.
30. Borisov and Titarenko, *Vystupleniia Mao Tsze-duna, ranee ne publikovavshiesia vkitaiskoi pechati* (Mao Zedong's Speeches Previously Unpublished in the Chinese Press), series 2, 337.
31. 同前註，317, 334。
32. 引自李志綏，《毛澤東私人醫生回憶錄》，276。
33. Borisov and Titarenko, *Vystupleniia Mao Tsze-duna, ranee ne publikovavshiesia vkitaiskoi pechati* (Mao Zedong's Speeches Previously Unpublished in the Chinese Press), series 2, 266.
34. Peng Dehuai, *Memuary marshala* (Memoirs of a Marshal), trans. A. V. Pantsov, V. N. Usov, and K. V. Sheveliev (Moscow: Voenizdat, 1988), 486-87; 另見Borisov and Titarenko, *Vystupleniia Mao Tsze-duna, ranee ne publikovavshiesia v kitaiskoi pechati* (Mao Zedong's Speeches Previously Unpublished in the Chinese Press), series 2, 360, 383, 403.
35. 見MacFarquhar, *The Origins of the Cultural Revolution*, vol. 2, 328.
36. 見Mao, *Mao Zedong on Diplomacy*, 247, 250-58; Zhang, "Sino-Soviet Economic Cooperation," 207.
37. 見Vereshchagin, *V starom i novom Kitae* (In Old and New China), 119-29.
38. Khrushchev, *Memoirs of Nikita Khrushchev*, vol. 3, 454-58.
39. 引自Wolff, "One Finger's Worth of Historical Events," 54, 55; Zubok, "The Mao-Khrushchev

第三十章 大躍進

1. 同前註，120、121。
2. 同前註，112, 377；series 3 (Moscow: Progress, 1976), 40.
3. 引自李志綏，《毛澤東私人醫生回憶錄》，226。
4. 見Roderick M. MacFarquhar, *The Origins of the Cultural Revolution*, vol. 2, *The Great Leap Forward 1958-1960* (New York: Columbia University Press, 1983), 34, 347; Frederick C. Teiwes, *Politics and Purges in China: Rectification and the Decline of Party Norms, 1950-1965, 2nd ed.* (Armonk, NY: M.E. Sharpe, 1993), 266; Mobo G. G. Gao, *Gao Village: A Portrait of Rural Life in Modern China* (Honolulu: University of Hawai'i Press, 1999), 123.
5. 鄧小平，《鄧小平選集》（一九七五至一九八二年），295。關於鄧小平對大躍進感到興奮的更多詳情，見楊勝群與閻建琪編，《鄧小平年譜》（一九〇四至一九七四年），卷3，1463-68。
6. Borisov and Titarenko, *Vystupleniia Mao Tsze-duna, ranee ne publikovavshiesia vkitaiskoi pechati* (Mao Zedong's Speeches Previously Unpublished in the Chinese Press), series 2, 111-12, 131; 毛澤東，《建國以來毛澤東文稿》，卷7（北京：中央文獻出版社，1998），25-26。
7. 逄先知、金冲及編，《毛澤東傳》（一九四九至一九七六年），卷1，766。
8. *Vtoraia sessiia VIII Vsekitaiskogo s"ezda Kommunisticheskoi partii Kitaia* (Second Session of the Eighth Congress of the Communist Party of China) (Peking: Izdatel'stvo literatury na inostrannykh iazykakh, 1958), 68.
9. Borisov and Titarenko, *Vystuplenia Mao Tsze-duna, ranee ne publikovavshiesia v kitaiskoi pechati* (Mao Zedong's Speeches Previously Unpublished in the Chinese Press), series 2, 156, 158.
10. 同前註，103; Bowie and Fairbank, *Communist China 1955-1959: Policy Documents with Analysis,* 125.
11. Borisov and Titarenko, *Vystupleniia Mao Tsze-duna, ranee ne publikovavshiesia vkitaiskoi pechati* (Mao Zedong's Speeches Previously Unpublished in the Chinese Press), series 2, 52.
12. 毛澤東，《建國以來毛澤東文稿》，卷6，666-69；卷7，4。
13. Mikhail A. Klochko, *Soviet Scientist in Red China, trans. Andrew MacAndrew* (New York: Praeger, 1964), 68-69.
14. 見MacFarquhar, *The Origins of the Cultural Revolution*, vol. 2, 22-23.
15. Borisov and Titarenko, *Vystupleniia Mao Tsze-duna, ranee ne publikovavshiesia vkitaiskoi pechati* (Mao Zedong's Speeches Previously Unpublished in the Chinese Press), series 2, 125, 339.
16. 見黃嶺峻，〈劉少奇與大躍進〉，《中國現代史》，7 (2003)，107。
17. 見葉子龍，《葉子龍回憶錄》，213。
18. Borisov and Titarenko, *Vystupleniia Mao Tsze-duna, ranee ne publikovavshiesia vkitaiskoi pechati*

91. 毛澤東在出發前往莫斯科之前，與尤金大使談話，又回到莫洛托夫這個話題。他說：「談到我們黨裡面的情況，許多同志不能瞭解，一個資深同志已經為革命奮鬥了幾十年，怎麼就變成反黨分子了。」尤金也從彭德懷那裡聽到同樣的疑問。彭德懷問他：「你們怎麼這樣說〔反黨集團〕它呢？難道想不出更聰明的說法嗎？」引自 Taubman, *Khrushchev*, 340.
92. 引自 Vereshchagin, *V starom i novom Kitae* (In Old and New China), 94-95.
93. 李志綏，《毛澤東私人醫生回憶錄》，220。
94. 引自同前註，221、222。
95. 師哲、李越然，《中蘇關係見證錄》，56。
96. 李越然，《外交舞臺上的新中國領袖》，142-43；陸仁與劉青霞，〈毛澤東沖赫魯曉夫發火〉，《傳記文學》，4 (2004)，25。
97. Borisov and Titarenko, *Vystupleniia Mao Tsze-duna, ranee ne publikovavshiesia v kitaiskoi pechati* (Mao Zedong's Speeches Previously Unpublished in the Chinese Press), series 2, 94.
98. 本書作者潘佐夫二〇〇四年四月四日在俄亥俄州哥倫布市(Columbus)，對葛裡涅夫斯基氏的訪談。
99. Khrushchev, *Memoirs of Nikita Khrushchev*, vol. 3, 461.
100. 一九六五年回答艾德加．史諾的提問：「你是否和以前一樣，仍然認為（原子彈）是紙老虎？」時，毛澤東答說，他對這個題目的說話只是「說說而已」。引自 Snow, *The Long Revolution*, 208；另見毛澤東，《毛澤東文集》，卷8，401。
101. 引自葉子龍，《葉子龍回憶錄》，190。
102. 李志綏，《毛澤東私人醫生回憶錄》，224。
103. Borisov and Titarenko, *Vystupleniia Mao Tsze-duna, ranee ne publikovavshiesia v kitaiskoi pechati* (Mao Zedong's Speeches Previously Unpublished in the Chinese Press), series 2, 94. 毛澤東在這時與蘇聯外交部長安德列．葛羅米柯 (Andrei Gromyko) 的談話，大致也是如此。見 A. A. Gromyko, Pamiatnoe (Remembered), vol. 2 (Moscow: Politizdat, 1988), 131.
104. 見《真理報》，November 7, 1957.
105. *CWIHP Bulletin*, nos. 6-7 (1995/1996): 152.
106. Borisov and Titarenko, *Vystupleniia Mao Tsze-duna, ranee ne publikovavshiesia v kitaiskoi pechati* (Mao Zedong's Speeches Previously Unpublished in the Chinese Press), series 2, 102, 105, 106.
107. 同前註，123；力平，《開國總理周恩來》，359。
108. 引自力平，《開國總理周恩來》，361。
109. 見同前註，362-63。
110. Borisov and Titarenko, *Vystupleniia Mao Tsze-duna, ranee ne publikovavshiesiav kitaiskoi pechati* (Mao Zedong's Speeches Previously Unpublished in the Chinese Press), series 2, 134-55.

70. *CWIHP Bulletin*, nos. 6-7 (1995/1996): 152, 154.
71. 見Taubman, *Khrushchev*, 339.
72. Kurdiukov, *Sovetsko-kitaiskie otnosheniia* (Soviet-Chinese Relations), 329.
73. *CWIHP Bulletin*, nos. 6-7 (1995/1996): 153.
74. 同前註。
75. 毛澤東，《毛澤東選集》，卷5，350-83；Borisov and Titarenko, *Vystupleniia Mao Tsze-duna, ranee ne publikovavshiesia v kitaiskoi pechati* (Mao Zedong's Speeches Previously Unpublished in the Chinese Press), series 1, 117-19, 124, 126-28, 138, 139; Chen Jian and Yang Kuisong, "Chinese Politics and the Collapse of the Sino-Soviet Alliance," in Westad, *Brothers in Arms*, 266.
76. 見Krutikov, *Na kitaiskom napravleniu* (Pointed Toward China), 226-27.
77. 毛澤東，《毛澤東選集》，卷5，420。
78. Borisov and Titarenko, *Vystupleniia Mao Tsze-duna, ranee ne publikovavshiesia v kitaiskoi pechati* (Mao Zedong's Speeches Previously Unpublished in the Chinese Press), series 1, 242-43.
79. 毛澤東，《毛澤東選集》，卷5，408-14。
80. 見Roderick MacFarquhar, *The Hundred Flowers Campaign and the Chinese Intellectuals* (New York: Praeger, 1960).
81. 見Meliksetov, *Istoriia Kitaia* (History of China), 647-48.
82. 同前註，649。
83. 見Chen Jian and Yang Kuisong, "Chinese Politics and the Collapse of the Sino-Soviet Alliance," in Westad, *Brothers in Arms*, 265.
84. Borisov and Titarenko, *Vystupleniia Mao Tsze-duna, ranee ne publikovavshiesia v kitaiskoi pechati* (Mao Zedong's Speeches Previously Unpublished in the Chinese Press), series 2, 122, 273.
85. 毛澤東，《毛澤東選集》，卷5，491。
86. Borisov and Titarenko, *Vystupleniia Mao Tsze-duna, ranee ne publikovavshiesia v kitaiskoi pechati* (Mao Zedong's Speeches Previously Unpublished in the Chinese Press), series 2, 50, 55-56.
87. 同前註，93。
88. 李志綏，《毛澤東私人醫生回憶錄》，218。
89. 毛澤東這次在莫斯科對赫魯雪夫用以下一段話介紹鄧小平：「你瞧那邊那個小矮個子？……他很聰明，眼光看得很遠。」引自Khrushchev, *Memoirs of Nikita Khrushchev*, vol. 3, 439. 然後他又說：「他不僅是個有原則的人，而且多才多藝，是個罕見的人才。」引自李越然，《外交舞臺上的新中國領袖》，143。
90. 李越然，〈毛主席第二次訪問蘇聯〉，收在李敏等編，《真實的毛澤東》，567；李越然，《外交舞臺上的新中國領袖》，125。關於毛澤東一九五七年訪問蘇聯，另見楊尚昆，《楊尚昆日記》，卷1（北京：中央文獻出版社，2001），284-96。

Meetings of the CPSU and CCP Delegations, Moscow, July 5-20, 1963," 378. 另見吳冷西，《十年論戰》，卷1，42-45。

53. 見*Istoricheskii arkhiv* (Historical archive), nos. 4-5 (1996): 184-85.
54. 見逄先知、金冲及編，《毛澤東傳》（一九四九至一九七六年），卷1，602-3; *Vozniknoveniie i razvitiie raznoglasii mezhdu rukovodstvom KPSS i nami: Po povodu otkrytogo pis'ma TsK KPSS* (The Origin and Development of Disagreements Between the Leadership of the CPSU and Us: On the Open Letter of the CC CPSU) (Beijing: Izdatel'stvo literatury na inostrannykh iazykakh, 1963), 12; "Records of Meeting of the CPSU and CCP Delegations, Moscow, July 5-20, 1963," 378.
55. 見Fursenko, *Prezidium TsK KPSS, 1954-1964* (Presidium of the Central Committee of the CPSU, 1954-1964), vol. 1, 175.
56. 引自Taubman, Khrushchev, 297.
57. Fursenko, *Prezidium TsK KPSS, 1954-1964* (Presidium of the CC CPSU, 1954-1964), vol. 1, 188.
58. Kurdiukov, *Sovietsko-Kitaiskie otnosheniia* (Soviet-Chinese Relations), 319.
59. Khrushchev, *Memoirs of Nikita Khrushchev*, vol. 3, 651. 另見劉少奇一九五六年十一月十日在中共中央八屆二中全會對這個題目的評論，收在逄先知、金冲及編，《毛澤東傳》（一九四九至一九七六年），卷1，603-5。
60. 毛澤東，《毛澤東選集》，卷5，341。有意思的是在一九五六年八大之前，他並沒有反對劉少奇的〈政治報告〉草稿中列入一句話：「蘇聯共產黨二十大……已對緩和國際緊張及為世界和平與人類之鬥爭進步做出重大貢獻。」毛澤東，《建國以來毛澤東文稿》，卷6，137-38。這段話略經修改，亦出現在報告定稿當中。
61. 毛澤東，《毛澤東選集》，卷5，342。
62. 引自逄先知、金冲及編，《毛澤東傳》（一九四九至一九七六年），卷1，606。
63. 毛澤東，《毛澤東選集》，卷5，347-49。
64. 見薄一波，《若干重大決策與實踐的回顧》，卷1，555-59。
65. 同前註，556-57；周恩來，《周恩來選集》，卷2，229-38。關於更詳盡的討論，見Shevelev, *Formirovanie sotsial'no-ekonomicheskoi politiki rukovodstva KPK v 1949-1956 godakh* (The Formation of the CCP's Socioeconomic Policy in 1949-1956), X-2-10.
66. 見Shevelev, *Formirovanie sotsial'no-ekonomicheskoi politiki rukovodstva KPK v 1949- 1956 godakh* (The Formation of the CCP's Socioeconomic Policy in 1949-1956), X-9-10.
67. 逄先知、金冲及編，《毛澤東傳》（一九四九至一九七六年），卷1，606。
68. 見毛澤東，《建國以來毛澤東文稿》，卷6，285。
69. 見劉崇文與陳紹疇編，《劉少奇年譜》（一八九八至一九六九年），卷2，378；力平、馬芷蓀編，《周恩來年譜》（一九四九至一九七六年），卷2，4-14；*CWIHP Bulletin*, nos. 6-7 (1995/1996): 153-54; Khrushchev, *Vremia, Liudi, Vlast'* (Time, People, Power), Book 3, 49-52.

32. 同前註，158。
33. 同前註，154。
34. 見同前註，162-68、177；廖蓋隆等編，《毛澤東百科全書》，卷6，（北京：光明日報出版社，2003），3108。
35. 引自李志綏，《毛澤東私人醫生回憶錄》，165。
36. Mao, *Poems of Mao Tse-tung*, 97.
37. 見李志綏，《毛澤東私人醫生回憶錄》，181、183、192。
38. 見毛澤東，《毛澤東選集》，卷5，312-23; *Materialy VIII Vsekitaiskogo s'ezda Kommunisticheskoi partii Kitaia* (Materials from the Eighth Congress of the Communist Party of China) (Moscow: Gospolitizdat, 1956), 3-6.
39. 毛澤東，《建國以來毛澤東文稿》，卷6，148。
40. Mao, *Mao Zedong on Diplomacy*, 251-52.
41. 這是彭德懷建議的（見 *The Case of Peng Dehuai 1959-1968* [Hong Kong: Union Research Institute, 1968], 445），他記起來毛澤東本人在好幾個場合對「毛澤東思想」這個字詞表示不以為然。見沈志華，〈中共八大為什麼不提「毛澤東思想」？〉，《歷史教學》，5 (2005)，6。不過，毛澤東並未建議從黨章中刪去這句話。
42. *Materialy VIII Vsekitaiskogo s"ezda Kommunisticheskoi partii Kitaia* (Materials from the Eighth Congress of the Communist Party of China), 508.
43. 同前註，98。
44. 毛澤東，《毛澤東文集》，卷7，110。另見毛澤東，《建國以來毛澤東文稿》，卷6，165; Wingrove, *Mao's Conversations with the Soviet Ambassador*, 1953-1955, 36。
45. *Materialy VIII Vsekitaiskogo s"ezda Kommunisticheskoi partii Kitaia* (Materials from the Eighth Congress of the Communist Party of China), 472.
46. 見Meliksetov, *Istoriia Kitaia*, 647.
47. "Minutes, Mao's Conversation with a Yugoslavian Communist Union Delegation," 151.
48. 引自Taubman, *Khrushchev*, 339。
49. 引自Westad, *Brothers in Arms*, 378。
50. 引自吳冷西，《十年論戰》，卷1，35。
51. A. A. Fursenko, ed., *Prezidium TsK KPSS, 1954-1964* (Presidium of the Central Committee of the CPSU, 1954-1964), Chernovye protokol'nye zapisi zasedanii. Stenogrammy. Postanovleniia (Draft Notes of the Sessions. Stenograms. Resolutions), vol. 1 (Moscow: ROSSPEN, 2003), 174-75; A. A. Fursenko, ed., *Prezidium TSK KPSS, 1954-1964* (The Presidium of the CC of the CPSU, 1954-1964), vol. 2, Postanovleniia 1954-1958 (Resolutions of 1954-1958) (Moscow: ROSSPEN, 2006), 471-72.
52. 引自力平、馬芷蓀編，《周恩來年譜》（一九四九至一九七六年），卷1，631；"Records of

及這篇文章不同版本的討論，見新華社前社長吳冷西的回憶錄，他參加了幾次討論。討論從三月十七日延續到四月四日。吳冷西，《憶毛主席：我親身經歷的若干重大歷史事件片斷》（北京：新華出版社，1995），2-7；吳冷西，《十年論戰》，卷1，12-33。

14. Borisov and Titarenko, *Vystupleniia Mao Tsze-duna, ranee ne publikovavshiesia vkitaiskoi pechati* (Mao Zedong's Speeches Previously Unpublished in China), series 1, 93.
15. 引自Chen Jian and Yang Kuisong, "Chinese Politics and the Collapse of the Sino-Soviet Alliance," 263.
16. Mao, *Mao Zedong on Diplomacy*, 251.
17. William Taubman, *Khrushchev: The Man and His Era* (New York: Norton, 2003), 339.
18. Krutikov, *Na kitaiskom napravleniu* (Pointed Toward China), 212-13.
19. 見N. S. Khrushchev, *Report of the Central Committee of the Communist Party of the Soviet Union to the 20th Party Congress* (Moscow: Foreign Languages Publishing House, 1956), 38-46.
20. 見對於毛澤東一九五六年三月十二日在政治局擴大會議上有關這個主題的講話之分析，收在吳冷西，《憶毛主席》，4-5。
21. Krutikov, *Na kitaiskum napravleniu* (Pointed Toward China), 212.
22. 李志綏，《毛澤東私人醫生回憶錄》，238。
23. 毛澤東，《毛澤東選集》，卷5，152-53。
24. 引自O. E. Vladimirov (O. B. Rakhmanin), ed., *Maoizm bez prikras: Nekotorye uzhe izvestnye, a takzhe ranee ne opublikovannye v kitaiskoi pechati vyskazyvaniia Mao Tszeduna: Sbornik* (Maoism Unembellished: Some Already Known Sayings of Mao Zedong and Others Previously Unpublished in the Chinese Press: A Collection) (Moscow: Progress, 1980), 238; 毛澤東，《毛澤東文集》，卷7（北京：人民出版社，1999), 412；另見毛澤東，《毛澤東文集》，卷6，367-70；毛澤東對他和尼赫魯談話的回憶，載於Edgar Snow, *The Long Revolution* (New York: Random House, 1972), 208.
25. 毛澤東，《毛澤東選集》，卷5，284。
26. 同前註，303-6；另見Schram, *Chairman Mao Talks to the People*, 61-83。
27. 見楊勝群與閻建琪編，《鄧小平年譜》（一九〇四至一九七四年），卷3（北京：中央文獻出版社，2010），1421。
28. 見力平，《開國總理周恩來》（北京：中共中央黨校出版社，1994），356。另見Chen Jian and Yang Kuisong, "Chinese Politics and the Collapse of the Sino-Soviet Alliance," 287。
29. 見毛澤東，《建國以來毛澤東文稿》，卷6，105。
30. Borisov and Titarenko, *Vystupleniia Mao Tsze-duna, ranee ne publikovavshiesia v kitaiskoi pechati* (Mao Zedong's Speeches Previously Unpublished in the Chinese Press), series 2, 123.
31. 李志綏，《毛澤東私人醫生回憶錄》，234。

51. J. V. Stalin, *Works*, vol. 11 (Moscow: Foreign Languages Publishing House, 1954), 62

第二十九章　思想大解放

1. 見N. S. Khrushchev, *Speech Before a Closed Session of the XXth Congress of the Communist Party of the Soviet Union on February 25, 1956* (Washington: U.S. Government Printing Office, 1957).
2. *Stenographicheskii otchet XX s"ezda KPSS* (Stenographic Report of the Twentieth Congress of the CPSU), vol. 1 (Moscow: Gospolitizdat, 1956), 230.
3. 見吳冷西，《十年論戰：一九五六至一九六六中蘇關係回憶錄》，卷1（北京：中央文獻出版社，1999），4-5。
4. 見K. Aimermakher, ed., *Doklad N. S. Khrushcheva o kul'te lichnosti Stalina na XX s"ezda KPSS. Dokumenty* (N. S. Khrushchev's Report on Stalin's Cult of Personality at the Twentieth CPSU Congress: Documents) (Moscow: ROSSPEN, 2002), 24, 37; 另見Vittorio Vidali, *Diary of the Twentieth Congress of the Communist Party of the Soviet Union*, trans. Nell Amter Cattonar and A. M. Elliot (Westport, CT: Lawrence Hill, 1974), 26-27.
5. 見"Mao Tszedun o kitaiskoi politike Kominterna i Stalina" (Mao Zedong on the China Policy of the Comintern and Stalin), 103; M. S. Kapitsa, *Sovetsko-kitaiskie otnosheniia* (Moscow: Izd-vo vostochnoi literatury, 1958), 357, 364;《戰後中蘇關係走向》（一九四五至一九六〇年）（北京：社會科學文化出版社，1997），78。
6. 見M. S. Kapitsa, *Na raznykh paralleliakh. Zapiski diplomata* (On Various Parallels: Notes of a Diplomat) (Moscow: Kniga i biznes, 1996), 63.
7. "Mao Tszedun o kitaiskoi politike Kominterna i Stalina" (Mao Zedong on the China Policy of the Comintern and Stalin), 107, 108.
8. Pantsov and Levine, *Chinese Comintern Activists: An Analytic Biographic Dictionary*, 48.
9. 同前註，48、71-72。
10. 見Boris A. Starkov, "The Trial That Was Not Held," *Europe-Asia Studies 46, no. 8 (1994): 1297-1316*; Reinhard Müller, " Der Fall des Antikomintern-Blocks—einvierter Moskauer Schaoprozeβ," *Jahrbuch für Historishche Kommunismusforschung*, 1996, 187-214.
11. 後來毛澤東在和蘇聯代表談話時，經常會說那一天他自己也來寫一本書，談史達林的錯誤和罪行。「它會非常恐怖，我不會讓它在一萬年之內出版。」見Mao, *Mao Zedong on Diplomacy*, 257。
12. 關於陳伯達執筆，見毛澤東，《建國以來毛澤東文稿》，卷6（北京：中央文獻出版社，1992），59。
13. 關於毛澤東對這篇文章的增補、潤飾，見同前註，59-67。關於政治局對赫魯雪夫的講話，以

1949-1956), VI-24.

29. 毛澤東，《毛澤東選集》，卷5，187。
30. 同前註，213；毛澤東，《建國以來毛澤東文稿》，卷5（北京：中央文獻出版社，1991），251。
31. 毛澤東，《毛澤東選集》，198；毛澤東，《建國以來毛澤東文稿》，卷5，251。
32. 引自李志綏，《毛澤東私人醫生回憶錄》，136。
33. 見Westad, *Brothers in Arms*, 17.
34. *Reshenie shestogo (rasshirennogo) plenuma TsK Kommunisticheskoi partii Kitaia sed'- mogo sozyva po voprosu o kooperirovanii v sel'skom khoziastve* (Decision of the Sixth [enlarged] Plenum of the Seventh CC of the Communist Party of China on the Question of Agricultural Cooperation) (Moscow: Gospolitzdat, 1955), 4-5.
35. 見Jiang,〈鄧子恢〉，371。
36. 引自李志綏，《毛澤東私人醫生回憶錄》，111，以及〈鄧子恢與農業合作化運動〉，收在魯林與陳德金編，《紅色記憶：中國共產黨歷史口述實錄》（一九四九至一九七八年）（濟南：山東人民出版社，2002），245。
37. 毛澤東，《毛澤東選集》，卷5，243。
38. 見Jasper Becker, *Hungry Ghosts: Mao's Secret Famine* (New York: Free Press, 1996), 52.
39. 數字計算依據《中國共產黨歷史講義》，卷2（長春：遼寧人民出版社，1981），590-91。
40. 李志綏，《毛澤東私人醫生回憶錄》，106、107、110。
41. 見《中國共產黨歷史講義》，卷2（濟南：山東人民出版社，1982），120; Jiang,〈鄧子恢〉，369。
42. Borisov and Titarenko, *Vystupleniia Mao Tsze-duna, ranee ne publikovavshiesia v kitaiskoi pechati* (Mao Zedong's Speeches Previously Unpublished in China), series 2, 110.
43. 中方反對此一說法。見"Memo, PRC Foreign Ministry to the USSR Embassy in Beijing," 159-60.
44. 毛澤東，《毛澤東選集》，卷5，214。
45. 見A. S. Perevertailo et al., eds., *Ocherki istorii Kitaia v noveishee vremia* (An Outline History of Contemporary China) (Moscow: Nauka, 1959), 576.
46. 見*Borotsia za mobilizatsiiu vsekh sil* (Struggle for the Mobilization of All Forces), 12.
47. 見《中國共產黨歷史講義》，濟南，138-39.
48. 見Perevertailo, *Ocherki istorii Kitaia v noveishee vremia* (An Outline History of Contemporary China), 573.
49. 見蕭效欽與王幼樵編《中華人民共和國四十年》（北京：北京師範學院出版社，1990），109。
50. 見Elizabeth J. Perry, "Shanghai's Strike Wave of 1957," *China Quarterly*, no. 137 (March 1994): 1, 9.

Structure of the PRC: 1950s and 1960s), 60.

8. 毛澤東，《毛澤東選集》，卷5，212。
9. 同前註，186。
10. 引自蔣伯英等，〈鄧子恢〉，收在胡華編，《中共黨史人物傳》，卷7（西安：陝西人民出版社，1990），367。
11. 見Deliusin, *Agrarnye preobrazovaniia v narodnom Kitae* (Agrarian Transformation in People's China), 345.
12. Borisov and Titarenko, *Vystupleniia Mao Tsze-duna, ranee ne publikovavshiesia v kitaiskoi pechati* (Mao Zedong's Speeches Previously Unpublished in China), series 2, 111.
13. 毛澤東，《毛澤東選集》，卷5，131-40、186、189-90。
14. 見Deliusin, *Agrarnye preobrazovaniia v narodnom Kitae* (Agrarian Transformation in People's China), 361-86.
15. *Borot'sia za mobilizatsiiu vsekh sil* (Struggle to Mobilize All Forces), 33.
16. 毛澤東，《建國以來毛澤東文稿》，卷4，497、498。
17. 毛澤東，《毛澤東選集》，卷5，186。
18. 見Krutikov, *Na kitaiskom napravleniu* (Pointed Toward China), 169.
19. 引自Shevelev, *Formirovaniie sotsial'no-ekonomicheskoi politiki rukovodstva KPK v 1949-1956 godakh* (The Formulation of the CCP's Socioeconomic Policy in 1949- 1956 (manuscript), VI-13.
20. 見蔣伯英等，〈鄧子恢〉，369-70；毛澤東，《毛澤東選集》，卷5，187; Meliksetov, *Istoriia Kitaia* (History of China), 640. 另見Frederick C. Teiwes and Warren Sun, eds., *The Politics of Agricultural Cooperativization in China: Mao, Deng Zihui and the "High Tide" of 1955* (Armonk, NY: M. E. Sharpe, 1993).
21. 引自逄先知、金冲及編，《毛澤東傳》（一九四九至一九七六年），卷1，370。
22. 引自*Shevelev, Formirovaniie sotsial'no-ekonomicheskoi politiki rukovodstva KPK v 1949-1956 godakh* (The Formulation of the CCP's Socioeconomic Policy in 1949- 1956) (manuscript), VI-22.
23. 見逄先知、金冲及編，《毛澤東傳》（一九四九至一九七六年），卷1，374。
24. 毛澤東，《毛澤東選集》，卷5，190。
25. 引自逄先知、金冲及編，《毛澤東傳》（一九四九至一九七六年），卷1，375。
26. 引自同前註，376。
27. 引自劉崇文與陳紹疇編，《劉少奇年譜》（一八九八至一九六九年），卷2，340。
28. 根據蘇聯的估計，中國共產黨解散約二十萬個合作社。這個數字吻合一九六六至六九年文化大革命期間批鬥劉少奇及其反毛行為的各種大字報之資料。見毛澤東，《毛澤東選集》，卷5，189-90；Jiang,〈鄧子恢〉，369-70; Shevelev, *Formirovanie sotsial'no-ekonomicheskoi politiki rukovodstva KPK v 1949-1956 godakh* (The Formulation of the CCP's Socioeconomic Policy in

62. 見Goncharenko, "Sino-Soviet Military Cooperation," in Westad, *Brothers in Arms*, 147.
63. *Materialy vtoroi sessii Vsekitaiskogo sobraniia narodnykh predstavitelei* (5-30 iulia 1955 g.) (Materials from the Second Session of the National People's Congress, [July 5-30, 1955]) (Moscow: Gospolitizdat, 1956), 256.
64. 見李富春，〈有關一九五三至一九五七年第一個五年計劃的報告〉，43-91.
65. 見"Memo, PRC Foreign Ministry to the USSR Embassy in Beijing, March 13, 1957," *CWIHP Bulletin*, nos. 6-7 (1995/1996): 160; Meisner, Mao's China and After, 113; 薄一波，《若干重大決策與實踐的回顧》，卷1，295-96。
66. 見*China Quarterly*, no. 1 (1960): 38.
67. 見Meisner, Mao's China and After, 113. 根據其他的統計數字，一九五〇年代在中國工作的蘇聯和東歐顧問、專家有八千多人，同時有七千個中國人在蘇聯經與東歐接受特別訓練見Zhang, *Sino-Soviet Economic Cooperation,* 202. Shepilov 則說有一萬一千多名中國學生和八千多個工人及技術人員在蘇聯受訓。見D. T. Shepilov, "Vospominaniia" (Reminiscences), *Voprosy istorii* (Problems of history), no. 10 (1998): 26.

第二十八章　大轉折

1. 引自"Dnevnik sovetskogo posla v Kitae V. V. Kuznetsova" (Diary of the Soviet Ambassador to China V. V. Kuznetsov), 184-85.
2. 一九五一年一月，中共即推出實驗性質的部分基本消費商品國家專賣制。一九五一年一月五日，華東軍政委員會財政經濟委員會秘書長駱耕漠告訴蘇聯駐上海總領事佛拉迪米洛夫，上海自一月四日起實施國家向民間紡織廠集中收購所有產品的辦法。佛拉迪米洛夫是個資深的情報官員，向莫斯科報告：「駱耕漠強調這個消息是最高機密。」見AVPRF, collection 0100, inventory 44, file 15, folder 322, sheets 146-47.
3. 見同前註。
4. 見L. D. Bony, "Mekhanizm iz"iatiia tovarnogo zerna v KNR (50'e gody)" (The Mechanism of Grain Acquisition in the PRC [in the 1950s]), in L. P. Deliusin, ed., *Kitai: gosudarstvo i obshchestvo* (China: State and Society) (Moscow: Nauka, 1977), 27, 28.
5. 同前註，33-34。
6. 見毛澤東，《毛澤東選集》，卷5，217-18、290-91；Chou En-lai [Zhou Enlai], "Report on the Proposals for the Second Five-Year Plan for Development of the National Economy," in *Eighth National Congress of the Communist Party of China*, vol. 1, Documents (Beijing: Foreign Language Press, 1956), 270.
7. 見Gel'bras, *Sotsial'no-ekonomicheskaia struktura KNR: 50-60-e gody* (The Socioeconomic

Mao Tszedunom v 1954 g." (J. V. Stalin's Negotiations in Moscow with Zhou Enlai in 1952, and N. S. Khrushchev's with Mao Zedong in 1954), 108-13.

45. 見Westad, *Brothers in Arms*, 16.
46. D. T. Shepilov, "Vospominaniia" (Reminiscences), *Voprosy istorii* (Problems of history), no. 10 (1998): 25.
47. 引自Koval, "Moskovskiie peregovory I. V. Stalina s Chzhou En'laem v 1952 g. i N. S. Khrushcheva s Mao Tszedunom v 1954 g." (J. V. Stalin's Negotiations in Moscow with Zhou Enlai in 1952 and N. S. Khrushchev's with Mao Zedong in 1954), 113.
48. 見Westad, *Brothers in Arms*, 16, 39.
49. 見Khrushchev, *Memoirs of Nikita Khrushchev*, vol. 3, 420-27; D. T. Shepilov, "Vospominaniia" (Reminiscences), *Voprosy istorii* (Problems of history), no. 9 (1998): 18-31; no. 10 (1998), 3-30; Koval, "Moskovskiie peregovory I. V. Stalina s Chzhou En'laem v 1952 g. I N. S. Khrushchev s Mao Tszedunom v 1954 g." (J. V. Stalin's Negotiations with Zhou Enlai in 1952 and N. S. Khrushchev's with Mao Zedong in 1954), 113-18; 師哲，《峰與谷》，106-15。
50. 引自Chen Jian and Yang Kuisong, "Chinese Politics and the Collapse of the Sino- Soviet Alliance," in Westad, *Brothers in Arms*, 285.
51. Mao, *Mao Zedong on Diplomacy*, 251, 256.
52. 許多年之後，赫魯雪夫自己說：他「起初以孩童純真的眼光看待我們和中國同志的關係」。Khrushchev, *Memoirs of Nikita Khrushchev*, vol. 3, 445.
53. 引自D. T. Shepilov, "Vospominaniia" (Reminiscences), *Voprosy istorii* (Problems of history), no. 9 (1998): 18.
54. 維特克，《江青同志》，272。
55. 見師哲，《峰與谷》，101-5；李越然，《外交舞臺上的新中國領袖》（北京：外語教學與研究出版社，1994），69-70。
56. 見Nikita S. Khrushchev, *Vospominaniia. Izbrannye fragmenty* (Reminiscences: Selected Fragments) (Moscow: Vagrius, 1997), 336, 356-57; 另見D. T. Shepilov, "Vospominaniia (Reminiscences), *Voprosy istorii* (Problems of history), no. 10 (1998): 28-29.
57. 維特克，《江青同志》，262。
58. Khrushchev, *Memoirs of Nikita Khrushchev*, vol. 3, 399-400.
59. 見Titarenko, *Istoriia kommunisticheskoi partii Kitaia* (History of the Communist Party of China), vol. 2, part 1, 137.
60. 見Zhang, *Sino-Soviet Economic Cooperation,* 202.
61. 見Chen Jian and Yang Kuisong, "Chinese Politics and the Collapse of the Sino-Soviet Alliance," 257.

27. 見Teiwes, *Politics at Mao's Court*, 308-9. 關於孔子這句話，引自李克曼（Pierre Ryckmans，筆名為Simon Leys）譯，*The Analects of Confucius*, (New York: Norton, 1997), 17.
28. 見Short, *Mao*, 442, 444, 737；趙家梁與張曉霽，《半截墓碑下的往事：高崗在北京》（香港：大風出版社，2008），203-6、238-45；Teiwes, *Politics at Mao's Court*, 240-52.
29. 見Wingrove, "Mao's Conversations with the Soviet Ambassador, 1953-1955," 28-29, 34-35, 40-41; Teiwes, *Politics at Mao's Court*; Short, *Mao*, 441-45.
30. 《紅旗》，2 (1981)，32。
31. 毛澤東，《毛澤東選集》，卷5，150-51。另見Wingrove, "Mao's Conversations with the Soviet Ambassador, 1953-1955," 21-23.
32. 見程波，《中共「八大」決策內幕》（北京：中共檔案出版社，1999), 54-55; Wingrove, "Mao's Conversations with the Soviet Ambassador,1953-1955," 38-40.
33. 李志綏，《毛澤東私人醫生回憶錄》，65。
34. Krutikov, *Na kitaiskom napravleniu* (Pointed Toward China), 183.
35. He Ganzhi, *Istoriia sovremennoi revoliutsii v Kitae* (History of the Contemporary Revolution in China) (Moscow: Izdatel'stvo literatury na inostrannykh iazykakh, 1959), 682.
36. Richard Evans, *Deng Xiaoping and the Making of Modern China, rev. ed.* (London: Penguin, 1997), 112. 另見Titarenko, *Istoriia Kommunisticheskoi partii Kitaia* (History of the Communist Party of China), vol. 2, part 1, 36; Meisner, *Mao's China and After*, 107.
37. 見毛澤東，《建國以來毛澤東文稿》，卷4，（北京：中央文獻出版社，1998)，548。
38. 見*Pervaia sessiia Vsekitaiskogo sobraniia narodnykh predstavitelei Kitaiskoi Narodnoi Respubliki pervogo sozyva (dokumenty i materialy)* (The First Session of the First National People's Congress of the PRC [Documents and Materials]) (Beijing: Izdatel'stvo literatury na inostrannykh iazykakh, 1956).
39. 見師哲，《峰與谷—師哲回憶錄》（北京：紅旗出版社，1992), 103；另見Wingrove, "Mao's Conversations with the Soviet Ambassador, 1953-1955,"10-12.
40. 見Westad, *Brothers in Arms*, 38.
41. 葉子龍，《葉子龍回憶錄》，202。
42. 見毛澤東於一九五四年九月一日發給蘇聯共產黨中央委員會的電報，載於毛澤東，《建國以來毛澤東文稿》，卷4，537-38。
43. 見Wingrove, "Mao's Conversations with the Soviet Ambassador, 1953-1955," 13-18; 毛澤東，《毛澤東選集》，卷5，337-38。另見前蘇聯外交部長Dmitrii Timofeevich Shepilov 對毛澤東一九五四年九月三十日在北京與蘇聯代表團會面的回憶。D. T. Shepilov, "Vospominaniia" (Reminiscences), *Voprosy Istorii* (Problems of history), no. 9 (1998): 26.
44. 見Koval, "Moskovskiie peregovory I. V. Stalina s Chzhou En'laem v 1952 g. I N. S. Khrushcheva s

12. 見Titarenko, *Istoriia Kommunisticheskoi partii Kitaia* (History of the Chinese Communist Party), vol. 2, part 1, 118.
13. 毛澤東，《毛澤東選集》，卷5，93。Emphasis added.
14. 同前註，94。
15. 引自Titarenko, *Istoriia Kommunisticheskoi partii Kitaia* (History of the Chinese Communist Party), vol. 2, part 1, 119-20. Emphasis added.
16. 毛澤東，《毛澤東選集》，卷5，102。Emphasis added.
17. 見力平、馬芷蓀編，《周恩來年譜》（一九四九至一九七六年），卷1，317。
18. 見周恩來，《周恩來選集》，卷2（北京：人民出版社，1980），104-5。
19. *Borot'sia za mobilizatsiiu vsekh sil dlia prevrashcheniia nashei strany v velikoe sotsialisticheskoe gosudarstvo: Tezisy dlia izucheniia i propagandy general'noi linii partii v perekhodnyi period* (Razrabotany otdelom agitatsii i propagandy TsK KPK i utverzhdeny TsK KPK v dekabre 1953 g.) (Struggle to Mobilize All Forces to Transform Our Country into a Socialist State: Theses for Studying and Propagandizing the Party's General Line in the Transitional Period [Prepared by the Department of Agitation and Propaganda of the CC CCP and Affirmed by the CC CCP in December 1953]) (Moscow: Gospoliizdat, [1957]), 10.
20. "Excerpt from the Communiqué of the Fourth Plenum (February 18, 1954)," in Teiwes, *Politics at Mao's Court*, 237. Emphasis added.
21. 引自K. V. Shevelev, "O nekotorykh aspektakh raboty 4-go plenuma TsK KPK 7-ogo sozyva" (On Several Aspects of the Work of the Fourth Plenum of the Seventh Central Committee of the CCP), in *Perspektivy sotrudnichestva Kitaia, Rossii i drugikh stran Severo-vostochnoi Azii v kontse XX-nachale XXI veka. Tezisy dokladov VIII Mezhdunarodnoi nauchnoi konferentsii "Kitai. Kitaiskaia tsivilizatsiia i mir. Istoriia, sovremennost , perspektivy," Moskva, 7-9 oktiabria 1997 g.* (Prospects for Cooperation Among China, Russia, and Other Countries of Northeast Asia at the End of the Twentieth and Beginning of the Twenty-first Century. Papers from the VIII International Scholarly Conference on China, Chinese Civilization, and the World: History, the Present, and the Future, Moscow, October 7-9, 1997) (Moscow: IDV RAN, 1997), 151.
22. 毛澤東，《毛澤東選集》，卷5，340。
23. 見高崗，*Izbrannoe* (Selections) (Moscow: IDV AN SSSR, 1989), 226-31.
24. 見Short, *Mao*, 442.
25. Paul Wingrove, "Mao's Conversations with the Soviet Ambassador, 1953-1955," *CWIHP Working Paper*, no. 36 (April 2002): 40.
26. 見鄧小平，《鄧小平選集》（一九七五至一九八二年），第二版（北京：外文出版社，1995），292-93。

42. 同前註。
43. 同前註，94。
44. 見Frederick C. Teiwes, *Politics at Mao's Court: Gao Gang and Party Factionalism* (Armonk, NY: M. E. Sharpe, 1990), 163.
45. 引自薄一波，《若干重大決策與實踐的回顧》，卷1，247。
46. 見同前註，93-94, 101-11, 247-48; Zhou, "Rech' na Vsekitaiskom finansovoekonomicheskom soveshchanii" (Speech at the All-China Financial-Economic Conference), 8-19; Ledovsky, *Delo Gao Gana-Zhao Shushi* (The Gao Gang-Rao Shushi Affair), 99.
47. Zhou, "Rech' na Vsekitaiskom finansovo-ekonomicheskom soveshchanii" (Speech at the All-China Financial-Economic Conference), 18.
48. 同前註。
49. 同前註。
50. 毛澤東，《毛澤東選集》，卷5，103。
51. 同前註，138。

第二十七章　社會主義工業化

1. Rakhmanin, "Vzaimnootnosheniia mezhdu I. V. Stalinym i Mao Tszedunom glazami ochevidtsa" (An Eyewitness Account of Relations Between J. V. Stalin and Mao Zedong), 80.
2. 見Deriabin and Culver, *Inside Stalin's Kremlin*, 111-13.
3. 見N. M. Przheval'skii, *Putesheshestvie v Ussuriiskom krae: Mongolia i strana tangutov* (Travels in the Ussuri Region: Mongolia and the Country of Tanguts) (Moscow: Drofa, 2007).
4. 見RGASPI, collection of unsorted documents.
5. 《真理報》，March 11, 1953.
6. 見Kartunova, *Vstrechi v Moskve s Tszian Tsin, zhenoi Mao Tszeduna* (Encounters in Moscow with Jiang Qing, Mao Zedong's wife), 126; 維特克，《江青同志》，257。
7. 見力平、馬芷蓀編，《周恩來年譜》（一九四九至一九七六年），卷1，289-90。
8. 見Kurdiukov, *Sovetsko-kitaiskie otnosheniia* (Soviet-Chinese Relations), 284; 力平、馬芷蓀編，《周恩來年譜》（一九四九至一九七六年），卷1，290。
9. 見Kurdiukov, *Sovetsko-kitaiskie otnosheniia* (Soviet-Chinese Relations), 284-85; 力平、馬芷蓀編，《周恩來年譜》（一九四九至一九七六年），卷1，290。
10. Kurdiukov, *Sovetsko-kitaiskie otnosheniia* (Soviet-Chinese Relations), 285.
11. 見Khrushchev, *Memoirs of Nikita Khrushchev*, vol. 3, 401-4. 赫魯雪夫後來與毛澤東談話，一再強調他反對史達林的"老人癡呆」；見Zubok, The *Mao-Khrushchev Conversations*, 250, 261.

Comintern and Stalin), 106.

26. 見Kovalev, *Dialog Stalina s Mao Tszedunom* (Stalin's Dialogue with Mao Zedong), 89; I. V. Kovalev, "Rossiia i Kitai (s missiei v Kitae)" (Russia and China [My Mission to China]), *Duel'* (Duel), November 19, 1997.
27. *Lichnoe delo Mao Tszeduna* (Personal File of Mao Zedong), RGASPI, collection 495, inventory 225, file 71, vol. 1, sheet 57.
28. 見Kovalev, "Dialog Stalina s Mao Tszedunom" (Stalin's Dialogue with Mao Zedong), 89.
29. Peter S. Deriabin and Joseph Culver Evans, *Inside Stalin's Kremlin: An Eyewitness Account of Brutality, Duplicity, and Intrigue* (Washington: Brassey's, 1998), 110, 229-30.
30. 見劉少奇，《劉少奇選集》，卷1（北京：外文出版社，1984）；周恩來，《周恩來選集》，卷1（北京：外文出版社，1981）.
31. 見*Obrazovanie Kitaiskoi Narodnoi Respubliki: Dokumenty i materialy* (Establishment of the Chinese People's Republic: Documents and Materials) (Moscow: Gospolitizdat, 1950), 30-49.
32. 見N. G. Sudarikov, ed., *Konstitutsiia i osnovnye zakonodatel'nye akty Kitaiskoi Narodnoi Respubliki* (Constitution and Founding Legislative Acts of the People's Republic of China) (Moscow: Izdatel'stvo inostrannoi literatury, 1955), 381-92.
33. 引自L. P. Deliusin, ed., *Agrarnye preobrazovaniia v narodnom Kitae* (Agrarian Transformation in People's China) (Moscow: Izdatel'stvo inostrannoi literatury, 1955), 39.
34. 見Sudarikov, *Konstitutsiia i osnovnye zakonodatel'nye akty Kitaiskoi Narodnoi Respubliki* (Constitution and Founding Legislative Acts of the People's Republic of China), 493-523.
35. 同前註，475-81。
36. 見A. V. Meliksetov, " 'Novaia demokratiia' i vybor Kitaem putei sotsial'noekonomicheskogo razvitiia (1949-1953)" ("New Democracy" and China's Choice of a Socioeconomic Development Path [1949-1953]), *Problemy Dal'nego Vostoka* (Far Eastern affairs), no. 1 (1996): 82-95.
37. 見毛澤東，《毛澤東選集》，卷5（北京：外文出版社，1977），71；Sladkovskii, *Informatsionnyi biulleten'. Seriia A. "Kulturnaiia revoliutsiia" v Kitae. Dokumenty i materialy (perevod s kitaiskogo). Vypusk 1: Hongveibinovskaia pechat' o Liu Shaotsi* (Information Bulletin. Series A. The "Cultural Revolution" in China. Documents and Materials [Translated from Chinese]. The First Installment: The Red Guard Press on Liu Shaoqi) (Moscow: IDV AN SSSR, 1968), 73-74.
38. 薄一波，《若干重大決策與實踐的回顧》，卷1，234-35。
39. 逄先知、金冲及編，《毛澤東傳》（一九四九至一九七六年），卷1，247。
40. 40.A. M. Ledovsky, *Delo Gao Gana-Zhao Shushi* (The Gao Gang-Rao Shushi Affair) (Moscow: IDV AN SSSR, 1990), 99.
41. 毛澤東，《毛澤東選集》，卷5，93。

Sovetsko-kitaiskii raskol (The Soviet-Chinese Split), 126.

12. 見李富春，〈有關一九五三至一九五七年第一個五年計劃的報告，一九五五年七月五至六日〉，收在Robert Bowie and John K. Fairbank, eds., *Communist China 1955-1959: Policy Documents with Analysis* (Cambridge, MA: Harvard University Press, 1962), 53, 61.
13. 見*Kratkaia istoriia KPK* (*1921-1991*) (A Short History of the CCP [1921-1991]) (Beijing: Izdatel'stvo literatury na inostrannykh iazykakh, 1993), 530.
14. 見劉崇文與陳紹疇編，《劉少奇年譜》（一八九八至一九六九年），卷2，304-5。
15. 引自"Dnevnik sovetskogo posla v Kitae V. V. Kuznetsova. Zapis' besedy s Liu Shaoqi. 9 noiabria 1953 g." (The Diary of Soviet Ambassador to China V. V. Kuznetsov: Memorandum of Conversation with Liu Shaoqi, November 9, 1953), AVPRF, collection 0100, inventory 46, file 12, folder 362, sheet 185.
16. 見Stéphane Courtois et al., *The Black Book of Communism: Crimes, Terror, Repression*, trans. Jonathan Murphy and Mark Kramer (Cambridge, MA: Harvard University Press, 1999), 481; Meisner, *Mao's China and After*, 72.
17. Arlen V. Meliksetov's interview with B. N. Gorbachev in Moscow, November 25, 1999.
18. G. G. Semenov, *Tri goda v Pekine: Zapiski voennogo sovetnika* (Three Years in Beijing: Notes of a Military Adviser) (Moscow: Nauka, 1978), 47-48, 60-62.
19. 見楊奎松，〈毛澤東為什麼放棄新民主主義？關於俄國模式的影響問題〉，《近代史研究》，4 (1997)，182-83。
20. 維特克，《江青同志》，239。
21. 見Jerome Cooper, "Lawyers in China and the Rule of Law," *International Journal of the Legal Profession,* 6, no. 1 (1999): 71-89.
22. "Zapiska I. V. Kovaleva ot 24 dekabria 1949 g." (I. V. Kovalev's Note of December 24, 1949), 135, 138, 139.
23. 赫魯雪夫就這件事寫說：「我們聯共（布）政治局委員對史達林這麼做，很生氣。」赫魯雪夫指出高崗不僅指控劉少奇，也指控周恩來及其他國家領導人「特別表示不滿意蘇聯」。Khrushchev, *Memoirs of Nikita Khrushchev*, vol. 3, 412-14. 不過，這份報告有一段提到周恩來本人在和柯瓦列夫談話時，批評薄一波犯了經濟錯誤。
24. 見Kovalev, *Dialog Stalina s Mao Tszedunom* (Stalin's Dialogue with Mao Zedong), 91; Khrushchev, *Memoirs of Nikita Khrushchev*, vol. 3, 412-14; 薄一波，《若干重大決策與實踐的回顧》，卷1（北京：中共中央黨校，1991）, 40-41；葉子龍，《葉子龍回憶錄》，201；陳愛菲與曹志為，《走出國門的毛澤東》（石家莊：河北人民出版社，2001）, 88-91; Heinzig, *The Soviet Union and Communist China* 1945-1950, 157, 158, 285-86, 296-97.
25. "Mao Tszedun o kitaiskoi politike Kominterna i Stalina" (Mao Zedong on the China Policy of the

Khrushcheva s Mao Tszedunom v 1954 g." (J. V. Stalin's Negotiations in Moscow with Zhou Enlai in 1952 and N. S. Khrushchev's with Mao Zedong in 1954), *Novaia i noveishaia istoriia* (Modern and contemporary history), no. 5 (1989): 104-7. 柯瓦爾對於談判的月份弄錯了。

2. 引自同前註，107；另見Westad, *Brothers in Arms*, 145, 197-200, 257.
3. 見M. L. Titarenko, ed., *Istoriia Kommunisticheskoi partii Kitaia* (History of the Chinese Communist Party), vol. 2, part 1 (Moscow: IDV AN SSSR, 1987), 130；另見Heinzig, *The Soviet Union and Communist China* 1945-1950, 263-384.
4. 見Kurdiukov, *Sovetsko-kitaiskie otnosheniia* (Soviet-Chinese Relations), 223. 毛澤東要求史達林，把提供工業設備和武器的融資期限由五年縮短為四年，但是史達林未同意。見"Zapis' besedy I. V. Stalina s Predsedatelem Tsentral'nogo narodnogo pravitel'stva Kitaiskoi Narodnoi Respubliki Mao Tsze-dunom 22 janvaria 1950 g." (Memorandum of Conversation Between J. V. Stalin and the Chairman of the Central People's Government of the Chinese People's Republic Mao Zedong, January 22, 1950), 36; *CWIHP Bulletin*, nos. 8-9 (1996/1997): 229.
5. "Mao Zedong's Telegram to CCP CC, January 4, 1950," *CWIHP Bulletin*, nos. 8-9 (1995/1996): 229; 另見Ledovsky, *SSSR i Stalin v sud'bakh Kitaia* (The USSR and Stalin in China's Fate), 78.
6. 見Zhang, *Sino-Soviet Economic Cooperation,* 197.
7. 俄國歷史學家 B. T. Kulik 說，史達林同意履行周恩來所有的要求，包括在中國規劃及興建一百五十一項（？）工業設施，並不吻合歷史事實。見Kulik, *Sovetsko-kitaiskii raskol* (The Soviet-Chinese Split), 95.
8. 見"Zapis' besedy tovarishcha Stalina I. V. s Chzhou En'laem 3 sentiabria 1952 goda" (Memorandum of Conversation between Comrade J. V. Stalin and Zhou Enlai, September 3, 1952), RGASPI, collection 558, inventory 11, file 329, sheet 81; *CWIHP Bulletin*, nos. 6-7 (1995/1996): 15-16; Kurdiukov, *Sovetsko-kitaiskie otnosheniia* (Soviet-Chinese Relations), 285; 陳志凌，〈李富春〉，收在胡華編，《中共黨史人物傳》，卷四十四，（西安：陝西人民出版社，1990）, 62-63, 67; Koval, "Moskovskiie peregovory I. V. Stalina s Chzhou En'laem v 1952 g. i N. S. Khrushcheva s Mao Tszedunom v 1954 g." (J. V. Stalin's Negotiations in Moscow with Zhou Enlai in 1952 and N. S. Khrushchev's with Mao Zedong in 1954): 107.
9. "Zapis' besedy tovarishcha Stalin I. V. s Chzhou Enlaiem 3 sentiabria 1952 goda" (Memorandum of Conversation between Comrade J. V. Stalin and Zhou Enlai, September 3, 1952), 75, 85; *CWIHP Bulletin*, nos. 6-7 (1995/1996): 14, 16. 另見力平、馬芷蓀編，《周恩來年譜》（一九四九至一九七六年），卷1，258; Maurice Meisner, *Mao's China and After: A History of the People's Republic of China, 3rd ed.* (New York: Free Press, 1999), 127.
10. 見Kulik, *Sovetsko-kitaiskii raskol* (The Soviet-Chinese Split), 126; Chen,〈李富春〉，63。
11. 見力平、馬芷蓀編，《周恩來年譜》（一九四九至一九七六年），卷1，284-85；Kulik,

51. 同前註，162。
52. 同前註，248。
53. *CWIHP Bulletin*, nos. 6-7 (1995/1996): 12-13. 另見“Zapis' besedy tovarishcha Stalina I. V. s Zhou Enlaem 20 avgusta 1952 goda” (Record of a Conversation Between Comrade Stalin and Zhou Enlai, August 20, 1952), RGASPI, collection 558, inventory 11, file 329, sheets 66-68. 另見Torkunov, *Zagadochnaia voina* (The Enigmatic War), 252, 259-60.
54. 見力平、馬芷蓀編，《周恩來年譜》（一九四九至一九七六年），卷1，289; Weathersby, “New Findings of the Korean War,” 16.
55. 55.“New Evidence on the Korean War,” 80; Torkunov, *Zagadochnaia voina* (The Enigmatic War), 272-73.
56. 見Weathersby, “New Findings of the Korean War,” 16, 17.
57. 見徐焰，〈朝鮮戰爭中交戰各方喪失多少軍人〉，《文史參考》，12（2010年6月）；Shu Guang Zhang, *Mao's Military Romanticism: China and the Korean War, 1950-1953* (Lawrence: University Press of Kansas, 1995), 247. 九十萬人是聯合國的估計，見Rottman, *Korean War*, 212.
58. 見Michael H. Hunt and Steven I. Levine, *Arc of Empire: America's Wars in Asia from the Philippines to Vietnam* (Chapel Hill: University of North Carolina Press, 2012), 172; G. F. Krivosheev, ed., *Grif sekretnosti sniat: Poteri Vooruzhennykh Sil SSSR v voinakh, boevykh deistviyakh i voennykh konfliktakh: Statisticheskoe issledovanie* (The Stamp of Secrecy Is Removed: Losses of the Armed Forces of the USSR in Wars, Battles, and Armed Conflicts: A Statistical Analysis) (Moscow: Voennoe izdatel'stvo, 1993), 395; Max Hastings, *The Korean War* (New York: Simon & Schuster, 1987), 329; Burton I. Kaufman, *The Korean Conflict* (Westport, CT: Greenwood Press, 1999), 15, 43.
59. 葉子龍，《葉子龍回憶錄》，197。另見毛澤東衛士李銀橋的回憶，收在權延赤，《走下神壇的毛澤東》（北京：外文出版社1992），43。Quan Yanchi, *Mao Zedong. Man, Not God*
60. 李敏，《我的父親毛澤東》，145、146。
61. 同前註，117-19; *Lichnoe delo Mao Tszeminia* (Personal File of Mao Zemin), 2; “Mao Zemin,” 71-75; 馬社香，《紅色第一家族》，281。
62. 見*Lichnoe delo Yun Shu* (Personal File of Yong Shu), 31-35, 37；馬社香，《紅色第一家族》，155-56, 181-91, 273-89, 301-3；廖蓋隆編，《毛澤東百科全書》，卷1，26-39。
63. Stuart R. Schram, ed., *Chairman Mao Talks to the People: Talks and Letters: 1956-1971* (New York: Pantheon Books, 1974), 143.

第二十六章　新民主主義的矛盾

1. 見K. I. Koval, “Moskovskiie peregovory I. V. Stalina s Chzhou En'laem v 1952 g. I N. S.

114-15. Emphasis added.

31. 毛澤東，《建國以來毛澤東文稿》，卷1（北京：中央文獻出版社，1997），539。這封信初稿的首頁複製，見逄先知、金冲及編，《毛澤東傳》（一九四九至一九七六年），卷1，116。
32. 見毛澤東，《毛澤東文集》，卷6（北京：人民出版社，1999），99；逄先知、金冲及編，《毛澤東傳》（一九四九至一九七六年），卷1，116-18。另見*CWIHP Bulletin*, nos. 8-9 (1996/1997): 239.
33. 引自Peng Dehuai, *Memoirs of a Chinese Marshal*, 472.
34. "Letter from Stalin to Mao Zedong, October 2, 1950," *CWIHP Bulletin*, nos. 6-7 (1995/1996): 116; Torkunov, Zagodochnaia voina (The Enigmatic War), 116. Emphasis added.
35. Peng Dehuai, *Memoirs of a Chinese Marshal*, 473.
36. Nie Rongzhen, *Inside the Red Star*, 636. 另見逄先知、金冲及編，《毛澤東傳》（一九四九至一九七六年），卷1，118-19；力平、馬芷蓀編，《周恩來年譜》（一九四九至一九七六年），卷1，84。
37. "New Evidence on the Korean War," 116; Torkunov, *Zagadochnaia voina* (The Enigmatic War), 117.
38. 見毛澤東，《建國以來毛澤東文稿》，卷1，543-44。
39. 同前註，545。
40. Chen Jian, *China's Road to the Korean War*, 197-200; Goncharov, Lewis, and Xue, *Uncertain Partners*, 188-92. 另見毛澤東譯員師哲的回憶錄，師哲他參加了談判。師哲，《在歷史巨人身邊》，496-99。然而，《周恩來年譜》（一九四九至一九七六年）的編纂者提到的談判日期不同，是十月十一日，這顯然是依據中國的時區為準（卷1，85）。
41. 見毛澤東，《建國以來毛澤東文稿》，卷1，552-53。另見逄先知、金冲及編，《毛澤東傳》（一九四九至一九七六年），卷1，121。
42. Torkunov, *Zagadochnaia voina* (The Enigmatic War), 117.
43. 同前註，97。
44. 引自Khrushchev, *Memoirs of Nikita Khrushchev*, vol. 2, 426.
45. "Ciphered telegram from Fyn Si [Stalin] to Kim Il Sung [via Shtykov], October 13, 1950," *CWIHP Bulletin*, nos. 6-7 (1995/1996): 119. Torkunov, *Zagadochnaia voina* (The Enigmatic War), 117-18.
46. 見毛澤東，《毛澤東文集》，卷6，103-4；逄先知、金冲及編，《毛澤東傳》（一九四九至一九七六年），卷1，121-22；力平、馬芷蓀編，《周恩來年譜》（一九四九至一九七六年），卷1，85-86。
47. "New Evidence on the Korean War," 119; Torkunov, *Zagadochnaia voina* (The Enigmatic War), 118-19.
48. RGASPI, collection of unsorted documents. 這份文件首次發表在Torkunov的著書，頁163-64。
49. RGASPI, collection of unsorted documents.
50. Torkunov, *Zagadochnaia voina* (The Enigmatic War), 44.

Comintern and of Stalin), 101-10.

12. Torkunov, *Zagadochnaia voina* (The Enigmatic War), 56.
13. 同前註，67。另見Weathersby, "New Findings of the Korean War," 16.
14. Ciphered Telegram from Stalin to Shtykov, January 20, 1950, *CWIHP Bulletin*, no. 5 (1995): 9. 由Kathryn Weathersby替*CWIHP*翻譯。作為他承諾支持金日成的交換條件，史達林要求北朝鮮每年供應蘇聯二萬五千噸的石墨。
15. Torkunov, *Zagadochnaia voina* (The Enigmatic War), 58, 59.
16. 見Weathersby, "New Findings of the Korean War," 16.
17. Torkunov, *Zagadochnaia voina* (The Enigmatic War), 62.
18. "Ciphered telegram from Filippov (Stalin) to Mao Tse-Tung (Mao Zedong), May 14, 1950," *CWIHP Bulletin*, no. 4 (1994): 61. 由Vladislav Zubok替*CWIHP*翻譯。
19. *CWIHP Bulletin*, no. 4 (1994): 61.
20. Torkunov, *Zagadochnaia voina* (The Enigmatic War), 70.
21. 見Weathersby, "New Findings of the Korean War," 16.
22. "Ciphered Telegram from Stalin to Mao Zedong and Zhou Enlai, October 1, 1950," *CWIHP Bulletin*, nos. 6-7 (1995/1996): 114; Torkunov, *Zagadochnaia voina* (The Enigmatic War), 113.
23. 引自Nie Rongzhen, *Inside the Red Star*, 634.
24. Torkunov, *Zagadochnaia voina* (The Enigmatic War), 108-9. 另見RGASPI, collection of unsorted documents; Chen Jian, *China's Road to the Korean War*, 177; *CWIHP Bulletin*, nos. 8-9 (1996/1997): 239, 242.
25. "Telegramma posla SSSR v KNDR T. F. Shtykova l-mu zamestiteliu ministra innostrannykh del SSSR A. A. Gromyko dlia instantsii, 22 sentiabria 1950 goda" (A Telegram from the Soviet Ambassador to the DPRK, T. F. Shtykov, to the First Deputy Minister of Foreign Affairs of the USSR, A. A. Gromyko, for the Higher Authority, September 22, 1950), RGASPI, collection of unsorted documents.
26. Torkunov, *Zagadochnaia voina* (The Enigmatic War), 90. 另見"New Evidence on the Korean War," *CWIHP Bulletin*, nos. 6-7 (1995/1996): 111; Shen Zhihua, "Sino-North Korean Conflict and Its Resolution during the Korean War," *CWIHP Bulletin*, nos. 14-15 (2003/2004): 11.
27. "New Evidence on the Korean War," 111-12; Torkunov, *Zagadochnaia voina* (The Enigmatic War), 92-93.
28. Shen Zhihua, "Sino-North Korean Conflict and Its Resolution during the Korean War," 11.
29. 逄先知、金冲及編，《毛澤東傳》（一九四九至一九七六年），卷1（北京：中央文獻出版社，2003）, 113。
30. "Letter from Mao Zedong to Stalin on October 2, 1950," *CWIHP Bulletin*, nos. 6-7 (1995/1996):

年七月二十二日，與南斯拉夫共產黨代表團一九五六年九月，以及與蘇聯外交部長葛羅米柯一九五七年十一月十九日的談話記錄，收在“Mao Tszedun o kitaiskoi politike Kominterna i Stalina” (Mao Zedong on the China Policy of the Comintern and of Stalin), 107; Mao, *Mao Zedong on Diplomacy*, 252, 253; “Minutes, Mao’s Conversation with a Yugoslavian Communist Union Delegation,” 148-49; Kulik, *Sovetsko-kitaiskii raskol*, 95. 另見Westad, *Brothers in Arms*, 201, 350.

2. 引自Goncharov, Lewis, and Xue, *Uncertain Partners*, 195.
3. 從一九四八年至一九五〇年，金日成發了四十八封電報給史達林，討論這個題目。見Kathryn Weathersby, “New Findings on the Korean War,” *CWIHP Bulletin*, no. 3 (1993): 14, 15-16.
4. A. A. Gromyko, *Pamiatnoe* (Remembered), book 1, 2nd, enlarged ed. (Moscow: Politizdat, 1990), 248-49. Sergei N. Goncharov, John W. Lewis, and Xue Litai（薛理泰）提到有一目擊者說:「的確，〔安全理事會表決朝鮮問題時不予理會〕決定是在政治局這一層下的。」見Goncharov, Lewis, and Xue, *Uncertain Partners*, 161, 334.
5. Sergei N. Goncharov, John W. Lewis, and Xue Litai提到一位蘇聯前任駐北朝鮮軍事顧問說:「史達林曉得蘇聯不出席安理會，必然會使得北朝鮮被貼上侵略者標籤，以及聯合國支持美國在朝鮮的行動。」同前註，161、334。
6. *The Korean War*, vol. 1 (Lincoln: University of Nebraska Press, 2000), 244-73; Gordon F. Rottman, *Korean War Order of Battle: United States, United Nations, and Communist Ground, Naval, and Air Forces, 1950-1953* (Westport, CT: Praeger, 2002), 117-24.
7. “Telegramma Filippova sovetskomu poslu v Chekhoslovakii dlia Klementa Gotval’da” (Telegram from Filippov [J. V. Stalin] to the Soviet Ambassador to Czechoslovakia [Mikhail Alexandrovich Silin] for [the President of the Czechoslovakian Republic] Klement Gottwald, August 27, 1950), RGASPI, collection 558, inventory 11, file 62, sheets 71-72. Emphasis added. 這個電報最早由A. M. Ledovsky發表於“Stalin, Mao Zedong i koreiskaia voina 1950-1953 godov” (Stalin, Mao Zedong, and the Korean War of 1950-1953), *Novaia i noveishaia istoriia* (Modern and contemporary history) 5 (2005): 96-97, 英文翻譯首由Gary Goldberg執筆，收在冷戰國際史計劃（*CWIHP*）檔案中。
8. Zubok, *The Mao-Khrushchev Conversations*, 265.
9. 見Torkunov, *Zagadochnaia voina* (The Enigmatic War), 35-36, 51, 52, 59.
10. 同前註，56。另見Khrushchev, *Memoirs of Nikita Khrushchev*, 425-26; Nikita S. Khrushchev, *Vremia, Liudi, Vlast': Vospominaniia* (Time, People, Power:Reminiscences) (Moscow: Moskovskie novosti, 1999), 164, 434; 以及毛澤東譯員師哲的回憶錄，引文見Chen Jian, *China's Road to the Korean War: The Making of the 'Sino-American Confrontation* (New York: Columbia University Press, 1994), 87-88.
11. 見“Mao Tszedun o kitaiskoi politike Kominterna i Stalina” (Mao Zedong on the China Policy of the

Bulletin, nos. 8-9 (1996/1997): 235.

36. 見RGASPI, collection 17, inventory 3, file 1080, sheets 61, 192-242.
37. 見同前註，82, 260, 261; Kurdiukov, *Sovetsko-kitaiskie otnosheniia* (Soviet-Chinese Relations), 221-22.
38. Khrushchev, *Memoirs of Nikita Khrushchev*, vol. 3, 412, 414.
39. 引自B. T. Kulik, *Sovetsko-kitaiskii raskol: Prichiny i posledstviia* (The Sino- Soviet Split: Causes and Consequences) (Moscow: IDV RAN, 2000), 31, 32.
40. Konstantin Simonov, *Istorii tiazhelaia voda* (The Heavy Water of History) (Moscow: Vagris, 2005), 382.
41. 見"Zapis' besedy tovarishcha Stalina I. V. s Predsedatelem Tsentral'nogo narodnogo pravitel'stva Kitaiskoi Narodnoi Respubliki Mao Tsze-dunom 16 dekabria 1949 g." (Memorandum of Conversation between Comrade J. V. Stalin and the Chairman of the Central People's Government of the Chinese People's Republic Mao Zedong, December 16, 1949), 34; *CWIHP Bulletin*, nos. 6-7 (1995/1996): 7.
42. 見"Record of Conversation: Mao Zedong and Soviet Ambassador to China Pavel Yudin, July 22, 1958," in Westad, *Brothers in Arms*, 350.
43. 《真理報》，February 18, 1950.
44. "Tekst besedy lechashchego vracha Mao Tszeduna L. I. Mel'nikova s poslom V. N. Roshchinym o sostoianii zdorov'ia Mao Tszeduna. 15 iyunia 1950 g." (Text of Conversation Between Dr. L. I. Mel'nikov, Physician in Charge of Mao Zedong's Treatment, and Ambassador N. V. Roshchin About Mao Zedong's Health, June 15, 1950), RGASPI, collection 495, inventory 225, file 71, vol. 1, sheets 187-187 reverse.
45. *Lichnoe delo Mao Tszeduna* (Personal File of Mao Zedong), RGASPI, collection 495, inventory 225, file 71, vol. 1, sheets 54, 55. 另見師哲著、李海文編，《中蘇關係見證錄》（北京：當代中國出版社，2005）, 89-98; N. Fedorenko, "Kak academik P. F. Yudin redaktiroval Mao Tszeduna" (How Academician P. F. Yudin Edited Mao Zedong), *Problemy Dal'nego Vostoka* (Far Eastern affairs), no. 6 (1992): 75.
46. 引自Vereshchagin, *V starom i novom Kitae* (In Old and New China), 75.
47. "Mao Tszedun o kitaiskoi politike Kominterna i Stalina" (Mao Zedong on the China Policy of the Comintern and of Stalin), 106-7.

第二十五章　韓戰

1. 見毛澤東與赫魯雪夫的大使尤金(Pavel Fedorovich Yudin)一九五六年三月三十一日、一九五八他甚至偵聽自己。有一次我和他一起度假，他承認他不信任自己。他說，我非常不好，我不相信自己。」Zubok, "The Mao-Khrushchev Conversations" (Beijing: Foreign Languages Press, 1998), 255.

27. 見Vereshchagin, *V starom i novom Kitae* (In Old and New China), 124; 另見汪東興，《汪東興日記》（北京：中國社會科學出版社，1993），156-212。

28. Kovalev, "Rossiia i Kitai (s missiei v Kitae)" (Russia and China [My Mission to China]), *Duel'* (Duel), March 25, 1997.

29. N. T. Fedorenko, "Stalin i Mao: Besedy v Moskve" (Stalin and Mao: Conversations in Moscow), *Problemy Dal'nego Vostoka* (Far Eastern affairs), no. 1 (1989): 152, 156.

30. 師哲，《在歷史巨人身邊》，446-47。

31. 見"Zapis' besedy tovarishcha Stalina I. V. s Predsedatelem Tsentral'nogo narodnogo pravitel'stva Kitaiskoi Narodnoi Respubliki Mao Tsze-dunom 16 dekabria 1949 g." (Report on Comrade J. V. Stalin's Conversation with the Chairman of the Central People's Government of the Chinese People's Republic Mao Zedong, December 16, 1949), 9-17; *CWIHP Bulletin*, nos. 6-7 (1995/1996): 5-7.

32. *CWIHP Bulletin*, nos. 6-7 (1995/1996), 8. 另見"Zapis' besedy I. V. Stalina s Predsedatelem Tsentral'nogo narodnogo pravitel'stva Kitaiskoi Narodnoi Respubliki Mao Tszedunom 22 ianvaria 1950 g." (Record of J. V. Stalin's Conversation with the Chairman of the Central People's Government of the Chinese People's Republic Mao Zedong, January 22, 1950), 32.

33. 見*CWIHP Bulletin*, nos. 6-7 (1995/1996), 9; "Zapis' besedy I. V. Stalina s Predsedatelem Tsentral'nogo narodnogo pravitel'stva Kitaiskoi Narodnoi Respubliki Mao Tsze-dunom 22 ianvaria 1950 g." (Record of J. V. Stalin's conversation with the Chairman of the Central People's Government of the Chinese People's Republic Mao Zedong, January 22, 1950), 37.

34. 見RGASPI, collection 17, inventory 17, file 1080, sheets 65, 252; inventory 163, file 1595, sheets 115, 116; file 1607, sheets 70, 71; Kurdiukov, *Sovetsko-kitaiskie otnosheniia* (Soviet-Chinese Relations), 227-29; G. Ganshin and T. Zazerskaia, "Ukhaby na doroge 'bratskoi druzhby' " (Potholes on the Road of "Fraternal Friendship"), *Problemy Dal'nego Vostoka* (Far Eastern affairs), no. 6 (1994): 67-72; Shu Guang Zhang, "Sino-Soviet Economic Cooperation," in Westad, *Brothers in Arms*, 198; 力平、馬芷蓀編，《周恩來年譜》（一九四九至一九七六年），卷1（北京：中央文獻出版社，1997），22-25。

35. 見"Zapis' besedy I. V. Stalina s Predsedatelem Tsentral'nogo narodnogo pravitel'stva Kitaiskoi Narodnoi Respubliki Mao Tsze-dunom 22 ianvaria 1950 g." (Memorandum of Conversation between J. V. Stalin and the Chairman of the Central People's Government of the Chinese People's Republic Mao Zedong, January 22, 1950), 34-35; *CWIHP Bulletin*, nos. 6-7 (1995/1996): 8-9。另見毛澤東一九五〇年一月二十五日給劉少奇的電報，談到蘇、中談判及各項檔之草稿，收在*CWIHP*

38; *CWIHP Bulletin*, nos. 6-7 (1995/1996): 5-19.

11. I. V. Kovalev, "Dialog Stalina s Mao Tszedunom" (Stalin's Dialogue with Mao Zedong), *Problemy Dal'nego Vostoka* (Far Eastern affairs), no. 6 (1991): 84.
12. "Vypiska iz materiala vkh no. 8497 ot 10 dekabria 1949 g. (Doklad t. Terebina, nakhodivshegosia v Kitae v kachestve vracha pri rukovodstve TsK KPK s 1942 po 1949 g.)" (Excerpt from Material Incoming No. 8497, December 10, 1949 [Report of Comrade Terebin Assigned to China as Physician Attached to the Leadership of the CC CCP from 1942 Through 1949]), 69-70; *Lichnoe delo Mao Tszeduna* (Personal File of Mao Zedong), RGASPI, collection 495, inventory 225, file 71, vol. 3, sheet 289.
13. RGASPI, collection 17, inventory 162, file 41, sheets 50-51; file 42, sheet 163.
14. 同前註，collection 17, inventory 162, file 42, sheet 163.
15. 見I. V. Kovalev, "Rossiia i Kitai (s missiei v Kitae)" (Russia and China [My Mission to China]), *Duel'* (Duel), February 25, 1997.
16. 見*Lichnoe delo Mao Anina* (*Yun Fu*) (Personal File of Mao Anying [Yong Fu]), 31; 馬社香，《紅色第一家族》，141-43。
17. Kovalev, "Rossiia i Kitai (s missiei v Kitae)" (Russia and China [My Mission to China]), *Duel'* (Duel), February 25, 1997.
18. 見"Zapiska I. V. Kovaleva ot 24 dekabria 1949 g.," *Novaia i noveishaia istoriia* (Modern and contemporary history), no. 1 (1998): 139; 師哲、師秋朗，《我的一生—師哲自述》（北京：人民出版社，2002），323。
19. 《真理報》，December 17, 1949.
20. 見I. V. Kovalev, "Rossiia i Kitai (s missiei v Kitae)" (Russia and China [My Mission to China]), *Duel'* (Duel), March 25, 1997; K. I. Krutikov, *Na kitaiskom napravleniu*: Iz vospominanii diplomata (Pointed Toward China: A Diplomat's Reminiscences) (Moscow: IDV RAN, 2003), 123.
21. *CWIHP Bulletin*, nos. 6-7 (1995/1996): 5, 6.
22. Kovalev, "Rossiia i Kitai (s missiei v Kitae)" (Russia and China [My Mission to China]), *Duel'* (Duel), March 25, 1997.
23. *Lichnoe delo Mao Tszeduna* (Personal File of Mao Zedong), RGASPI, collection 495, inventory 225, file 71, vol. 1, sheets 180-84.
24. 同前註，sheets 182 reverse-183.
25. "Mao Tszedun o kitaiskoi politike Kominterna i Stalina" (Mao Zedong on the China Policy of the Comintern and Stalin), 106; Mao, *Mao Zedong on Diplomacy* (Beijing: Foreign Languages Press, 1998), 253.
26. 幾年後在和毛澤東談話時，赫魯雪夫證實史達林的確竊聽毛澤東。「是的……他也竊聽我們，

collection 0100, inventory 46, file 374, folder 121, sheet 9.

69. 同前註。
70. 見毛澤東，《毛澤東選集》，卷4，411-24。
71. Borisov and Titarenko, *Vystupleniia Mao Tsze-duna, ranee ne publikovavshiesia v kitaiskoi pechati* (Mao Zedong's Speeches Previously Unpublished in the Chinese Press), series 2, 181.
72. 逄先知編，《毛澤東年譜，1893-1949》，卷3，469。

第二十四章 紅色麥加朝聖

1. 見"Vypiska iz materiala vkh. no. 8497 ot 10 dekabria 1949 g. (Doklad t. Terebina, nakhodivshegosia v Kitae v kachestve vracha pri rukovodstve TsK KPK s 1942 po 1949 g.)" (Excerpts from Material Incoming No. 8497, December 10, 1949 [Report of Comrade Terebin Assigned to China as Physician Attached to the Leadership of the CC CCP from 1942 Through 1949]), 72.
2. 見Kartunova, *Vstrechi v Moskve s Tsian Tsin, zhenoi Mao Tszeduna* (Meetings in Moscow with Jiang Qing, Mao Zedong's wife), 127.
3. 維特克，《江青同志》，449。
4. 李敏，《我的父親毛澤東》，29、30、32、33。
5. 維特克，《江青同志》，166。
6. 見"Vypiska iz materiala vkh. no. 8497 ot 10 dekabria 1949 g. (Doklad t. Terebina, nakhodivshegosia v Kitae v kachestve vracha pri rukovodstve TsK KPK s 1942 po 1949 g.)" (Excerpts from Material Incoming No. 8497, December 10, 1949 [Report of Comrade Terebin Assigned to China as Physician Attached to the Leadership of the CC CCP from 1942 Through 1949]), 71.
7. 李敏，《我的父親毛澤東》，38。
8. 見李敏，《真實的毛澤東》，750-56；李志綏，《毛澤東私人醫生回憶錄》，66。
9. 引自O. B. Rakhmanin, "Vzaimnootnosheniia mezhdu I. V. Stalinym i Mao Tszedunom glazami ochevidtsa" (Relations Between J. V. Stalin and Mao Zedong Through the Eyes of an Eyewitness), *Novaia i noveishaia istoriia* (Modern and contemporary history), no. 1 (1998): 85.
10. 見"Zapis' besedy tovarishcha Stalina I. V. s predsedatelem Tsentral'nogo narodnogo pravitel'stva Kitaiskoi Narodnoi Respubliki Mao Tsze-dunom 16 dekabria 1949 g." (Record of the Conversation Between Comrade J. V. Stalin and the Chairman of the Central People's Government of the Chinese People's Republic Mao Zedong, December 16, 1949), 9-17; "Zapis' besedy I. V. Stalina s Predsedatelem Tsentral'nogo narodnogo pravitel'stva Kitaiskoi Narodnoi Respubliki Mao Tsze-dunom 22 ianvaria 1950 g." (Record of Conversation Between J. V. Stalin and the Chairman of the Central People's Government of the Chinese People's Republic Mao Zedong, January 22, 1950), 29-

Sheng's speech at the meeting of the CPSU and CCP delegations, July 13, 1963,刊登於 *CWIHP Bulletin*, no. 10 (1998): 182.

50. 見John W. Garver, *Chinese-Soviet Relations, 1937-1945: The Diplomacy of Chinese Nationalism* (New York: Oxford University Press, 1988), 261.
51. Khrushchev, *Memoirs of Nikita Khrushchev*, vol. 3, 409.
52. Chuev, *Molotov Remembers*, 81.
53. *Lichnoe delo Mao Tsze-duna* (Personal File of Mao Zedong), RGASPI, collection 495, inventory 225, file 71, vol. 2, sheets 249, 250.
54. 見RGASPI, collection 17, inventory 162, file 40, sheet 183; *Lichnoe delo Tszian Tsin* (Personal File of Jiang Qing), RGASPI, collection 495, inventory 225, file 3217, n.p.
55. 見A. I. Kartunova, "Vstrechi v Moskve s Tszian Tsin, zhenoi Mao Tszeduna" (Meetings in Moscow with Jiang Qing, the Wife of Mao Zedong), *Kentavr* (Centaur)1-2 (1992): 121-27.
56. 見"Zapis' priema tovarishchem Stalinym delegatsii TsK KPK" (Report on Comrade Stalin's Reception of a CC CCP Delegation), RGASPI, collection 558, inventory 11, file 329, sheets 1-7.
57. 見RGASPI, collection 17, inventory 162, file 41, sheet 49.
58. RGASPI, collection of unsorted documents.
59. "Minutes, Mao's Conversation with a Yugoslavian Communist Union Delegation," 151.
60. 引自Ledovsky, *SSSR i Stalin v sud'bakh Kitaia* (The USSR and Stalin in China's Fate), 53.
61. 引自Westad, *Brothers in Arms*, 298.
62. 引自telegram, "Stalin to Mao Zedong, April 20, 1948," 同前註，298-99。
63. 引自Westad, *Brothers in Arms*, 300.
64. 毛澤東，《毛澤東文集》，卷5，140-41，145。
65. 見逄先知編，《毛澤東年譜，1893-1949》，卷2，449；Sergei Goncharov, John W. Lewis, and Xue Litai, *Uncertain Partners: Stalin, Mao, and the Korean War* (Stanford, CA: Stanford University Press, 1993), 40; Wolff, "One Finger's Worth of Historical Events," 55; B. N. Vereshchagin, *V starom i novom Kitae. Iz vospominanii diplomata* (In Old and New China: Reminiscences of a Diplomat) (Moscow: IDV RAN, 1999), 124; Heinzig, *The Soviet Union and Communist China* 1945- 1950, 135-56.
66. 見Ledovsky, *SSSR i Stalin v sud'bakh Kitaia* (The USSR and Stalin in China's Fate), 65.
67. 見A. I. Mikoyan, *Tak bylo: Razmyshleniia o minuvshem* (How It Was: Reflections on the Past) (Moscow: Vagrius, 1999), 528-29.
68. 引自Zhou Enlai, "Rech' na Vsekitaiskom finansovo-ekonomicheskom soveshchanii" (Speech at the All-China Financial-Economic Conference), *Arkhiv vneshnei politiki Rossiiskoi Federatsii* (Archives on the Foreign Policy of the Russian Federation，俄羅斯聯邦外交政策檔案，以下簡稱AVPRF),

24. 見Peng Dehuai, *Memoirs of a Chinese Marshal*, 453.
25. 胡宗南將軍是蔣介石麾下最忠心的將領之一，他率領國民黨部隊攻下延安。根據他和張治中在一九二〇年代都在黃埔軍校這個事實，張戎和哈利戴認為他也是潛伏的地下共諜。見張戎夫婦，《毛澤東：鮮為人知的故事》，312。
26. 引自Huang Zheng，〈毛岸英〉，收在胡華編，《中共黨史人物傳》，卷2十一（西安：陝西人民出版社，1985），151。
27. 見*Lichnoe delo Mao Anyina (Yun Fu)* (Personal File of Mao Anying [Yong Fu]), 22.
28. 見Huang, "Mao Anying," 152.
29. *Lichnoe delo Mao Tszeduna* (Personal File of Mao Zedong), RGASPI, collection 495, inventory 225, file 71, vol. 1, sheet 25.
30. 引自李志綏，《毛澤東私人醫生回憶錄》，82。
31. 引自李敏，《我的父親毛澤東》，59。
32. 同前註，21。
33. 見徐則浩編，《王稼祥年譜》（一九〇六至一九七四年），348；朱仲麗，《燦爛紅葉》（長沙：湖南人民出版社，1985），115-17，124。
34. 李敏，《我的父親毛澤東》，23-24。
35. 見鄧小平，《鄧小平自述》（北京：解放軍出版社，2004），118。
36. 見吳秦傑編，《毛澤東光輝歷程地圖集》，81.
37. *Lichnoe delo Mao Tszeduna* (Personal File of Mao Zedong), vol. 1, 26.
38. 毛澤東，《毛澤東選集》，卷4（北京：外文出版社，1969），100、101。
39. 同前註，133-34。
40. 見吳秦傑編，《毛澤東光輝歷程地圖集》，81。
41. Acheson, "Letter of Transmittal," vi.
42. 李志綏，《毛澤東私人醫生回憶錄》，37。
43. 見A. V. Meliksetov, ed., *Istoriia Kitaia* (History of China) (Moscow: Izdatel'stvo MGU, 1998), 582-88; Jonathan D. Spence, *The Search for Modern China* (New York: Norton, 1990), 473-80.
44. 見Brian Murray, "Stalin, the Cold War, and the Division of China: A Multi-Archival Mystery," *CWIHP Working Paper*, no. 12 (June 1995): 1-17.
45. 見Westad, "77 Conversations Between Chinese and Foreign Leaders on the Wars in Indochina," 108.
46. 見RGASPI, collection 17, inventory 162, file 40, sheets 1-2.
47. 同前註。
48. RGASPI, collection of unsorted documents.
49. 引自Westad, "77 Conversations Between Chinese and Foreign Leaders on the Wars in Indochina," 108; 另見*Problemy Dal'nego Vostoka* (Far Eastern affairs), no. 1 (1989), 141; record of Kang

1950), 同前註，29-38; *CWIHP Bulletin*, nos. 6-7 (1995/1996): 5-9; 牛軍，"The Origins of the Sino-Soviet Alliance," in Westad, *Brothers in Arms,* 70.

11. 見Kurdiukov, *Sovetsko-kitaiskie otnosheniia, 1917-1957: Sbornik dokumentov* (Soviet- Chinese relations, 1917-1957: A Collection of Documents), 196-203.
12. 見南斯拉夫和保加利亞對一九四八年二月十日蘇、保、南三方在克里姆林宮秘密會談的記錄，史達林提到了這個事實。記錄的文字見於 *CWIHP Bulletin*, no. 10 (March 1998): 128-34. 另見Vladimir Dedijer, *Tito Speaks* (London: Weidenfeld & Nicolson, 1953), 331; "Minutes, Mao's Conversation with a Yugoslavian Communist Union Delegation, Beijing, September [undated] 1956," *CWIHP Bulletin*, nos. 6-7 (1995/1996): 149; 師哲，《在歷史巨人身邊》，修訂版（北京：中央文獻出版社，1995), 308; "Mao Tszedun o kitaiskoi politike Kominterna i Stalina" (Mao Zedong on the China Policy of the Comintern and of Stalin), *Problemy Dal'nego Vostoka* (Far Eastern affairs), no. 5 (1998): 107; Vladislav Zubok, "The Mao-Khrushchev Conversations, July 31-August 3, 1958 and October 2, 1959," *CWIHP Bulletin*, nos. 12/13 (Fall/Winter 2001): 255; David Wolff, " 'One Finger's Worth of Historical Events': New Russian and Chinese Evidence on the Sino-Soviet Alliance and Split, 1948-1959," *CWIHP Working Paper*, no. 30 (August 2000): 54, 77; Westad, "77 Conversations between Chinese and Foreign Leaders on the Wars in Indochina,"105-6.
13. "Mao Tszedun o kitaiskoi politike Kominterna i Stalina" (Mao Zedong on the China Policy of the Comintern and of Stalin), 107.
14. 逄先知編，《毛澤東年譜，1893-1949》，卷3，10。
15. 見Westad, "77 Conversations Between Chinese and Foreign Leaders on the Wars in Indochina," 106.
16. O. Borisov [O. B. Rakhmanin] and M. Titarenko, eds., *Vystupleniia Mao Tsze-duna, ranee ne publikovavshiesia v kitaiskoi pechati* (Mao Zedong's Speeches Previously Unpublished in the Chinese Press), series 2 (Moscow: Progress, 1975), 168.
17. 引自《彭真年譜》（一九〇二至一九九七年），卷1（北京：中央文獻出版社，2002），280。
18. "Pismo I. V. Stalina V. M. Molotovu, L. P. Beria, G. M. Malenkovu, A. I. Mikoyanu, 10 noiabria, 1945 g." (Letter from J. V. Stalin to V. M. Molotov, L. P. Beria, G. M. Malenkov, A. I. Mikoyan, November 10, 1945), RGASPI, collection 558, inventory 11, file 98, sheet 81.
19. Odd Arne Westad, *Cold War and Revolution: Soviet-American Rivalry and the Origins of the Chinese Civil War*, 1944-1946 (New York: Columbia University Press, 1993), 152.
20. 見Heinzig, *The Soviet Union and Communist China*, 1945-1950, 98.
21. 同前註，98-101; Westad, *Cold War and Revolution*, 161.
22. Dean Acheson, "Letter of Transmittal," in *United States Relations with China*, xv.
23. 見維特克，《江青同志》，199；吳秦傑編，《毛澤東光輝歷程地圖集》，75。

2. 見David D. Barrett, *Dixie Mission: The United States Army Observer Group in Yenan, 1944* (Berkeley, CA: Center for Chinese Studies, 1970); Carrole J. Carter, *Mission to Yenan: American Liaison with the Chinese Communists 1944-1947* (Lexington: University Press of Kentucky, 1997); Vladimirov, *Osobyi raion Kitaia 1942-1945* (Special Region of China 1942-1945), 306-7, 313, 626.
3. Joseph Esherick, ed., *Lost Chance in China: The World War II Dispatches of John S. Service* (New York: Random House, 1974), 308, 309.
4. 見*United States Relations with China: With Special Reference to the Period 1944-1949* (New York: Greenwood Press, 1968), 92-93, 94-96; "Statement by General Patrick J. Hurley on December 5 & 6, 1945," United States-China relations. Hearings before the Committee on Foreign Relations, United States Senate, Ninety-second Congress, First Session on the Evolution of U.S. Policy Toward Mainland China (Executive Hearings Held July 21, 1971; Made Public December 8, 1971) and Hearings Before the Committee on Foreign Relations, United States Senate, Seventy-ninth Congress, First Session on the Situation in the Far East, Particularly China. December 5, 6, 7, and 10, 1945 (Washington: U.S. Government Printing Office, 1971), 78, 122.
5. Lyman P. Van Slyke, ed., *The Chinese Communist Movement: A Report of the United States War Department, July 1945* (Stanford, CA: Stanford University Press, 1968), 1, 258.
6. 見毛澤東，《毛澤東選集》，卷3，219。
7. 見Dieter Heinzig, *The Soviet Union and Communist China, 1945-1950: The Arduous Road to the Alliance* (Armonk, NY: M. E. Sharpe, 2004), 51-125.
8. 見A. V. Torkunov, *Zagadochnaia voina: Koreiskii konflikt 1950-1953* (The Enigmatic War: The Korean Conflict 1950-1953) (Moscow: ROSSPEN, 2000), 6-29.
9. O. Arne Westad et al., eds., "77 Conversations Between Chinese and Foreign Leaders on the Wars in Indochina," Cold War International History Project (冷戰國際史計劃，以下簡稱*CWIHP*) *Working Paper*, no. 22 (May 1998): 105.
10. 引自A. M. Ledovsky, *SSSR i Stalin v sud'bakh Kitaia: Dokumenty i svidel'stva uchastnika sobytii, 1937-1952* (The USSR and Stalin in China's Fate: Documents and Witness of a Participant, 1937-1952) (Moscow: Pamiatniki istoricheskoi mysli, 1999), 61. 另見"Zapis' besedy tovarishcha Stalina I. V. s Predsedatelem Tsentral'nogo narodnogo pravitel'stva Kitaiskoi Narodnoi Respubliki Mao Tsze-dunom 16 dekabria 1949 g." (Record of Comrade J. V. Stalin's Conversation with the Chairman of the Central People's Government of the Chinese People's Republic Mao Zedong, December 16, 1949), RGASPI, collection 55, inventory 11, file 329, sheets 9-17; "Zapis' besedy tovarishcha Stalina I. V. s Predsedatelem Tsentral'nogo narodnogo pravitel'stva Kitaiskoi Narodnoi Respubliki Mao Tsze-dunom 22 ianvaria 1950 g." (Record of Comrade J. V. Stalin's Conversation with the Chairman of the Central People's Government of the Chinese People's Republic Mao Zedong, January 22,

57. Banac, *The Diary of Georgi Dimitrov*, 256.
58. 同前註。
59. 見*Lichnoe delo Van Mina* (Personal File of Wang Ming), RGASPI, collection 495, inventory 225, file 6, vol. 2, sheet 6.
60. Banac, *The Diary of Georgi Dimitrov*, 259.
61. 同前註，260。
62. 同前註，288。
63. Titarenko, *i kitaiskaia revoliutsiia* (The Communist International and the Chinese Revolution), 296.
64. RGASPI, collection 146, inventory 2, file 13, sheets 4, 5.
65. 同前註，sheet 16；另見Vladimirov, *Osobyi raion Kitaia 1942-1945* (Special Region of China 1942-1945), 251-53.
66. RGASPI, collection 146, inventory 2, file 13, sheet 8.
67. 同前註，26-27。王明的女兒王芳妮住在莫斯科，由季米特洛夫領養。
68. 引自Wang Ming, *Mao's Betrayal*, trans. Vic Schneierson (Moscow: Progress, 1979), 157.
69. 另見毛澤東，《毛澤東選集》，卷（北京：外文出版社，1969），205-70。
70. 見Vladimirov, *Osobyi raion Kitaia 1942-1945* (Special Region of China 1942-1945), 487.
71. 見"Resolution of the CCP CC on Certain Historical Questions," in Saich, *The Rise to Power of the Chinese Communist Party*, 1164-79.
72. 劉少奇，《論黨》(On the Party)（北京：外文出版社，1950），157。
73. 毛澤東，《毛澤東文集》，卷5（北京：人民出版社，1996），260-61。
74. 引自毛澤東，〈七大工作方針〉，8。
75. Alexander V. Pantsov, "K diskussii v KPK vokrug 'idei Mao Tsze-duna' " (On the Discussion Within the CCP of "Mao Zedong Thought"), *Rabochii klass i sovremennyi mir* (The working class and the contemporary world), no. 3 (1982): 61-64.
76. 見逄先知編，《毛澤東年譜，1893-1949》，卷2，607、617；卷3（北京：人民出版社，2002），10-12。

第二十三章　史達林、毛澤東及中國的新民主主義革命

1. 見Freda Utley, *China at War* (New York: John Day, 1939); Claire and William Band, *Dragon Fangs: Two Years with Chinese Guerrillas* (London: Allen & Unwin, 1947); T. A. Bisson,"China's Part in a Coalition War," *Far Eastern Survey*, no. 12 (1939): 139; Harrison Forman, *Report from Red China* (New York: Henry Holt, 1945). 另見Kenneth Shewmaker, *Americans and Chinese Communists, 1927-1945* (Ithaca, NY: Cornell University Press, 1971), 239-62.

36. 同前註，另見Vladimir Dedijer, *The War Diaries of Vladimir Dedijer*, vol. 3 (Ann Arbor: University of Michigan Press, 1990), 313.
37. 見Djilas, *Conversations with Stalin.*
38. *Lichnoe delo Mao Tszeduna* (Personal File of Mao Zedong), RGASPI, collection 495, inventory 225, file 71, vol. 3, sheet 189.
39. 同前註，186-89；RGASPI, collection 495, inventory 74, file 314。
40. Banac, *The Diary of Georgi Dimitrov*, 295
41. Pantsov and Levine, *Chinese Comintern Activists: An Analytic Biographic Dictionary* (manuscript), 302.
42. RGASPI, collection 17, inventory 162, file 36, sheet 41.
43. Banac, *The Diary of Georgi Dimitrov*, 172, 176.
44. 納粹進攻蘇聯之後，蘇聯慷慨援助中共，或許可以解釋為史達林向毛澤東表示感謝。毛澤東在一九四一年六月十五日透過蘇聯駐華武官尼古拉．羅士勤(Nikolai Roshchin)向這位克里姆林宮領袖通報德國即將發動攻擊，且明確指出日期是六月二十二日。毛澤東從他安插在重慶的特務閻寶航那裡得到訊息。戰爭爆發後，史達林發電報向毛澤東致謝，強調他的準確情報使得俄國人能及時做好軍事準備。〈閻寶航之子閻明復二○○五年九月九日致俄羅斯外交部信函〉，本書作者潘佐夫私人檔案蒐藏。
45. Dimitrov, *Dnevnik* (Diary), 101.
46. 見Raymond F. Wylie, *The Emergence of Maoism: Mao Tse-tung, Ch'en Po-ta, and the Search for Chinese Theory 1935-1945* (Stanford, CA: Stanford University Press, 1980), 227; Li Hua-Yu, "Stalin's Short Course and Mao's Socialist Economic Transformation of China in the Early 1950s," *Russian History 29*, nos. 2-4 (Summer-Fall-Winter 2002): 357-76.
47. 見逄先知編，《毛澤東年譜，1893-1949》，卷2，326。
48. Schram, *Mao's Road to Power*, vol. 7, 810.
49. 同前註，826-32；逄先知編，《毛澤東年譜，1893-1949》，卷2，349-51。
50. 引自Vladimirov, *Osobyi raion Kitaia 1942-1945* (Special Region of China, 1942-1945), 123.
51. 同前註，40、41。
52. 劉少奇，《劉少奇選集》，卷1（北京：外文出版社，1984），136。
53. 見劉崇文與陳紹疇編，《劉少奇年譜》（一八九八至一九六九年），卷1（北京：中央文獻出版社，1998），360。
54. 見李敏等編，《真實的毛澤東：毛澤東身邊工作人員的回憶》（北京：中央文獻出版社，2004），2；王健英，《中國共產黨組織史資料匯編》，424-26。
55. 見周國全等，《王明年譜》（[合肥]：安徽人民出版社，1991），121、123。
56. 同前註，120。

225, file 71, vol. 1, sheet 17; Karmen, *God v Kitae* (A Year in China), 77; Schram, *Mao's Road to Power*, vol. 6, 297-300; 維特克，《江青同志》，155; 文松輝，〈毛澤東初識江青〉，《人民政協報》，September 10, 2004; Roger Faligot and Rémi Kauffer, *The Chinese Secret Service*, trans. Christine Donougher (New York: Morrow, 1989), 14-15, 81-83, 122-28; John Byron and Robert Pack, *The Claws of the Dragon: Kang Sheng—The Evil Genius Behind Mao and His Legacy of Terror in People's China* (New York: Simon & Schuster, 1992), 145-49; Ross Terrill, *Madam Mao: The White-Boned Demon*, rev. ed. (Stanford, CA: Stanford University Press, 1999), 14-142; Braun, *A Comintern Agent in China 1932-1939*, 250.

24. 見"Vypiska iz materiala vkh. no. 8497 ot 10 Dekabria 1949 g. (Doklad t. Terebina, nakhodivshegosia v Kitae v kachestve vracha pri rukovodstve TsK KPK s 1942 po 1949 g." (Excerpt from Material Incoming No. 8497, December 10, 1949 [Report of Comrade Terebin, Who Was in China as a Physician Attached to the Leadership of the CC CCP from 1942 to 1949), RGASPI, collection 495, inventory 225, file 71, vol. 4, sheet 71; I. V. Kovalev, "Rossiia v Kitae (s missiei v Kitae)" (Russia in China [My Mission to China]), *Duel'* (Duel), November 5, 1997.
25. 見*Lichnoe delo Ven Yun* (Personal File of Wen Yun), n.p.; *Lichnoe delo Mao Anyina* (Yun Fu) (Personal File of Mao Anying [Yong Fu]), RGASPI, collection 495, inventory 225, file 71, vol. 10, sheets 2-17.
26. 引自李敏，《我的父親毛澤東》，15。
27. *Lichnoe delo Mao Anying* (Yun Fu) (Personal file of Mao Anying [Yong Fu]), 27-28; *Lichnoe delo Yun Shu* (Personal file of Yong Shu), 23; 毛澤東，《毛澤東書信選集》（北京：人民出版社，1983），166- 67。
28. 見毛澤東，《毛澤東書信選集》，157。
29. 李敏，《我的父親毛澤東》，40；馬社香，《紅色第一家族》，70；逄先知編，《毛澤東年譜，1893-1949》，卷2，201.
30. Pantsov, "Obrazovanie opornykh baz 8-I Natsional'no-revoliutsionnoi armii v tylu iaponskikh voisk v Severnom Kitae" (Establishment of Eighth Route Army Base Areas in the Japanese Rear in North China), 41-48.
31. Vladimirov, *Osobyi raion Kitaia* (Special Region of China), 77-78.
32. 見張培森編，《張聞天年譜》，卷1，624。
33. Stuart R. Schram, ed., *Mao's Road to Power: Revolutionary Writings 1912-1949*, vol. 7 (Armonk, NY: M. E. Sharpe, 2005), 330-69.
34. 同前註，262-64。
35. Milovan Djilas, *Conversations with Stalin*, trans. Michael B. Petrovich (New York: Harcourt, Brace & World, 1962), 33.

松，《走向破裂》，76。

5. 徐則浩編，《王稼祥年譜》，196；逄先知編，《毛澤東年譜，1893-1949》，卷2，90；金冲及編，《毛澤東傳》（一八九三年至一九四九年），531。
6. 李維漢，《回憶與研究》，卷1，415-16。
7. 引自 Teiwes and Sun, "From a Leninist to a Charismatic Party," 344.
8. 引自 Vladimirov, *Osobyi raion Kitaia 1942-1945* (Special Region of China, 1942-1945), 603.
9. 見 Titov, *Iz istorii bor'by i raskola v rukovodstve KPK 1935-1936 gg.* (From the History of Struggle and Split in the Leadership of the CCP, 1935-1936), 140-43.
10. 見 M. I. Kalinin, "O Kitae" (On China), *in Kitai: Rasskazy* (China: Stories) (Moscow and Leningrad: Detgiz, 1938), 34-35.
11. E. Snow, *Geroicheskii narod Kitaia* (The Heroic People of China), trans. L. Mirtseva (Moscow: Molodaia gvardiia, 1938), 72, 74; Snow, *Red Star Over China*, 69, 70.
12. Mao Zedong, "Moia zhizn' " (My Life), *Internatsional'naia literatura* (International literature), no. 11 (1937): 101-11; no. 12 (1937): 95-101.
13. *Mao Tsze-dun: Biograficheskii ocherk* (Mao Zedong: Biographical Sketch) (Moscow: OGIZ, 1939).
14. Emi, *Mao Tszedun, Chzhu De* (Mao Zedong, Zhu De).
15. Schram, *Mao's Road to Power*, vol. 6, 534-35.
16. 同前註，529。
17. 同前註，538-39。
18. 見"Doklad tov. Mao Tsze-duna na VI rasshirennom plenume TsK kompartii Kitaia ot 12-14 oktabria 1938 goda: O novom etape razvitiia antiiaponskoi natsional'noi voiny i edinogo antiiaponskogo natsional'nogo fronta" (Report of Comrade Mao Zedong at the Sixth Enlarged Plenum of the CC of the Chinese Communist Party, October 12-14, 1938: On the New Stage of Development of the Anti-Japanese National War and the Anti-Japanese National United Front), RGASPI, collection 495, inventory 225, file 71, vol. 1, sheets 66-215; 另見 *Lichnoe delo Lin Biao* (Personal File of Lin Biao), RGASPI, collection 495, inventory 225, file 53, vol. 1, sheet 207.
19. 關於馬海德，見 Sidney Shapiro, *Ma Haide: The Saga of American Doctor George Hatem in China* (Beijing: Foreign Languages Press, 2004).
20. R. Karmen, "God v Kitae" (A Year in China), *Znamia* (Banner), no. 8 (1940): 75.
21. 引自 Braun, *A Comintern Agent in China 1932-1939*, 248-50; Shapiro, *Ma Haide*, 55-57; Roxane Witke, *Comrade Chiang Ch'ing* (Boston: Little, Brown, 1977), 145（以下稱維特克，《江青同志》）; Helen Foster Snow, *My China Years*, 262-63.
22. 見李志綏，《毛澤東私人醫生回憶錄》，175。
23. 見 *Lichnoe delo Mao Tsze-duna* (Personal File of Mao Zedong), RGASPI, collection 495, inventory

37. 同前註，580。
38. 逄先知編，《毛澤東年譜，1893-1949》，卷1，671-72; Schram, *Mao's Road to Power*, vol. 6, 573.
39. 引自逄先知編，《毛澤東年譜，1893-1949》，卷2，41。
40. 見金冲及編，《毛澤東傳》（一八九三年至一九四九年），522-26。
41. 引自Schram, *Mao's Road to Power*, vol. 6, xl.
42. 見Cressy-Marcks, *Journey into China*, 162-63.
43. Schram, *Mao's Road to Power*, vol. 6, 193.
44. 見Lichnoe delo Ven Yun (Personal File of Wen Yun), RGASPI, collection 495, inventory 225, file 420, n.p.
45. 同前註。
46. 見孔東梅，〈聽外婆講那過去的事情—毛澤東與賀子珍〉（北京：中央文獻出版社，2005），172；孔東梅〈翻開我家老影集〉，67、106、189。
47. 見文夫、張乃勝，《毛澤東與賀子珍》，127。
48. Cressy-Marcks, *Journey into China*, 165.
49. Evans Fordyce Carlson, *Evans F. Carlson on China at War, 1937-1941* (New York: China and US Publications, 1993), 37-38.
50. Carlson, *Twin Stars of China*, 168, 169.
51. Carlson, *Evans F. Carlson on China at War, 1937-1941*, 22, 49.
52. 見Frederick C. Teiwes and Warren Sun, "From a Leninist to a Charismatic Party: The CCP's Changing Leadership, 1937-1945," in Saich and van de Ven, *New Perspectives on the Chinese Communist Revolution*, 343.

第二十二章　鞏固對中共的控制

1. 見任弼時，《任弼時選集》（北京：人民出版社，1987), 164-207；高華，《紅太陽是怎麼樣升起的：延安整風運動來龍去脈》（香港：中文大學出版社，2000), 164-66.
2. 見Titarenko, *Kommunisticheskii internatsional i kitaiskaia revoliutsiia* (The Communist International and the Chinese Revolution), 283；《任弼時年譜》（一九〇四至一九五〇年），370-72。
3. 見*Lichnoe delo Mao Tszeduna* (Personal File of Mao Zedong), RGASPI, collection 495, inventory 225, file 71, vol. 1, sheet 185；《任弼時年譜》（一九〇四至一九五〇年），372；徐則浩編，《王稼祥年譜》（一九〇六至一九七四年），190。
4. 引自徐則浩編，《王稼祥年譜》，190；《任弼時年譜》（一九〇四至一九五〇年），372；楊奎

revoliutsionnoi armii v tylu iaponskikh voisk v Severnom Kitae" (Establishment of Eighth Route Army Base Areas in the Japanese Rear in North China), in M. F. Yuriev, ed., *Voprosy istorii Kitaia* (Problems of Chinese History) (Moscow: Izdatel'stvo MGU, 1981), 39-41.

24. 見王實編，《中國共產黨歷史簡編》（上海：上海人民出版社，1959），178-79。
25. 逄先知編，《毛澤東年譜，1893-1949》，卷2，（北京：人民出版社，2002），17。
26. 毛澤東，《毛澤東文集》，卷2（北京：人民出版社，1993），8-10。
27. Schram, *Mao's Road to Power*, vol. 6, 43, 44-45, 51-52, 57.
28. Banac, *The Diary of Georgi Dimitrov*, 67-69.
29. 引自 Short, *Mao*, 360.
30. Banac, *The Diary of Georgi Dimitrov*, 67.
31. 金冲及編，《毛澤東傳》（一八九三年至一九四九年），521.
32. 同前註，522-23。
33. 見I. Shirokov and A. Aizenberg, eds., *Materialisticheskaia dialektika* (Materialist Dialectics) (Moscow, 1932); M. Mitin and I. Razumovskii, eds., *Dialekticheskii i istoricheskii materialism v dvukh chastiakh. Uchebnik dlia komvuzov i vuzov* (Dialectical and Historical Materialism, in Two Parts. Textbook of Communist Higher Educational Institutions and Higher Educational Institutions) (Moscow: Partiinoe izdatel'stvo, 1932); M. B. Mitin, ed., "Dialekticheskii materialism" (Dialectical Materialism), *Bolshaia Sovetskaia Entsiklopediia* (Large Soviet Encyclopedia), vol. 22 (Moscow: Sovetskaia entsiklopediia, 1935), 45-235. Mao read translations of the following Chinese texts: Shiluokefu (Shirokov), Ailunbao (Aizenberg), *Bianzhengfa weiwulun jiaocheng* (Textbook on Dialectical Materialism), trans. Li Da and Lei Zhujian, 3rd ed. (Shanghai: Bigengtang shudian, 1935) and 4th ed. (Shanghai: Bigengtang shudian, 1936); Mitin deng (Mitin et al.), *Bianzheng weiwulun yu lishi weiwulun* (Dialectical and Historical Materialism), trans. Shen Zhiyuan, vol. 1 ([Changsha], 1935); Mitin, *Xin zhexue dagang* (Outline of New Philosophy), trans. Ai Siqi and Zheng Yili (Shanghai: Dushu shenhuo chubanshe, 1936). 毛澤東讀的是以下中文書譯本：西洛可夫和艾森堡等著，《辯證法唯物論教程》，李達和雷仲堅譯，第三版（上海：筆耕堂書店，1935）和第四版（上海：筆耕堂書店，1936）；米丁等，《辯證唯物論與歷史唯物論》，沈志遠譯，第一卷（長沙：1935）；米丁，《新哲學大綱》，艾思奇和鄭易裡譯，（上海：讀書生活出版社，1936）。
34. M. B. Mitin, "Predislovie" (Preface), in M. B. Mitin, *Boevye voprosy materialisticheskoi dialektiki* (Urgent Problems of Materialist Dialectics) (Moscow: Partizdat TsK VKP(b), 1936), 3.
35. 見Schram, *Mao's Road to Power*, vol. 6, 672, 729, 741; Nick Knight, ed., *Mao Zedong on Dialectical Materialism: Writings on Philosophy* (Armonk, NY: M. E. Sharpe, 1990), 17.
36. Schram, *Mao's Road to Power*, vol. 6, 673.

Press, 1995), 60-70.

5. 見*Agnes Smedley*, *Battle Hymn of China* (New York: Knopf, 1943), 170-71; Nym Wales, *My Yenan Notebooks*, 62-63; Snow (Wales), *Inside Red China*, 186-87; Snow (Wales), *The Chinese Communists*, 250-61; Snow, *My China Years*, 265, 274-76, 278-79; MacKinnon and MacKinnon, *Agnes Smedley*, 182-89, 192; 文夫、張乃勝，《毛澤東與賀子珍》，110-20.
6. Snow (Wales), *The Chinese Communists*, 252.
7. 引自MacKinnon and MacKinnon, *Agnes Smedley*, 190.
8. 同前註，190-91；文夫、張乃勝，《毛澤東與賀子珍》，121-22。
9. 見Smedley, China Fights Back, 4, 8-10; Snow (Wales), The *Chinese Communists*, 254; Snow, *My China Years*, 281-82.
10. Banac, *The Diary of Georgi Dimitrov*, 40.
11. 見Titarenko, *VKP(b), Komintern i Kitai: Dokumenty* (The CPSU, the Comintern and China: Documents), vol. 4, 1092; Schram, *Mao's Road to Power*, vol. 4, 356-57.
12. 見楊奎松，〈蘇聯大規模援助中國紅軍的一次嘗試〉，收在黃修榮編，《蘇聯、共產國際與中國革命的關係新探》（北京：中共黨史出版社，1995），324-26。
13. Banac, *The Diary of Georgi Dimitrov*, 36, 57.
14. 《周恩來年譜》(一八九八至一九四九年)，366-67。
15. 逄先知編，《毛澤東年譜，1893-1949》，卷1，677。
16. 引自Wales, *My Yenan Notebooks*, 63.
17. 《周恩來年譜》(一八九八至一九四九年)，373-74。
18. 根據張戎和哈利戴的說法，發動中日戰爭的是史達林，他利用「長期潛伏在國民黨軍隊核心的共產黨特務」張治中將軍，挑撥日本轟炸上海。他們說，張治中一九二五年夏天起，在黃埔軍校任教，就成為中共特務。張戎和哈利戴認為黃埔軍校是中國共產主義的溫床，因為它是俄國人辦的。張戎夫婦，《毛澤東：鮮為人知的故事》，208-9。要照這麼說，那蔣介石也是共產黨的「特務」囉，因為他是黃埔軍校校長。
19. 見Vladimirov, *Osobyi raion Kitaia 1942-1945* (Special Region of China, 1942-1945), 239-40.
20. 見逄先知編，《毛澤東年譜，1893-1949》，卷1，654-55；《林伯渠傳》（北京：紅旗出版社，1986），195; Stuart R. Schram, ed., *Mao's Road to Power*: *Revolutionary Writings, 1912-1949*, vol. 6 (Armonk, NY: M. E. Sharpe, 1999), xxxv.
21. Schram, *Mao's Road to Power*, vol. 6, 11, 12, 14; 另見Vladimirov, *Osobyi raion Kitaia 1942-1945* (Special Region of China 1942-1945), 519, 600.
22. Schram, *Mao's Road to Power*, vol. 6, 11, 12; Braun, *A Comintern Agent in China 1932- 1939*, 212.
23. Braun, *A Comintern Agent in China 1932-1939*, 211-13; Chang Kuo-t'ao, *The Rise of the Chinese Communist Party*, vol. 2, 533-41; A. V. Pantsov, "Obrazovaniie opornykh baz 8-i Natsional'no-

CT: Yale University Press, 2003), 41. 另見RGASPI, collection 146, inventory 2, file 3, sheet 29.

47. Banac, *The Diary of Georgi Dimitrov*, 41-42. 另見RGASPI, collection 146, inventory 2, file 3, sheets 29-30.
48. Banac, *The Diary of Georgi Dimitrov*, 42. 另見RGASPI, collection 146, inventory 2, file 3, sheet 30.
49. Banac, *The Diary of Georgi Dimitrov*, 42. 另見RGASPI, collection 146, inventory 2, file 3, sheet 30. 狄米崔・馬紐爾斯基當時是共產國際執委會書記。
50. Titarenko, *Kommunisticheskii internatsional i kitaiskaiia revoliutsiia* (The Communist International and the Chinese Revolution), 270.
51. Snow, *Random Notes on Red China*, 2.
52. Short, *Mao*, 719-20；金冲及編，《毛澤東傳》（一八九三年至一九四九年），433。
53. 蔣介石，《蘇俄在中國》，79。
54. 金冲及編，《毛澤東傳》（一八九三年至一九四九年），431、432。
55. 逄先知編，《毛澤東年譜，1893-1949》，卷1，639。
56. Titarenko, *Kommunisticheskii Internatsional i kitaiskaiia revoliutsiia* (The Communist International and the Chinese Revolution), 270-71.
57. 同前註，272; Dimitrov, *Dnevnik* (Diary), 122.
58. *Kangri minzu tongyi zhanxian zhinan* (Directives of the Anti-Japanese National United Front), vol. 1 (n.p., n.d.), 79-81.
《抗日民族統一戰線指南》，卷1（出版社不詳、出版日期不詳），79- 81.
59. 李敏，《我的父親毛澤東》，1、5、39-40、259。
60. 引自葉子龍，《葉子龍回憶錄》，40。

第二十一章　談情說愛的哲學家

1. Braun, *A Comintern Agent in China 1932-1939*, 190.
2. 見Cressy-Marcks, *Journey into China*, 156-59; Nym Wales, *My Yenan Notebooks* (Madison, CT: n.p., 1961), 135; Helen Foster Snow, *My China Years* (New York: Morrow, 1984), 231-32.
3. 見Evans Fordyce Carlson, *Twin Stars of China: A Behind-the-Scenes Story of China's Valiant Struggle for Existence by a U.S. Marine Who Lived and Moved with the People* (New York: Hyperion Press, 1940), 162.
4. 見"Pis'mo Agnes Smedli I. A. Piatnitskomu ot 1 marta 1935 goda" (Letter from to I. A. Piatnitsky, March 1, 1935), RGASPI, collection 495, inventory 74, file 287, sheets 1-14; MacKinnon and MacKinnon, *Agnes Smedley*, 146-49, 182-87; Harvey Klehr, John Earl Haynes, and Fridrikh Igorievich Firsov, *The Secret World of American Communism* (New Haven, CT: Yale University

社，2000），278-79、286-87。

23. 見Schram, *Mao's Road to Power*, vol. 3, 73-74.
24. 見張聞天，《張聞天選集》，71-79；毛澤東，《毛澤東文集》，卷1，376-82；Schram, *Mao's Road to Power*, vol. 3, 86-102.
25. Schram, *Mao's Road to Power*, vol. 3, 89, 91.
26. 見毛澤東，《毛澤東文集》，卷1，490。
27. James Bertram, *Crisis in China: The Story of the Sian Mutiny* (London: Macmillan & Co., 1937), 108; Harriet Sergeant, *Shanghai* (London: Jonathan Cape, 1991), 5.
28. 見李敏，《我的父親毛澤東》，2；Chang Kuo-t'ao, *The Rise of the Chinese Communist Party*, vol. 2, 474-75.
29. Schram, *Mao's Road to Power*, vol. 5, 249.
30. 見Titarenko, *VKP(b), Komintern i Kitai: Dokumenty* (The CPSU, the Comintern and China: Documents), vol. 4, 1068; Fenby, Chiang Kai-shek, 279.
31. 見Titarenko, *VKP(b), Komintern i Kitai: Dokumenty* (The CPSU, the Comintern and China: Documents), vol. 4, 1055-58.
32. 見Georgi Dimitrov, *Dnevnik 9 mart 1933-6 fevruari 1949* (Diary, March 9, 1933- February 6, 1949) (Sofia: Universitetsko izdatelstvo "Sv. Kliment Okhridski," 1997), 117.
33. Titarenko, *Kommunisticheskii Internatsional i kitaiskaiia revoliutsiia* (The Communist International and the Chinese Revolution), 266-69.
34. 見Schram, *Mao's Road to Power*, vol. 5, 323-32.
35. 同前註，334。
36. Dimitrov, *Dnevnik* (Diary), 117.
37. Snow, *Red Star Over China*, 409.
38. Bertram, *Crisis in China*, 134-37; 另見Snow, *Red Star Over China*, 412.
39. 見唐培吉編，《中國歷史大事年表：現代史卷》（上海：上海辭書出版社，1997），320。另見Chiang Kai-shek, "The Day I Was Kidnapped," in Li, *The Road to Communism*, 135-41.
40. 葉子龍，《葉子龍回憶錄》，（北京：中央文獻出版社，2000），38-39。
41. Braun, *A Comintern Agent in China 1932-1939*, 183.
42. Edgar Snow, *Random Notes on Red China* (1936-1945) (Cambridge, MA: East Asian Research Center, Harvard University, 1957), 1.
43. 逄先知編，《毛澤東年譜，1893-1949》，卷1，621.
44. Short, *Mao*, 347.
45. Chang Kuo-t'ao, *The Rise of the Chinese Communist Party*, vol. 2, 481.
46. Ivo Banac, ed., *The Diary of Georgi Dimitrov 1933-1949*, trans. Jane T. Hedges et al. (New Haven,

4. 見Agnes Smedley, *China Fights Back: An American Woman with the Eighth Route Army* (New York: Vanguard Press, 1938), 8-9, 19-20; Janice R. MacKinnon and Stephen R. MacKinnon, *Agnes Smedley: The Life and Times of an American Radical* (Berkeley: University of California Press, 1988), 183.
5. 見吳秦傑編，《毛澤東光輝歷程地圖集》，62。
6. 見逄先知編，《毛澤東年譜，1893-1949》，卷1，617。
7. Chang Kuo-t'ao, *The Rise of the Chinese Communist Party*, vol. 2, 474.
8. 莫洛托夫回憶錄有關這方面的敘述十分坦白。見Felix Chuev, *Molotov Remembers: Inside Kremlin Politics: Conversations with Felix Chuev*, trans. Albert Resis (Chicago: I. R. Dee, 1993).
9. Wang Ming, *Sobraniie sochinenii* (Collected Works), vol. 3 (Moscow: IDV AN SSSR, 1985), 364.
10. 見Titarenko, *VKP(b), Komintern i Kitai: Dokumenty* (The CPSU, the Comintern and China: Documents), vol. 3, 49.
11. 見楊奎松，〈共產國際壓制毛澤東了嗎？毛澤東與莫斯科的恩恩怨怨〉，《百年潮》，4 (1997)，33。
12. 引自Titov, *Materialy k politicheskoi biografii Mao Tsze-duna* (Materials for a Political Biography of Mao Zedong), vol. 2, 137.
13. *Lichnoe delo Mao Tszeduna* (Personal File of Mao Zedong), RGASPI, collection 495, inventory 225, file 71, vol. 1, sheets 242-43.
14. *Lichnoe delo Van Mina* (Personal File of Wang Ming), RGASPI, collection 495, inventory 225, file 6, vol. 1, sheets 62, 63.
15. 見Titov, *Materialy k politicheskoi biografii Mao Tsze-duna* (Materials for a Political Biography of Mao Zedong), vol. 2, 613.
16. 同前註，619。
17. 見*Kommunisticheskii Internatsional* (Communist International), no. 33-34 (1935): 83-88.
18. A. Khamadan, "Vozhd' kitaiskogo naroda—Mao Tszedun" (The Leader of the Chinese People—Mao Zedong),《真理報》，December 13, 1935.
19. 見A. Khamadan, *Vozhdi i geroi kitaiskogo naroda* (Leaders and Heroes of the Chinese People) (Moscow: Ogiz-Sotsekgiz, 1936).
20. 見*Lichnoe delo Chzhan Khao* (*Li Fushen*) (Personal File of Zhang Hao [Li Fusheng]), RGASPI, collection 495, inventory 225, file 2850；汪幸福，《林氏三兄弟：林育英、林育南、林彪》(武漢：湖北人民出版社，2004), 73-75.
21. Schram, *Mao's Road to Power*, vol. 5, 66-67.
22. 見張聞天，《張聞天選集》，66-70；張培森編，《張聞天年譜》，卷1(北京：中央文獻出版

29. Braun, *A Comintern Agent in China 1932-1939*, 113-14.
30. 同前註，120。
31. Chang Kuo-t'ao, *The Rise of the Chinese Communist Party*, vol. 2, 378.
32. 見*Lichnoe delo Liu Tina* (Personal File of Liu Ting), RGASPI, collection 495, inventory 225, file 3078, n.p.
33. 見Schram, *Mao's Road to Power*, vol. 5, xlii; Braun, *A Comintern Agent in China 1932- 1939*, 123; A. S. Titov, *Iz istorii bor'by i raskola v rukovodstve KPK 1935-1936 gg.* (From the History of Struggle and Split in the Leadership of the CCP, 1935-1936) (Moscow: Nauka, 1979), 39-40.
34. 見K. O. Wagner [Otto Braun], "Spravka o Chzhan Gotao i sobytiiakh 1935-1936 gg." (Information About Zhang Guotao and the Events of 1935-1936), RGASPI, collection 495, inventory 4, file 298, sheet 75; Braun, *A Comintern Agent in China 1932-1939*, 125-26.
35. 見逄先知編，《毛澤東年譜，1893-1949》，卷1，462-63。
36. Braun, *A Comintern Agent in China 1932-1939*, 126.
37. 逄先知編，《毛澤東年譜，1893-1949》，卷1，463-66; Schram, *Mao's Road to Power*, vol. 5, xliv.
38. Braun, *A Comintern Agent in China 1932-1939*, 136-37.
39. Schram, *Mao's Road to Power*, vol. 5, 24.
40. 見逄先知編，《毛澤東年譜，1893-1949》，卷1，471; Wagner, "Spravka o Chzhan Gotao i sobytiiakh 1935-1936 gg." (Information About Zhang Guotao and the Events of 1935-1936), 77.
41. Schram, *Mao's Road to Power*, vol. 5, xlvii.
42. 見逄先知編，《毛澤東年譜，1893-1949》，卷1，475-76。
43. 張戎和哈利戴寫說，「毛澤東和核心領導人在長征之前就知道此一根據地」，但是他們沒有舉證這個說法的根據。同時，他們又一口咬定共產黨整個長征往陝北去，是蔣介石計劃的。張戎夫婦，《毛澤東：鮮為人知的故事》，140, 171.
44. 引自Nie Rongzhen, *Inside the Red Star*, 248.
45. 見Schram, *Mao's Road to Power*, vol. 5, 36; 逄先知編，《毛澤東年譜，1893-1949》，卷1，482。
46. Mao, *Poems of Mao Tse-tung*, 70.

第二十章　西安事變

1. 見逄先知編，《毛澤東年譜，1893-1949》，卷1，478。
2. 見Wagner, "Spravka o Chzhan Gotao i sobytiiakh 1935-1936 gg." (Information About Zhang Guotao and the Events of 1935-1936), 77-78.
3. Braun, *A Comintern Agent in China 1932-1939*, 143, 146.

the Matter of the "Special Department"), 30-32.

4. Braun, *A Comintern Agent in China 1932-1939*, 90.
5. 見Erbaugh, "The Secret History of the Hakkas," 937-68.
6. Pantsov and Levine, *Chinese Comintern Activists: An Analytic Biographic Dictionary* (manuscript), 533-35; Snow (Wales), *Inside Red China*, 227-29.
7. Braun, *A Comintern Agent in China 1932-1939*, 71; 另見《遵義會議文獻》（北京：人民出版社，1985），37。
8. 見金冲及編，《毛澤東傳》（一八九三年至一九四九年），342-43；逄先知編，《毛澤東年譜，1893-1949》，卷1，434-35。
9. Braun, *A Comintern Agent in China 1932-1939*, 98.
10. Nie Rongzhen, *Inside the Red Star*, 210；另見《遵義會議文獻》，41、111-14。
11. Nie Rongzhen, *Inside the Red Star*, 211-12.
12. 引自同前註，210。
13. 見Braun, *A Comintern Agent in China 1932-1939*, 98-103；《遵義會議文獻》，116-17；金冲及編，《毛澤東傳》（一八九三年至一九四九年），353-54；楊尚昆，《楊尚昆回憶錄》（北京：中央文獻出版社，2001），117-21。
14. "Pis'mo Li Tina [Lin Biao] v Otdel kadrov IKKI i IKK ot 29 ianvaria 1940 g." (Letter from Li Ting [Lin Biao] to the Department of Personnel of the ECCI and the ICC, January 29, 1940), RGASPI, collection 495, inventory 225, file 53, vol. 1, sheet 180.
15. 金冲及編，《毛澤東傳》（一八九三年至一九四九年），354；另見聶榮臻，*Inside the Red Star*, 211.
16. 見《遵義會議文獻》，117。
17. Braun, *A Comintern Agent in China 1932-1939*, 104.
18. 見張聞天，《張聞天選集》（北京：人民出版社，1985），37-59。
19. 《遵義會議文獻》，42-43、132-36。
20. 引自李敏，《我的父親毛澤東》，171。
21. 引自孔東梅，〈毛澤東賀子珍夫婦：為革命痛失五個子女〉，《解放日報》，March 7, 2005.
22. 見同前註。
23. 見《遵義會議文獻》，134。
24. 引自《周恩來年譜》（一八九八至一九四九年），280。
25. 見《遵義會議文獻》，134-35；金冲及編，《毛澤東傳》（一八九三年至一九四九年），361。
26. Mao, *Poems of Mao Tse-tung*, 63.
27. Braun, *A Comintern Agent in China 1932-1939*, 111.
28. 見李敏，《我的父親毛澤東》，173。

Congress of Chinese Soviets) (Moscow and Leningrad: Izdatel'stvo inostrannykh rabochikh v SSSR, 1934); Mao Zedong, *Ekonomicheskoe stroitel'stvo i itogi proverki razdela zemli v Kitaiskoi Sovietskoi Respublike* (*Izbrannye rechi I stat'i*) (Economic Construction and the Results of the Verification of Land Redistribution in the Chinese Soviet Republic [Selected Speeches and Articles]) (Moscow and Leningrad: Izdatel'stvo inostrannykh rabochikh v SSSR, 1934).

60. 見《真理報》，February 11, 1930。
61. Titarenko, *VKP(b), Komintern i Kitai: Dokumenty* (The CPSU, the Comintern and China: Documents), vol. 4, 693.
62. Nie Rongzhen, *Inside the Red Star*, 158-59; Braun, *A Comintern Agent in China 1932-1939*, 40-43, 75-76; Violet Cressy-Marcks, *Journey into China* (New York: Dutton, 1942), 166.
63. Stuart R. Schram, *Mao's Road to Power*: Revolutionary Writings, 1912-1949, vol. 5 (Armonk, NY: M. E. Sharpe, 1999), 528-29.
64. Titarenko, *VKP(b), Komintern i Kitai: Dokumenty* (The CPSU, the Comintern and China: Documents), vol. 4, 602.
65. 同前註，614。
66. 見逄先知編，《毛澤東年譜，1893-1949》，卷1，428。
67. Braun, *A Comintern Agent in China 1932-1939*, 76.
68. 見Titarenko, *VKP(b), Komintern i Kitai: Dokumenty* (The CPSU, the Comintern and China: Documents), vol. 4, 613.
69. 見Helen Foster Snow (Nym Wales), *The Chinese Communists: Sketches and Autobiographies of the Old Guard* (Westport, CT: Greenwood, 1972., 245, 246.
70. 見文夫、張乃勝，《毛澤東與賀子珍》，95-97；馬社香，《紅色第一家族》，323-24。

第十九章　長征

1. Braun, *A Comintern Agent in China 1932-1939*, 83.
2. 見逄先知編，《毛澤東年譜，1893-1949》，卷1，435-36; Braun, *A Comintern Agent in China 1932-1939*, 81-82; 李維漢，《回憶與研究》卷1344-45; A. A. Martynov et al., eds., *Velikii pokhod 1-go fronta Kitaiskoi raboche-krest'ianskoi krasnoi armii: Vospominaniia* (The Long March of the First Front Chinese Worker-Peasant Red Army: Reminiscences), trans. A. A. Klyshko et al. (Moscow: Izd-vo inostrannoi literatury, 1959), 43.
3. 見"Dokladnaia zapiska o provalakh i provokatsiiakh v tsentral'nykh organizatsiiakh KP Kitaia v Shanghae za poslednie tri goda i o dele 'Osobogo otdela' " (Report on the Failures and Provocations Within the Central Organizations of the CP of China in Shanghai over the Past Three Years and on

40. 同前註，295、298、309、323。
41. 見“Dokladnaia zapiska o provalakh i provokatsiiakh v tsentral’nykh organizatsiiakh KP Kitaia v Shanhae za poslednie tri goda i o dele ‘Osobogo otdela’ ” (Reportorial Notes on the Failures and Provocations in the Central Organs of the CP of China in Shanghai for the Past Three Years and of the Matter of the ‘Special Section’), RGASPI, collection 495, inventory 74, file 299, sheets 1-60; Litten, “The Noulens Affair,” 492-512.
42. 金冲及編，《毛澤東傳》（一八九三年至一九四九年），311。
43. 見文夫、張乃勝，《毛澤東與賀子珍》，91。
44. 見鄧毛毛，《我的父親鄧小平》，(New York: Basic Books, 1995), 210-17.
45. 引自文夫、張乃勝，《毛澤東與賀子珍》，99；金冲及編，《毛澤東傳》（一八九三年至一九四九年），333。
46. 引自金冲及編，《毛澤東傳》（一八九三年至一九四九年），334。
47. 見Braun, *A Comintern Agent in China 1932-1939*, 1-79.
48. Titarenko, *VKP(b), Komintern i Kitai: Dokumenty* (The CPSU, the Comintern and China: Documents), vol. 4, 1145.
49. 同前註，1146。另見Bo Gu（博古）, “Moia Predvaritel’naia ispoved’” (My Preliminary Testimony), RGASPI, collection 495, inventory 225, file 2847, sheets 1-111.
50. 見Titarenko, *VKP(b), Komintern i Kitai: Dokumenty* (The CPSU, the Comintern and China: Documents), vol. 3, 1306-27; vol. 4, 103-4.
51. 見同前註，卷4，243、427。
52. Braun, *A Comintern Agent in China 1932-1939*, 49.
53. 見Pavel Mif, ed., *Soviety v Kitae: Materialy I dokumenty, Sbornik vtoroi* (Soviets in China: Materials and Documents, Second Collection) (Moscow: Partizdat TsK VKP(b), 1935), 未出版的校訂稿，183-258。由於史達林的共產國際政策在一九三五年起了激烈變化，這本書一直沒有出版。本書作者潘佐夫私人圖書館蒐藏一份未刊本校訂稿。
54. 見王健英，《中國共產黨組織史資料匯編》，198。
55. 見Titarenko, *VKP(b), Komintern i Kitai: Dokumenty* (The CPSU, the Comintern and China: Documents), vol. 3, 49.
56. 同前註，卷4，585。
57. 同前註，586。
58. 引自金冲及編，《毛澤東傳》（一八九三年至一九四九年），339。
59. 見*Kommunisticheskii Internatsional* (Communist International), no. 20 (1934):21-29; no. 23 (1934): 32-51; *Za rubezhom* (Abroad), no. 27 (59) (1934): 1, 4-9; Mao Zedong, *Tol’ko soviety mogut spasti Kitai: Doklad na II-m s”ezde Sovetov Kitaia* (Only Soviets Can Save China: Report at the Second

21. Titarenko, *VKP(b), Komintern i Kitai: Dokumenty* (The CPSU, the Comintern and China: Documents), vol. 4, 153.
22. 同前註，158。
23. 同前註，159。
24. 見逄先知編，《毛澤東年譜，1893-1949》，卷1，377；《中國人民解放軍組織沿革和各級領導成員名錄》，58-61。
25. 見逄先知編，《毛澤東年譜，1893-1949》，卷1，342。
26. 見同前註，vol. 1, 379-80; Schram, *Mao's Road to Power*, vol. 4, 242-44.
27. 見Wang [Liu], Li [Lin], and Zhou [Mao], *Doklad General'nomu sekretariu IKKI G. Dimitrovu, 8 ianvaria 1940 g.* (Report to ECCI General Secretary G. Dimitrov, January 8, 1940), 49; Titarenko, *VKP(b), Komintern i Kitai: Dokumenty* (The CPSU, the Comintern and China: Documents), vol. 4, 146-48, 152-53, 158-59, 193; *Lichnoe delo Mao Tszeduna* (Personal File of Mao Zedong), RGASPI, collection 495, inventory 225, file 71, vol. 3, sheets 176-79.
28. Wang [Liu], Li [Lin], and Zhou [Mao], *Doklad General'nomu sekretariu IKKI G. Dimitrovu, 8 ianvaria 1940 g.* (Report to ECCI General Secretary G. Dimitrov, January 8, 1940), 49.
29. Titarenko, *VKP(b), Komintern i Kitai: Dokumenty* (The CPSU, the Comintern and China: Documents), vol. 4, 187-88.
30. 引自金冲及編，《毛澤東傳》（一八九三年至一九四九年），309。
31. Titarenko, *VKP(b), Komintern i Kitai: Dokumenty* (The CPSU, the Comintern and China: Documents), vol. 4, 191, 192.
32. 見金冲及編，《毛澤東傳》（一八九三年至一九四九年），309。
33. 同前註，334。
34. 引自文夫、張乃勝，《毛澤東與賀子珍》，92；金冲及編，《毛澤東傳》（一八九三年至一九四九年），310。
35. 見Titarenko, *VKP(b), Komintern i Kitai: Dokumenty* (The CPSU, the Comintern and China: Documents), vol. 4, 194, 223, 225.
36. 見王健英，《中國共產黨組織史資料匯編》，188。
37. Titarenko, *VKP(b), Komintern i Kitai: Dokumenty* (The CPSU, the Comintern and China: Documents), vol. 4, 199.
38. 見逄先知編，《毛澤東年譜，1893-1949》，卷1，393; "Zapis' besedy tt. Chzhou Enlaia, Chzhen Lina [Ren Bishi] I [G. I.] Mordvinova, 16 noiabria 1939 goda" (Notes on a Conversation Among Comrades Zhou Enlai, Zheng Ling [Ren Bishi], and [G. I.] Mordvinov, November 16, 1939), 34.
39. Titarenko, *VKP(b), Komintern i Kitai: Dokumenty* (The CPSU, the Comintern and China: Documents), vol. 4, 295.

6. 見同前註，360；王健英，《中國共產黨組織史資料匯編》，164；《中國人民解放軍組織沿革和各級領導成員名錄》，48-52。
7. 見《周恩來年譜》（一八九八至一九四九年），220; Wang Song [Liu Yalou], Li Ting [Lin Biao], and Zhou Den [Mao Zemin], Doklad general'nomu sekretariu IKKI G. Dimitrovu, 8 ianvaria 1940 g. (Report to the General Secretary of the ECCI G. Dimitrov, January 8, 1940), RGASPI, collection 495, inventory 225, file 477, sheet 48.
8. Saich, *The Rise to Power of the Chinese Communist Party*, 558-66.
9. 同前註；逄先知編，《毛澤東年譜，1893-1949》，卷1，364；金冲及編，《毛澤東傳》（一八九三年至一九四九年），289-90；Wang [Liu], Li [Lin] i Zhou [Mao], *Doklad general'nomu sekretariu IKKI G. Dimitrovu, 8 ianvaria 1940 g.* (Report to the General Secretary of the ECCI G. Dimitrov, January 8, 1940), 48.
10. 見Li Ruilin, "Vosstanie v Ningdu" (Uprising in Ningdu), *in Vsiudu krasnye znamena* (Red Banners Everywhere), 52-58.
11. 見文夫、張乃勝，《毛澤東與賀子珍》，75-79；逄先知編，《毛澤東年譜，1893-1949》，卷1，365；金冲及編，《毛澤東傳》（一八九三年至一九四九年），290-91.
12. Titarenko, *Kommunisticheskii internatsional i kitaiskaia revoliutsiia: Dokumenty* (The Communist International and the Chinese Revolution), 628-29.
13. 同前註，240, 242. 另見Titarenko, *VKP(b), Komintern i Kitai: Dokumenty* (The CPSU, the Comintern and China: Documents), vol. 4, 96.
14. 見Titarenko, *VKP(b), Komintern i Kitai: Dokumenty* (The CPSU, the Comintern and China: Documents), vol. 4, 100-102.
15. 見Donald A. Jordan, *China's Trial by Fire: The Shanghai War of 1932* (Ann Arbor: University of Michigan Press, 2001).
16. 見Mif, *Sovety v Kitae* (Soviets in China), 454-56; Stuart R. Schram, ed., *Mao's Road to Power*: Revolutionary Writings, 1912-1949, vol. 4: (Armonk, NY: M. E. Sharpe, 1997), 209-14.
17. Otto Braun, *A Comintern Agent in China 1932-1939*, trans. Jeanne Moore (Stanford, CA: Stanford University Press, 1982), 30.
18. 見Nie Rongzhen, *Inside the Red Star*, 114-28.
19. Titarenko, *VKP(b), Komintern i Kitai: Dokumenty* (The CPSU, the Comintern and China: Documents), vol. 4, 146-47. 這通電報其實相當含糊。我們意識到蘇區中央局委員並沒有完全理解臨時政治局的意向，但是他們極力想要表示忠心耿耿。他們寫說：「用不著多說，我們必須竭力反對李立三攻打大城市的冒險路線。然而，目前情勢對我們有利。我們必須在攻打最重要城市之前，對付右傾機會主義的過度恐懼。」
20. 逄先知編，《毛澤東年譜，1893-1949》，卷1，375。

Documents), vol. 3, 1147, 1258, 1273.

44. 李敏，《我的父親毛澤東》，163。
45. Chang Kuo-t'ao, *The Rise of the Chinese Communist Party*, vol. 2, 175.
46. *Lichnoe delo Mao Tszeduna* (Personal File of Mao Zedong), RGASPI, collection 495, inventory 225, file 71, vol. 2, sheet 256.
47. 見Frederick S. Litten, "The Noulens Affair," *China Quarterly*, no. 138 (1994): 492-512; Frederic Wakeman, *Policing Shanghai 1927-1937* (Berkeley: University of California Press, 1995), 151-60, 253-54; Nie Rongzhen, *Inside the Red Star: The Memoirs of Marshal Nie Rongzhen* (Beijing: New World Press, 1983), 97-98, 104-6.
48. 見M. L. Titarenko et al., eds., *VKP(b), Komintern i Kitai: Dokumenty* (The CPSU, the Comintern and China: Documents), vol. 4 (Moscow: AO "Buklet," 2003), 146.
49. 見楊奎松，《走向破裂》，189。
50. "Zapis' besedy tt. Chzhou Enlaia, Chzhen Lina [Ren Bishi] i [G. I.] Mordvinova 16 noiabria 1939 goda" (Record of Conversation Among Comrades Zhou Enlai, Zheng Ling [Ren Bishi], and [G. I.] Mordvinov, November 16, 1939), 33-34; Wakeman, *Policing Shanghai*, 1927-1937, 156.
51. 見《周恩來年譜，1898-1949》，218。
52. Li Chongde, "Escorting Mao Zedong's Sons to Shanghai," in *Mao Zedong: Biography—Assessment—Reminiscences*, 222-26;〈錢希鈞和毛澤民〉，收在《毛澤東的家事》（北京：春秋出版社，1987），14-15；〈中國共產黨創辦的第一個幼稚園〉，《新民晚報》，June 13, 2004；〈毛岸英三兄弟在上海市的情況〉，同前註，December 23, 2004；馬社香，《紅色第一家族》，136-37；Titarenko, *VKP(b), Komintern i Kitai: Dokumenty* (The CPSU, the Comintern and China: Documents), vol. 4, 1052.
53. 見王健英，《中國共產黨組織史資料匯編》，163。
54. *Agnes Smedley, China's Red Army Marches* (New York: International, 1934), 314-15.

第十八章　狗咬狗，共產黨式

1. Hsiao, *Power Relations within the Chinese Communist Movement*, 1930-1934, vol. 2, 382-89.
2. 見逄先知編，《毛澤東年譜，1893-1949》，卷1，319、320。
3. Titarenko, *VKP(b), Komintern i Kitai: Dokumenty* (The CPSU, the Comintern and China: Documents), vol. 3, 893, 938, 939, 940.
4. 見Hsiao, *Power Relations within the Chinese Communist Movement*, 1930-1934, vol. 2, 391-407; 金冲及編，《毛澤東傳》（一八九三年至一九四九年），280-81。
5. 見逄先知編，《毛澤東年譜，1893-1949》，卷1，358。

23. 幾天後毛澤東宣稱，「贛西南蘇維埃政府領導機關、以及技術工人當中，三分之二的人是AB團分子。」Schram, *Mao's Road to Power*, vol. 3, 560. 他怎麼來的這個數字，我們不清楚。
24. 同前註，554。
25. *Lichnoe delo Mao Tszeduna* (Personal File of Mao Zedong), RGASPI, collection 495, inventory 225, file 71, vol. 2, sheets 257, 258.
26. 見《中國人民解放軍組織沿革和各級領導成員名錄》，38。
27. 引自Short, *Mao*, 273.
28. *Lichnoe delo Mao Tszeduna* (Personal File of Mao Zedong), RGASPI, collection 495, inventory 225, file 71, vol. 2, sheet 261.
29. 同前註，260-61; Titov, *Materialy k politicheskoi biografii Mao Tsze-duna* (Materials for a Political Biography of Mao Zedong), vol. 1, 310, 311.
30. *Lichnoe delo Mao Tszeduna* (Personal File of Mao Zedong), RGASPI, collection 495, inventory 225, file 71, vol. 2, sheets 258, 259, 261; vol. 3, sheets 18, 19; P. P. Vladimirov, *Osobyi raion Kitaia, 1942-1945* (Special Region of China, 1942-1945) (Moscow: APN, 1975), 224, 225.
31. Schram, *Mao's Road to Power*, vol. 3, 713.
32. 見Titarenko, *VKP(b), Komintern i Kitai: Dokumenty* (The CPSU, the Comintern and China: Documents), vol. 3, 1276-81.
33. 同前註，1348-52；徐則浩編，《王稼祥年譜，1906-1974》（北京：中央文獻出版社，2001），52；《任弼時年譜，1904-1950》，165-66；《周恩來年譜，1898-1949》，修訂版（北京：中央文獻出版社，1998），212。
34. Titarenko, *VKP(b), Komintern i Kitai: Dokumenty* (The CPSU, the Comintern and China: Documents), vol. 3, 1067.
35. Titov, *Materialy k politicheskoi biografii Mao Tsze-duna* (Materials for a Political Biography of Mao Zedong), vol. 1, 329.
36. 見"Beseda [G. I.] Mordvinova s t. Chzhou Enlaem 4 marta 1940 g." (Conversation Between [G. I.] Mordvinov and Comrade Zhou Enlai, March 4, 1940), RGASPI, collection 495, inventory 225, file 71, vol. 1, sheet 32.
37. 見Saich, *The Rise to Power of the Chinese Communist Party*, 530-35.
38. 見王健英，《中國共產黨組織史資料匯編》，159, 161.
39. 引自Averill, "The Origins of the Futien Incident," 108.
40. 廖蓋隆編，《中國共產黨歷史大辭典》，260。
41. 見逄先知編，《毛澤東年譜，1893-1949》，卷1，330-31；Short, *Mao*, 257.
42. Mao, *Poems of Mao Tse-tung*, 53. 不周山是座神秘的山，被古代英雄共工劏平。
43. 見Titarenko, *VKP(b), Komintern i Kitai: Dokumenty* (The CPSU, the Comintern and China:

Mordvinov, November 16, 1939), RGASPI, collection 495, inventory 225, file 71, vol. 1, sheet 35.

9. 見Titarenko, *VKP(b), Komintern i Kitai: Dokumenty* (The CPSU, Comintern and China: Documents), vol. 3, 817, 1079-80, 1139, 1323.
10. Titarenko, *Kommunisticheskii Internatsional i kitaiskaia revoliutsiia* (The Communist International and the Chinese Revolution), 205.
11. A. Ivin, *Ocherki partizanskogo dvizheniia v Kitae, 1927-1930* (Sketches of the Guerrilla Movement in China, 1927-1930) (Moscow and Leningrad: GIZ, 1930), 90.
12. 見Titarenko, *VKP(b), Komintern i Kitai: Dokumenty* (The CPSU, the Comintern and China: Documents), vol. 3, 48, 1067.
13. 同前註，1108-9。
14. Schram, *Mao's Road to Power*, vol. 3, 377-78.
15. 當然，從戰術理由講，毛澤東可能還偶爾否認農村遊民。例如，一九三〇年六月，在紅四軍前敵委員會和贛西特委聯席會議上，試圖撇清一再的指控，說他主張「遊民無產階級意識型態」，他設法就「遊民」問題通過一個決議案。決議說：「紅軍和赤衛隊是革命群眾奪取國家權力、並保護它的重要工具……不容地痞流氓滲透進入這些組織。」見同前註，453。然而，這個理論一文不值，因為它根本不可能執行。根據共產國際執委會遠東局的估計，一九三〇年的紅軍基本上由社會最底層分子組成。見Titarenko, *VKP(b), Komintern i Kitai: Dokumenty* (The CPSU, the Comintern and China: Documents), vol. 3, 817.
16. Schram, *Mao's Road to Power*, vol. 3, 636, 638.
17. [Liu Shiqi], *Sovetskii raion iugo-zapadnoi Tsiansi v 1930 g.: Doklad instruktora TsK kompartii Kitaia ot 7 oktiabria 1930 g.* (The Soviet District of Southwest Jiangxi in 1930: Report of a CCP Central Committee Instructor, October 7, 1930), in Mif, *Sovety v Kitae* (Soviets in China), 237.
18. Schram, *Mao's Road to Power*, vol. 3, 269.
19. 見[Liu Shiqi], *Sovetskii raion iugo-zapadnoi Tsziansi v 1930 g.* (The Soviet District of Southwest Jiangxi in 1930), 227-44; Titarenko, *VKP(b), Komintern i Kitai: Dokumenty* (The CPSU, the Comintern and China: Documents), vol. 3, 1272-74; 陳毅，〈陳毅同志關於朱毛軍的歷史及其現況的報告〉，192；《中國人民解放軍組織沿革和各級領導成員名錄》（北京：軍事科學出版社，1987), 35; Erbaugh, "The Secret History of the Hakkas," 937-38; Stephen C. Averill, "The Origins of the Futian Incident," in Tony Saich and Hans J. van de Ven, eds., *New Perspectives on the Chinese Communist Revolution* (Armonk, NY: M. E. Sharpe, 1995), 79-115.
20. Titarenko, *VKP(b), Komintern i Kitai: Dokumenty* (The CPSU, the Comintern and China: Documents), vol. 3, 1349, 1368.
21. 見Averill, "The Origins of the Futian Incident," 83-84, 86-92.
22. 見Short, *Mao*, 268.

sovetskogo dvizheniia (The Communist Party of China in the Initial Soviet Movement Period), 287-88.

44. 見Hsiao Tso-liang, *Power Relations within the Chinese Communist Party, 1930-1934*, vol. 2 (Seattle: University of Washington Press, 1967), 26-29.
45. 見Schram, *Mao's Road to Power*, vol. 3, 157-58.
46. 同前註，261。
47. 同前註，240、245、246。
48. 引自Grigoriev, *Kommunisticheskaia partiia Kitaia v nachal'nyi period sovetskogo dvizheniia* (The Communist Party of China in the Initial Soviet Movement Period), 308, 309.
49. Saich, *The Rise to Power of the Chinese Communist Party*, 429.
50. Schram, *Mao's Road to Power*, vol. 3, 455-502, 508-23, 529-32; 逄先知編，《毛澤東年譜，1893-1949》，卷1，310-16。
51. 見Grigoriev, *Kommunisticheskaia partiia Kitaia v nachal'nyi period sovetskogo dvizheniia* (The Communist Party of China in the Initial Soviet Movement Period), 338.
52. Schram, *Mao's Road to Power*, vol. 3, 459.
53. 同前註，234-36；逄先知編，《毛澤東年譜，1893-1949》，卷1，275。
54. Schram, *Mao's Road to Power*, vol. 3, 235.

第十七章　在共產國際羽翼下

1. 見Titarenko, *VKP(b), Komintern i Kitai: Dokumenty* (The CPSU, Comintern and China: Documents), vol. 3, 1273.
2. Titarenko, *Kommunisticheskii Internatsional i kitaiskaa revoliutsiia* (The Communist International and the Chinese Revolution), 204, 205.
3. Titarenko, *VKP(b), Komintern i Kitai: Dokumenty* (The CPSU, Comintern and China: Documents), vol. 3, 1019.
4. 同前註，1029、1037；Zhang Qiushi,《瞿秋白與共產國際》（北京：中共黨史出版社，2004），314-17。
5. Chang Kuo-t'ao, *The Rise of the Chinese Communist Party*, vol. 2, 86.
6. 見王健英，《中國共產黨組織史資料匯編》，145-46。
7. Meng Qingshu, "Vospominaniia o Van Mine" (Reminiscences of Wang Ming) (manuscript), 66-67. 更多詳情，見Spichak, *Kitaiskii avangard Kremlia* (Chinese Vanguard of the Kremlin), 104.
8. "Zapis' besedy tt. Chzhou Enlaia, Chzhen Lina [Ren Bishi] i [G. I.] Mordvinova 16 noiabria 1939 goda" (Record of a Conversation between Zhou Enlai, Zheng Ling [Ren Bishi], and [G. I.]

19. 見Schram, *Mao's Road to Power*, vol. 3, 150.
20. 見Saich, *The Rise to Power of the Chinese Communist Party*, 471-72.
21. Schram, *Mao's Road to Power*, vol. 3, 155-56.
22. Pavel Mif, ed., *Strategiia i taktika Kominterna v natsional'no-kolonial'noi revoliutsii na primere Kitaia* (The Comintern's Strategy and Tactics in National-Colonial Revolution, for Example, China) (Moscow: IWEIP Press, 1934), 236-44.
23. Schram, *Mao's Road to Power*, vol. 3, 256, 257, 504.
24. 引自毛澤東，《毛澤東文集》，卷1，206。
25. 見逄先知編，《毛澤東年譜，1893-1949》，卷1，278。
26. *Lichnoe delo Liu Tsilana* (Anguna) (Personal File of Liu Jilang [Angong]), RGASPI, collection 495, inventory 225, file 1656；廖蓋隆編，《毛澤東百科全書》，卷3（北京：光明日報出版社，2003），1401；逄先知編，《毛澤東年譜，1893-1949》，卷1，274-77。
27. Schram, *Mao's Road to Power*, vol. 3, 419, 420, 421.
28. 同前註，188。
29. 見陳毅，〈陳毅同志關於朱毛軍的歷史及其現況的報告〉，176-93。
30. A. Ivin, *Sovietskii Kitai* (Soviet China) (Moscow: "Molodaia gvardiia," 1931), 43-44.
31. 逄先知編，《毛澤東年譜，1893-1949》，卷1，285。
32. 李敏，《我的父親毛澤東》，169。
33. Mao Zedong, "Da Li Shuyi" (A Reply to Li Shuyi), in Mao, *Mao Zedong shici duilian jizhu* (Collection of Mao Zedong's Poems), 96. 毛澤東，〈答李淑一〉，收在毛澤東，《毛澤東詩詞對聯集注》，96。
34. Schram, *Mao's Road to Power*, vol. 3, 192.
35. 同前註，194。
36. 同前註，195-230。
37. 例如見黃平，《往事回憶》（北京：人民出版社，1981）。
38. Wang Fanxi, *Memoirs of a Chinese Revolutionary*, trans. Gregor Benton (New York: Columbia University Press, 1977), 109.
39. 見Titarenko, *VKP(b), Komintern i Kitai: Dokumenty* (The CPSU, the Comintern and China: Documents), vol. 3, 457.
40. 同前註，1048、1075。
41. 見楊奎松，《走向破裂：毛澤東與莫斯科恩恩怨怨》（香港：三聯書店，1999），189。
42. *Pravda*（《真理報》），December 29, 1929.
43. 見Titarenko, *VKP(b), Komintern i Kitai: Dokumenty* (The CPSU, the Cominternand China: Documents), vol. 3, 482-88; Grigoriev, *Kommunisticheskaia partiia Kitaia vnachal'nyi period*

第十六章　星星之火可以燎原

1. 見〈河本大佐為策劃「皇始屯事件」致磯谷廉介等函兩件〉(一九二八年四月)，《民國檔案》，3(1998)，3-5；河本大佐等，《我殺死了張作霖》(長春：吉林文史出版社，1986)。前幾年，有些俄國作者宣稱，張作霖的確是被史達林的秘密特務殺害，但是他們的論據沒有說服力。見Dmitrii Prokhorov, " 'Liternoe delo' marshala Zhang Zuolinya" (The "Lettered File" of Marshal Zhang Zuolin), *Nezavisimoe voennoe obozrenie* (Independent military review), no. 21 (2003): 5.
2. 見Grigoriev, *Kommunisticheskaia partiia Kitaia v nachal'nyi period sovetskogo dvizheniia* (The Communist Party of China in the Initial Soviet Movement Period), 107, 121.
3. *Stenograficheskii otchet VI s"ezda Kommunisticheskoi partii Kitaia* (Stenographic Record of the Sixth Congress of the Communist Party of China), book 2 (Moscow: Institute of Chinese Studies Press, 1930), 80-81.
4. 同前註，冊1，98。
5. 同前註，13。
6. Schram, *Mao's Road to Power*, vol. 3, 114, 151.
7. 同前註，106、115。
8. *Stenograficheskii otchet VI s"ezda Kommunisticheskoi partii Kitaia* (Stenographic Record of the Sixth Congress of the Communist Party of China), book 1, 5-6, 8-10.
9. Peng Dehuai, *Memoirs of a Chinese Marshal*, 274-76；《井岡山鬥爭大事介紹》(北京：解放軍出版社，1985)，187-91.
10. 見Léonard Lévesque, *Hakka Beliefs and Customs*, trans. J. Maynard Murphy (Taichung: Kuang Chi Press, 1969), 70.
11. Snow, *Red Star Over China*, 166.
12. 例如見廖蓋隆編，《中國共產黨歷史大辭典》，118, 405。
13. Schram, *Mao's Road to Power*, vol. 3, 351.
14. *Stenograficheskii otchet VI s"ezda Kommunisticheskoi partii Kitaia* (Stenographic Record of the Sixth Congress of the Communist Party of China), book 5, 12, 13.
15. 同前註，冊2，151；冊4，183；周恩來，《周恩來選集》，卷1(北京：外文出版社，1981)，195-96。
16. Schram, *Mao's Road to Power*, vol. 3, 139.
17. 同前註，173-74。
18. 見馬社香，《紅色第一家族》，54；Short, *Mao*, 254；《解放日報》，March 7, 2005；Wen Fu and Zhang Haishen,《毛澤東與賀子珍》(北京：團結出版社，2004)。

〈總錄：人物〉（北京：中共中央黨校出版社，2001），277。

22. 引自 Titov, *Materialy k politicheskoi biografii Mao Tsze-duna* (Materials for a Political Biography of Mao Zedong), vol. 1, 166.
23. 見Schram, *Mao's Road to Power*, vol. 3, 84; 逄先知編，《毛澤東年譜，1893-1949》，卷1，227-28；236-40。
24. 見Lois Wheeler Snow, *Edgar Snow's China: A Personal Account of the Chinese Revolution Compiled from the Writings of Edgar Snow* (New York: Random House, 1981), 72.
25. *Agnes Smedley, The Great Road: The Life and Times of Chu Teh* (New York: Monthly Review Press, 1956), 10.
26. Helen Foster Snow (Nym Wales), *Inside Red China* (New York: Da Capo Press, 1977), 113, 116.
27. Snow, *Edgar Snow's China*, 73.
28. 見Snow (Wales), *Inside Red China*, 110-12.
29. Snow, *Red Star Over China*, 166.
30. Schram, *Mao's Road to Power*, vol. 3, 57.
31. 同前註，51。
32. 同前註，128-30。
33. 同前註，104、111。
34. 同前註，104, 96。
35. 同前註，92。
36. 同前註，74。
37. 同前註，94。
38. Mao, *Poems of Mao Tse-tung*, 38.
39. 見李敏，《我的父親毛澤東》，162。
40. Schram, *Mao's Road to Power*, vol. 3, 57.
41. Peng Dehuai, *Memoirs of a Chinese Marshal: The Autobiographical Notes of Peng Dehuai (1898-1974)*, trans. Zheng Longpu (Beijing: Foreign Languages Press, 1984), 231.
42. 同前註；另見Schram, *Mao's Road to Power*, vol. 3, 149.
43. Schram, *Mao's Road to Power*, vol. 3, 149-51; 逄先知編，《毛澤東年譜，1893-1949》，卷1，261-62；馬社香，《紅色第一家族》，48。
44. 引自 Schram, *Mao's Road to Power*, vol. 3, 151.
45. 引自 Peng Dehuai, *Memoirs of a Chinese Marshal*, 228-29.
46. 張戎夫婦，《毛澤東：鮮為人知的故事》，61。

6. 同前註，167。
7. Liu Xing, “Do i posle ‘vosstaniia osennego urozhaia’” (Before and After the “Autumn Harvest Uprising”), *in Vsiudu krasnye znamena* (Red Banners Everywhere), 26.
8. 見逄先知編，《毛澤東年譜，1893-1949》，卷1，216-20；吳秦傑編，《毛澤東光輝歷程地圖集》，39-40；李敏，《我的父親毛澤東》，155, 162。
9. Schram, *Mao's Road to Power*, vol. 3, 109.
10. 見陳毅，〈陳毅同志關於朱毛軍的歷史及其現況的報告〉，收在《井岡山革命根據地史料選編》（南昌：江西人民出版社，1986）, 176; [Chen Yi], *Istoriia boevykh deistvii 4-go korpusa* (History of the Military Engagements of the Fourth Corps), in Pavel Mif, ed., *Sovety v Kitae: Sbornik materialov i dokumentov* (Soviets in China: Collection of Materials and Documents) (Moscow: Partizdat, 1934), 187.
11. 吳秦傑編，《毛澤東光輝歷程地圖集》，40。
12. 引自逄先知編，《毛澤東年譜，1893-1949》，卷1，236。
13. 見李敏，《我的父親毛澤東》，147-61；Short, *Mao*, 225-27；馬社香，《紅色第一家族》，39-45；逄先知編，《毛澤東年譜，1893-1949》，卷1，223-26。
14. Zheng, *An Oppositionist for Life*, 137.
15. 《任弼時年譜》（一九〇四至一九五〇年）（北京：中央文獻出版社，2004），78；見Ristaino, *China's Art of Revolution*, 71-72.
16. *Gongfei huoguo shiliao huibian* (Collection of Materials on the History of the Communist Bandits Who Brought Misfortune to the Country), vol. 1 (Taipei: Zhonghua minguo kaiguo wushinian wenxian biancuan weiyuanhui, 1964), 568-70; *Zhonggong zhongyang wenjian xuanji* (Collection of CCP CC Selected Documents), vol. 3 (Beijing: Zhonggong zhongyang dangxiao chubanshe, 1989), 481, 483-84.《共匪禍國史料彙編》，卷1（臺北：中華民國開國五十年文獻編纂委員會，1964），568-70；《中共中央檔選集》，卷3（北京：中共中央黨校出版社，1989），481、483-84。
17. 見逄先知編，《毛澤東年譜，1893-1949》，卷1，226; Schram, *Mao's Road to Power*, vol. 3, 51; John E. Rue, *Mao Tse-tung in Opposition, 1927-1935* (Stanford, CA: Stanford University Press, 1966), 84.
18. *Lichnoe delo Mao Tszeduna* (Personal File of Mao Zedong), RGASPI, collection 495, inventory 225, file 71, vol. 2, sheet 256.
19. Schram, *Mao's Road to Power*, vol. 3, 94.
20. 見Titarenko, *VKP(b), Komintern i Kitai: Dokumenty* (The CPSU, the Comintern and China: Documents), vol. 3, 333.
21. 見Schram, *Mao's Road to Power*, vol. 3, 84; 廖蓋隆等編，《中國共產黨歷史大辭典》增訂版，

33. 本書作者潘佐夫二〇〇五年十二月十九日在莫斯科與俄羅斯國家社會及政治史檔案館館員Iu. T. Tutotchkin的訪談紀錄。
34. 見彭公達，〈彭公達同志關於湖南秋收暴動經過的報告〉，收在Saich, *The Rise to Power of the Chinese Communist Party*, 322; Schram, *Mao's Road to Power*, vol. 3, 33.
35. 逄先知編，《毛澤東年譜》(一八九三至一九四九年.，卷1，209-10。
36. Schram, *Mao's Road to Power*, vol. 3, 35. 另見彭公達，〈彭公達同志關於湖南秋收暴動經過的報告〉，323。
37. Schram, *Mao's Road to Power*, vol. 3, 40. 另見彭公達，〈彭公達同志關於湖南秋收暴動經過的報告〉，324, and Snow, *Red Star Over China*, 163.
38. 見Schram, *Mao's Road to Power*, vol. 3, 39, and彭公達，〈彭公達同志關於湖南秋收暴動經過的報告〉，326。
39. Schram, *Mao's Road to Power*, vol. 3, 36. 另見彭公達，〈彭公達同志關於湖南秋收暴動經過的報告〉，324。
40. 引自彭公達，〈彭公達同志關於湖南秋收暴動經過的報告〉，323。
41. 同前註，325、326。另見Schram, *Mao's Road to Power*, vol. 3, 39-40.
42. Schram, *Mao's Road to Power*, vol. 3, 37-42; 逄先知編，《毛澤東年譜，1893-1949》，卷1，210-14.
43. 許多年之後，毛澤東告訴史諾，「湖南省委和我們軍隊的方案受到黨中央的反對，不過，它似乎採取靜觀其變的做法、而不是積極反對。」Snow, *Red Star Over China*, 163.
44. 見彭公達，〈彭公達同志關於湖南秋收暴動經過的報告〉，328、504。
45. Mao, *Oblaka v snegu* (Clouds in the Snow), 103.
46. 見李敏，《我的父親毛澤東》，110-11、138-39；馬社香，《紅色第一家族》，32-36；*Lichnoe delo Yun Shu* (Personal File of Yong Shu), RGASPI, collection 495, inventory 225, file 2799, sheet 4;《毛澤東生活檔案》，卷1，93-98。

第十五章　井岡山上紅旗飄揚

1. Mao, *Oblaka v snegu* (Clouds in the Snow), 23.
2. Snow, *Red Star Over China*, 164.
3. 彭公達，〈彭公達同志關於湖南秋收暴動經過的報告〉，328-29。
4. 見Chang Kuo-t'ao, *The Rise of the Chinese Communist Party*, vol. 2, 3-35; Grigoriev, *Kommunisticheskaia partiia Kitaia v nachal'nyi period sovetskogo dvizheniia* (The Communist Party of China in the Initial Soviet Movement Period), 39.
5. Snow, *Red Star Over China*, 164.

XX, 1995), 39.

15. Chang Kuo-t'ao, *The Rise of the Chinese Communist Party*, vol. 1, 669-70.
16. Titarenko, *VKP(b), Komintern i Kitai: Dokumenty* (The CPSU, the Comintern and China: Documents), vol. 3, 72.
17. 逄先知編，《毛澤東年譜，1893-1949》，卷1，206。
18. 見Chang Kuo-t'ao, *The Rise of the Chinese Communist Party*, vol. 2, 13; 逄先知編，《毛澤東年譜，1893-1949》，卷1，208; Chen Geng, "Ot Nanchana do Svatou" (From Nanchang to Swatow), *in Vsiudu krasnye znamena: Vospominaniia i ocherki o vtoroi grazhdanskoi revoliutsionnoi voine* (Red Banners Everywhere: Reminiscences and Sketches of the Second Revolutionary Civil War) (Moscow: Voenizdat, 1957), 13-20.
19. Chang Kuo-t'ao, *The Rise of the Chinese Communist Party*, vol. 1, 489.
20. 唐寶林、林茂生編，《陳獨秀年譜》（上海：上海人民出版社，1988），335。
21. 見鄭超麟，《鄭超麟回憶錄》（[香港]，1982），149-52；《八七會議》（北京：中共黨史資料出版社，1986），3-4、161-72、175-80、195-201；李維漢，《回憶與研究》，卷1（北京：中共黨史資料出版社，1986），156-69；Marcia R. Ristaino, *China's Art of Revolution: The Mobilization of Discontent, 1927-1928* (Durham, NC: Duke University Press, 1987), 39-55; 本書作者潘佐夫二〇〇五年十月十一日在莫斯科與俄羅斯國家社會及政治史檔案館館員Iu. T. Tutotchkin的訪談紀錄。
22. 毛澤東在一九六〇年時說：「人們日後說我們〔鄧小平和我〕在武漢見過面，但是我根本不記得。我們或許有可能見過面，但是我肯定我們沒講過話。」引自凌步機，《鄧小平在贛南》（北京：中央文獻出版社，1995），85。
23. 《八七會議》，57、58；Schram, *Mao's Road to Power*, vol. 3, 30-31.
24. 《八七會議》，73；Schram, *Mao's Road to Power*, vol. 3, 32.
25. 《八七會議》，74。
26. 蔡和森，*Istoriia opportunizma v Kommunistecheskoi partii Kitaia* (The History of Opportunism in the Communist Party of China), 68;《八七會議》，44、200。
27. 本書作者潘佐夫於一九九二年七月十九日在英國裡茲，與前任中國共產黨員王凡西的訪談紀錄。
28. 引自逄先知編，《毛澤東年譜，1893-1949》，卷1，209。
29. Chang Kuo-t'ao, *The Rise of the Chinese Communist Party*, vol. 1, 659; vol. 2, 13.
30. 見Titarenko, *VKP(b), Komintern i Kitai: Dokumenty* (The CPSU, the Comintern and China: Documents), vol. 3, 79.
31. 許克祥，〈馬日事變〉，收在Li, *The Road to Communism*, 91.
32. 《八七會議》，112。

Opportunism in the Communist Party of China), 63.

63. 劉仁榮，〈毛澤覃〉，291；李敏，《我的父親毛澤東》，120-21。
64. Chang Kuo-t'ao, *The Rise of the Chinese Communist Party*, vol. 1, 640.
65. Snow, *Red Star Over China*, 160. 張戎和哈利戴聲稱，毛澤東在一九二七年夏天一度徬徨思考究竟是投向國民黨、還是留在中國共產黨。張戎夫婦，《毛澤東：鮮為人知的故事》，46-47。但毛澤東還是百分之百的共產黨員，竭盡全力激進化局勢。
66. Mao, *Poems of Mao Tse-tung*, 35.

第十四章　走上蘇維埃之路

1. Chang Kuo-t'ao, *The Rise of the Chinese Communist Party*, vol. 1, 486, 652.
2. 見McDonald, *The Urban Origins of Rural Revolution*, 316.
3. Schram, *Mao's Road to Power*, vol. 2, 515-16.
4. 見*Mao Zedong: Biography—Assessment—Reminiscences* (Beijing: Foreign Languages Press, 1986), 236-37.
5. 見李銳，《毛澤東早期革命活動》，315。
6. Stuart R. Schram, ed. *Mao's Road to Power: Revolutionary Writings 1912-1949*, vol. 3 (Armonk, NY: M. E. Sharpe, 1995), 31; 逄先知編，《毛澤東年譜，1893-1949》，卷1，208。
7. Schram, *Mao's Road to Power*, vol. 3, 11; 逄先知編，《毛澤東年譜，1893-1949》，卷1，205。
8. Chang Kuo-t'ao, *The Rise of the Chinese Communist Party*, vol. 1, 656.
9. 同前註，656-77；逄先知編，《毛澤東年譜，1893-1949》，卷1，206；A. M. Grigoriev, *Kommunisticheskaia partiia Kitaia v nachal'nyi period sovetskogo dvizheniia* (*iul' 1927 g.-sentyabr' 1931g.*) (The Communist Party of China in the Initial Soviet Movement Period [July 1927-September 1931]) (Moscow: IDV AN SSSR, 1976), 14-16.
10. M. L. Titarenko et al., eds., *VKP(b), Komintern i Kitai: Dokumenty* (The CPSU, the Comintern and China: Documents), vol. 3 (Moscow: AO "Buklet," 1999), 73, 75.
11. Lars T. Lih et al., eds., *Stalin's Letters to Molotov 1925-1936,* trans. Catherine A. Fitzpatrick (New Haven, CT: Yale University Press, 1995), 141, 142.
12. 見Titarenko, *VKP(b), Komintern i Kitai: Dokumenty* (The CPSU, the Comintern and China: Documents), vol. 2, 503, 505.
13. 同前註，卷3，72-74。
14. 見M. Buber-Neiman, *Mirovaia revoliutsiia i stalinskii rezhim: Zapiski ochevidtsa o deiatel'nosti Kominterna v 1920-1930-kh godakh* (The World Revolution and the Stalinist Regime: Notes of an Eyewitness About Comintern Activity in the 1920s and 1930s), trans. A. Yu. Vatlin (Moscow: AIRO-

40. Schram, *Mao's Road to Power*, vol. 2, 467-75.
41. 見Chang Kuo-t'ao, *The Rise of the Chinese Communist Party*, vol. 1, 581-82.
42. 見吳秦傑編，《毛澤東光輝歷程地圖集》，35。
43. 同前註；逄先知編，《毛澤東年譜》（一八九三至一九四九年），卷1，190；Schram, *Mao's Road to Power*, vol. 2, 486.
44. Snow, *Red Star Over China*, 158.
45. 見"Zapis' besedy t. Grigoriia s Chan Kai-shi ot 22 fevralia 1927 g." (Record of Conversation between Comrade Grigorii and Chiang Kai-shek, February 22, 1927), RGASPI, collection 514, inventory 1, file 240, sheets 12-13; 另見Titarenko, *VKP(b), Komintern i Kitai: Dokumenty* (The CPSU, the Comintern and China: Documents), vol. 2, 630-31.
46. RGASPI, collection 17, inventory 162, file 4, sheets 90-93; 另見Titarenko, *VKP(b), Komintern i Kitai: Dokumenty* (The CPSU, the Comintern and China: Documents), vol. 2, 658-59.
47. 引自逄先知編，《毛澤東年譜，1893-1949》，卷1，193。
48. 同前註，193-97。
49. 引自蔣永敬，《鮑羅廷與武漢政權》（臺北：中國學術著作獎助委員會，1963），278、280。
50. 引自Bakulin, *Zapiski ob ukhanskom periode kitaiskoi revoliutsii* (Notes on the Wuhan Period of the Chinese Revolution), 201.
51. 見Robert C. North and Xenia Eudin, *M. N. Roy's Mission to China: The Communist- Kuomintang Split of 1927* (Berkeley: University of California Press, 1963), 59.
52. Chang Kuo-t'ao, *The Rise of the Chinese Communist Party*, vol. 1, 619.
53. 同前註。
54. Snow, *Red Star Over China*, 158-59.
55. 見Lichnoe delo Zhao Xiangui (Personal File of Zhao Xiangui), RGASPI, collection 495, inventory 225, file 2682.
56. 見Mao, "Avtobiografiia" (Autobiography), 125；馬社香，《紅色第一家族》，266-68, 315-17；李敏，《我的父親毛澤東》，109-10、120；〈毛澤民〉收在胡華編，《中共黨史人物傳》，卷9（西安：陝西人民出版社，1983），50-51；劉仁榮，〈毛澤覃〉，290-91。
57. 見韓一德、姚維斗，《李大釗生平紀年》，203-6。
58. 見Chang Kuo-t'ao, *The Rise of the Chinese Communist Party*, vol. 1, 630-31.
59. RGASPI, collection 17, inventory 162, file 5, sheets 8-9, 30.
60. 同前註，30。This telegram was first published in 1996 in Titarenko, *VKP(b), Komintern i Kitai: Dokumenty* (The CPSU, the Comintern and China: Documents), vol. 2, 763-64.
61. Chang Kuo-t'ao, *The Rise of the Chinese Communist Party*, vol. 1, 637.
62. 引自蔡和森，*Istoriia opportunizma v Kommunistecheskoi partii Kitaia* (The History of

Guomindang and the Agrarian-Peasant Question in China in the 1920s and 1930s) (Moscow: Nauka, 1986), 17-53; L. P. Deliusin and A. S. Kostiaeva, *Revoliutsiia 1925-1927 gg. V Kitae: Problemy i otsenki* (The Revolution of 1925-1927 in China: Problems and Assessment) (Moscow: Nauka, 1985), 132-38; McDonald, *The Urban Origins of Rural Revolution*, 217-315; Roy Hofheinz Jr., *The Broken Wave: The Chinese Communist Peasant Movement* (Cambridge, MA: Harvard University Press, 1977), 3-53; Fernando Galbiati, *P'eng P'ai and the Hai-lu-feng Soviet* (Stanford, CA: Stanford University Press, 1985), 16-20, 41-42; Lucien Bianco, *Peasants without the Party: Grass-roots Movements in Twentieth-Century China* (Armonk, NY: M. E. Sharpe, 2001), 175-214; Mary S. Erbaugh, "The Secret History of the Hakkas: The Chinese Revolution as a Hakka Enterprise," *China Quarterly*, no. 132 (1992): 937-68.

26. 見A. S. Kostiaeva, *Krest'ianskie soiuzy v Kitae 20-e gody XX veka* (Peasant Unions in China in the 1920s) (Moscow: Nauka, 1978), 57; Deliusin and Kostiaeva, *Revoliutsiia 1925-1927 gg. v Kitae: Problemy i otsenki* (The Revolution of 1925-1927 in China: Problems and Assessment), 134.
27. 見Glunin, *Kommunisticheskaia partiia Kitaia nakanune i vo vremia natsional'noi revoliutsii 1925-1927 gg.* (The Communist Party of China Before and During the 1925-1927 National Revolution), vol. 2, 186; McDonald, *The Urban Origins of Rural Revolution*, 303.
28. 見Kostiaeva, *Krest'ianskie soiuzy v Kitae 20-e gody XX veka* (Peasant Unions in China in the 1920s), 57; McDonald, *The Urban Origins of Rural Revolution*, 272-73.
29. 見毛澤東，《毛澤東選集》，卷1（北京：外文出版社，1969），24；McDonald, *The Urban Origins of Rural Revolution*, 271；李銳，《毛澤東早期革命活動》，295。
30. 引自McDonald, *The Urban Origins of Rural Revolution*, 308.
31. 毛澤東，《毛澤東農村調查文集》（北京：人民出版社，1982），1.
32. Schram, *Mao's Road to Power*, vol. 2, 429-64.
33. 同前註，426。
34. 見吳秦傑編，《毛澤東光輝歷程地圖集》，35；逄先知編，《毛澤東年譜，1893-1949》，卷1，181。
35. Titarenko, *Kommunisticheskii Internatsional i kitaiskaia revoliutsiia* (The Communist International and the Chinese Revolution), 94, 96, 97-99.
36. RGASPI, collection 17, inventory 162, file 4, sheet 34. 另見Titarenko, *VKP(b), Komintern i Kitai: Dokumenty* (The CPSU, the Comintern and China: Documents), vol. 2, 571.
37. RGASPI, collection 17, inventory 162, file 4, sheet 64.
38. 同前註，71-72；見Titarenko, *VKP(b), Komintern i Kitai: Dokumenty* (The CPSU, the Comintern and China: Documents), vol. 2, 632-33.
39. 引自McDonald, *The Urban Origins of Rural Revolution*, 310.

7. Chang Kuo-t'ao, *The Rise of the Chinese Communist Party*, vol. 1, 529.
8. 見《毛澤東生活檔案》，卷1，93。
9. 見RGASPI, collection 495, inventory 165, file 71, sheets 27-31.
10. 見Glunin, *Kommunisticheskaia partiia Kitaia nakanune i vo vremia natsional'noi revoliutsii 1925-1927 gg.* (The Communist Party of China Before and During the 1925-1927 National Revolution), vol. 2, 198-201.
11. Schram, *Mao's Road to Power*, vol. 2, 411-13.
12. 同前註，414-19。
13. Chang Kuo-t'ao, *The Rise of the Chinese Communist Party*, vol. 1, 534-35, 542, 547.
14. 引自同前註，557。
15. 同前註，572。
16. 同前註，562。
17. 陳獨秀，〈政治報告〉收在Saich, *The Rise to Power of the Chinese Communist Party*, 219-23; Glunin, *Kommunisticheskaia partiia Kitaia nakanune i vo vremia natsional'noi revoliutsii 1925-1927 gg.* (The Communist Party of China Before and During the 1925-1927 National Revolution), vol. 2, 153-57.
18. 見逄先知編，《毛澤東年譜，1893-1949》，卷1，174。
19. 引自Glunin, *Kommunisticheskaia partiia Kitaia nakanune i vo vremia natsional'noi revoliutsii 1925-1927 gg.* (The Communist Party of China Before and During the 1925-1927 National Revolution), vol. 2, 160.
20. 引自Chang Kuo-t'ao, *The Rise of the Chinese Communist Party*, vol. 1, 573.
21. 見Cherepanov, *Zapiski voennogo sovetnika v Kitae* (Notes of a Military Adviser in China), 517; Jonathan Fenby, *Chiang Kai-shek: China's Generalissimo and the Nation He Lost* (New York: Carroll & Graf, 2004), 127.
22. 逄先知編，《毛澤東年譜，1893-1949》，卷1，173。
23. Schram, *Mao's Road to Power*, vol. 2, 421, 422; "Soveshchanie Dal'biuro i Ts[i]k KPK, 18 ianvaria 1927 goda" (Conference of the Far Eastern Bureau and the CEC of the CCP, January 18, 1927), RGASPI, collection 495, inventory 154, file 294, sheet 3; A. V. Bakulin, *Zapiski ob wuhan'skom periode kitaiskoi revoliutsii* (*iz istorii kitaiskoi revoliutsii 1925-1927 gg.*) (Notes on the Wuhan Period of the Chinese Revolution [From the History of the Chinese Revolution of 1925-1927]) (Moscow and Leningrad: Giz, 1930), 51.
24. "Soveshchanie Dal'biuro i Ts[i]k KPK, 18 ianvaria 1927" (Conference of the Far Eastern Bureau and the CEC of the CCP, January 18, 1927), 3.
25. 見A. A. Pisarev, *Guomindang i agrarno-krest'ianskii vopros v Kitae v 20-30-e gody XX v.* (The

《毛澤東早期革命活動》，283-84。

50. Schram, *Mao's Road to Power*, vol. 2, 319, 343, 358.
51. 引自A. S. Titov, *Materialy k politicheskoi biografii Mao Tsze-duna* (Materials for a Political Biography of Mao Zedong), vol. 1 (Moscow: IDV AN SSSR, 1969), 123.
52. Schram, *Mao's Road to Power*, vol. 2, 308-9.
53. 同前註，321、325。
54. 見Glunin, *Kommunisticheskaia partiia Kitaia nakanune i vo vremia natsional'noi revoliutsii 1925-1927 gg. v Kitae* (The Communist Party of China Before and During the 1925-1927 National Revolution), vol. 1, 280-81; Tony Saich, ed., *The Rise to Power of the Chinese Communist Party: Documents and Analysis* (Armonk, NY: M. E. Sharpe, 1996), 152-58.
55. 王健英編，《中國共產黨組織史資料彙編—領導機構沿革和成員名錄》（北京：紅旗出版社，1983），32。
56. 見逄先知編，《毛澤東年譜，1893-1949》，卷1，156、157。
57. Schram, *Mao's Road to Power*, vol. 2, 370.
58. 見Yuriev, *Revoliutsiia 1925-1927 gg. v Kitae* (The Revolution of 1925-1927 in China), 323-38; Chang Kuo-t'ao, *The Rise of the Chinese Communist Party*, vol. 1, 520-36; McDonald, *The Urban Origins of Rural Revolution*, 229-36.
59. 見逄先知編，《毛澤東年譜，1893-1949》，卷1，165-69。
60. 毛澤東，《毛澤東文集》，卷1（北京：人民出版社，1993），37、39。

第十三章　統一戰線瓦解

1. 見逄先知編，《毛澤東年譜，1893-1949》，卷1，169-72; Yuriev, *Revoliutsiia 1925-1927 gg. v Kitae* (The Revolution of 1925-1927 in China), 416; Vishniakova-Akimova, *Two Years in Revolutionary China*, 261-325; Chang Kuo-t'ao, *The Rise of the Chinese Communist Party*, vol. 1, 532-72.
2. 見逄先知編，《毛澤東年譜，1893-1949》，卷1，172-73；Wang Jianying編，《中國共產黨組織史資料彙編》，32。
3. 逄先知編，《毛澤東年譜，1893-1949》，卷1，169；Short, *Mao*, 168。
4. 見Glunin, *Kommunistechkaia partiia Kitaia nakanune i vo vremia natsional'noi revoliutsii 1925-1927 gg.* (The Communist Party of China Before and During the 1925-1927 National Revolution), vol. 2, 192.
5. Chang Kuo-t'ao, *The Rise of the Chinese Communist Party*, vol. 1, 529.
6. 《中國共產黨第三次中央擴大執行委員會議決案》, (n.p., 1926)，66。

1927: Stenographic Report), RGASPI, collection 505, inventory 1, file 65, sheet 21. 另見L. Trotsky, "Stalin i Kitaiskaia revoliutsiia: Fakty i dokumenty" (Stalin and the Chinese Revolution: Facts and Documents), *Biulleten' oppozitsii bol'shevikovlenintsev* (Bulletin of the opposition of the Bolsheviks and Leninists), nos. 15-16 (1925): 8.

33. RGASPI, collection 514, inventory 1, file 171, sheets 7-9. 另見file 168, sheet 219; "Spravka Raita 'O vkhozhdenii Gomin'dana v Komintern' " (Information from Rait "On the entry of the Guomindang into the Comintern"), *Ob"edinennoe zasedanie Prezidiuma Ispolkoma Kominterna i Mezhdunarodnoi Kontrol'noi Komissii, 27 sentiabria 1927 g.: Stenograficheskii otchet* (Joint Session of the Presidium of the Executive Committee of the Comintern, and the International Control Commission, September 27, 1927: Stenographic Report), sheet 33.
34. RGASPI, collection 514, inventory 1, file 171, sheets 7-9. The text of the letter is also in M. L. Titarenko et al., eds., *VKP(b), Komintern i Kitai: Dokumenty* (The CPSU, the Comintern and China: Documents), vol. 2 (Moscow: AO "Buklet," 1996), 131-32.
35. 蔣中正，《蘇俄在中國》，24。
36. Chen Chieh-ju, *Chiang Kai-shek's Secret Past*, 135-36.
37. 見Dan N. Jacobs, *Borodin: Stalin's Man in China* (Cambridge, MA: Harvard University Press, 1981), 278.
38. Vishniakova-Akimova, *Two Years in Revolutionary China*, 210.
39. 見Yuriev, *Revoliutsiia 1925-1927 gg. v Kitae* (The Revolution of 1925-1927 in China), 312-13.
40. 引自Cherepanov, *Zapiski voennogo sovetnika v Kitae* (Notes of a Military Adviser in China), 376.
41. RGASPI, collection of unsorted documents. 會議通過的文件見《中國國民黨第一、第二次全國代表大會會議史料》，卷2（南京：江蘇古籍出版社，1986），714-15。
42. Yuriev, *Revoliutsiia 1925-1927 gg. v Kitae* (The Revolution of 1925-1927 in China), 320-21; 逄先知編，《毛澤東年譜，1893-1949》，卷1，165。
43. 更多詳情見Pantsov, *The Bolsheviks and the Chinese Revolution*, 92-93.
44. RGASPI, collection 17, inventory 162, file 3, sheet 55. The text of the Politburo resolution was first published in 1996. 見Titarenko, *VKP(b), Komintern i Kitai: Dokumenty* (The CPSU, the Comintern and China: Documents), vol. 2, 202. Emphasis added.
45. Chang Kuo-t'ao, *The Rise of the Chinese Communist Party*, vol. 1, 508.
46. RGASPI, collection 17, inventory 162, file 3, sheets 59, 74; Titarenko, *VKP(b), Komintern i Kitai: Dokumenty* (The CPSU, the Comintern and China: Documents), vol. 2, 205.
47. 見Chang Kuo-t'ao, *The Rise of the Chinese Communist Party*, vol. 1, 510.
48. 見Yuriev, *Revoliutsiia 1925-1927 gg. v Kitae* (The Revolution of 1925-1927 in China), 320-21.
49. 見同前註，250；逄先知編，《毛澤東年譜，1893-1949》，卷1，158、161、162-63；李銳，

12. Snow, *Red Star Over China*, 157.
13. "Pis'mo G. N. Voitinskogo L. M. Karakhanu ot 22 aprelia 1922 g." (G. N. Voitinsky's Letter to L. M. Karakhan, April 22, 1925), RGASPI, collection of unsorted documents. The text of the letter was first published in 1994. 見Titarenko, *VKP(b), Komintern i Kitai: Dokumenty* (The CPSU, the Comintern and China: Documents), vol. 1, 549-53.
14. RGASPI, collection 495, inventory 163, file 177, sheets 1-4.
15. RGASPI, collection 558, inventory 1, file 2714, sheets 17-18.《真理報》，May 22, 1925. Emphasis added.
16. Titarenko, *Kommunisticheskii Internatsional i kitaiskaia revoliutsiia* (The Communist International and the Chinese Revolution), 58, 61. Emphasis added.
17. 更多詳情見Pantsov, *The Bolsheviks and the Chinese Revolution*, 211-12.
18. 見Chang Kuo-t'ao, *The Rise of the Chinese Communist Party*, vol. 1, 484-85.
19. Schram, *Mao's Road to Power*, vol. 2, 227-29, 234-36, 320.
20. 引自同前註，235。
21. 同前註，265、266。
22. 見瞿秋白，《懺悔》，166。
23. Schram, *Mao's Road to Power*, vol. 2, 249, 260, 261-62.
24. 見V-n [S. N. Belen'kii], "Rets. Mao Tsze-dun: Analiz klassov kitaiskogo obshchestva, 'Kitaiskii krest'ianin,' no. 2, 1 fevralia 1926 g." (Review of Mao Zedong's "Analysis of Classes in Chinese Society," *Kitaiskii krest'ianin* [Chinese Peasant], no. 2, February 1, 1926), *Kanton* (Canton), 8-9 (1926): 37-43.
25. 見逄先知編，《毛澤東年譜，1893-1949》，卷1，150, 152; Schram, *Mao's Road to Power*, vol. 2, 310-19.
26. Vishniakova-Akimova, *Two Years in Revolutionary China*, 175.
27. 見Chang Kuo-t'ao, *The Rise of the Chinese Communist Party*, vol. 1, 479.
28. Vishniakova-Akimova, *Two Years in Revolutionary China*, 175.
29. 見逄先知編，《毛澤東年譜》（一八九三至一九四九年），卷1，152、155、156。
30. *Shestoi rasshirennyi plenum Ispolkoma Kominterna: Stenograficheskii otchet, 17 fevralia-15 marta 1926* (Sixth Enlarged Plenum of the ECCI: Stenographic Report, February 17-March 15, 1926) (Moscow and Leningrad: Gospolitizdat, 1927), 8.
31. RGASPI, collection 514, inventory 1, file 168, sheet 219.
32. 見*Ob"edinennoe zasedanie Prezidiuma Ispolkoma Kominterna i Mezhdunarodnoi Kontrol'noi Komissii, 27 sentiabria 1927 g.: Stenograficheskii otchet* (Joint Session of the Presidium of the Executive Committee of the Comintern and the International Control Commission, September 27,

傑編，《毛澤東光輝歷程地圖集》，32。

34. 見Titarenko, *VKP(b), Komintern i Kitai: Dokumenty* (The CPSU, the Comintern and China: Documents), vol. 1, 483-84. 另見Chang Kuo-t'ao, *The Rise of the Chinese Communist Party*, vol. 1, 378.
35. 見Mao Zemin, "Avtobiografiia" (Autobiography), 124；馬社香，《紅色第一家族》，259；李敏，《我的父親毛澤東》，109、120；逄先知編，《毛澤東年譜，1893-1949》，卷1，131。
36. Titarenko, *VKP(b), Komintern i Kitai: Dokumenty* (The CPSU, the Comintern and China: Documents), vol. 1, 520.
37. 見逄先知編，《毛澤東年譜，1893-1949》，卷1，131。
38. 引自Short, *Mao*, 152.
39. Titarenko, *VKP(b), Komintern i Kitai: Dokumenty* (The CPSU, the Comintern and China: Documents), vol. 1, 425.
40. 見Peng Pai, *Zapiski Peng Paia* (Notes of Peng Pai), 13.
41. 見McDonald, *The Urban Origins of Rural Revolution*, 224.
42. Snow, *Red Star Over China*, 157.
43. 引自馬社香，《紅色第一家族》，259。
44. 見逄先知編，《毛澤東年譜，1893-1949》，卷1，133；McDonald, *The Urban Origins of Rural Revolution*, 225; 劉仁榮，〈毛澤覃〉，收在胡華編，《中共黨史人物傳》，卷3（西安：陝西人民出版社，1981），290。

第十二章　與蔣介石鬥法

1. 見Yuriev, *Revoliutsiia 1925-1927 gg. v Kitae* (The Revolution of 1925-1927 in China), 159-67.
2. 同前註，169、174。
3. 同前註，239-41；見Pantsov and Levine, *Chinese Comintern Activists: An Analytic Biographic Dictionary* (manuscript), 290.
4. 見McDonald, *The Urban Origins of Rural Revolution*, 225.
5. 見逄先知編，《毛澤東年譜，1893-1949》，卷1，132-34。
6. 同前註，135-37。
7. 見李敏，《我的父親毛澤東》，120。
8. Zheng Chaolin, *An Oppositionist for Life: Memoirs of the Chinese Revolutionary Zheng Chaolin*, trans. Gregor Benton (Atlantic Highlands, NJ: Humanities Press, 1997), 142-43.
9. 見同前註，145-47。
10. 見逄先知編，《毛澤東年譜，1893-1949》，卷1，147。
11. Schram, *Mao's Road to Power*, vol. 2, 237.

16. 見Saich, *The Origins of the First United Front in China*, vol. 2, 611.
17. 本書作者潘佐夫私人檔案。
18. Yang Kuisong, "Obshchaia kharakteristika otnoshenii mezhdu VKP(b) (KPSS), Kominternom i KPK do 1949 goda" (The General Nature of the Relation Between the AUCP(b) [the CPSU], the Comintern, and the CCP to 1949), 104；另見Chang Kuo-t'ao, *The Rise of the Chinese Communist Party*, vol. 1, 408. 本書作者潘佐夫私人檔案。
19. 本書作者潘佐夫私人檔案；潘佐夫，〈新發現的李大釗、陳獨秀、任弼時信件〉，《百年潮》，1 (2005)，31-34。
20. Titarenko, *VKP(b), Komintern i Kitai: Dokumenty* (The CPSU, the Comintern andChina: Documents), vol. 1, 425.
21. 見Hans Van den Ven, *From Friend to Comrade: The Founding of the Chinese Communist Party, 1920-1927* (Berkeley: University of California Press, 1991), 150.
22. 見吳秦傑編，《毛澤東光輝歷程地圖集》，32；逄先知編，《毛澤東年譜，1893-1949》，卷1，123；Titarenko, *VKP(b), Komintern i Kitai: Dokumenty* (The CPSU, the Comintern and China: Documents), vol. 1, 483-84.
23. Dalin, *Kitaiskie memuary, 1921-1927* (Chinese Memoirs, 1921-1927), 165.
24. 同前註，更多詳情見V. I. Glunin, *Kommunisticheskaia partiia Kitaia nakanune i vo vremia natsional'noi revoliutsii 1925-1927 gg.* (The Communist Party of China on the Eve of and During the 1925-1927 National Revolution), vol. 1 (Moscow: IDV AN SSSR, 1975), 148-54.
25. 見〈共產黨在國民黨內的工作問題議決案〉，《黨報》，3（1924），1-3；《中國共產黨第四次全國代表大會議決案及宣言》（n.p., 1925），25。
26. Titarenko, *VKP(b), Komintern i Kitai: Dokumenty* (The CPSU, the Comintern and China: Documents), vol. 1, 458-59.
27. Schram, *Mao's Road to Power*, vol. 2, 215-17.
28. 見Titarenko, *VKP(b), Komintern i Kitai: Dokumenty* (The CPSU, the Comintern and China: Documents), vol. 1, 328.
29. 見Sladkovskii, *Noveishaia istoriia Kitaia, 1919-1927* (Contemporary History of China, 1917-1927), 159.
30. 見A. I. Kartunova, ed., *V. K. Bliukher v Kitae, 1924-1927 gg.: Novye dokumenty glavnogo voennogo sovetnika* (V. K. Bliukher in China, 1924-1927: New Documents on the Chief Military Adviser) (Moscow: Natalis, 2003), 15.
31. 見逄先知編，《毛澤東年譜，1893-1949》，卷1，128。
32. 引自 Short, *Mao*, 149.
33. 見逄先知編，《毛澤東年譜，1893-1949》，卷1，127；馬社香，《紅色第一家族》，29；吳秦

54. Schram, *Mao's Road to Power*, vol. 2, 194.
55. 《中共「三大」資料》，103-4、120。
56. 同前註，121。
57. 見逄先知編，《毛澤東年譜，1893-1949》，卷1，118。
58. 見McDonald, *The Urban Origins of Rural Revolution*, 137.
59. Mao, *Oblaka v snegu* (Clouds in the Snow), 14-15.

第十一章　希望與失望

1. Dalin, *Kitaiskie memuary, 1921-1927* (Chinese Memoirs, 1921-1927), 89.
2. V. V. Vishniakova-Akimova, *Two Years in Revolutionary China, 1925-1927*, trans. Steven I. Levine (Cambridge, MA: East Asian Research Center, Harvard University, 1971), 191.
3. Chang Kuo-t'ao, *The Rise of the Chinese Communist Party*, vol. 1, 328.
4. Dalin, *Kitaiskie memuary, 1921-1927* (Chinese Memoirs, 1921-1927), 86.
5. Vishniakova-Akimova, *Two Years in Revolutionary China*, 177-78.
6. 引自Saich, *The Origins of the First United Front in China*, vol. 2, 580.
7. "Guomindang yi da dangwu baogao xuanzai" (Selected Reports on Party Affairs Delivered at the First Congress of the Guomindang), *Gemingshi ziliao* (Materials on revolutionary history), Shanghai, no. 2 (1986): 29-30.〈國民黨一大黨務報告選載〉，《革命史資料》，上海，2 (1986)，29-30。
8. 更多詳情見M. F. Yuriev, *Revoliutsiia 1925-1927 gg. v Kitae* (The Revolution of 1925-1927 in China) (Moscow: Nauka, 1968), 17-28.
9. 李大釗，《李大釗文集》，卷2（北京：人民出版社，1984），704。
10. 見Cherepanov, *The Urban Origins of Rural Revolution: Elites and the Masses in Hunan Province, China, 1911-1927* (Notes of a Military Adviser in China), 99.
11. 見Zheng Canhui，〈中國國民黨第一次全國代表大會〉，《革命史資料》，1 (1986)，119-20；Schram, *Mao's Road to Power*, vol. 2, 202-3.
12. 引自Cherepanov, *Notes of a Military Adviser in China*, 103.
13. 見孫逸仙，《中山全集》，卷2（上海：良友圖書印刷公司，1931），1171-73。
14. Pantsov and Levine, *Chinese Comintern Activists: An Analytic Biographic Dictionary (manuscript)*, 266; 瞿秋白，《懺悔》（*My Confession*），in Dun J. Li, ed., *The Road to Communism: China Since 1912* (New York: Van Nostrand Reinhold, 1969), 159-67. 另見瞿秋白，《多餘的話》（*Superfluous Words*）, trans. and commentary by Jamie Greenbaum (Canberra: Pandanus, 2006).
15. Titarenko, *VKP(b), Komintern i Kitai: Dokumenty* (The CPSU, the Comintern andChina: Documents), vol. 1, 446.

34. 見Schram, *Mao's Road to Power*, vol. 2, xxx.
35. 見逄先知編，《毛澤東年譜，1893-1949》，卷1，115。
36. 見*Voprosy istorii KPSS* (Problems of history of the Communist Party of the Soviet Union), no. 10 (1966): 34; Saich, *The Origins of the First United Front in China*, vol. 2, 526.
37. Schram, *Mao's Road to Power*, vol. 2, 165.
38. 見Titarenko, *VKP(b), Komintern i Kitai: Dokumenty* (The CPSU, the Comintern and China: Documents), vol. 1, 240.
39. Jiang Song Meiling (Madame Chiang Kai-shek), *Yu Baoluoting tanhua huiyilu* (Conversations with Mikhail Borodin) (Taibei: Yuancheng wenhua tushu gongyingshe, 1976), 12-13. 蔣宋美齡，《與鮑羅廷談話回憶錄》（臺北：源成文化圖書供應社，1976），12- 13。
40. Dalin, *Kitaiskie memuary, 1921-1927* (Chinese Memoirs, 1921-1927), 149.
41. Chang Kuo-t'ao, *The Rise of the Chinese Communist Party*, vol. 1, 519.
42. 見Titarenko, *VKP(b), Komintern i Kitai: Dokumenty* (The CPSU, the Comintern and China: Documents), vol. 1, 255-314; 蔣中正，《蘇俄在中國》*Soviet Russia in China: A Summing Up at Seventy*, trans. under the direction of Madame Chiang Kai-shek, revised, enlarged edition, with maps (New York: Farrar, Straus & Cudahy, 1958), 21-27; 陳潔如*Chiang Kai-shek's Secret Past: The Memoirs of His Second Wife* (Boulder, CO: Westview Press, 1993), 130-37.
43. Titarenko, *VKP(b), Komintern i Kitai: Dokumenty* (The CPSU, the Comintern and China: Documents), vol. 1, 261.
44. 陳潔如，*Chiang Kai-shek's Secret Past*, 131, 133, 136.
45. 見*Kommunist* (Communist), no. 4 (1966): 12-14.
46. 見A. I. Cherepanov, *Zapiski voennogo sovetnika v Kitae* (Notes of a Military Adviser in China), 2nd ed. (Moscow: Nauka, 1976), 30-72. 另見Alexander Ivanovich Cherepanov, *Notes of a Military Adviser in China*, trans. Alexandra O. Smith (Taipei: Office of Military History, 1970), 10-37.
47. Sun Yat-sen, *Izbrannye proizvedeniia* (Selected Works), 2nd ed., revised and expande(Moscow: Nauka, 1985), 327.
48. 逄先知編，《毛澤東年譜，1893-1949》，卷1，116、118。
49. Chang Kuo-t'ao, *The Rise of the Chinese Communist Party*, vol. 1, 315.
50. Schram, *Mao's Road to Power*, vol. 2, 179, 181, 182.
51. 逄先知編，《毛澤東年譜，1893-1949》，卷1，118。
52. Schram, *Mao's Road to Power*, vol. 2, 193.
53. 見逄先知編，《毛澤東年譜，1893-1949》，卷1，119；Angus W. McDonald Jr., *The Urban Origins of Rural Revolution: Elites and the Masses in Hunan Province, China, 1911-1927* (Berkeley: University of California Press, 1978), 58, 120, 205; Short, *Mao*, 144.

11. Schram, *Mao's Road to Power*, vol. 2, 157, 159, 161.
12. Saich, *The Origins of the First United Front in China*, vol. 1, 448-49; vol. 2, 589-90, 616-17.
13. 見《中共「三大」資料》，155。
14. 見同前註，128。
15. 更多詳情見Daria A. Spichak, *Kitaiskii avangard Kremlia*: *Revoliutsionery Kitaia v moskovskikh shkolakh Kominterna* (1921-1939) (Chinese Vanguard of the Kremlin: Revolutionaries of China in Moscow Comintern Schools [1921-1939]) (Moscow: "Veche," 2012), 58-59.
16. 《中共「三大」資料》，62。
17. 本書作者潘佐夫一九九二年七月十七日在英國裡茲（Leeds）訪談前中共黨員王凡西。
18. Cai Hesen, "*Istoriia opportunizma v Kommunistecheskoi partii Kitaia*" (The History of Opportunism in the Communist Party of China), *Problemy Kitaia* (Problems of China), no. 1 (1929): 4.
19. 引自Sladkovskii, *Noveishaia istoriia Kitaia, 1917-1927* (Contemporary History of China, 1917-1927), 140.
20. 見Chang Kuo-t'ao, *The Rise of the Chinese Communist Party*, vol. 1, 308.
21. Saich, *The Origins of the First United Front in China*, vol. 2, 580.
22. Chang Kuo-t'ao, *The Rise of the Chinese Communist Party*, vol. 1, 311.
23. 《中共「三大」資料》，81、82。
24. 見同前註，132。
25. 逄先知編，《毛澤東年譜，1893-1949》，卷1，114。
26. 見Titarenko, *VKP(b), Komintern i Kitai: Dokumenty* (The CPSU, the Comintern and China: Documents), vol. 1, 238. 另見*Soviet Plot in China* (Peking: Metropolitan Police Headquarters, 1927), document no. 13.
27. 引自Chang Kuo-t'ao, *The Rise of the Chinese Communist Party*, vol. 1, 309.
28. 《中共「三大」資料》，88。
29. M. L. Titarenko, ed., *Kommunisticheskii Internatsional i kitaiskaia revoliutsiia: Dokumenty i materialy* (The Communist International and the Chinese Revolution: Documents and Materials) (Moscow: Nauka, 1986), 39.
30. Peng Pai, *Zapiski Pen Paia* (Notes of Peng Pai), trans. A. Ivin (Moscow: Zhurnal'nogazetnoe ob"edinenie, 1938), 9.
31. 見Sladkovskii, *Noveishaia istoriia Kitaia, 1917-1927* (Contemporary History of China, 1917-1927), 166.
32. 《中共「三大」資料》，103-4。
33. 同前註，157。

48. 見《中國共產黨機關發展參考資料》，卷1（北京：中共黨校出版社，1983），38。
49. 見《中國共產黨五年來之政治主張》（廣州：Guoguan書局，1926），1-23；《中共「三大」資料》，5-7; *Wilbur, The Communist Movement in China*, 105-17.
50. Wilbur, *The Communist Movement in China*, 119-20.
51. Saich, *The Origins of the First United Front in China*, vol. 1, 327.
52. Chang Kuo-t'ao, *The Rise of the Chinese Communist Party*, vol. 1, 250.
53. 見Dov Bing, "Sneevliet and the Early Years of the CCP," *China Quarterly*, no. 48 (1971): 690-91.
54. 引自S. A. Dalin, *Kitaiskie memuary, 1921-1927* (Chinese Memoirs, 1921-1927) (Moscow: Nauka, 1975), 134.
55. 見王健民，《中國共產黨史稿》，卷1（臺北：作者自行出版，1965），94。
56. 見Saich, *The Origins of the First United Front in China*, vol. 1, 53.
57. 同前註，310；Chang Kuo-t'ao, *The Rise of the Chinese Communist Party*, vol. 1, 138.
58. 見Yang Kuisong, "Obshchaia kharakteristika otnoshenii mezhdu VKP(b) (KPSS), Kominternom i KPK do 1949 goda" (The General Nature of Relations Between the VKP(b) [CPSU], and the CCP to 1949), *Problemy Dal'nego Vostoka* (Far Eastern affairs), no. 6 (2004): 103.

第十章 加入國民黨

1. 見S. Kalachev (S. N. Naumov), "Kratkii ocherk istorii Kitaiskoi kommunisticheskoi partii" (Brief History of the Chinese Communist Party), *Kanton* (Canton), no. 10 (1927): 51; Chang Kuo-t'ao, *The Rise of the Chinese Communist Party*, vol. 1, 260.
2. Chang Kuo-t'ao, *The Rise of the Chinese Communist Party*, vol. 1, 260; 徐元冬等，《中國共產黨歷史講話》（北京：中國青年出版社，1982），36。
3. 見*Biulleten' IV Kongressa Kommunisticheskogo Internatsionala* (Bulletin of the Fourth Congress of the Communist International), no. 20 (November 29, 1922), 18.
4. 見鄒魯，《中國國民黨史稿》（長沙：民智書局Minzhi shuju, 1931），345-48。
5. I. F. Kurdiukov et al., eds., *Sovetsko-kitaiskie otnosheniia*, 1917-1957: *Sbornik dokumentov* (Soviet-Chinese Relations, 1917-1957: A Documentary Collection) (Moscow: Izd-vo vostochnoi literatury, 1959), 64-65.
6. 引自馬社香，《紅色第一家族》，29。
7. 見逄先知編，《毛澤東年譜，1893-1949》，卷1，111。
8. 見吳秦傑編，《毛澤東光輝歷程地圖集》，29。
9. Saich, *The Origins of the First United Front in China*, vol. 1, 345.
10. 吳秦傑編，《毛澤東光輝歷程地圖集》，31、32。

12、334-35。

24. Mao Zemin, "Avtobiografiia" (Autobiography), RGASPI, collection 495, inventory 225, file 477, sheet 12; 李敏，《我的父親毛澤東》，108；馬社香，《紅色第一家族》，259、286。
25. Schram, *Mao's Road to Power*, vol. 2, 136, 137, 177.
26. 逄先知編，《毛澤東年譜，1893-1949》，卷1，103-4。
27. Schram, *Mao's Road to Power*, vol. 2, 132-40.
28. 同前註，136。
29. Titarenko, *VKP(b), Komintern i Kitai: Dokumenty* (The CPSU, the Comintern and China: Documents), vol. 1, 236.
30. Snow, *Red Star Over China*, 152.
31. Schram, *Mao's Road to Power*, vol. 2, 136.
32. 見吳秦傑編，《毛澤東光輝歷程地圖集》，26；逄先知編，《毛澤東年譜，1893-1949》，卷1，95。
33. 逄先知編，《毛澤東年譜，1893-1949》，卷1，95-96。
34. 見吳秦傑編，《毛澤東光輝歷程地圖集》，26。
35. 見Saich, *The Origins of the First United Front in China*, vol. 1, 344-45.
36. Schram, *Mao's Road to Power*, vol. 2, 103.
37. 同前註，93。
38. 逄先知編，《毛澤東年譜，1893-1949》，卷1，87；李敏，《我的父親毛澤東》，119。
39. RGASPI, collection 5, inventory 3, file 31, sheet 56.
40. 見V. I. Lenin, *Polnoe sobranie sochinenii* (Complete Collected Works), vol. 44 (Moscow: Politizdat, 1977), 702; Chang Kuo-t'ao, *The Rise of the Chinese Communist Party*, vol. 1, 207-9.
41. 見〈遠東各國共產黨暨民族革命團體第一次大會宣言〉，《先驅》Xianqu (Pioneer), 10 (1922)，4。
42. 見Chang Kuo-t'ao, *The Rise of the Chinese Communist Party*, vol. 1, 220.
43. 更多詳情見M. I. Sladkovskii, ed., *Noveishaia istoriia Kitaia*, 1917-1927 (Contemporary History of China, 1917-1927) (Moscow: Nauka, 1983), 108-9.
44. 〈中國共產黨對於時局的主張〉，《先驅》，9 (1922)，2、3。
45. 引自Glunin, *Komintern i stanovlenie kommunisticheskogo dvizheniia v Kitae* (The Comintern and the Rise of the Communist Movement in China), 252; 姜華宣，〈黨的民主革命綱領的提出和國共合作策略確立的幾個問題〉，116。
46. Snow, *Red Star Over China*, 156.
47. 張戎和哈利戴認為毛澤東沒有參加，是因為他「退出」大會。（張戎夫婦，《毛澤東：鮮為人知的故事》，31。）但是他們沒有舉出這一說法的出處來源。

2. 《上海地區建黨活動研究資料》，10。
3. *Otchet tov. G. Maringa Kominternu. Iul' 1922 g.* (Comrade G. Maring's Report to the Comintern, July 1922), RGASPI, collection 514, inventory 1, file 20, sheets 85-91; 張太雷，《張太雷文集》（北京：人民出版社，1981），330; Harold Isaacs, "Documents on the Comintern and the Chinese Revolution," *China Quarterly*, no. 45 (1971): 103-4; Lin Hongyuan,〈張太雷〉，收在胡華編，《中共黨史人物傳》，卷4（西安：陝西人民出版社，1982），81-82；《中共「三大」資料》（廣州：廣東人民出版社，1985），12; *Saich, The Origins of the First United Front*, vol. 1, 216-46, 252, 317-23.
4. Saich, *The Origins of the First United Front in China*, vol. 1, 323.
5. 姜華宣，〈黨的民主革命綱領的提出和國共合作策略確立的幾個問題〉，《近代史研究》，2 (1985)，116。
6. 見《「二大」和「三大」：中國共產黨第二、三次代表大會資料選編》（北京：中國社會科學出版社，1985），36。
7. 見Saich, *The Origins of the First United Front in China*, vol. 1, 284.
8. 見Glunin, *Komintern i stanovlenie kommunisticheskogo dvizheniia v Kitae* (1920-1927) (The Comintern and the Rise of the Communist Movement in China [1920-1927]), 252.
9. 逄先知編，《毛澤東年譜，1893-1949》，卷1，85。
10. 同前註，86。
11. 見Schram, *Mao's Road to Power*, vol. 2, 100.
12. 同前註。
13. 同前註，134。
14. Mao Zedong, *Mao Zedong shici duilian jizhu* (Collection of Mao Zedong's Poems)；毛澤東，《毛澤東詩詞對聯集注》（長沙：湖南文藝出版社，1991），161。洞庭湖是長沙北邊的大湖。瀟、湘是湖南兩條主要河流。
15. 逄先知編，《毛澤東年譜，1893-1949》，卷1，91。
16. Schram, *Mao's Road to Power*, vol. 2, 107.
17. 同前註，174-75; Snow, *Red Star Over China*, 155.
18. 見吳秦傑編，《毛澤東光輝歷程地圖集》，27。
19. Schram, *Mao's Road to Power*, vol. 2, 174, 175;《中共「三大」資料》，128。
20. Snow, *Red Star Over China*, 155.
21. Schram, *Mao's Road to Power*, vol. 2, 177.
22. 逄先知編，《毛澤東年譜，1893-1949》，卷1，92-103；吳秦傑編，《毛澤東光輝歷程地圖集》，27-29。
23. 逄先知編，《毛澤東年譜，1893-1949》，卷1，119、128；馬社香，《紅色第一家族》，310-

14. 張戎和哈利戴夫婦寫說，張國燾被推為大會主席是因為「他曾經到過俄國，與外國人有關係。」見張戎夫婦，《毛澤東：鮮為人知的故事》，26。此說不確。張國燾要到中國共產黨成立大會過後半年才初次到訪俄國。至於他和「外國人」(共產國際代表？）的關係，也沒有比其他大多數代表來得深厚。他之所以被推為大會主席，是因為他在會議之前已經十分活躍。
15. Chang Kuo-t'ao, *The Rise of the Chinese Communist Party*, vol. 1, 140, 141.
16. C. Martin Wilbur, ed., *The Communist Movement in China: An Essay Written in 1924 by Ch'en Kung-po* (New York: Columbia University Press, 1960), 106.
17. 同前註。
18. 同前註，109。
19. 同前註，83。
20. 見"Kongress Kommunisticheskoi partii v Kitae" (Congress of the Communist Party of China), *Narody Azii i Afriki* (Peoples of Asia and Africa), no. 6 (1972): 151-52.
21. 見Shen Dechun and Tian Haiyan,〈中國共產黨「一大」的主要問題〉，《人民日報》，June 30, 1961.
22. V. I. Lenin, *Polnoe sobranie sochinenii* (Complete Collected Works), vol. 39 (Moscow: Politizdat, 1974), 327.
23. V. I. Lenin, *Selected Works*, vol. 10 (New York: International, 1943), 231-44.
24. "Kongress Kommunisticheskoi partii v Kitae" (Congress of the Communist Party in China), 153. 另見《上海地區建黨活動研究資料 》，9, 122-24；吳秦傑編，《毛澤東光輝歷程地圖集》，23；陳公博與周佛海，《陳公博周佛海回憶錄》40, 117; Chang Kuo-t'ao, *The Rise of the Chinese Communist Party*, vol. 1, 136-52; Qiwu, *Do i posle obrazovaniia Kommunisticheskoi partii Kitaia* (Before and After the Establishment of the Communist Party of China), 117-27; Chen Pang-qu (Chen Tanqu陳潭秋), "Vospominaniia o I s"ezde Kompartii Kitaia" (Reminiscences of the First Congress of the CCP), *Kommunisticheskii Internatsional* (Communist International), no. 14 (1936): 96-99; 蕭瑜，《我和毛澤東行乞記》，196-203。張戎和哈利戴不管這些一般皆知的事實，堅稱中國共產黨不是在一九二一年七月這次會議成立，而是更早一年的一九二〇年八月成立。見張戎夫婦，《毛澤東：鮮為人知的故事》，19。用他們自己的話說，他們之所以如此，是為了揭露毛澤東是黨的發起人之一的「神話」。但是，其實一九二〇年夏天成立的不是黨，只是第一個共產主義小組(位於上海)。

第九章　布爾什維克戰術的教訓

1. 見Tony Saich, *The Origins of the First United Front in China: The Role of Sneevliet* (Alias Maring), vol. 1 (Leiden: Brill, 1991), 309-10.

61. Short, *Mao*, 226.
62. 一九二〇年毛澤東把這個女子救出她不愛的丈夫之家庭，說服她解除「封建婚姻」。澤建當時只有十五歲，名叫菊妹。毛澤東替她取了新名字澤建。見李敏，《我的父親毛澤東》，127-28；孔東梅，《翻開我家老影集：我心中的外公毛澤東（北京：中央文獻出版社，2003），189；裴健編著，《湘魂—毛澤東的家世》（北京：群眾出版社，1992），56-58；《毛主席一家六烈士》(長沙：湖南人民出版社，1978），93-110。
63. 見逄先知編，《毛澤東年譜，1893-1949》，卷1，82。
64. 見李敏，《我的父親毛澤東》，135。

第八章　以俄為師

1. Schram, *Mao's Road to Power*, vol. 2, 61.
2. 同前註，67-70。
3. 同前註，37-38。
4. 同前註，38. Bold in the original.
5. Titarenko, VKP(b), *Komintern i Kitai: Dokumenty* (The CPSU, the Comintern and China: Documents), vol. 1, 27.
6. Chang Kuo-t'ao, *The Rise of the Chinese Communist Party*, vol. 1, 137, 139.
7. Titarenko, VKP(b), *Komintern i Kitai: Dokumenty* (The CPSU, the Comintern and China: Documents), vol. 1, 743.
8. 同前註，60。
9. 見《上海地區建黨活動研究資料 》(上海：上海市第一人民警察學校，1986），120；逄先知編，《毛澤東年譜，1893-1949》，卷1，84。
10. 引自M. A. Persits, "Iz istorii stanovleniia Kommunisticheskoi partii Kitaia (Doklad podgotovlennyi Chzhang Taileem dlia III Kongressa Kominterna kak istoricheskii istochnik)" (From the History of the Founding of the Communist Party of China [Zhang Tailei's Report to the Third Congress of the Comintern as an Historical Source]), *Narody Azii i Afriki* (Peoples of Asia and Africa), no. 4 (1971): 51.
11. 見《上海地區建黨活動研究資料 》，120-21；陳公博與周佛海，《陳公博周佛海回憶錄》(香港：春秋出版社，1988），116。
12. 《上海地區建黨活動研究資料 》，131。
13. 見"Novye materialy o pervom s"ezde Kommunisticheskoi partii Kitaia" (New Materials on the First Congress of the Communist Party of China), *Narody Azii i Afriki* (Peoples of Asia and Africa), no. 6 (1972): 151.

38. 張允侯、殷敘彝等，《五四時期的社團》，卷1（北京：生活、讀書、新知三聯書店，一九七九），頁二八－二九從這裡可以看到，張戎和哈利戴說，組織共產黨的念頭「並非來自……任何一個中國人」，乃是不正確的。見張戎夫婦，《毛澤東：鮮為人知的故事》，頁十九。蔡和森決定必須獨立於維廷斯基或莫斯科其他任何代表之外，組建中國共產黨。
39. 見Titarenko, VKP(b), *Komintern i Kitai: Dokumenty* (The CPSU, the Comintern and China: Documents), vol. 1, 30.
40. 見K. V. Shevelev, *Iz istorii obrazovaniia Kommunisticheskoi partii Kitaia* (From the History of the Establishment of the Communist Party of China) (Moscow: IDV AN SSSR, 1976), 63.
41. Schram, *Mao's Road to Power*, vol. 1, 600.
42. 同前註。
43. 同前註，冊2，26-27。
44. 同前註，8。
45. 同前註，8-9。
46. 同前註，11。
47. 同前註，卷1，544。
48. 見V. I. Glunin, *Komintern i stanovlenie kommunisticheskogo dvizheniia v Kitae*, 1920-1927 (The Comintern and the Rise of the Communist Movement in China, 1920-1927), in R. A. Ulianovskii, ed., *Komintern i Vostok: Bor'ba za leninskuiu strategiiu i taktiku v natsional'no-osvoboditel'nom dvizhenii* (The Comintern and the East: The Struggle for Leninist Strategy and Tactics in the National Liberation Movement) (Moscow: Nauka, 1968), 249.
49. 陳獨秀，〈社會主義批評〉，《新青年》9：3 (1921)，11、13。
50. 例如可參見包括在下列文獻中他們的選集，《馬克思主義在中國—從影響的傳入到傳播》，卷2（北京：清華大學出版社，1983）；《共產小組》，兩卷（北京：中共黨史資料出版社，1987）。
51. 見吳秦傑編，《毛澤東光輝歷程地圖集》，21。
52. 逄先知編，《毛澤東年譜，1893-1949》，卷1，70。
53. 同前註。
54. 引自Schram, *Mao's Road to Power*, vol. 1, 594.
55. 見逄先知編，《毛澤東年譜，1893-1949》，卷1，75。
56. 同前註，73；Chang Kuo-t'ao, *The Rise of the Chinese Communist Party*, vol. 1, 105, 129.
57. 見李敏，《我的父親毛澤東》，134。
58. 引自逄先知編，《毛澤東年譜，1893-1949》，卷1，76。
59. 同前註。
60. 李敏，《我的父親毛澤東》，135。

17. 見V. I. Glunin, “Grigorii Voitinsky, 1893-1953,” in G. V. Astafiev et al., eds., *Vidnye sovietskie kommunisty—uchastniki kitaiskoi revoliutsii* (Prominent Soviet Communists—Participants in the Chinese Revolution) (Moscow: Nauka, 1970), 66-67; Pantsov, *The Bolsheviks and the Chinese Revolution*, 1919-1927, 295.
18. 見M. L. Titarenko et al., eds., VKP(b), *Komintern i Kitai: Dokumenty* (The CPSU, the Comintern and China: Documents), vol. 1 (Moscow: AO “Buklet,” 1994), 48; M. L. Titarenko, ed., *Istoriia Kommunisticheskoi partii Kitaia* (History of the Communist Party of China), vol. 1 (Moscow: IDV AN SSSR, 1987), 48-49; Chang Kuo-t’ao, *The Rise of the Chinese Communist Party*, vol. 1, 122-23.
19. Schram, *Mao’s Road to Power*, vol. 1, 589.
20. 見*Lichnoe delo Mao Tszeduna* (Personal File of Mao Zedong), RGASPI, collection 495, inventory 225, file 71, vol. 1, sheets 296-97.
21. Schram, *Mao’s Road to Power*, vol. 1, 584-86.
22. 邵飄萍，《新俄國之研究》（日本大阪：東瀛編譯社，1920）。
23. Schram, *Mao’s Road to Power*, vol. 1, 534, 585-86, 589-91; vol. 2, 48-49.
24. 逄先知編，《毛澤東年譜，1893-1949》，卷1，63。
25. Schram, *Mao’s Road to Power*, vol. 1, 554-55.
26. 見張戎夫婦，《毛澤東：鮮為人知的故事》，16。
27. 見Schram, *Mao’s Road to Power*, vol. 1, 493-94, 506-7, 518.
28. Qiwu lao-ren (Bao Huiseng)(七五老人包惠僧), “Do i posle obrazovaniia Kommunisticheskoi partii Kitaia” (Before and After the Formation of the Communist Party of China), *Rabochii klass i sovremennyi mir* (The working class and the contemporary world), no. 2 (1971): 120;《人民日報》, August 14, 1983; 蕭勁光，〈赴蘇學習前後〉，《革命史資料》，北京，no. 3 (1981): 6; Donald Klein and Anne Clark, *Biographic Dictionary of Chinese Communism*, vol. 1 (Cambridge, MA: Harvard University Press, 1971), 241; vol. 2, 982.
29. 見蕭勁光，〈赴蘇學習前後〉，6；Exposition of the Shanghai Socialist Youth League Museum.
30. Schram, *Mao’s Road to Power*, vol. 1, 536-37, 539-40, 575-76, 615.
31. 見Short, *Mao*, 108.
32. Schram, *Mao’s Road to Power*, vol. 2, 16.
33. 見*Lichnoe delo Mao Tszeduna* (Personal File of Mao Zedong), RGASPI, collection 495, inventory 225, file 71, vol. 1, sheets 296-97.
34. Snow, *Red Star Over China*, 152.
35. Schram, *Mao’s Road to Power*, vol. 2, 167.
36. 同前註，卷1，595。
37. 同前註。

55. 見L. P. Deliusin, *Spor o sotsializme: Iz istorii obshchestvenno-politicheskoi mysli Kitaia v nachale 20-kh godov* (The Dispute over Socialism: From the History of Sociopolitical Thought in China in the Early 1920s) (Moscow: Nauka, 1970), 31-34.
56. 引自Schram, *Mao's Road to Power*, vol. 2, 8.
57. 同前註，冊1，505。
58. 同前註，506。
59. 同前註，534。
60. 同前註，519。
61. 同前註。

第七章　呼吸世界革命

1. 自Schram, *Mao's Road to Power*, vol. 1, 518; vol. 2, 26.
2. 見李銳，《毛澤東早期革命活動》，134。
3. Schram, *Mao's Road to Power*, vol. 1, 518.
4. 見Pan Ling, *In Search of Old Shanghai* (Hong Kong: Joint, 1983), 19; Betty Peh-t'i Wei, *Old Shanghai* (Hong Kong, 1991), 13, 14, 15; *All About Shanghai and Environs: A Standard Guide Book: Historical and Contemporary Facts and Statistics* (Shanghai: University Press, 1934); Tang Zhentang, ed., *Jindai Shanghai fanhualu* (Lively Notes on Modern Shanghai) (Hong Kong: Shangwu yinshuguan, 1993), 12.
5. 見李銳，《毛澤東早期革命活動》，134。
6. 見Schram, *Mao's Road to Power*, vol. 1, 473, 514-16.
7. Snow, *Red Star Over China*, 152.
8. 見A. M. Grigoriev, *Antiimperialisticheskaia programma kitaiskikh burzhuaznykh revoliutsionerov (1895-1905)* (The Anti-imperialist Program of the Chinese Bourgeois Revolutionaries [1895-1905]) (Moscow: Nauka, 1966), 65.
9. Schram, *Mao's Road to Power*, vol. 1, 501.
10. 同前註，599。
11. 同前註，523。
12. 同前註，523、526。
13. 同前註，511、527、529。
14. 同前註，572。
15. Snow, *Red Star Over China*, 151.
16. 同前註，154。

31. Schram, *Mao's Road to Power*, vol. 1, 422. 毛澤東英文傳記作者張戎和哈利戴有一段話讓人很驚訝。他們寫說，毛澤東在一九一九年對婦女問題的文章只證明一件事：「很顯然，身為男性，毛澤東並不想要照顧婦女。他不要對她們負責任……他對她們沒什麼柔情。」見張戎夫婦，《毛澤東：鮮為人知的故事》，頁十八。但實情與此恰恰相反。
32. 見逄先知編，《毛澤東年譜，1893-1949》，卷1，47。
33. 周世釗，《五四運動在湖南》，29-30。
34. 見逄先知編，《毛澤東年譜，1893-1949》，卷1，49。
35. 同前註；吳秦傑編，《毛澤東光輝歷程地圖集》(北京：中國地圖出版社，2003)，18。
36. 見*Lichnoe delo Mao Tszeduna* (Personal File of Mao Zedong), RGASPI, collection 495, inventory 225, file 71, vol. 1, sheet 297.
37. 見Schram, *Mao's Road to Power*, vol. 1, 487.
38. 見逄先知編，《毛澤東年譜，1893-1949》，卷1，76。
39. Schram, *Mao's Road to Power*, vol. 1, 492.
40. 同前註，491-95。
41. 同前註，488-89。
42. 同前註，476。
43. 同前註，473。
44. 同前註，496。
45. 見Edward A. McCord, *The Power of the Gun: The Emergence of Modern Chinese Warlordism* (Berkeley: University of California Press, 1993), 296-300.
46. Schram, *Mao's Road to Power*, vol. 1, 518-19.
47. 同前註，522。
48. Snow, *Red Star Over China*, 153.
49. 見逄先知編，《毛澤東年譜，1893-1949》，卷1，57；Alexander Pantsov, *The Bolsheviks and the Chinese Revolution, 1919- 1927* (Honolulu: University of Hawai'i Press, 2000), 33-35.
50. 更多詳情見Feigon, *Chen Duxiu*, 138-46.
51. 見Yu. M. Garushiants, *Dvizhenie 4 maia v Kitae* (The May Fourth Movement in China) (Moscow: Nauka, 1959); Deliusin, *Dvizhenie 4 maia 1919 goda v Kitae: Dokumenty I materialy* (The May Fourth Movement of 1919 in China: Documents and Materials); Chow Tse-tsung(周策縱), *The May Fourth Movement: Intellectual Revolution in Modern China* (Cambridge, MA: Harvard University Press, 1960).
52. 李大釗，《李大釗選集》，204。
53. 毛澤東，《毛澤東選集》，卷4(北京：外文出版社，1969)，413。
54. 見羅素，〈遊俄感想〉，《新青年》8：2(1920)，1-12。

第六章　民眾的大聯合

1. 見周世釗，《五四運動在湖南》，9。
2. L. P. Deliusin, ed., *Dvizhenie 4 maia 1919 goda v Kitae: Dokumenty i materialy* (The May Fourth Movement of 1919 in China: Documents and Materials) (Moscow: Nauka, 1969), 45.
3. 同前註，50-51。
4. 同前註，54-55。
5. 同前註，96。
6. 同前註，107；逄先知編，《毛澤東年譜，1893-1949》，卷1，41。
7. Schram, *Mao's Road to Power*, vol. 1, 211.
8. 同前註，卷2，24。
9. 逄先知編，《毛澤東年譜，1893-1949》，卷1，41。
10. *Deliusin, Dvizhenie 4 maia 1919 goda v Kitae: Dokumenty i materialy* (The May Fourth Movement of 1919 in China: Documents and Materials), 71, 84.
11. 同前註，42。
12. 周世釗，《五四運動在湖南》，13。
13. 同前註; 逄先知編，《毛澤東年譜，1893-1949》，卷1，42。
14. V. I. Lenin, *Selected Works*, vol. 2 (New York: International, 1943), 19.
15. Schram, *Mao's Road to Power*, vol. 1, 320.
16. 同前註，318, 319。
17. 同前註，329-30。
18. 同前註，332。
19. 同前註，卷2，172。
20. 《五四時期期刊介紹》，卷1（北京：生活、讀書、新知三聯書店，1979），144、547-549。
21. 周世釗，《五四運動在湖南》，17。
22. Schram, *Mao's Road to Power*, vol. 1, 378, 381.
23. 同前註，380、385-386。
24. 同前註，319。
25. 李銳，《毛澤東早期革命活動》，xxix；Short, *Mao*, 95；周世釗，《五四運動在湖南》，15-16。
26. 周世釗，《五四運動在湖南》，29。
27. Schram, *Mao's Road to Power*, vol. 1, 418.
28. 見周世釗，《五四運動在湖南》，21。
29. Schram, *Mao's Road to Power*, vol. 1, 445.
30. 同前註，491；Short, *Mao*, 115.

1119-1121。

19. 毛澤東，〈七大工作方針〉，《紅旗》，14 (1981)，4。
20. Li Dazhao, *Izbrannye proizvedeniia* (Selected Works) (Moscow: Nauka, 1989), 147.以下稱李大釗，《李大釗選集》。
21. 同前註，155、156、158-161。
22. 韓一德、姚維斗，《李大釗生平紀年》，59。
23. 廖蓋隆編，《毛澤東百科全書》，卷5，2662。
24. 李大釗，《李大釗選集》，164。
25. 見廖蓋隆編，《毛澤東百科全書》，卷5，2664。
26. Snow, *Red Star Over China*, 151.
27. Schram, *Mao's Road to Power*, vol. 1, 139.
28. 見Lee Feigon, *Chen Duxiu: Founder of the Chinese Communist Party* (Princeton, NJ: Princeton University Press, 1983), 23-112.
29. Schram, *Mao's Road to Power*, vol. 1, 329.
30. 陳獨秀，《陳獨秀文章選編》，卷1(北京：生活、讀書、新知三聯書店，1984)，170。
31. 見李大釗，《李大釗選集》，192；Feigon, Chen Duxiu, 142；Chang Kuo-t'ao, *The Rise of the Chinese Communist Party*, vol. 1, 90, 110, 694.
32. 見*Lichnoe delo Mao Tszeduna* (Personal File of Mao Zedong), RGASPI, collection 495, inventory 225, file 71, vol. 1, sheet 296.
33. Snow, *Red Star Over China*, 149.
34. Spichak, *Kitaitsy vo Frantsii* (Chinese in France, manuscript), 23-24；羅紹志，〈蔡母葛健豪〉，收入胡華編，《中共黨史人物傳》，卷6(西安：陝西人民出版社，1982)，47-57。
35. Snow, *Red Star Over China*, 148.
36. 同前註，150。
37. 見Schram, *Mao's Road to Power*, vol. 1, 85.
38. Snow, *Red Star Over China*, 148.
39. Schram, *Mao Tse-tung*, 48.
40. Snow, *Red Star Over China*, 149.
41. Schram, *Mao's Road to Power*, vol. 1, 317.
42. 同前註，317。
43. Snow, *Red Star Over China*, 147.
44. Mao, *Oblaka v snegu* (Clouds in the Snow), 13.
45. 見逄先知編，《毛澤東年譜》(1893-1949年)，卷1，52。

49. 逄先知編，《毛澤東年譜，1893-1949》，卷1，174。

第五章 紅樓夢

1. 蕭瑜，《我和毛澤東行乞記》，166。
2. 廖蓋隆編，《毛澤東百科全書》，卷1，25, 36。
3. 馬社香，《紅色第一家族》，17-18。
4. 同前註，30。
5. 蕭瑜，《我和毛澤東行乞記》，41.
6. 引自馬社香，《紅色第一家族》，22。
7. Schram, *Mao's Road to Power*, vol. 2, 23; Snow, *Red Star Over China*, 149.
8. 蕭瑜，《我和毛澤東行乞記》，166。
9. 見David Strand, *Rickshaw Beijing: City People and Politics in the 1920s* (Berkeley: University of California Press, 1989), 13.
10. 見Ellen N. La Motte, *Peking Dust* (New York: Century, 1919), 20.
11. Strand, *Rickshaw Beijing*, 20-21; Snow, *Red Star Over China*, 148.
12. Schram, *Mao's Road to Power*, vol. 2, 17-22; Chang Kuo-t'ao, *The Rise of the Chinese Communist Party*, vol. 1, 39.
13. Snow, *Red Star Over China*, 149.
14. 關於李大釗，見河北省樂亭縣李大釗紀念館的展示；韓一德、姚維斗，《李大釗生平紀年》（哈爾濱：黑龍江人民出版社，1987）；《李大釗傳》（北京：人民出版社，1979）；《李大釗故居》（石家莊：河北人民出版社，1996）；《李大釗紀念館》（石家莊：河北人民出版社，1999）；Maurice Meisner, *Li Ta-chao and the Origins of Chinese Marxism* (New York: Atheneum, 1979).
15. Chang Kuo-t'ao, *The Rise of the Chinese Communist Party*, vol. 1, 90, 265, 335.
16. Snow, *Red Star Over China*, 148.
17. 見Schram, *Mao's Road to Power*, vol. 1, 317.
18. 更多詳情見L. N. Borokh, *Obshchestvennaia mysl' Kitaia i sotsialism* (nachalo XX v.) (Social Thought in China and Socialism in the Early Twentieth Century)(Moscow: Nauka, 1984); M. A. Persits, "O podgotovitel'nom etape kommunisticheskogo dvizheniia v Azii" (On the Preparatory Stage of the Communist Movement in Asia), in R. A. Ul'anovsky, ed., *Revoliutsionnyi protsess na Vostoke: Istoriia i sovremennost'* (The Revolutionary Process in the East: Past and Present) (Moscow: Nauka, 1982), 38-76; Martin Bernal, *Chinese Socialism to 1907* (Ithaca, NY: Cornell University Press, 1976)；《馬克思恩格斯著作中譯文總錄 》（北京：書目文獻出版社，1988），

21. 見Snow, *Red Star Over China*, 145.
22. 逄先知編，《毛澤東年譜，1893-1949》，卷1，40。
23. Stuart R. Schram, ed., *Mao's Road to Power*: Revolutionary Writings, 1912-1949, vol. 2 (Armonk, NY: M. E. Sharpe, 1994), 20.
24. 李敏，《我的父親毛澤東》，97；李銳，《毛澤東早期革命活動》，71-72。
25. *Lichnoe delo Mao Tszeduna* (Personal File of Mao Zedong), RGASPI, collection 495, inventory 225, file 71, vol. 1, sheet 298.
26. 周世釗等，《五四運動在湖南》（長沙：湖南人民出版社，1959），38。
27. Schram, *Mao's Road to Power*, vol. 2, 20.
28. *Lichnoe delo Mao Tszeduna* (Personal File of Mao Zedong), RGASPI, collection 495, inventory 225, file 71, vol. 1, sheet 295.
29. Snow, *Red Star Over China*, 145-46.
30. Schram, *Mao's Road to Power*, vol. 2, 19.
31. 見李維漢，《回憶與研究》，卷1（北京：中共黨史資料出版社，1986），3。
32. 同前註。
33. *Lichnoe delo Mao Tszeduna* (Personal File of Mao Zedong), RGASPI, collection 495, inventory 225, file 71, vol. 1, sheet 295.
34. Snow, *Red Star Over China*, 146.
35. 李敏，《我的父親毛澤東》，99。
36. Schram, *Mao's Road to Power*, vol. 1, 450.
37. 李銳，《毛澤東早期革命活動》，78。
38. Mao Zedong, *Poems of Mao Tse-tung*, trans., intro., and notes by Hua-ling Nieh Engle (聶華苓) and Paul Engle (New York: Simon and Schuster, 1972), 32.
39. Schram, *Mao's Road to Power*, vol. 2, 21.
40. 蕭瑜，《我和毛澤東行乞記》，164。
41. 同前註，165。
42. 更多詳情見Marilyn A. Levine, *The Found Generation: Chinese Communists in Europe during the Twenties* (Seattle: University of Washington Press, 1993).
43. 見Daria A. Spichak, *Kitaitsy vo Frantsii* (Chinese in France, manuscript), 13-14.
44. 同前註，23-24。
45. 同前註，23。
46. 逄先知編，《毛澤東年譜，1893-1949》，卷1，174。
47. Schram, *Mao's Road to Power*, vol. 1, 174.
48. 蕭瑜，《我和毛澤東行乞記》，165-66。

34. Schram, *Mao's Road to Power*, vol. 1, 94, 95.
35. 同前註，199、241。
36. 同前註，237-238、250。
37. 同前註，139。
38. 引自廖蓋隆編，《毛澤東百科全書》，卷5，2662；Stuart Schram, *Mao Tse-tung* (Harmondsworth, UK: Penguin, 1974), 43.

第四章　空谷足音

1. 廖蓋隆編，《毛澤東百科全書》，卷5，2663；李敏，《我的父親毛澤東》，99。
2. Snow, *Red Star Over China*, 144; Schram, *Mao's Road to Power*, vol. 1, 81-82, 84；李銳，《毛澤東早期革命活動》，74。
3. Schram, *Mao's Road to Power*, vol. 1, 84.
4. Snow, *Red Star Over China*, 144.
5. 見本書作者潘佐夫2010年6月14日在北京訪問李英男（李立三女兒）；唐純良，《李立三傳》（哈爾濱：黑龍江人民出版社，1984），頁8。
6. 李銳，《毛澤東早期革命活動》，74-75。
7. *Lichnoe delo Mao Tszeduna* (Personal File of Mao Zedong), RGASPI, collection 495, inventory 225, file 71, vol. 1, sheet 294.
8. 李銳，《毛澤東早期革命活動》，75。
9. Snow, *Red Star Over China*, 144-45.
10. 廖蓋隆編，《毛澤東百科全書》，卷5，2661；李銳，《毛澤東早期革命活動》，52-53。
11. 廖蓋隆編，《毛澤東百科全書》，卷5，2662。
12. 同前註。
13. Schram, *Mao's Road to Power*, vol. 1, 146.
14. 見廖蓋隆編，《毛澤東百科全書》，卷5，2662。
15. 引自Robert Payne, *Portrait of a Revolutionary: Mao Tse-tung* (London: Abelard-Schuman, 1961), 54.
16. 李銳，《毛澤東早期革命活動》，50-51；Schram, *Mao Tse-tung*, 43.
17. 引自李銳，《毛澤東早期革命活動》，48。
18. 見Payne, *Portrait of a Revolutionary*, 54.
19. Snow, *Red Star Over China*, 147.
20. *Lichnoe delo Mao Tszeduna* (Personal File of Mao Zedong), RGASPI, collection 495, inventory 225, file 71, vol. 1, sheet 292.

5. Snow, *Red Star Over China*, 136.
6. 同前註，139。
7. 同前註，141。
8. 毛澤東，《毛澤東選集》，卷3（北京：外文出版社，1967），頁73。
9. 見*Lichnoe delo Mao Tszeduna* (Personal File of Mao Zedong), RGASPI, collection 495, inventory 225, file 71, vol. 1, sheet 291.
10. Siao-yu, *Mao Tse-tung and I Were Beggars* (Syracuse, NY: Syracuse University Press, 1959). 以下稱蕭瑜，《我和毛澤東行乞記》。
11. 同前註，頁31。
12. Emi Hsiao, *Mao Tszedun, Chzhu De: Vozhdi kitaiskogo naroda* (Mao Zedong, Zhu De: Leaders of the Chinese People) (Moscow: Gosizdat, 1939), 7; *Lichnoe delo Mao Tszeduna* (Personal File of Mao Zedong), RGASPI, collection 495, inventory 225, file 71, vol. 1, sheet 292.
13. Snow, *Red Star Over China*, 138, 143.
14. 廖蓋隆編，《毛澤東百科全書》，卷1，（北京：光明日報出版社，2003），37。
15. Snow, *Red Star Over China*, 143.
16. Schram, *Mao's Road to Power*, vol. 1, 60.
17. 蕭瑜，《我和毛澤東行乞記》，38-39。
18. 見Li Jui, *The Early Revolutionary Activities of Comrade Mao Tse-tung* (White Plains, NY: International Arts & Sciences Press, 1977), 17. 以下稱李銳，《毛澤東早期革命活動》。
19. 引自同前註，17。
20. Schram, *Mao's Road to Power*, vol. 1, 181, 185, 187-89, 200, 208, 211, 251, 255, 277.
21. 同前註，273。
22. 同前註，263-264。
23. 同前註，6。
24. Snow, *Red Star Over China*, 145.
25. 李銳，《毛澤東早期革命活動》，18。
26. Schram, *Mao's Road to Power*, vol. 1, 113.
27. 同前註，120. Emphasis (bold) in the original.
28. Snow, *Red Star Over China*, 143.
29. 蕭瑜，《我和毛澤東行乞記》，129-130、132。
30. 引自逄先知編，《毛澤東年譜，1893-1949》，卷1，17。
31. Hume, *Doctors East, Doctors West*, 239.
32. 同前註，241。
33. 李銳，《毛澤東早期革命活動》，47。

2006），16-17。
5. Snow, *Red Star Over China*, 145.
6. 同前註，144-145。
7. 見《韶山毛氏族譜》，卷7，頁387。
8. 逄先知編，《毛澤東年譜，1893-1949》，卷1（北京：人民出版社與中央文獻出版社，2002），6。
9. Snow, *Red Star Over China*, 133.
10. Short, *Mao*, 29, 649.
11. 見馬社香，《紅色第一家族》，11。
12. 李敏，《我的父親毛澤東》，94。
13. Mao Zedong, *Oblaka v snegu. Stikhotvoreniia v perevodakh Aleksandra Pantsova* (Clouds in the Snow. Poems in Trans. Alexander Pantsov) (Moscow: "Veche," 2010), 11.
14. Stuart R. Schram, ed., *Mao's Road to Power: Revolutionary Writings 1912-1949*, vol. 1 (Armonk, NY: M. E. Sharpe, 1992), 60.
15. Snow, *Red Star Over China*, 134.
16. 同前註，135；*Lichnoe delo Mao Tszeduna* (Personal File of Mao Zedong), Russian State Archives of Social and Political History（俄羅斯國家社會及政治史檔案館，以下簡稱RGASPI), collection 495, inventory 225, file 71, vol. 1, sheets 290-91.
17. 引自L. N. Borokh, *Konfutsianstvo i evropeiskaia mysl' na rubezhe XIX-XX vekov: Lian Tsichao i teoriia obnovleniia naroda* (Confucianism and European Thought at the Turn of the Nineteenth-Twentieth Centuries. Liang Qichao and the Renovation of the People Theory) (Moscow: Nauka, 2001), 98.
18. 引自逄先知編，《毛澤東年譜，1893-1949》，卷1，9。
19. Snow, *Red Star Over China*, 135.
20. 例如，見Short, *Mao*, 38.

第三章 我思故我見

1. 見William Edgar Geil, *Eighteen Capitals of China* (Philadelphia: Lippincott, 1911), 273.
2. Snow, *Red Star Over China*, 136.
3. Edward H. Hume, *Doctors East, Doctors West: An American Physician's Life in China* (London: Allen & Unwin, 1949), 35.
4. 更多詳情見Joseph W. Esherick, *Reform and Revolution in China: The 1911 Revolution in Hunan and Hubei* (Berkeley: University of California Press, 1976).

2. 見金冲及編，《毛澤東傳，1893-1949》，1；馬社香，《紅色第一家族》（武漢：湖北人民出版社，2004），4-5；《毛澤東生活檔案》，卷1（北京：中共黨史出版社，1999），頁60。
3. Philip Short, *Mao: A Life* (New York: Henry Holt, 1999), 19.
4. 李敏，《我的父親毛澤東》（北京：遼寧人民出版社，2004），頁87。
5. "Anketnyi list na Mao Tszeduna zapolnennyi ego bratom Mao Tszeminem v Moskve 28 dekabria 1939 goda" (Questionnaire about Mao Zedong Filled Out by His Brother Mao Zemin in Moscow, December 28, 1939), *Rossiskii gosudarstvennyi arkhiv sotsial'nopoliticheskoi istorii* "Russian State Archive of Social and Political History" [hereafter RGASPI], collection 495, inventory 225, file 71, vol. 1, sheet 265.
6. 見金冲及編，《毛澤東傳，1893-1949》，2。
7. Edgar Snow, *Red Star Over China* (London: Victor Gollancz, 1937), 131.
8. 李敏，《我的父親毛澤東》，頁89。
9. 同前註，90。
10. 同前註，89。
11. Snow, *Red Star Over China*, 127-29.
12. 更多詳情見Alexander V. Pantsov, *Iz istorii ideinoi bor'by v kitaiskom revoliutsionnom dvizhenii 20-40-kh godov* (On the History of Ideological Struggle in the Chinese Revolutionary Movement, 1920s-1940s) (Moscow: Nauka, 1985), 12-25.
13. 統計資料來自V. G. Gel'bras, *Sotsial'no-politicheskaiia struktura KNR, 50-60-e gody* (The Social-Political Structure of the PRC in the 1950s and 1960s) (Moscow: Nauka, 1980), 27, 33-34, 38.
14. Chang Kuo-t'ao, *The Rise of the Chinese Communist Party 1921-1927*, vol. 1 (Lawrence: University Press of Kansas, 1971), 2。
15. Snow, *Red Star Over China*, 132-33.
16. 同前註，132。
17. 同前註，130。
18. 同前註，129。
19. 同前註。

第二章　新世界的分水嶺

1. 李敏，《我的父親毛澤東》，頁91。
2. 見鄭觀應，《盛世危言》（北京：華夏出版社，2002）。
3. Snow, *Red Star Over China*, 135.
4. 見孔東梅，《改變世界的日子：與王海容談毛澤東外交往事》（北京：中央文獻出版社，

註釋

緒論　神話與事實

1. Edgar Snow, *Journey to the Beginning* (New York: Random House, 1958), 167.
2. John King Fairbank, *The United States and China* (Cambridge, MA: Harvard University Press, 1948); Benjamin I. Schwartz, *Chinese Communism and the Rise of Mao* (Cambridge, MA: Harvard University Press, 1951); Conrad Brandt, Benjamin Schwartz, and John K. Fairbank, *A Documentary History of Chinese Communism* (Cambridge, MA: Harvard University Press, 1952); Robert C. North, *Moscow and Chinese Communists* (Stanford, CA: Stanford University Press, 1953).
3. George Pálóczi Horváth, *Mao Tse-tung: Emperor of the Blue Ants* (London: Secker & Warburg, 1962).
4. Stuart R. Schram, *Mao Tse-tung* (New York: Simon & Schuster, 1966).
5. Nikita S. Khrushchev, *Memoirs of Nikita Khrushchev*, vol. 3, trans. George Shriver (University Park: Pennsylvania State University Press, 2007), 401.
6. B. N. Vereshchagin, *V starom i novom Kitae: Iz vospominanii diplomata* (In Old and New China: Reminiscences of a Diplomat) (Moscow: IDV RAN, 1999), 123; "Mao Tszedun o Kominterne i politike Stalina v Kitae" (Mao Zedong on the Comintern and Stalin's China policy), *Problemy Dal'nego Vostoka* (Far Eastern affairs), no. 5 (1994): 107; O. Arne Westad, ed., *Brothers in Arms: The Rise and Fall of the Sino-Soviet Alliance, 1945-1963* (Stanford, CA: Stanford University Press, 1998), 338-39, 340, 348, 350, 354-55; 李志綏，《毛澤東私人醫生回憶錄》，戴鴻超譯 (New York: Random House, 1994), 117.
7. Gregor Benton and Lin Chun, eds., *Was Mao Really A Monster? The Academic Response to Chang and Halliday's "Mao: The Unknown Story"* (London: Routledge, 2010). 關於張戎和喬・哈利戴的著作，見Jung Chang and Jon Halliday, *Mao: The Unknown Story* (London: Jonathan Cape, 2005). 以下簡稱張戎夫婦，《毛澤東：鮮為人知的故事》。

第一章　菩薩的義子

1. 見金冲及編，《毛澤東傳，1893-1949》（北京：中央文獻出版社，2004），1；《韶山毛氏祖譜》，卷1（北京：中國圖書館文獻縮微複製中心，2002），81。

———. "Rise and Fall of the Sino-Soviet Alliance. 1945-1963," in O. Arne Westad, ed. *Brothers in Arms,* 189-225. Stanford, CA: Stanford University Press, 1998.

Zhanhou zhongsu guanxi zouxiang (1945-1960) (The Development of Sino-Soviet Relations after the War [1945-1960]). Beijing: Shehui kexue wenhua chubanshe, 1997.

Zhao Chang'an, et al. *Lao gemingjiade lian'ai, hunyin he jiating shenghuo* (Love, Marriages, and Family Life of the Old Generation Revolutionaries). Beijing: Gongren chubanshe, 1985.

Zhao Jialiang, and Zhang Xiaoji. *Banjie mubei xiade wangshi: Gao Gang zai Beijing* (A Story Dug from Underneath of a Half-Destroyed Tombstone: Gao Gang in Beijing). Hong Kong: Dafeng chubanshe, 2008.

Zhemchugov, A.A. *Kitaiskaia golovolomka* (A Chinese Puzzle). Moscow: OLMA-Press/ OAO PF "Krasnyi proletarii," 2004.

Zheng Canhui. "Zhongguo Guomindang di yici quanguo daibiao dahui" (The First All-China Congress of the Chinese Guomindang). *Gemingshi ziliao* (Materials on revolutionary history), Shanghai no.1 (1986): 113-26.

"Zhongguo gongchandang chuangbande di yige youzhiyuan" (The First Orphanage Organized by the CCP). *Xinmin wanbao* (The renovation of people evening newspaper), June 13, 2004.

Zhongguo gongchandang lishi jiangyi (Lectures on CCP History). 2 vols. Changchun: Liaoning renmin chubanshe, 1981.

———. "Obshchaia kharakteristika otnoshenii mezhdu VKP(b) (KPSS), Kominternom i.KPK do 1949 goda" (The General Nature of Relations Between the AUCP(b), (the CPSU), the Comintern, and the CCP to 1949), *Problemy Dal'nego Vostoka* (Far Eastern affairs), no.6 (2004): 99-107.

———. "Sulian da guimo yuanzhu zhongguo hongjun de yici changshi" (Large-Scale Efforts of Soviet Aid to the Chinese Red Army). In Huang Xiurong, ed. *Sulian, gongchanguoji yu zhongguo geming de guanxi xintan* (New Research on [the History of] Relations Between the Soviet Union, the Comintern, and the Chinese Revolution), 324-26. Beijing: Zhonggong dangshi chubanshe, 1995.

———. *Zhonggong yu Mosike guanxi (1920-1960)* (Relations between the CCP and Moscow [1920-1960]). Taibei: Sanmin shuju, 1997.

———. *Zouxiang polie: Mao Zedong yu Mosike enen yuanyuan* (Heading for a Split: Concord and Discord in Relations between Mao Zedong and Moscow). Hong Kong: Sanlian shudian, 1999.

Yang Shengqun, and Yan Jianqi, eds. *Deng Xiaoping nianpu, 1904-1974* (Chronological Biography of Deng Xiaoping, 1904-1974). 3 vols. Beijing: Zhongyang wenxian chubanshe, 2010.

Ye Jianying zhuanlue (Short Biography of Ye Jianying). Beijing: Junshi kexueyuan chubanshe, 1987.

Ye Yonglie. *Jiang Qing zhuan* (Biography of Jiang Qing). Beijing: Zuojia chubanshe, 1998.

———. *Mao Zedongde mishumen* (Secretaries of Mao Zedong). Shanghai: Shanghai renmin chubanshe, 2005.

Yen Chia-chi, and Kao Kao. *The Ten-Year History of the Chinese Cultural Revolution.* Taipei: Institute of Current China Studies, 1988.

Yuriev, M. F. *Revoliutsiia 1925-1927 gg.* v Kitae (The Revolution of 1925-1927 in China). Moscow: Nauka, 1968.

Zhang Chunhou, and C. Edwin Vaughan. *Mao Zedong as Poet and Revolutionary Leader: Social and Historical Perspectives.* Lanham, MD: Lexington Books, 2002.

Zhang Jingru, et al. *Wusi yilai lishi renwu biming, bieming lu* (Collection of Pen Names and Pseudonyms of Historical People since the May Fourth Movement). Xi'an: Shaanxi renmin chubanshe, 1986.

Zhang Peisen, ed. *Zhang Wentian nianpu* (Chronological Biography of Zhang Wentian). 2.vols. Beijing: Zhongyang wenxian chubanshe, 2000.

Zhang Qiushi. *Qu Qiubai yu gongchan guoji* (Qu Qiubai and the Comintern). Beijing: Zhonggong dangshi chubanshe, 2004.

Zhang Shu Guang. "Between 'Paper' and 'Real Tigers': Mao's View of Nuclear Weapons." In John Lewis Gaddis et al., eds. *Cold War Statesmen Confront the Bomb: Nuclear Diplomacy Since 1945, 194-215.* Oxford: Oxford University Press, 1999.

———. *Mao's Military Romanticism: China and the Korean War, 1950-1953.* Lawrence: University Press of Kansas, 1995.

8-9 (1996/1997): 224-36.

Wittfogel, Karl A. "The Legend of 'Maoism.' " *China Quarterly*, no.1 (January-March 1960): 72-86; no.2 (April-June 1960): 16-33.

Wittfogel, Karl A., Benjamin Schwartz, and Henryk Sjaardema. " 'Maoism'—'Legend' or 'Legend of a "Legend" '?" *China Quarterly*, no.4 (October 1960): 88-101.

Wu Liping. "Wenhua da geming zhongde nu hongweibing" (Women Red Guards in the Great Cultural Revolution). *Ershiyi shiji* (Twenty-first century), no.68 (2007): 50-67.

Wu Qinjie, ed. *Mao Zedong guanghui licheng dituji* (Atlas of Mao Zedong's Glorious Historical Path). Beijing: Zhongguo ditu chubanshe, 2003.

Wu Zhengyu and Li Jie, eds. *Tusho Mao Zedong* (An Illustrated Biography of Mao Zedong). Beijing: Zhongguo qingnian chubanshe, 2009.

Wylie, Raymond F. *The Emergence of Maoism: Mao Tse-tung, Ch'en Po-ta, and the Search for Chinese Theory 1935-1945.* Stanford, CA: Stanford University Press, 1980.

Xiao Xiaoqin, et al., ed. *Zhonghua renmin gongheguo sishi nian* (Forty Years of the People's Republic of China). Beijing: Beijing shifan xueyuan chubanshe, 1990.

Xin Ziling. Mao Zedong quanzhuan (Complete Biography of Mao Zedong). 4 vols. [Hong Kong]: Liwen chubanshe, 1993.

Xu Xiaobing, et al. *Mao Zedongzhi lu—Huashuo Mao Zedong he tade zhanyou* (Mao

Zedong's Road—An Illustrated Biography of Mao Zedong and His Comrades-in Arms). Wuhan: Changjiang wenyi chubanshe, 2009.

Xu Yan. "Chaoxian zhanzheng zhong jiaozhan gefang sunshi duoshao junren" (What Are the Casualties of All Sides During the Korean War?). *Wenshi cankao* (History reference). No. 12 (June 2010).

Xu Yuandong, et al. *Zhongguo gongchandang lishi jianghua* (Lectures on the History of the CCP). Beijing: Zhongguo qingnian chubanshe, 1982.

Xu Zehao, ed. *Wang Jiaxiang nianpu, 1906-1974* (Chronological Biography of Wang Jiaxiang, 1906-1974). Beijing: Zhongyang wenxian chubanshe, 2001.

Yang Jisheng. *Mubei: Zhongguo liushi nian dai da jihuang jishi* (Tombstone: Unforgettable Facts about the Great Famine in the 1960s). 2 vols. Hong Kong: Tian di tushu youxian gongsi, 2008.

Yang Kuisong. "Mao Zedong weishenma fangqi xinminzhuyi? Guanyu Eguo moshide yingxiang wenti" (Why Did Mao Zedong Discard New Democracy? On the Influence of the Russian Model). *Jindaishi yanjiu* (Studies in contemporary history), no.4 (1997): 139-83.

———. "1920-1940 niandai Mosike wei Zhonggong tigong caizheng yuanzhu qingkuang gaishu" (On Moscow's Financial Aid to the CCP in the 1920-40s). *Ershiyi shiji* (The twenty-first century), no. 27 (2004): 1-18; 28 (2004): 1-17.

1926.

———. "Sun Yat-sen i osvoboditel'noe dvizheniie v Kitae" (Sun Yat-sen and the Liberation Movement in China). *Bol'shevik* (Bolshevik), nos. 5-6 (21-22) (1925): 44-52.

———. "Tendentsii revoliutsionnogo dvizheniia v Kitae i Guomindang" (Trends in the Revolutionary Movement in China and the Guomindang). *Kommunisticheskii Internatsional* (Communist International), no.3 (40) (1925): 153-58.

Volkogonov, Dmitrii. *Trotsky.* 2 vols. Moscow: Novosti, 1992.

Wakeman, Frederic, Jr. *Policing Shanghai 1927-1937.* Berkeley: University of California Press, 1995.

Wang Jianmin. *Zhongguo gongchandang shigao* (A Draft History of the Chinese Communist Party). 3 vols. Taibei: Author Press, 1965.

Wang Jianying, ed. *Zhongguo gongchandang zuzhi shi ziliao huibian—lingdao jigou yange he chengyuan minglu* (Collection of Documents on the History of the CCP Organizations—The Evolution of Leading Organs and Their Personal Composition). Beijing: Hongqi chubanshe, 1983.

Wang Meng. *Bolshevik Salute: A Modernist Chinese Novel. Trans. Wendy Larson.* Seattle: University of Washington Press, 1989.

Wang Shaoguang. *Failure of Charisma: The Cultural Revolution in Wuhan.* Hong Kong: Oxford University Press, 1995.

Wang Shi, ed. *Zhongguo gongchandang lishi jianbian* (Short History of the CCP). Shanghai: Shanghai renmin chubanshe, 1959.

Wang Xingfu. *Linshi sanxiongdi: Lin Yuying, Lin Yunan, Lin Biao* (The Three Lin Brothers: Lin Yuying, Lin Yunan, Lin Biao). Wuhan: Hubei renmin chubanshe, 2004.

Wedeman, Andrew Hall. *The East Wind Subsides: Chinese Foreign Policy and the Origins of the Cultural Revolution.* Washington, DC: Washington Institute Press, 1988.

Wei, Betty Peh-t'i. *Old Shanghai.* Hong Kong: Oxford University Press, 1993.

Wen Fu, and Zhang Naishen. *Mao Zedong yu He Zizhen* (Mao Zedong and He Zizhen). Beijing: Tuanjie chubanshe, 2004.

Wen Songhui. "Mao Zedong chushi Jiang Qing" (Mao Zedong's First Meeting with Jiang Qing). *Renmin zhengxie bao* (Newspaper of the Chinese People's Political Consultative Conference). September 10, 2004.

Westad, Odd Arne, ed. *Brothers in Arms: The Rise and Fall of the Sino-Soviet Alliance, 1945- 1963.* Stanford, CA: Stanford University Press, 1998.

———. *Cold War and Revolution: Soviet-American Rivalry and the Origins of the Chinese Civil War, 1944-1946.* New York: Columbia University Press, 1993.

———. "Fighting for Friendship: Mao, Stalin, and the Sino-Soviet Treaty of 1950." *CWIHP Bulletin*, nos.

1999.

———. *Mao: A Biography. Stanford, CA: Stanford University Press, 1999.*

Thomas, S. Bernard. Season of High Adventure: Edgar Snow in China. Berkeley: University of California Press, 1996.

Tikhvinsky, S. L. "O 'sekretnom demarshe' Zhou Enlaya i neofitsial'nykh peregovorakh KPK s amerikantsami v iyune 1949 g." (On Zhou Enlai's "Secret Demarche" and Nonofficial Negotiations Between the CCP and Americans in June 1949). *Problemy Dal'nego Vostoka* (Far Eastern affairs), no.3 (1994): 133-38.

———, ed. *Novaia istoriia Kitaia* (Modern History of China). Moscow: Nauka, 1972.

Titarenko, M. L., ed. *Istoriia Kommunisticheskoi partii Kitaia* (History of the Communist Party of China). 2 vols. Moscow: IDV AN SSSR, 1987.

Titov, A. S. *Iz istorii bor'by i raskola v rukovodstve KPK 1935-1936 gg.* (From the History of Struggle and Split in the Leadership of the CCP, 1935-1936). Moscow: Nauka, 1979.

———. *Materialy k politicheskoi biografii Mao Tsze-duna* (Materials for a Political Biography of Mao Zedong). 3 vols. Moscow: IDV AN SSSR, 1969.

Ulianovskii, R. A., ed. *The Comintern and the East: The Struggle for Leninist Strategy and Tactics in the National Liberation Movement.* Moscow: Progress, 1969.

Usov, V. N. *KNR: Ot "bol'shogo skachka" k "kul'turnoi revoliutsii" (1960-1966)* (The PRC: From the "Great Leap" to the "Cultural Revolution" [1960-1966]). 2 parts. Moscow: IDV RAN, 1998.

Ven, Hans Van de. *From Friend to Comrade: The Founding of the Chinese Communist Party, 1920-1927.* Berkeley: University of California Press, 1991.

Vladimirov, O. (O. B. Rakhmanin) and V. Ryazantsev (B. T. Kulik). *Stranitsy politicheskoi biografii Mao Tse-tunga* (Pages from the Political Biography of Mao Zedong). 4th enlarged ed. Moscow: Mezdunarodnye otnosheniia, 1980.

V-n [S. N. Belen'kii], "Rets. Mao Tsze-dun,' Analiz klassov Kitaiskogo obshchestva, 'Kitaiskii krest'ianin,' No. 2,1 fevrarlia 1926 g." (Review of Mao Zedong's "Analysis of Classes in Chinese Society"). *Kitaiskii krest'ianin* [Chinese peasant], no.2, February 1, 1926, Kan-ton (Canton), 8-9 (1926): 37-43.

Vogel, Ezra F. *Canton under Communism: Programs and Politics in a Provincial Capital.* Cambridge, MA: Harvard University Press, 1969.

Voitinsky, G. "Kolonial'nyi vopros na rasshirennom plenume IKKI" (The Colonial Question at the Enlarged Plenum of the ECCI). *Kommunisticheskii Internatsional* (Communist International), no.4 (41) (1925): 64-71.

———. "Peregruppirovka sil v Kitae" (The Regrouping of Forces in China). *Pravda* (Truth), March 24,

University of Kansas, 1987.

Starkov, Boris A. "The Trial That Was Not Held." *Europe-Asia Studies* 46, no.8 (1994): 1297-1316.

Strand, David. *Rickshaw Beijing: City People and Politics in the 1920s.* Berkeley: University of California Press, 1989.

Sun Kexin, et al. *Mao Zedong diaocha yanjiu huodong jianshi* (A Brief History of Mao Zedong's Investigation and Study Activity). Beijing: Zhongguo shehui kexue chubanshe, 1984.

Sun Wuxia. "Qu Qiubai zai di san guoji huodong jilue" (A Brief Sketch of Qu Qiubai's Activity in the Third International). *Shanghai shifan xueyuan xuebao* (Herald of Shanghai Normal Institute), no.1 (1984): 106-11.

Sun Wuxia, and Ding Changjiang. "Zhou Enlai tongzhi zai gongchan guoji" (Comrade Zhou Enlai in the Comintern). *Guoji gongyun* (International communist movement), no.1 (1983): 14-17.

Tang Baolin. *Zhongguo tuopai shi* (History of Trotskyite Groups in China). Taibei: Dongda tushu gongsi, 1994.

Tang Baolin, and Li Maosheng. *Chen Duxiu nianpu* (Chronological Biography of Chen Duxiu). Shanghai: Shanghai renmin chubanshe, 1988.

Tang Chunliang. *Li Lisan quanzhuan* (A Complete Biography of Li Lisan). Hefei: Anhui renmin chubanshe, 1999.

———. *Li Lisan zhuan* (Biography of Li Lisan). Harbin: Heilongjiang renmin chubanshe, 1984.

Tang Peiji, ed. *Zhongguo lishi da nianbiao: Xiandaishi juan* (Chronology of Chinese Historical Events: Contemporary History Volume). Shanghai: Shanghai cishu chubanshe, 1997.

Tang Zhentang. *Jindai Shanghai fanhualu* (Lively Notes on Modern Shanghai). Beijing: Shangwu yinshuguan, 1993.

Taubman, William. *Khrushchev: The Man and His Era.* New York: Norton, 2003.

Taylor, Jay. T*he Generalissimo: Chiang Kai-shek and the Struggle for Modern China.* Cambridge, MA: Belknap Press of Harvard University Press, 2009.

Teiwes, Frederick C. *Politics and Purges in China: Rectification and the Decline of Party Norms, 1950-1965. 2nd ed.* Armonk, NY: M. E. Sharpe, 1993.

———. *Politics at Mao's Court: Gao Gang and Party Factionalism.* Armonk, NY: M.E.Sharpe, 1990.

Teiwes, Frederick C., and Warren Sun. "From a Leninist to a Charismatic Party: The CCP's Changing Leadership, 1937-1945." In Tony Saich and Hans J. van de Ven, eds. *New Perspectives on the Chinese Communist Revolution,* 339-87. Armonk, NY: M.E.Sharpe, 1995.

———, eds. *The Politics of Agricultural Cooperativization in China: Mao, Deng Zihui and the "High Tide" of 1955.* Armonk, NY: M. E. Sharpe, 1993.

Terrill, Ross. Madam Mao: The White-Boned Demon. Rev. ed. Stanford, CA: Stanford University Press,

Dialectical Materialism). Translated by Li Da and Lei Zhongjian. 3rd ed. Shanghai: Bigengtang shudian, 1935: 4th ed. Shanghai: Bigengtang shudian, 1936.

Shinuo (Snow). *Er wan wu qian li changzheng* (The Twenty-five Thousand Li Long March). Hong Kong: Xinsheng shudian, n.d.

Shirokov, I., and A. Aizenberg, eds. *Materialisticheskaia dialektika* (Materialist Dialectics). Moscow, 1932.

Short, Philip. Mao: A Life. New York: Henry Holt, 1999.

Skosyrev, V. "Golovu Lin Biao general KGB privez v Moskvu" (A KGB General Brought Lin Biao's Head to Moscow). *Izvestia* (News), February 17, 1994.

Sladkovskii, M. I., ed. *Noveishaiia istoriia Kitaia: 1917-1927* (Contemporary History of China: 1917-1927). Moscow: Nauka, 1983.

———. *Noveishaiia istoriia Kitaia: 1928-1949* (Contemporary History of China: 1928- 1949). Moscow: Nauka, 1984.

Smedley, Agnes. *China's Red Army Marches.* New York: International, 1934.

Sokolov, V.V." 'Zabytii diplomat' D. V. Bogomolov (1890-1938)" ("Forgotten Diplomat" D.V.Bogomolov [1890-1938]). *Novaia i noveishaia istoriia* (Modern and contemporary history), no.3 (2004): 165-95.

Solzhenitsyn, A. *Bodalsia telenok s dubom: Ocherki literaturnoi zhizni* (The Oak and the Calf: Sketches of Literary Life). Moscow: Soglasie, 1996.

Song Pinsheng. "Xin faxiande 'Shaoshan Mao shi zupu' xunlue ji Mao Zedong jiazu shishi kaoding" (A Brief Analysis of the Newly Discovered "Chronicle of the Shaoshan Mao Clan" and the Study of a History of Mao Zedong's Family). *Mao Zedong sixiang yanjiu* (Studies in Mao Zedong Thought) 2 (1990): 56-57.

Sorkin, G. Z. "S"ezd narodov Dal'nego Vostoka" (Congress of Peoples of the Far East). *Problemy vostokovedeniia* (Problems of Oriental studies), no.5 (1960): 76-86.

Spence, Jonathan D. *Mao Zedong.* New York: Viking, 1999.

———. *The Search for Modern China.* 2nd ed. New York: Norton, 1999.

Spichak, Daria A. "Kitaiskie studenty Moskvy i stalinskie repressii 30-kh gg." (Chinese Students of Moscow and the 1930s Stalin Purges). *Vestnik Moskovskogo Universiteta* (Herald of Moscow University). Series 13: *Vostokovedenie* (Oriental studies), no.2 (2005): 43-55.

———. *Kitaiskii avangard Kremlia: Revoliutsionery Kitaia v moskovskikh shkolakh Kominterna (1921-1939)* (Chinese Vanguard of the Kremlin: Revolutionaries of China in Moscow Comintern Schools [1921-1939]). Moscow: "Veche," 2012.

———. *Kitaitsy vo Frantsii* (Chinese in France). Manuscript.

Stanley, Margaret. *Foreigners in Areas of China Under Communist Jurisdiction Before 1949: Biographical Notes and a Comprehensive Bibliography of Yenan Hui.* Lawrence: Center for East Asian Studies,

Shapiro, Sidney. *Ma Haide: The Saga of American Doctor George Hatem in China.* Beijing: Foreign Languages Press, 2004.

Shen Dechun, and Tian Haiyan. "Zhongguo gongchandang 'Yi Da' de zhuyao wenti" (Main Questions Connected to the First Congress of the Communist Party of China). *Renmin ribao* (People's daily), June 30, 1961.

Shen Zhihua. "Sino-North Korean Conflict and Its Resolution during the Korean War." *CWIHP Bulletin*, nos. 14-15 (Winter 2003-Spring 2004): 9-24.

———. "Zhonggong bada weishemma buti 'Mao Zedong sixiang'?" (Why did the Eighth CCP Congress not Raise "Mao Zedong Thought"? *Lishi jiaoxue* (Teaching of history), no.5 (2005): 6-7.

———. "Zhongsu lianmeng yu Zhongguo chubing Chaoxiande juece—dui Zhongguo he Eguo wenxian ziliaode bijiao yanjiu" (The Sino-Soviet Alliance and China's Decision to Despatch Troops to Korea—A Comparative Analysis of Chinese and Soviet Documents). In *Zhanhou zhongsu guanxi zouxiang (1945-1960)* (The Development of Sino-Soviet Relations after the War [1945-1960]), 26-60. Beijing: Shehui kexue wenhua chubanshe, 1997.

Shevelev, K. V. *Formirovaniie sotsial'no-ekonomicheskoi politiki rukovodstva KPK v 1949- 1956 godakh (rukopis')* (The Formulation of the CCP's Socioeconomic Policy in 1949-1956). Manuscript.

———. *Iz istorii obrazovaniia Kommunisticheskoi partii Kitaia* (From the History of the Establishment of the Communist Party of China). Moscow: IDV AN SSSR, 1976.

———. "O nekotorykh aspektakh raboty 4-go plenuma TsK KPK 7-ogo sozyva" (On Several Aspects of the Work of the Fourth Plenum of the Seventh Central Committee of the CCP). In *Perspektivy sotrudnichestva Kitaia, Rossii i drugikh stran Severovostochnoi Azii v kontse XX-nachale XXI veka. Tezisy dokladov VIII Mezhdunarodnoi nauchnoi konferentsii "Kitai, Kitaiskaia tsivilizatsiia i mir: Istoriia, sovremennost', perspektivy," Moskva, 7-9 oktiabria 1997 g.* (Prospects for Cooperation Among China, Russia, and Other Countries of Northeast Asia at the End of the Twentieth and Beginning of the Twenty-First Century. Papers from the VIII International Scholarly Conference on "China, Chinese Civilization, and the World: History, the Present, and the Future," Moscow, October 7-9, 1997). Moscow: IDV RAN, 1997, 150-51.

Shewmaker, Kenneth. *Americans and Chinese Communists, 1927-1945.* Ithaca: Cornell University Press, 1971.

Shi Yongyan. *He Zizhen yu Mao Zedong* (He Zizhen and Mao Zedong). Beijing: Zhonggong dangshi chubanshe, 2008.

Shi Zhifu. "Wu Yuzhang zai gongchan guoji 'qi da' " ("Wu Yuzhang at the Seventh Congress of the Comintern"). *Dangshi yanjiu ziliao* (Study materials on party history), no.9 (1982): 2-5.

Shiluokefu (Shirokov) and Ailunbao (Aizenberg). *Bianzhengfa weiwulun jiaocheng* (Textbook on

Qing Shi (Yang Kuisong). "Gongchan guoji yazhi Mao Zedong le ma?—Mao Zedong yu Mosike de enen yuanyuan" (Did the Comintern Suppress Mao Zedong?—Concord and Discord in the Relations between Mao Zedong and Moscow). *Bainian chao* (Century tides), no.4 (1997): 21-33.

Qiu Ke'an, ed. *Sinuo zai Zhongguo* (Snow in China). Beijing: Shenghuo. Dushu. Xinzhi sanlian shudian, 1982.

Ren Bishi nianpu, 1904-1950 (Chronological Biography of Ren Bishi, 1904-1950). Beijing: Zhongyang wenxian chubanshe, 2004.

Ren Jianshu. "Chen Duxiu." In Wang Qi and Chen Zhiling, eds. *Zhonggongdang shi renwu zhuan* (Biographies of Persons in the History of the CCP). Vol. 51, 1-129. Xi'an: Shaanxi renmin chubanshe, 1992.

Ren Wuxiong. " 'Xi xing man ji' zhongde Xiao Zheng ji qita" (Xiao Zheng and Others in "The Trip to the West"). *Dangshi yanjiu ziliao* (Study materials on party history), no.2 (2004): 25-35.

Rethinking the "Cultural Revolution." Beijing: Foreign Languages Press, 1987.

Riabushkin, D. S. *Mify Damanskogo* (Damansky's Myths). Moscow: AST, 2004.

Ristaino, Marcia R. *China's Art of Revolution: The Mobilization of Discontent, 1927 and 1928.* Durham, NC: Duke University Press, 1987.

Rottman, Gordon F. *Korean War Order of Battle: United States, United Nations, and Communist Ground, Naval, and Air Forces, 1950-1953.* Westport, CT: Praeger, 2002.

Rue, John E. *Mao Tse-tung in Opposition, 1927-1935.* Stanford, CA: Stanford University Press, 1966.

Rule, Paul. *Mao Zedong.* St. Lucia, AU: University of Queensland Press, 1984.

Saich, Tony, and Hans J. van de Ven, eds. *New Perspectives on the Chinese Communist Revolution.* Armonk, NY: M.E. Sharpe, 1995.

Salisbury, Harrison E. *The New Emperors: China in the Era of Mao and Deng.* Boston: Little, Brown, 1992.

Schram, Stuart R. *Mao Tse-tung.* New York: Simon & Schuster, 1966.

———. *Mao Tse-tung.* Harmondsworth, UK: Penguin, 1974.

———. *Mao Zedong: A Preliminary Reassessment.* Hong Kong: Chinese University Press, 1983.

Schwartz, Benjamin I. *Chinese Communism and the Rise of Mao.* Cambridge, MA: Harvard University Press, 1951.

———. "The Legend of the 'Legend of "Maoism."' *China Quarterly*, no.2 (April-June 1960): 35-42.

Sergeant, Harriet. *Shanghai.* London: Jonathan Cape, 1991.

Shaffer, Lynda. *Mao and the Workers: The Hunan Labor Movement, 1920-1923.* Armonk, NY: M. E. Sharpe, 1982.

Shapiro, Judith. *Mao's War Against Nature: Politics and the Environment in Revolutionary China.* Cambridge: Cambridge University Press, 2001.

Payne, Robert. Portrait of a Revolutionary: Mao Tse-tung. London: Abelard-Schuman, 1961.

Pei Jian. *Xiang hun—Mao Zedongde jiashi* (The Spirit of Hunan—Generations of Mao Zedong's Family). [Beijing]: Qunzhong chunbanshe, 1992.

Peng Dehuai nianpu (Chronological Biography of Peng Dehuai). Beijing: Renmin chubanshe, 1998.

Peng Zhen nianpu, 1902-1997 (Chronological Biography of Peng Zhen, 1902-1997). Vol. 1. Beijing: Zhongyang wenxian chubanshe, 2002.

Pepper, Suzanne. *Civil War in China: The Political Struggle, 1945-1949.* Lanham, MD: Row-man & Littlefield, 1999.

Perelomov, L. S. *Konfutsii: "Lun yu"* (Confucius: "Lun yu"). Moscow: Vostochnaia literatura RAN, 1998.

Perevertailo, A. S., et al., eds. *Ocherki istorii Kitaia v noveishee vremia* (An Outline History of Contemporary China). Moscow: Izd-vo vostochnoi literatury, 1959.

Perry, Elizabeth J. "Shanghai's Strike Wave of 1957." *China Quarterly*, no.137 (March 1994): 1-27.

Perry, Elizabeth, and Li Xun. *Proletarian Power: Shanghai in the Cultural Revolution.* Boulder, CO: Westview Press, 1997.

Persits, M. A. "Iz istorii stanovleniia Kommunisticheskoi partii Kitaia (Doklad podgotovlennyi Chzhang Taileem dlia III Kongressa Kominterna kak istoricheskii istochnik" (From the History of the Founding of the Communist Party of China [Zhang Tailei's Report to the Third Congress of the Comintern as an Historical Source]). *Narody Azii i Afriki* (Peoples of Asia and Africa), no.4 (1971): 47-58.

———. "O podgovotel'nom etape kommunisticheskogo dvizheniia v Azii" (On the Preparatory Stage of the Communist Movement in Asia). In R. A. Ul'anovsky, ed. *Revoliutsionnyi protsess na Vostoke: Istoriia i sovremennost* (The Revolutionary Process in the East: Past and Present), 38-76. Moscow: Nauka, 1982.

Pisarev, A.A. *Guomindang i agrarno-krest'ianskii vopros v Kitae v 20-30-e gody XX v.* (The Guomindang and the Agrarian-Peasant Question in China in the 1920s and 1930s). Moscow: Nauka, 1986.

Poston, Dudley L., Jr., and David Yaukey, eds. *The Population of Modern China.* New York: Plenum Press, 1992.

Price, Ruth. *The Lives of Agnes Smedley.* New York: Oxford University Press, 2005.

Prokhorov, Dmitrii. " 'Liternoe delo' marshala Zhang Zuolinia" (The "Lettered File" of Marshal Zhang Zuolin). *Nezavisimoe voennoe obozrenie* (Independent military review), no.21 (2003): 5.

Prozumeschikov, M. Y. "The Sino-Soviet Conflict, the Cuban Missile Crisis, and the Sino-Soviet Split, October 1962: New Evidence from the Russian Archives." *CWIHP Bulletin*, nos. 8-9 (1996/1997): 251-57.

Przheval'skii, N. M. *Putesheshestvie v Ussuriiskom krae: Mongolia i strana tangutov* (Travels in the Ussuri Region: Mongolia and the Country of Tanguts). Moscow: Drofa, 2007.

Role in the Rise of Mao." *Issues & Studies* 41, no. 3 (September 2005): 181-207.

———. *Iz istorii ideinoi bor'by v kitaiskom revoliutsionom dvizhenii 20-40-x godov* (On the History of Ideological Struggle in the Chinese Revolutionary Movement, 1920s- 1940s). Moscow: Nauka, 1985.

———. "K diskussii v KPK vokrug 'idei Mao Tsze-duna' " (On the Discussion Within the CCP of "Mao Zedong Thought"). *Rabochii klass i sovremennyi mir* (Working class and the contemporary world), no.3 (1982): 61-64.

———. "Kak possorilis' Nikita Sergeevich s Mao Tsze-dunom" (How Nikita Sergeevich Quarreled with Mao Zedong). *Rossiia, Kitai, XXI vek* (Russia, China, the twenty-first century), no.7 (July 2007): 60-64; no8 (August 2007): 68-72.

———. " 'Lazurnaia reka': vzlet i padenie Tsian Tsin" ("Azure River": The Rise and Fall of Jiang Qing). *Rossiia, Kitai, XXI vek* (Russia, China, the twenty-first century), no.8 (2006): 26-31.

———. *Mao Tszedun* (Mao Zedong). Moscow: "Molodaia gvardiia," 2007.

———. "Mao Tsze-dun i 'delo Lin Biao' (Mao Zedong and the "Lin Biao Affair"). *Problemy Dal'nego Vostoka* (Far Eastern affairs), no.5 (2006): 111-23.

———. "Mao Tsze-dun: poslednie gody" (Mao Zedong: The Last Years). *Problemy Dal'nego Vostoka* (Far Eastern affairs), no.6 (2006): 101-14.

———. "Obrazovaniie opornykh baz 8-i Natsional'no-revoliutsionnoi armii v tylu iaponskikh voisk v Severnom Kitae" (Establishment of Eighth Route Army Base Areas in the Japanese Rear in North China). In M. F. Yuriev, ed. *Voprosy istorii* Kitaia (Problems of Chinese History), 39-41. Moscow: Izdatel'stvo MGU, 1981.

———. "Priemnyi Syn Bodkhisattvy: Detskie gody Mao Tsze-duna" (The Foster Child of the Bodhisattva). *Rossiia, Kitai, XXI vek* (Russia, China, the twenty-first century), no.1 (2007): 50-55.

———. *Rasskazy o Mao Tszedune* (Stories about Mao Zedong). 2 vols. Rostov-na-donu, Krasnodar: Feniks, Neoglori, 2009.

———. "'Ya poteryal svoi gordyi topol': Zhizn' i sud'ba 'Zoriushki' Kaihui, zheny Mao Tszeduna" ("I Lost My Majestic Poplar": A Life and Fate of "Little Dawn" Kaihui, Mao Zedong's Wife). *Rossiia, Kitai, XXI vek* (Russia, China, the twenty-first century), no.1 (2007): 42-46.

Pantsov, Alexander V., and Gregor Benton. "Did Trotsky Oppose Entering the Guomindang 'From the First'?" *Republican China* 19, no.2 (April 1994): 52-66.

Pantsov, Alexander V., and Steven I. Levine. *Chinese Comintern Activists: An Analytic Biographic Dictionary.* Manuscript.

Pantsov, Alexander V., and Daria A. Spichak. "Light from the Russian Archives: Chinese Stalinists and Trotskyists at the International Lenin School, 1926-1938." *Twentieth-Century China*, no.2 (2008): 29-50.

———. "Predislovie" (Preface). In M. B. Mitin. *Boevye voprosy materialisticheskoi dialektiki* (Urgent Problems of Materialist Dialectics), 3-5. Moscow: Partizdat TsK VKP(b), 1936.

———. *Xin zhexue dagang* (Outline of New Philosophy). Translated by Ai Siqi and Zheng Yili. Shanghai: Dushu shenghuo chubanshe, 1936.

Mitin, M. B., and I. Razumovskii, eds. *Dialekticheskii i istoricheskii materialism, v dvukh chastiakh. Uchebnik dlia komvuzov i vuzov* (Dialectical and Historical Materialism, in Two Parts. Textbook of Communist Higher Educational Institutions and Higher Educational Institutions). Moscow: Partiinoe izdatel'stvo, 1932.

Mitin, M. B., et al. *Bianzheng weiwulun yu lishi weiwulun* (Dialectical and Historical Materialism). Translated by Shen Zhiyuan. Vol. 1. [Changsha], 1935.

Moss, George Donelson. *Vietnam: An American Ordeal.* 6th ed. Upper Saddle River, NJ: Prentice-Hall, 2006.

Müller, Reinhard. "Der Fall des 'Antikomintern-Blocks'—ein vierter Moskuaer Schauprozeβ?" *Jahrbuch für Historische Kommunismusforschung 1996,* 187-214.

Murray, Brian. "Stalin, the Cold War, and the Division of China: A Multi-Archival Mystery." *CWIHP Working Paper,* no.12 (June 1995).

Nathan, Andrew J. *Peking Politics, 1918-1923: Factionalism and the Failure of Constitutionalism.* Ann Arbor: Center for Chinese Studies, University of Michigan, [1998].

Niu Jun. "The Origins of the Sino-Soviet Alliance." In O. Arne Westad, ed. *Brothers in Arms: The Rise and Fall of the Sino-Soviet Alliance, 1945-1963,* 47-89. Stanford, CA: Stanford University Press, 1998.

North, Robert C. *Moscow and Chinese Communists.* Stanford, CA: Stanford University Press, 1953.

Pan Ling. *In Search of Old Shanghai.* Hong Kong: Joint, 1983.

Pang Xianzhi, ed. *Mao Zedong nianpu, 1893-1949* (Chronological Biography of Mao Zedong, 1893-1949). 3 vols. Beijing: Renmin chubanshe/Zhongyang wenxian chubanshe, 2002.

Pang Xianzhi, and Jin Congji, eds. *Mao Zedong zhuan* (1949-1976) (Biography of Mao Zedong [1949-1976]). 2 vols. Beijing: Zhongyang wenxian chubanshe, 2003.

Pantsov, Alexander V. "Bolshaia igra kremlevskogo 'otsa narodov': Stalin prednamerenno zatiagival voinu na Koreiskom poluostrove" (The Big Gamble of the Kremlin "Father of Nations": Stalin Deliberately Protracted the War on the Korean Peninsula). *Nezavisimoe voennoe obozrenie* (Independent military review), no.24 (2008): 10-11.

———. *The Bolsheviks and the Chinese Revolution, 1919-1927.* Honolulu: University of Hawai'i Press, 2000.

———. "Chen Duxiu (1879-1942)." *Collier's Encyclopedia.* Vol. 6, 180-80A. New York: Collier's, 1996.

———. "How Stalin Helped Mao Zedong Become the Leader: New Archival Documents On Moscow's

Maliavin, V.V. *Kitaiskaia tsivilizatsiia* (Chinese Civilization). Moscow: Astrel', 2004.

"Mao Anying san xiongdi zai Shanghai shide qingkuang" (What Happened to Mao Anying and His Brothers During Their Sojourn in Shanghai). *Xinmin wanbao* (The renovation of people evening newspaper), December 23, 2004.

Mao Tsze-dun: Biograficheskii ocherk (Mao Zedong: Biographical Sketch). Moscow: OGIZ, 1939.

Mao Zedong de jiashi (Mao Zedong's Family Affairs). Beijing: Chunqiu chubanshe, 1987.

Mao Zedong sixiang lunwenji (Collection of Essays about Mao Zedong Thought). Shanghai: Shanghai renmin chubanshe, 1984.

"Mao Zemin." In Hu Hua, ed. *Zhonggongdang shi renwu zhuan* (Biographies of Persons in the History of the CCP). Vol. 9, 47-75. Xi'an: Shaanxi renmin chubanshe, 1981.

Mao zhuxi yijia liu lieshi (Six Martyrs from Chairman Mao's Family). Changsha: Hunan renmin chubanshe, 1978.

Marx, Karl. *Capital.* Vol. 1, *The Process of Production of Capital.* In Karl Marx and Friedrich Engels, Collected Works, Vol. 35. Translated by Richard Dixon et al. New York: International, 1996.

———. "Critique of the Gotha Program." In Karl Marx and Friedrich Engels, *Collected Works,* Vol. 24. Translated by Richard Dixon et al. New York: International, 1989.

Mayakovsky, V.V. *Polnoe sobranie sochinenii* (Complete Collected Works). 13 vols. Moscow: Khudozhestvennaia literatura, 1961.

McCord, Edward A. *The Power of the Gun: The Emergence of Modern Chinese Warlordism.* Berkeley: University of California Press, 1993.

McDonald, Angus W., Jr. *The Urban Origins of Rural Revolution: Elites and the Masses in Hunan Province, China, 1911-1927.* Berkeley: University of California Press, 1978.

Meisner, Maurice. *Li Ta-chao and the Origins of Chinese Marxism.* New York: Atheneum, 1979.

———. *Mao Zedong: A Political and Intellectual Portrait.* Malden, MA: Polity, 2007.

———. *Mao's China and After: A History of the People's Republic.* 3rd ed. New York: Free Press, 1999.

Meliksetov, A. V., ed. Istoriia Kitaia (History of China). Moscow: Izdatel'stvo MGU, 1998.

———. " 'Novaia demokratiia' i vybor Kitaem putei sotsial'no-ekonomicheskogo razvitiia (1949-1953)" ("New Democracy" and China's Choice of a Socio-economic Development Path [1949-1953]). *Problemy Dal'nego Vostoka* (Far Eastern affairs), no.1 (1996): 82-95.

Meliksetov, A. V., and Alexander Pantsov. "Stalinization of the People's Republic of China." In William C. Kirby, ed. *Realms of Freedom in Modern China, 198-233.* Stanford, CA: Stanford University Press, 2003.

Mitin, M. B., ed. "Dialekticheskii materialism" (Dialectical Materialism). *Bolşhaia Sovetskaia Entsiklopediia* (Large Soviet Encyclopedia). Vol. 22, 45-235. Moscow: Sovetskaia Entsiklopediia, 1935.

and the Setting Forth of the CCP New Democratic Theory). *Lishi yanjiu* (Studies of history) 1 (1998): 78-96.

Liu Jiecheng. *Mao Zedong yu Sidalin huiwu jishi* (Unforgettable Facts about Mao Zedong's Meetings with Stalin). Beijing: Zhonggong dangshi chubanshe, 1997.

Liu Renzhong. "Mao Zetan." In Hu Hua, ed. *Zhonggongdang shi renwu zhuan* (Biographies of Persons in the History of the CCP), 283-332. Vol. 3. Xi'an: Shaanxi renmin chubanshe, 1981.

Lu Ren, and Liu Qingxia. "Mao Zedong chong Heluxiaofu fahuo" (How Mao Got Angry at Khrushchev). *Zhuanji wenxue* (Biographical literature), no.4 (2004): 21-28.

Lu Sin (Lu Xun). *Izbrannye proizvedeniia* (Selected Works). Moscow: Khudozhestvennaia literatura, 1981.

Luo Guangzhong, *Three Kingdoms: A Historical Novel.* Abridged ed. Trans. Moss Roberts. Berkeley: University of California Press, 1999.

Luo Shaozhi. "Cai mu Ge Jianhao" (Mama Cai, Ge Jianhao). In Hu Hua, ed. *Zhonggongdang shi renwu zhuan* (Biographies of Persons in the History of the CCP). Vol. 6, 47-57. Xi'an: Shaanxi renmin chubanshe, 1982.

Luo Shaozhi, et al. "Cai Hesen." In Hu Hua, ed. *Zhonggongdang shi renwu zhuan* (Biographies of Persons in the History of the CCP). Vol. 6, 1-46. Xi'an: Shaanxi renmin chubanshe, 1982.

Luthi, Lorenz M. *The Sino-Soviet Split: Cold War in the Communist World.* Princeton, NJ: Princeton University Press, 2008.

Lynch, Michael. Mao. London: Routledge, 2004.

Ma Shexiang. *Hongse diyi jiazu* (The First Red Family). Wuhan: Hubei renmin chubanshe, 2004.

MacFarquhar, Roderick. *The Hundred Flowers Campaign and the Chinese Intellectuals.* New York: Praeger, 1960.

———. *The Origins of the Cultural Revolution.* Vol. 1, Contradictions Among the People, 1956-1957. New York: Columbia University Press, 1974.

———. *The Origins of the Cultural Revolution.* Vol. 2, The Great Leap Forward, 1958-1960. New York: Columbia University Press, 1983.

———. *The Origins of the Cultural Revolution.* Vol. 3, The Coming of the Cataclysm, 1961- 1966. New York: Columbia University Press, 1997.

MacFarquhar, Roderick, and Michael Schoenhals. *Mao's Last Revolution.* Cambridge, MA: Belknap Press of Harvard University Press, 2006.

MacKinnon, Janice R., and Stephen R. *MacKinnon. Agnes Smedley: The Life and Times of an American Radical.* Berkeley: University of California Press, 1988.

Makesi Engesi zhuzuo zhongyiwen zonglu (Catalogue of Chinese Translations of Marx and Engels's works). Beijing: Shumu wenxian chubanshe, 1988.

Li Jui. *The Early Revolutionary Activities of Comrade Mao Tse-tung*. White Plains, NY: International Arts & Sciences Press, 1977.

Li Ping. *Kaiguo zongli Zhou Enlai* (Zhou Enlai, the First Premier). Beijing: Zhonggong zhongyang dangxiao chubanshe, 1994.

Li Ping, and Ma Zhisun, eds. *Zhou Enlai nianpu (1949-1976)* (Chronological Biography of Zhou Enlai [1949-1976]). 3 vols. Beijing: Zhongyang wenxian chubanshe, 1997.

Li Rui. "Mao Tsze-dun v poslednie gody zhizni" (Mao Zedong in the Last Years of His Life). *Problemy Dal'nego Vostoka* (Far Eastern affairs), no.1 (1990): 129-32.

———. *Sanshi sui yiqiande Mao Zedong* (Mao Zedong Before Thirty). Taipei: Shibao wenhua, 1993.

Li Ying, ed. *Cong yida dao shiliu da* (From the First to the Sixteenth Congress). 2 vols. Beijing: Zhongyang wenxian chubanshe, 2002.

Li Yuan, ed. *Mao Zedong yu Deng Xiaoping* (Mao Zedong and Deng Xiaoping). Beijing: Zhonggong dangshi chubanshe, 2008.

Liao Gailong, et al., eds. *Mao Zedong baike quanshu* (Encyclopedia of Mao Zedong). 7 vols. Beijing: Guangming ribao chubanshe, 2003.

———. *Zhongguo gongchandang lishi da cidian. Zengdingben. Shehui geming shiqi* (Great Dictionary of the History of the Chinese Communist Party. Expanded edition. The Period of the Socialist Revolution). Rev. ed. Beijing: Zhonggong zhongyang dangxiao chubanshe, 2001.

———. *Zhongguo gongchandang lishi da cidian. Zengdingben. Xin minzhu zhuyi geming shiqi* (Great Dictionary of the History of the Chinese Communist Party. Expanded edition. The Period of the New Democratic Revolution). Rev. ed. Beijing: Zhonggong zhongyang dangxiao chubanshe, 2001.

———. *Zhongguo gongchandang lishi da cidian. Zengdingben. Zonglu. Renwu.* (Great Dictionary of the History of the Chinese Communist Party. Expanded Edition. General Section. Personnel). Rev. ed. Beijing: Zhonggong zhongyang dangxiao chubanshe, 2001.

———. *Zhongguo renwu da cidian* (Great Dictionary of China's Personalities). Shanghai: Shanghai cishu chubanshe, 1992.

Lin Boqu zhuan (Biography of Lin Boqu). Beijing: Hongqi chubanshe, 1986.

Lin Hongyuan. "Zhang Tailei." In Hu Hua, ed. *Zhonggongdang shi renwu zhuan* (Biographies of Persons in the History of the CCP), 62-108. Vol. 4. Xi'an: Shaanxi renmin chubanshe, 1982.

Litten, Frederick S. "The Noulens Affair." *China Quarterly*, no.138 (1994): 492-512.

Liu Chongwen, and Chen Shaochou, eds. *Liu Shaoqi nianpu: 1898-1969* (Chronological Biography of Liu Shaoqi: 1898-1969). 2 vols. Beijing: Zhongyang wenxian chubanshe, 1998.

Liu Guokai. *A Brief Analysis of the Cultural Revolution*. Armonk, NY: M. E. Sharpe, 1987.

Liu Jianping. "Sugong yu Zhongguo gongchandang renmin minzhu zhuanzheng lilunde queli" (The CPSU

Losses of the Armed Forces of the USSR in Wars, Battles, and Armed Conflicts: A Statistical Analysis). Moscow: Voennoe izdatel'stvo, 1993.

Kulik, B. T. *Sovetsko-kitaiskii raskol. Prichiny i posledstviia* (The Sino-Soviet Split. Causes and Consequences). Moscow: IDV RAN, 2000.

Kurchatkin, A. N. *Pobeditel': Istinnaia zhizn' legendarnogo razvedchika* (Victor: A Real Life of a Legendary Secret Service Man). Moscow: "Molodaia gvardiia," 2005.

Lawrance, Alan. *Mao Zedong: A Bibliography.* New York: Greenwood Press, 1991.

Ledovsky, A. M. *Delo Gao Gana-Rao Shushi* (The Gao Gang-Rao Shushi Affair). Moscow: IDV AN SSSR, 1990.

Lee, Frederic E. *Currency, Banking, and Finance in China.* Washington, DC: U.S. Government Printing Office, 1926.

Leng Buji. *Deng Xiaoping zai Gannan* (Deng Xiaoping in Southern Jiangxi). Beijing: Zhongyang wenxian chubanshe, 1995.

Leng Rong, and Wang Zuoling, eds. *Deng Xiaoping nianpu: 1975-1997* (Chronological Biography of Deng Xiaoping: 1975-1997). 2 vols. Beijing: Zhongyang wenxian chubanshe, 2004.

Levesque, Leonard. *Hakka Beliefs and Customs.* Trans. J. Maynard Murphy. Taichung: Kuang Chi Press, 1969.

Levine, Marilyn A. *The Found Generation: Chinese Communists in Europe during the Twenties.* Seattle: University of Washington Press, 1993.

Levine, Steven I. *Anvil of Victory: The Communist Revolution in Manchuria, 1945-1948.* New York: Columbia University Press, 1987.

Li Danhui. "Mao Zedong dui Su renshi yu Zhongsu guanxide yanbian" (Mao Zedong's Knowledge of the Soviet Union and Changes in His Views on Sino-Soviet Relations). In *Zhanhou zhongsu guanxi zouxiang (1945-1960)* (The Development of Sino-Soviet Relations after the War [1945-1960]), 61-90. Beijing: Shehui kexue wenhua chubanshe, 1997.

Li Dazhao guju (Li Dazhao's Birthplace). Shijiazhuang: Hebei renmin chubanshe, 1996.

Li Dazhao jinianguan (Museum of Li Dazhao). Shijiazhuang: Hebei renmin chubanshe, 1999.

Li Dazhao zhuan (Biography of Li Dazhao). Beijing: Renmin chubanshe, 1979.

Li, Hua-Yu. "Stalin's *Short Course* and Mao's Socialist Economic Transformation of China in the Early 1950s." *Russian History 29*, nos. 2-4 (Summer-Fall-Winter 2002): 357-76.

Li Jie, and Yu Jundao. *Dongfang juren Mao Zedong* (A Titan of the East Mao Zedong). Beijing: Jiefangjun chubanshe, 1996.

Li Jinzeng. "Changzheng diyi shu jin an zai?" (Where Is the First Book on the Long March Now?). http://www.crt.com.cn/news/Html/lijin/00008746.html.

Kalachev, S. (S. N. Naumov). "Kratkii ocherk istorii Kitaiskoi kommunisticheskoi partii" (Brief History of the Chinese Communist Party). *Kanton* (Canton), no.10 (1927): 13-66.

Kalinin, M. I. "O Kitae" (On China). *In Kitai: Rasskazy* (China: Stories), 5-35. Moscow and Leningrad: Detgiz, 1938.

Kampen, Thomas. *Mao Zedong, Zhou Enlai and the Evolution of the Chinese Communist Leadership.* Copenhagen: NIAS, 2000.

Kapitsa, M. S. *Sovetsko-kitaiskie otnosheniia* (Soviet-Chinese Relations). Moscow: Gospolitizdat, 1958.

Karnow, Stanley. *Mao and China: From Revolution to Revolution.* New York: Viking Press, [1972].

———. *Mao and China: A Legacy of Turmoil.* 3rd ed. Rev. and updated. New York: Penguin Books, 1990.

Kaufman, Burton I. *The Korean Conflict.* Westport, CT: Greenwood Press, 1999.

Kerry, Tom. *The Mao Myth and the Legacy of Stalinism in China.* New York: Pathfinder Press, 1977.

[Khamadan, A. M.]. "Mao Tszedun—Vozhd' kitaiskogo trudovogo naroda" ("Mao Zedong—The Leader of the Chinese Toiling People"). *Kommunisticheskii Internatsional* (Communist International), nos. 33-34 (1935): 83-88.

———. "Vozhd' kitaiskogo naroda—Mao Tszedun" (The Leader of the Chinese People— Mao Zedong). *Pravda* (Truth). December 13, 1935.

———. *Vozhdi i geroi kitaiskogo naroda* (Leaders and Heroes of the Chinese People). Moscow: Ogiz-Sotsekgiz, 1936.

———. *Zapiski korrespondent*a (Notes of a Correspondent). Moscow: "Sovetskii pisatel," 1968.

Klein, Donald, and Anne Clark. *Biographic Dictionary of Chinese Communism: 1921-1969. 2 vols.* Cambridge, MA: Harvard University Press, 1971.

Kolpakidi, A., and D. Prokhorov. *Imperiya GRU: Ocherki istorii rossiiskoi voennoi razvedki* (The GRU Empire: An Outline History of the Russian Military Intelligence Service). Moscow: "Olma-Press," 1999.

———. *Vneshnaia razvedka Rossii* (Russian Foreign Intelligence Service). St. Petersburg: Neva, Olma-Press, 2001.

Kolpas, Norman. *Mao.* New York: McGraw-Hill, 1981.

The Korean War. Vol. 1. Lincoln: University of Nebraska Press, 2000.

Kostiaeva, A. S. *Krest'ianskie soiuzy v Kitae* (20-e gody XX veka) (Peasant Unions in China in the 1920s). Moscow: Nauka, 1978.

Kratkaia istoria KPK (1921-1991) (A Short History of the CCP [1921-1991]). Beijing: Izdatel'stvo literatury na inostrannykh iazykakh, 1993.

Krivosheev, G. F., ed. *Grif sekretnosti snyat: Poteri Vooruzhennykh Sil SSSR v voinakh, boevykh deistviyakh i voennykh konfliktakh: Statisticheskoe issledovanie* (The Stamp of Secrecy Is Removed:

———. "Yi jiu san liu nian Deng Fa qu gongchan guojide jianyao jingguo" (Brief Summary of Deng Fa's Trip to the Comintern in 1936). *Dangshi yanjiu* (Studies on party history), no.5 (1986): 73-74.

Huang Zheng. "Mao Anying." In Huang Hua, ed. *Zhonggongdang shi renwu zhuan* (Biographies of Persons in the History of the CCP). Vol. 21, 145-58. Xian: Shaanxi renmin chubanshe, 1985.

Hunt, Michael, and Steven I. *Levine. Arc of Empire: America's Wars in Asia from the Philippines to Vietnam.* Chapel Hill: University of North Carolina Press, 2012. Ivin, A. Ocherki partizanskogo dvizheniia v Kitae, 1927-1930 (Sketches of the Guerrilla Movement in China, 1927-1930). Moscow and Leningrad: GIZ, 1930.

———. Sovietskii Kitai (Soviet China). Moscow: "Molodaia gvardiia," 1931.

Jacobs, Dan N. *Borodin: Stalin's Man in China.* Cambridge, MA: Harvard University Press, 1981.

Jiang Boying, et al. "Deng Zihui." In Hu Hua, ed. *Zhonggongdang shi renwu zhuan* (Biographies of Persons in the History of the CCP). Vol. 7, 296-380. Xi'an: Shaanxi renmin chubanshe, 1990.

Jiang Xuanhua. "Dangde minzhu geming gangling de tichu he guogong hezuo celuede jige wenti" (Several Questions Regarding the Party Program for the Democratic Revolution and the Strategy of Cooperation Between the Guomindang and the CCP). *Jindaishi yanjiu* (Studies in modern history), no.2 (1985): 111-26.

Jiang Yihua. *Guomindang zuopai qizhi—Liao Zhongka*i (The Banner of the Left Guomindang—Liao Zhongkai). Shanghai: Shanghai renmin chubanshe, 1985.

Jiang Yongjing. *Baoluoting yu Wuhan zhengquan* (Borodin and the Wuhan Government). Taibei: Zhongguo xueshu zhuzuo jiangzhu weiyuanhui, 1963.

Jin Chongji, ed. *Liu Shaoqi zhuan 1898-1969* (Biography of Liu Shaoqi 1898-1969). 2.vols. Beijing: Zhongyang wenxian chubanshe, 2008.

———. *Mao Zedong zhuan (1893-1949)* (Biography of Mao Zedong [1893-1949]). Beijing: Zhongyang wenxian chubanshe, 2004.

———. *Zhou Enlai zhuan. 1898-1976* (Biography of Zhou Enlai. 1898-1976). 2 vols. Beijing: Zhongyang wenxian chubanshe, 2009.

Jin Qiu. *The Culture of Power: The Lin Biao Incident in the Cultural Revolution.* Stanford, CA: Stanford University Press, 1999.

Jing Fuzi. *Mao Zedong he tade nurenmen* (Mao Zedong and His Women). 6th ed. Taipei: Lianjing chuban shiye gongsi, 1993.

Jinggangshan douzheng dashi jieshao (Survey of Main Events in the Struggle in the Jinggang Mountains). Beijing: Jiefangjun chubanshe, 1985.

Jordan, Donald A. *China's Trial by Fire: The Shanghai War of 1932.* Ann Arbor: University of Michigan Press, 2001.

sentiabr' 1931 g.) (The Communist Party of China in the Initial Soviet Movement Period, July 1927-September 1931). Moscow: IDV AN SSSR, 1976.

Gu Ci. "Xiang Jingyu." In Hu Hua, ed. *Zhonggongdang shi renwu zhuan* (Biographies of Persons in the History of the CCP). Vol. 6, 58-90. Xi'an: Shaanxi renmin chubanshe, 1982.

Guo Jinrong. *Zoujin Mao Zedongde zuihou suiyue* (Entering the Last Years and Months of Mao Zedong's Life). Beijing: Zhonggong dangshi chubanshe, 2009.

Hai Lude. *Shenghuozhongde Mao Zedong* (Mao Zedong in Life). Beijing: Hualing chubanshe, 1989.

Hamilton, John Maxwell. *Edgar Snow: A Biography.* Bloomington: Indiana University Press, 1988.

Hamilton, Nigel. *Monty: Final Years of the Field-Marshal, 1944-1976.* New York: McGraw-Hill, 1987.

Han Yide, et al. *Li Dazhao shengping jinian* (Biographical Chronicle of Li Dazhao). Harbin: Heilongjiang renmin chubanshe, 1987.

Hastings, Max. *The Korean War.* New York: Simon & Schuster, 1987.

He Ganzhi. *Istoriia sovremennoi revoliutsii v Kitae* (History of the Contemporary Revolution in China). Moscow: Izdatel'stvo inostrannoi literatury, 1959.

He Long nianpu (Chronological Biography of He Long). Beijing: Zhonggong zhongyang dangxiao chubanshe, 1988.

Heinzig, Dieter. *The Soviet Union and Communist China 1945-1950: The Arduous Road to the Alliance.* Armonk, NY: M. E. Sharpe, 2004.

History of the Chinese Communist Party—A Chronology of Events (1919-1990). Beijing: Foreign Languages Press, 1991.

Hofheinz, Roy, Jr. *The Broken Wave: The Chinese Communist Peasant Movement.* Cambridge, MA: Harvard University Press, 1977.

Holubnychy, Lydia. *Michael Borodin and the Chinese Revolution, 1923-1925.* New York: Columbia University Press, 1979.

Horvath, George Paloczi. *Mao Tse-tung: Emperor of the Blue Ants.* London: Secker & War-burg, 1962.

Hsiao Tso-liang. *Power Relations within the Chinese Communist Movement, 1930-1934: A Study of Documents.* Seattle: University of Washington Press, 1967.

Hu Sheng, et al. *Zhongguo Gongchandang qishi nian* (Seventy Years of the Chinese Communist Party). Beijing: Zhonggong dangshi chubanshe, 1991.

Huang Lingjun, "Liu Shaoqi yu dayuejin" (Liu Shaoqi and the Great Leap Forward). *Zhongguo xiandaishi* (Contemporary history of China), no.7 (2003): 107-11.

Huang Qijun. "Wang Jiaxian 1937 nian qu gongchan guojide jianyao jingguo" (A Brief History of Wang Jiaxiang's Trip to the Comintern in 1937). *Dangshi yanjiu* (Studies on party history), no.6 (1987): 184-85.

Garver, John W. *Chinese-Soviet Relations, 1937-1945: The Diplomacy of Chinese Nationalism*. New York: Oxford University Press, 1988.

Geil, William Edgar. *Eighteen Capitals of China*. Philadelphia: Lippincott, 1911.

Gel'bras, V. G. *Sotsial'no-politicheskaiia struktura KNR, 50-60-e gody* (The Social-Political Structure of the PRC in the 1950s and 1960s). Moscow: Nauka, 1980.

Glunin, V. I. "The Comintern and the Rise of the Communist Movement in China (1920- 1927)." In R. A. Ulianovskii, ed. *The Comintern and the East: The Struggle for Leninist Strategy and Tactics in the National Liberation Movement,* 280-388. Moscow: Progress, 1969.

———. "Grigorii Voitinsky, 1893-1953." In G. V. Astafiev et al., eds. *Vidnye sovietskie kommunisty—uchastniki kitaiskoi revoliutsii* (Prominent Soviet Communists— Participants in the Chinese Revolution). Moscow: Nauka, 1970.

———. *Komintern i stanovlenie kommunisticheskogo dvizheniia v Kitae, 1920-1927* (The Comintern and the Rise of the Communist Movement in China, 1920-1927). In R.A.Ulianovskii, ed. Komintern i Vostok: Bor'ba za leninskuiu strategiiu i taktiku v natsional'no-osvoboditel'nom dvizhenii (The Comintern and the East: The Struggle for Leninist Strategy and Tactics in the National Liberation Movement). Moscow: Nauka, 1968.

———. *Kommunisticheskaia partiia Kitaia nakanune i vo vremia natsional'noi revoliutsii 1925-1927 gg.* (The Chinese Communist Party on the Eve and during the 1925-1927 National Revolution). 2 vols. Moscow: IDV AN SSSR, 1975.

Glunin, V. I., and A. S. Mugruzin. "Krest'ianstvo v kitaiskoi revoliutsii" (The Peasantry in the Chinese Revolution). In R. A. Ulyanovsky, ed. *Revoliutsionnyi protsess na Vostoke: Istoriia i sovremennost'* (The Revolutionary Process in the East: History and the Present), 111-65. Moscow: Nauka, 1982.

Gogol, N. V. *Dead Souls: A Poem*. Oxford: Oxford University Press, 1998.

Goncharenko, Sergei. "Sino-Soviet Military Cooperation." In O. Arne Westad, ed. *Brothers in Arms: The Rise and Fall of the Sino-Soviet Alliance, 1945-1963,* 141-64. Stanford, CA: Stanford University Press, 1998.

Goncharov, Sergei N., John W. Lewis, and Xue Litai. *Uncertain Partners: Stalin, Mao, and the Korean War*. Stanford, CA: Stanford University Press, 1993.

Gong Yuzhi, Pang Xiangzhi, and Shi Zhongquan. *Mao Zedongde dushu shenghuo* (Mao Zedong as a Reader). Beijing: Shenghuo. Dushu. Xinzhi sanlian shudian, 1986.

Grigoriev, A. M. *Antiimperialisticheskaiia programma kitaiskikh burzhuaznykh revoliutsionerov (1895-1905)* (The Anti-imperialist Program of the Chinese Bourgeois Revolutionaries [1895-1905]). Moscow: Nauka, 1966.

———. *Kommunisticheskaia partiia Kitaia v nachal'nyi period sovetskogo dvizheniia (iul' 1927 g.-*

Evans, Richard. *Deng Xiaoping and the Making of Modern China.* Rev. ed. London: Penguin, 1997.

Fairbank, John King. *The United States and China.* Cambridge, MA: Harvard University Press, 1948.

Faligot, Roger, and Remi Kauffer. *The Chinese Secret Service.* Trans. Christine Donougher. New York: Morrow, 1989.

Fang Daming, and Yang Busheng. "Yang Kaihui." In Hu Hua, ed. *Zhonggongdang shi renwu zhuan* (Biographies of Persons in the History of the CCP). Vol. 14, 246-59. Xi'an: Shaanxi renmin chubanshe, 1985.

Farnsworth, Robert M. *From Vagabond to Journalist: Edgar Snow in Asia 1928-1941.* Columbia: University of Missouri Press, 1996.

Feigon, Lee. *Chen Duxiu: Founder of the Chinese Communist Party.* Princeton, NJ: Princeton University Press, 1983.

———. *Mao. A Reinterpretation.* Chicago: Ivan R. Dee, 2002.

Fenby, Jonathan. *Chiang Kai-shek: China's Generalissimo and the Nation He Lost.* New York: Carroll & Graf, 2004.

Firsov, F. *Sekretnye kody Kominterna 1919-1943* (Secret Codes of the Comintern 1919- 1943). Moscow: AIRO-XX/Kraft+, 2007.

Galbiati, Fernando. *P'eng P'ai and the Hai-lu-feng Soviet.* Stanford, CA: Stanford University Press, 1985.

Galenovich, Yu. N. *Peng Dehuai i Mao Tszedun: Politicheskie lidery Kitaia XX veka* (Peng Dehuai and Mao Zedong: Political Leaders of Twentieth Century China). Moscow: Ogni, 2005.

———. *Smert' Mao Tszeduna* (The Death of Mao Zedong). Moscow: Izd-vo "Izograf," 2005.

Galitskii, V. P. *Tszian Tszinguo: Tragedia i triumf syna Chan Kaishi* (Jiang Jingguo: The Tragedy and Triumph of Chiang Kai-shek's Son). Moscow: RAU-Universitet, 2002.

Gan Hailan, ed. *Lao She nianpu* (Chronological Biography of Lao She). Beijing: Shumu wenxian chubanshe/Xinhua shudian jingxiao, 1989.

Ganshin, G., and T. Zazerskaia. "Ukhaby na doroge 'bratskoi druzhby' " (Potholes on the Road of "Fraternal Friendship"). *Problemy Da'nego Vostoka* (Far Eastern affairs), no.6 (1994): 67-72.

Gao Hua. *Hong taiyang shi zen me yang shengqi de: Yan'an zhengfeng yundong lailong qumai* (How the Red Sun Rose: Analysis of the Yan'an Rectification Movement). Hong Kong: Zhongwen daxue chubanshe, 2000.

Gao, Mobo G. G. *Gao Village: A Portrait of Rural Life in Modern China.* Honolulu: University of Hawai'i Press, 1999.

Gao Wenqian. *Zhou Enlai: The Last Perfect Revolutionary: A Biography. Trans. Peter Rand and Lawrence R. Sullivan.* New York: PublicAffairs, 2007.

Garushiants, Yu. M. *Dvizhenie 4 maia v Kitae* (The May Fourth Movement in China). Moscow: Nauka, 1959.

Cooper, Jerome. "Lawyers in China and the Rule of Law." *International Journal of the Legal Profession* 6, no.1 (1999): 71-89.

Cormack, J. G. *Chinese Birthday, Wedding, Funeral, and Other Customs*. Peking and Tientsin: La Librairie francaise, 1923.

Courtois, Stephane, et al. *The Black Book of Communism: Crimes, Terror, Repression.* Translated by Jonathan Murphy and Mark Kramer. Cambridge, MA: Harvard University Press, 1999.

Davin, Delia. *Mao Zedong*. Gloucestershire, UK: Sutton, 1997.

Deliusin, L. P. *Spor o sotsializme: Iz istorii obshchestvenno-politicheskoi mysli Kitaia v nachale 20-kh godov* (The Dispute over Socialism: From the History of Socio-Political Thought in China in the Early 1920s). Moscow: Nauka, 1970.

Deliusin, L. P., and A. S. Kostiaeva. *Revoliutsiia 1925-1927 v Kitae: Problemy i otsenki* (The Revolution of 1925-1927 in China: Problems and Assessment). Moscow: Nauka, 1985.

Dikotter, Frank. *Mao's Great Famine: The History of China's Most Devastating Catastrophe, 1958-1962.* New York: Walker, 2010.

Dillon, Michael, ed. *China: A Cultural and Historical Dictionary.* Richmond, UK: Curzon Press, 1998.

Dittmer, Lowell. *Liu Shao-ch'i and the Chinese Revolution: The Politics of Mass Criticism.* Berkeley: University of California Press, 1974.

Dong Wang. "The Quarreling Brothers: New Chinese Archives and a Reappraisal of the Sino-Soviet Split, 1959-1962." *CWIHP Working Paper,* no.36 (April 2002): 1-80.

Dostoevsky, Fyodor. *The Brothers Karamazov.* Translated by Constance Garnett. New York: Modern Library, 1996.

———. *Crime and Punishment.* Translated by Constance Garnett. New York: Modern Library, 1994.

———. *Possessed.* Translated by Constance Garnett. 2 vols. New York: Dutton, 1960.

Ehrenburg, G. "K voprosu o kharaktere i osobennostiakh narodnoi demokratii v Kitae" (On the Nature and Characteristics of People's Democracy in China). In L. V. Simonovskaia and M. F. Yuriev, eds. *Sbornik statei po istorii stran Dal'nego Vostoka* (Collection of Articles on the History of the Countries of the Far East), 5-21. Moscow: Izdatel'stvo MGU, 1952.

———. "Mao Tszedun" (Mao Zedong). *Za rubezhom* (Abroad), no.31 (63) (1992): 15.

———. *Sovetskii Kitai* (Soviet China). Moscow: Partizdat, 1933.

———. *Sovetskoe dvizhenie v Kitae* (The Soviet Movement in China). Moscow, 1933.

Erbaugh, Mary S. "The Secret History of the Hakkas: The Chinese Revolution as a Hakka Enterprise." *China Quarterly*, no.132 (1992): 937-68.

Esherick, Joseph W. *Reform and Revolution in China: The 1911 Revolution in Hunan and Hubei.* Berkeley: University of California Press, 1976.

Carter, Peter. *Mao.* New York: New American Library, 1980.

Chang, Jung, and Jon Halliday. *Mao: The Unknown Story.* London: Jonathan Cape, 2005.

Chang Kuo-hsing. *Mao Tse-tung and His China.* Hong Kong: Heinemann, 1978.

Chao Feng, ed. *"Wenhua da geming" cidian* (Dictionary of the Great Cultural Revolution). Taibei: Taiwan donghua shuju gufen youxian gongsi, 1993.

Cheek, Timothy, ed. *A Critical Introduction to Mao.* Cambridge: Cambridge University Press, 2010.

Chen Aifei, and Cao Zhiwei. *Zouchu guomende Mao Zedong* (Mao Zedong Abroad). Shijiazhuang: Hebei renmin chubanshe, 2001.

Chen, Jerome. Mao. *Englewood Cliffs,* NJ: Prentice-Hall, [1969].

———. *Mao and the Chinese Revolution.* New York: Oxford University Press, [1970].

Chen Jian. *China's Road to the Korean War. The Making of the Sino-American Confrontation.* New York: Columbia University Press, 1994.

———. "A Crucial Step towards the Breakdown of the Sino-Soviet Alliance: The Withdrawal of Soviet Experts from China in July 1960." *CWIHP Bulletin*, nos. 8-9 (1996/1997): 246, 249-50.

———. *Mao's China and the Cold War.* Chapel Hill: University of North Carolina Press, 2001.

———. "The Sino-Soviet Alliance and China's Entry into the Korean War." *CWIHP Working Paper,* no.1 (June 1992).

Chen Jian, and Yang Kuisong. "Chinese Politics and the Collapse of the Sino-Soviet Alliance." In O. Arne Westad, ed. *Brothers in Arms: The Rise and Fall of the Sino-Soviet Alliance, 1945-1963,* 246-94. Stanford, CA: Stanford University Press, 1998.

Chen Qingquan, and Song Guangwei. *Lu Dingyi zhuan* (Biography of Lu Dingyi). Beijing: Zhonggong dangshi chubanshe, 1999.

Chen Yutang. *Zhonggong dangshi renwu bieming lu* (zihao, biming, huaming) (Collection of Pseudonyms of CCP Historical Personalities [Aliases, Pen Names, Other Names]). Beijing: Hongqi chubanshe, 1985.

Chen Zhiling. "Li Fuchun." In Hu Hua, ed., *Zhonggongdang shi renwu zhuan* (Biographies of Persons in the History of the CCP), vol. 44, 1-112. Xi'an: Shaanxi renmin chubanshe, 1990.

Cheng Bo. *Zhonggong "bada" juece neimu* (Behind the Scenes Decision-making at the Eighth Congress of the CCP). Beijing: Zhonggong dang'an chubanshe, 1999.

Chow Tse-tsung. *The May Fourth Movement: Intellectual Revolution in Modern China.* Cambridge, MA: Harvard University Press, 1960.

Clodfelter, Micheal. *Warfare and Armed Conflicts: A Statistical Encyclopedia of Casualty and Other Figures, 1494-2007.* 3rd ed. Jefferson, NC: McFarland, 2008.

Confucius. *The Analects of Confucius.* Translated by Simon Leys. New York: Norton, 1997.

London: Kegan Paul International, 1993.

Becker, Jasper. *Hungry Ghosts: Mao's Secret Famine.* New York: Free Press, 1996.

Benton, Gregor. *China's Urban Revolutionaries: Explorations in the History of Chinese Trotskyism.* Atlantic Highlands, NJ: Humanities Press, 1996.

Benton, Gregor, and Lin Chun, eds. *Was Mao Really a Monster? The Academic Response to Chang and Halliday's "Mao: The Unknown Story."* London: Routledge, 2010.

Bernal, Martin. *Chinese Socialism to 1907.* Ithaca, NY: Cornell University Press, 1976.

Bianco, Lucian. *Peasants Without the Party: Grass-roots Movements in Twentieth-Century China.* Armonk, NY: M. E. Sharpe, 2001.

Bing, Dov. "Sneevliet and the Early Years of the CCP." *China Quarterly*, no.48 (1971): 687-95.

Bisson, T. A. "China's Part in a Coalition War." *Far Eastern Survey,* no.12 (1939): 139.

Bony, L. D. "Mekhanizm iz"iatiia tovarnogo zerna v KNR (50'e gody)" (The Mechanism of Grain Acquisition in the PRC in the 1950s). In L. P. Deliusin, ed. *Kitai: Gosudarstvo i obshchestvo* (China: State and Society), 275-95. Moscow: Nauka, 1977.

Borisov, O. (O. B. Rakhmanin). *Iz istorii sovetsko-kitaiskikh otnoshenii v 50-kh godakh (k.diskussii v KNR o Mao Tszedune)* (On the History of Sino-Soviet Relations in the 1950s: Regarding the Discussion in the PRC on Mao Zedong). Moscow: Mezhdunarodnye otnosheniia, 1981.

Borokh, L. N. *Konfutsianstvo i evropeiskaia mysl' na rubezhe XIX-XX vekov: Lian Tsichao i teoriia obnovleniia naroda* (Confucianism and European Thought at the Turn of the Nineteenth-Twentieth Centuries: Liang Qichao and the Renovation of the People Theory). Moscow: Nauka, 2001.

———. *Obshchestvennaia mysl' Kitaia i sotsialism (nachalo XX v.).* (Social Thought in China and Socialism in the Early Twentieth Century). Moscow: Nauka, 1984.

Burlatskii, F. *Mao Zedong.* Moscow: Ripol Classic, 2003.

———. *Mao Zedong i ego nasledniki* (Mao Zedong and His Successors). Moscow: Mezhdunarodnye otnosheniia, 1979.

———. *Mao Zedong: "Nash koronnyi nomer—eto voina, diktatura . . ."* (Mao Zedong: "Our Main Act Is War, and Dictatorship . . ."). Moscow: Mezhdunarodnye otnosheniia, 1976.

———. *Mao Zedong, Tsian Tsin and sovetnik Den* (Mao Zedong, Jiang Qing and the Adviser Deng). Moscow: Eksmo-press, 2003.

———. *Nikita Khrushchev.* Moscow: Ripol Classic, 2003.

Byron, John, and Robert Pack. *The Claws of the Dragon: Kang Sheng—The Evil Genius Behind Mao and His Legacy of Terror in People's China.* New York: Simon & Schuster, 1992.

Carter, Carrole J. *Mission to Yenan: American Liaison with the Chinese Communists 1944- 1947.* Lexington: University Press of Kentucky, 1997.

Renmin zhengxie bao (Newspaper of the Chinese People's Political Consultative Conference). Beijing, 2004.

Republican China. Urbana, IL, 1994.

Rossia. Kitai. XXI vek (Russia. China. The 21st Century). Moscow, 2006-2007.

Russian History. Pittsburgh, PA, 2002.

Segodnia (Today). Ukraine, 1989.

Shanghai shifan xueyuan xuebao (Herald of Shanghai Normal Institute). Shanghai, 1984.

Twentieth-Century China. Columbus, OH, 2008.

Vestnik Moskovskogo Universiteta (Herald of Moscow University). Series 13: *Vostokovedenie* (Oriental studies). Moscow, 2005.

Voprosy istorii (Problems of history). Moscow, 1990.

Voprosy istorii KPSS (Problems of history of the Communist Party of the Soviet Union). Moscow, 1958.

Vremia novostei (News hour). Moscow, 2004.

Wenshi cankao (History reference). Beijing, 2010.

Xianqu (Pioneer). Beijing, 1922-1923.

Xiangjiang pinglun (Xiang River review). Changsha, 1919.

Xin Hunan (New Hunan). Changsha, 1919.

Xin qingnian (New youth). Shanghai, 1919-1925.

Xin Zhonghua bao (New China). Yan'an, 1939.

Xinmin wanbao (The renovation of people evening newspaper). Shanghai, 2004.

Za rubezhom (Abroad). Moscow, 1934.

Zhongguo xiandaishi (Contemporary history of China). Beijing, 1989-2003.

Zhuanji wenxue (Biographical literature). Taipei, 2004.

Znamia (Banner). Moscow, 1940, 1997.

二手著作

Afanasiev, A. G. (A. G. Krymov), ed. *Dvizhenie "4 maia" 1919 goda v Kitae. Sbornik statei* (The May 4, 1919, Movement in China: Collected Articles). Moscow: Nauka, 1971.

All About Shanghai and Environs: A Standard Guide Book: Historical and Contemporary Facts and Statistics. Shanghai: University Press, 1934.

Averill, Stephen C. "The Origins of the Futian Incident." In Tony Saich and Hans J. van de Ven, eds. *New Perspectives on the Chinese Communist Revolution, 79-115.* Armonk, NY: M. E. Sharpe, 1995.

Barnouin, Barbara, and Yu Changgen. *Ten Years of Turbulence: The Chinese Cultural Revolution.*

Gemingshi ziliao (Materials on revolutionary history). Beijing, 1981.
Gemingshi ziliao (Materials on revolutionary history). Shanghai, 1986.
Guangming ribao (Enlightenment daily). Beijing, 1988.
Guoji gongyun (International communist movement). Beijing, 1983.
Hongqi (Red Flag). Beijing, 1981.
International Journal of the Legal Profession. Abingdon, Oxfordshire, U.K., 1999.
Internatsional'naia literatura (International literature). Moscow, 1937.
Istoricheskii arkhiv (Historical archive). Moscow, 1992-1996.
Izvestiia (News). Moscow, 1994.
Izvestiia TsK KPSS (News of the CPSU CC). Moscow, 1989-1991.
Issues & Studies. Taipei, 1994-2005.
Jiefang ribao (Liberation daily). Beijing, 2005.
Jindaishi yanjiu (Studies in modern history). Shanghai, 1985-2009.
Kanton (Canton). Canton, 1927.
Kentavr (Centaur). Moscow, 1992.
Kommunist (The Communist). Moscow, 1964-1966.
Kommunisticheskii Internatsional (Communist International). Moscow, 1920-1927, 1934, 1936.
Life. New York, 1971.
Lishi yanjiu (Studies in history). Beijing, 1998.
Lishi jiaoxue (Teaching of history). Tianjin, 2005.
Mao Zedong sixiang yanjiu (Studies in Mao Zedong Thought). Chengdu, 1990.
Minguo dang'an (Republican archives). Nanjing, 1998.
Minguo ribao (Republican daily). Shanghai, 1917.
Moskovskii komsomolets (Moscow Young Communist). Moscow, 2002.
Narody Azii i Afriki (Peoples of Asia and Africa). Moscow, 1972-1976.
Nezavisimoe voennoe obozrenie (Independent military review). Moscow, 2008.
Novaia i noveishaia istoriia (Modern and contemporary history). Moscow, 1989-2011.
Ogonek (Little light). Moscow, 1999.
Pravda, (Truth). Petrograd-Moscow, 1917-2009.
Problemy Dal'nego Vostoka (Far Eastern Affairs). Moscow.
Problemy Kitaia (Problems of China). Moscow, 1929.
Problemy vostokovedeniia (Problems of Oriental studies). Moscow, 1960.
Rabochii klass i sovremennyi mir (The working class and the contemporary world). Moscow, 1971-1982.
Renmin ribao (People's daily). Beijing, 1949-1983.

Galenovich, *Smert' Mao Tszeduna* (The Death of Mao Zedong), 79-106. Moscow: Izd-vo "Izograf," 2005.

Zhang Yunsheng, and Zhang Congkun. *"Wen ge" qijian wo gei Lin Biao dang mishu* (I.Served as Lin Biao's Secretary during the "Cultural Revolution"). 2 vols. Hong Kong: Xianggang Zhonghua ernu chubanshe youxian gongsi, 2003.

Zheng Chaolin. *An Oppositionist for Life: Memoirs of the Chinese Revolutionary Zheng Chaolin.* Translated by Gregor Benton. Atlantic Highlands, NJ: Humanities Press, 1997.

———. *Zheng Chaolin huiyilu* (Memoirs of Zheng Chaolin). [Hong Kong], 1982.

Zhou Enlai. *Zhou Enlai zishu* (Autobiographical Notes of Zhou Enlai). Beijing: Jiefangjun wenyi chubanshe, 2002.

Zhou Lipo. "A Visit to His Hometown." In *Mao Zedong: Biography—Assessment— Reminiscences,* 233-38. Beijing: Foreign Languages Press, 1986.

Zhou Shizhao, et al. *Wusi yundong zai Hunan* (The May Fourth Movement in Hunan). Changsha: Hunan renmin chubanshe, 1959.

Zhu Zhongli. *Cancan hongye* (A Bright Red Leaf). Changsha: Hunan renmin chubanshe, 1985.

報紙及期刊

Bainian chao (Century tides). Beijing, 2001-2005.

Biulleten' IV Kongressa Kommunisticheskogo Internatsionala (Bulletin of the Fourth Congress of the Communist International). Moscow, 1922.

Biulleten' oppozitsii (bol'shevikov-lenintsev) (Bulletin of the opposition of the Bolsheviks and Leninists). Paris, New York, 1929-1941.

Bolshevik (Bolshevik). Moscow, 1925-1927.

The China Quarterly. London, 1960-2009.

Chinese Historians, College Park, MD, 1990-1996.

Cold War International History Bulletin. Washington, D.C., 1992-2008.

Dangbao (Party paper). Shanghai, 1923-1924.

Dangshi yanjiu (Studies on party history). Beijing, 1986-1987.

Dangshi yanjiu ziliao (Study materials on party history). Beijing, 1979-2009.

Duel' (Duel). Moscow, 1996-1997.

Ershiyi shiji (The Twenty-first century). Hong Kong, 2007.

Europe-Asia Studies. Glasgow, 1994.

Far Eastern Survey, New York, 1939.

Wang Guangmei, and Liu Yuan. *Ni suo bu zhidaode Liu Shaoqi* (The Unknown Liu Shaoqi). Zhengzhou: Henan renmin chubanshe, 2000.

Wang Hebin. *Jinshi shusheng—Mao Zedong mishu jiedu Maoti moji* (The Great, Internationally Recognized Master of Calligraphy—Mao Zedong's Secretary Deciphers Mao's Handwriting). Beijing: Changzheng chubanshe, 2004.

Wang Ming. *Mao's Betrayal. Translated by Vic Schneierson.* Moscow: Progress, 1979.

Witke, Roxane. *Comrade Chiang Ch'ing.* Boston: Little, Brown, 1977.

Wu Lengxi. *Shinian lunduan: Zhongsu guanxi huiyilu (1956-1966)* (The Ten-Year Debate: Memoirs of Sino-Soviet Relations [1956-1966]). 2 vols. Beijing: Zhongyang wenxian chubanshe, 1999.

———. *Yi Mao zhuxi: Wo qinshen jinglide ruogan zhongda lishi shijian pianduan* (Remembering Chairman Mao: Some Important Historical Events from My Own Life). Beijing: Xinhua chubanshe, 1995.

Wu Liangping. "Qianyan." In Wu Liangping, ed. *Mao Zedong yi jiu san liu nian tong Sinuode tanhua: guanyu zijide geming jingli he hongjun changzheng deng wenti* (Mao Zedong's 1936 Talks with Snow: On his Revolutionary road, the Red Army Long March, and Other Questions), 1-9. Beijing: Renmin chubanshe, 1979.

Xiao Jingguang. "Fusu xuexi qianhou" (Before and After Studying in the Soviet Union). *Gemingshi ziliao* (Materials on revolutionary history), Beijing, no.3 (1981): 1-21.

Xue Muqiao. "Huainian weidade makesizhuyizhe Liu Shaoqi tongzhi" (Warmly Remembering the Great Marxist Comrade Liu Shaoqi). *Guangming ribao* (Enlightenment daily), November 24, 1988.

Yakovlev, M. I. *17 let v Kitae* (Seventeen Years in China). Moscow: Politizdat, 1981.

Yan Wen (A. G. Krymov). "Vospominanie o 'dvizhenii 4 maia'" (Reminiscences of the 'May Fourth Movement'). In A. G. Afanasiev (A. G. Krymov), ed., *Dvizhenie 4 maia 1919 goda v Kitae: Sbornik statei* (The May 4, 1919, Movement in China: Collected Articles), 128-31. Moscow: Nauka, 1971.

Yang, Rae. *Spider Eaters: A Memoir.* Berkeley: University of California Press, 1997.

Yang Shangkun. Y*ang Shangkun huiyilu* (Memoirs of Yang Shangkun). Beijing: Zhongyang wenxian chubanshe, 2001.

Ye Zilong. Y*e Zilong huiyilu* (Memoirs of Ye Zilong). Beijing: Zhongyang wenxian chubanshe, 2000.

Yu Guangyuan. *Wo yi Deng Xiaoping* (I Remember Deng Xiaoping). Hong Kong: Shidai guoji chuban youxian gongsi, 2005.

Zhang Yaoci. *Zhang Yaoci huiyilu—Zai Mao zhuxi shenbiande rizi* (Memoirs of Zhang Yaoci—Days at the Side of Chairman Mao). Beijing: Zhonggong dangshi chubanshe, 2008.

Zhang Yufeng. "Neskol'ko shtrikhov k kartine poslednikh let zhizni Mao Tszeduna, Chzhou Enlaia" (Some Brushstrokes Toward a Picture of the Last Years of Mao Zedong and Zhou Enlai). In Yu. N.

———. *The Other Side of the River: Red China Today.* New York: Random House, 1962.

———. *Random Notes on Red China (1936-1945).* Cambridge, MA: East Asian Research Center, Harvard University, 1957.

———. *Red Star Over China.* London: Victor Gollancz, 1937.

Snow, Helen Foster (Nym Wales). *The Chinese Communists: Sketches and Autobiographies of the Old Guard.* Westport, CT: Greenwood, 1972.

———. *Inside Red China.* New York: Da Capo Press, 1977.

———. *My China Years.* New York: Morrow, 1984.

Snow, Lois Wheeler. *A Death with Dignity: When the Chinese Came.* New York: Random House, [1975].

———. *Edgar Snow's China: A Personal Account of the Chinese Revolution Compiled from the Writings of Edgar Snow*. New York: Random House, 1981.

Sun Yong. *Zai Mao zhuxi shenbian ershi nian* (Twenty Years at the Side of Chairman Mao). Beijing: Zhongyang wenxian chubanshe, 2010.

Tikhvinsky, S. L. "Kitai v moei zhizni" (China in My Life). *Problemy Dal'nego Vostoka* (Far Eastern affairs), no.3 (1989): 104-19; no.4 (1989): 103-17; no.4 (1990): 103-12; no.5 (1990): 99-108.

Utley, Freda. *China at War.* New York: John Day, 1939.

Vereshchagin, B. N. *V starom i novom Kitae: Iz vospominanii diplomata* (In Old and New China: Reminiscences of a Diplomat). Moscow: IDV RAN, 1999.

Vidali, Vittorio. *Diary of the Twentieth Congress of the Communist Party of the Soviet Union.* Translated by Nell Amter Cattonar and A. M. Elliot. Westport, CT: Lawrence Hill/ Journeyman Press, 1974.

Vishnevskaia, Galina. Galina. *Istoriia zhizni* (Galina: A Life Story). Moscow: Gorizont, 1991.

Vishniakova-Akimova, V.V. *Dva goda v vostavshem Kitae, 1925-1927: Vospominaniia* (Two Years in Revolutionary China, 1925-1927: Memoirs). Moscow: Nauka, 1965.

———. *Two Years in Revolutionary China, 1925-1927.* Translated by Steven I. Levine. Cambridge, MA: East Asian Research Center, Harvard University, 1971.

Vladimirov, P. P. *Osobyi raion Kitaia 1942-1945* (Special Region of China 1942-1945). Moscow: APN, 1975.

Voitinsky, G. "Moi vstrechi s Sun Yat-senom" (My Meetings with Sun Yat-sen). *Pravda* (Truth), March 15, 1925.

Vsiudu krasnye znamena: Vospominaniia i ocherki o vtoroi grazhdanskoi revoliutsionnoi voine (Red Banners Everywhere: Reminiscences and Sketches of the Second Revolutionary Civil War). Moscow: Voenizdat, 1957.

Wales, *Nym. My Yenan Notebooks.* Madison, CT: Morrow, 1961.

Wang Fanxi. *Shuangshan huiyilu* (Memoirs of Shuangshan). Hong Kong: Zhou, 1977.

Rittenberg, Sidney, and Amanda Bennett. *The Man Who Stayed Behind.* New York: Simon & Schuster, 1993.

Romm, M. *Ustnye rasskazy* (Oral Tales). Moscow: "Kinotsentr," 1991.

Russell, Bertrand. *The Autobiography of Bertrand Russell: 1914-1944.* Boston: Little, Brown, 1956.

Semenov, G. G. *Tri goda v Pekine: Zapiski voennogo sovetnika* (Three Years in Beijing: Notes of a Military Adviser). Moscow: Nauka, 1978.

Shao Hua. *Mao Zedong zhilu—zhuixun fuqinde zuji* (Mao Zedong's Road—Following in Father's Footsteps). Kunming: Yunnan jiaoyu chubanshe, 2001.

Shepilov, D. T. "Vospominaniia" (Reminiscences). *Voprosy istorii* (Problems of history), no.9 (1998): 18-33; no.10 (1998): 3-31.

Shi Zhe. *Feng yu gu—Shi Zhe huiyilu* (Summit and Abyss—Reminiscences of Shi Zhe). Beijing: Hongqi chubanshe, 1992.

———. *Zai lishi juren shenbian* (At the Side of Historical Titans). Rev. ed. Beijing: Zhongyang wenxian chubanshe, 1995.

Shi Zhe, and Li Haiwen. *Zhongsu guanxi jianzheng lu* (Eyewitness Notes on Sino-Soviet Relations). Beijing: Dangdai Zhongguo chubanshe, 2005.

Shi Zhe, and Shi Qiulang. *Wode yisheng—She Zhe zishu* (My Life—She Zhe's Reminiscences). Beijing: Renmin chubanshe, 2002.

Shipman, Charles. I*t Had to Be Revolution: Memoirs of an American Radical.* Ithaca: Cornell University Press, 1993.

Siao-yu. *Mao Tse-tung and I Were Beggars.* Syracuse, NY: Syracuse University Press, 1959.

Simonov, Konstantin. *Istorii tiazhelaia voda* (The Heavy Water of History). Moscow: Vagris, 2005.

Sinuo lu, *Wang Heng yi* (Snow's recording, Wang Heng's translation). Mao Zedong zizhuan (Autobiography of Mao Zedong). Shanghai: Liming shuju, 1937.

———. *Mao Zedong zizhuan* (Autobiography of Mao Zedong). Beijing: Jiefangjun wenyi chubanshe, 2001.

Smedley, Agnes. *Battle Hymn of China.* New York: Knopf, 1943.

———. *China Fights Back: An American Woman with the Eighth Route Army.* New York: Vanguard Press, 1938.

———. *The Great Road: The Life and Times of Chu Teh.* New York: Monthly Review Press, 1956.

Snow, Edgar. "A Conversation with Mao Tse-tung." *Life,* April 30, 1971, 46-48.

———. *Geroicheskii narod Kitaia* (Heroic People of China). Translated by L. Mirtseva. Moscow: "Molodaia gvardiia," 1938.

———. *Journey to the Beginning.* New York: Random House, 1958.

———. *The Long Revolution.* New York: Random House, 1972.

Martynov, A. A., et al., eds. *Velikii pokhod 1-go fronta Kitaiskoi raboche-krest'ianskoi krasnoi armii: Vospominaniia* (The Long March of the First Front Chinese Worker-Peasant Red Army: Reminiscences). Translated by A.A.Klyshko et al. Moscow: Izd-vo inostrannoi literatury, 1959.

Mikoyan, *A. I. Tak bylo: Razmyshleniia o minuvshem* (How It Was: Reflections on the Past). Moscow: Vagrius, 1999.

Montgomery of Alamein, Bernard Law, Field-Marshal the Viscount. *Three Continents: A Study of the Situation and Problems in Asia, Africa, and Central America, and the Relationship of Those Areas to Defence Policies in the 1960's and to the British Commonwealth.* London: Collins, 1962.

Nanwangde huiyi: Huainian Mao Zedong tongzhi (Unforgettable Recollections: Warmly Remembering Comrade Mao Zedong). Beijing: Zhongguo qingnian chubanshe, 1985.

Nie Rongzhen. *Inside the Red Star: The Memoirs of Marshal Nie Rongzhen.* Beijing: New World Press, 1983.

Nixon, Richard. *In the Arena: A Memoir of Victory, Defeat and Renewal.* New York: Simon & Schuster, 1990.

———. *RN: The Memoirs of Richard Nixon.* New York: Grosset & Dunlap, 1978. Paniushkin, A. S. Zapiski posla: Kitai 1939-1955 gg. (Notes of the Ambassador: China 1939-1955). Moscow: IDV AN SSSR, 1981.

Pantsov, A. V. "Sud'ba kitaiskogo trotskista" (The Fate of a Chinese Trotskyist). *Problemy Dal'nego Vostoka* (Far Eastern affairs), no.3 (1998): 97-107; no.4 (1998): 81-90.

Peng Dehuai. *Memoirs of a Chinese Marshal: The Autobiographical Notes of Peng Dehuai (1898-1974).* Translated by Zheng Longpu. Beijing: Foreign Languages Press, 1984.

———. *Memuary marshala* (Memoirs of a Marshal). Translated by A. V. Pantsov, V. N. Usov, and K. V. Sheveliev. Moscow: Voenizdat, 1988.

Peng Pai. *Zapiski Pen Paia* (Notes of Peng Pai). Translated by A. Ivin. Moscow: Zhurnal'nogazetnoe ob"edinenie, 1938.

Pu Yi. *From Emperor to Citizen.* Translated by W. J. F. Jenner. New York: Oxford University Press, 1987.

Qiwu lao-ren (Bao Huiseng). "Do i posle obrazovaniia Kommunisticheskoi partii Kitaia" (Before and After the Formation of the Communist Party of China). *Rabochii klass i sovremennyi mir* (The working class and the contemporary world), no.2 (1971): 117-27.

Qu Qiubai. *Superfluous Words.* Translated by Jamie Greenbaum. Canberra: Pandanus Books, 2006.

Quan Yanchi. *Mao Zedong: Man, Not God.* Beijing: Foreign Languages Press, 1992. Rakhmanin, O. B. "Vzaimnootnosheniia mezhdu I. V. Stalinym i Mao Tszedunom glazami ochevidtsa" (Relations between J. V. Stalin and Mao Zedong Through the Eyes of an Eyewitness). *Novaia i noveishaia istoriia* (Modern and contemporary history), no.1 (1998): 78-91.

Beijing: Waiyu jiaoxue yu yanjiu chubanshe, 1994.

Li Zhisui. *The Private Life of Chairman Mao: The Memoirs of Mao's Personal Physician.* Translated by Tai Hung-chao. New York: Random House, 1994.

Liu Shaoqi. *Liu Shaoqi zishu* (Autobiographical Notes of Liu Shaoqi). Beijing: Jiefangjun wenyi chubanshe, 2002.

Liu Xiao. *Chushi Sulian ba nian* (Eight Years as Ambassador to the USSR). Beijing: Zhonggong dangshi chubanshe, 1998.

Liu Xing. "Do i posle 'vosstaniia osennego urozhaia' " (Before and After the "Autumn Harvest Uprising"). In *Vsiudu krasnye znamena: Vospominaniia i ocherki o vtoroi grazhdanskoi revoliutsionnoi voine* (Red Banners Everywhere: Reminiscences and Sketches of the Second Revolutionary Civil War), 21-27. Moscow: Voenizdat, 1957.

Lominadze, Sergo. "Deviatnadtsatoe ianvaria" (January 19). *Znamia* (Banner) 11 (1997): 149-63.

Lu Lin, and Chen Dejin, eds. *Hongse jiyi: Zhongguo gongchandang lishi koushu shilu (1949- 1978)* (Red Reminiscences: True Oral Stories of the History of the Chinese Communist Party [1949-1978]). 3 vols. Jinan: Shandong renmin chubanshe, 2002.

Luosu (Russell). "You E ganxiang" (Impressions of a Journey to Russia). *Xin qingnian* (New youth) 8, no.2 (1920): 1-12.

Mao Xinyu. *Qinqingde niudai: xie zai yeye Mao Zedong danchen 110 zhounian* (Dear Links: In Commemoration of the 110th Anniversary of My Grandfather Mao Zedong's Birthday). Beijing: Zhongyang wenxian chubanshe, 2003.

———. *Wode bofu Mao Anying* (My Uncle Mao Anying). Beijing: Changcheng chubanshe, 2000.

———. *Yeye jili wo chengzhang* (Grandfather Influenced My Raising). Beijing: Zhongguo mangwen chubanshe, 2006.

———. *Yeye Mao Zedong* (Grandfather Mao Zedong). Beijing: Zhongguo mangwen chubanshe, 2003.

———. *Yeye shuai hongjun zouguo: Mao Xinyu hua changzheng* (Grandfather Leads the Red Army: Mao Xinyu Talks About the Long March). Beijing: Huawen chubanshe, 2007.

Mao Zedong: Biography—Assessment—Reminiscences. Beijing: Foreign Languages Press, 1986.

Mao Zedong. Avtobiografiia; Stikhi (Autobiography; Poems). Translated by A. Pantsov. Moscow: Rubezhi XXI veka, 2008.

———. *Mao Zedong zishu* (Autobiographical Notes of Mao Zedong). Beijing: Jiefangjun wenyi chubanshe, 2001.

———. *Mao Zedong zizhuan* (Autobiography of Mao Zedong). Hong Kong, n.d.

———. "Moia zhizn' " (My Life). *Internatsional'naia literatura* (International literature), no.11 (1937): 101-11; no.12 (1937): 95-101.

Leung, Laifong. *Morning Sun: Interviews with Chinese Writers of the Lost Generation.* Armonk, NY: M. E. Sharpe, 1994.

Li Chongde. "Escorting Mao Zedong's Sons to Shanghai." In *Mao Zedong: Biography— Assessment— Reminiscences, 222-26.* Beijing: Foreign Languages Press, 1986.

Li Genqiao. *Zouxiang shentande Mao Zedong* (Mao Zedong Raised Up to the Sacred Throne). Beijing: Zhongwei wenhu chuban gongsi, 1989.

Li Jiaji, and Yang Qingwang. *Lingxiu shenbian shisan nian—Mao Zedong weishi Li Jiaji fangtan lu* (Thirteen Years at the Side of the Leader—Records of Conversations with Mao Zedong's Bodyguard Li Jiaji). 2 vols. Beijing: Zhongyang wenxian chubanshe, 2007.

Li Jing, ed. *Shihua shishuo Fengzeyuan* (True Stories About the Garden of Abundant Reservoirs). 2 vols. 4th ed. Beijing: Zhongguo qingnian chubanshe, 2010.

Li.Min. *Moi otets Mao Tszedun* (My Father Mao Zedong). Beijing: Izdatel'stvo literatury na inostrannykh iazykakh, 2004.

Li.Min, et al., eds. *Zhenshide Mao Zedong: Mao Zedong shenbian gongzuo renyuande huiyi* (The Real Mao Zedong: Recollections of People Who Worked with Mao Zedong). Beijing: Zhongyang wenxian chubanshe, 2004.

Li Rui. *Lushan huiyi shilu* (The True Record of the Lushan Plenum). Beijing: Chunqiu chubanshe/Hunan jiaoyu chubanshe, 1989.

Li Ruilin. "Vosstanie v Ningdu" (Uprising in Ningdu). In *Vsiudu krasnye znamena: Vospominaniia i ocherki o vtoroi grazhdanskoi revoliutsionnoi voine* (Red Banners Everywhere: Reminiscences and Sketches of the Second Revolutionary Civil War), 52-58. Moscow: Voenizdat, 1957.

Li Sha. *Wode zhongguo yuanfen: Li Lisan furen Li Sha huiyilu* (My Chinese Fate: Memoirs of Li Lisan's Wife Li Sha). Beijing: Waiyu jiaoxue yu yanjiu chubanshe, 2009.

Li Weihan. *Huiyi yu yanjiu* (Reminiscences and Studies). 2 vols. Beijing: Zhonggongdang shi ziliao chubanshe, 1986.

Li Youjiu. "Deng Zihui yu nongye hezuohua yundong" (Deng Zihui and the Movement for Agricultural Cooperativization). In Lu Lin and Chen Dejin eds., *Hongse jiyi: Zhongguo gongchandang lishi koushu shilu (1949-1978)* (Red Reminiscences: True Oral Stories of the History of the Chinese Communist Party [1949-1978]), 241-50. Jinan: Shandong renmin chubanshe, 2002.

Li Yueran. "Mao zhuxi di erci fangwen Sulian" (Chairman Mao's Second Visit to the Soviet Union). In Li.Min et al., eds. *Zhenshide Mao Zedong: Mao Zedong shenbian gongzuo renyuande huiyi* (The Real Mao Zedong: Recollections of People Who Worked with Mao Zedong), 566-78. Beijing: Zhongyang wenxian chubanshe, 2004.

———. *Waijiao wutai shang de xin Zhongguo lingxiu* (Leaders of New China in the Diplomatic Arena).

Khrushchev, Nikita S. *Memoirs of Nikita Khrushchev.* 3 vols. Translated by George Shriver. University Park: Pennsylvania State University Press, 2007-2008.

———. *Vospominaniia: Izbrannye fragmenty* (Reminiscences: Selected Fragments). Moscow: Vagrius, 1997.

———. *Vremia, Liudi, Vlast': Vospominaniia* (Time, People, Power: Memoirs). 4 vols. Moscow: Moskovskie novosti, 1999.

Kissinger, Henry A. *White House Years.* Boston: Little, Brown, 1979.

———. *Years of Upheaval.* Boston: Little, Brown, 1982.

Klochko, *Mikhail A. Soviet Scientist in Red China.* Translated by Andrew MacAndrew. New York: Praeger, 1964.

Kong Dongmei. *Fankai wo jia laoyingji: Wo xinzhongde waigong Mao Zedong* (Opening the Old Photo Albums of My Family: My Grandfather Mao Zedong Is in My Heart). Beijing: Zhongyang wenxian chubanshe, 2003.

———. *Gaibian shijiede rizi: yu Wang Hairong tan Mao Zedong waijiao wangshi* (Days that Changed the World: Talking to Wang Hairong about Mao Zedong's Foreign Policy). Beijing: Zhongyang wenxian chubanshe, 2006.

———. "Mao Zedong, He Zizhen fufu: wei geming tongshi wu ge zinu" (A Couple Mao Zedong and He Zizhen: They Painfully Sacrificed Five Sons and Daughters for the Revolution). *Jiefang ribao* (Liberation daily), March 7, 2005.

———. T*ing waipo jiang neiguoqude shiqing—Mao Zedong yu He Zizhen* (Listening to Grandmother's Stories About Her Past—Mao Zedong and He Zizhen). Beijing: Zhongyang wenxian chubanshe, 2005.

Koval, K. I. "Moskovskiie peregovory I. V. Stalina s Chzhou En'laem v 1952 g. i N. S. Khrushcheva s Mao Tszedunom v 1954 g." (J. V. Stalin's Negotiations in Moscow with Zhou Enlai in 1952 and N. S. Khrushchev's with Mao Zedong in 1954). *Novaia i noveishaia istoriia* (Modern and contemporary history), no.5 (1989): 104-19.

Kovalev, I. V. "Dialog Stalina s Mao Tszedunom" (Stalin's Dialogue with Mao Zedong). *Problemy Dal'nego Vostoka* (Far Eastern affairs), no.6 (1991): 83-93; nos. 1-3 (1992): 77-91.

———. "Rossiia v Kitae (S missiei v Kitae)" (Russia in China: My Mission to China). *Duel'* (Duel), November 5, 11, 19, 25, December 3, 17, 1996, January 14, February 11, 25, March 25, April 8, 1997.

Krutikov, K. I. *Na kitaiskom napravleniu: Iz vospominanii diplomata* (Pointed Toward China: A Diplomat's Reminiscences). Moscow: IDV RAN, 2003.

Lamotte, Ellen N. *Peking Dust.* New York: Century, 1920.

———. "Vizit N. Khrushcheva v Pekin" (N. Khrushchev's Visit to Beijing). *Problemy Dal'nego Vostoka* (Far Eastern affairs), no.1 (1990): 121-28.

Fedotov, V. P. *Polveka vmeste s Kitaem: Vospominaniia, zapisi, razmyshleniia* (A Half Century Together with China: Reminiscences, Notes, Thoughts). Moscow: ROSSPEN, 2005.

Fischer, Louis. *Men and Politics: An Autobiography.* New York: Duell, Sloan & Pearce, 1941.

Forman, Harrison. *Report from Red China.* New York: Henry Holt, 1945.

———. *V Novom Kitae* (In New China). Moscow: Izdatel'stvo inostrannoi literatury, 1948.

Gromyko, A.A. *Pamiatnoe* (Remembered). 2 vols. Moscow: Politizdat, 1988.

———. *Pamiatnoe* (Remembered). 2 vols. 2nd, enlarged ed. Moscow: Politizdat, 1990.

Guo Shaotang. *Istoriko-memuarnie zapiski kitaiskogo revoliutsionera* (Historical Memoir Notes of a Chinese Revolutionary). Moscow: Nauka, 1990.

Heben Dazuo (Komoto Daisaku) et al. *Wo shasila Zhang Zuolin* (I Killed Zhang Zuolin). Changchun: Jilin wenshi chubanshe, 1986.

Hsu K'e-hsiang. "The Ma-jih Incident." In Dun J. Li, ed. *The Road to Communism: China Since 1912, 91-95.* New York: Van Nostrand Reinhold, 1969.

Huang Hua. "My Contacts with John Leighton Stuart After Nanjing's Liberation." *Chinese Historians* 5, no.1 (Spring 1992): 47-56.

Huang Kecheng. "Lushan fengyun" (The Lushan Events). In Lu Lin and Chen Dejin, eds. *Hongse jiyi: Zhongguo gongchandang lishi koushu shilu* (1949-1978) (Red Reminiscences: True Oral Stories of the History of the Chinese Communist Party [1949- 1978]), 422-44. Jinan: Shandong renmin chubanshe, 2002.

Huang Ping. *Wangshi huiyilu* (Reminiscences of the Past). Beijing: Renmin chubanshe, 1981.

Hume, Edward H. *Doctors East, Doctors West: An American Physician's Life in China.* London: Allen & Unwin, 1949.

Jiang Kanghu. *Xin E youji* (A Journey to the New Russia). Shanghai: Shangwu yingshuguan, 1923.

Jiang Song Meiling (Madam Chiang Kai-shek). *Yu Baoluoting tanhua huiyilu* (Conversations with Mikhail Borodin). Taibei: Yuancheng wenhua tushu gongyingshe, 1976.

Kapitsa, M. S. *Na raznykh paralleliakh: Zapiski diplomata* (On Various Parallels: Notes of a Diplomat). Moscow: Kniga i biznes, 1996.

Karmen, R. "God v Kitae" (A Year in China). *Znamia* (Banner), no.8 (1940): 3-122.

Kartunova, A. I. "Vstrechi v Moskve s Tszian Tsin, zhenoi Mao Tszeduna" (Meetings in Moscow with Jiang Qing, the Wife of Mao Zedong). *Kentavr* (Centaur), 1-2 (1992): 121-27.

Kazanin, M. I. *V shtabe Bliukhera: Vospominaniia o kitaiskoi revoliutsii* (On Bliukher's Staff: Reminiscences of the Chinese Revolution). Moscow: Nauka, 1966.

Nauka, 1976.

Chiang Ching-kuo. *My Days in Soviet Russia.* [Taipei, 1963].

Chiang Chung-cheng (Chiang Kai-shek). *Soviet Russia in China. Translated under the direction of Madame Chiang Kai-shek. Rev., enlarged ed., with maps.* New York: Farrar, Straus & Cudahy, 1958.

Chiang Kai-shek. "The Day I was Kidnapped." In Dun J. Li ed., *The Road to Communism: China Since 1912, 135-41.* New York: Van Nostrand Reinhold, 1969.

Ch'u Chiu-pai. "My Confessions." In Dun J. Li, ed., *The Road to Communism: China Since 1912, 159-76.* New York: Van Nostrand Reinhold, 1969.

Chuev, Felix. *Molotov Remembers: Inside Kremlin Politics: Conversations with Felix Chuev.* Translated by Albert Resis. Chicago: I. R. Dee, 1993.

Cressy-Marcks, *Violet. Journey into China.* New York: Dutton, 1942.

Dalin, S. A. *Kitaiskie memuary, 1921-1927* (Chinese Memoirs, 1921-1927). Moscow: Nauka, 1975.

———. *V riadakh kitaiskoi revoliutsii* (In the Ranks of the Chinese Revolution). Moscow and Leningrad: Moskovskii rabochii, 1926.

Dedijer, Vladimir. *Tito Speaks.* London: Weidenfeld & Nicolson, 1953.

Deng Maomao. *My Father Deng Xiaoping.* New York: Basic Books, 1995.

Deng Rong. *Deng Xiaoping and the Cultural Revolution: A Daughter Recalls the Critical Years.* Translated by Sidney Shapiro. New York: Random House, 2005.

Deng Xiaoping. *Deng Xiaoping zishu* (Autobiographic Notes of Deng Xiaoping). Beijing: Jiefangjun chubanshe, 2004.

Deriabin, Peter S., and Joseph Culver Evans. *Inside Stalin's Kremlin: An Eyewitness Account of Brutality, Duplicity, and Intrigue.* Washington, DC: Brassey's, 1998. Din-Savva, L. Iz Moskvy da v Pekin: Vospominaniia (From Moscow to Beijing: Memoirs). Tenafly, NJ: Hermitage, 2000.

Djilas, Milovan. *Conversations with Stalin.* Translated by Michael B. Petrovich. New York: Harcourt, Brace & World, 1962.

Emi Hsiao. *Mao Tszedun, Chzhu De: Vozhdi kitaiskogo naroda* (Mao Zedong, Zhu De: Leaders of the Chinese People). Moscow: Gosizdat, 1939.

Fedorenko, N. T. "Besedy s Mao Tszedunom na puti v Moskvu, Dekabr' 1949 g." (Talks with Mao Zedong on the Way to Moscow, December 1949). *Novaia i noveishaia istoriia* (Modern and contemporary history), no.6 (1996): 124-35.

———. "Kak akademik P. F. Yudin redaktiroval Mao Tszeduna" (How Academician P.F.Yudin Edited Mao Zedong). *Problemy Dal'nego Vostoka* (Far Eastern affairs), no.6 (1992): 74-78.

———. "Stalin i Mao: Besedy v Moskve" (Stalin and Mao: Conversations in Moscow). *Problemy Dal'nego Vostoka* (Far Eastern affairs), no.1 (1989): 149-64.

Buber-Neiman, M. *Mirovaia revoliutsiia i stalinskii rezhim: Zapiski ochevidtsa o deiatel'nosti Kominterna v 1920-1930-kh godakh* (The World Revolution and the Stalinist Regime: Notes of an Eyewitness about Comintern Activity in the 1920s and 1930s). Translated by A. Yu. Vatlin. Moscow: AIRO-XX, 1995.

Cadart, Claude, and Cheng Yongxiang, eds. *Memoires de Peng Shuzhi: L'Envol du Communisme en Chine.* Paris: Gallimard, 1983.

Cai He-sen. "Istoriia opportunizma v Kommunistecheskoi partii Kitaia" (The History of Opportunism in the Communist Party of China). *Problemy Kitaia* (Problems of China), no.1 (1929): 1-77.

Carlson, Evans Fordyce. Evans F. *Carlson on China at War, 1937-1941.* New York: China and US Publications, 1993.

———. T*win Stars of China: A Behind-the-Scenes Story of China's Valiant Struggle for Existence by a U.S. Marine Who Lived and Moved with the People.* New York: Hyperion Press, 1940.

Carter, Carrole J. *Mission to Yenan: American Liaison with the Chinese Communists 1944- 1947.* Lexington: University Press of Kentucky, 1997.

Chang Kuo-t'ao. *The Rise of the Chinese Communist Party: Volumes One & Two of Autobiography of Chang Kuo-t'ao.* Lawrence: University Press of Kansas, 1972.

Chen Boda. *Chen Boda yi gao: yuzhong zishu ji qita* (Chen Boda's Manuscripts: Prison Autobiographical Notes and Other [Materials]). Hong Kong: Tiandi tushu youxian gongsi, 1998.

———. *Chen Boda zuihou koushu huiyi* (The Last Oral Reminiscences of Chen Boda). Rev. ed. Hong Kong: Xingke'er chubanshe youxian gongsi, 2005.

Ch'en Chieh-ju. Chiang Kai-shek's Secret Past: The Memoirs of His Second Wife, Ch'en Chieh-ju. Boulder, CO: Westview Press, 1993.

Chen Geng. "Ot Nanchana do Svatou" (From Nanchang to Swatow). In *Vsiudu krasnye znamena: Vospominaniia i ocherki o vtoroi grazhdanskoi revoliutsionnoi voine* (Red Banners Everywhere: Reminiscences and Sketches of the Second Revolutionary Civil War), 13-20. Moscow: Voenizdat, 1957.

Chen Gongbo, and Zhou Fohai. *Chen Gongbo, Zhou Fohai huiyilu* (Reminiscences of Chen Gongbo, Zhou Fohai). Hong Kong: Chunqiu chubanshe, 1988.

Chen Pang-qu (Chen Tanqu). "Vospominaniia o I s"ezde Kompartii Kitaia" (Reminiscences of the First Congress of the CCP). *Kommunisticheskii Internatsional* (Communist International), no.14 (1936): 96-99.

Cherepanov, Alexander Ivanovich. Notes of a Military Adviser in China. Translated by Alexandra O. Smith. Taipei: Office of Military History, 1970.

———. *Zapiski voennogo sovetnika v Kitae* (Notes of a Military Adviser in China). 2nd ed. Moscow:

inostrannykh iazykakh, 1956.

———. *Selected Works of Zhou Enlai.* 2 vols. Beijing: Foreign Languages Press, 1981.

———. *Zhou Enlai xuanji* (Selected Works of Zhou Enlai). 2 vols. Beijing: Renmin chubanshe, 1980.

Zubok, Vladislav. " 'Look what Chaos in the Beautiful Socialist Camp!' Deng Xiaoping and the Sino-Soviet Split, 1956-1963." *CWIHP Bulletin*, no.10 (March 1998): 152-62.

———. "The Mao-Khrushchev Conversations, July 31-August 3, 1958 and October 2, 1959." *CWIHP Bulletin*, nos. 12-13 (Fall/Winter 2001): 244-72.

Zunyi huiyi wenxian (Documents of the Zunyi Conference). Beijing: Renmin chubanshe, 1985.

回憶錄

Aleksandrov-Agentov, A. M. *Ot Kollontai do Gorbacheva: Vospominaniia diplomata, sovetnika A.A.Gromyko, pomoshchnika L. I. Brezhneva, Iu. V. Andropova, K. U. Chernenko i M. S. Gorbacheva* (From Kollontai to Gorbachev: The Reminiscences of a Diplomat and Adviser to A.A.Gromyko, and Assistant to L. I. Brezhnev, Iu. V. Andropov, K.U.Chernenko, and M. S. Gorbachev). Moscow: Mezhdunarodnye otnosheniia, 1994.

Band, Claire, and William Band. *Dragon Fangs: Two Years with Chinese Guerrillas*. London: Allen & Unwin, 1947.

Barrett, David D. *Dixie Mission: The United States Army Observer Group in Yenan, 1944.* Berkeley: University of California Press, 1970.

Bertram, James M. *Crisis in China: The Story of the Sian Mutiny.* London: Macmillan, 1937.

Bisson, T. A. *Yenan in June 1937: Talks with the Communist Leaders.* Berkeley: Center for Chinese Studies, University of California, 1973.

Blagodatov, A. V. *Zapiski o kitaiskoi revoliutsii 1925-1927 gg.* (Notes on the 1925-1927 Chinese Revolution). 3rd ed. Moscow: Nauka, 1979.

Bliukher, G. *Vospominaniia o muzhe—marshale V. K. Bliukhere* (Reminiscences of My Husband—Marshal V. K. Bliukher). Tiumen: Institut problem osvoeniia Severa SO RAN, 1996.

Bo Yibo. *Ruogan zhongda juece yu shijiande huigu* (Recollections of Several Important Political Decisions and Their Implementation). 2 vols. Beijing: Zhonggong zhongyang dangxiao, 1991.

Braun, Otto. *A Comintern Agent in China 1932-1939.* Translated by Jeanne Moore. Stanford, CA: Stanford University Press, 1982.

Brezhnev, A.A.*Kitai: ternistyi put' k dobrososedstvu: vospominaniia i razmyshleniia* (China: The Arduous Way to Neighborliness: Reminiscences and Thoughts). Moscow: Mezhdunarodnye otnosheniia, 1998.

chubanshe, 2001.

"Yuandong geguo gongchandang ji minzu geming tuanti diyi ci dahui xuanyan" (Manifesto of the First Congress of Communist Parties and National Liberation Organizations of the Countries of the Far East). *Xianqu* (Pioneer), no.10 (1922): 4-5.

Zhang Tailei. *Zhang Tailei wenji* (Works of Zhang Tailei). Beijing: Renmin chubanshe, 1981.

Zhang Wentian. *Zhang Wentian xuanji* (Selected Works of Zhang Wentian). Beijing: Renmin chubanshe, 1985.

Zhang Yunhou, et al. *Wusi shiqi de shetuan* (Societies During the May Fourth Era). 4 vols. Beijing: Shenghuo. Dushu. Xinzhi sanlian shudian, 1979.

Zhang Zhichao. *Mao Zedong yijia ren—Cong Shaoshan dao Zhongnanhai* (Mao Zedong in His Family—From Shaoshan to Zhongnanhai). 2 vols. Beijing: Zhongyang wenxian chubanshe, 2000.

Zheng Guanying. Shengshi weiyan (Words of Warning to an Affluent Age). Beijing: Huaxia chubanshe, 2002.

Zhonggong "sanda" ziliao (Materials from the Third Congress of the CCP). Guangzhou: Guangdong renmin chubanshe, 1985.

Zhonggong zhongyang wenjian xuanji (Collection of CCP CC Selected Documents). 18 vols. Beijing: Zhonggong zhongyang dangxiao chubanshe, 1989.

Zhongguo gongchandang di sanci zhongyang kuoda zhixing weiyuanhui yijue'an (Resolution of the Third Enlarged Plenum of the CEC CCP). N.p., 1926.

Zhongguo gongchandang di sici quanguo daibiaodahui yijue'an ji xuanyan (Resolutions and Declarations of the Fourth All-China Congress of the CCP). N.p., 1925.

Zhongguo gongchandang di shici quanguo daibiaodahui wenjian huibian (Collection of Documents from the Tenth Congress of the Chinese Communist Party). Beijing: Renmin chubanshe, 1973.

"Zhongguo gongchandang duiyu shiju de zhuzhang" (Statement of the Chinese Communist Party on the Current Situation). *Xianqu* (Pioneer), no.9 (1922): 1-3.

Zhongguo gongchandang jiguan fazhan cankao ziliao (Reference Materials on the History of the Development of the CCP Organization). Vol. 1. Beijing: Zhonggong dangxiao chubanshe, 1983.

Zhongguo gongchandang wunian lai zhi zhengzhi zhuzhang (Political Declarations of the Chinese Communist Party over the Past Five Years). Guangzhou: Guoguan shuju, 1926.

Zhongguo guomindang di yi di er ci quanguo daibiao dahui huiyi shiliao (Materials on the History of the First and Second Guomindang Congresses). 2 vols. Nanjing: Jiangsu guji chubanshe, 1986.

Zhou Enlai. *K voprosu ob intelligentsii* (Doklad na soveshchanii po voprosu ob intelligentsii, sozvannom TSK KPK 14 ianvaria 1956 g.) (On the Issue of Intelligentsia [A Report at the Meeting on Intelligentsia Held by the CCP CC on January 14, 1956]). Beijing: Izdatel'stvo literatury na

Vozniknovenie i razvitie raznoglasii mezhdu rukovodstvom KPSS i nami: Po povodu otkrytogo pis'ma TsK KPSS (The Origin and Development of Disagreements Between the Leadership of the CPSU and Us: On the Open Letter of the CC CPSU). Beijing: Izdatel'stvo literatury na inostrannykh iazykakh, 1963.

Vtoraia sessiia VIII Vsekitaiskogo s"ezda Kommunisticheskoi partii Kitaia (Second Session of the Eighth Congress of the Communist Party of China). Peking: Izdatel'stvo literatury na inostrannykh iazykakh, 1958.

Wang Dongxing. *Wang dongxing riji* (Diary of Wang Dongxing). Beijing: Zhongguo shehui kexue chubanshe, 1993.

Wang Ming. *Sobranie sochinenii* (Collected Works). 4 vols. Moscow: IDV AN SSSR, 1984-87.

Weathersby, Katheryn. "New Findings of the Korean War." *CWIHP Bulletin*, no.3 (1993): 1, 14-18.

———. "To Attack, or Not to Attack? Stalin, Kim Il Sung, and the Prelude to War." *CWIHP Bulletin*, no.5 (1995): 1-9.

Westad, O. Arne, ed. *Brothers in Arms: The Rise and Fall of the Sino-Soviet Alliance, 1945- 1963.* Stanford, CA: Stanford University Press, 1998.

Westad, O. Arne, et al., eds. "77 Conversations Between Chinese and Foreign Leaders on the Wars in Indochina, 1964-1977." *CWIHP Working Paper,* no.22 (May 1998).

Wilbur, C. Martin, ed. *The Communist Movement in China: An Essay Written in 1924 by Ch'en Kung-po.* New York: Octagon Books, 1960.

Wilbur, C. Martin, and Julie Lian-ying How. *Missionaries of Revolution: Soviet Advisers and Nationalist China, 1920-1927.* Cambridge, MA: Harvard University Press, 1989.

Wingrove, Paul. "Mao's Conversations with the Soviet Ambassador, 1953-1955." *CWIHP Working Paper,* no.36 (April 2002).

Wishnick, Elizabeth. "In the Region and in the Center: Soviet Reactions to the Border Rift." *CWIHP Bulletin*, nos. 6-7 (1995/1996): 194-201.

———. "Sino-Soviet Tensions, 1980: Two Russian Documents." *CWIHP Bulletin*, nos.6-7 (1995/1996): 202-6.

Wolff, David. " 'One Finger's Worth of Historical Events': New Russian and Chinese Evidence on the Sino-Soviet Alliance and Split, 1948-1959." *CWIHP Working Paper,* no.30 (August 2000).

Wusi shiqi qikan jieshao (Survey of May Fourth Era Publications). 4 vols. Beijing: Shenghuo. Dushu, Xinzhi sanlian shudian, 1979.

Yang Kaihui. Ougan (Random Feelings). In Mao Zedong. *Mao Zedong shici duilian jizhu* (Collection of Mao Zedong's Poems), 99-100. Changsha: Hunan wenyi chubanshe, 1991.

Yang Shangkun. *Yang Shangkun riji* (Yang Shangkun's Diary). 2 vols. Beijing: Zhongyang wenxian

1985.
———. *Zhongshan quanji* (Complete Works of [Sun] Yat-sen). 2 vols. Shanghai: Liangyou tushu yinshua gongsi, 1931.

The Tenth National Congress of the Communist Party of China (Documents). Beijing: Foreign Languages Press, 1973.

Tikhvinsky, S. L. "Perepiska I. V. Stalina s Mao Tszedunom v ianvare 1949 g." (Correspondence Between J. V. Stalin and Mao Zedong in January 1949). *Novaia i noveishaia istoriia* (Modern and contemporary history), nos.4-5 (1994): 132-40.

———, ed. *Russko-kitaiskie otnosheniia v XX veke: Dokumenty i materialy* (Russo-Chinese Relations in the Twentieth Century). Vols. 4-5. Moscow: Pamiatniki istoricheskoi mysli, 2000-2005.

Titarenko, M. L., et al., eds. *Kommunisticheskii Internatsional i kitaiskaia revoliutsiia: Dokumenty i materialy* (The Communist International and the Chinese Revolution: Documents and Materials). Moscow: Nauka, 1986.

———, eds. *VKP(b), Komintern i Kitai: Dokumenty* (The CPSU, the Comintern, and China: Documents). 5 vols. Moscow: AO "Buklet," 1994-2007.

Torkunov, *A. V. Zagadochnaia voina: Koreiskii konflikt 1950-1953 gg.* (The Enigmatic War: The Korean Conflict 1950-1953). Moscow: ROSSPEN, 2000.

Trotsky, L. "Stalin i Kitaiskaia revoliutsiia: Fakty i dokumenty" (Stalin and the Chinese Revolution: Facts and Documents). *Biulleten' oppozitsii (bol'shevikov-lenintsev)* (Bulletin of the opposition of the Bolsheviks and Leninists), nos. 15-16 (1925): 7-19.

Tsiui Tsiu-bo (Qu Qiubai). *Ocherki i stat'i* (Essays and Articles). Moscow: Gosizdat khudozhestvennoi literatury, 1959.

United States Relations with China: With Special Reference to the Period 1944-1949. New York: Greenwood Press, 1968.

Urban, George, ed. *The Miracles of Chairman Mao: A Compendium of Devotional Literature 1966-1970.* Los Angeles: Nash, 1971.

Van Slyke, Lyman P., ed. *The Chinese Communist Movement: A Report of the United States War Department, July 1945.* Stanford, CA: Stanford University Press, 1968.

Velikaia proletarskaia kul'turnaia revoliutsiia (vazhneishie dokumenty) (The Great Proletarian Cultural Revolution [Key Documents]). Beijing: Izdatel'stvo literatury na inostrannykh iazykakh, 1970.

Vladimirov, O. E. (O. B. Rakhmanin), ed. *Maoizm bez prikras: Nekotorye uzhe izvestnye, a takzhe ranee ne opublikovannye v kitaiskoi pechati vyskazyvaniia Mao Tszeduna: Sbornik* (Maoism Unembellished: Some Already Known Sayings of Mao Zedong and Others Previously Unpublished in the Chinese Press: A Collection). Moscow: Progress, 1980.

Shanghai diqu jiandang huodong yanjiu ziliao (Materials for the Study of Party Building in the Shanghai Region). Shanghai: Shanghai shi diyi renmin jingcha xuexiao, 1986.

Shao Piaoping. *Xin Eguo zhi yanjiu* (A Study of the New Russia). N.p.: Riben daban naqu dongying bianyishe, 1920.

Shaoshan Mao shi zupu (The Chronicle of the Shaoshan Mao Clan). 7 vols. Beijing: Quanguo tushuguan wenxian sowei fuzhi zhongxin, 2002.

Shestoi rasshirennyi plenum Ispolkoma Kominterna: Stenograficheskii otchet. 17 fevralia- 15 marta 1926 g. (Sixth Enlarged Plenum of the ECCI: Stenographic Report: February 17-March 15, 1926). Moscow and Leningrad: Gospolitizdat, 1927.

Shi Cuntong. "Makeside gongchanzhuyi" (Marx's Communism). *Xin qingnian* (New youth) 9, no.4 (1921): 1-11.

The Sino-Soviet Dispute. New York: Charles Scribner's Sons, 1969.

Sladkovskii, M. I., ed. *Informatsionnyi biulleten': Seriia A: "Kulturnaia revoliutsiia" v Kitae: Dokumenty i materialy (perevod s kitaiskogo)* (Information Bulletin: Series A: The "Cultural Revolution" in China: Documents and Materials [Translated from Chinese]). 12 installments. Moscow: IDV AN SSSR, 1968-72.

Soviet Plot in China. Peking: Metropolitan Police Headquarters, 1927.

Stalin, J. V. Works. 13 vols. Moscow: Foreign Languages Publishing House, 1954.

"Stalin's Conversations with Chinese Leaders: Talks with Mao Zedong, 1949-January 1950, and with Zhou Enlai, August-September 1952." *CWIHP Bulletin*, nos. 6-7 (1995/ 1996): 5-19.

Statement by General Patrick J. Hurley on December 5 & 6, 1945. United States-China Relations. Hearings Before the Committee on Foreign Relations, United States Senate, Ninety-second Congress, First Session on the Evolution of U.S. Policy Toward Mainland China (Executive Hearings Held July 21, 1971; Made Public December 8, 1971) and Hearings Before the Committee on Foreign Relations, United States Senate, Seventy-Ninth Congress, First Session on the Situation in the Far East, Particularly China. December 5, 6, 7, and 10, 1945. Washington, DC, 1971.

Stenograficheskii otchet VI s"ezda Kommunisticheskoi partii Kitaia (Stenographic Record of the Sixth Congress of the Communist Party of China). 6 vols. Moscow: NII po Kitaiu, 1930.

Stenograficheskii otchet XX s"ezda KPSS (Stenographic Report of the Twentieth Congress of the CPSU). 2 vols. Moscow: Gospolitizdat, 1956.

Sudarikov, N. G., ed. *Konstitutsiia i osnovnye zakonodatel'nye akty Kitaiskoi Narodnoi Respubliki* (The Constitution and Founding Legislative Acts of the People's Republic of China). Moscow: Izdatel'stvo inostrannoi literatury, 1955.

Sun Yat-sen. *Izbrannye proizvedeniia (Selected Works). 2nd ed., revised and expanded.* Moscow: Nauka,

Peng Gongda. "Report on the Progress of the Autumn Harvest Uprising in Hunan." In Tony Saich, ed. T*he Rise to Power of the Chinese Communist Party: Documents and Analysis, 322-31.* Armonk, NY: M. E. Sharpe, 1996.

Pervaiia sessiia Vsekitaiskogo sobraniia narodnykh predstavitelei Kitaiskoi Narodnoi Respubliki pervogo sozyva (dokumenty i materialy) (The First Session of the First National People's Congress of the PRC [Documents and Materials]). Beijing: Izdatel'stvo literatury na inostrannykh iazykakh, 1956.

The Polemic on the General Line of the International Communist Movement. Beijing: Foreign Languages Press, 1965.

Polemika o general'noi linii mezhdunarodnogo kommunisticheskogo dvizheniia (The Polemic on the General Line of the International Communist Movement). Peking: Izdatel'stvo literatury na inostrannykh iazykakh, 1965.

Politburo TSK VKP(b) i Sovet ministrov SSSR 1945-1953 (The Politburo of the CC of the AUCP(b) and the USSR Council of Ministers 1945-1953). Moscow: ROSSPEN, 2002.

"Record of Conversation, Mao Zedong and Soviet Ambassador to Beijing Pavel Yudin, July 22, 1958." In O. Arne Westad, ed. *Brothers in Arms: The Rise and Fall of the Sino-Soviet Alliance, 1945-1963,* 347-56. Stanford, CA: Stanford University Press, 1998.

Ren Bishi. *Ren Bishi xuanji* (Selected Works of Ren Bishi). Beijing: Renmin chubanshe, 1987.

Reshenie shestogo (rasshirennogo) plenuma TsK Kommunisticheskoi partii Kitaia Sed'mogo sozyva po voprosu o kooperirovanii v sel'skom khoziaistve (Decision of the Sixth [enlarged] Plenum of the Seventh CC of the Communist Party of China on the Question of Agricultural Cooperation). Moscow: Gospolitzdat, 1955.

"Resolution of the CCP CC on Certain Historical Questions." In Tony Saich, ed. *The Rise to Power of the Chinese Communist Party: Documents and Analysis,* 1164-84. Armonk, NY: M. E. Sharpe, 1996.

Resolution on CPC History (1949-81). Beijing: Foreign Languages Press, 1981.

Saich, Tony. *The Origins of the First United Front in China: The Role of Sneevliet (Alias Maring).* 2 vols. Leiden: Brill, 1991.

———, ed. *The Rise to Power of the Chinese Communist Party: Documents and Analysis.* Armonk, NY: M. E. Sharpe, 1996.

Schoenhals, Michael, ed. *China's Cultural Revolution, 1966-1969: Not a Dinner Party.* Armonk, NY: M. E. Sharpe, 1996.

Schram, Stuart, ed. *Chairman Mao Talks to the People: Talks and Letters: 1956-1971.* New York: Pantheon, 1974.

———, ed. *Mao's Road to Power: Revolutionary Writings 1912-1949.* 7 vols. Armonk, NY: M. E. Sharpe, 1992-2005.

and Documents). Moscow: Partizdat, 1934.

———, ed. *Strategiia i taktika Kominterna v natsional'no-kolonial'noi revoliutsii na primere Kitaia* (Strategy and Tactics of the Comintern in National and Colonial Revolution: The Case of China). Moscow: IWEIP Press, 1934.

"Minquan yundong datongmeng xuanyan" (Declaration of the Alliance of Democracy Movements). *Xianqu* (Pioneer), no.20 (1922): 1-2.

"Minutes, Mao's Conversation with a Yugoslavian Communist Union Delegation, Beijing, September [undated] 1956." *CWIHP Bulletin*, nos. 6-7 (1995/1996): 148-52.

Myers, James T., et al., e*ds. Chinese Politics: Documents and Analysis.* Vols. 1 and 2. Columbia: University of South Carolina Press, 1986.

"Nepublikovavshaiasia rech' I. V. Stalina o Kitae" (Josef V. Stalin's Unpublished Speech on China). *Problemy Dal'nego Vostoka* (Far Eastern affairs) 1 (2001): 149-59.

"A New 'Cult of Personality': Suslov's Secret Report on Mao, Khrushchev, and Sino-Soviet Tensions, December 1959." *CWIHP Bulletin*, nos. 8-9 (1996/1997): 244, 248.

"New East Bloc Documents on the Sino-Indian Conflict, 1959 & 1962." *CWIHP Bulletin*, nos.8-9 (1996/1997): 258-69.

"New Evidence on the Korean War." *CWIHP Bulletin*, nos. 6-7 (1996/1997): 30-125.

Nie Yuanzi, et al. "Song Shuo, Lu Ping, Peng Peiyuan zai wenhua gemingzhong jiujing gan shenma" (What Are Song Shuo, Lu Ping, and Peng Peiyuan Really Doing with Respect to the Cultural Revolution). *Renmin ribao* (People's daily), June 2, 1966.

IX Vsekitaiskii s"ezd Kommunisticheskoi partii Kitaia (dokumenty) (Ninth Congress of the Communist Party of China [Documents]). Beijing: Foreign Languages Press, 1969.

North, Robert C., and Xenia Eudin. *M. N. Roy's Mission to China: The Communist-Kuomintang Split of 1927.* Berkeley: University of California Press, 1963.

"Novye materialy o pervom s"ezde Kommunisticheskoi partii Kitaia" (New Materials on the First Congress of the Communist Party of China). *Narody Azii i Afriki* (Peoples of Asia and Africa), no.6 (1972): 150-58.

Obrazovanie Kitaiskoi Narodnoi Respubliki: Dokumenty i materialy (Establishment of the Chinese People's Republic: Documents and Materials). Moscow: Gospolitizdat, 1950. Ostermann, Christian F. "East German Documents on the Border Conflict, 1969." *CWIHP Bulletin*, nos. 6-7 (1995/1996): 186-93.

Pan Zuofu (Pantsov, A. V.). "Xin faxian de Li Dazhao, Chen Duxiu, Ren Bishi xinjian" (Newly Discovered Letters of Li Dazhao, Chen Duxiu, and Ren Bishi). *Bainian chao* (Century tides), no.1 (2005): 31-34.

———. *Oblaka v snegu: Stikhotvoreniia v perevodakh Aleksandra Pantsova* (Clouds in the Snow: Poems in Translation by Alexander Pantsov). Moscow: "Veche," 2010.

———. *Poems of Mao Tse-tung.* Translation, introd., and notes by Hua-ling Nieh Engle and Paul Engle. New York: Simon & Schuster, 1972.

———. "Qida gongzuo fangzhen" (Work Report at the Seventh Congress). *Hongqi* (Red flag), no.11 (1981): 1-7.

———. *Selected Works of Mao Tse-tung.* Vols. 1-3. Beijing: Foreign Languages Press, 1967.

———. *Selected Works of Mao Tse-tung.* Vol. 4. Beijing: Foreign Languages Press, 1969.

———. *Selected Works of Mao Tsetung.* Vol. 5. Beijing: Foreign Languages Press, 1977.

———. "Tol'ko soviety mogut spasti Kitai: Doklad na II-m s"ezde Sovetov Kitaia" (Only Soviets Can Save China: Report at the Second Congress of Chinese Soviets). Moscow and Leningrad: Izdatel'stvo inostrannykh rabochikh v SSSR, 1934.

Mao Zedong shenghuo dang'an (Archives of Mao Zedong's life). 3 vols. Beijing: Zhonggong dangshi chubanshe, 1999.

Martynov, A. "Komintern pered sudom likvidatorov" (The Comintern Before the Court of the Liquidationists). *Kommunisticheskii Internatsional* (Communist International), no.30 (104) (1927): 9-21.

———. "Problema kitaiskoi revoliutsii" (The Problem of the Chinese Revolution). *Pravda* (Truth), April 10, 1927.

*Materialy 6-go plenuma Tsentral'nogo Komiteta Kommunisticheskoi partii Kitaia vos'mogo sozyva (*Materials of the Sixth Plenum of the Eighth Central Committee of theChinese Communist Party). Beijing: Izdatel'stvo literatury na inostrannykh iazykakh, 1959.

Materialy VIII Vsekitaiskogo s"ezda Kommunisticheskoi partii Kitaia (Materials from the Eighth Congress of the Communist Party of China). Moscow: Gospolitizdat, 1956.

Materialy vtoroi sessii Vsekitaiskogo sobraniia narodnykh predstavitelei (5-30 iulia 1955 g.) (Materials from the Second Session of the National People's Congress [July 5-30, 1955]). Moscow: Gospolitizdat, 1956.

"Meeting Between Zhou Enlai and Kosygin at the Beijing Airport." http://www.fmprc.gov .cn/eng/5691. html.

"Memo, PRC Foreign Ministry to the USSR Embassy in Beijing, March 13, 1957." *CWIHP Bulletin*, nos. 6-7 (1995/1996): 159-60.

Mif, Pavel, ed. Sovety v Kitae: Materialy i dokumenty. Sbornik vtoroi (Soviets in China: Materials and Documents. Collection Two). Moscow: Partizdat TSK VKP(b), 1935. Unpublished proofs.

———, ed. *Sovety v Kitae: Sbornik materialov i dokumentov* (Soviets in China: Collection of Materials

Mao shi zupu (Chronicle of the Mao Clan). Tianjin: Tianjin guji chubanshe, 1999.

"Mao's Dispatch of Chinese Troops to Korea: Forty-six Telegrams, July-October 1950." *Chinese Historians* 5, no.1 (Spring 1992): 63-86.

"Mao Tszedun o kitaiskoi politike Kominterna i Stalina" (Mao Zedong on the China Policy of the Comintern and of Stalin). *Problemy Dal'nego Vostoka* (Far Eastern affairs), no.5 (1998): 101-10.

Mao Zedong. *Ekonomicheskoe stroitel'stvo i itogi proverki razdela zemli v Kitaiskoi Sovietskoi Respublike: Izbrannye rechi i stat'i* (Economic Construction and the Results of the Verification of Land Redistribution in the Chinese Soviet Republic: SelectedSpeeches and Articles). Moscow and Leningrad: Izdatel'stvo inostrannykh rabochikh v SSSR, 1934.

———. *Jianguo yilai Mao Zedong wengao* (Manuscripts of Mao Zedong from the Founding of the PRC). 13 vols. Beijing: Zhongyang wenxian chubanshe, 1987-98.

———. *Mao Zedong junshi wenji* (Military Works of Mao Zedong). 6 vols. Beijing: Junshi kexue chubanshe, Zhongyang wenxian chubanshe, 1993.

———. *Mao Zedong nongcun diaocha wenji* (Works of Mao Zedong on Rural Investigation). Beijing: Renmin chubanshe, 1982.

———. *Mao Zedong on Diplomacy.* Beijing: Foreign Languages Press, 1998.

———. *Mao Zedong shici duilian jizhu* (Collection of Mao Zedong's Poems). Changsha: Hunan wenyi chubanshe, 1991.

———. *Mao Zedong shici ji* (Collection of Mao Zedong's Poems). Beijing: Xianzhuang shuju, 1997.

———. *Mao Zedong shuxin xuanji* (Selected Letters of Mao Zedong). Beijing: Renmin chubanshe, 1983.

———. *Mao Zedong sixiang wansui* (Long Live Mao Zedong Thought). 2 vols. Beijing: s.n., 1967-69.

———. *Mao Zedong wenji* (Works of Mao Zedong). 8 vols. Beijing: Renmin chubanshe, 1993-99.

———. *Mao Zedong xinwen gongzuo wenxuan* (Mao Zedong's Selected Works on the Information Work). Beijing: Xinhua chubanshe, 1983.

———. *Mao Zedong xuanji* (Selected Works of Mao Zedong). 3 vols. Beijing: Renmin chubanshe, 1951-52.

———. *Mao Zedong xuanji* (Selected Works of Mao Zedong). Vol. 4. Beijing: Renmin chubanshe, 1960.

———. *Mao Zedong xuanji* (Selected Works of Mao Zedong). Vol. 5. Beijing: Renmin chubanshe, 1977.

———. *Mao Zedong zai qi dade baogao he jianghua ji* (Collection of Reports and Speeches of Mao Zedong at the Seventh Congress). Beijing: Zhongyang wenxian chubanshe, 2000.

———. *Mao Zedong zhuzuo xuandu* (Source Book of Mao Zedong). 2 vols. Beijing: Renmin chubanshe, 1986.

———. *Mao zhuxi shici* (Poems of Chairman Mao). Beijing: Renmin wenxue chubanshe, 1976.

———. *Miscellany of Mao Tse-tung Thought (1949-1968).* 2 parts. Springfield, VA: Joint Publications Research Service, 1974.

Ledovsky, A. M. *SSSR i Stalin v sud'bakh Kitaia: Dokumenty i svidel'stva uchastnika sobytii: 1937-1952* (The USSR and Stalin in China's Fate: Documents and Witness of a Participant: 1937-1952). Moscow: Pamiatniki istoricheskoi mysli, 1999.

———. "Stalin, Mao Zedong i koreiskaia voina 1950-1953 godov" (Stalin, Mao, and the Korean War of 1950-1953). *Novaia i noveishaia istoriia* (Modern and contemporary history), no.5 (2005): 79-113.

Lenin, V. I. *Polnoe sobranie sochinenii* (Complete Collected Works). 55 vols. Moscow: Politizdat, 1963-78.

———. *Selected Works.* 12 vols. New York: International, 1943.

Li Da. "Makesi huanyuan" (Marx's Revival). *Xin qingnian* (New youth) 8, no.5 (1921): 1-8.

Li Dazhao. Izbrannye proizvedeniia (Selected Works). Moscow: Nauka, 1989.

———. Li Dazhao wenji (Works of Li Dazhao). 2 vols. Beijing: Renmin chubanshe, 1984.

Li, Dun J., ed. *The Road to Communism: China Since 1912.* New York: Van Nostrand Rein-hold, 1969.

Li Fu-ch'un [Li Fuchun]. "Report on the First Five-Year Plan, 1953-1957, July 5-6, 1955." In Robert R. Bowie and John K. Fairbank, eds. *Communist China 1955-1959: Policy Documents with Analysis*, 43-91. Cambridge, MA: Harvard University Press, 1962.

Li Xiaobing, et al., eds. "Mao Zedong's Handling of the Taiwan Straits Crisis of 1958: Chinese Recollections and Documents." *CWIHP Bulletin*, nos. 6-7 (1995/1996): 208-26. Lih, Lars T., et al., eds. Stalin's Letters to Molotov 1925-1936. Translated by Catherine A. Fitzpatrick. New Haven, CT: Yale University Press, 1995.

Lin Guliang. "Gongchan guoji daibiao lai Hua qingkuang ziliao zhaibian" (Digest of Materials on the Comintern Representatives' Trips to China). *Dangshi yanjiu ziliao* (Study materials on party history), no.13 (1979): C. 5-28.

Liu Shao-chi. *On the Party.* Beijing: Foreign Languages Press, 1950.

Liu Shaoqi. *Selected Works of Liu Shaoqi.* 2 vols. Beijing: Foreign Languages Press, 1984.

———. *Liu Shaoqi xuanji* (Selected Works of Liu Shaoqi). 2 vols. Beijing: Renmin chubanshe, 1985.

[Liu Shiqi]. "Sovetskii raion iugo-zapadnoi Tsiansi v 1930 g.: Doklad instruktora TsK kompartii Kitaia ot 7 oktiabria 1930 g." (The Soviet District of Southwest Jiangxi in 1930: Report of a CCP Central Committee Instructor, October 7, 1930). In Pavel Mif, ed. *Sovety v Kitae: Sbornik materialov i dokumentov* (Soviets in China: Collection of Materials and Documents), 227-44. Moscow: Partizdat, 1934.

MacFarquhar, Roderick, ed. *The Secret Speeches of Chairman Mao: From the Hundred Flowers to the Great Leap Forward.* Cambridge, MA: Council on East Asian Studies/ Harvard University, 1989.

Makesizhuyi zai Zhongguo—cong yingxiang chuanru dao chuanbo (Marxism in China— From the Ideological Penetration to Its Dissemination). 2 vols. Beijing: Qinghua daxue chubanshe, 1983.

Isaacs, Harold. "Documents on the Comintern and the Chinese Revolution." *China Quarterly,* no.45 (1971): 103-12.

Jiang Jiannong, and Wang Benqian. *Sinuo yu Zhongguo (*Snow and China). Harbin: Heilongjiang renmin chubanshe, 1993.

Jinggangshan geming genjudi shiliao xuanbian (Collection of Selected Materials on the Revolutionary Base Area in the Jinggang Mountains). Nanchang: Jiangxi renmin chubanshe, 1986.

Kangri minzu tongyi zhanxian zhinan (Directives of the Anti-Japanese National United Front). Vol. 1. N.p., n.d.

Kartunova, A. I., ed. *V. K. Bliukher v Kitae: 1924-1927 gg.: Novye dokumenty glavnogo voennogo sovetnika* (V. K. Bliukher in China: 1924-1927: New Documents on the Chief Military Adviser). Moscow: Natalis, 2003.

Kau, Michael Y. M., ed. *The Lin Piao Affair: Power Politics and Military Coup. White Plains,* NY: International Arts and Sciences Press, 1975.

Khrushchev, N. S. *Report of the Central Committee of the Communist Party of the Soviet Union to the 20th Party Congress. Moscow: Foreign Languages Publishing House, 1956.*

———. *Speech before a closed session of the XXth Congress of the Communist Party of the Soviet Union on February 25, 1956.* Washington, DC: U.S. Government Printing Office, 1957.

"Khrushchev's Nuclear Promise to Beijing During the 1958 Crisis." *CWIHP Bulletin*, nos.6-7 (1995/1996): 219, 226-27.

Klehr, Harvey, John Earl Haynes, and Fridrikh Igorievch Firsov. *The Secret World of American Communism.* New Haven, CT: Yale University Press, 1995.

Knight, Nick, ed. *Mao Zedong on Dialectical Materialism: Writings on Philosophy, 1937. Armonk,* NY: M. E. Sharpe, 1990.

"Kongress Kommunisticheskoi partii v Kitae" (Congress of the Communist Party in China). *Narody Azii i Afriki* (Peoples of Asia and Africa), no.6 (1972): 151-55.

Kovalev, I. V. "Zapiska I. V. Kovaleva ot 24 dekabria 1949 g." (I. V. Kovalev's Note of December 24, 1949). *Novaia i noveishaia istoriia* (Modern and contemporary history), no.1 (1998): 132-39.

Kramer, Mark. "The USSR Foreign Ministry's Appraisal of Sino-Soviet Relations on the Eve of the Split, September 1959." *CWIHP Bulletin*, nos. 6-7 (1995/1996): 170-85.

Kurdiukov, I. F., et al., eds. *Sovetsko-kitaiskie otnosheniia, 1917-1957: Sbornik dokumentov* (Soviet-Chinese Relations, 1917-1957: A Documentary Collection). Moscow: Izd-vo vostochnoi literatury, 1959.

Laoyibei gemingjia shuxin xuan (Selected Letters of the Old Generation Revolutionaries). Changsha: Hunan renmin chubanshe, 1984.

"Excerpt from the Communique of the Fourth Plenum (February 18, 1954)." In Frederick C. Teiwes, *Politics at Mao's Court: Gao Gang and Party Factionalism,* 236-37. Armonk, NY: M. E. Sharpe, 1990.

Fremantle, Anne, ed. *Mao Tse-tung: An Anthology of His Writings. Updated and Expanded, with Additional Writings of Chiang Ching and Lin Piao.* New York: New American Library, 1971.

Fursenko, A. A., ed. *Prezidium TSK KPSS: 1954-1964* (The Presidium of the CC of the CPSU: 1954-1964). Vol. 1. *Chernovye protokolnye zapisi zasedanii, stenogrammy, postanovleniia* (Drafts of Minutes of Sessions, Stenographic Records, Decisions). Moscow: ROSSPEN, 2003.

———. *Prezidium TSK KPSS: 1954-1964* (The Presidium of the CC of the CPSU: 1954- 1964). Vol. 2. Postanovleniia 1954-1958 (Resolutions of 1954-1958). Moscow: ROSSPEN, 2006.

———. *Prezidium TSK KPSS: 1954-1964* (The Presidium of the CC of the CPSU: 1954- 1964). Vol. 3. *Postanovleniia 1959-1964* (Resolutions of 1959-1964). Moscow: ROSSPEN, 2008.

Gao Gang. *Izbrannoe* (Selections). Moscow: IDV AN SSSR, 1989.

Geming lieshi shuxin (Letters of Revolutionary Martyrs). 2 vols. Beijing: Zhongguo qingnian chubanshe, 1983.

Geroi ostrova Damanskii (Heroes of Damansky Island). Moscow: "Molodaia gvardiia," 1969.

Gongchan xiaozu (Communist Cells). 2 vols. Beijing: Zhonggong dangshi ziliao chubanshe, 1987.

Gongchandang zai Guomindang neide gongzuo wenti yijue'an (Declaration on the Question of the Work of the Communist Party inside the Guomindang). *Dangbao* (Party paper), no.3 (1924): 1-3.

Gongfei huoguo shiliao huibian (Collection of Materials on the History of the Communist Bandits Who Brought Misfortune to the Country). 4 vols. Taipei: Zhonghua minguo kaiguo wushinian wenxian biancuan weiyuanhui, 1964.

The Great Cultural Revolution in China. Rutland, VT: C. E. Tuttle, 1968.

The Great Socialist Cultural Revolution in China. Vols. 1-6. Beijing: Foreign Languages Press, 1966.

A Great Trial in Chinese History: The Trial of the Lin Biao and Jiang Qing Counter-Revolutionary Cliques, Nov. 1980-Jan. 1981. Oxford: Pergamon Press, 1981.

"Guomindang yi da dangwu baogao xuanzai" (Selected Reports on Party Affairs, Submitted to the First Guomindang Congress). *Gemingshi ziliao* (Materials on revolutionary history). Shanghai, no.2 (1986): 28-35.

"Heben Dazuo wei cehua. 'Huanggutun shijian' zhi Jigu Lianjie deng han liangjian (1928 nian 4 yue)" (Two Messages from Komoto Daisaku to Isogai Rensuke Planning to Create the Huanggutun Incident [April 1928])." *Minguo dang'an* (Republican archives), no.3 (1998): 3-5.

Hsiao Tso-liang. *Power Relations Within the Chinese Communist Movement, 1930-1934.* Vol. 2. Seattle: University of Washington Press, 1967.

Deliusin, L. P., ed. *Agrarnye preobrazovania v narodnom Kitae* (Agrarian Transformation in People's China). Moscow: Izdatel'stvo inostrannoi literatury, 1955.

———, ed. *Dvizheniie 4 maia 1919 v Kitae. Dokumenty i materialy* (The May Fourth Movement of 1919 in China: Documents and Materials). Moscow: Nauka, 1969.

Deng Xiaoping. *Selected Works of Deng Xiaoping (1938-1965)*. Beijing: Foreign Languages Press, 1992.

———. *Selected Works of Deng Xiaoping (1975-1982)*. 2nd ed. Beijing: Foreign Languages Press, 1995.

———. *Selected Works of Deng Xiaoping (1982-1992)*. Beijing: Foreign Languages Press, 1994.

"Deng Xiaoping's Talks with the Soviet Ambassador and Leadership, 1957-1963." *CWIHP Bulletin*, no.10 (March 1998): 165-82.

Deng Zhongxia. *Deng Zhongxia wenji (Works of Deng Zhongxia)*. Beijing: Renmin chubanshe, 1983.

Dimitrov, Georgii. *Dnevnik 9 mart 1933-6 fevruari 1949* (Diary, March 9, 1933-February 6, 1949). Sofia: Universitetsko izdatelstvo "Sv. Kliment Okhridski," 1997.

Dokumenty VIII Plenuma Tsentral'nogo Komiteta Kommunisticheskoi partii Kitaia vos'mogo sozyva (Documents of the Eighth Plenum of the Eighth Central Committee of the Communist Party of China). Beijing: Izdatel'stvo literatury na inostrannykh iazykakh, 1959.

Dong Bian et al., eds. *Mao Zedong he tade mishu Tian Jiaying* (Mao Zedong and His Secretary Tian Jiaying). Beijing: Zhongyang wenxian chubanshe, 1989.

"12 sovetov I. V. Stalina rukovodstvu Kompartii Kitaia" (J. V. Stalin's Twelve Advices to the Chinese Communist Party Leadership). *Novaia i noveishaia istoriia* (Modern and contemporary history), no.1 (2004): 125-39.

Eighth National Congress of the Communist Party of China. 2 vols. Beijing: Foreign Languages Press, 1956.

Elizavetin, A. "Peregovory A. N. Kosygina i Chzhou En'laia v Pekinskom aeroportu" (Talks Between A. N. Kosygin and Zhou Enlai at the Beijing Airport). *Problemy Dal'nego Vostoka* (Far Eastern affairs), no.5 (1992): 39-63; no.2 (1993): 107-19.

"The Emerging Disputes between Beijing and Moscow: Ten Newly Available Chinese Documents, 1956-1958." *CWIHP Bulletin*, nos. 6-7 (1995/1996): 148-63.

"Erda" he "sanda": Zhongguo gongchandang di' er san ci daibiaodahui ziliao xuanbian (The Second and Third Congresses: Selected Documents from the Second and Third Congresses of the CCP). Beijing: Zhongguo shehui kexue chubanshe, 1985.

Esherick, Joseph, ed. *Lost Chance in China: The World War II Dispatches of John S. Service.* New York: Random House, 1974.

Eudin, Xenia, and Robert C. North. *Soviet Russia and the East: 1920-1927: A Documentary Survey.* Stanford, CA: Stanford University Press, 1957.

Brandt, Conrad, Benjamin Schwartz, and John K. Fairbank. *A Documentary History of Chinese Communism*. Cambridge, MA: Harvard University Press, 1952.

Burr, William, ed. *The Kissinger Transcripts: The Top Secret Talks with Beijing and Moscow*. New York: New Press, 1998.

The Case of Peng Te-huai. 1959-68. Hong Kong: Union Research Institute, 1968.

CCP Documents of the Great Proletarian Cultural Revolution 1966-1976. Hong Kong: Union Research Institute, 1968.

Chen Duxiu. *Chen Duxiu wenzhang xuanbian* (Selected Writings of Chen Duxiu). 3 vols. Beijing: Shenghuo. Dushu. Xinzhi sanlian shudian, 1984.

———. "Political Report." In Tony Saich, ed. *The Rise to Power of the Chinese Communist Party. Documents and Analysis*, 219-23. Armonk, NY: M. E. Sharpe, 1996.

———. "Shehuizhuyi piping" (A Critique of Socialism). *Xin qingnian* (New youth) 9, no.3 (1921): 1-13.

Chen Jian. "Deng Xiaoping, Mao's 'Continuous Revolution,' and the Path towards the Sino-Soviet Split." *CWIHP Bulletin*, no.10 (March 1998): 162-64.

Chen Yi. "Chen Yi tongzhi guanyu Zhu Mao jun de lishi ji qi zhuangkuang de baogao" (Comrade Chen Yi's Report on the History of the Zhu-Mao Army and Its Present Situation). In *Jingganshan geming genjudi shiliao xuanbian* (Collection of Selected Materials on the Revolutionary Base Area in the Jinggang Mountains), 176-93. Nanchang: Jiangxi renmin chubanshe, 1986.

———. "Istoriia boevykh deistvii 4-go korpusa" (History of the Military Engagements of the Fourth Corps). In Pavel Mif, ed. *Sovety v Kitae: Sbornik materialov i dokumentov* (Soviets in China: Collection of Materials and Documents), 186-92. Moscow: Partizdat, 1934.

Chiang Kai-shek. *China's Destiny*. New York: Macmillan, 1947.

Chou En-lai [Zhou Enlai]. "Report on the Proposals for the Second Five-Year Plan for Development of the National Economy." In *Eighth National Congress of the Communist Party of China, vol. 1, Documents,* 261-328. Beijing: Foreign Language Press, 1956.

"Comrade Peng Dehuai's Letter to Chairman Mao (July 14, 1959)." In Peng Dehuai, *Memoirs of a Chinese Marshal: The Autobiographical Notes of Peng Dehuai (1898-1974),* 510-20. Translated by Zheng Longpu. Beijing: Foreign Languages Press, 1984.

Dallin, Alexander, and F. I. Firsov. *Dimitrov and Stalin 1934-1943: Letters from the Soviet Archives*. Translated by Vadim A. Staklo. New Haven: Yale University Press, 2000.

Dedijer, Vladimir. *The War Diaries of Vladimir Dedijer*. 3 vols. Ann Arbor: University of Michigan Press, 1990.

Degras, Jane, ed. *The Communist International: 1919-1943: Documents*. 3 vols. London: Oxford University Press, 1960.

哈佛大學（Houghton library, Harvard University）

Trotsky Papers.

文獻史料出版品

Acheson, Dean. "Letter of Transmittal." In *United States Relations with China: With Special Reference to the Period 1944-1949, iii-xvii.* New York: Greenwood Press, 1968.

Aimermakher, K., ed. *Doklad N. S. Khrushcheva o kul'te lichnosti Stalina na XX s"ezde KPSS: Dokumenty* (N. S. Khrushchev's Report on Stalin's Cult of Personality at the 20th CPSU Congress: Documents). Moscow: ROSSPEN, 2002.

" 'All Under the Heaven Is Great Chaos': Beijing, the Sino-Soviet Clashes, and the Turn to Sino-American Rapprochement, 1968-69." *CWIHP Bulletin*, no.11 (March 1998): 155-75.

Bakulin, A. V. *Zapiski ob ukhan'skom periode kitaiskoi revoliutsii (iz istorii kitaiskoi revoliutsii 1925-1927 gg.)* (Notes on the Wuhan Period of the Chinese Revolution: From the History of the Chinese Revolution of 1925-1927). Moscow-Leningrad: Giz, 1930.

Banac, Ivo, ed. *The Diary of Georgi Dimitrov 1933-1949.* Translated by Jane T. Hedges et al. New Haven, CT: Yale University Press, 2003.

Baqi huiyi (The August 7 Conference). Beijing: Zhonggongdang shi ziliao chubanshe, 1986.

Benton, Gregor, ed. *Chen Duxiu's Last Articles and Letters, 1937-1942.* Richmond, UK: Curzon Press, 1999.

Biulleten' IV Kongressa Kommunisticheskogo Internatsionala (Bulletin of the Fourth Congress of the Communist International), no.20 (November 29, 1922).

Borisov, O. [O. B. Rakhmanin] and M. Titarenko, eds. *Vystupleniia Mao Tsze-duna, ranee ne publikovavshiesia v kitaiskoi pechati* (Mao Zedong's Speeches Previously Unpublished in the Chinese Press). 6 series. Moscow: Progress, 1975-76.

Borot'sia za mobilizatsiiu vsekh sil dlia prevrashcheniia nashei strany v velikoe sotsialisticheskoe gosudarstvo. Tezisy dlia izucheniia i propagandy general'noi linii partii v perekhodnyi period (Razrabotany otdelom agitatsii i propagandy TsK KPK i utverzhdeny TsK KPK v dekabre 1953 g.) (Struggle to Mobilize All Forces to Transform Our Country into a Socialist State. Theses for Studying and Propagandizing the Party's General Line in the Transitional Period [Prepared by the Department of Agitation and Propaganda of the CC CCP and Affirmed by the CC CCP in December 1953]). Moscow: Gospolitizdat, [1957].

Bowie, Robert R., and John K. Fairbank, eds. *Communist China 1955-1959: Policy Documents with Analysis*. Cambridge, MA: Harvard University Press, 1962.

International.

Collection 495. Inventory 165. The Seventh Enlarged Plenum of the Executive Committee of the Communist International.

Collection 495. Inventory 225. File 71. Dossier to the Personal File of Mao Zedong. 5 vols.

Collection 495. Inventory 225. File 71. Personal File of Mao Zedong. 10 vols.

Collection 495. Inventory 225. Personal Files of 3,327 Members of the Chinese Communist Party and the Guomindang.

Collection 505. International Control Commission of the Communist International.

Collection 508. Delegation of the All-Soviet Communist Party (Bolsheviks) on the Executive Committee of the Communist International.

Collection 514. Central Committee of the Chinese Communist Party.

Collection 514. Inventory 3. Collection of Mao Zedong's Documents of 1923-40.

Collection 530. Communist University of the Toilers of China.

Collection 532. Communist University of the Toilers of the East and the Research Institute of National and Colonial Problems.

Collection 558. Joseph Vissarionovich Stalin.

Collection of unsorted documents.

俄羅斯聯邦外交政策檔案館（Archives on the Foreign Policy of the Russian Federation，俄文縮寫為AVPRF）

Collection 0100. Inventory 46. File 12. The Diary of Soviet Ambassador to China Vasily Vasilevich Kuznetsov. Miscellaneous papers.

Collection 0100. Inventory 46. File 374. Folder 121. Zhou Enlai Speech at the Financial-Economic Conference.

中華民國法務部調查局檔案

Miscellaneous papers on Chinese communist movement.

私人檔案收藏

Archives of Alexander V. Pantsov. Miscellaneous papers.

Archives of Meng Qingshu. Meng Qingshu. *Vospominaniia o Van Mine* (Reminiscences of Wang Ming). Manuscript.

Archives of Wang Fanxi. Miscellaneous papers.

參考書目

文獻史料

檔案

俄羅斯社會暨政治史國家檔案館（Russian State Archive of Social and Political History，俄文縮寫為RGASPI）

Collection 5. Inventory 1. Secretariat of Chairman of Council of People's Commissars and Council of Labor and Defense Vladimir Ilich Lenin. 1917-23: Documents on State Activity of Vladimir Ilich Lenin.

Collection 5. Inventory 2. Secretariat of Chairman of the Council of People's Commissars and Council of Labor and Defense Vladimir Ilich Lenin. 1917-23: Documents on Party and Public Activity of Vladimir Ilich Lenin.

Collection 5. Inventory 3. Secretariat of Chairman of Council of People's Commissars and Council of Labor and Defense Vladimir Ilich Lenin. 1917-23: Documents on Vladimir Ilich Lenin's Leadership of the International Labor and Communist Movement (1917-23).

Collection 17. Inventory 2. Plenums of the Central Committee of the Russian Communist Party (Bolsheviks) and the All-Union Communist Party (Bolsheviks). 1918-41.

Collection 17. Inventory 3. Minutes of Sessions of the Politburo of the Central Committee of the Russian Communist Party (Bolsheviks) and the All-Union Communist Party (Bolsheviks).

Collection 17. Inventory 162. Special Papers of the Politburo of the Central Committee of the Russian Communist Party (Bolsheviks) and the All-Union Communist Party (Bolsheviks).

Collection 146. Inventory 2. File 3. The Diary of Georgii Dimitrov (March 9, 1933- February.6, 1949).

Collection 495. Inventory 3. Political Secretariat of the Executive Committee of the Communist International.

Collection 495. Inventory 65a. Personal Files of Employees of the Executive Committee of the Communist International Apparatus.

Collection 495. Inventory 154. Eastern Secretariat of the Executive Committee of the Communist International.

Collection 495. Inventory 163. The Fifth Enlarged Plenum of the Executive Committee of the Communist International.

Collection 495. Inventory 164. The Sixth Enlarged Plenum of the Executive Committee of the Communist

歷史大講堂

毛澤東：眞實的故事

定價：新臺幣799元

2015年5月初版
2021年5月初版第六刷

著　者	Alexander V. Pantsov Steven I. Levine
譯　者	林添貴
叢書主編	梅心怡
校　對	呂佳真
封面設計	陳文德

出版者	聯經出版事業股份有限公司
地址	新北市汐止區大同路一段369號1樓
叢書主編電話	(02)86925588轉5305
台北聯經書房	台北市新生南路三段94號
電話	(02)23620308
台中分公司	台中市北區崇德路一段198號
暨門市電話	(04)22312023
郵政劃撥帳戶第0100559-3號	
郵撥電話	(02)23620308
印刷者	文聯彩色製版印刷有限公司
總經銷	聯合發行股份有限公司
發行所	新北市新店區寶橋路235巷6弄6號2F
電話	(02)29178022

副總編輯	陳逸華
總編輯	涂豐恩
總經理	陳芝宇
社長	羅國俊
發行人	林載爵

行政院新聞局出版事業登記證局版臺業字第0130號

本書如有缺頁，破損，倒裝請寄回台北聯經書房更換。　ISBN 978-957-08-4553-2 (精裝)
聯經網址 http://www.linkingbooks.com.tw
電子信箱 e-mail:linking@udngroup.com